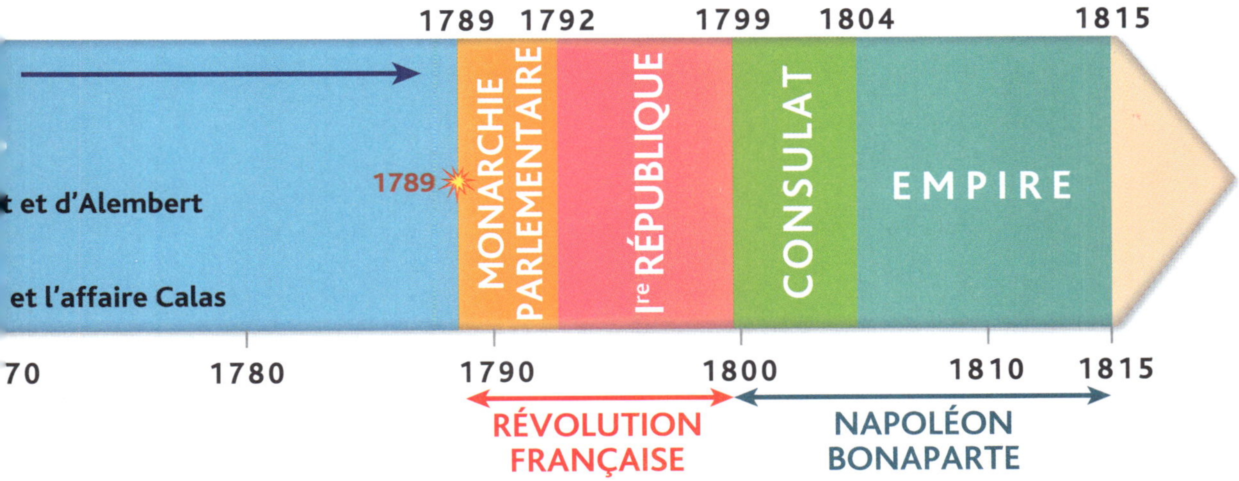
1789
1792
1799
1804
1815
1789
t et d'Alembert
et l'affaire Calas
MONARCHIE PARLEMENTAIRE
Ire RÉPUBLIQUE
CONSULAT
EMPIRE
70
1780
1790
1800
1810
1815
RÉVOLUTION FRANÇAISE
NAPOLÉON BONAPARTE

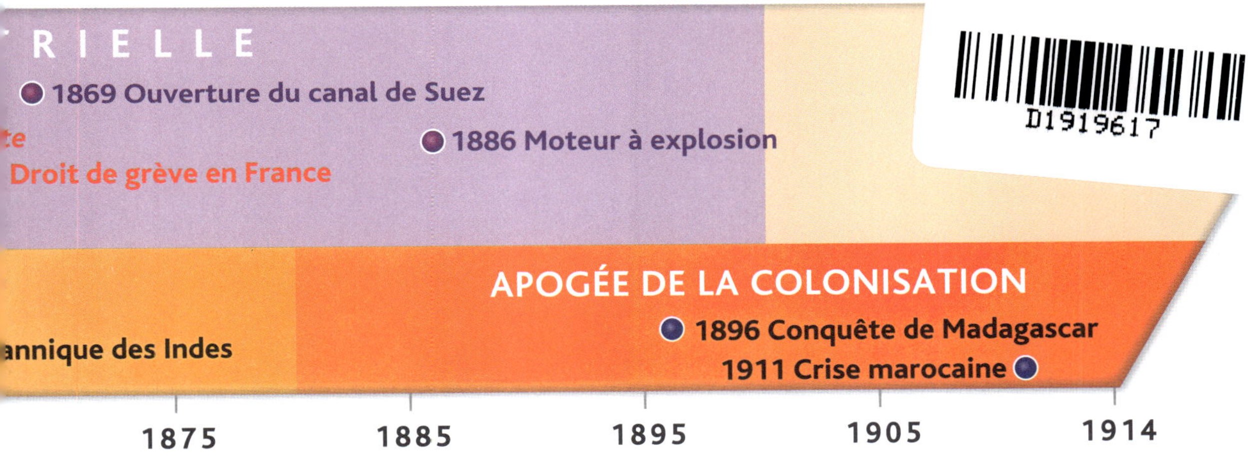
RIELLE
1869 Ouverture du canal de Suez
te
1886 Moteur à explosion
Droit de grève en France
APOGÉE DE LA COLONISATION
annique des Indes
1896 Conquête de Madagascar
1911 Crise marocaine
1875
1885
1895
1905
1914

CLE

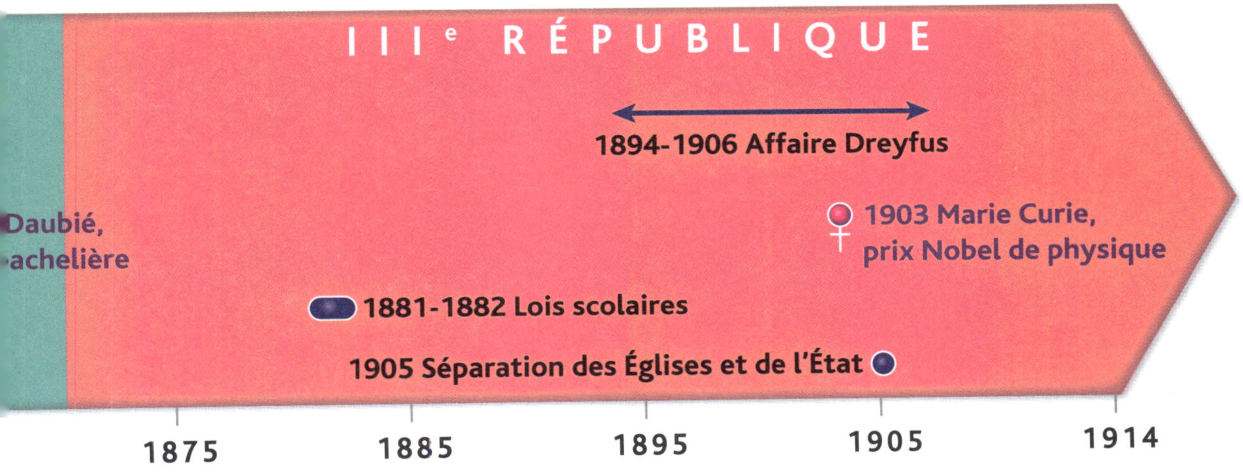
IIIe RÉPUBLIQUE
1894-1906 Affaire Dreyfus
Daubié,
achelière
1903 Marie Curie,
prix Nobel de physique
1881-1882 Lois scolaires
1905 Séparation des Églises et de l'État
1875
1885
1895
1905
1914

Mes ressources en un clic

VIDÉOS · EN LIGNE · EXOS INTERACTIFS · DOCS IMPRIMABLES · CARTES ET RESSOURCES INTERACTIVES · 3D · ANIMATIONS · CAPSULES

Livre & clic — Deux types de pictogrammes dans le manuel d'Histoire-Géographie 4e

LES PICTOS JAUNES : LES RESSOURCES EN ACCÈS DIRECT

- Saisissez l'adresse pour accéder directement à la ressource hatier-clic.fr/hg4001

- Les vidéos en accès libre
- Les exercices interactifs en accès libre
- Les sites en accès direct
- Les fiches imprimables en accès libre

PLUS DE 100 RESSOURCES EN ACCÈS DIRECT !

LES PICTOS VERTS : LES RESSOURCES DU MANUEL INTERACTIF ENRICHI

- Les vidéos
- Les documents interactifs
- Les séquences vidéos 3D
- Les cartes animées
- Les cartes interactives
- Les séquences d'analyse d'œuvres

PLUS DE 50 RESSOURCES DANS LE MANUEL INTERACTIF ENRICHI !

Disponible aussi dans votre manuel interactif enrichi : les exercices interactifs et les fiches imprimables

Je découvre, j'approfondis en vidéo

LES VIDÉOS EN ACCÈS DIRECT

Ce picto signale les vidéos en accès libre

EN HISTOIRE

EN GÉOGRAPHIE

LES VIDÉOS DU MANUEL INTERACTIF ENRICHI

EN HISTOIRE

EN GÉOGRAPHIE

Comment exploiter une vidéo ?

Vous pouvez regarder une vidéo pour **découvrir** un thème du chapitre ou pour l'**approfondir**.

hatier-clic.fr/hg4056

1 Je présente la vidéo et je décris son contenu

Exemple : vidéo p. 198

- **TITRE :** Singapour, symbole de la ville moderne
- **PRODUCTION :** France 2)
- **NATURE :** Reportage
- **DURÉE :** 4 minutes 26
- **SUJET :** Premier épisode d'une série de reportages consacrés aux « villes les plus folles du monde »

Je décris : La vidéo est un reportage du 20 juillet 2015 montrant les transformations de Singapour, cité-État d'Asie. 4e place financière au monde, 2e port en volume, la ville, qui attire 15 millions de touristes par an, veut montrer sa modernité à travers une architecture innovante (gratte-ciel, parcs futuristes).

2 Je m'appuie sur mes connaissances et j'explique la vidéo

Exemple : Les paysages de la vidéo peuvent être mis en parallèle avec ceux du chapitre 9 du manuel (centre des affaires de Singapour p.198, centre-ville de Los Angeles p. 200 ou de Sao Paulo p. 204). L'urbanisation accélérée de Singapour s'effectue grâce aux architectures verticales (gratte-ciel) mais aussi grâce aux « milliers de mètres carrés gagnés sur la mer », symbole de l'étalement urbain.

Je découvre et j'approfondis autrement grâce aux ressources interactives

LES CARTES ET CROQUIS INTERACTIFS

En Histoire et en Géographie, des **cartes interactives** et des **croquis** se construisent en cliquant sur la légende et aident à se repérer dans l'espace, à localiser et à situer.

EN HISTOIRE

EN GÉOGRAPHIE

LES DOCUMENTS INTERACTIFS

Des **documents interactifs** s'animent.

La statue de la place de la République

LES VIDÉOS 3D

DASSAULT SYSTEMES

Des reconstitutions pour vivre l'Histoire !

La Bastille en 1789

La tour Eiffel et l'Exposition universelle de 1889

Je surfe intelligent

Ce picto signale les sites en accès direct

Accédez directement aux informations utiles sur une sélection de sites et trouvez des informations supplémentaires pour les pages L'HISTOIRE AUTREMENT et LA GÉOGRAPHIE AUTREMENT

EN HISTOIRE

EN GÉOGRAPHIE

Comment utiliser un site Internet ?

1 Je présente le site

Vous pouvez faire une « fiche d'identité » du site, à l'aide des informations que vous trouverez sur celui-ci.

Exemple : Le site des guides de voyage du magazine GEO, p.266

- **OÙ ?** www.geo.fr
- **QUI ?** C'est le site des GÉOGUIDE, les guides de voyage du magazine spécialisé dans la photo et le voyage.
- **QUOI ? POUR QUI ?** Le site, ouvert à tous, est dédié à la découverte du monde au travers de reportages, de quiz et de guides de voyages.

2 J'exploite le site

Prenez le temps de découvrir la page d'accueil pour repérer le menu ou les différentes rubriques qui vous mèneront vers les informations utiles.

Exemple : Les rubriques en haut de l'écran vous présentent un menu général du site. Vous pouvez ainsi aller dans la rubrique « Quiz » pour tester vos connaissances sur un thème particulier. Dans les rubriques, naviguez entre les documents et les photos pour découvrir les articles du site.

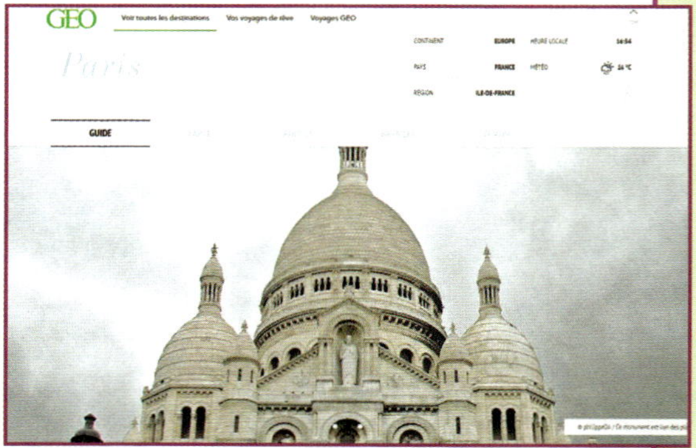

Pour la double page LA GÉOGRAPHIE AUTREMENT (p. 266-267), vous pouvez consultez la rubrique « Voyage » et la page sur Paris. Dans cette page, l'onglet « Guide » vous donne des informations sur la ville et sa typographie. L'onglet « Articles » vous propose des ressources complémentaires sur le thème pour aller plus loin.

Enrichissez vos exposés, vos devoirs, vos travaux de groupe en y intégrant des extraits de textes lus sur les sites et des images !

Je vérifie mes connaissances

Ce picto signale les exercices interactifs en accès libre

Tous les exercices des pages JE CONSTRUIS MON BILAN.

Plus de 40 exercices interactifs pour vérifier ses connaissances et s'autoévaluer en Histoire-Géographie.

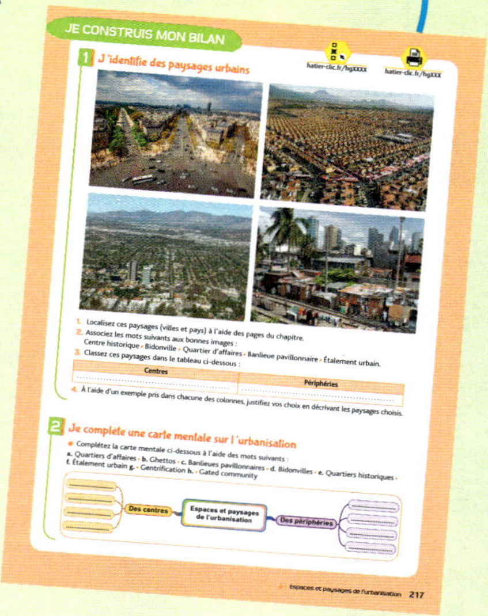
JE CONSTRUIS MON BILAN

1 J'identifie des paysages urbains

hatier-clic.fr/hgXXX hatier-clic.fr/hgXXX

1. Localisez ces paysages (villes et pays) à l'aide des pages du chapitre.
2. Associez les mots suivants aux bonnes images :
Centre historique - Bidonville - Quartier d'affaires - Banlieue pavillonnaire - Étalement urbain.
3. Classez ces paysages dans le tableau ci-dessous :

Centres	Périphéries
....	....

4. À l'aide d'un exemple pris dans chacune des colonnes, justifiez vos choix en décrivant les paysages choisis.

2 Je complète une carte mentale sur l'urbanisation

• Complétez la carte mentale ci-dessous à l'aide des mots suivants :
a. Quartiers d'affaires - b. Ghettos - c. Banlieues pavillonnaires - d. Bidonvilles - e. Quartiers historiques - f. Étalement urbain g. - Gentrification h. - Gated community

Espaces et paysages de l'urbanisation 217

CONSEILS

- Je relis mon cours avant de commencer ces exercices.
- Avant chaque contrôle, je vérifie mes connaissances !

Je m'entraîne grâce aux documents imprimables

Ce picto signale les fiches et exercices imprimables en accès libre

EN HISTOIRE

- Des cartes, plans et schémas à compléter
- Les exercices « Je construis mon bilan »

EN GÉOGRAPHIE

- Des croquis et schémas à compléter
- Les exercices « Je construis mon bilan »

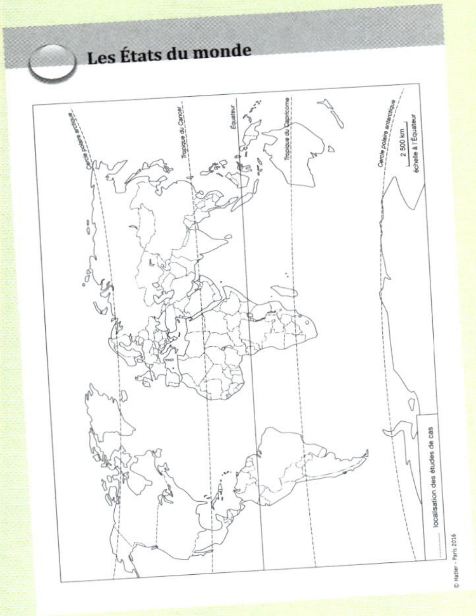

CONSEIL

- J'imprime, je m'entraîne, je recommence autant de fois qu'il le faut !
- Avant chaque contrôle, je vérifie mes savoir-faire !

Je comprends de grandes notions avec les capsules numériques

Pour étudier les grandes notions du cycle 4 en Histoire et Géographie : des capsules accessibles depuis votre ordinateur, votre smartphone ou votre tablette !

1 Le mémo de la notion à lire et écouter

un bouton « DYS » pour les élèves dyslexiques

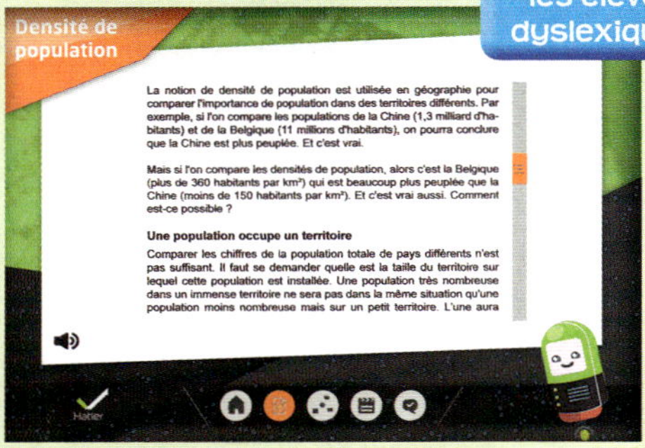

2 Une carte mentale interactive

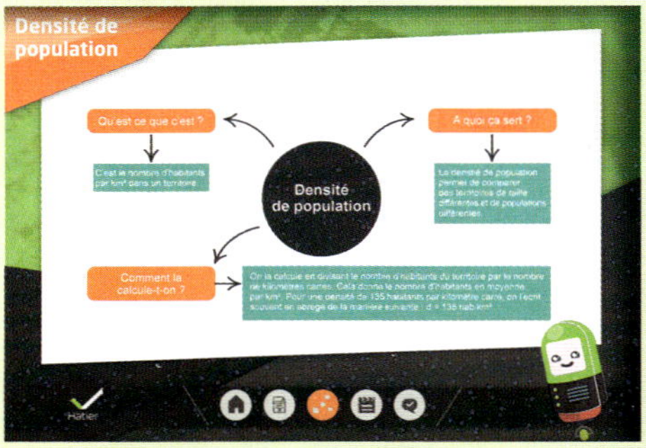

LA NOTION ÉTUDIÉE

3 Une animation

4 Un quiz selon son niveau

Douze capsules à découvrir (densité, développement durable, guerre, empire…) !

hatier-clic.fr/hg-densite

hatier-clic.fr/hg-empire

CLIQUEZ POUR VOIR LA DÉMO !

Plus d'informations sur www.histoire-geo-hatier.fr

Histoire Géographie

4e

Sous la direction de **Martin Ivernel**
Professeur d'Histoire-Géographie
au lycée Hector Berlioz
à Vincennes (94)

et **Benjamin Villemagne**
Professeur d'Histoire-Géographie
au collège Jean Renoir
à Neuville-sur-Saône (69)

Corinne Chastrusse
Professeure d'Histoire-Géographie
au collège Marie Curie, Les Lilas (93)

Jérémy Faure
Professeur d'Histoire-Géographie
au lycée Saint-Exupéry, Lyon (69)

Anne Frémont-Vanacore
Professeure de Géographie
au lycée Chaptal, Paris (75)

Sophie Gaudelette
Professeure d'Histoire-Géographie
au collège Marcel Pagnol, Bonnières-sur-Seine (78)

Axelle Guillausseau
Professeure d'Histoire au lycée Michelet, Vanves (92)

Jean Hubac
Académie de Versailles (78)

Matthieu Lecoutre
Professeur d'Histoire-Géographie
au lycée Édouard Herriot, Lyon (69)

Jean-Claude Martinez
Professeur d'Histoire-Géographie
au collège Marie Curie, Les Lilas (93)

Patrick Mougenet
Professeur d'Histoire-Géographie au lycée Le Verger,
Sainte-Marie de La Réunion (974)

Wanda Oiry-Lecoutre
Professeure d'Histoire-Géographie au lycée du Parc,
Lyon (69)

Vincent Olive
Professeur d'Histoire-Géographie au collège du Fort,
Sucy-en-Brie (94)

Jean Ruhlmann
Maître de conférences en Histoire à l'université Lille III-
Charles de Gaulle

Nicolas Smaghue
Professeur d'Histoire-Géographie au lycée international
Montebello, Lille (59)

Enseignement moral et civique

Sous la direction de **Jean Hubac**
Académie de Versailles (78)

Cécile Bessière
Professeure d'Histoire-Géographie
au collège Roger-Gaudeau, Les Andelys (27)

Karen Bonhomme
Professeure d'Histoire-Géographie
au collège Jean-Baptiste Colbert, Reims (51)

Emmanuel Dalbard
Principal adjoint au collège Albert Camus,
La Chapelle-Saint-Luc (10)

Fabrice Huard
Professeur d'Histoire-Géographie
au lycée Marie-Curie, Versailles (78)

Perrine Maingault
Professeure d'Histoire-Géographie
au lycée Galilée, Franqueville-Saint-Pierre (76)

Les auteurs et les Éditions Hatier remercient vivement
Arnaud Sorosina (agrégé de Philosophie).

Hatier

HISTOIRE

Cycle 4 classe de 4e

Pour le texte introductif, *cf.* BO spécial n° 11 du 26 novembre 2015.

REPÈRES ANNUELS DE PROGRAMMATION	DÉMARCHES ET CONTENUS D'ENSEIGNEMENT
THÈME 1 **Le XVIIIe siècle. Expansions, Lumières et révolutions** • Bourgeoisies marchandes, négoces internationaux, traites négrières et esclavage au XVIIIe siècle. • L'Europe des Lumières : circulation des idées, despotisme éclairé et contestation de l'absolutisme. • La Révolution française et l'Empire : nouvel ordre politique et société révolutionnée en France et en Europe.	La classe de 4e doit permettre de présenter aux élèves les bases de connaissances nécessaires à la compréhension de changements politiques, sociaux, économiques et culturels majeurs qu'ont connus l'Europe et la France, de la mort de Louis XIV à l'installation de la Troisième République. Il s'agit notamment d'identifier les acteurs principaux de ces changements, sans réduire cette analyse aux seuls personnages politiques. L'étude des échanges liés au développement de l'économie de plantation dans les colonies amène à interroger l'enrichissement de la façade atlantique, le développement de la traite atlantique en lien avec les traites négrières en Afrique et l'essor de l'esclavage dans les colonies. Le développement de l'esprit scientifique, l'ouverture vers des horizons plus lointains poussent les gens de lettres et de sciences à questionner les fondements politiques, sociaux et religieux du monde dans lequel ils vivent. On pourra étudier les modes de diffusion des nouvelles idées, la façon dont différents groupes sociaux s'en emparent et la nouvelle place accordée à l'opinion publique dans un espace politique profondément renouvelé. On caractérise les apports de la Révolution française, dans l'ordre politique aussi bien qu'économique et social non seulement en France mais en Europe dans le contexte des guerres républicaines et impériales. On peut à cette occasion replacer les singularités de la Révolution française dans le cadre des révolutions atlantiques. On rappelle l'importance des grandes réformes administratives et sociales introduites par la Révolution puis l'Empire.
THÈME 2 **L'Europe et le monde au XIXe siècle** • L'Europe de la « révolution industrielle ». • Conquêtes et sociétés coloniales.	Nouvelle organisation de la production, nouveaux lieux de production, nouveaux moyens d'échanges : l'Europe connaît un processus d'industrialisation qui transforme les paysages, les villes et les campagnes, bouleverse la société et les cultures et donne naissance à des idéologies politiques inédites. Dans le même temps, l'Europe en croissance démographique devient un espace d'émigration, et on donne aux élèves un exemple de l'importance de ce phénomène (émigration irlandaise, italienne...). Enfin on présente à grands traits l'essor du salariat, la condition ouvrière, les crises périodiques et leurs effets sur le travail qui suscitent une « question sociale » et des formes nouvelles de contestation politique. La révolution de 1848, qui traverse l'Europe, fait évoluer à la fois l'idée de nationalité et celle du droit au travail. De nouvelles conquêtes coloniales renforcent la domination européenne sur le monde. On pourra observer les logiques de la colonisation à partir de l'exemple de l'empire colonial français. L'élève découvrira le fonctionnement d'une société coloniale. On présente également l'aboutissement du long processus d'abolition de l'esclavage. Le thème est aussi l'occasion d'évoquer comment évolue la connaissance du monde et comment la pensée scientifique continue à se dégager d'une vision religieuse du monde.
THÈME 3 **Société, culture et politique dans la France du XIXe siècle** • Une difficile conquête : voter de 1815 à 1870. • La Troisième République. • Conditions féminines dans une société en mutation.	De 1815 à 1870, des Français votent : qui vote ? pour élire qui ? comment vote-t-on ? La question du vote, objet de débats politiques, permet de rendre compte des bouleversements politiques du siècle et de voir comment les Français font l'apprentissage d'un « suffrage universel » à partir de 1848. Après les événements de 1870 et 1871, l'enjeu est de réaliser l'unité nationale autour de la République : l'école, la municipalité, la caserne deviennent des lieux où se construit une culture républicaine progressiste et laïque. Mais de son installation à la loi de Séparation des Églises et de l'État, la République est encore discutée et contestée. Quel statut, quelle place, quel nouveau rôle pour les femmes dans une société marquée par leur exclusion politique ? Femmes actives et ménagères, bourgeoises, paysannes ou ouvrières, quelles sont leurs conditions de vie et leurs revendications ?

© HATIER, Paris, 2016 – ISBN 978-2-401-02152-5

GÉOGRAPHIE

Cycle 4 classe de 4e

Pour le texte introductif, *cf.* BO spécial n° 11 du 26 novembre 2015.

REPÈRES ANNUELS DE PROGRAMMATION	DÉMARCHES ET CONTENUS D'ENSEIGNEMENT
THÈME 1 **L'urbanisation du monde** • Espaces et paysages de l'urbanisation : géographie des centres et des périphéries. • Des villes inégalement connectées aux réseaux de la mondialisation.	À partir des acquis de la classe de 5e, on aborde en 4e quelques caractéristiques géographiques majeures du processus de mondialisation contemporaine. On peut ainsi sensibiliser les élèves aux différences entre celle-ci et la « première mondialisation » (XVe-XVIe siècles) étudiée en histoire. Il s'agit de sensibiliser les élèves aux nouvelles formes d'organisation des espaces et des territoires que cette mondialisation provoque et d'aborder avec eux quelques-uns des problèmes qu'elle pose. Le monde s'urbanise à grande vitesse depuis 1945. Plus de la moitié de l'humanité habite les villes, depuis 2007, et probablement les deux tiers à l'horizon 2050. Il s'agit d'un fait majeur qui caractérise la mondialisation. En 6e, les élèves ont abordé la question urbaine à partir de l'analyse de « l'habiter ». En 4e, on leur fait prendre conscience des principaux types d'espaces et de paysages que l'urbanisation met en place, ce qui est l'occasion de les sensibiliser au vocabulaire de base de la géographie urbaine. On insiste ensuite sur la connexion des villes aux grands réseaux de la mondialisation et aux différences que cela crée entre villes connectées et bien intégrées à une mondialisation qu'elles entrainent et des villes plus à l'écart, voire confrontées à des phénomènes de « rétrécissement » (*Shrinking Cities*, comme Detroit). Deux études de cas de grandes villes, au choix du professeur, permettent d'aborder concrètement les différents aspects du thème. Ces études de cas contextualisées offrent une première approche de l'espace mondialisé.
THÈME 2 **Les mobilités humaines transnationales** • Un monde de migrants. • Le tourisme et ses espaces.	Il est essentiel de montrer aux élèves l'importance des grands mouvements transnationaux de population que le monde connaît et qui sont d'une ampleur considérable. Les migrations transnationales, dont les motivations peuvent être extrêmement variées (Erasmus, suite de conflits, crise climatique, raisons économiques...), sont souvent au centre de l'actualité et il est important que les élèves comprennent que cette géographie des migrations n'est pas centrée sur la seule Europe, ni marquée par les seuls mouvements des « Suds » vers les « Nords », mais comporte aussi des foyers de migrations intracontinentales Sud-Sud. Quant au tourisme international, il constitue désormais le mouvement de population le plus massif que le monde ait jamais connu ; il est porteur d'effets économiques, sociaux et territoriaux très importants. Chaque sous-thème est abordé par une étude de cas locale ou régionale, au choix du professeur, mise en perspective à l'échelle mondiale, afin de pouvoir monter en généralité. Ce thème permet des liens avec le programme d'histoire de 4e.
THÈME 3 **Des espaces transformés par la mondialisation** • Mers et Océans : un monde maritimisé. • L'adaptation du territoire des États-Unis aux nouvelles conditions de la mondialisation. • Les dynamiques d'un grand ensemble géographique africain (au choix : Afrique de l'Ouest, Afrique Orientale, Afrique australe).	L'objectif est de sensibiliser les élèves à la spécificité de la géographie qui est de mettre en évidence des enjeux spatiaux liés à la mondialisation. Les mers et les océans sont des espaces emblématiques de ces enjeux. Intensément parcourus par les lignes de transport maritimes, essentielles au fonctionnement économique du monde, bordés par les littoraux qui concentrent les populations et les activités, les mers et les océans sont aussi des régulateurs climatiques, des zones exploitées pour la pêche et d'autres ressources, au centre de conflits d'intérêts nombreux. Ce sont des milieux fragiles, dont la conservation est un problème majeur pour les sociétés. Les deuxième et troisième sous-thèmes permettent une présentation à grands traits des dynamiques spatiales que la mondialisation impulse dans deux grands ensembles géographiques, étudiés séparément, mais sans oublier de les mettre en lien autant que de besoin. Le territoire des États-Unis est un exemple intéressant d'adaptation d'une grande puissance attractive (qui accueille des flux migratoires importants) aux nouvelles conditions économiques et sociales issues de la mondialisation. Le continent africain, quant à lui, est celui où cette mondialisation produit les effets les plus importants et où les potentiels de développement, mais aussi les fragilités sont manifestes. L'étude de ces trois sous-thèmes de très large spectre ne peut être qu'esquissée avec les élèves, en insistant sur les bases de connaissance géographique permettant de poser les problèmes principaux. L'analyse cartographique pourra être privilégiée.

Programme d'EMC, voir p. 350

LES COMPÉTENCES DU PROGRAMME DANS LE MANUEL

Se repérer dans le temps : construire des repères historiques

Domaines du socle ▸ 1, 2, 4

Je me repère dans le temps

HISTOIRE

GÉOGRAPHIE

Se repérer dans l'espace : construire des repères géographiques

Domaines du socle ▸ 1, 2, 4

Je me repère dans l'espace

Pour l'histoire, voir « Je me repère dans le temps »

Pratiquer différents langages en histoire et en géographie

Domaines du socle ▸ 1, 2, 4

Je pratique différents langages

HISTOIRE

GÉOGRAPHIE

Coopérer et mutualiser

Domaines du socle ▸ 2, 3

Je travaille en groupe

HISTOIRE

GÉOGRAPHIE

Analyser et comprendre un document

Domaines du socle ▸ 1, 2

J'analyse un document

HISTOIRE

Texte

Tract

Carte postale

Affiche

Graphique

Œuvre d'art

Croiser les documents

GÉOGRAPHIE

Photographie

Carte

Affiche

Plan

Texte

Graphique

Œuvre d'art

S'informer dans le monde du numérique

Domaines du socle ▸ 1, 2, 3

Je m'informe sur Internet

HISTOIRE

GÉOGRAPHIE

Raisonner, justifier une démarche et les choix effectués

Domaines du socle ▸ 1, 2

Je raisonne

HISTOIRE

GÉOGRAPHIE

Sommaire Histoire

THÈME 3 Société, culture et politique dans la France du XIXe siècle

Tâche complexe — L'HISTOIRE AUTREMENT

Tâche complexe — LA GÉOGRAPHIE AUTREMENT

Arts et Histoire — ARTS ET HISTOIRE

Arts et Géo — ARTS ET GÉO

Dossier Prospective — GÉOGRAPHIE PROSPECTIVE

EPI

Sommaire Géographie

Sommaire EMC

CHAPITRE 1

Négoce et traites négrières au XVIIIe siècle

Comment se développe le commerce international au XVIIIe siècle ?

1 **Un couple de grands marchands nantais au XVIIIe siècle : les Deurbroucq**

(Pierre-Bernard Morlo, 1753. Château des ducs de Bretagne, musée d'histoire de Nantes)

Le couple est représenté avec des esclaves : ils portent le collier de servitude. Madame Deurbroucq, habillée luxueusement, déguste une tasse de chocolat, un produit d'importation très coûteux, avec du sucre des Antilles. Le perroquet du Gabon est un signe de richesse exotique très apprécié. Monsieur Deurbroucq s'occupe de ses affaires dans sa bibliothèque.

Je me repère dans le temps

Compétences

Je me repère
- Décrire les courants d'échanges internationaux au XVIIIe siècle ▶ P. 12

J'analyse un document
- Une affiche sur une vente d'esclaves ▶ P. 22

Je pratique différents langages
- Décrire une peinture de marine ▶ P. 14
- Décrire Bordeaux et son commerce au XVIIIe siècle ▶ P. 16

Je raisonne
- Choisir une démarche pour présenter un marchand bordelais du XVIIIe siècle ▶ P. 18
- Choisir une démarche pour présenter la vie des esclaves dans une plantation ▶ P. 24

2 La capture et la vente d'esclaves en Afrique
(Gravure, vers 1850. Musée d'Aquitaine, Bordeaux.)
L'image décrit, par une sorte de raccourci visuel, l'enlèvement des Africains par des marchands noirs et leur conduite sur la côte au marché des esclaves. Dans le lointain, deux navires négriers attendent leur cargaison.

Les empires coloniaux
et les courants d'échanges

COMPÉTENCE
Je me repère
Décrire les courants d'échanges internationaux au XVIIIe siècle

Au milieu du XVIIIe siècle, les États d'Europe de l'Ouest possèdent d'importantes colonies, surtout situées en Amérique. L'essentiel du commerce maritime mondial se fait alors entre l'Europe et ses colonies.

Quels sont les empires coloniaux européens et les grands courants d'échanges mondiaux ?

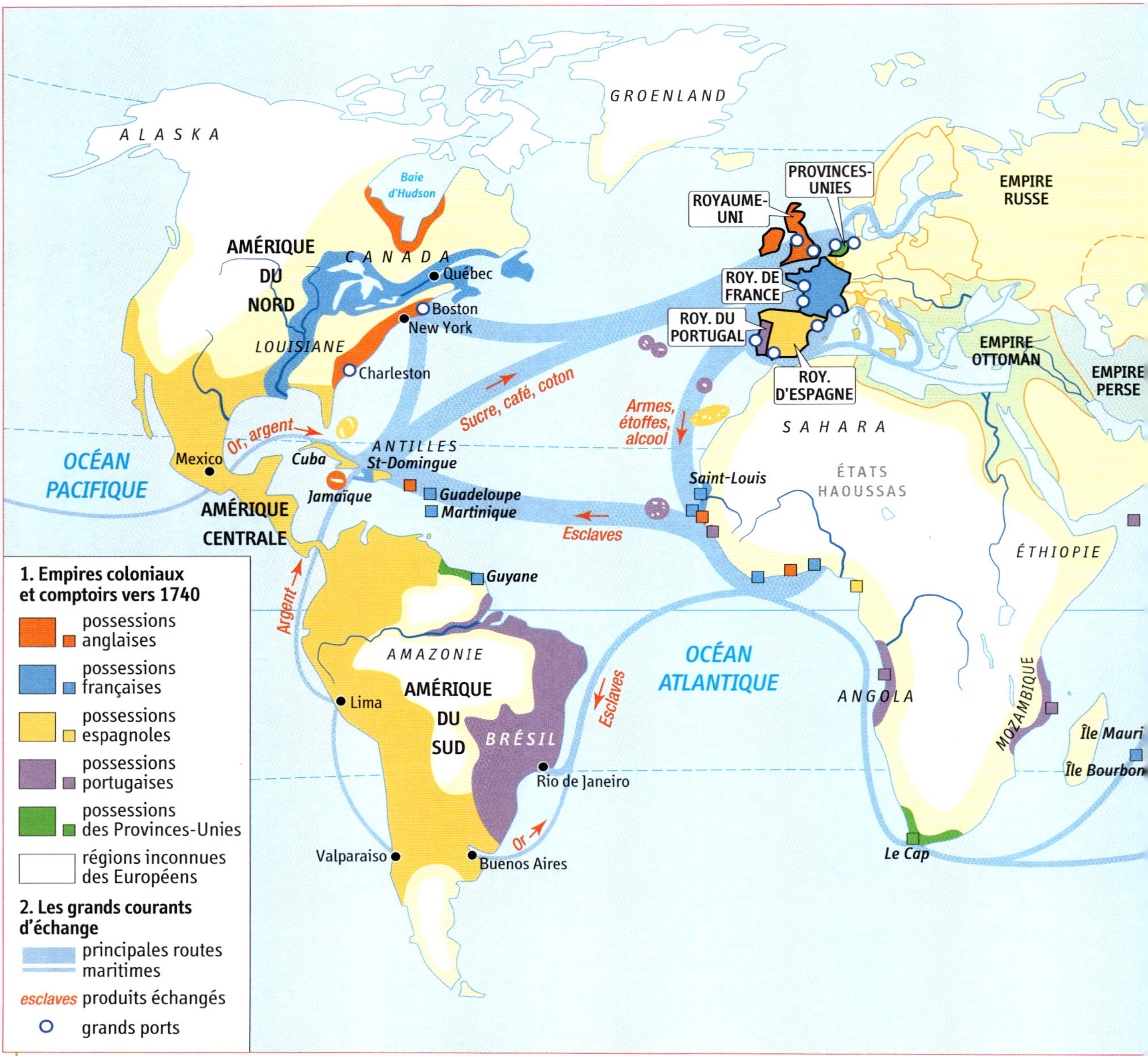

1 Les empires coloniaux et les grands courants d'échanges vers 1740

Vocabulaire

Une colonie : un territoire occupé, administré et exploité par un pays étranger.

Un comptoir : un établissement commercial établi dans un pays étranger.

Un empire colonial : l'ensemble des colonies administrées par une puissance.

hatier-clic.fr/hg4001

2 La *Marie-Séraphique*, un navire négrier nantais au XVIIIe siècle

(Aquarelle et encre sur papier, 1772-1773. Château des ducs de Bretagne, musée d'histoire de Nantes.)

Il s'agit d'un navire de commerce traditionnel adapté au transport d'esclaves. Il arrive d'Angole (l'Angola) et mouille ici au large de Saint-Domingue, en 1772. Il transporte 340 esclaves, hommes, femmes et enfants. Ils sont sans doute en vente sur le navire lui-même.

ACTIVITÉS

Je me repère

1. **Doc. 1** | Quelles sont les puissances coloniales et leurs colonies en Amérique ?
2. **Doc. 1** | Quels sont les comptoirs anglais et français en Inde ?
3. **Doc. 1** | Quel est le trajet suivi par un navire européen allant de l'Europe en Asie ? Quelles marchandises peut-il rapporter d'Asie ?
4. **Doc. 1** | Quels sont les produits échangés par un navire européen qui entreprend le « commerce triangulaire » entre l'Europe, l'Afrique et l'Amérique ?

Coup de pouce Pour décrire un trajet maritime, vous pouvez :
– donner la direction suivie par les navires (points cardinaux),
– citer les océans traversés, les terres longées par les navires.

5. **Doc. 2** | Que transporte ce navire de commerce ? Quel trajet a-t-il suivi de son point de départ à son lieu d'arrivée ?
6. **Doc. 1** | Quelles sont les régions encore inconnues des Européens au XVIIIe siècle ?

Arts et Histoire

LE PORT DE BORDEAUX PEINT PAR VERNET

COMPÉTENCE
Je pratique différents langages
Décrire une peinture de marine

Joseph Vernet est un peintre français du XVIIIe siècle. En 1758, suite à une commande royale, il réalise un grand tableau du port de Bordeaux.

▶ **Comment Vernet a-t-il représenté le port de Bordeaux ?**

1 BIOGRAPHIE

Joseph Vernet (1714-1789)

C'est dans sa ville natale, à Avignon, que Joseph Vernet est initié à la peinture. Il vit ensuite plus de vingt ans en Italie où il fait une carrière de peintre de paysage et de marine. En 1753, le roi de France, Louis XV, lui commande des tableaux des principaux ports du royaume pour en avoir une représentation exacte. Vernet réalise alors 15 tableaux de ports, de dimensions identiques, entre 1753 et 1765, à partir de croquis qu'il réalise lui-même. Sa réputation devient internationale et il reçoit ensuite des commandes de toute l'Europe.

(Élisabeth-Louise Vigée Le Brun, *Portrait de Joseph Vernet*, 1778. Musée du Louvre, Paris.)

FICHE D'IDENTITÉ

- **TITRE** : *Vue d'une partie du port et de la ville de Bordeaux, prise du côté des Salinières*
- **ARTISTE** : Joseph Vernet (1714-1789)
- **DATE** : 1758
- **NATURE ET TECHNIQUE** : peinture, huile sur toile
- **GENRE** : peinture de marine
- **COMMANDITAIRE** : commande royale (du roi Louis XV)
- **DIMENSIONS** : largeur 2,63 m ; hauteur 1,65 m
- **LIEU DE CONSERVATION ACTUEL** : Musée national de la Marine, Paris
- **HISTOIRE DE L'ŒUVRE** : Il s'agit d'un des deux tableaux de Bordeaux peints par Vernet à la suite de la commande royale de 1753. Ils ont été exposés à Bordeaux même puis à Paris en 1759, où ils ont obtenu à chaque fois un très grand succès.

ACTIVITÉS

Je m'informe sur Internet @

Tapez sur un moteur de recherche les mots : « Joseph Vernet, une commande royale ».
Allez dans « Un voyage de dix ans » et cliquez sur « Bordeaux ».

1. Cliquez sur la « Première vue de Bordeaux » puis sur « Zooms ».
   a Quelle est la principale activité marchande du port ? Qu'est-ce qui le rappelle dans le tableau ?
   b Qu'est-ce qui montre que le port est aussi un espace de loisir ?
   c Quel est le navire typique de la région de Bordeaux ?
   d Quelle est la façade typique des immeubles du XVIIIe siècle ?
2. Cliquez sur la « Deuxième vue de Bordeaux ».

2 Vue du port de Bordeaux en 1758

hatier-clic.fr/hg4002

Vocabulaire des arts

La peinture de marine : la peinture ayant pour sujet la mer, mais aussi les ports, les rives, les navires.
La peinture de marine apparaît au XVIIe siècle aux Pays-Bas et en Italie. Au XVIIIe siècle, le peintre français Joseph Vernet devient la référence internationale en la matière.

hatier-clic.fr/hg4003

ACTIVITÉS

Je pratique différents langages

Je présente

1. Situez Bordeaux.
2. Présentez le tableau de Vernet (date, sujet, dimensions, commanditaire).
3. Ce tableau est-il une représentation fidèle de Bordeaux au XVIIIe siècle ? Justifiez la réponse à l'aide du doc. 1.

Je décris et j'explique

4. Décrivez le paysage en respectant un ordre (les constructions, la grève et la vie sur la grève, les bateaux sur la Garonne).
5. Quels renseignements nous donne cette œuvre sur le commerce de Bordeaux ?

J'étudie la dimension artistique

6. Comparez la place prise dans le tableau par les éléments humains et par les éléments naturels. Que privilégie Vernet ?
7. Observez le tableau de loin. Quels sont les espaces mis en valeur par la lumière ?

ÉTUDE

Bordeaux, un grand port atlantique

COMPÉTENCE
Je pratique différents langages
Décrire Bordeaux et son commerce au XVIIIe siècle

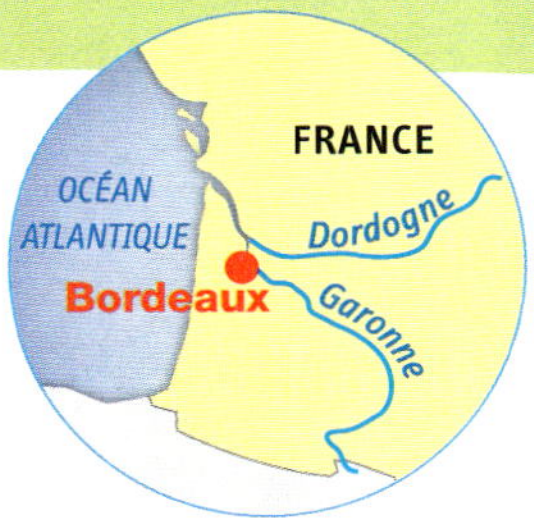

Au milieu du XVIIIe siècle, Bordeaux est le premier port de commerce français.

Comment le commerce maritime transforme-t-il la ville ?

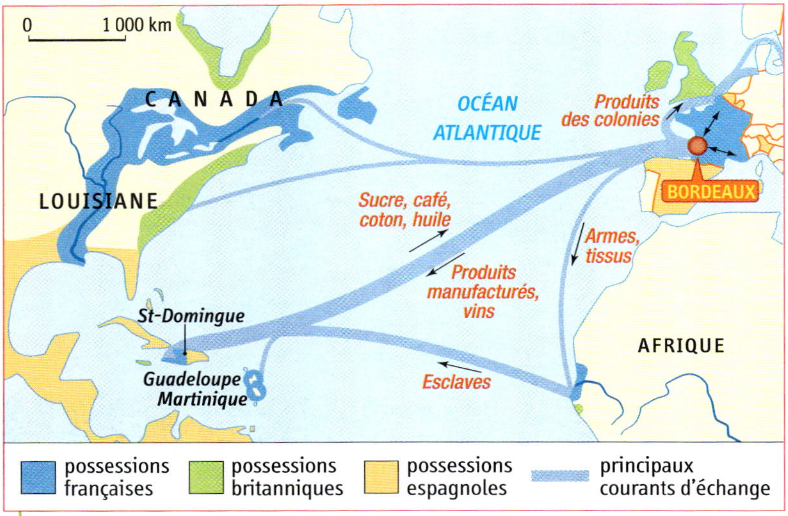

1 Le commerce de Bordeaux au XVIIIe siècle

2 Les transformations de Bordeaux au XVIIIe siècle

3 Bordeaux vers 1730

« Je vis en courant le château Trompette et celui du Ha qui est à l'autre extrémité du port. Nous dînâmes chez un riche négociant, mon ami que j'avais connu à l'Amérique, après quoi nous montâmes au clocher de la basilique de Saint-Michel[1], d'où l'on découvre toute la ville. Elle me parut très grande et remplie d'assez beaux édifices. Son port est formé par la rivière de Garonne qui est très large à cet endroit, et souvent toute couverte de vaisseaux. On m'assura qu'en temps de paix, il était ordinaire de voir sur la rivière jusqu'à 1 200 vaisseaux de toutes sortes de nations. Sa situation est des plus avantageuses pour le négoce. Ses environs à plusieurs lieues à la ronde sont très fertiles et parfaitement bien cultivés, et la Garonne et les autres rivières qui s'y rendent lui apportent aisément toutes les marchandises du Languedoc et des provinces voisines. »

▪ ***Voyage du P. Labat en Espagne et en Italie*, t. II, 1730.**

1. Qui a une hauteur de près de 100 mètres à cette époque.

4 La place royale de Bordeaux au XVIIIe siècle (actuelle place de la Bourse)
(Estampe, XVIIIe siècle.)

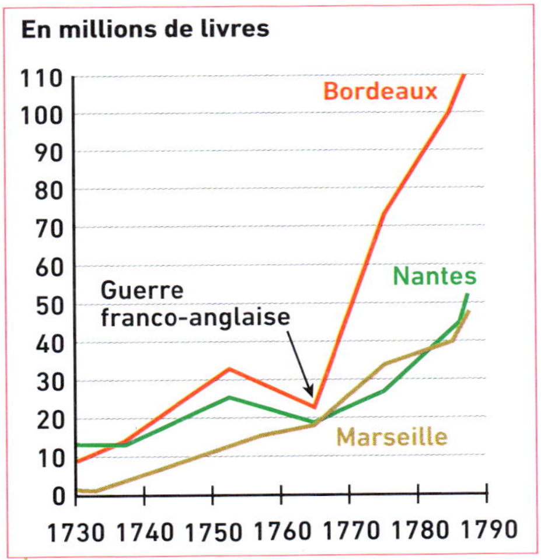

5 Le commerce colonial des grands ports français

6 Le Grand Théâtre de Bordeaux
Construit par l'architecte Victor Louis dans le style néoclassique, il a été inauguré en 1780.

ACTIVITÉS

1. **Doc. 3** | Quels passages du texte évoquent la grande animation du port ? Quels sont les avantages de sa situation pour le commerce ?
2. **Doc. 1** | Décrivez les échanges de Bordeaux avec les colonies.
3. **Doc. 5** | Décrivez l'évolution du commerce de Bordeaux. Comment évolue-t-il par rapport à celui de Nantes ?
4. **Doc. 2, 4 et 6** | Quelles sont les nouvelles constructions publiques de Bordeaux ? Les nouvelles places ? Les nouvelles constructions privées ?
5. **Je pratique différents langages**
Décrivez Bordeaux et son commerce au XVIIIe siècle.

Coup de pouce
– Présentez la ville et son site.
– Décrivez le commerce de Bordeaux.
– Montrez que la ville se transforme.

Tâche complexe

L'HISTOIRE AUTREMENT

Je raisonne

Choisir une démarche pour présenter un marchand bordelais du XVIIIe siècle

ACTIVITÉ

Le musée d'Aquitaine prépare une exposition sur les négociants et le grand commerce à Bordeaux au XVIIIe siècle. Vous êtes un jeune historien et le conservateur du musée vous charge de faire une conférence sur « François Bonnaffé, un négociant de Bordeaux au XVIIIe siècle ». Lors de votre conférence, vous devez aussi présenter le cadre de vie de ce grand marchand.

Vous êtes libre de choisir la forme que vous voulez pour votre conférence. Il vous est cependant conseillé d'appuyer vos propos sur quelques images bien choisies.

Coup de pouce

- Présentez Bordeaux au XVIIIe siècle (situation, organisation, prospérité).
- Montrez comment François Bonnaffé y a développé ses affaires.
- Racontez comment il vivait à Bordeaux (vie de famille, habitation, loisirs...).

Boîte à outils

Documents complémentaires

Utilisez les pages 14 à 17 :

- Le port de Bordeaux peint par Vernet (p. 14-15)
- Bordeaux, un grand port atlantique (p. 16-17)

Ressources numériques

- Bordeaux au XVIIIe siècle, CRDP d'Aquitaine (présentation de la ville et 26 documents utilisables)

hatier-clic.fr/hg4004

François Bonnaffé négociant bordelais

1 François Bonnaffé et sa famille vers 1780

(Simon-Bernard Lenoir, huile sur toile, 1781. Collection famille Bonnaffé.)

En 1781, au faîte de sa carrière commerciale, le négociant commande un tableau sur lequel il figure avec son épouse et leurs sept enfants : cinq filles et deux garçons.

2 L'ascension d'un grand marchand

« À Bordeaux, François Bonnaffé, protestant, originaire du Lot, est un armateur[1] qui amortit son premier navire au premier voyage. Il se spécialise dans l'exportation de vins et de farines de l'arrière-pays vers les Antilles et dans l'importation de sucre, café et indigo[2], qui sont ensuite revendus en France et en Europe. En 1776, il a quatre navires et sa fortune atteint 15 millions de livres. Il se fait construire un magnifique hôtel particulier dans le style bordelais (l'îlot Bonnaffé) et s'allie par mariage aux Nairac, représentants de la bourgeoisie intellectuelle qui tient salon. »

▪ **Caroline Le Mao, *Les Villes portuaires maritimes dans la France moderne*, Armand Colin, coll. U, 2015.**

1. Une personne qui possède et équipe des navires marchands.
2. Une matière colorante bleue.

3 BIOGRAPHIE

François Bonnaffé (1723-1809)

1723 Naissance de François Bonnaffé, fils d'un modeste marchand du Languedoc.

1740 Il arrive à Bordeaux, engagé comme commis négociant.

1751 Il arme (équipe) son premier navire pour le commerce.

1756 Il possède 200 000 livres tournois de capital ; il se marie à la fille d'un riche négociant bordelais.

1768-1777 Il réalise plus de 37 expéditions dans les îles. Devenu très riche, il achète des maisons et des vignes.

1780 L'architecte Laclotte lui bâtit un très bel hôtel particulier, l'« îlot Bonnaffé ».

1780-1793 Il donne 150 000 livres tournois de dot à chacune de ses cinq filles et 700 000 livres tournois à chacun de ses deux garçons.

1809 À sa mort, sa fortune s'élève à plus de 5 millions de livres tournois.

4 L'« îlot Bonnaffé »

En 1780, François Bonnaffé fait construire un vaste immeuble non loin des quais de la Garonne, en face du Grand Théâtre, principal lieu mondain. Il lui sert d'habitation et de siège pour sa société. Il a trois étages et est surmonté d'une fausse galerie.

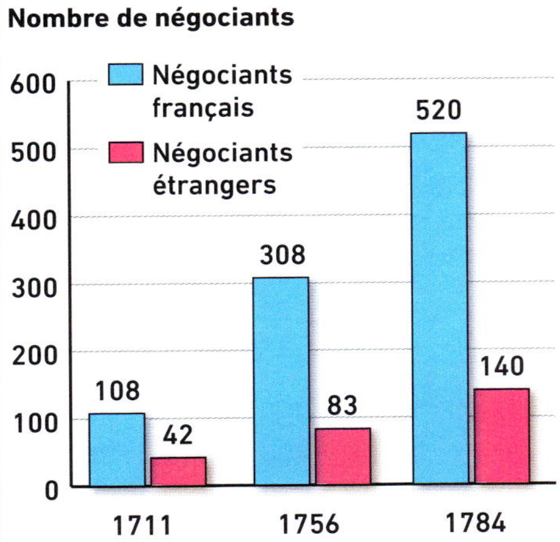

Source : Caroline Le Mao.

5 Les négociants à Bordeaux

Vocabulaire

Un négociant : un marchand qui fait du commerce de gros.

Un hôtel particulier : une maison luxueuse bâtie pour une famille dans une ville.

6 Chez les Bonnaffé

Une visiteuse d'Allemagne, Madame de la Roche, raconte sa visite chez les Bonnaffé.

« La maison est fort belle, elle donne sur trois rues et est entourée d'un balcon. L'escalier monte dans toute sa largeur jusqu'au troisième étage. Après un élégant vestibule, tout pavé de marbre, nous arrivâmes dans une grande pièce où Madame Bonnaffé, ses trois charmantes filles, et deux ouvrières, cousaient de la toile à demi blanchie entassée autour d'elles. Le coup d'œil était si attrayant que je regrettai presque la politesse qui les obligeait à se lever pour me recevoir. Et, comme ces charmantes personnes me semblaient travailler avec une expression joyeuse, je leur demandai ce qu'elles faisaient. Elles me dirent qu'elles étaient en train de marquer sur la toile l'initiale de leur plus jeune frère, pour son navire. [...] Du balcon, on aperçoit le port et une partie de la Garonne, le théâtre si grandiose et qui surpasse les trois plus beaux théâtres de Paris. »

▪ **Témoignage cité dans Edmond Bonnaffé, *Bordeaux il y a cent ans*, J. Rouam, éditeur, 1887.**

1 Le grand commerce au XVIIIe siècle

▶ Comment se développe le grand commerce au XVIIIe siècle ?

A Les empires coloniaux

1. Au XVIIIe siècle, **certains États d'Europe de l'Ouest possèdent de vastes empires coloniaux** : ce sont l'Angleterre, la France, les Provinces-Unies, l'Espagne et le Portugal. Ils possèdent des **colonies et des comptoirs en Amérique, en Asie et le long des côtes africaines**. Les empires coloniaux leur fournissent des minerais précieux et des produits tropicaux très demandés à l'époque.

2. À partir de 1740, les colonies deviennent un enjeu important pour les puissances européennes. Durant **la guerre de Sept Ans** (1756-1763), la France et l'Angleterre se disputent des territoires en Amérique du Nord et en Inde (DOC. 2). En 1763, par le traité de Paris, **la France cède le Canada à l'Angleterre**, ainsi que l'Inde où elle ne conserve que quelques comptoirs.

B L'essor du commerce lointain

1. Au XVIIIe siècle, **le commerce se développe fortement entre les pays d'Europe et leurs colonies d'Amérique**. Les navires européens y apportent des **produits manufacturés** qu'ils échangent contre des produits tropicaux (sucre, café, tabac, coton). **Des navires pratiquent aussi le commerce triangulaire** : ils achètent des esclaves en Afrique, les transportent en Amérique où ils les vendent, puis reviennent en Europe chargés de produits tropicaux. **Les produits coloniaux sont ensuite redistribués dans toute l'Europe.**

2. Les Européens **développent aussi leur commerce avec l'Asie** en passant par le sud de l'Afrique. Ils en rapportent des cotonnades d'Inde (les « indiennes »), des soieries et des épices. Les États européens ont donné le **monopole** du commerce vers l'Asie à de grandes **compagnies de commerce**, comme la Compagnie anglaise des Indes orientales.

C L'enrichissement des ports atlantiques

1. Le grand commerce **enrichit surtout les ports du littoral atlantique** : Liverpool, Bristol, Londres, Nantes, Bordeaux, Lisbonne, Amsterdam (DOC. 1 ET 3). Certaines grandes villes comme Londres et Amsterdam développent des **banques** et des **compagnies d'assurance** qui répondent aux besoins du commerce lointain.

2. Les **négociants** sont de plus en plus nombreux et riches. Ce sont aussi des **armateurs** et parfois des **constructeurs de navires**. Ils participent à l'administration des villes, et y construisent de beaux immeubles. Ils créent des **dynasties marchandes** en transmettant leurs affaires à leurs enfants.

1 Lisbonne, un grand port

« Lisbonne est à l'embouchure du Tage. C'est une grande ville, bien bâtie, située sur sept collines. Elle est bien peuplée. En 1748, il s'y trouva 270 mille âmes environ, y compris les étrangers.
Son port est un des plus sûrs, un des plus vastes et des plus commodes de l'univers. Il peut contenir dix mille vaisseaux à l'ancre, en sûreté, et il y a assez de profondeur pour que les vaisseaux puissent ancrer devant les fenêtres du roi.
Cette ville est très riche et l'une des plus marchandes d'Europe. Mais tout le monde sait combien la ville a souffert par le tremblement de terre arrivé le 1er novembre 1755. Elle se rétablira sans doute avec le temps, ainsi que son commerce, au moyen de l'or que les mines du Brésil lui produisent annuellement.
Il part tous les ans de Lisbonne et de Porto, 20 ou 22 vaisseaux marchands pour Rio de Janeiro, 30 pour la Baie de tous les Saints, autant pour Pernambouc, 7 ou 8 pour Paraiba. Les retours du Brésil sont en sucre, en tabac, en cuirs. »

▪ **Jacques Savary des Brûlons et Philémon-Louis Savary, *Dictionnaire universel de commerce, d'histoire naturelle et des arts et métiers*, 1765.**

1. Situez précisément Lisbonne. Qu'est-ce qui montre l'importance du port ?
2. Quelles sont les richesses en provenance du Brésil ?

Vocabulaire

Un armateur : une personne qui possède et équipe (arme) des navires de commerce ou de pêche.

Le commerce triangulaire : le commerce pratiqué par les navires européens entre l'Europe, l'Afrique et l'Amérique.

Une compagnie de commerce : une grande société commerciale qui obtient de l'État le monopole du commerce avec certaines colonies.

Un monopole : un droit exclusif.

Un négociant : voir p. 19.

Un produit manufacturé : un produit transformé par l'industrie.

2 Un combat naval pendant la guerre de Sept Ans (1756-1763)

(Nicholas Pocock, *Bataille de la baie de Quiberon*, 1812. National Maritime Museum, Greenwich.)

Le 20 novembre 1759, les flottes françaises et anglaises s'affrontent au large de Quiberon, au cours de la guerre de Sept Ans. La flotte française fut détruite, offrant à la *Royal Navy* l'une de ses plus grandes victoires.

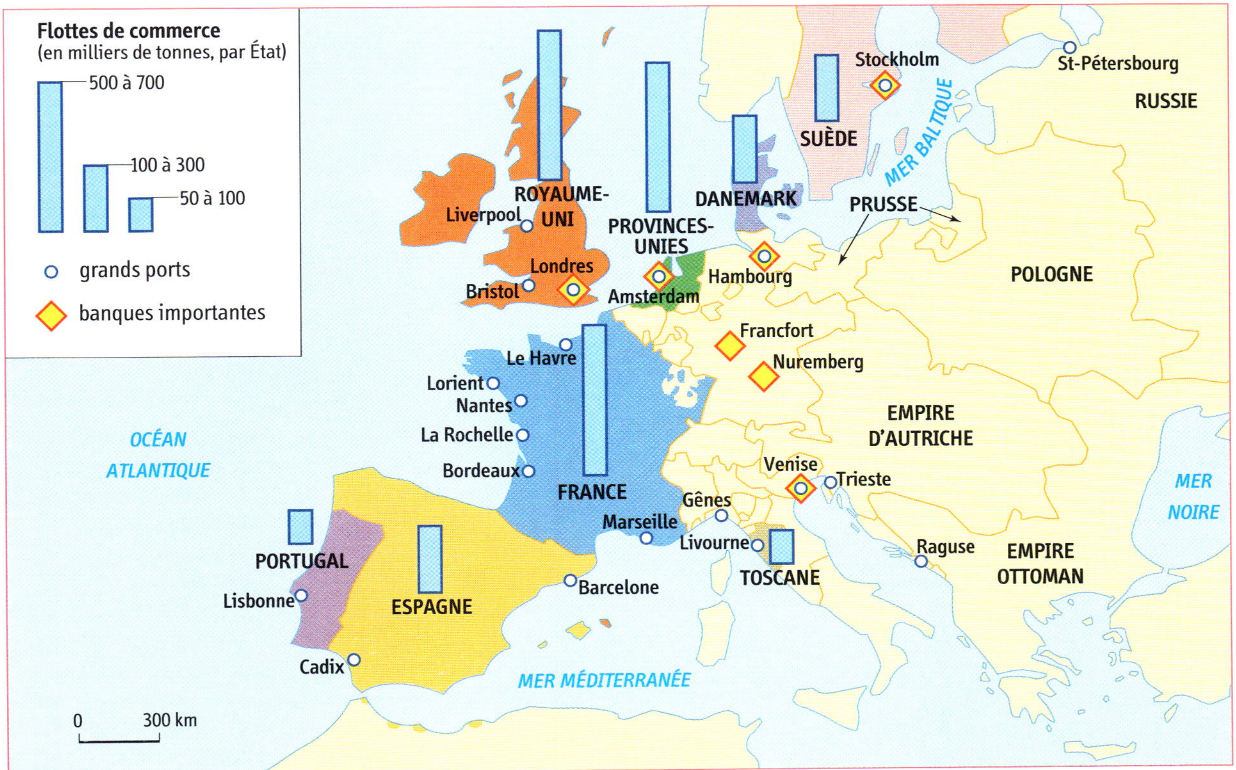

3 Les flottes de commerce et les grands ports européens vers 1740

- Quelles sont les quatre principales puissances maritimes d'Europe ? Quels sont les grands ports européens de chacune ?

ÉTUDE

De l'Afrique à l'Amérique

COMPÉTENCE
J'analyse un document
Une affiche sur une vente d'esclaves

Au XVIIIe siècle, des navires de plus en plus nombreux, en provenance d'Europe ou d'Amérique viennent s'approvisionner en esclaves sur les côtes africaines. Puis ils traversent l'Atlantique pour les vendre en Amérique.

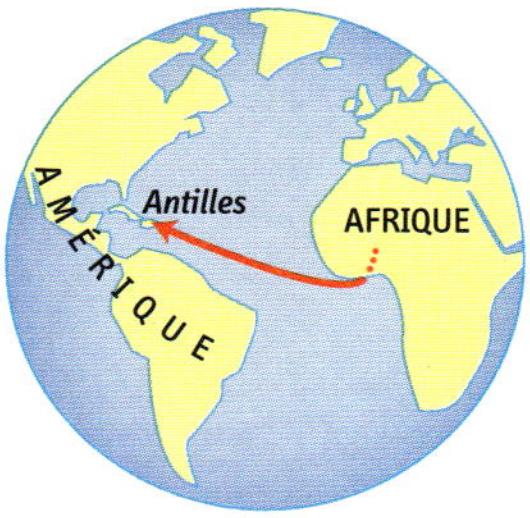

Comment les esclaves sont-ils conduits d'Afrique jusqu'en Amérique ?

1 L'achat des esclaves en Afrique

(Marchand d'esclaves de Gorée, gravure de Jacques Grasset de Saint-Sauveur dans *L'Encyclopédie des voyages*, 1795-1796. Bibliothèque des Arts Décoratifs, Paris.)

Gorée est une île de l'Atlantique en face de la côte sénégalaise. Les esclaves portent le collier de la servitude.

2 Le trajet jusqu'à la côte

« Font-ils la route par terre ? Attachés les uns aux autres avec des fourches ou des courroies de cuir, obligés à de longues marches dans des bois ou des déserts, manquant souvent d'eau ou de provisions, il en périt un grand nombre. Arrivés sur la côte, les capitaines ne les achètent qu'après leur avoir fait subir l'examen le plus honteux. Le chirurgien les visite comme un boucher visite le bétail qu'il marchande à la foire. Il recherche s'ils n'ont point d'infirmités, s'ils ont les dents blanches, le jarret nerveux, la poitrine bonne, une constitution vigoureuse ; en un mot, s'ils pourront supporter le travail auquel ils vont être condamnés. »

■ **B.-S. Frossard, *La Cause des esclaves nègres*, 1789.**

3 La traversée de l'Atlantique

« On nous installa tous sous le pont [...]. Cela généra d'abondantes transpirations, de sorte que l'air devint presque irrespirable, à cause d'une variété d'odeurs répugnantes, et provoqua une maladie parmi les esclaves dont plusieurs en moururent [...]. Cette situation misérable fut encore aggravée par le bruit irritant des chaînes, maintenant devenues insupportables ; et la crasse des latrines. Les cris des femmes et les gémissements des personnes mourantes rendaient toute la scène atroce. Heureusement pour moi, peut-être, je devins bientôt si faible en cet endroit qu'on jugea nécessaire de me laisser sur le pont presque tout le temps, et parce que j'étais jeune on ne me mit pas aux fers [...]. Un jour, deux de mes compatriotes enchaînés l'un à l'autre, préférant la mort à une telle vie de misère, passèrent à travers les filets [sur les côtés du bateau] et sautèrent à la mer. »

■ **Olaudah Equiano (un esclave affranchi), *Ma Véridique Histoire*, 1789.**

ACTIVITÉS

Je m'informe sur Internet @

Sur le site « Mémorial de l'abolition de l'esclavage », cliquez sur la rubrique « Esclavage et lutte pour la liberté », puis sur « La traite négrière atlantique et l'esclavage colonial ».

4 Sur un navire négrier (Anonyme, *Traversée, danse des nègres*, 1837. Musée d'Aquitaine, Bordeaux.)
Les esclaves, entassés sur l'entrepont (sous le pont), sont de temps en temps sortis à l'air libre. On les lave à l'eau de mer et on les fait « danser ».

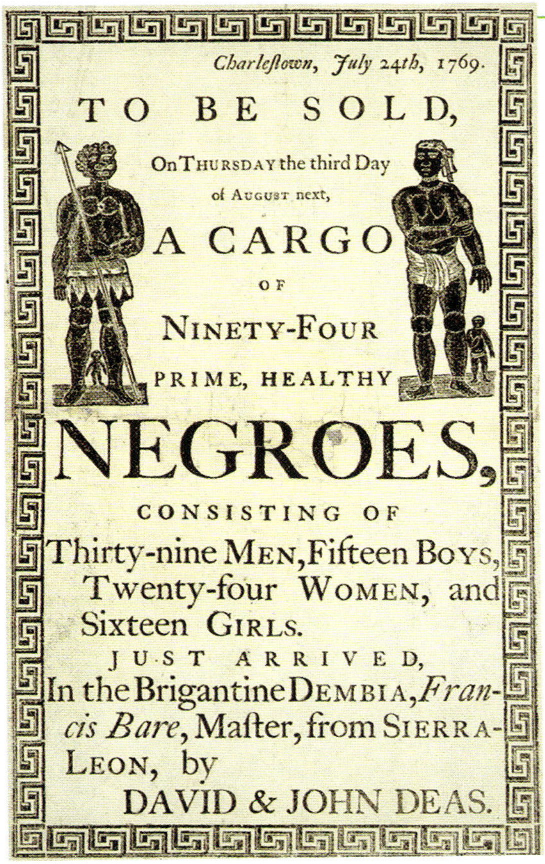

Charleftown, July 24th, 1769.

TO BE SOLD,

On THURSDAY the third Day of AUGUST next,

A CARGO OF NINETY-FOUR PRIME, HEALTHY

NEGROES,

CONSISTING OF

Thirty-nine MEN, Fifteen BOYS, Twenty-four WOMEN, and Sixteen GIRLS.

JUST ARRIVED,

In the Brigantine DEMBIA, *Francis Bare*, Mafter, from SIERRA-LEON, by

DAVID & JOHN DEAS.

5 La vente d'un arrivage d'esclaves en Amérique du Nord
(Affiche annonçant une vente d'esclaves après leur débarquement à Charleston en 1769.)

ACTIVITÉS

1. **Doc. 1** | À quoi reconnaît-on les esclaves ? Qui les vend et qui les achète ?
2. **Doc. 2** | **a)** Pourquoi fait-on subir un examen aux esclaves ?
   b) Quels mots prouvent que l'auteur est favorable aux esclaves ?
3. **Doc. 3** | **a)** Qui est l'auteur du texte ?
   b) D'après l'auteur, qu'est-ce qui explique la mortalité des esclaves pendant la traversée atlantique ?
4. **Doc. 4** | Comment et pourquoi les marins font-ils « danser » les esclaves ?
5. **Doc. 5** | **J'analyse un document**
   a Identifiez le document.
   b Complétez le tableau suivant :

Nombre et nature des esclaves	Origine des esclaves	Lieu et date de vente

   c Quelles sont les qualités des esclaves mises en avant par l'affiche ?

Tâche complexe

L'HISTOIRE AUTREMENT

Je raisonne

Choisir une démarche pour présenter la vie des esclaves dans une plantation

ACTIVITÉ

Vous vivez à la fin du XVIIIe siècle, et vous êtes membre de la Société des amis des Noirs. Durant votre séjour dans les Antilles françaises, vous visitez une plantation où sont employés de nombreux esclaves.

À votre retour, vous racontez à vos amis la vie des esclaves dans une plantation d'Amérique.

Coup de pouce

- Vous pouvez :
  – Décrire l'organisation de la plantation.
  – Raconter les conditions de vie et de travail des esclaves.
  – Décrire les lois qui encadrent la vie des esclaves.
  – Raconter leurs loisirs (voir ressource Internet, les esclaves et la danse).
- Pour bien faire comprendre vos propos, vous pouvez vous appuyer sur deux ou trois images bien choisies.

Boîte à outils

Ressources numériques

- Une vie d'esclave, *L'Histoire* (souvenirs d'un ancien esclave dans une plantation de coton)
  hatier-clic.fr/hg4005
- L'Histoire par l'image, Histoire de l'esclavage (Vision d'esclaves, les esclaves et la danse)
  hatier-clic.fr/hg4006
- L'Histoire par l'image, Histoire de l'esclavage (Les révoltes des esclaves, le marronnage)
  hatier-clic.fr/hg4007

La vie des esclaves dans les plantations

1 Le travail dans la plantation

(William Clark, *Esclaves coupant la canne à sucre*, île d'Antigua aux Antilles, 1823. British Library, Londres.)

Les esclaves procèdent à la coupe de la canne à sucre et au transport vers le moulin où la canne sera broyée. Le propriétaire blanc donne ses ordres à un contremaître, peut-être lui aussi esclave, chargé d'organiser le travail.

2 Le travail des esclaves

Le pasteur Frossard décrit le travail des esclaves dans les Antilles françaises.

« Ceux qui vont au jardin, c'est-à-dire qui cultivent la plantation, sont réveillés avant l'aurore par le claquement du fouet du Commandeur chargé d'inspecter leur conduite et de punir leur négligence. À midi, on leur accorde deux heures, non pour prendre un repos si nécessaire sous ces latitudes quand on a labouré sept heures, mais pour aller préparer leur repas. À deux heures précises, le Commandeur rappelle à la plantation ; et le travail dure jusqu'à la nuit pour ceux qui ne sont pas obligés de veiller au moulin [...].

Le travail de ceux qui sont au moulin ou aux chaudières est extrêmement pénible, et demande des ouvriers très exercés [...]. Aussi l'excès de fatigue tue-t-il bientôt ceux qui y sont soumis. »

▪ B.-S. Frossard, *La Cause des esclaves nègres*, 1789.

3 Une plantation sucrière aux Antilles

(Planche de *l'Encyclopédie*, 1751-1772.)

1 La maison du maître 2 Les cases des esclaves 3 Les plantations de canne à sucre 4 La prairie (pâturage des animaux)
5 Cultures de manioc et de bananiers pour les vivres 6 Le moulin à eau (qui permet d'écraser la canne à sucre)
7 La sucrerie avec ses chaudières 8 La purgerie pour entreposer les pains de sucre et les égoutter

4 Les cases des esclaves

« Chaque famille a sa case [...]. Les cases n'ont qu'une porte et une fenêtre. Elles sont alignées et placées à distance de l'habitation des maîtres et sous le vent, pour préserver celle-ci des incendies qui sont assez fréquents, car les Nègres font du feu dans leur case presque toute la nuit pour dissiper l'humidité [...]. Leurs lits, composés de planches, sont dans de petits enfoncements [...]. Leurs meubles sont quelques calebasses[1], un banc, une table et des ustensiles de bois. »

▪ **B.-S. Frossard, *La Cause des esclaves nègres*, 1789.**

1. Récipients faits à partir de courges.

Vocabulaire

Une plantation : dans les pays tropicaux, un grand domaine spécialisé dans certaines cultures (canne à sucre, café, coton...).

5 Le Code noir dans les colonies françaises

Dans les colonies françaises, le traitement des esclaves est codifié par le Code noir de 1685.

« **Article 27.** Les esclaves infirmes par vieillesse, maladie ou autrement [...] seront nourris et entretenus par leur maître.
Article 28. Déclarons que les esclaves ne pourront rien avoir qui ne soit à leur maître [...].
Article 33. L'esclave qui aura frappé son maître, ou la femme de son maître, ou sa maîtresse [...], ou leurs enfants, avec contusion, ou effusion de sang, sera puni de mort.
Article 38. L'esclave fugitif qui aura été en fuite pendant un mois à compter du jour que son maître l'aura dénoncé en justice, aura les oreilles coupées et sera marqué d'une fleur de lys sur une épaule. Et s'il récidive, il aura le jarret coupé et il sera marqué d'une fleur de lys sur l'autre épaule.
Article 42. Les maîtres pourront, seulement lorsqu'ils croiront que leurs esclaves l'auront mérité, les faire enchaîner et les faire battre de verges ou de cordes. Mais nous leur défendons de leur donner la torture et de les mutiler, sous peine de leur confisquer les esclaves et d'agir contre eux. »

▪ **Code noir, 1685.**

2 La traite atlantique

Comment se développe l'esclavage dans les colonies ?

hatier-clic.fr/hg4008
hatier-clic.fr/hg4009

A Les traites négrières

1. L'esclavage est un phénomène ancien en Afrique. Il est pratiqué depuis longtemps **par les Africains eux-mêmes** qui organisent le commerce des esclaves à l'intérieur du continent (traite interne). Il est aussi le fait des **Arabes** qui organisent la **traite négrière** à travers le Sahara et l'océan Indien.

2. **La traite atlantique**, commencée vers 1550, connaît un essor considérable au XVIIIe siècle (DOC. 1 À 4). **Les navires européens se rendent en Afrique pour acheter des esclaves qu'ils vont ensuite revendre dans les colonies d'Amérique.** Les navires négriers sont surtout originaires d'Angleterre, de France, du Portugal et se fournissent principalement **dans le golfe de Guinée** et le centre-ouest de l'Afrique. Au total, **on estime ainsi à plus de 12 millions** le nombre d'esclaves africains qui ont traversé l'Atlantique.

B L'organisation de la traite atlantique

1. Les esclaves sont d'abord **capturés** ou achetés par des rois ou des marchands africains. Ils sont ensuite **acheminés jusqu'à la côte** dans de longs voyages à pied ou en pirogue. Les plus recherchés sont les jeunes adultes masculins mais il y a aussi des femmes et des enfants. **Les capitaines des navires négriers les échangent contre des armes, de l'alcool ou des tissus.**

2. La **traversée de l'Atlantique** dure plusieurs semaines et est très éprouvante. Entassés et enchaînés sur l'entrepont, beaucoup d'esclaves meurent de maladies, d'épuisement ou par suicide : environ 10 % décèdent durant la traversée. **Arrivés en Amérique, ils sont vendus aux enchères** aux colons. **Les navires négriers sont ensuite chargés de produits tropicaux** qu'ils ramènent en Europe.

C L'esclavage dans les colonies

1. **Le travail dans les plantations d'Amérique est harassant.** Les esclaves ont une protection juridique très réduite et leur propriétaire a presque tous les droits sur eux (**Code noir** de 1685 pour les colonies françaises). Ils sont mal nourris et mal logés et subissent de fréquents **châtiments corporels** (DOC. 5). Les **affranchissements** sont rares, et l'espérance de vie des esclaves ne dépasse pas une dizaine d'années.

2. Dans la deuxième moitié du XVIIIe siècle, **les révoltes d'esclaves se multiplient** dans les îles d'Amérique, en particulier à Saint-Domingue. En Angleterre et en France, on commence à s'émouvoir de leur situation.

1 Les esclaves dans les Antilles françaises

	Vers 1700	Vers 1790
Saint-Domingue (Haïti)	5 000	480 000
Martinique	14 600	84 000
Guadeloupe	6 700	85 500

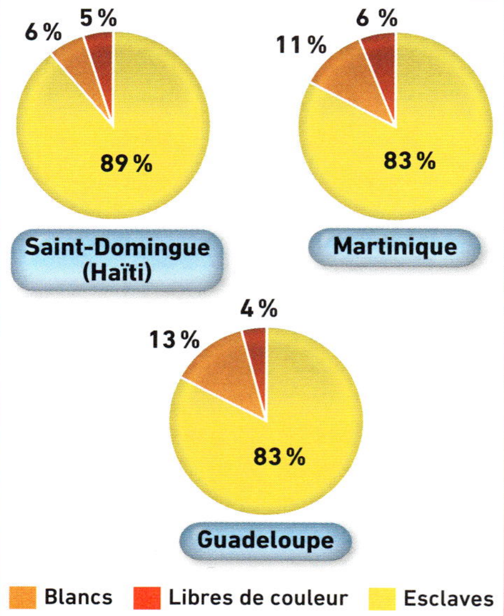

2 La répartition de la population dans les Antilles françaises (1790)

Doc. 1 et 2 |

1. Comment évolue le nombre d'esclaves dans les Antilles ? Dans quelle proportion ?
2. Comment expliquer l'utilisation croissante d'esclaves ?
3. Les affranchissements sont-ils nombreux ? Justifiez.

Vocabulaire

Un affranchissement : la libération d'un esclave par son propriétaire.

Une plantation : voir p. 24-25.

La traite atlantique : le commerce des esclaves entre l'Afrique et l'Amérique.

Les traites négrières : le commerce des esclaves noirs d'Afrique.

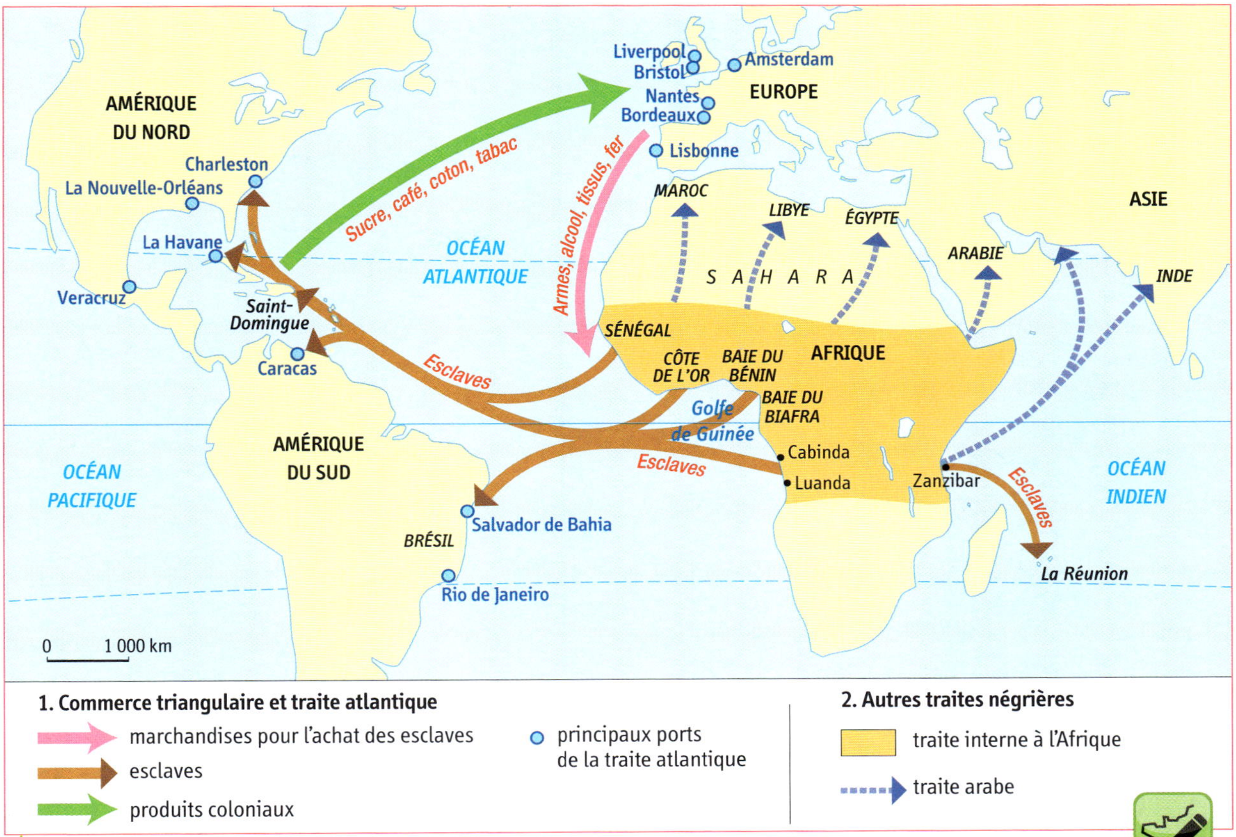

3 Commerce triangulaire et traites négrières au XVIIIe siècle

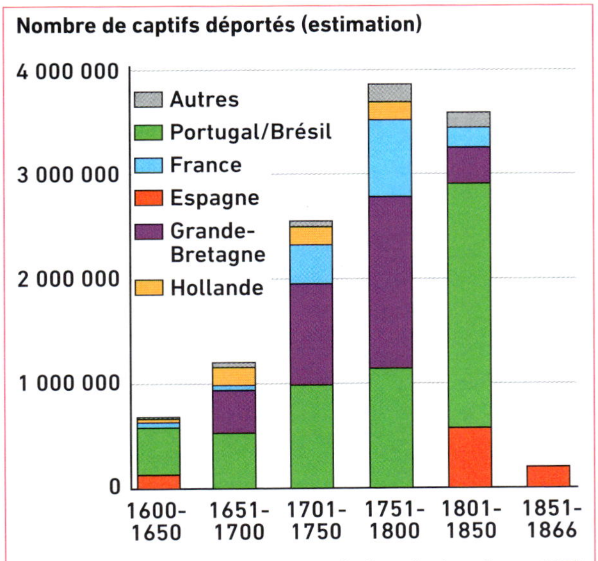

Source : *Comprendre la traite négrière atlantique*, Sceren 2009.

4 Estimation du nombre de captifs embarqués (par pavillon du navire)

1. Comment évolue le trafic des esclaves ?
2. Citez dans l'ordre d'importance les quatre premiers pays trafiquants vers 1780.
3. Comment s'explique la quasi-disparition du trafic vers 1850 ?

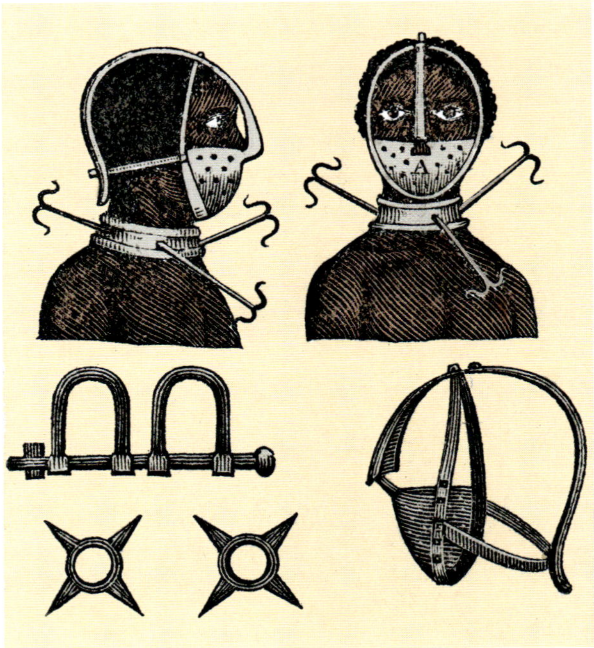

5 Instruments pour esclaves

(Gravure anglaise, XIXe siècle.)

Le masque a pour but d'empêcher les esclaves de se suicider en mangeant de la terre. Le collier à fourche empêche la fuite dans les fourrés.

Je pratique différents langages

1 Rédiger un texte de synthèse sur le Canada au XVIIIe siècle

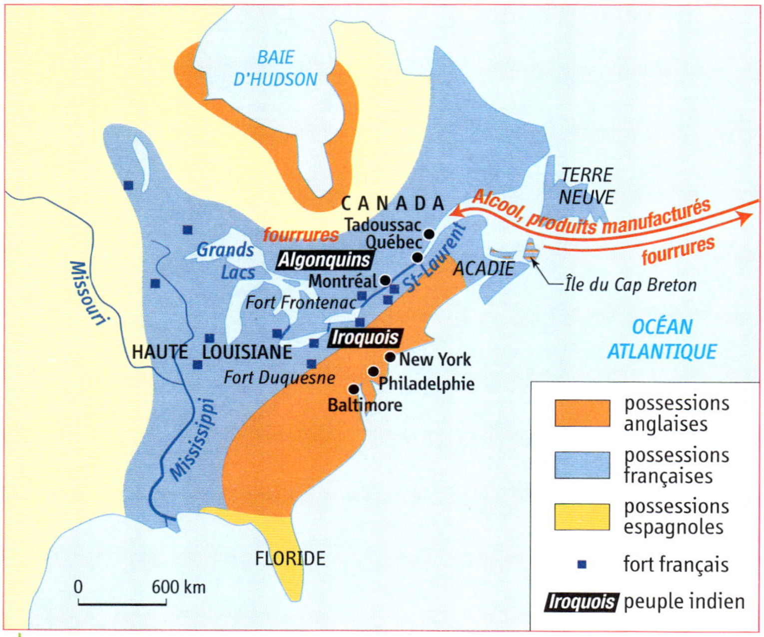

1 Le Canada au milieu du XVIIIe siècle

2 Le traité de Paris de 1763

Extrait du traité de Paris (1763) conclu pour mettre fin à la guerre de Sept Ans entre la France et l'Angleterre pour les colonies.

« **Article 4.** Sa Majesté très Chrétienne [le roi de France] renonce à toute prétention sur l'Acadie et la garantit toute entière au roi de la Grande-Bretagne. De plus, Sa Majesté Très Chrétienne cède et garantit à Sa-dite Majesté Britannique, en toute propriété, le Canada ainsi que l'île du Cap Breton et toutes les autres îles dans le Golfe et fleuve du Saint-Laurent.

Article 8. Le Roi de Grande-Bretagne restituera à la France les îles de la Guadeloupe, de Marie-Galante, de la Désirade, de la Martinique [...]. »

3 Le commerce avec les Indiens
(Gravure, 1777. The Granger Collection, New York.)

1. **Doc. 1** | À qui appartient le Canada au milieu du XVIIIe siècle ? Quelles en sont les principales villes ?
2. **Doc. 1 et 3** | Montrez que l'image (doc. 3) illustre bien la carte (doc. 1).
3. **Doc. 1** | Qu'est-ce qui peut justifier l'intérêt de l'Angleterre pour le Canada ? Comment le Canada est-il protégé ?
4. **Doc. 2** | Quand et comment la France perd-elle le Canada ? Quels sont les territoires reconnus à la France par l'Angleterre ?
5. **Rédaction** Décrivez la colonie du Canada au XVIIIe siècle et montrez qu'elle est un enjeu entre la France et l'Angleterre.

Coup de pouce
- Décrivez la colonie : situation, peuplement, commerce.
- Expliquez pourquoi et comment l'Angleterre s'en empare.

J'analyse un document 2 Analyser un graphique

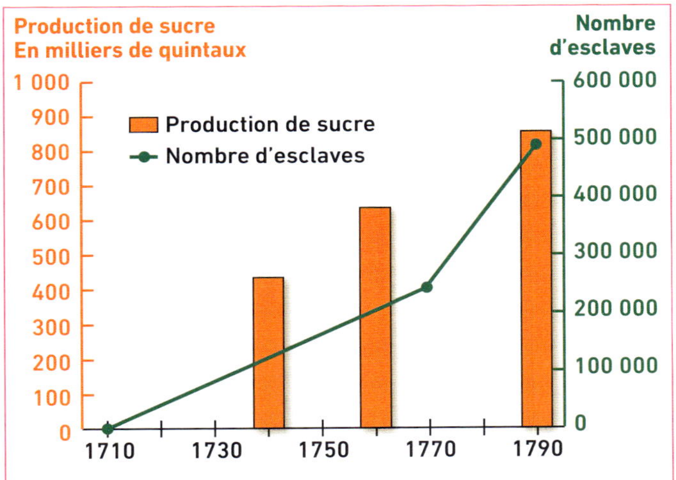

Source : *Comprendre la traite négrière atlantique*, Sceren 2009.

Production sucrière et nombre d'esclaves à Saint-Domingue (1710-1790)

Je présente le graphique

1. Quel est le sujet du graphique ? Quelle est la période représentée ? Situez Saint-Domingue.
2. Que représente la courbe ? Que représentent les barres ?

Je décris le graphique

3. Décrivez l'évolution du nombre d'esclaves de 1710 à 1790 à Saint-Domingue.
4. Quelle est la production de sucre en 1740 ? En 1790 ? Comment a-t-elle évolué ?

J'explique le graphique

5. Expliquez le lien entre l'évolution du nombre d'esclaves à Saint-Domingue et celle de la production sucrière.

J'analyse un document 3 Analyser un texte sur la traite des esclaves

Document

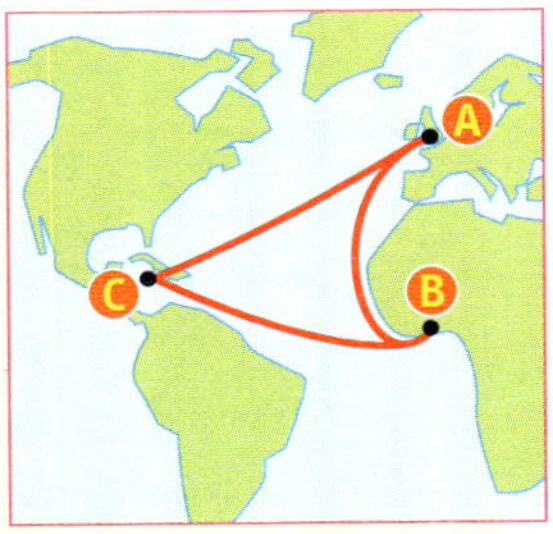

« Liverpool, 18 juillet 1803
Notre bateau, l'*Enterprize*, dont vous êtes nommé capitaine, étant désormais prêt à appareiller, vous êtes prié de vous installer immédiatement à bord et de gagner au plus vite Bonny [Côte de l'Or] sur le rivage de l'Afrique. Vous trouverez ci-joint une facture de la cargaison embarquée que vous négocierez contre des Nègres de premier choix, de l'ivoire et de l'huile de palme. Ce navire est légalement habilité à transporter 400 Nègres et nous demandons qu'ils soient tous mâles si possible ; en tout cas, achetez aussi peu de femmes que vous pourrez car nous souhaitons écouler votre cargaison sur le marché espagnol[1] où les femmes s'écoulent très mal. Dans le choix des Noirs, soyez très scrupuleux, sélectionnez ceux qui sont forts et bien formés ; n'en achetez pas qui aient plus de vingt-quatre ans, car il se pourrait que vous alliez à la Jamaïque[2] où, vous le savez, quiconque dépasse cet âge est soumis à une taxe de 10 livres par tête. Pendant la traversée, permettez aux esclaves toute satisfaction compatible avec la sécurité et ne souffrez qu'aucun officier ou membre d'équipage les maltraite ou les insulte de quelque façon. »

▪ Lettre d'instruction pour le capitaine Cesar Lawson par Thomas Leyland, armateur, le 18 juillet 1803.

1. Dans les colonies espagnoles des Antilles. 2. Colonie anglaise des Antilles.

J'identifie le texte

1. Quelle est la nature du texte ? Quelle est sa date ?
2. Qui est l'auteur du texte ? le destinataire ?

J'analyse le texte

3. À quels lieux du texte correspondent les lettres A, B, C sur le croquis ?
4. Quels produits le capitaine doit-il acheter en Afrique ?
5. Complétez le tableau suivant sur le choix des esclaves.

Choix des esclaves	Raison du choix

6. Comment doivent être traités les esclaves pendant la traversée ? Pourquoi ?

Je raisonne

4 Présenter la *Marie-Séraphique*, un navire négrier

- Vous êtes étudiant en Histoire et votre professeur vous demande de faire un exposé sur le transport des esclaves dans un navire négrier, la *Marie-Séraphique*. Il vous fournit un plan et quelques informations. Attention, vous avez un temps limité et votre exposé doit être complet et organisé !

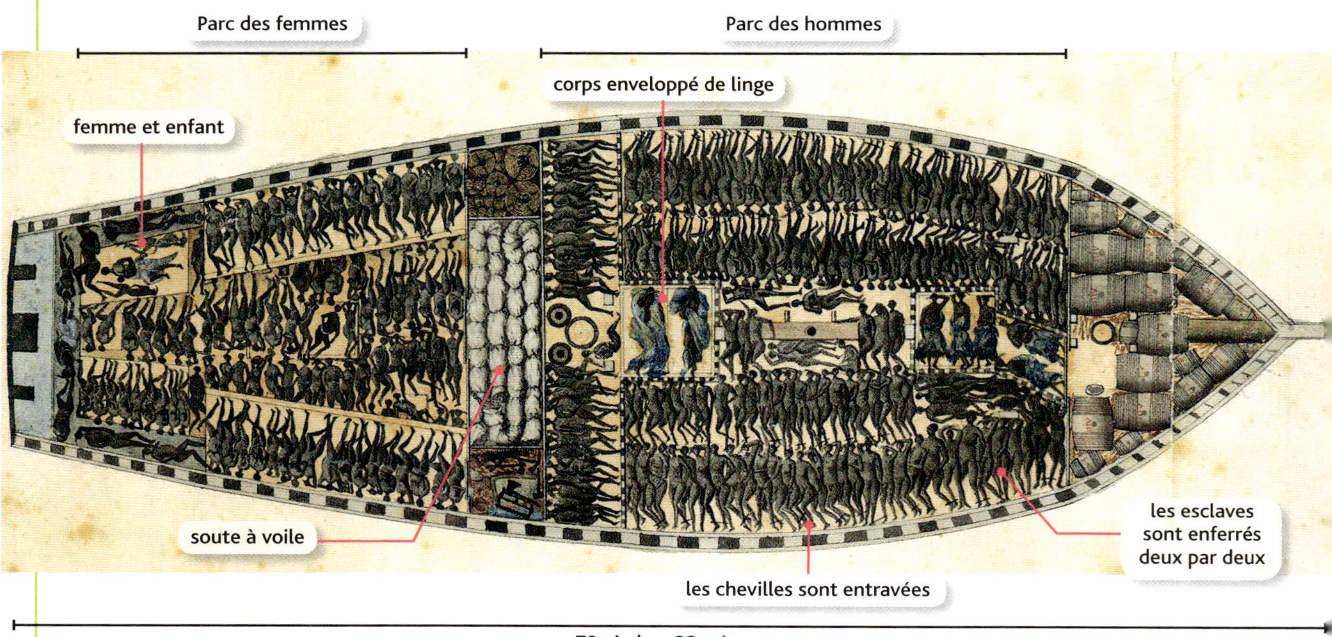

1 Plan d'un navire négrier : la *Marie-Séraphique*

(Aquarelle réalisée à la demande de l'armateur de la *Marie-Séraphique*, navire négrier nantais, vers 1770.)

Les 307 esclaves ont été acquis par le capitaine Gaugy, le navire a été armé par le négociant et armateur Jacques Barthélemy Gruel.
Ils sont parqués sur l'entrepont, c'est-à-dire à l'étage situé sous le pont. Sous l'entrepont, la cale contient de la nourriture (pain, fève, riz), de très nombreuses barriques d'eau et de la poudre à canon.
On voit ici les esclaves à leur arrivée à Saint-Domingue.

2 Le trajet de la *Marie-Séraphique*

1er mai 1769 : le bateau quitte Paimbœuf près de Nantes.
22 août 1769 : le bateau arrive à Loangue (actuelle Angola).
18 décembre 1769 : départ de Loangue chargé de 312 esclaves.
15 février 1770 : arrivée devant la rade du Cap français à Saint-Domingue. Début de la mise en vente.

3 Les esclaves chargés par la *Marie-Séraphique* à Loangue

192 hommes esclaves
60 femmes esclaves
60 enfants esclaves
Total : 312 esclaves

JE CONSTRUIS MON BILAN

hatier-clic.fr/hg4010 hatier-clic.fr/hg4011

1 Je réalise une carte mentale sur le grand commerce

- Réalisez cette carte mentale en répondant aux questions posées.

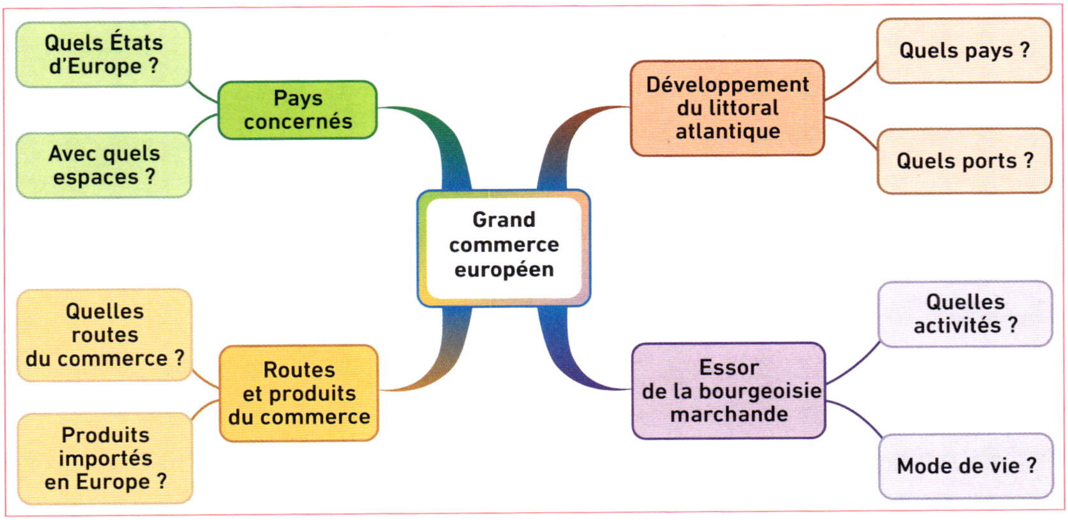

2 Je connais l'organisation du commerce triangulaire

- Recopiez et complétez le schéma avec les mots suivants :
  • *Tissus, armes, alcool* • *Produits tropicaux* • *Esclaves* • *Achat d'esclaves*
  • *Développement des plantations*

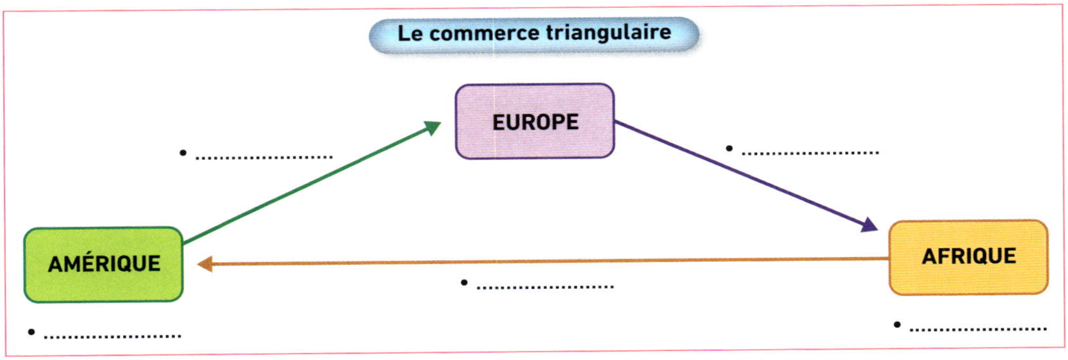

3 Je connais le vocabulaire du chapitre

- Retrouvez les mots correspondant aux définitions suivantes :
  a. Un territoire occupé et exploité par un pays étranger.
  b. Un établissement commercial établi dans un pays étranger.
  c. L'ensemble des colonies administrées par une puissance coloniale.
  d. Un marchand qui fait du commerce de gros.
  e. Une personne qui possède et équipe des navires de commerce.
  f. Le commerce des esclaves entre l'Afrique et l'Amérique.
  g. Le commerce pratiqué par les navires européens entre l'Europe, l'Afrique et l'Amérique.
  h. Dans les pays tropicaux, un grand domaine spécialisé dans certaines cultures.

EPI Une scène de théâtre sur les

Avec vos professeurs d'histoire, de français, d'arts plastiques et d'éducation musicale, vous allez imaginer, rédiger et jouer une scène de pièce de théâtre ayant pour thème l'esclavage des Noirs au XVIIIe siècle. Suivez les étapes du projet !

1 Choisir les thèmes à aborder

Appuyez-vous sur la « Boîte à idées », sur vos recherches documentaires et sur les connaissances que vous avez acquises sur le sujet dans les différentes matières (« Traites négrières et essor de l'esclavage dans les colonies » en histoire, « La fiction pour interroger le réel », « S'engager dans le jeu théâtral » en français, étude des worksongs en éducation musicale, etc.).

BOÎTE À IDÉES

- Capture des Noirs
- L'épreuve de la traversée de l'Atlantique
- Le marché aux esclaves, la vente
- Conditions de vie et de travail dans une plantation
- Les femmes doublement victimes (esclavage et machisme)
- Les mauvais traitements
- Les rapports maîtres-esclave (confrontation des valeurs)
- La révolte ou la fuite

2 Rechercher des informations et des documents

Travaillez en groupes et sollicitez votre professeur documentaliste. Vous pouvez utiliser la rubrique « Enquête doc' ».

Mémoires
Olaudah Equiano, *Ma véridique histoire*, Éditions Mercure de France, 2008.

Essai
Éric Saugera, *La Traite des Noirs en 30 questions*, Éditions Geste, 2003.

Bande dessinée
François Bourgeon, *Les Passagers du vent*, Éditions Delcourt, 2014.

ENQUÊTE DOC'

Film

- *Racines (Roots)* série américaine de 1977 en 6 épisodes, d'après le roman d'Alex Haley.
- *Amistad*, film américain de Steven Spielberg, 1997. Inspiré de faits réels.
- *12 years a slave*, film américain de Steve McQueen, 2013 d'après le récit autobiographique de Solomon Northup.

Sites Internet

- Sur la traite négrière : https://fr.vikidia.org (rechercher « Traites négrières »)
- Sur musée d'Histoire de Nantes : www.chateaunantes.fr
- Sur les worksongs et le negro spiritual : http://inmusica.fr
- Sur la musique de l'esclavage : www.fipradio.fr

3 Imaginer et rédiger une scène

En groupes, imaginez et écrivez votre scène. Répartissez-vous les rôles.

QUI FAIT QUOI ?

1. Choisissez le genre (tragédie, farce, comédie…) et le thème.
2. Résumez votre scène en deux phrases.
• Situez-la dans une unité de temps et de lieu.
3. Inventez les personnages, leur histoire, leur personnalité.

→

4. Rédacteurs
• Élaborez les dialogues des personnages en pensant au rythme et à susciter l'émotion du spectateur. La scène doit comporter un début, une action, une fin.
Mise en scène
• Proposez des didascalies (ton de la voix, gestes des personnages, déplacements, etc.). Rédigez vos indications.
Costumes et décor
• Décrivez le décor. Proposez des costumes, des accessoires. Attention à bien respecter l'époque !
Animation sonore
• Prévoyez des bruitages pour rendre la scène plus réaliste.

→

5. Rédigez la scène.
• Rassemblez les dialogues et les indications scéniques (la mise en scène et le décor figurent dans les didascalies). Corrigez votre texte.
• Relisez votre texte à haute voix pour en vérifier le rythme.
6. Distribuez les rôles et préparez-vous à jouer.

Qu'est-ce qu'une scène de théâtre ?

La forme

- Le noms des personnages présents est donné au début de la scène.
- Les répliques des personnages sont précédées de leur nom, donné en majuscules.
- Les indications de mise en scène (décor, costume, jeu, intonation de la voix...), appelées didascalies, sont données en italique.

Le contenu

- Une scène prend fin à l'entrée ou la sortie d'un personnage.

Elle présente des actions qui ont lieu dans un même lieu, et dans une même unité de temps.
Elle fait progresser l'intrigue et propose un début, une action et une fin, même si le texte est court.

Un exemple de scène de théâtre (extraits)

Les captifs de Gorée

Liste des personnages présents dans la scène.

Didascalies :
• Époque, lieu où l'action est située.
• Décor, déplacement et gestuelle des personnages.

Thème : la traversée de l'Atlantique sur un navire négrier.
Genre : tragédie

Le début de la scène montre la rencontre des deux personnages.

Acte I – Scène 2
AMOUNOU, NAMBO, UN NÉGRIER

L'action se déroule vers le milieu du XVIIIe siècle dans l'île de Gorée, sur un navire négrier en partance pour l'Amérique.
Des Africains qui ont été capturés sont entassés dans la cale, où d'autres sont déjà prisonniers. On entend des gémissements d'esclaves.
Nambo, esclave, jeune et fort, pénètre dans la cale, les poignets menottés. Il s'assoit tant bien que mal près d'Amounou, un adolescent prostré dans un coin, assis sur le plancher, la tête entre les mains.

NAMBO, *regardant Amounou, lui parlant à voix basse.* – Comment t'appelles-tu ? D'où es-tu ? *(Amounou reste silencieux, Nambo insiste d'une voix plus forte)* Pourquoi restes-tu silencieux ?

AMOUNOU, *baissant les mains et levant son visage triste vers Nambo.* – Qu'est-ce que tu veux, toi ?

[Résumé] Après s'être montré agressif, Amounou se confie à Nambo. Il est blessé à la jambe il a de la fièvre. Il raconte sa capture. Il explique que le geôlier l'a battu la dernière fois qu'il est entré dans la cale car il a essayé de lui demander de l'eau.

NAMBO, *le regard vibrant de colère.* – Je vais demander à boire pour toi.

On entend des pas lourds d'un négrier descendant dans la cale et son fouet qui claque. Nambo se lève.

[Résumé] Nambo interpelle le geôlier pour aider son ami, mais n'obtient rien ; l'homme l'ignore et le bouscule.

AMOUNOU, *désespéré, posant une main sur son épaule.* – Merci quand même.

La fin de la scène souligne l'amitié des personnages et montre la dureté des conditions de voyage des captifs.

CHAPITRE 2

L'Europe des Lumières

Comment les nouvelles idées des Lumières se diffusent-elles en Europe ?

1 Le philosophe Voltaire dînant chez le despote éclairé Frédéric II de Prusse
(Adolph Von Menzel, *La Table ronde*, huile sur toile, vers 1850. Alte Nationalgalerie, Berlin.)
Frédéric II 2 accueille Voltaire 1 et d'autres philosophes dans son château de Sans-Souci à Potsdam, près de Berlin.

Je me repère dans le temps

- 1715
- **1740** *Institutions de Physique* de Mme du Châtelet
- **1751** Début de la parution de l'*Encyclopédie*
- **1762** Voltaire et l'affaire Calas
- Despotisme éclairé
- L'EUROPE DES LUMIÈRES
- 1789

Compétences

Je me repère
- Situer les régimes politiques européens au XVIIIe siècle ▶ P. 36

J'analyse un document
- Un texte sur le modèle politique anglais ▶ P. 38

Je pratique différents langages
- Rédiger un texte sur Frédéric II de Prusse ▶ P. 44

Je raisonne
- Choisir une démarche pour présenter Mme du Châtelet ▶ P. 40

2 La naissance de l'opinion publique

Dans la deuxième moitié du XVIIIe siècle, les gens de lettres et de sciences des Lumières ont participé à la réalisation de l'*Encyclopédie*, dirigée par Diderot et d'Alembert et éditée de 1751 à 1772. Ouvrage monumental en 28 volumes, 71 818 articles, 2 784 planches d'illustration, l'*Encyclopédie* veut faire état de toutes les connaissances de l'époque (scientifiques, littéraires, économiques...). Mais elle expose aussi les idées critiques des Lumières sur la société d'ordres, la religion et l'absolutisme, de façon détournée pour éviter la censure royale.

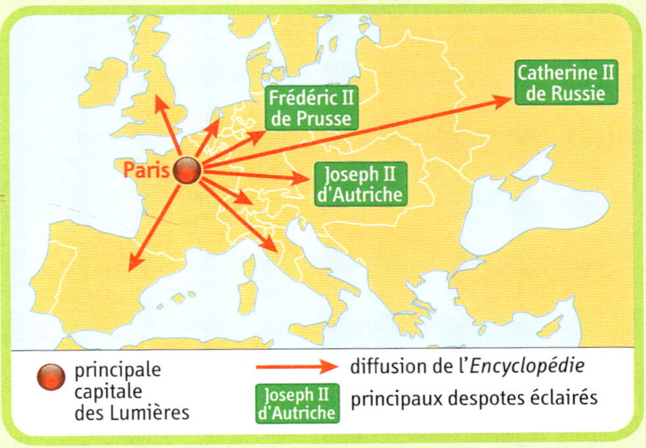

ÉTUDE

L'Europe « absolutiste »

COMPÉTENCE
Je me repère
Situer les régimes politiques européens au XVIIIe siècle

Au XVIIIe siècle, la plupart des États sont dirigés par des monarques qui détiennent un pouvoir absolu et la société est dominée par les ordres de la noblesse et du clergé.

Quels sont les fondements politiques et sociaux de l'Europe absolutiste du XVIIIe siècle ?

1 Louis XV (1715-1774) en tenue de sacre
(Louis-Michel Van Loo, *Louis XV, roi de France et de Navarre*, huile sur toile, vers 1760. Musée national des châteaux de Versailles et de Trianon.)

2 Le discours absolutiste

« C'est en ma personne seule que réside la puissance souveraine dont le caractère est l'esprit de conseil, de justice et de raison. C'est à moi seul qu'appartient le pouvoir législatif sans dépendance et sans partage. Mon peuple n'est qu'un avec moi. Les droits et les intérêts de la nation sont nécessairement unis avec les miens et ne reposent qu'en mes mains. »

▪ **Extrait du discours prononcé par Louis XV devant le parlement de Paris en pleine contestation parlementaire, mars 1766.**

3 Une lettre de cachet[1] de Louis XV

« Monsieur de B.
Je vous écris cette lettre de la main de mon oncle le duc d'Orléans, Régent, pour vous dire que mon intention est que vous receviez, dans mon château de la Bastille, le Sieur Harrouët[2], et que vous l'y déteniez jusqu'à nouvel ordre. Je prie Dieu qu'il vous ait, Monsieur de B., dans sa sainte garde.
Écrit à Paris, le 17 mai 1717
Louis. »

1. Une lettre par laquelle le roi peut condamner n'importe qui sans jugement et sans délai.
2. François-Marie Arouet, dit Voltaire.

4 Qu'est-ce que l'Ancien Régime en France au milieu du XVIIIe siècle ?

Une monarchie absolue	Une société d'ordres
• Le roi, lieutenant de Dieu sur Terre • Le roi peut changer toutes les lois de ses prédécesseurs • Le roi interdit la liberté de culte • Censure royale sur la presse • Par lettre de cachet, le roi peut emprisonner qui il veut sans jugement • Le roi doit cependant respecter les coutumes du royaume	• La société est divisée en trois ordres : le clergé, la noblesse et le tiers état (qui regroupe 98 % de la population) • La noblesse et le clergé sont des ordres privilégiés • La noblesse ne paie pas l'impôt royal, a des emplois réservés dans l'administration et l'armée, a des privilèges judiciaires et honorifiques (droit de porter l'épée...).

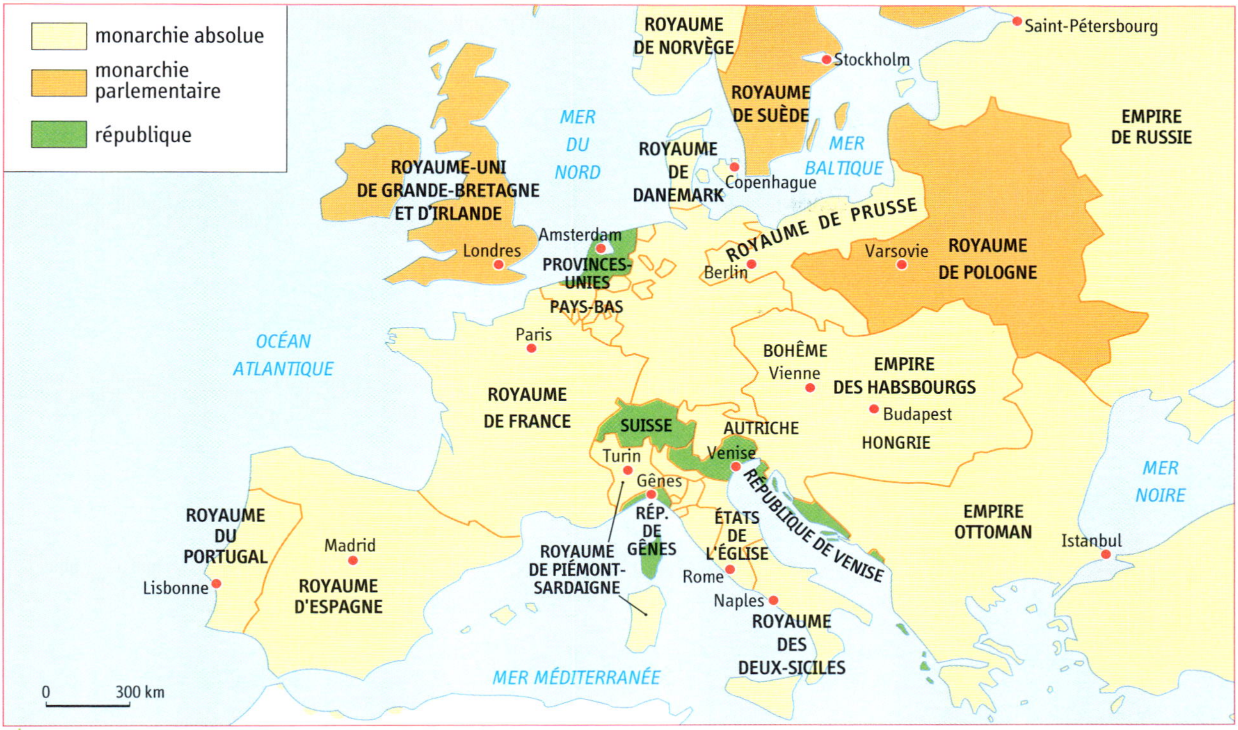

5 Les régimes politiques en Europe au XVIIIe siècle

6 Marie-Thérèse de Habsbourg (1740-1780)

(Martin Van Meytens, *Marie-Thérèse d'Autriche*, huile sur toile, 1759. Galerie de l'Académie des Beaux-Arts, Vienne.)

Marie-Thérèse de Habsbourg (1740-1780) dirige la Bohême, la Hongrie et l'Autriche. Elle gouverne en s'inspirant de la monarchie absolue française.

Vocabulaire

Une monarchie absolue : un régime politique dans lequel le roi contrôle tous les pouvoirs.

Une monarchie parlementaire : un régime politique dans lequel le roi partage le pouvoir avec un Parlement élu.

Une république : un régime politique sans monarque.

ACTIVITÉS

1. **Doc. 5** | Je me repère

   a Classez dans le tableau suivant les États indiqués sur la carte.

Monarchie absolue	Monarchie parlementaire	République

   b Soulignez en vert dans le tableau les deux États cités dans le dossier et l'État cité dans le dossier p. 44-45.

2. **Doc. 1 et 6** | Quels sont les symboles du pouvoir de Louis XV ? De Marie-Thérèse ?
3. **Doc. 2 et 3** | Quels éléments montrent que Louis XV est un roi absolu ?
4. **Doc. 4** |

   a) Quels sont les deux ordres privilégiés ? Citez deux privilèges de la noblesse.

   b) De quelles libertés les Français sont-ils privés ?

ÉTUDE

Voltaire, un philosophe des Lumières

COMPÉTENCE
J'analyse un document
Un texte sur le modèle politique anglais

Voltaire est un penseur français du XVIIIe siècle qui réfléchit sur son époque. On dit qu'il est un philosophe des Lumières parce qu'il veut éclairer ses contemporains en utilisant la raison.

Comment Voltaire remet-il en cause les fondements de la monarchie absolue de droit divin et la société d'ordres ?

hatier-clic.fr/hg4012

1 Portrait de Voltaire en 1736

(Maurice Quentin de La Tour, *Portrait de Voltaire*, huile sur toile, 1736. Musée du château de Versailles.)

Voltaire tient la *Henriade*, un poème qu'il a écrit en l'honneur du roi Henri IV. Cela ne tient pas au hasard : en 1598, ce roi a promulgué un édit de tolérance en faveur des protestants (l'édit de Nantes).

2 BIOGRAPHIE

Voltaire (1694-1778)

Voltaire, de son vrai nom François-Marie Arouet, est le fils d'un notaire. Membre du tiers état, ce philosophe, poète, historien et dramaturge est volontiers moqueur à l'égard des Grands et de l'Église. Il est emprisonné à deux reprises à la Bastille. Pour conserver sa liberté, il s'exile en Angleterre entre 1726 et 1729. Il y découvre un pays plus libre que la France. Menacé en France à cause de ses critiques du fanatisme et de l'absolutisme, il répond à l'invitation du roi de Prusse Frédéric II auprès duquel il devient conseiller (1750-1753), puis il s'installe à Genève. En 1758, il se retire à Ferney, à la frontière de la Suisse, pour s'y réfugier en cas de menace d'emprisonnement. Il écrit alors librement, accueille des visiteurs venus de toute l'Europe et s'engage pour de grandes causes. Il meurt à 84 ans au sommet de sa gloire.

3 Le modèle politique anglais par Voltaire

« La Chambre des Communes est véritablement la nation puisque chacun des membres est député du peuple. Les 8 millions de citoyens libres sont représentés par cette Chambre.

Voici à quoi la législation anglaise est parvenue : à remettre chaque homme dans tous les droits dont ils sont dépouillés dans presque toutes les monarchies. Ces droits sont : la liberté entière de sa personne, de ses biens, de parler à la nation par l'organe de sa plume, de ne pouvoir être jugé que suivant les termes précis de la loi, de professer en paix quelque religion qu'on veuille.

Ainsi vous pouvez être sûrs en vous couchant que vous ne serez pas enlevé des bras de votre femme au milieu de la nuit pour être conduit dans un donjon, que vous aurez en sortant du sommeil, le pouvoir de publier tout ce que vous pensez, que si vous êtes accusé soit pour avoir mal agi ou mal parlé ou mal écrit, vous ne serez jugé que suivant la loi. »

▪ **Voltaire, *Dictionnaire philosophique*, article « Gouvernement », 1764.**

Vocabulaire

Les philosophes des Lumières : les penseurs du XVIIIe siècle qui remettent en cause les fondements politiques, religieux et sociaux du monde à l'aide de la raison.

La raison : la faculté de connaître et de bien juger.

4 La remise en cause de la justice royale : l'affaire Calas

Marc-Antoine Calas est trouvé pendu dans la maison de son père, le protestant Jean Calas, en octobre 1761. La municipalité et le parlement de Toulouse accusent le père d'avoir tué son fils qui voulait se convertir au catholicisme. Jean Calas est condamné à mort et exécuté sans preuves le 9 mars 1762. Mais la famille Calas parvient à convaincre Voltaire de s'intéresser à ce procès. À partir de son refuge de Ferney, Voltaire mobilise l'opinion publique. Il publie le *Traité sur la tolérance* (1763), de nombreux textes contre le procès et inonde les ministres d'un abondant courrier. Il veut démontrer que les juges toulousains sont des catholiques intolérants qui ont condamné Jean Calas parce qu'il était protestant. En 1765, Voltaire parvient à faire réhabiliter Jean Calas par une assemblée de 80 juges et par le Conseil du roi. Le roi accorde en outre à la famille une pension de 36 000 livres.

La femme et les enfants de Calas se rendent auprès de Voltaire et lui demandent de les aider à le faire réhabiliter. Voltaire leur promet son appui. (École française, XVIIIe siècle. Musée Antoine Lécuyer, Saint-Quentin.)

5 Le noble et le négociant

« Le négociant entend si souvent parler avec mépris de sa profession qu'il est assez sot pour en rougir ; je ne sais pourtant lequel est le plus utile à un État, ou un seigneur bien poudré qui sait précisément à quelle heure le roi se lève, à quelle heure il se couche, et qui se donne des airs de grandeur en jouant le rôle d'esclave dans l'antichambre d'un ministre, ou un négociant qui enrichit son pays, donne de son cabinet des ordres à Surate et au Caire, et contribue au bonheur du monde. »

▪ **Voltaire, *Lettres Philosophiques*, 1734.**

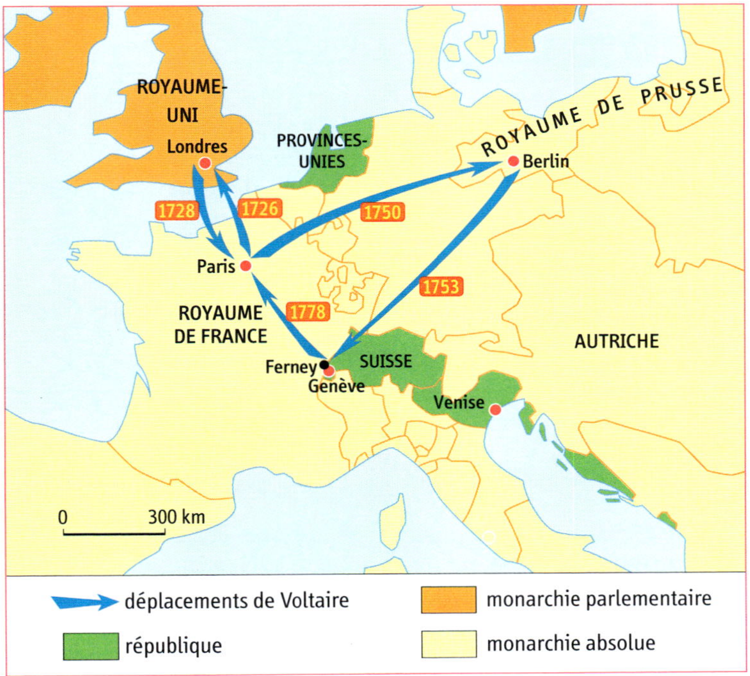

6 Les voyages de Voltaire

ACTIVITÉS

1. **Doc. 3** | **Je comprends un document**
   a Identifiez le document.
   b Comment Voltaire connaît-il si bien l'Angleterre (voir doc. 2) ?
   c Complétez le tableau sur le modèle politique anglais à l'aide du document.

Gouvernement	Libertés	Justice

   d Dans quel but Voltaire décrit-il le régime politique anglais ?
2. **Doc. 5** | Dans ce texte, quelle critique Voltaire fait-il de l'organisation de la société ?
3. **Doc. 3 et 4** | De quoi est accusé Calas ? Quelles critiques Voltaire fait-il de la justice ?
4. **Doc 1 à 6** | Quels moyens Voltaire utilise-t-il pour défendre ses idées en France et en Europe ?
5. **Doc. 2 et 6** | Montrez que les combats menés par Voltaire sont risqués.
6. Quelles critiques Voltaire fait-il de l'organisation politique et sociale de son temps et comment diffuse-t-il ses idées ?

Tâche complexe

L'HISTOIRE AUTREMENT

Je raisonne
Choisir une démarche pour présenter Mme du Châtelet

ACTIVITÉ

1749 : Madame du Châtelet vient de décéder des suites d'un accouchement à l'âge de 43 ans.

Vous êtes scientifique et vous décidez de présenter la vie et l'œuvre de cette femme de sciences aux membres de votre académie, qui ne la connaissent pas.

Coup de pouce

- Pour réaliser votre production, vous disposez de quelques documents dont vous devez impérativement vous servir. Vous pouvez aussi chercher des informations complémentaires. Vous pouvez :
  – présenter Émilie du Châtelet ;
  – décrire son œuvre scientifique, son influence sur Voltaire ;
  – raconter sa vie et son travail au temps des Lumières.

Boîte à outils

Ressources numériques

- La fiche de la Bibliothèque nationale de France sur Mme du Châtelet
  hatier-clic.fr/hg4013
- La fiche de l'exposition « Lumières ! » de la BNF sur Mme du Châtelet
  hatier-clic.fr/hg4014
- L'émission de radio « La marche de l'Histoire »
  hatier-clic.fr/hg4015

Émilie du Châtelet

une femme des Lumières

1 Madame du Châtelet à son bureau
(Maurice Quentin de La Tour, *Madame du Châtelet à son bureau*, huile sur toile, XVIIIe siècle. Collection privée, château de Breteuil.)

2 BIOGRAPHIE

Émilie du Châtelet (1706-1749)

1706 Naissance d'Émilie dans une famille noble.
1725 Elle épouse le marquis du Châtelet. Son premier enfant naît un an plus tard (elle en aura trois).
1734 Elle rencontre Voltaire, avec qui elle entretient une liaison amoureuse.
1740 Publication des *Institutions de Physique*.
1745 Elle commence à traduire les *Principes* de Newton.
1749 Elle meurt en accouchant.
1756-1759 Publication de sa traduction de Newton.

3 Une travailleuse acharnée

« Je me lève à neuf heures, quelquefois à huit, je travaille jusqu'à trois heures, je prends mon café ; je reprends le travail à quatre, je le quitte à dix pour manger un morceau seule, je cause jusqu'à minuit avec M. de Voltaire qui assiste à mon souper, et je reprends le travail à minuit jusqu'à cinq heures. Mon enfant remue beaucoup et se porte, à ce que j'espère, aussi bien que moi. »

■ **Lettre de Mme du Châtelet au marquis de Saint-Lambert, Paris, 21 mai 1749.**

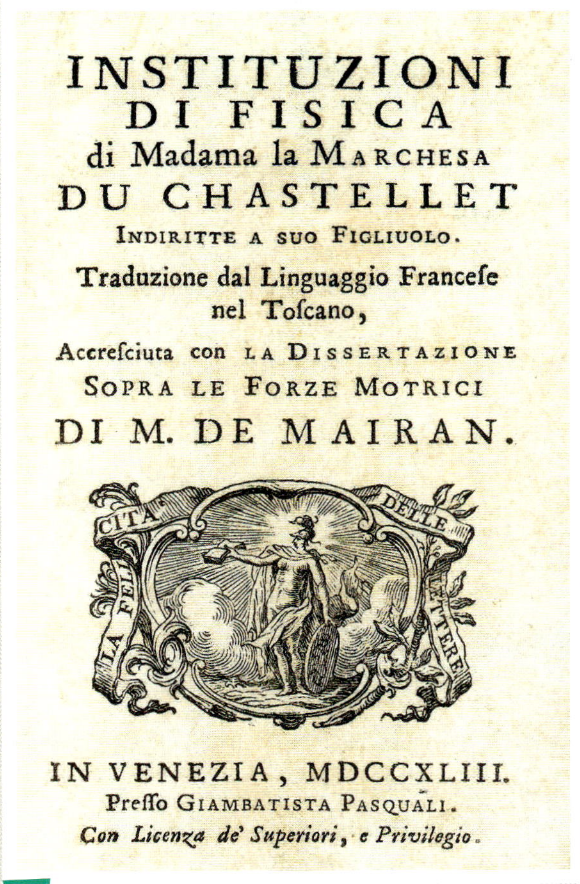

INSTITUZIONI
DI FISICA
di Madama la Marchesa
DU CHASTELLET
Indiritte a suo Figliuolo.
Traduzione dal Linguaggio Francese
nel Toscano,
Accresciuta con la Dissertazione
Sopra le Forze Motrici
DI M. DE MAIRAN.

LA FELICITA DELLE LETTERE

IN VENEZIA, MDCCXLIII.
Presso Giambatista Pasquali.
Con Licenza de' Superiori, e Privilegio.

4 Les *Institutions de Physique*, un succès européen

(Page de titre de l'édition italienne des *Institutions de Physique*, 1743. BNF, Bibliothèque de l'Arsenal, Paris.)

Institutions de Physique (1740) est un livre dans lequel Émilie du Châtelet cherche à concilier la physique de Newton avec la philosophie. Fort de son succès, l'ouvrage est réédité en 1742 et traduit en allemand et en italien. Elle est alors élue à l'Académie de Bologne en 1746.

5 Émilie du Châtelet éclaire Voltaire

(Illustration des *Éléments de la philosophie de Newton* de Voltaire, Amsterdam, 1738.)

La lumière venant de Newton 1 se reflète dans le miroir tenu par Émilie du Châtelet 2 qui éclaire Voltaire 3 à sa table. C'est grâce aux compétences en mathématiques et en physique de Mme du Châtelet que Voltaire comprend et diffuse les idée de Newton sur la gravitation en France.

6 La traductrice de Newton

« Cette traduction que les plus savants hommes de France devaient faire et que les autres doivent étudier, une femme l'a entreprise et achevée à l'étonnement et à la gloire de son pays. Gabrielle-Émilie de Breteuil, Marquise du Châtelet, est l'auteur de cette traduction, devenue nécessaire à tous ceux qui voudront acquérir ces profondes connaissances, dont le monde est redevable au grand Newton. Mme du Châtelet a rendu un double service à la postérité en traduisant les *Principes* de Newton, et en l'enrichissant d'un Commentaire. [...] Jamais femme ne fut si savante qu'elle. »

▪ **Voltaire, préface aux *Principes mathématiques de la philosophie naturelle par feue Mme la marquise du Châtelet*, 1759.**

7 Pour l'égalité homme-femme

Mme du Châtelet fait une critique de la société dans la préface d'un livre qu'elle vient de traduire de l'anglais au français.

« Pourquoi depuis tant de siècles, jamais une bonne tragédie, un bon poème, une histoire estimée, un beau tableau, un bon livre de physique, n'est sorti de la main des femmes ? Pourquoi ces créatures, dont l'entendement paraît en tout point si semblable à celui des hommes, semblent pourtant arrêtées par une force invisible ? Pour moi, j'avoue que si j'étais roi [...], je ferais participer les femmes à tous les droits de l'humanité, et surtout à ceux de l'esprit. Je suis persuadée que bien des femmes ou ignorent leurs talents, par le vice de leur éducation, ou les enfouissent par préjugé et faute de courage. »

▪ ***Émilie du Châtelet, La Fable des abeilles*, préface, 1735.**

1 Les idées des Lumières

Comment les savants et les philosophes remettent-ils en cause l'absolutisme ?

A Qu'est-ce que les Lumières ?

1. Au XVIIIe siècle, **la science fait d'importants progrès surtout en physique, en chimie, en botanique**. L'Anglais Newton découvre la loi de la gravitation universelle, le Français Lavoisier analyse la composition chimique de l'eau et de l'air et fonde la chimie moderne. **Les esprits cultivés s'intéressent aux travaux des savants et vulgarisent leurs découvertes.**

2. En France, des gens de lettres qu'on appelle des philosophes (DOC. 3) décident d'appliquer **l'usage de la raison à d'autres domaines que la science**. Ils exercent **leur raisonnement et leur esprit critique sur l'Église et la religion, l'organisation de la société ou la façon dont les pays sont gouvernés**. Ils s'appuient sur le **modèle anglais** où les libertés sont plus poussées et où le roi partage son pouvoir avec un Parlement.

3. Ces savants et ces philosophes appartiennent au **courant des « Lumières »** : ils veulent éclairer les esprits de leurs contemporains. Leur but avoué est de **faire progresser l'humanité et d'apporter le bonheur aux hommes**.

B La contestation de l'absolutisme

1. Les philosophes des Lumières critiquent **l'Église catholique** et ses abus ainsi que le **fanatisme religieux**. Ils réclament la **tolérance religieuse** (DOC. 5).

2. Les philosophes **remettent aussi en cause la société d'ordres**. Ils montrent que les hommes sont naturellement égaux et qu'ils doivent donc tous avoir les mêmes droits. Ils veulent ainsi **supprimer les privilèges** dont bénéficient la noblesse et le clergé concernant les impôts, les emplois ou la justice.

3. Les philosophes **critiquent aussi la monarchie absolue**. Ils rejettent le principe selon lequel le roi peut gouverner comme il lui plaît. Pour eux, il doit d'abord penser au bonheur de ses sujets. Montesquieu propose que le roi partage son pouvoir avec un Parlement (DOC. 4) alors que Rousseau est favorable au gouvernement du peuple (DOC. 1 ET 2). Tous réclament une **justice plus humaine** et condamnent la torture.

4. Enfin, les philosophes des Lumières **revendiquent toutes les libertés** dont sont privés les hommes et les femmes sous l'absolutisme : la liberté de culte, la liberté d'opinion, la liberté de presse, la liberté d'entreprise aussi. Ils montrent l'absurdité et l'inhumanité de l'esclavage dans les colonies.

1 BIOGRAPHIE

Rousseau (1712-1778)

Né dans une famille protestante de Genève, Jean-Jacques Rousseau est d'origine modeste : il est le fils d'un horloger. Il s'installe à Paris en 1742 où il fréquente les philosophes et rencontre Voltaire. Mais il occupe une place à part parmi les philosophes des Lumières. Dans le *Discours sur les sciences et les arts* et le *Discours sur l'inégalité*, il doute du progrès et des bienfaits de la civilisation. C'est aussi le seul à défendre un régime politique démocratique où tous les citoyens seraient égaux (*Du Contrat social*, 1762). Lorsque son livre *Émile* est condamné pour ses idées religieuses, Rousseau s'enfuit en Suisse. Après avoir séjourné à Londres, il rentre à Paris en 1770. *Les Rêveries du promeneur solitaire* est son dernier grand ouvrage.

1. Qu'est-ce qui différencie Rousseau des autres philosophes des Lumières ?
2. Pourquoi s'enfuit-il en Suisse ?

2 Rousseau et la démocratie

« La volonté générale peut seule diriger les forces de l'État. Le peuple soumis aux lois doit en être l'auteur. La puissance législative appartient au peuple, et ne peut appartenir qu'à lui. Pour assurer les lois il faut un gouvernement mais il n'est que le ministre du peuple souverain. »

■ **Rousseau, *Du Contrat social*, 1762.**

- Pour Rousseau, qui doit détenir le pouvoir et faire les lois ?

Vocabulaire

La raison : voir p. 38.

La tolérance religieuse : le respect pour ceux qui ont des croyances religieuses différentes des siennes.

3 Les philosophes des Lumières

(Jean Huber, *Le Dîner des philosophes*, dit aussi *la Sainte Cène*, huile sur toile, vers 1772-1773. Voltaire Foundation, Oxford.)

Le dîner réunit les philosophes Voltaire 1, Diderot 2 et d'Alembert 3, l'écrivain Grimm 4 et le mathématicien Condorcet 5.

4 La séparation des pouvoirs

« Il y a dans chaque État trois sortes de pouvoirs : la puissance législative[1], la puissance exécutrice[2] et la puissance de juger. Lorsque le pouvoir législatif est réuni au pouvoir exécutif, dans la ou les mêmes personnes, il n'y a pas de liberté : on peut craindre que le même monarque ou la même assemblée en fasse des lois tyranniques pour les appliquer tyranniquement. Chez les Turcs, où les trois pouvoirs sont réunis sur la tête du sultan, il règne un affreux despotisme. »

▪ **Montesquieu, *De l'Esprit des lois*, 1748.**

1. Pouvoir de faire les lois.
2. Pouvoir de faire appliquer les lois (de gouverner).

(D'après Jean-Antoine Dassier, huile sur toile, 1728. Musée des châteaux de Versailles et de Trianon.)

1. Pour Montesquieu, combien y a-t-il de pouvoirs dans un État ? Pourquoi faut-il les séparer ?
2. Pourquoi Montesquieu prend-il un exemple étranger (les Turcs) ?

5 Plaidoyer pour la tolérance

« Ce n'est donc plus aux hommes que je m'adresse ; c'est à toi, Dieu de tous les êtres, de tous les mondes et de tous les temps [...]. Tu ne nous as point donné un cœur pour nous haïr, et des mains pour nous égorger ; fais que nous nous aidions mutuellement à supporter le fardeau d'une vie pénible et passagère ; que les petites différences entre les vêtements qui couvrent nos débiles corps, entre tous nos langages insuffisants, entre tous nos usages ridicules, entre toutes nos lois imparfaites, entre toutes nos opinions insensées [...], que toutes ces petites nuances qui distinguent les atomes appelés hommes ne soient pas des signaux de haine et de persécution ; que ceux qui allument des cierges en plein midi pour te célébrer supportent ceux qui se contentent de la lumière de ton soleil [...] ; qu'il soit égal de t'adorer dans un jargon formé d'une ancienne langue, ou dans un jargon plus nouveau [...]. Puissent tous les hommes se souvenir qu'ils sont frères ! »

▪ **Voltaire, *Traité sur la tolérance à l'occasion de la mort de Jean Calas* (1763), chapitre XXIII, « Prière à Dieu ».**

1. À quel Dieu Voltaire s'adresse-t-il ?
2. Citez un passage qui évoque la tolérance religieuse et un passage qui évoque la tolérance culturelle.
3. Pourquoi les hommes doivent-ils se tolérer selon Voltaire ?

ÉTUDE

Frédéric II de Prusse, un despote éclairé

COMPÉTENCE
Je pratique différents langages
Rédiger un texte sur Frédéric II de Prusse

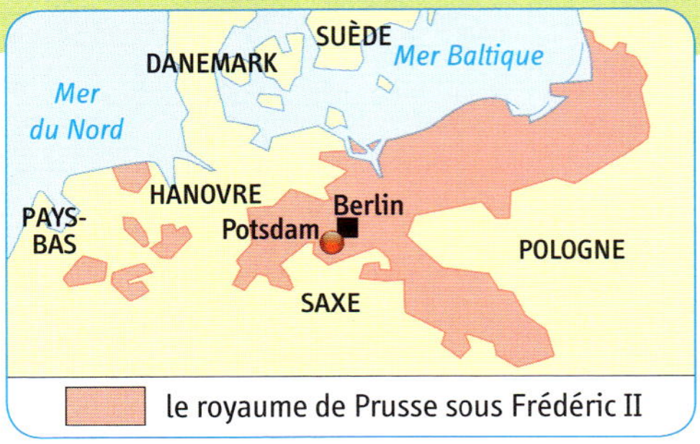

Influencé par les Lumières mais aussi par l'absolutisme, Frédéric II de Prusse est de son vivant le modèle du despote éclairé européen.

Pourquoi peut-on dire que Frédéric II est un despote éclairé ?

1 BIOGRAPHIE

Frédéric II de Prusse (1712-1786)

Frédéric II de Prusse, dit Frédéric le Grand, est roi de Prusse de 1740 à 1772. Il agrandit son royaume en faisant la conquête de plusieurs régions d'Europe centrale grâce à son armée nombreuse et bien équipée : il hisse ainsi la Prusse au rang de grande puissance. Grand lecteur, parlant très bien le français, Frédéric II apprécie les œuvres des Lumières et aime discuter avec des philosophes ou des gens de culture dans son palais de Sans-Souci à Potsdam, près de Berlin. Il y accueille Voltaire près de deux ans. Considéré comme un des principaux représentants du « despotisme éclairé », il modernise l'économie de son pays et réalise de nombreuses réformes inspirées des idées des Lumières.

2 « Éclairer » le peuple

« L'homme est peu de chose par lui-même : il naît avec des dispositions plus ou moins propres à se développer ; mais il faut les cultiver, il faut que ses connaissances se multiplient pour que ses idées puissent s'étendre. Le véritable bien de l'État, son avantage et son lustre, exigent que le peuple soit le plus instruit et le plus éclairé possible, pour lui fournir un nombre de sujets[1] habiles, et capables de s'acquitter efficacement des différents emplois qu'il faut leur confier. Il s'est trouvé de faux politiques qui, sans approfondir la matière, ont cru qu'il était plus facile de gouverner un peuple ignorant et stupide qu'une nation éclairée, tandis que l'expérience prouve que plus le peuple est abruti, plus il est capricieux et obstiné ! »

▪ Frédéric II, « De l'utilité des sciences et des arts dans l'État », discours prononcé le 27 janvier 1772 devant l'Académie royale des sciences et belles lettres de Prusse.

1. Personnes sous l'autorité d'un souverain.

3 Le bonheur public

« Ceux qui veulent acquérir une connaissance exacte de la manière dont il faut établir ou abroger les lois, ne peuvent la puiser que dans l'histoire. [...]
Nous y voyons que les législateurs dont les lois ont subsisté le plus longtemps, ont été ceux qui ont eu pour but le bonheur public [...].
Qu'on me le pardonne si je m'oppose à la torture judiciaire[1]. J'ose prendre le parti de l'humanité contre un usage qui fait honte à des chrétiens, et à des peuples policés ; et j'ose ajouter contre un usage aussi cruel qu'inutile : un scélérat vigoureux nie le fait, un innocent physiquement faible l'avoue. »

▪ Frédéric II, *Dissertation sur les raisons d'établir ou d'abroger les lois par le philosophe de Sans-Souci*, 1750.

1. Appelée « la question » : les accusés étaient alors interrogés et torturés en même temps.

Vocabulaire

Un despote éclairé : un roi qui applique certaines idées des Lumières tout en maintenant son pouvoir absolu.

4 Frédéric II développe la Prusse

(Robert Warthmüller, *Le Roi est partout*, huile sur toile, 1888, Deutsches Historisches Museum, Berlin.)

Frédéric II s'intéresse au développement économique de son pays et à toutes les techniques nouvelles, y compris celles de la culture de la pomme de terre qui devient la base de l'alimentation de la population. La culture de cet aliment d'origine américaine permet de lutter contre la famine.

5 L'œuvre d'un despote éclairé en Prusse

(Statue de Frédéric II au château des Hohenzollern.)

ACTIVITÉS

1. **Doc. 1, 3 et 5** | Quels éléments indiquent que Frédéric II souhaite être un « roi philosophe » ?
2. **Doc. 2 et 5** | Comment et pourquoi Frédéric II souhaite-t-il « éclairer » le peuple ?
3. **Doc. 3 et 5** | Quelle pratique Frédéric II interdit-il en Prusse ? En s'appuyant sur quels arguments ?
4. **Doc. 4 et 5** | À quoi Frédéric II s'intéresse-t-il et pourquoi ?
5. **Doc. 5** | Montrez que Frédéric II ne remet pas en cause l'absolutisme et la société d'ordre.
6. **Je pratique différents langages**
   Dans un paragraphe d'une dizaine de lignes, vous montrerez que Frédéric II est un despote éclairé.

Coup de pouce
Montrez :
– que Frédéric II s'intéresse aux Lumières ;
– qu'il applique des idées des Lumières ;
– mais que les réformes ont des limites.

2 La diffusion des Lumières

▶ Comment se diffusent les idées des Lumières ?

hatier-clic.fr/hg4016

A La circulation des idées

1. Les philosophes des Lumières écrivent **de nombreux livres**, en général courts et accessibles pour pouvoir toucher un large public : essais, contes, romans, pièces de théâtre. **Leurs écrits peuvent être interdits et ils risquent la prison** ; c'est pourquoi ils sont prudents dans leurs propos.

2. Les **lieux de rencontre** où l'on peut discuter des idées des Lumières se multiplient : les **salons** tenus par les femmes de la haute société (DOC. 2), les **académies** des sciences et des lettres, les loges de la **franc-maçonnerie**, les **cafés mondains** (DOC. 1). On peut aussi lire leurs œuvres dans les **bibliothèques publiques** fondées par des particuliers.

3. L'***Encyclopédie*** de Diderot et d'Alembert, écrite de 1751 à 1772, a un grand succès. Composée de 28 volumes, elle regroupe toutes les connaissances de l'époque et diffuse les principales idées des Lumières (DOC. 3 ET 4).

B Le despotisme éclairé

1. Les ouvrages des philosophes **gagnent l'Europe** d'autant plus facilement que le français est à cette époque la langue internationale.

2. **De grands souverains européens** s'intéressent aux idées des Lumières : **Frédéric II de Prusse** (1740-1786), **Catherine II de Russie** (1762-1796), et **l'empereur Joseph II d'Autriche** (1765-1790). Ils **communiquent par lettres avec les philosophes** et parfois les accueillent chez eux. On dit qu'ils sont « éclairés ».

3. Les despotes éclairés appliquent certaines idées des Lumières. Ils favorisent l'essor économique, réorganisent l'administration, développent l'enseignement, appliquent la tolérance religieuse, humanisent leur justice. **Mais ils renforcent leur pouvoir absolu et ne suppriment pas les privilèges.**

C La nouvelle opinion publique

1. En France, les idées nouvelles **se diffusent surtout dans les villes, parmi les nobles et les bourgeois**. Par contre, elles touchent peu les paysans, souvent analphabètes.

2. À partir de 1750, l'**opinion publique** **devient critique à l'égard de la monarchie absolue**. Sous Louis XVI (à partir de 1774), la **pression de l'opinion** entraîne un relâchement de l'absolutisme : la censure devient moins forte et la torture est abolie.

1 Le café Procope

(Estampe en couleur, vers 1770. BNF, Paris.)

Au XVIIIe siècle, le café Procope est un des cafés littéraires les plus courus de Paris. On y discute de littérature ou de philosophie. Voltaire et Rousseau y ont leurs habitudes.

1. Pourquoi les cafés participent-ils à la naissance de l'opinion publique ?
2. Pourquoi la censure royale est-elle difficilement applicable dans les cafés ?

Vocabulaire

Une académie : une société savante dont les membres se consacrent à une spécialité dans les lettres, les arts ou les sciences.

La franc-maçonnerie : une organisation secrète, où l'on rentre par des rites et où l'on débat des grands sujets de l'époque. Elle est divisée en loges maçonniques.

L'opinion publique : l'ensemble des convictions, des jugements et des valeurs d'une société à une époque donnée.

Un salon : une réunion régulière tenue par une femme de la haute société où se retrouve l'élite cultivée pour échanger des idées et se distraire.

2 *Le Salon de Madame Geoffrin*, vers 1755

(Gabriel Lemonnier, huile sur toile, 1814. Musée national du château de Malmaison, Rueil-Malmaison.)

1 Un des invités lit *L'Orphelin de la Chine*, une pièce de théâtre de Voltaire. On reconnaît 2 Madame Geoffrin, 3 l'économiste Quesnay, 4 Diderot, 5 Montesquieu, 6 Rousseau, 7 le naturaliste Buffon, 8 d'Alembert, 9 le buste de Voltaire.

1. Quels grands philosophes des Lumières sont présents dans le salon de Mme Geoffrin ?
2. Quel rôle joue ce salon dans la diffusion des Lumières ?

3 Le but de l'*Encyclopédie*

« Le but d'une encyclopédie est de rassembler les connaissances éparses sur la surface de la Terre, d'en exposer le système général aux hommes avec qui nous vivons et de le transmettre aux hommes qui viendront après nous. J'ai dit qu'il n'appartenait qu'à un siècle de philosophes de tenter une encyclopédie et je le dis parce que cet ouvrage demande partout plus de hardiesse dans l'esprit qu'on en a communément. Il faut tout examiner, tout remuer sans exception et sans ménagement. Il faut fouler aux pieds toutes ces vieilles puérilités, renverser les barrières que la raison n'aura point posées, rendre aux sciences et aux arts une liberté précieuse. »

■ **Diderot et d'Alembert, prospectus de l'*Encyclopédie*, 1750.**

1. Quel est le premier but de l'*Encyclopédie* ?
2. Quelles « puérilités » l'*Encyclopédie* doit-elle renverser ?

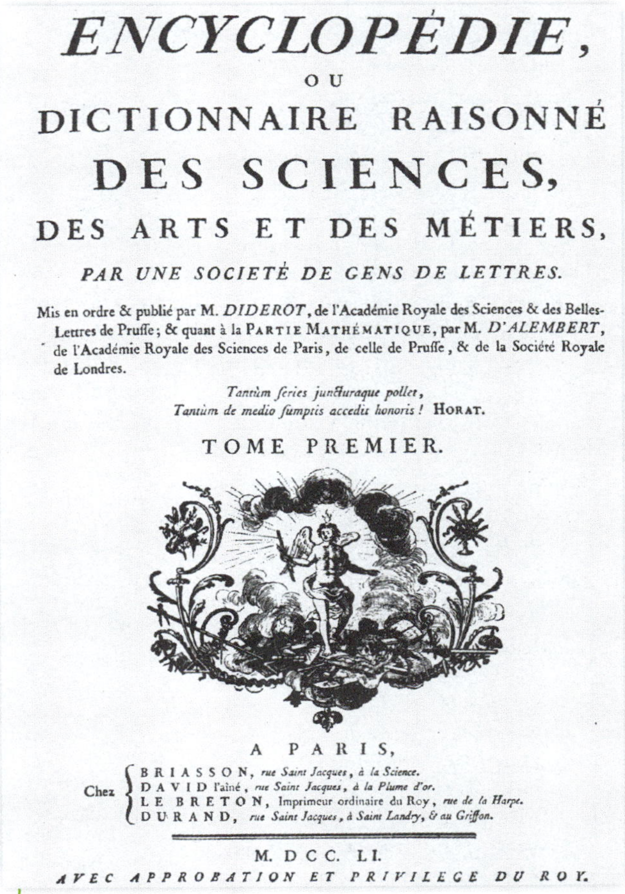

ENCYCLOPÉDIE,

OU

DICTIONNAIRE RAISONNÉ

DES SCIENCES,

DES ARTS ET DES MÉTIERS,

PAR UNE SOCIETÉ DE GENS DE LETTRES.

Mis en ordre & publié par M. *DIDEROT*, de l'Académie Royale des Sciences & des Belles-Lettres de Pruſſe; & quant à la PARTIE MATHÉMATIQUE, par M. *D'ALEMBERT*, de l'Académie Royale des Sciences de Paris, de celle de Pruſſe, & de la Société Royale de Londres.

Tantùm ſeries juncturaque pollet,
Tantùm de medio ſumptis accedit honoris! HORAT.

TOME PREMIER.

A PARIS,

Chez BRIASSON, *rue Saint Jacques, à la Science.*
DAVID l'aîné, *rue Saint Jacques, à la Plume d'or.*
LE BRETON, Imprimeur ordinaire du Roy, *rue de la Harpe.*
DURAND, *rue Saint Jacques, à Saint Landry, & au Griffon.*

M. DCC. LI.

AVEC APPROBATION ET PRIVILEGE DU ROY.

4 Page de titre du premier tome de l'*Encyclopédie* paru en 1751

Je raisonne

1 Catherine II de Russie et les Lumières

- Vous êtes un étudiant en Histoire moderne (XVIe-XVIIIe siècle) et le professeur vous demande de montrer dans quelle mesure Catherine II de Russie a été une reine « éclairée » par les Lumières. Vous disposez de quelques documents pour mener votre réflexion.

Coup de pouce

- Vous pouvez :
  – présenter rapidement Catherine II ;
  – montrer comment Catherine II a pris connaissance des idées des Lumières ;
  – décrire les mesures qui mettent en œuvre les idées des Lumières ;
  – montrez que ces réformes sont très limitées ;
  – conclure en montrant que l'influence des Lumières auprès de Catherine II a été très limitée.

1 L'œuvre intérieure de Catherine II (impératrice de Russie de 1762 à 1796)

Amoureuse des livres, parlant parfaitement le français, elle a eu une correspondance avec Voltaire et Diderot et a reçu ce dernier à Saint-Pétersbourg en 1773.
Durant son règne, elle accorde aux nobles quelques nouveaux droits : suppression des châtiments corporels, droit de ne pas être mis à mort ni exproprié sans jugement. Elle maintient la censure, mais l'allège et admet la publication de revues satiriques. Elle aide financièrement les grands propriétaires à acquérir des machines agricoles. Elle cherche aussi à développer l'industrie en autorisant les créations d'usines et en attirant des étrangers en Russie. Mais elle s'intéresse surtout à l'éducation et crée des écoles dans les villes, destinées aux enfants de la noblesse et de la bourgeoisie. Cependant elle refuse fermement la création d'un Parlement et n'abolit pas le servage, la vraie plaie du pays.

2 Les recommandations de Diderot à Catherine II de Russie

« Il faut d'abord que la société soit heureuse et elle le sera si la liberté et la prospérité sont assurées ; si le commerce est sans gêne ; si tous les ordres de citoyens sont également soumis aux lois ; si l'impôt est supporté en raison des forces et bien réparti ; et si la vertu et les talents y ont une récompense assurée. »

▪ **Diderot, *Observation sur le Nakaz*, 1774 (le *Nakaz* est un livre politique écrit par Catherine II).**

3 BIOGRAPHIE

Diderot (1713-1784)

Diderot est un philosophe français des Lumières. De 1747 à 1766, il se consacre à l'élaboration de l'*Encyclopédie* qu'il dirige avec d'Alembert. Il publie aussi des œuvres très diverses, dont *La Lettre sur les aveugles à l'usage de ceux qui voient*, qui entraîne son emprisonnement à Vincennes en 1749. En 1773, il fait un voyage qui le mène en Russie auprès de l'impératrice Catherine II.

4 Lettre de Catherine II

« Je m'entretins longtemps et souvent avec Diderot mais avec plus de curiosité que de profit. Si je l'avais cru, tout aurait été bouleversé dans mon empire : législation, administration, politique, finance, j'aurais tout renversé pour y substituer d'impraticables théories. »

▪ **Lettre de Catherine II au comte Philippe de Ségur, avril 1787.**

J'analyse un document 2 Un texte des Lumières

PASSERELLE HISTOIRE-FRANÇAIS

Un extrait d'une œuvre des Lumières

« En approchant de la ville, ils rencontrèrent un nègre étendu par terre, n'ayant plus que la moitié de son habit ; il manquait à ce pauvre homme la jambe gauche et la main droite. “Eh, mon Dieu ! lui dit Candide en hollandais, que fais-tu là, mon ami, dans l'état horrible où je te vois ? – J'attends mon maître, M. Vanderdendur, le fameux négociant, répondit le nègre. – Est-ce M. Vanderdendur, dit Candide, qui t'a traité ainsi ? – Oui, Monsieur, dit le nègre, c'est l'usage. On nous donne un caleçon de toile pour tout vêtement deux fois l'année. Quand nous travaillons aux sucreries, et que la meule nous attrape le doigt, on nous coupe la main ; quand nous voulons nous enfuir, on nous coupe la jambe : je me suis trouvé dans les deux cas. C'est à ce prix que vous mangez du sucre en Europe. [...]
Les fétiches[1] hollandais qui m'ont converti me disent tous les dimanches que nous sommes tous enfants d'Adam, blancs et noirs. Or vous m'avouerez qu'on ne peut pas en user avec ses parents d'une manière plus horrible.” »

▪ **Voltaire, *Candide* (conte philosophique), 1759.**

1. En Afrique, nom donné aux personnes dotées de pouvoirs magiques.

(Illustration de l'ouvrage, XVIIIe siècle.)

1. Identifiez le document (titre, nature, date, auteur).
2. Quelles sont les pratiques dénoncées par ce texte ?
3. Quelle contradiction y a-t-il entre le discours de l'Église et le traitement que l'esclave subit ?
4. Dans son texte, quelle nationalité Voltaire donne-t-il au négociant et aux religieux ? Expliquez pourquoi.
5. En quelques phrases, montrez comment Voltaire essaie d'éveiller l'opinion publique européenne contre les pratiques évoquées dans le texte.

Je m'informe sur Internet 3 Réaliser une production à partir d'un site Internet

• À l'aide d'un moteur de recherche, rendez-vous sur le site de la BNF, « Le siècle des Lumières : un héritage pour demain ». Puis allez sur « L'exposition ».

1. Choisissez un des huit thèmes : Les Lumières – La religion – La science – L'individu – L'espace public – L'ordre politique – L'universalité – L'héritage.
2. Visionnez les écrans du thème. Réalisez une synthèse de dix à quinze lignes. N'écrivez que ce que vous comprenez.
3. Créez un nouveau document sur votre ordinateur. Placez un titre sur la page. Faites une capture d'écran de deux images bien choisies du site, accompagnées d'une légende et copiez-les sur votre page.
4. Saisissez votre résumé sur la même page.
5. Faites une sortie papier de votre production.

JE PRÉPARE LE BREVET SUJET • MÉTHODE

EXERCICE 1 Analyser et comprendre un document

DOCUMENT

« Lorsque le chevalier de La Barre, jeune homme de beaucoup d'esprit et d'une grande espérance, mais ayant toute l'étourderie d'une jeunesse effrénée, fut accusé d'avoir chanté des chansons impies[1], et même d'avoir passé devant une procession de Capucins[2] sans avoir ôté son chapeau, les juges d'Abbeville, gens comparables aux sénateurs romains, ordonnèrent non seulement qu'on lui arrachât la langue, qu'on lui coupât les mains et qu'on brûlât son corps à petit feu ; mais ils l'appliquèrent encore à la torture pour savoir précisément combien de chansons il avait chantées, et combien de processions il avait vu passer, le chapeau sur sa tête. Ce n'est pas dans le XIIIe ou le XIVe siècle que cette aventure est arrivée, c'est dans le XVIIIe. Les nations étrangères jugent de la France par les spectacles, par les romans, les jolis vers, par les filles d'Opéra, qui ont les mœurs fort douces. [...]. Elles ne savent pas qu'il n'y a point au fond de nation plus cruelle que la française. »

▪ **Voltaire, article « Torture », *Encyclopédie*, 1769.**

1 Irréligieuses, hostiles à la religion.
2. Religieux de l'ordre franciscain.

QUESTIONS

1. Identifiez le document. Rappelez ce qu'est l'*Encyclopédie*.
2. Quelle est la pratique dénoncée par l'auteur ?
3. Complétez le tableau suivant à l'aide du texte.

Une pratique d'un autre temps	L'horreur du châtiment	La disproportion du châtiment

4. Qui l'auteur rend-il coupable de cette pratique barbare ?
5. En deux phrases, montrez comment l'auteur cherche à éveiller l'opinion publique contre cette pratique.

EXERCICE 2 Maîtriser différents langages pour raisonner

DÉVELOPPEMENT CONSTRUIT

▸ Sous la forme d'un développement construit, montrez comment les philosophes des Lumières contestent l'ordre établi et comment leurs idées se diffusent au XVIIIe siècle.

Méthode Comprendre le sujet et rédiger

Étape 1 Comprendre le sujet

▸ Il y a deux parties évidentes dans le sujet :
Les philosophes des Lumières contestent l'ordre établi /
Leurs idées se diffusent au XVIIIe siècle.

Étape 2 Rédiger

J'introduis le sujet. → **Introduction rédigée :** Au XVIIIe siècle, des penseurs critiquent l'ordre établi en s'appuyant sur la raison : on les appelle les philosophes des Lumières. Leurs idées se diffusent en France et dans une grande partie de l'Europe.

Je pose la problématique. → Quelles sont les idées des Lumières et comment se diffusent-elles ?

Première partie de la rédaction
(Je saute une ligne après l'introduction)

La première phrase donne l'idée générale de la partie. → Les philosophes des Lumières contestent l'ordre établi. Ils critiquent l'Église... (continuez).

Deuxième partie *(Je vais à la ligne, alinéa)*

L'idée générale de la partie. → Les idées des Lumières circulent en France et en Europe. Les philosophes écrivent des livres... (continuez le paragraphe).

(Je vais à la ligne)
En Europe, des rois mettent en pratique les idées des Lumières : on les appelle les « despotes éclairés ». En Prusse, Frédéric II... (continuez le paragraphe).

Conclusion rédigée *(Je saute une ligne)*

Je résume les grandes idées de la rédaction. → Les philosophes des Lumières contestent donc l'ordre établi : l'Église, la société d'ordre, le pouvoir absolu. Leurs idées ont beaucoup circulé en Europe et ont inspiré des rois.

JE CONSTRUIS MON BILAN

hatier-clic.fr/hg4017 hatier-clic.fr/hg4018

1 Je connais les philosophes des Lumières

1. Citez deux œuvres de Voltaire.
2. De quel roi Voltaire a-t-il été le conseiller ?
3. Qui a traduit les *Principes* de Newton en français ?
4. De quelle grande affaire judiciaire s'est occupé Voltaire ?
5. Quels philosophes ont codirigé l'*Encyclopédie* ?
6. Quel philosophe a écrit *De l'Esprit des lois* ?

2 Je réalise une carte mentale sur les Lumières

- Réalisez et complétez la carte mentale en plaçant des mots à la place des questions. Vous n'êtes pas limité à la liste fournie.

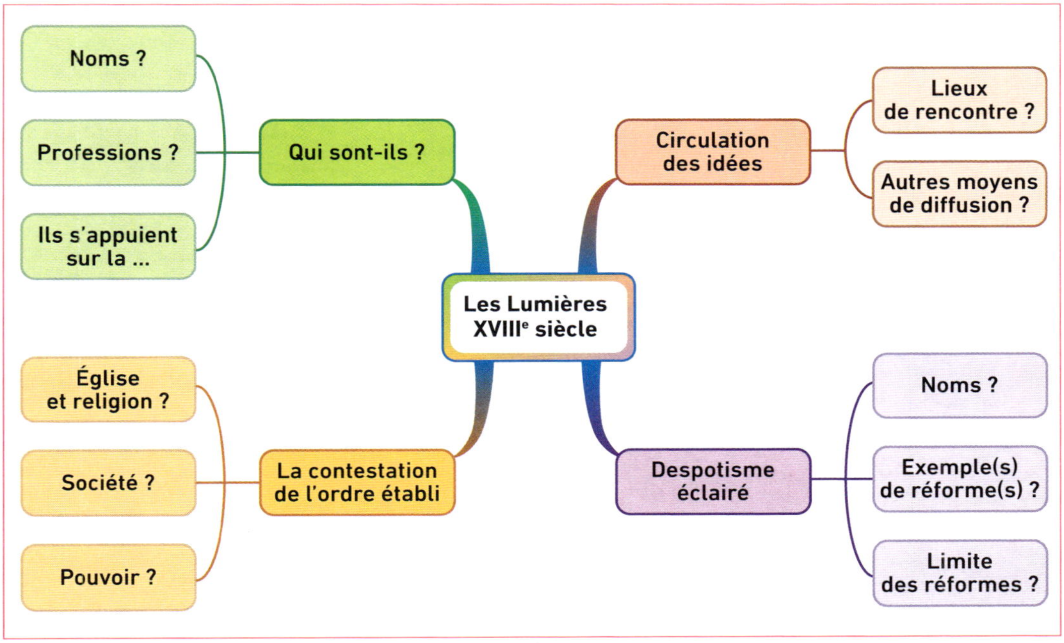

- *Voltaire, Rousseau, du Châtelet, Montesquieu*
- *Cafés, salons, académies*
- *L'Encyclopédie, livres, lettres*
- *Frédéric II, Catherine II*
- *Abolition de la torture*
- *Maintien de l'absolutisme*
- *Contre l'absolutisme*
- *Raison*
- *Contre les privilèges*
- *Critique de l'Église catholique, tolérance religieuse*
- *Gens de lettres, savants*

3 Je connais le vocabulaire de l'Europe des Lumières

- Retrouvez les mots correspondant aux définitions suivantes :
  - a. Un régime politique dans lequel le roi partage le pouvoir avec un Parlement élu.
  - b. Les penseurs du XVIIIe siècle utilisant la raison pour critiquer l'absolutisme.
  - c. Un régime politique dans lequel le roi contrôle tous les pouvoirs.
  - d. Une réunion régulière tenue par une femme de la haute société où l'on discute des idées nouvelles.
  - e. Le respect pour ceux qui ont des idées ou des croyances différentes des siennes.
  - f. Les rois qui cherchent à appliquer certaines idées des Lumières tout en maintenant leur pouvoir absolu.

CHAPITRE 3

La Révolution française et l'Empire

Quelles sont les transformations politiques, économiques, sociales et administratives sous la Révolution et l'Empire ?

1 La fin des privilèges (1789) (Une caricature sur la nuit du 4 août 1789. Musée Carnavalet, Paris.)
En 1789, la monarchie absolue et la société d'ordre disparaissent à la suite d'une Révolution. Les privilèges sont abolis dans la nuit du 4 août 1789 par la nouvelle Assemblée nationale, sous la pression du peuple des villes et des campagnes.

Je me repère dans le temps

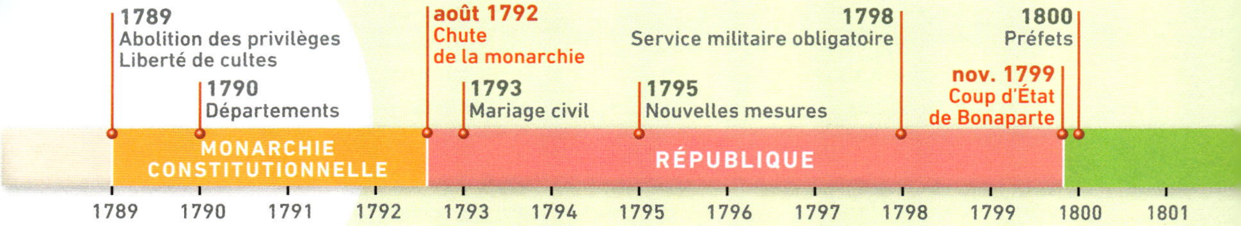

Compétences

Je me repère
- Situer les révolutions atlantiques dans l'espace et dans le temps ► P. 54
- Situer les événements de l'année 1789 ► P. 58
- Situer les batailles et les pays dominés par la France ► P. 76

Je pratique différents langages
- Identifier et classer les réformes économiques et sociales ► P. 70
- Identifier une institution et sa fonction ► P. 72

J'analyse un document
- Un extrait d'un cahier de doléances ► P. 56
- Sur les départements français ► P. 72
- Sur les réformes en Bavière ► P. 78

Je raisonne
- Choisir une démarche pour rédiger un article ► P. 66
- Justifier des affirmations par des arguments ► P. 68

2 **Napoléon écrit le Code civil (1804)** (Jean-Baptiste Mauzaisse, 1784-1844, *Napoléon, couronné par le Temps, écrit le Code civil*, salon de 1833, 1,31 m x 1,6 m. Musée des châteaux de Malmaison et de Bois-Préau.)
Napoléon a maintenu les principales réalisations de la Révolution française, en particulier l'égalité des droits. Son Code civil, largement inspiré de ces principes, fixe le droit entre les personnes. Modifié par la suite, il reste la base du Code civil actuel.

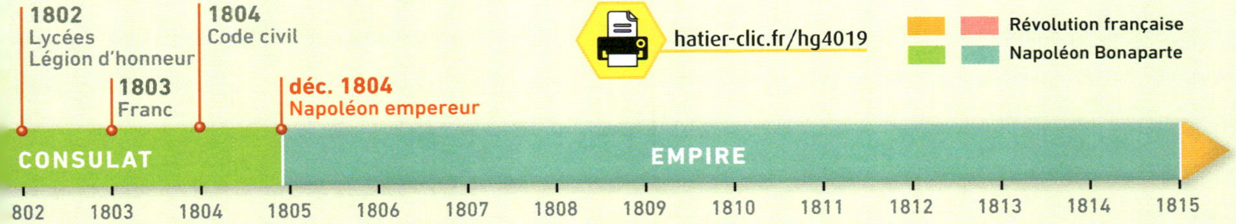

hatier-clic.fr/hg4019

Révolution française
Napoléon Bonaparte

ÉTUDE Des révolutions en chaîne

À la fin du XVIIIe siècle, des révolutions éclatent en Europe et en Amérique : ce sont les révolutions atlantiques. Elles n'ont pas les mêmes causes mais elles se sont influencées les unes les autres.

Quelles sont les révolutions atlantiques et quel est leur enchaînement ?

1776-1783 La Révolution américaine

(La statue du roi d'Angleterre George III renversée par les habitants de New York, XVIIIe siècle, BNF, Paris.)

Le 4 juillet 1776, les colonies anglaises d'Amérique proclament leur indépendance.
Elles l'obtiennent en 1783 après une longue guerre contre les Britanniques. Les insurgés américains ont obtenu une aide militaire de la France.

La Déclaration d'indépendance américaine

Le 4 juillet 1776, les représentants des treize colonies anglaises d'Amérique déclarent l'indépendance des États-Unis.

« Nous tenons pour évidentes ces vérités : tous les hommes naissent égaux ; leur créateur leur a donné des droits inaliénables[1] ; parmi ces droits se trouvent la vie, la liberté et la recherche du bonheur.
Les gouvernements sont établis parmi les hommes pour garantir ces droits et leur juste pouvoir provient du consentement des gouvernés. Toutes les fois qu'une forme de gouvernement devient destructive de ce but, le peuple a le droit de le changer ou de l'abolir et d'établir un nouveau gouvernement en le fondant sur les principes et en lui donnant la forme qui lui paraîtront les plus propres à lui assurer la sécurité et le bonheur [...].
En conséquence, Nous, représentants des États-Unis d'Amérique, publions et déclarons solennellement que ces colonies unies doivent être en droit des États libres et indépendants ; qu'elles sont dégagées de toute obéissance envers la Couronne de la Grande-Bretagne[2]. »

1. Qu'on ne peut enlever. - 2. Le roi d'Angleterre.

COMPÉTENCE

Je me repère

Situer les révolutions atlantiques dans l'espace et le temps

1789

La Révolution française

Elle commence en 1789 avec la formation d'une Assemblée nationale constituante. Les révolutionnaires de 1789 ont été inspirés par la Révolution américaine.

hatier-clic.fr/hg4020

1791-1804

La Révolution haïtienne (Saint-Domingue)

(*La Bataille de Saint-Domingue*, XIXe siècle.)

Elle débute en 1791 par la révolte des esclaves. Elle s'achève en 1804 par l'indépendance de Haïti et la proclamation de la première « République noire ».

ACTIVITÉS

Je me repère

1. Resituez les différentes révolutions dans l'ordre chronologique, en vous appuyant sur la première année de chacune. Quelle est donc la révolution au départ de toutes les autres ?
2. Pourquoi parle-t-on de « révolutions atlantiques » ? Pourquoi dit-on que ce sont des révolutions « en chaîne » ?
3. Quelles révolutions ont abouti à un renversement de l'ordre établi ? Comment sont appelées les autres révolutions ?

ÉTUDE

La crise en France

COMPÉTENCE
J'analyse un document
Un extrait d'un cahier de doléances

À la fin du XVIIIe siècle, la France traverse une grave crise financière, sociale, économique. Au début de 1789, afin de trouver une solution aux problèmes financiers de l'État, Louis XVI décide de convoquer les États généraux du royaume.

Quelles crises la France a-t-elle traversées dans les années 1780 ?

1 BIOGRAPHIE

Le roi Louis XVI (roi de 1774 à 1792)

Troisième petit fils de Louis XV, il épouse Marie-Antoinette, la fille de l'empereur d'Autriche en 1770. En 1774, il devient roi de France. Mais il est mal préparé au métier de roi et il préfère la chasse et les travaux artisanaux (la serrurerie et l'horlogerie). En 1776, il engage la France aux côtés des insurgés américains pensant affaiblir ainsi l'Angleterre. La paix revenue, son principal souci est de rétablir les finances du royaume. C'est l'impossibilité d'y parvenir qui le pousse à convoquer les **États-généraux** du royaume en mai 1789.

2 L'aurore d'une grande révolution

« 17 octobre 1787 : j'ai dîné aujourd'hui avec un groupe de personnes dont la conversation fut entièrement politique [...]. Une opinion prévalait, c'est qu'on était à l'aurore d'une grande révolution [...] ; que tout le montre : la grande confusion dans les finances, avec un déficit impossible à combler sans les États généraux du royaume [...].
Sur le trône, un prince animé d'excellentes intentions mais n'ayant pas les ressources d'intelligence suffisantes pour gouverner en un tel moment ; une cour ensevelie dans le plaisir et la dissipation [...].
Une grande agitation dans tous les rangs de la société désireuse de changements sans savoir que chercher ; un grand besoin de liberté croissant depuis la Révolution américaine. »

▪ **Arthur Young, *Voyages en France*, 1787.**

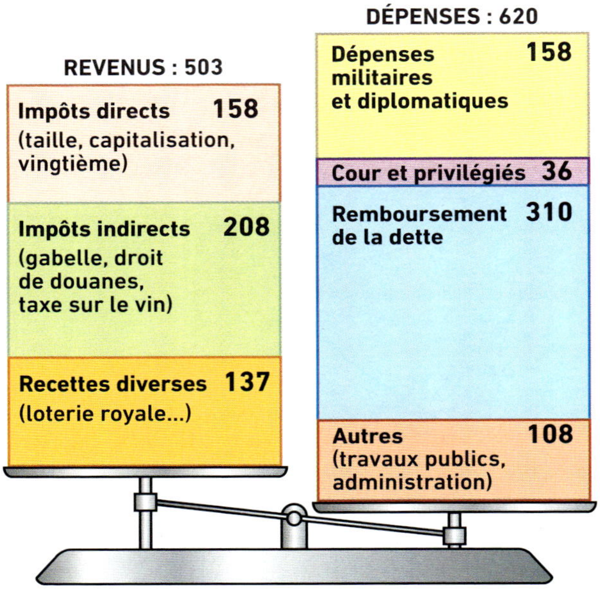

Le budget en millions de livres

3 Les difficultés financières de l'État (1788)

Vocabulaire

Un cahier de doléances : un cahier qui consigne les vœux et les plaintes des Français et qui est apporté au roi au moment de la réunion des États-généraux.

Le déficit budgétaire : dans un budget, des dépenses supérieures aux recettes.

La dîme : l'impôt payé au clergé.

Les droits seigneuriaux : les droits des seigneurs qui pèsent sur les paysans avant 1789 (taxes, corvées, droits exclusifs de chasse...).

Les États-généraux : une assemblée convoquée par le roi, qui réunit les représentants des trois ordres du royaume.

4 Un cahier de doléances

« **Art. 1.** – Que nul impôt ne puisse être établi sans le consentement des États-généraux assemblés.

Art. 2. – Que les États-généraux aient lieu de cinq ans en cinq ans [...].

Art. 4. – Les députés demanderont l'abolition de tous les privilèges des nobles, du clergé et des gens en place.

Art. 5. – L'abolition de la gabelle[1], de tailles[2] et autres droits.

Art. 6. – Que pour remplacer ces impôts et droits, il soit établi [...] une capitation personnelle qui frappe indistinctement les citoyens des trois ordres.

Art. 9. – Que soient abolies les justices et polices seigneuriales, les droits de chasse, de pêche, les banalités, les cens[3].

Art. 11. – Que les charges et offices soient donnés en récompense du mérite.

Art. 13. – Que l'on puisse abolir les dîmes[4].

Art. 16. – Que les emplois civils, militaires, ecclésiastiques soient possédés de façon que la noblesse n'ait plus la préférence et le tiers état plus d'exclusion. »

▪ ***Cahier du tiers état de la chapelle Craonnaise,* paroisse rurale de la généralité de Tours, début 1789.**

1. L'impôt sur le sel.
2. Impôt royal sur les personnes (sauf sur les privilégiés).
3. Diverses taxes dues par les paysans aux seigneurs.
4. Impôt dû au clergé.

5 Une caricature contre les privilèges

(« A faut espérer q'eu jeu la finira bien tôt », gravure de 1789, musée Carnavalet.)

En 1788 et 1789, les caricatures dénoncent les privilèges de la noblesse et du clergé. Le tiers état est souvent représenté écrasé par les deux autres ordres et par le poids des impôts.

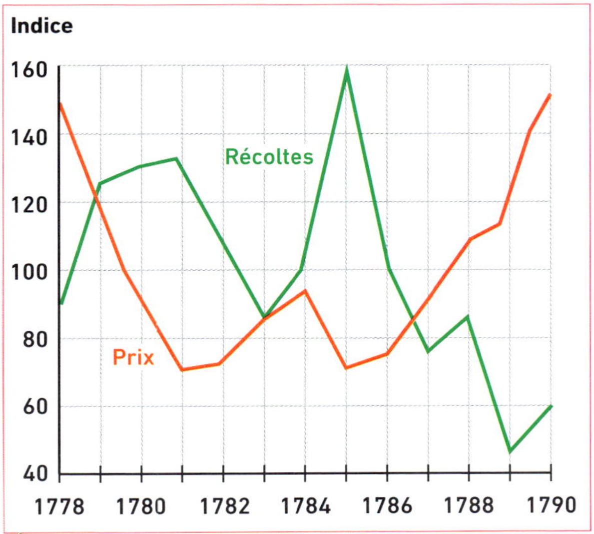

6 Les récoltes et le prix du blé dans le royaume

À l'époque, la base de l'alimentation est le pain. L'augmentation du prix du blé et donc du pain entraîne un très fort mécontentement.

ACTIVITÉS

1. **Doc. 3** | **a.** À combien s'élève le déficit de l'État en 1788 ?
   b. Qu'est-ce qui peut expliquer la faiblesse des recettes fiscales ?
   c. Quel est le premier poste de dépense ?
2. **Doc. 2** | Comment Arthur Young explique-t-il l'agitation de la société ? Quelle est la solution pour combler le déficit ?
3. **Doc. 5** | Quel ordre de la société représente chaque personnage ? Que signifie la caricature ?
4. **Doc. 6** | Quelle relation peut-on établir entre la récolte du blé et son prix ? Comment évoluent la récolte et les prix du blé à partir de 1787 ?
5. **Doc. 4** | **J'analyse un document**
   a Qui s'exprime dans le cahier de doléances ? À qui est-il destiné ?
   b Quels articles demandent :
   – la transformation du régime politique ?
   – la suppression des privilèges ?
   – la suppression des droits seigneuriaux ?
   – la suppression de la taxe versée au clergé ?

ÉTUDE

Le bouleversement de 1789

COMPÉTENCE
Je me repère dans le temps
Situer les événements de l'année 1789

La séance d'ouverture des États généraux a lieu le 5 mai 1789 à Versailles. Mais le roi n'annonce aucune réforme profonde. Très déçus, les députés du tiers état se proclament Assemblée nationale.

Comment la monarchie absolue et la société d'ordre ont-ils été renversés ?

hatier-clic.fr/hg4021

1 CHRONOLOGIE

5 mai 1789 Ouverture des États-généraux

17 Juin 1789 Les députés du tiers état se proclament Assemblée nationale.

20 juin 1789 Serment du jeu de Paume

27 juin 1789 Les députés de la noblesse et du clergé rejoignent la nouvelle Assemblée nationale.

2 Le Serment du Jeu de Paume (20 juin 1789) (Jacques-Louis David, 1748-1825, *Le Serment du Jeu de Paume,* détail, 1791, musée Carnavalet, Paris.)
Les députés du tiers état, estimant qu'ils représentent presque toute la nation, se sont déclaré Assemblée nationale. Le 20 juin, ils jurent de ne pas se séparer avant d'avoir voté une **Constitution**. 1 Bailly lit le texte du serment.

3 Le texte du serment

« L'Assemblée nationale arrête que tous les membres de cette Assemblée prêteront, à l'instant, serment solennel de ne jamais se séparer et de se rassembler partout où les circonstances l'exigeront, jusqu'à ce que la Constitution du royaume soit établie et affermie sur des fondements solides; et que ce serment étant prêté, tous les membres, et chacun d'eux en particulier, confirmeront par leur signature cette résolution inébranlable. »

▪ **Serment signé par dix députés du clergé et six cent députés du tiers état, le 20 juin 1789.**

ACTIVITÉS

1. **Doc. 2 et 3** | D'après le texte, quel serment font les députés ? En quoi ce serment est-il révolutionnaire ?
2. **Doc. 4** | Expliquez l'importance de la prise de la Bastille.
3. **Doc. 6** | Sur l'image, que font les paysans et les nobles ?
4. **Doc. 5** | Expliquez pourquoi les privilégiés adoptent « toutes les motions proposées ».
5. **Doc. 1 à 6** | Je me repère dans le temps
Reproduisez et complétez le tableau suivant en replaçant les événements dans l'ordre chronologique.
Serment du jeu de Paume • Prise de la Bastille • Grande peur • Abolition des privilèges

Événements				
Dates				
Principaux acteurs				

Vocabulaire

Une Constitution : un texte qui fixe l'organisation des pouvoirs.

La garde nationale : les citoyens chargés du maintien de l'ordre dans chaque ville après le 14 juillet 1789.

4 La prise de la Bastille

(Peinture de Dubois, XVIIIe siècle, musée Carnavalet, Paris.)

La Bastille est une forteresse royale qui défend l'est de Paris, et où l'on enferme des prisonniers de qualité. Le 14 juillet, le peuple parisien, soutenu par les soldats, force les deux ponts levis 1 et s'empare de la Bastille. De Launay, le gouverneur de la forteresse, est arrêté et massacré 2. Les Révolutionnaires s'emparent ensuite de la municipalité et forment une **garde nationale**. Dès lors, le roi ne s'opposera plus à l'Assemblée nationale.

hatier-clic.fr/hg4022

5 L'abolition des privilèges

L'Assemblée nationale constituante vote l'abolition des privilèges sur proposition de la noblesse.

« La séance de la nuit du 4 août est la plus mémorable qui se soit jamais tenue chez aucune nation [...]. Monsieur le vicomte de Noailles fit une motion et demanda que les droits exclusifs de chasse, redevances, dîmes, tous droits qui pèsent sur le peuple puissent être rachetés [...]. Puis les ducs d'Aiguillon et du Châtelet proposèrent que, dès cet instant, la noblesse et le clergé prononçassent le sacrifice de leurs privilèges pécuniaires[1].

Les circonstances malheureuses où se trouve la noblesse, l'insurrection générale élevée de toutes parts contre elles, plus de cent cinquante châteaux incendiés, tout nous prescrivait la conduite que nous devions tenir. Le clergé et la noblesse se levèrent et adoptèrent toutes les motions proposées [...]. »

- **Lettre du marquis de Ferrières (député de la noblesse à l'Assemblée), Correspondance inédite (1789-1791).**

1. En matière d'impôts.

6 La Grande peur dans les campagnes

(Gravure du XVIIIe siècle, musée Carnavalet, Paris.)

Dans la deuxième moitié de juillet 1789, la rumeur se répand que les seigneurs font appel à des brigands pour détruire les récoltes. Les paysans se jettent alors sur le château de leurs seigneurs et brûlent les titres des droits seigneuriaux.

1 La monarchie constitutionnelle (1789-1792)

▶ Quelle est l'expérience politique de la monarchie constitutionnelle ?

Je me repère

14 juillet 1789	Août 1792
Prise de la Bastille	Prise des Tuileries

MONARCHIE CONSTITUTIONNELLE

A Un nouveau régime politique

1. En 1789, les députés des États-généraux réunis à Versailles se proclament **Assemblée nationale constituante**. Puis, ils abolissent les privilèges dans la nuit du 4 août 1789. Le 24 août, ils votent la **Déclaration des droits de l'homme et du citoyen** qui fixe les nouveaux principes : **souveraineté de la nation, égalité des droits, libertés** (DOC. 1).

2. Les députés **rédigent ensuite une Constitution**. Votée en 1791, elle crée une **monarchie constitutionnelle** (DOC. 3). Le pouvoir est partagé entre le roi et une Assemblée élue au **suffrage censitaire**.

3. L'Assemblée **réorganise la France** : elle crée les départements et les communes, supprime les douanes intérieures, confisque et vend les biens du clergé.

B Août 1792 : la chute de la monarchie

1. Dans la nuit du 20 au 21 juin 1791, le roi cherche à quitter la France. Reconnu à **Varennes**, il est ramené à Paris. Désormais le peuple se méfie de lui.

2. En avril 1792, **la France déclare la guerre à l'Autriche**. Mais les Autrichiens alliés aux Prussiens passent les frontières. La patrie est en danger ! Les gardes nationaux des provinces, les fédérés, arrivent à Paris pour défendre la capitale : ceux venant de Marseille chantent ***La Marseillaise***.

3. À Paris, le peuple pense de plus en plus que Louis XVI est un traitre et il l'accuse d'être le responsable des défaites. **Le 10 août 1792**, les **sans-culottes** parisiens et les fédérés **prennent d'assaut le palais des Tuileries** et ils font emprisonner le roi (DOC. 4). Puis ils obtiennent l'élection d'une nouvelle assemblée, la **Convention**, au **suffrage universel masculin**.

1 La Déclaration des droits de l'homme et du citoyen (extraits)

« **Article 1.** – Les hommes naissent et demeurent libres et égaux en droits [...].

Article 2. – Le but de toute association politique est la conservation des droits naturels et imprescriptibles[1] de l'homme. Ces droits sont la liberté, la propriété, la sûreté[2] et la résistance à l'oppression.

Article 3. – Le principe de toute souveraineté réside essentiellement dans la nation. Nul corps, nul individu ne peut exercer d'autorité qui n'en émane[3] expressément.

Article 4. – La liberté consiste à pouvoir faire tout ce qui ne nuit pas à autrui.

Article 6. – La loi est l'expression de la volonté générale. Tous les citoyens ont droit de concourir[4] personnellement ou par leurs représentants à sa formation. Elle doit être la même pour tous [...].

Article 7. – Nul homme ne peut être accusé, arrêté ou détenu que dans les cas déterminés par la loi et selon les formes qu'elle a prescrites [...].

Article 10. – Nul ne doit être inquiété pour ses opinions, même religieuses [...].

Article 11. – La libre communication des pensées et des opinions est un des droits les plus précieux de l'homme ; tout citoyen peut donc parler, écrire, imprimer librement, sauf à répondre de l'abus de cette liberté, dans les cas déterminés par la loi.

Article 13. – Pour l'entretien de la force publique, et pour les dépenses d'administration, une contribution commune est indispensable ; elle doit être également répartie entre tous les citoyens, en fonction de leurs facultés[5]. »

▪ **Déclaration adoptée le 26 août 1789 par l'Assemblée nationale.**

1. Permanents. 2. La sécurité. 3. N'en provienne.
4. Participer. 5. En fonction de leur fortune.

Vocabulaire

Une monarchie constitutionnelle : une monarchie où le pouvoir du roi est limité par une Constitution.

Les sans-culottes : le petit peuple des villes. Les sans-culottes portent le pantalon et non la culotte des nobles et des bourgeois.

Le suffrage censitaire : le droit de vote réservé à ceux qui paient un impôt assez important (les plus riches).

Le suffrage universel masculin : le droit de vote pour tous les citoyens hommes.

2 BIOGRAPHIE

Lafayette (1757-1834)

Gagné aux idées des Lumières, le marquis de Lafayette se rend en Amérique pour combattre aux côtés des Américains contre les Britanniques. En 1789, il est élu député de la noblesse aux États-généraux et se montre favorable à l'Assemblée constituante. Après la prise de la Bastille, il est nommé commandant de la Garde nationale de Paris. Il joue un rôle important dans la rédaction de la Déclaration des droits de l'homme et dans celle de la Constitution. Mais il refuse de prendre des mesures contre Louis XVI après sa tentative de fuite en juin 1791 (nuit de Varennes). Après la chute de la royauté (10 août 1792), il est menacé d'arrestation et il s'enfuit en Autriche où il est fait prisonnier.

1. À quel ordre appartient Lafayette ?
2. Quelle est sa fonction principale de 1789 à 1791 ?
3. Montrez qu'il est opposé à l'absolutisme mais favorable à la monarchie.

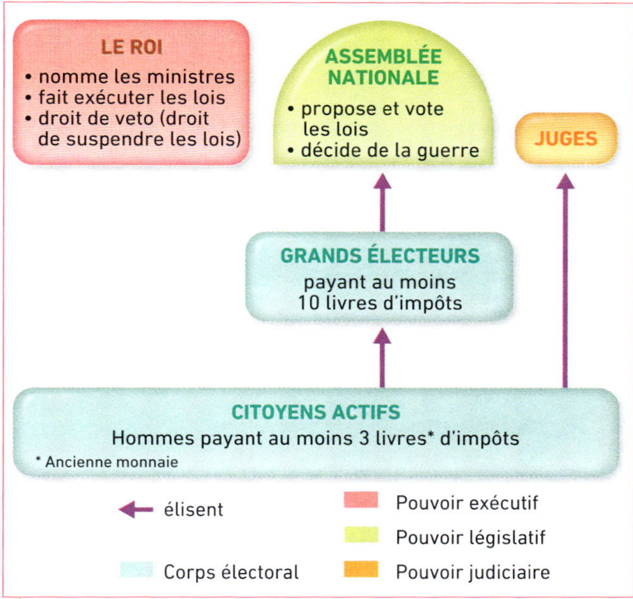

3 La Constitution de 1791

- Qu'est-ce qui distingue le nouveau régime de la monarchie absolue ? Par qui est élue l'Assemblée ?

4 La prise du Palais des Tuileries, le 10 août 1792

(Jacques Bertaux, *La Prise du Palais des Tuileries, cour du Carrousel, le 10 août 1792*, 1793, musée du château de Versailles.)

1 Le Palais des Tuileries où habite le roi. 2 La cour du Carrousel. 3 Les gardes suisses qui défendent le château (uniformes rouges). 4 Les fédérés (uniformes bleus). 5 Les sans-culottes parisiens.

2 La Première République (1792-1799)

Quelle est l'expérience politique de la première République ?

Je me repère

hatier-clic.fr/hg4023

Sept. 1792 Proclamation de la République — **Nov. 1799** Coup d'État de Bonaparte

Terreur — LA RÉPUBLIQUE

A La République en danger

1. La Convention nouvellement élue proclame la **République** le 22 septembre 1792. Puis, **elle vote la mort de Louis XVI** qui est guillotiné le 21 janvier 1793 (DOC. 4).

2. L'exécution est un choc pour les rois d'Europe. Ils forment **une grande coalition contre la République française**. En France, **les paysans de Vendée** se soulèvent contre la République au nom du roi et de la religion.

B La Terreur (1793-1794)

1. La République doit réagir ! Avec l'aide des **sans-culottes** (DOC. 3), **les députés montagnards s'emparent du pouvoir**. Sous l'impulsion de Robespierre (DOC. 1), ils mettent en place **la Terreur** : **levée en masse** de soldats, arrestation de tous les « suspects », fermeture des églises (DOC. 5 ET 6).

2. En 1794, **l'ennemi extérieur est repoussé et l'insurrection vendéenne est écrasée**. La Convention estime que la Terreur n'est plus utile alors que Robespierre veut continuer sa politique. Elle fait arrêter Robespierre qui est guillotiné le 28 juillet 1794.

C La période du Directoire (1795-1799)

1. En 1795, les députés de la Convention votent une Constitution qui crée un nouveau régime républicain, **le Directoire** (1795-1799) ; méfiants envers le peuple, ils rétablissent le suffrage censitaire. La misère grandit dans les villes alors que les fournisseurs aux armées et les hommes au pouvoir bâtissent de grandes fortunes. **Les inégalités se renforcent**.

2. À l'extérieur, **la guerre continue et le général Bonaparte** remporte de nombreuses victoires contre les Autrichiens. Très populaire, il profite du mécontentement contre le régime pour s'emparer du pouvoir par **un coup d'État**, le 9 novembre 1799 (18 Brumaire).

1 BIOGRAPHIE

Robespierre (1758-1794)

Avocat, Robespierre a été élu député du tiers état pour Arras aux États-généraux de 1789. Membre très actif du club des Jacobins, il réclame le suffrage universel et se fait le défenseur du peuple.
Son honnêteté est reconnue et les Parisiens le surnomment « l'incorruptible ». Élu à la Convention en 1792, il siège parmi les Montagnards avec son ami Danton. Il pousse à la condamnation à mort du roi.
En juin 1793, soutenus par les sans-culottes, les Montagnards s'emparent du pouvoir. Robespierre devient alors le chef du gouvernement révolutionnaire. Il met en place les principales mesures de la Terreur. Mais le 27 juillet 1793, il est arrêté par la Convention qui souhaite l'arrêt de la Terreur, et il est guillotiné le lendemain.

2 La levée en masse

« Dès ce moment jusqu'à celui où les ennemis auront été chassés du territoire de la République, tous les Français sont en état de réquisition permanente pour le service des armées. Les jeunes gens iront au combat ; les hommes mariés forgeront les armes et transporteront les subsistances ; les femmes feront des tentes, des habits et serviront dans les hôpitaux ; les enfants mettront le vieux linge en charpie ; les vieillards se feront porter sur les places publiques pour exciter le courage des guerriers, prêcher la haine des rois et l'unité de la République. »

▪ **Décret sur la levée en masse, 23 août 1793.**

Vocabulaire

Une coalition : un ensemble de forces qui s'unissent contre un adversaire commun.

Un coup d'État : la prise du pouvoir dans un État en utilisant la force.

La levée en masse : l'obligation pour tous les hommes célibataires de 18 à 25 ans de partir au combat.

Les Montagnards : groupe de députés à la Convention appelés ainsi car ils siégeaient en haut des gradins. Ils sont plus proches du petit peuple que les autres députés.

La République (du latin *res publica*, la chose publique) : un régime politique sans roi dans lequel la population ou une partie de celle-ci détient le pouvoir.

3 Un sans-culotte parisien
(Gravure du XVIIIe siècle, musée Carnavalet, Paris.) En 1793, les sans-culottes exigent des mesures exceptionnelles pour sauver la République menacée de toute part.

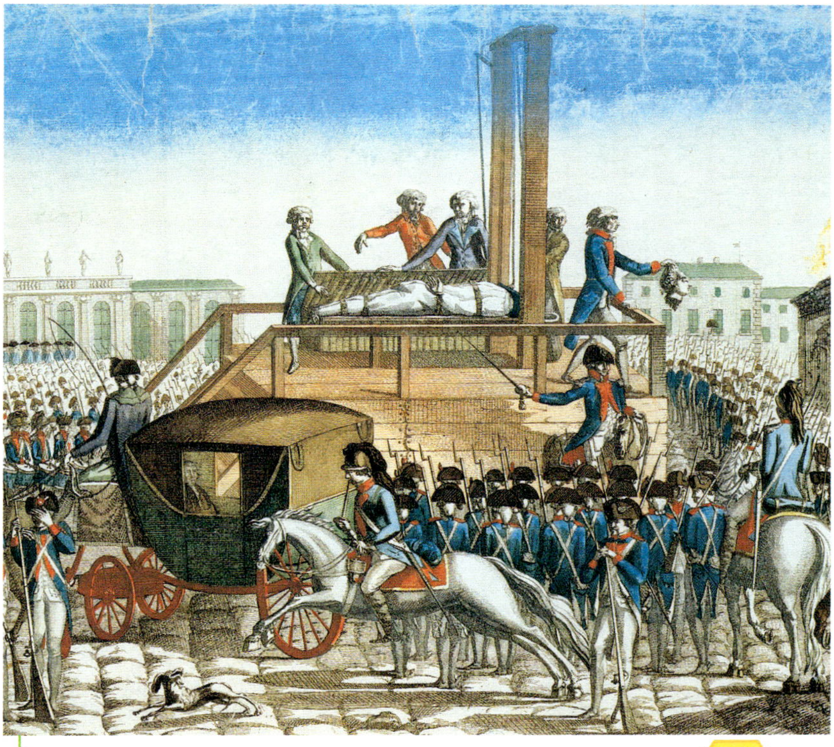

4 L'exécution de Louis XVI le 21 janvier 1793
(Estampe du XVIIIe siècle, musée Carnavalet, Paris.)

hatier-clic.fr/hg4024

5 La loi des suspects

Article 1. – Immédiatement après la publication du présent décret, tous les gens suspects qui se trouvent dans le territoire de la République, et qui sont encore en liberté, seront mis en état d'arrestation.
Article 2. – Sont réputés suspects :
1. Ceux qui, soit par leur conduite, soit par leurs relations, soit par leurs propres propos ou leurs écrits, se sont montrés partisans de la tyrannie[1] ou du fédéralisme[2], et ennemis de la liberté [...].
3. Ceux à qui il a été refusé des certificats de civisme [...].
4. Les fonctionnaires suspendus ou destitués de leurs fonctions par la Convention nationale ou par ses représentants.
5. Les nobles, les maris, les femmes, pères, mères, fils ou filles, frères ou sœurs, qui n'ont pas constamment manifesté leur attachement à la Révolution.
6. Ceux qui ont émigré du 1er juillet 1789 au 8 avril 1792, bien qu'ils soient rentrés en France.

■ **Décret voté par la Convention, le 17 septembre 1793.**

1. De la royauté. - 2. Des Girondins.

- Qui sont les suspects ? Sont-ils tous des opposants à la Révolution ? Qu'advient-il aux suspects ?

6 Les noyades de Nantes
(Gravure du XVIIIe siècle, coll. privée.)
De novembre 1793 à février 1794, des milliers de personnes, notamment des gens d'Église, ont été noyées dans la Loire sur ordre du représentant de la République, Carrier. Elles étaient « suspectes » de s'opposer à la République.

3 Le Consulat et l'Empire (1799-1815)

Quelle est l'expérience politique du Consulat et de l'Empire ?

Je me repère

hatier-clic.fr/hg4025

Nov. 1799 — CONSULAT — Déc. 1804 Napoléon empereur — L'EMPIRE — 1815

A Bonaparte, consul

1. Après son coup d'État, Bonaparte crée un nouveau régime politique, **le Consulat**. Ce régime donne presque tous les pouvoirs à un Premier Consul, c'est-à-dire à lui-même (DOC. 3). Puis il se fait nommer Consul à vie. À chaque fois, il demande leur accord aux Français par un **plébiscite au suffrage universel**.
2. Pour renforcer son autorité sur le pays, Napoléon nomme des **préfets** à la tête des départements.

B La fin de la Révolution

1. Bonaparte **maintient de grands acquis de la Révolution** en particulier l'égalité des droits et la vente des biens du clergé.
2. Bonaparte rétablit la **paix civile**. Il **amnistie** les royalistes qui s'étaient opposés à la Révolution. Il signe aussi un **Concordat** avec le pape pour réconcilier l'État avec les catholiques.
3. Bonaparte crée enfin des institutions nouvelles, qu'il appelle les « **masses de granit** » : le **préfet**, le franc, la légion d'honneur, le lycée, le Code civil (p. 70 à 73).

C Le premier Empire

1. Sentant son pouvoir bien établi, **Napoléon Bonaparte se fait sacrer empereur par le pape** le **2 décembre 1804** sous le nom de **Napoléon Ier**. Il crée une noblesse impériale (sans privilèges). Les libertés de presse et de réunion disparaissent (DOC. 2).
2. **À partir de 1803, il se lance à la conquête de l'Europe**. Mais en 1812, il perd une grande partie de son armée lors de la campagne de Russie. Battu en Allemagne puis en France, **il abdique en 1814**. Après un bref retour (les Cent jours), il est définitivement vaincu à **Waterloo en 1815**. Il est alors exilé dans l'île de Sainte-Hélène où il meurt en 1821.

1 L'ascension de Napoléon Bonaparte (1769-1821)

Né en Corse en 1769 dans une famille de la petite noblesse, Napoléon Bonaparte fait des études militaires. Il se fait connaître sous la République en reprenant la ville de Toulon aux Anglais. Nommé général en 1795, il remporte de nombreuses victoires contre l'Autriche (1796-1797). Puis, il est envoyé à la conquête de l'Égypte. En 1799, il revient en France et s'empare du pouvoir par un coup d'État. Il prend le titre de Consul et met fin à la période révolutionnaire.

2 Le contrôle de la presse

« Réprimez un peu les journaux, faites-y mettre de bons articles, faites comprendre aux rédacteurs des *Débats* et du *Publiciste* que le temps n'est pas éloigné, où je les supprimerai avec tous les autres et je n'en conserverai qu'un seul.
Mon intention est donc que vous fassiez appeler les rédacteurs du Journal des *Débats*, du *Publiciste* et de la *Gazette de France*, pour leur déclarer que s'ils continuent d'alarmer sans cesse l'opinion, leur durée ne sera pas longue ; que le temps de la Révolution est fini, qu'il n'y a plus en France qu'un parti ; que je ne souffrirai jamais que les journaux disent ni fassent rien contre mes intérêts ; qu'ils pourront faire quelques petits articles, où ils pourront mettre un peu de venin, mais qu'un beau jour, on leur fermera la bouche. »

▪ **Extrait d'une lettre de Napoléon au ministre de la police Fouché, 22 avril 1805.**

- Quelle menace Napoléon profère-t-il ? Pourquoi veut-il censurer la presse ?

Vocabulaire

Une amnistie : un pardon collectif accordé par un souverain.

Un concordat : un accord entre un État et le pape sur des questions religieuses.

Un plébiscite : un vote du peuple par oui ou par non à une question posée par un gouvernement.

Le préfet : le représentant de l'État dans le département.

3 Bonaparte, Premier Consul

(Louis-Charles-Auguste Couder, *Installation du Conseil d'État au Palais du Petit-Luxembourg, le 25 décembre 1799*, 1856, musée national du château de Versailles.)

- Quelle est l'attitude des deux autres consuls ? Pourquoi ?

4 La mission pacificatrice des préfets

« Faites que les passions haineuses cessent, que les ressentiments s'éteignent, que les souvenirs douloureux s'effacent [...].
Pour affermir la paix dans votre département, occupez vous sans relâche de l'administration intérieure [...]. La tâche que vous avez à remplir est grande ; vos attributions embrassent tout ce qui tient à la fortune publique, à la prospérité nationale, au repos de vos administrés [...].
À la tête de ces mesures, je place la prompte rentrée des contributions[1] : leur acquittement est aujourd'hui un devoir sacré [...].
Aidez donc le gouvernement à rendre à la France cette splendeur et surtout ce bonheur qu'elle n'aurait jamais du perdre. »

▪ Lucien Bonaparte, (frère de Napoléon et ministre de l'intérieur) circulaire adressée aux préfets, 12 mars 1800.

1. Des impôts.

1. Quels passages montrent que la première mission du préfet est de rétablir la paix civile ?
2. Quelles sont les autres missions des préfets ?

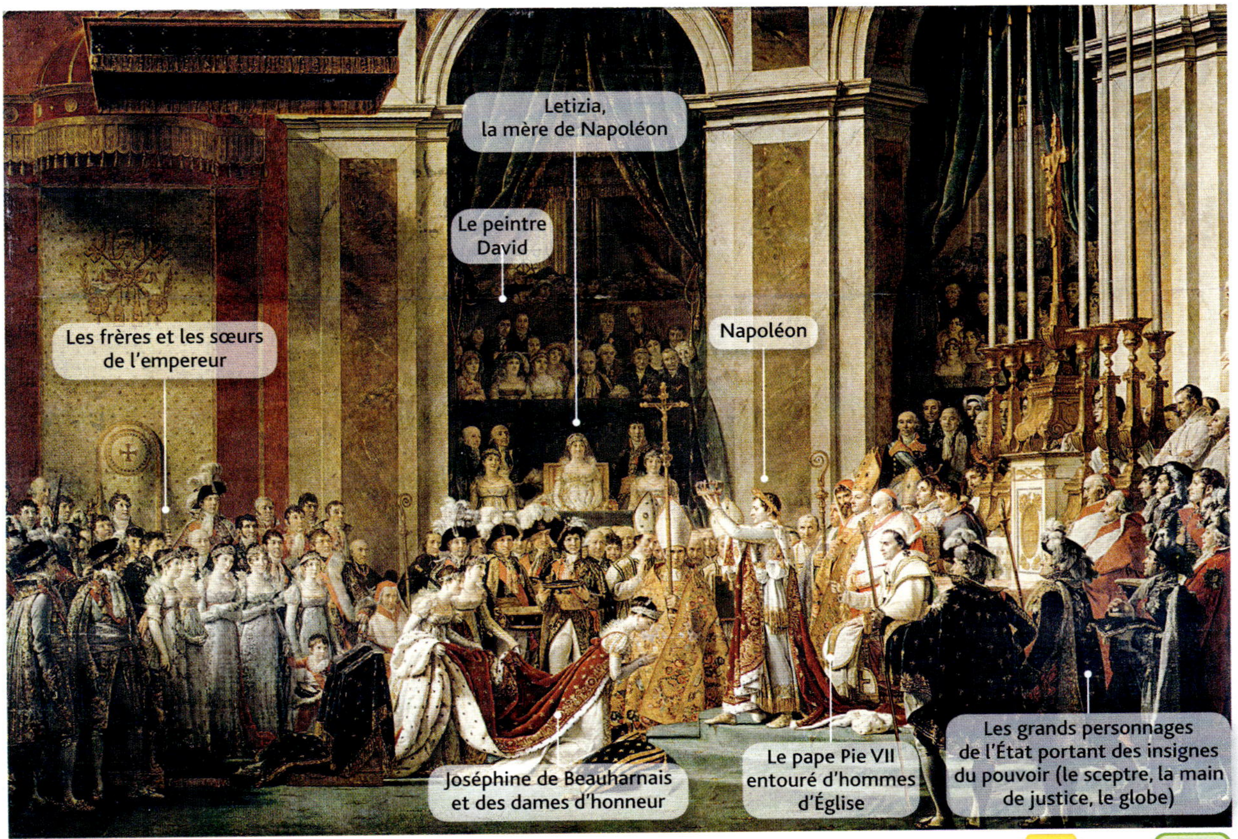

5 Le sacre de Napoléon

(Jacques-Louis David, *Le Sacre de l'empereur Napoléon et de l'impératrice Joséphine*, huile sur toile, 9,7 m x 6,2 m, 1808, musée du Louvre, Paris.)
Après avoir reçu l'onction du pape, Napoléon se couronne, puis il couronne l'impératrice.

hatier-clic.fr/hg4026

Tâche complexe

L'HISTOIRE AUTREMENT

Je raisonne

Choisir une démarche pour rédiger un article

ACTIVITÉ

Vous êtes journaliste dans un journal hebdomadaire et à l'occasion de la publication d'un hors-série sur la Révolution française, votre rédacteur en chef vous demande de rédiger un article sur la vie politique de cette période de l'Histoire.

Vous montrerez comment a été inventée la vie politique sous la Révolution.

Coup de pouce

- Vous pouvez :
  - décrire les débats à l'Assemblée nationale,
  - montrer comment les citoyens participent à la vie politique.

Boîte à outils

Documents complémentaires

- Les femmes prennent la parole, p. 68

Ressources numériques

- Révolution française, l'histoire par l'image
  - les clubs jacobins hatier-clic.fr/hg4027
  - la presse pendant la Révolution hatier-clic.fr/hg4028

L'INVENTION DE LA VIE POLITIQUE

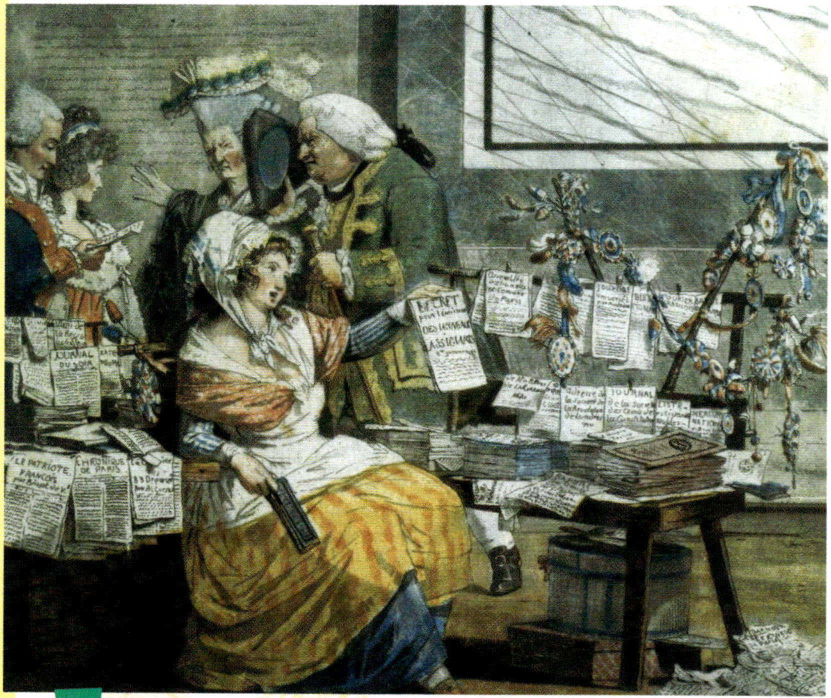

1 Une marchande de journaux en 1791

(P. H. Debucourt, *Almanach national de 1791*, BNF, Paris.)

À partir de 1789, la liberté de la presse entraîne une multiplication des journaux politiques. Parmi eux, *Le Patriote français* (10 000 exemplaires en 1790), *L'Ami du peuple* de Marat.

2 Visite au club des Jacobins

Un club est une association politique. Le club des Jacobins qui va ouvrir des filiales en province, est le plus connu.

« Le soir, M. Decrétot et M. Bin me menèrent au club des Jacobins. Il y a environ cent députés présents. On me dit que j'étais libre d'assister aux séances quand cela me plairait, bien qu'étranger. Dans ce club, les affaires qui doivent être portées devant l'Assemblée nationale sont discutées régulièrement : on lit les motions que l'on propose d'y faire, et elles sont rejetées ou corrigées et approuvées. Quand on s'est mis d'accord sur elles, tous les membres sont tenus de les soutenir. »

■ **Arthur Young, *Voyages en France*, 1790.**

Pour obtenir sa carte de membre, il faut payer une cotisation.

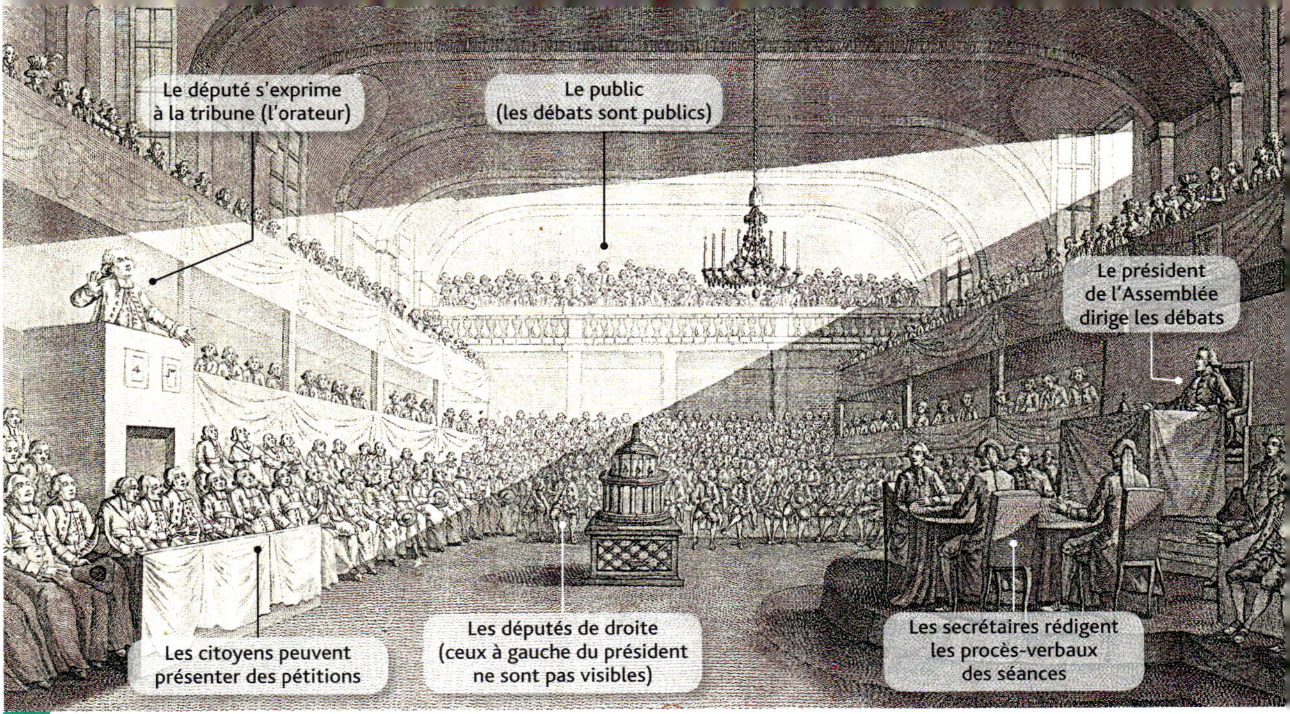

3 L'Assemblée nationale de 1789 à 1793 (Gravure, BNF, Paris.)

Au début de la Révolution, l'organisation du travail parlementaire se met en place. Les projets de loi sont proposés par les députés, débattus, puis votés à la majorité. On se regroupe par tendances politiques. Le public intervient beaucoup et joue un plus grand rôle qu'aujourd'hui.

4 Club des jacobins

Vocabulaire

Un club : une association dont les membres se réunissent régulièrement pour débattre de sujets politiques.

La vie politique : la vie qui concerne les affaires de l'État.

5 Les débats à l'Assemblée nationale

Châteaubriand raconte les séances de l'Assemblée nationale auxquelles il a assisté.

« On se levait de bonne heure pour trouver place dans les tribunes encombrées. Les députés se groupaient dans les diverses parties de la salle selon leurs opinions. Lecture du procès-verbal ; après cette lecture, développement du sujet convenu, ou motion extraordinaire [...]. On parlait pour ou contre. Les débats devenaient orageux ; les tribunes se mêlaient à la discussion, applaudissaient et glorifiaient, sifflaient et huaient les orateurs.

Bientôt les pétitionnaires armés de piques paraissaient à la barre : « le peuple meurt de faim, disaient-ils ; il est temps de prendre des mesures contre les aristocrates [...]». Le président assurait ces citoyens de son respect : « On a l'œil sur les traîtres répondait-il ; et l'Assemblée fera justice. » Là-dessus, les députés de droite s'écriaient qu'on allait à l'anarchie ; les députés de gauche répliquaient que le peuple était libre d'exprimer sa volonté, qu'il avait le droit de se plaindre des fauteurs du despotisme. »

▪ **François-René de Chateaubriand, *Mémoires d'Outre-tombe*, livre 5, chapitre 13, rédigé entre 1809 et 1841.**

ÉTUDE

COMPÉTENCE
Je raisonne
Justifier des affirmations par des arguments

Les femmes prennent la parole

Entre 1789 et 1793, les femmes participent activement à la Révolution. Elles expriment des revendications et obtiennent quelques droits nouveaux.

▶ Quelles sont les revendications nouvelles des femmes ? Qu'ont-elles obtenu de la Révolution ?

1 Les femmes partant pour Versailles (octobre 1789) (Eau forte, musée Carnavalet, Paris.)
Le 5 octobre 1789, les femmes du peuple de Paris, armées de piques et de fourches, se rendent à Versailles pour obliger le roi à signer les décrets du 4 août qui abolissent les privilèges.

2 BIOGRAPHIE

Olympe de Gouges (1748-1793)

Olympe de Gouges est née à Montauban le 7 mai 1748. Elle rédige un projet de Déclaration des droits de la femme et de la citoyenne en 1791. Elle écrit une quinzaine de pièces de théâtre et de nombreux textes en faveur des droits civils et politiques des femmes et de l'abolition de l'esclavage des Noirs. Elle aborde des thèmes comme le divorce, l'enfermement forcé au couvent, des sujets sensibles à son époque. Accusée d'être proche des Girondins, elle est arrêtée et guillotinée pendant la Terreur, à Paris, le 3 novembre 1793.

3 Projet de Déclaration des droits de la femme et de la citoyenne

« **Article 1.** – La femme naît libre et demeure égale à l'homme en droits [...].

Article 3. – Le principe de toute souveraineté réside dans la Nation qui n'est que la réunion de la femme et de l'homme.

Article 6. – La loi doit être l'expression de la volonté générale ; toutes les citoyennes et tous les citoyens doivent concourir personnellement ou par leurs représentants à sa formation ; elle doit être la même pour tous ; toutes les citoyennes et tous les citoyens, étant égaux à ses yeux, doivent être également admissibles aux dignités, places et emplois publics [...].

Article 10. – La femme a droit de monter sur l'échafaud ; elle doit avoir également celui de monter à la tribune[1], pourvu que ses manifestations ne troublent pas l'ordre public établi par la loi. »

▪ **Extraits du projet de *Déclaration des droits de la femme et de la citoyenne* d'Olympe de Gouges (1791).**

1. De l'Assemblée nationale.

4 CHRONOLOGIE

Octobre 1789 Les femmes du peuple de Paris obligent le roi à signer les décrets du 4 août. Elles ramènent le roi à Paris.

Mars 1791 Premier club féminin.

Avril 1791 Loi sur l'héritage, qui donne les mêmes droits de succession pour les filles et les garçons.

Septembre 1791 Dans la Constitution de 1791, les femmes n'obtiennent pas le droit de vote.

Automne 1791 Projet de Déclaration des droits de la femme rédigé par Olympe de Gouges.

Septembre 1792 Instauration du mariage civil et autorisation du divorce.

Octobre 1793 À la suite du rapport Amar, interdiction de fonder un club féminin et d'y appartenir.

Mai 1795 Interdiction faite aux femmes d'assister à une assemblée politique et de se rassembler à plus de cinq dans la rue.

5 Un club de femmes

(Gouache des frères Lesueur, 1793, musée Carnavalet, Paris)

« On s'assemblait deux fois la semaine, la présidente faisait la lecture des séances de la Convention nationale, on approuvait ou l'on critiquait ses décrets ; ces dames [...] faisaient entre elles une collecte qui était distribuée à des familles de bons patriotes qui ont besoin de secours. »

6 « La femme ne doit pas sortir de la famille »

« Les droits politiques des citoyens sont de discuter et de faire prendre des résolutions relatives à l'intérêt de l'État, et de résister à l'oppression. Les femmes ont-elles la force morale et physique qu'exige l'exercice de l'un et l'autre de ces droits ? L'opinion universelle repousse cette idée [...].

En général, les femmes sont peu capables de conceptions hautes et de méditations sérieuses. Voulez-vous que dans la République française on les voie venir au barreau, à la tribune, aux assemblées politiques comme les hommes, abandonnant et la retenue et le soin de leur famille ? [...].

Nous croyons donc qu'une femme ne doit pas sortir de sa famille pour s'immiscer dans les affaires du gouvernement. »

▪ **Discours du député montagnard Amar à la Convention, 30 octobre 1793.**

ACTIVITÉS

1. **Doc. 1 et 5** | Comment les femmes interviennent-elles dans la vie politique dans les premiers temps de la Révolution ?
2. **Doc. 2 et 3** | Par quel moyen Olympe de Gouges défend-elle les femmes ?
3. **Doc. 3** | Quels droits pour les femmes revendique Olympe de Gouges dans sa *Déclaration des Droits de la femme* ?
4. **Doc. 6** | Quelles sont les raisons invoquées par Amar pour priver les femmes de droits politiques ?
5. **Doc. 4** | Quels droits nouveaux obtiennent les femmes pendant la Révolution ?

Je raisonne

6. Justifiez chacune des phrases suivantes par des arguments trouvés dans des documents.
   - **a** Les femmes participent à la Révolution. **(Doc. 1 et 5)**
   - **b** En 1791, la révolutionnaire Olympe de Gouges réclame de nouveaux droits pour les femmes. **(Doc. 2 et 3)**
   - **c** La Révolution donne des droits aux femmes mais pas de droits politiques. **(Doc. 4 et 6)**

ÉTUDE

Les réformes économiques et sociales

COMPÉTENCE
Je pratique différents langages
Identifier et classer les réformes économiques et sociales

La Révolution et Napoléon ont profondément transformé la société et l'économie françaises.

Quelles sont les transformations sociales et économiques héritées de la Révolution et de l'Empire ?

1 La nouvelle devise (Insigne du XVIIIe siècle, Versailles, musée Lambinet.)

2 Les mêmes droits pour tous (1789)

« **Article 1.** – L'Assemblée nationale détruit entièrement le régime féodal. [...]

Article 4. – Toutes les justices seigneuriales sont supprimées sans aucune indemnité.

Article 5. – Les dîmes[1] de toute nature sont abolies.

Article 9. – Les privilèges en matière d'impôts sont abolis à jamais. La perception se fera sur tous les citoyens et sur tous les biens de la même manière.

Article 11. – Tous les citoyens, sans distinction de naissance, pourront être admis à tous les emplois et dignités ecclésiastiques, civiles et militaires. »

▪ **Décret rendant officiel les résolutions prises par les députés lors de la nuit du 4 août, 1789.**

1. Impôt payé au clergé.

3 « La liberté d'entreprise »

« Il sera libre à toute personne de faire tel négoce ou d'exercer telle profession, art ou métier qu'elle trouvera bon. »

▪ **Décret d'Allarde, 2-17 mars 1791.**

« Tous attroupements composés d'artisans, ouvriers, compagnons, journaliers, ou excités par eux contre le libre exercice de l'industrie et du travail seront tenus pour attroupements séditieux et comme tels dissipés par la force publique et punis selon toute la rigueur des lois. »

▪ **Article 8 de la Loi Le Chapelier, 14 juin 1791.**

« Toute coalition de la part des ouvriers pour cesser en même temps de travailler, interdire le travail dans un atelier, empêcher de s'y rendre [...] et en général pour suspendre, empêcher, enchérir les travaux, sera puni d'un emprisonnement de un à trois mois. »

▪ **Article 415 du Code pénal de 1810.**

4 L'autorisation du divorce
(Les frères Lesueur, XVIIIe siècle, musée Carnavalet, Paris.)
Le divorce est autorisé par la République en 1792 et confirmé en 1804 par le Code civil de Napoléon.

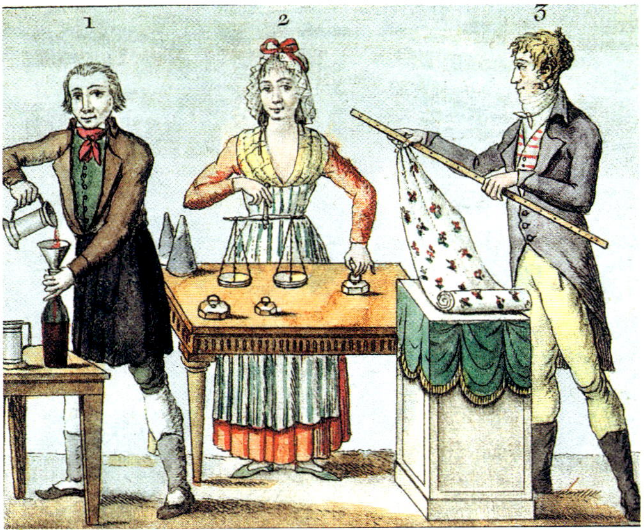

5 Les nouveaux poids et mesures (1795)

(Gravure de Labrousse, XVIIIe siècle, musée Carnavalet, Paris.)

Les poids et mesures étaient très différents d'une région à l'autre. La loi de 1795 crée un système uniforme et rationnel pour toute la France : le mètre, le gramme, le litre la stère, l'are.

6 Une nouvelle monnaie : le Franc (1803)

En 1803, sous Napoléon, le Franc devient la monnaie unique de la France. Il a ses divisions : décimes, centimes et millimes. Il s'agit ici d'une pièce de 20 francs en or.

7 Le Code civil de Napoléon (1804)

Il s'agit d'un recueil de lois qui fixe le droit des personnes dans la société.

« **Article 372.** – L'enfant reste sous l'autorité de ses parents jusqu'à sa majorité.

Article 373. – Le père seul exerce cette autorité durant le mariage.

Article 376. – Si l'enfant a moins de seize ans, le père peut le faire emprisonner pendant un temps qui ne pourra excéder un mois.

Article 545. – Nul ne peut être contraint de céder sa propriété si ce n'est pour cause d'utilité publique et moyennant une juste et préalable indemnité.

Article 1781. – Le maître[1] est cru sur son affirmation pour le paiement du salaire. »

1. Le patron.

CODE CIVIL
DES
FRANÇAIS.

ÉDITION ORIGINALE ET SEULE OFFICIELLE.

À PARIS,
DE L'IMPRIMERIE DE LA RÉPUBLIQUE.
AN XII. — 1804.

ACTIVITÉS

1. **Doc. 2** | Quels sont les privilèges supprimés par ce décret ?
2. **Doc. 1** | Pourquoi y a-t-il une fleur de lys et un bonnet phrygien sur l'insigne ?
3. **Doc. 3** | **a.** Qu'est-ce qui est autorisé par la loi ?
   b. Qu'est-ce qui est puni par la loi ?
4. **Doc. 4** | En quoi le droit au divorce est-il un progrès pour les individus ? Faites des hypothèses sur la scène de divorce représentée.
5. **Doc. 5 et 6** | Quel est l'intérêt économique de l'unification des poids et des mesures ? D'une monnaie unique ?
6. **Doc. 7** | Quel pouvoir le Code civil donne-t-il au père de famille sur ses enfants ?
7. **Je pratique différents langages** Classez les réformes économiques et sociales dans le tableau suivant.

Réformes sociales	Réformes économiques

ÉTUDE

La réorganisation de l'État

COMPÉTENCE
J'analyse des documents
Sur les départements français

De 1789 à 1791, l'Assemblée nationale a commencé à réorganiser l'État. Napoléon a continué l'œuvre de la Révolution.

▶ Quelle est l'organisation de l'État, héritée de la Révolution et de l'Empire ?

1 Un maire en 1791

(Gravure de Duhamel, XVIIIe siècle, BNF, Paris.)

La commune est la plus petite circonscription territoriale. Elle est administrée par un conseil municipal élu, dont le chef est le maire.

2 La carte des départements (1790)

3 Départements, cantons et communes

« **Article 1.** – Il sera fait une nouvelle division du royaume en départements [...]. Ces départements seront au nombre de 75 à 85.
Article 2. – Chaque département sera divisé en districts[1] [...].
Article 3. – Chaque district sera partagé en divisions appelées cantons [...].
Article 5. – Il sera établi, au chef-lieu de chaque département, une assemblée administrative supérieure sous le titre d'*Administration du département*.
Article 7. – Il y aura une municipalité[2] en chaque ville, bourg, paroisse de campagne. »

▪ **Loi du 22 décembre 1789 votée par l'Assemblée constituante.**

1. En 1799, ils deviendront les arrondissements.
2. Une commune avec un conseil municipal.

Vocabulaire

La légion d'honneur : une récompense pour service rendu à l'État.

Un préfet : le représentant de l'État dans le département à partir de 1800.

4 Un préfet (Gravure, XIXᵉ siècle, musée Carnavalet, Paris.)
À partir de 1800, Napoléon nomme des préfets à la tête des départements. Ils décident désormais de tout dans le département, et le conseil du département ne joue plus de rôle sous l'Empire. C'est la centralisation.

5 Les premiers lycées publics (1802)

Napoléon Bonaparte a créé les lycées publics en 1802 pour former « l'élite de la nation », essentiellement les hauts fonctionnaires. Les lycées publics sont à l'époque une douzaine, totalement pris en charge par l'État.

« Les élèves sont divisés en compagnies de vingt-cinq ; chaque compagnie a un sergent et quatre caporaux choisis parmi les meilleurs élèves.
Les punitions consistent en prison, table de pénitence et arrêts. L'élève mis aux arrêts est consigné dans un coin de la cour pendant les récréations. Il ne doit pas franchir certaines limites.

Chaque lycée aura une bibliothèque de 1500 volumes ; le catalogue de ces bibliothèques sera identique partout. Les programmes sont l'œuvre propre du Premier Consul. »

▪ **Reichhardt (envoyé prussien), *Un hiver à Paris sous le Consulat*, 17 décembre 1802.**

6 Une légion d'honneur (1802)
La légion d'honneur, instituée par Napoléon Bonaparte, récompense les meilleurs serviteurs de l'État.

ACTIVITÉS

1. **Doc. 2, 3 et 4** | **J'analyse des documents**
   a Quand ont été créés les départements ?
   b Combien y a t-il de départements en 1790 ? Où siège leur administration ?
   c Citez des départements qui portent le nom de cours d'eau, des départements qui portent des noms de montagnes.
   d Faites des hypothèses sur l'intérêt du découpage en départements (pour les personnes, pour l'unification du pays).
   e Comment sont dirigés les départements au début de la Révolution ? Quel est le grand changement sous Napoléon ?
2. **Doc. 1 et 3** | Quelle est la plus petite circonscription administrative créée sous la Révolution ? Par qui est elle dirigée ?
3. **Doc. 5** | Quel type de fonctionnaires cherche-t-on à former dans les lycées ? Justifiez votre réponse.
4. **Doc. 6** | Quel est l'intérêt de la légion d'honneur ?

4 La France transformée

Comment la Révolution et l'Empire ont-ils transformé la France ?

A La réorganisation politique et administrative

1. En 1789, la monarchie absolue disparaît et tous les régimes politiques qui lui succèdent ont une **Constitution** qui fixe l'organisation des pouvoirs et limite l'arbitraire du pouvoir. Durant la période révolutionnaire, les Français font **l'apprentissage de la vie politique** : les députés débattent à l'Assemblée, les citoyens créent des clubs et lisent la presse politique.
2. Dès 1789, les députés **réorganisent l'administration du pays** : ils créent les **départements** et les **communes** dirigés par des élus. Pour centraliser le pouvoir entre ses mains, Napoléon nomme des **préfets** à la tête des départements et il désigne ou fait désigner les **maires** des communes.
3. Les changements sont aussi **militaires**. Sous la Terreur, le gouvernement a décidé la « **levée en masse** ». Plus tard, la République a créé la **conscription**, c'est-à-dire le **service militaire obligatoire** (1798, loi Jourdan). (DOC. 2)

B Les changements sociaux et économiques

1. En 1789, l'**Assemblée nationale** a supprimé les privilèges et établi **l'égalité des droits entre tous les citoyens** devant l'impôt, la justice et l'emploi. En 1804, le **Code civil** a fixé le droit entre les personnes.
2. Les changements ont aussi été **économiques**. Le marché national a été unifié avec la **suppression des douanes intérieures**, **l'unification des poids et des mesures** (1795) et la **création du Franc germinal** (1803). L'État a aussi établi la **liberté des entreprises** et interdit les associations syndicales et les grèves.
3. Les **femmes** ont **revendiqué et obtenu des droits nouveaux**, **mais elles n'ont pas obtenu de droit politique**. La Révolution a aussi créé le **mariage civil** et autorisé le **divorce**. (DOC. 1)

C L'État, la religion et la culture

1. La Révolution a établi la **liberté de culte** et l'égalité des droits entre tous les croyants. Napoléon a par ailleurs pacifié les rapports entre l'État et l'Église en signant le **Concordat de 1801**. (DOC. 2)
2. Pour les révolutionnaires, l'État a un rôle à jouer dans l'éducation et la culture. Les premiers **musées publics** sont créés sous la Révolution et l'Empire et Napoléon crée les premiers **lycées publics**.

1 Le mariage civil
(J.-B. Mallet, gravure, 1793, BNF, Paris.)
Avant la Révolution, tout mariage était religieux. Sous la Révolution, on institue le mariage civil à la mairie. Du point de vue légal, c'est désormais le seul mariage qui compte.

1. Quels éléments prouvent que ce mariage n'est pas religieux ?
2. Qui marie sans doute les deux personnes ?

Vocabulaire

Un club : une association dont les membres se réunissent régulièrement pour débattre de politique. L'ancêtre des partis politiques.

Le Code civil : le recueil de lois qui fixe le droit entre les personnes.

Une commune : la plus petite circonscription administrative du pays. Elle est dirigée par un conseil municipal élu et un maire.

Concordat : voir p. 64.

La conscription : service militaire obligatoire.

Une Constitution : voir p. 58.

Le mariage civil : le mariage à la mairie, qui devient le seul mariage légal.

2 Le Concordat de 1801

Le Concordat de 1801 fixe les rapports entre l'Église et l'État jusqu'à la séparation de l'Église et de l'État en 1905.

« Le Gouvernement de la République reconnaît que la religion catholique est la religion de la grande majorité des citoyens français.

Article 1. – La religion catholique, apostolique et romaine sera librement exercée en France [...]

Article 4. – Le Premier consul de la République nommera aux archevêchés et évêchés [...]. Sa Sainteté[1] confèrera l'investiture canonique.

Article 5. – Les évêques, avant d'entrer en fonction, prêteront directement entre les mains du Premier Consul le serment de fidélité.

Article 10. – Les évêques nommeront les curés. Leur choix ne pourra tomber que sur les personnes agrées par le Gouvernement.

Article 14 – Le Gouvernement assurera un traitement convenable aux évêques et aux curés. »

1. Le pape.

1. Qu'est-ce qu'un Concordat ?
2. Dans le Concordat de 1801, l'Église est-elle séparée de l'État ? Justifiez la réponse.
3. Quel rôle conserve le pape ?

3 La signature du Concordat de 1801 (Gravure, juillet 1801, BNF, Paris.)
Les représentants de Bonaparte et du pape Pie VII signent le Concordat à Paris. Il met fin à dix ans de querelles entre le Pape et l'État français et assure le retour de la paix religieuse dans le pays.

4 Le service militaire obligatoire (1798)

« **Article 1.** – Tout français est soldat et se doit à la défense de la patrie [...]. L'armée se forme par enrôlement volontaire et par voie de conscription.

Article 4. – Le Corps législatif fixe, par une loi particulière, le nombre de défenseurs conscrits qui doivent être mis en activité de service[1].

Article 15. – La conscription militaire comprend tous les Français de l'âge de 20 ans accomplis jusqu'à celui de 25 ans révolus. »

▪ **Loi Jourdan, 5 septembre 1798.**

1. Les citoyens sont plus ou moins nombreux à partir en fonction des besoins.

1. Combien de temps dure le service militaire ?
2. Est-il permanent (Justifiez la réponse) ?

5 Le Musée du Louvre : le premier musée public
(Hubert Robert (1733-1808), *Projet d'aménagement de la Grande Galerie du Louvre*, 1796, musée du Louvre, Paris.)
Le 10 août 1793, la Convention décide de la création dans la Grande Galerie du Louvre d'un Museum de la République où seront mis à disposition du public les collections royales et les œuvres d'art confisquées aux nobles émigrés et aux églises. Il ouvre ses portes en novembre 1793.

ÉTUDE

Guerres et domination françaises

COMPÉTENCE
Je me repère
Situer les batailles et les pays dominés par la France

Sous la Révolution et l'Empire la guerre a été presque permanente. À partir de 1794, elle se fait à l'extérieur de la France et se transforme rapidement en une guerre de conquête.

Comment la France a-t-elle dominé l'Europe sous la Révolution et l'Empire ?

1 Les engagés volontaires de 1792
(Gouache des frères Lesueur, musée Carnavalet, Paris.)
En 1792, en France, de nombreux volontaires s'enrôlent au côté de l'armée de métier. En 1793, face à l'invasion étrangère, le gouvernement républicain impose la « levée en masse » qui lui permet de recruter près d'un million de soldats.

2 CHRONOLOGIE

Avril 1792 Déclaration de guerre de la France à l'Autriche.
Janvier 1793 Louis XVI est guillotiné. Grande coalition européenne contre la France.
23 août 1793 Levée en masse de tous les hommes célibataires de 18 à 25 ans.
26 juin 1794 Victoire de Fleurus. La guerre se fait désormais en dehors de France.
1798 Loi Jourdan créant le service militaire obligatoire pour les hommes de 20 à 25 ans (par tirage au sort).
1803-1815 Guerres napoléoniennes.

Vocabulaire

La Grande Armée : nom donné à l'armée napoléonienne.
L'infanterie : l'armée qui combat à pieds. Un fantassin est un soldat de l'infanterie.

3 Les enjeux de la bataille de Iéna

	FRANCE	PRUSSE
Soldats	56 000	52 000
Artillerie	180 canons	173 canons
Résultat	Victoire française	Défaite prussienne
Pertes	6 000 tués ou blessés	12 000 tués ou blessés 14 000 prisonniers
Conséquences	• Napoléon étend sa domination sur l'Allemagne • Napoléon crée le Grand duché de Varsovie	• La Prusse perd la moitié de son territoire et 5 millions d'habitants • Lourde indemnité de guerre

ACTIVITÉS

1. **Doc. 3, 4 et 5** | Je me repère
   a Situez les batailles napoléoniennes avant 1811.
   b Quels sont les territoires annexés par la France ?
   c Qu'entend-on par États vassaux ? Quels sont-ils ?
   d Quelles ont été les conséquences territoriales de la bataille d'Iéna ?
   e Où Napoléon connaît-il sa première grande défaite ?
2. **Doc. 1, 2 et 3** | À l'aide des documents, donnez une raison essentielle de la domination française.

4 **La bataille d'Iéna (1806)** (Charles Thévenin, 1764-1838, *La bataille d'Iéna, le 14 octobre 1806,* Boissy-Saint-Léger, Château De Grosbois.) Elle a lieu en Allemagne contre les armées prussienne et saxonne le 14 octobre 1806. Napoléon, situé sur la hauteur d'un plateau, manœuvre la Grande Armée. La victoire est totale.

hatier-clic.fr/hg4029

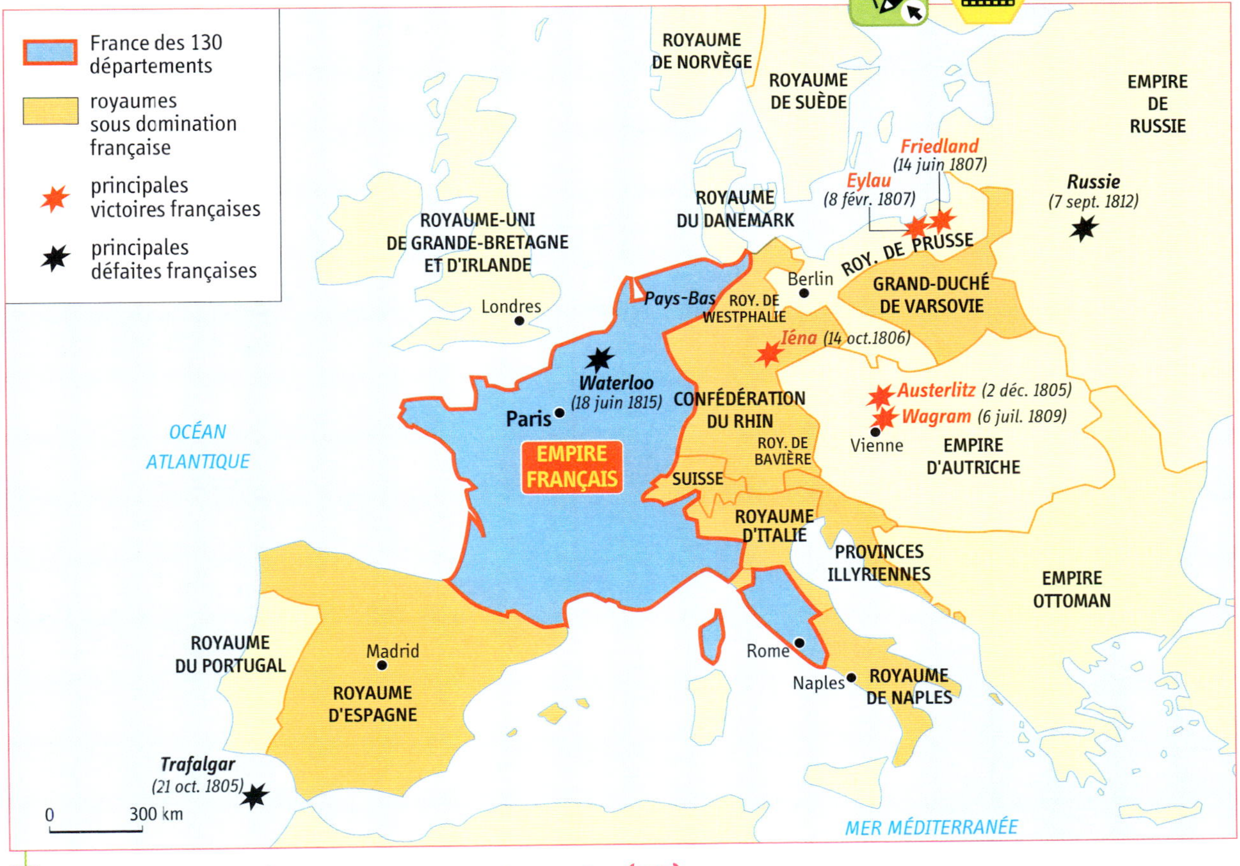

5 **L'Europe à l'apogée de la domination française (1811)**
Napoléon nomme à la tête des États vassaux des membres de sa famille ou des fidèles qui lui doivent obéissance.

ÉTUDE

La France transforme l'Europe

COMPÉTENCE
J'analyse un document
Sur les réformes en Bavière

La République et Napoléon ont cherché à appliquer dans les pays conquis les grandes réformes politiques, sociales et administratives réalisées en France.

Quelles sont les réformes introduites dans les pays conquis ?

1 Plantation d'un arbre de la Liberté à Mayence (Allemagne) en 1792
(Peinture allemande, musée de Rastatt, XVIIIe siècle.) Sur la pancarte, on lit « liberté et égalité ».

2 L'accueil des Français à Mayence

En octobre 1792, les soldats français occupent Mayence en Rhénanie. Les habitants les accueillent avec joie et fondent un club de Jacobins. En février 1793, celui-ci décide de planter un arbre de la Liberté.

« Lorsque le cortège fut arrivé sur la place du Marché, on dressa l'arbre. On le planta ensuite sous les cris d'allégresse et les clameurs bénissant la Liberté et le peuple français. Vieillards et enfants, hommes et femmes, riches et pauvres, apportèrent les pierres et la terre destinées à le consolider : "Nous le planterons si solidement, criaient-ils, qu'aucun despote ne réussira jamais à l'abattre." »

▪ **Mainzer Nationam Zeitung, février 1793.**

3 Décret de la Convention

« La Convention nationale décrète :

Article 1. – Dans les pays qui sont ou qui seront occupés par les armées de la République, les généraux proclameront sur le champ, au nom de la nation française, la souveraineté du peuple, l'abolition de la dîme, de la féodalité, des droits seigneuriaux et généralement de tous les privilèges.

Article 2. – Ils annoncent au peuple qu'ils lui apportent la paix, secours, fraternité, liberté et égalité. »

▪ **Décret du 15 décembre 1792.**

4 Les conseils de Napoléon à son frère Jérôme, roi de Westphalie

« Avant le mois de janvier, vous devez avoir divisé votre royaume en départements [...]. Ce que désirent avec impatience les peuples d'Allemagne, c'est que les individus qui ne sont point nobles et qui ont des talents aient un droit égal à votre considération et aux emplois, c'est que toute espèce de servage soit entièrement abolie. Les bienfaits du Code Napoléon[1], l'établissement des jurys[2] seront autant de caractères distinctifs de votre monarchie. Il faut que vos peuples jouissent d'une liberté, d'une égalité, d'un bien-être inconnus aux peuples de la Germanie [...]. Les peuples de France, d'Italie, d'Espagne désirent l'égalité et veulent les idées libérales. Les privilèges sont contraires à l'opinion générale [...]. Soyez un roi constitutionnel. »

▪ **Napoléon, lettre à son frère Jérôme, roi de Westphalie, 15 novembre 1807.**

1. Code civil.
2. Pour les procès criminels.

5 Napoléon crée le Grand-Duché de Varsovie

(M. Bacciarelli, XIXe siècle, musée national, Varsovie.)

Napoléon apporte l'indépendance à la Pologne, qui prend le nom de Grand-Duché de Varsovie. Il nomme un souverain (le roi de Saxe) et dote le nouvel État d'une Constitution.

6 Les réformes en Bavière en 1808

« Nous, Maximilien Joseph, par la grâce de Dieu, roi de Bavière, nous arrêtons et ordonnons ce qui suit :

Article 1. – Le royaume de Bavière forme une partie de la Confédération du Rhin [...].

Article 3. – Le servage là où il existe encore est supprimé [...].

Article 4. – Tout le royaume sera divisé en cercles administratifs, autant que possible égaux et en suivant, autant que possible, les limites naturelles.

Article 5. – La noblesse conserve ses titres et ses droits fonciers, mais pour le reste, en ce qui concerne les impôts, elle sera traitée exactement sur le même pied que les autres citoyens. Il ne lui est pas non plus reconnu de droit exclusif aux emplois et aux dignités d'État.

Article 6. – Les mêmes dispositions entrent en vigueur en ce qui concerne le clergé.

Article 7. – L'État garantit à tous les citoyens la sécurité de leur personne et de leurs biens, une totale liberté de conscience, la liberté de la presse. »

▪ **Extraits de l'ordonnance du 1er mai 1808, Archives d'État de Bavière.**

ACTIVITÉS

1. **Doc. 1 et 2** | Expliquez l'accueil fait aux Français.
2. **Doc. 3** | Quels sont les buts de la République française ?
3. **Doc. 5** | Situez le Grand-Duché de Varsovie (voir p. 77). Que donne Napoléon à cet État ?
4. **Doc. 4** | Qui est le destinataire de la lettre ? Quelles sont les réformes administratives, sociales, judiciaires et politiques demandées par Napoléon ?
5. **Doc. 6** | **J'analyse un document**

   a. Situez la Bavière et indiquez quelle est sa situation politique (voir p. 77).

   b. Quels sont les deux ordres privilégiés ? Quels sont les privilèges supprimés par les articles 5 et 6 ?

   c. De quelle réforme administrative réalisée en France s'inspire l'article 4 ?

   d. Quelles sont les nouvelles libertés accordées aux habitants ? Quel grand texte français a établi que ces libertés étaient des « droits naturels » ?

5 La France et l'Europe

Comment se transforme l'Europe pendant la période révolutionnaire ?

A La France domine l'Europe

1. Après la mort de Louis XVI, en janvier 1793, **les États d'Europe se dressent contre la France** et commencent à l'envahir. Mais, à partir de 1794, l'armée française – qui comprend de nombreux **conscrits** – **reprend l'offensive**. Durant l'Empire, sous la conduite de Napoléon, **la Grande Armée** remporte plusieurs victoires contre les armées autrichienne et prussienne (Austerlitz en 1805, Iéna en 1806, Wagram en 1809). Grâce à ses victoires, la France étend la domination française en Europe.
2. **En 1811, la France comprend 130 départements**. Elle est entourée d'**États vassaux**, à la tête desquels Napoléon a placé des membres de sa famille ou des princes soumis.

B La transformation de l'Europe

1. Dans les pays qu'elle domine, **la France met en place les réformes qui ont déjà été faites en France**. Elle donne des constitutions, supprime les privilèges, introduit le Code civil, abolit le servage et parfois les droits seigneuriaux. Cependant ces réformes ne sont réellement appliquées qu'en Europe de l'Ouest (Pays-Bas, Rhénanie, Italie du Nord).
2. **Les pays vassaux doivent fournir des impôts et des soldats** à la France. **Les armées françaises d'occupation** pillent souvent les pays qu'elles occupent. La domination française est de plus en plus mal supportée. **Les Espagnols se révoltent** en 1808, quand les Français chassent la famille royale d'Espagne (DOC. 2 ET 3). En **Allemagne et en Italie**, l'occupation provoque des sentiments anti-français et **réveille le sentiment national** (DOC. 1).

C 1815 : le retour à l'ordre ancien ?

1. Après la défaite de Napoléon en 1814, les puissances européennes se réunissent en **congrès à Vienne** pour réorganiser l'Europe. La France est ramenée dans ses frontières de 1791 et les puissances victorieuses de Napoléon – Prusse, Autriche, Russie – étendent leur territoire (DOC. 4). **Les rois des anciennes dynasties reviennent sur leur trône et rétablissent presque tous leur pouvoir absolu**.
2. Le Congrès de Vienne a remanié les frontières sans tenir compte des **nationalités** et du désir de liberté des peuples. Après 1815, des Allemands et des Italiens réclament **l'unification de leur pays** qui est alors divisé en de nombreux États (**mouvement national**). Ils réclament **des constitutions et plus de libertés** (**mouvement libéral**).

1 Poème pour l'Allemagne

À l'époque de ce poème, les États allemands sont occupés par la France.

« Qu'on ne parle plus d'Autriche et de Prusse, de Bavière et de Tyrol,
De Saxe et de Westphalie[1] mais de l'Allemagne [...].
Quelle est la patrie d'un Allemand? [...]
Aussi loin que la langue allemande résonne,
Et chante la gloire de Dieu dans les cieux,
C'est là qu'est ta patrie,
C'est là preux allemand qu'est ta patrie.

La patrie d'un Allemand, c'est le pays
Capable d'une colère qui anéantit
la future gauloise
Où tout Français est l'ennemi
Où tout Allemand est un ami
La voilà la patrie,
C'est l'Allemagne tout entière! »

▪ **Ernst Moritz Arndt, *Cinq chants pour les soldats allemands*, Königsberg, 1813.**

1. États allemands.

1. Quels sont les États allemands cités par Arndt ?
2. Quelles sont les limites de l'Allemagne selon lui ?
3. Qu'est-ce qui a réveillé le sentiment national allemand ?

Vocabulaire

Un conscrit : une personne faisant un service militaire obligatoire.

La Grande Armée : voir p. 76.

Le mouvement libéral : le mouvement de lutte contre le pouvoir absolu et pour les libertés.

Le mouvement national : le mouvement en faveur de l'indépendance d'un peuple ou de son unification.

Une nationalité (ou une nation) : un peuple ayant un territoire, une langue, des traditions, une histoire en commun.

Le sentiment national : le sentiment d'appartenir à une nation.

2 La guerre d'Espagne

En 1808, les Espagnols se soulèvent contre l'occupation française.

« Toutes ces populations étaient soulevées contre nous ; des moines, des prêtres marchaient, le crucifix à la main, à la tête de bandes. Nuire d'une manière quelconque à nos armées était un acte méritoire ; assassiner un Français, une œuvre patriotique, un cas d'absolution des péchés. Ces principes étaient écrits dans les catéchismes mis entre les mains des femmes et des enfants ; l'Empereur y était dénoncé comme un monstre, un envoyé de Satan. »

▪ **Larréguy de Civrieux, *Souvenirs d'un cadet* (1812-1823).**

- Quelles sont les motivations des insurgés espagnols ?

3 Le soulèvement espagnol

(Francisco Goya, 1746-1828, *Dos de Mayo 1814*, musée du Prado, Madrid.)

Le 2 mai 1808, la population de Madrid se soulève contre l'occupation napoléonienne. Elle attaque la cavalerie française et les mamelouks (soldats turcs de l'armée française).

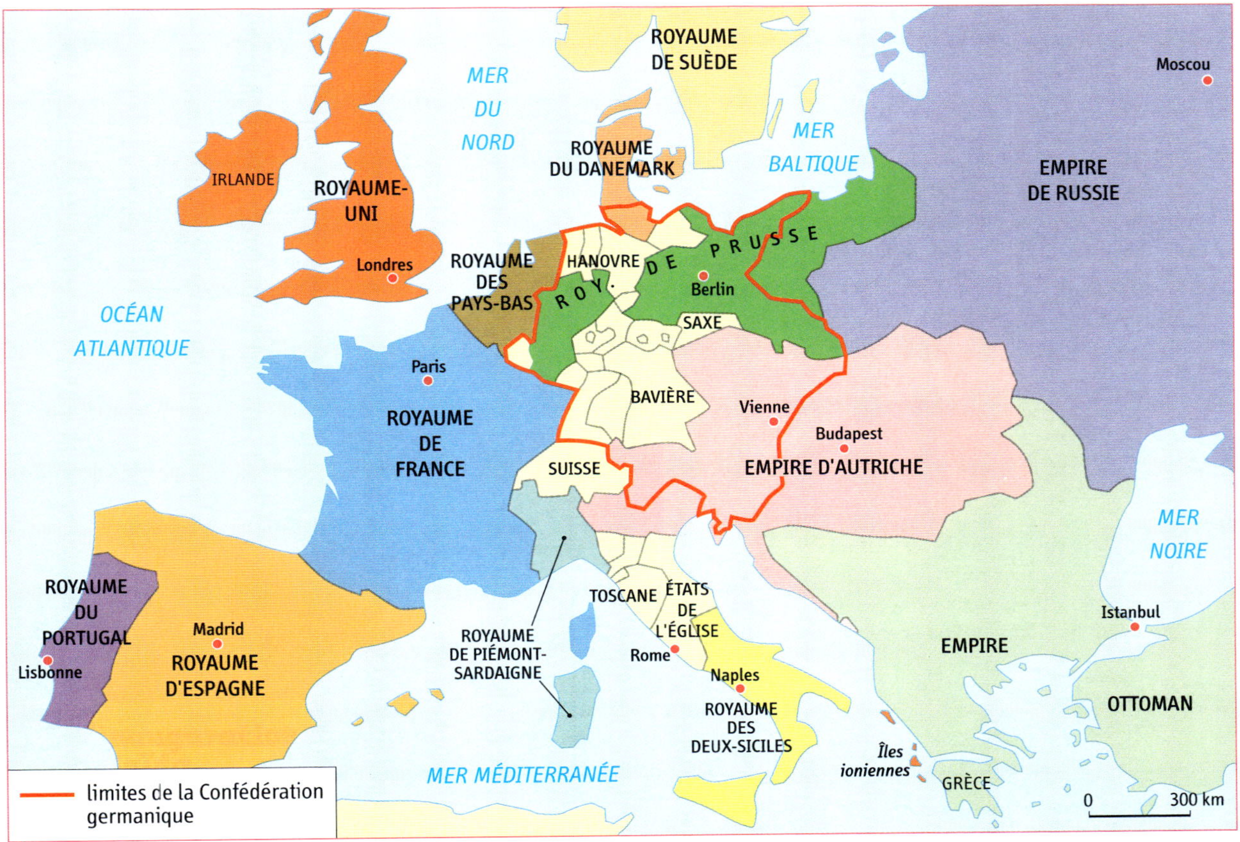

4 L'Europe après le congrès de Vienne (1815)

JE M'EXERCE PAR COMPÉTENCE

J'analyse un document

1 Le texte de La Marseillaise

(Gravure anglaise de Richard Newton, XVIIIe siècle, BNF, Paris.)

ÉDUCATION MUSICALE

La Marseillaise

En garnison à Strasbourg, le capitaine Rouget de Lisle écrit Le chant de guerre pour l'armée du Rhin *en avril 1792. Le chant est appelé* Marseillaise *parce que les fédérés marseillais le chantent en arrivant à Paris en juillet 1792. Ils viennent défendre la capitale alors que les armées de la Prusse et de l'Autriche marchent sur Paris.*

« Allons enfant de la patrie
Le jour de gloire est arrivé
Contre nous de la tyrannie
L'étendard sanglant est levé
(bis)
Entendez vous dans nos [campagnes
Mugir ces féroces soldats
Qui viennent jusque dans [nos bras
Égorger nos fils et nos [compagnes

Refrain
Aux armes citoyens
Formez vos bataillons
Marchons, marchons
Qu'un sang impur
Abreuve nos sillons

Amour sacré de la Patrie
Conduis, maintiens nos bras [vengeurs!
Liberté, liberté chérie,
Combats avec tes défenseurs!
(bis)
Sous nos drapeaux, que la [victoire
Accoure à tes mâles accents!
Que tes ennemis expirants
Voient ton triomphe et notre [gloire! [...]

Je présente

1. Quelle est la date du chant et qui l'a écrit ?
2. Pourquoi ce chant s'appelle-t-il *La Marseillaise* ?
3. Contre quels pays la France est-elle en guerre en 1792 ?

J'analyse

4. Expliquez les mots soulignés.
5. Remettez dans un ordre compréhensible le vers : « contre nous/de la tyrannie/l'étendard sanglant/est levé. ». De quelle tyrannie s'agit-il ?
6. Qui sont les féroces soldats et que font-ils ?
7. Comment sont appelés les combattants français ? D'après le texte, qu'est-ce qui soutient leur combat ?
8. Pourquoi peut-on dire que *La Marseillaise* est à la fois un chant patriotique (qui défend la patrie) et un chant révolutionnaire ?

J'analyse un document

2 Le serment de Napoléon Ier

1. Qui parle ? Lors de quel événement ?
2. Expliquez les mots soulignés.
3. Classez dans le tableau les mesures que Napoléon jure de maintenir.

Mesures de l'époque révolutionnaire	Mesures du Consulat

4. Laquelle de ces mesures n'a pas été respectée sous l'Empire ?

« Je jure de maintenir l'intégrité du territoire de la République ; de respecter et de faire respecter les lois du Concordat et la liberté des cultes ; de respecter et de faire respecter l'égalité des droits, la liberté politique et civile, l'irrévocabilité[1] de ventes des biens nationaux[2] ; de ne lever aucun impôt qu'en vertu de la loi ; de maintenir l'institution de la Légion d'honneur ; de gouverner dans la seule vue de l'intérêt, du bonheur, et de la gloire du peuple français. »

▪ Serment prononcé par Napoléon 1er à la fin de la cérémonie du sacre, 2 décembre 1804.

1. Sitation sur laquelle on ne peut pas revenir. 2. C'est-à-dire du clergé.

Je pratique différents langages

3 Le Tres de Mayo de Goya

HISTOIRE DES ARTS

Le 3 mai 1814 : le soulèvement espagnol (Francisco Goya, *Tres de Mayo*, 1814, musée du Prado, Madrid.)
Goya (1746-1828) dénonce la guerre d'Espagne et la répression dans 82 gravures appelées *Les Désastres de la guerre* (1810), puis dans le *Dos* et le *Tres de Mayo* peints en 1814.

hatier-clic.fr/hg4030

FICHE D'IDENTITÉ

- **NOM** : *Tres de Mayo* ou *Les fusillades sur la montagne du Prince Pio*.
- **AUTEUR** : Francisco Goya (1746-1828)
- **SUJET** : dans la nuit du 2 au 3 mai 1808, l'armée de Napoléon exécute les Espagnols qui se sont révoltés à Madrid dans la journée du 2 mai.
- **DATE DE L'ŒUVRE** : 1814.
- **NATURE ET TECHNIQUE** : peinture, huile sur toile.
- **DIMENSION** : H : 2,66 mètres / L : 3,45 m
- **LIEU DE CONSERVATION** : musée du Prado, Madrid.

Vocabulaire des arts

Le romantisme : le courant artistique de la première moitié du siècle qui cherche à faire triompher les sentiments, les passions. Les artistes romantiques prennent souvent position pour les libertés.

Réalisez une présentation orale du tableau. Vous pouvez suivre l'ordre des questions suivantes.

Je présente

1. Présentez le *Tres de Mayo* (nature, date, artiste, dimension).
2. Quel est l'événement peint par Goya ?

Je décris

3. Comment sont représentés les soldats français ? Les insurgés espagnols ?
4. Que voit-on à l'arrière-plan ?
5. À quoi peut faire penser l'attitude du personnage central ?

J'explique la dimension artistique

6. Que veut faire ressentir l'artiste au spectateur ? Justifiez la réponse.
7. En quoi cette œuvre peut-elle être considérée comme romantique ?

JE PRÉPARE LE BREVET SUJET • MÉTHODE

EXERCICE 1 Analyser un document

DOCUMENT

« Dans notre dernière entrevue, vous me demandez les raisons qui ont éloigné les esprits de mes compatriotes de l'attachement à la France [...]. Il n'y a rien qui opère plus vivement et s'oublie moins que d'être traité avec mépris et hauteur. À l'époque désignée, les sept huitièmes de la nation étaient contents et bien aises de l'entrée des Français, la joie éclatait partout, l'on croyait trouver des frères. En peu de jours, une politique erronée fit tout changer de face, et l'on commença à haïr, à regarder comme des oppresseurs ces Français qu'on avait célébrés comme libérateurs peu de temps auparavant. ».

▪ **Lettre de Gogel, homme politique hollandais, à Marmont, commandant des troupes françaises au camp d'Utrecht (ville hollandaise), le 13 mai 1804.**

QUESTIONS

1. Identifiez le document (nature, date, auteur, destinataire).
2. Quelle est la situation de la Hollande à l'époque du texte ?
3. Complétez le tableau suivant concernant le point de vue des habitants du pays sur les Français.

À l'arrivée des Français	À l'époque du texte

4. D'après le texte et vos connaissances, qu'est-ce qui peut expliquer ce changement ?
5. Montrez à l'aide de vos connaissances que le sentiment des Hollandais est partagé par d'autres peuples.

EXERCICE 2 Maîtriser différents langages pour raisonner

DÉVELOPPEMENT CONSTRUIT

▶ Sous forme d'un développement construit d'une vingtaine de lignes, montrez quelles sont les transformations apportées à la France par la Révolution et Napoléon Bonaparte.

Méthode Comprendre le sujet et rédiger

Étape 1 Comprendre le sujet

Il ne faut pas raconter la révolution, mais seulement traiter les transformations apportées par la Révolution et l'Empire.

Il ne s'agit pas seulement de la Révolution mais aussi de l'œuvre de Napoléon.

Étape 2 Rédiger

Plan possible

Introduction rédigée : la Révolution française a duré de 1789 à 1799 et elle a ensuite été suivie par le règne de Napoléon Bonaparte de 1799 à 1815. *(Je conduis au sujet)*

Durant cette période, la France a été profondément transformée. *(J'annonce le sujet)*

Quelles sont les transformations apportées par la Révolution et Napoléon ? *(Je pose la problématique)*

Partie I : *(je saute une ligne après l'introduction)* les transformations sont **d'abord** politiques et administratives. Sous la Révolution, la monarchie absolue disparaît ... (continuez avec les libertés, la réorganisation administrative....)

Partie II : *(je vais à la ligne)* les transformations sont **ensuite** sociales et économiques (continuez avec égalité des droits, rôle des femmes, Code civil, suppression des douanes intérieures et liberté d'entreprise, francs... *(La première phrase indique l'idée générale de la partie)*

Partie III : *(je vais à la ligne)* les transformations sont **enfin** religieuses et culturelles (continuez avec liberté de culte, Concordat de 1801, lycées publics)

Conclusion : *(je saute une ligne)* **ainsi** la France a été profondément transformée sous la Révolution et sous Napoléon Bonaparte dans tous les domaines : politique et administratif, social et économique, religieux et culturel.

JE CONSTRUIS MON BILAN

hatier-clic.fr/hg4031

hatier-clic.fr/hg4032

1 Je me repère dans le temps

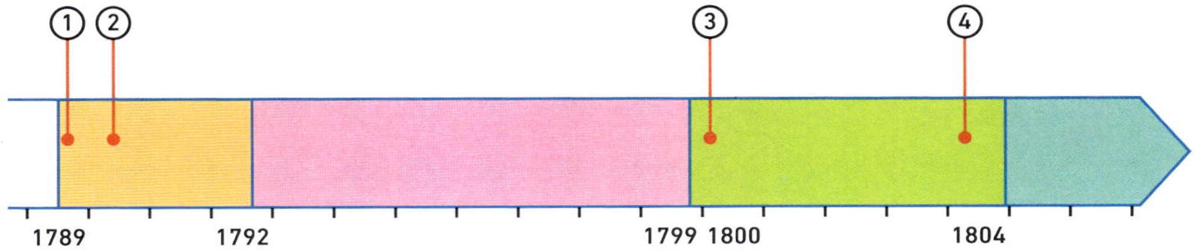

1. À quel régime politique correspond chaque couleur ?
2. À quel numéro sur la frise correspondent les nouveautés suivantes : *abolition des privilèges* • *Code civil* • *Préfet* • *Département*.

2 Je réalise une carte mentale sur quelques apports de la Révolution et de l'Empire

• Réalisez une carte mentale à l'aide des mots suivants :

Abolition des privilèges • *Constitution* • *Départements et communes* • *Préfets* • *Premiers musées* • *Franc* • *Poids et mesures unifiés* • *Concordat de 1801* • *Service militaire obligatoire* • *Autorisation du divorce*.

3 Je connais le vocabulaire du chapitre

• À quels mots correspondent les définitions suivantes ?

A. L'ensemble des lois qui déterminent comment un État est gouverné.
B. Un habitant du petit peuple des villes qui porte un pantalon.
C. Un représentant de l'État dans le département.
D. Le recueil de lois qui fixe les droits entre les personnes.
E. Sous la révolution, une association dont les membres se réunissent régulièrement pour débattre de sujets politiques.
F. Un accord entre un État et le pape sur les questions religieuses.
G. Le sentiment d'appartenir à une nation.

CHAPITRE 4

L'Europe de la « révolution industrielle »

Quelles transformations économiques, sociales et culturelles l'Europe connaît-elle au XIXe siècle ?

1 L'intérieur d'une usine textile anglaise au XIXe siècle

(Gravure, vers 1830.)

La révolution industrielle débute en Angleterre et repose à l'origine sur l'industrie textile. Dans les usines, les machines à filer et à tisser sont actionnées par la machine à vapeur. On y emploie de nombreuses femmes, et des enfants (1) utiles par leur petite taille.

hatier-clic.fr/hg4033

Je me repère dans le temps

- **1769** Machine à vapeur de James Watt
- **1817** Première locomotive à vapeur (Stephenson)
- **1845** Émigration irlandaise
- **1848** *Manifeste du Parti communiste* de Karl Marx
- **1848** Révolutions de 1848
- **1864** Droit de grève en France

RÉVOLUTION INDUSTRIELLE

1900

Compétences

Je pratique différents langages

- Décrire le développement du chemin de fer ▶ P. 90
- Décrire une œuvre d'art : un tableau impressionniste ▶ P. 92
- Compléter une carte mentale sur l'émigration irlandaise ▶ P. 96
- Rédiger un paragraphe sur les transformations de Berlin au XIXe siècle ▶ P. 100
- Classer des informations dans un tableau ▶ P. 108

J'analyse un document

- Une image de ville industrielle : Le Creusot ▶ P. 88
- Des documents sur les ouvriers (affiche, graphique) ▶ P. 102

Je me repère

- Situer sur une carte historique ▶ P. 106

2 Les Grands Boulevards à Paris à la fin du XIXe siècle

(Jean Béraud, 1849-1936, *Scène de la rue à Paris*, huile sur toile. Collection privée.)

Les Grands Boulevards, situés sur la rive droite de la Seine, sont des quartiers d'affaires mais aussi des lieux de promenade. Ils ont été créés ou transformés au XIXe siècle, avec de larges trottoirs, des plantations d'arbres, des bancs bien reconnaissables, des « colonnes Morris » où s'affichent les spectacles de la ville. À cette époque, l'éclairage se fait encore au gaz et la chaussée pavée est couverte de sable pour les voitures à cheval.

ÉTUDE

Le Creusot, ville industrielle

COMPÉTENCE
J'analyse un document
Une image de ville industrielle : Le Creusot

Le Creusot est une ville française de Saône-et-Loire située au cœur d'un bassin houiller (bassin de charbon). Elle prend son essor quand les frères Schneider fondent la Société des forges et ateliers du Creusot.

Comment se caractérise un grand centre industriel au XIXe siècle ?

1 BIOGRAPHIE

Eugène Schneider (1805-1875)

Né dans la Meurthe, dans une famille bourgeoise, il rachète la fonderie du Creusot avec son frère Adolphe et le banquier Seillière. Devenu directeur unique du Creusot après 1845, il profite des besoins en chemins de fer, bateaux de fer, charpentes métalliques pour développer considérablement son usine. Il étend son pouvoir au monde politique : il est député sous le Second Empire et maire du Creusot de 1866 à 1870. Il est aussi premier président de la Société générale, une nouvelle banque. Après la guerre de 1870, à la demande du gouvernement, il se tourne vers la fabrication de canons en acier. À sa mort, en 1875, son fils Henri lui succède à la tête de l'entreprise.

2 CHRONOLOGIE

1838 Les établissements Schneider produisent leurs premières locomotives.
1857 Début de la construction de charpentes métalliques.
1870 Début de la production d'acier.
1876 Construction d'un marteau-pilon à vapeur.

3 Le marteau-pilon à vapeur (1889)

(Peinture de Joseph Layraud. Écomusée de la communauté urbaine du Creusot, Montceau-les-Mines.)

Le marteau-pilon était une imposante machine-outil de forge, haute de 21 mètres et pesant cent tonnes. L'énorme bloc de fer est soulevé par la vapeur et retombe de tout son poids sur l'enclume.

4 Le Creusot, ville de « pays noir »

« Il y a moins d'un siècle, le Creusot n'existait pas, même de nom. Le site était bien choisi : du charbon à fleur de sol, du minerai de fer à peu de distance et, comme moyen de transport, le canal du centre qui unit la Saône à la Loire. Quand le train débouche dans la vallée du Creusot, on croirait pénétrer dans un cratère d'où s'échappent des torrents de fumée sillonnés de langues de feu. À peine à travers ces tourbillons est-il permis d'entrevoir la forme confuse des objets : les colonnes de fonte, une cheminée qui émerge d'un lit de vapeur. »

▪ **Louis Reybaud, *Le Fer et la Houille*, 1874.**

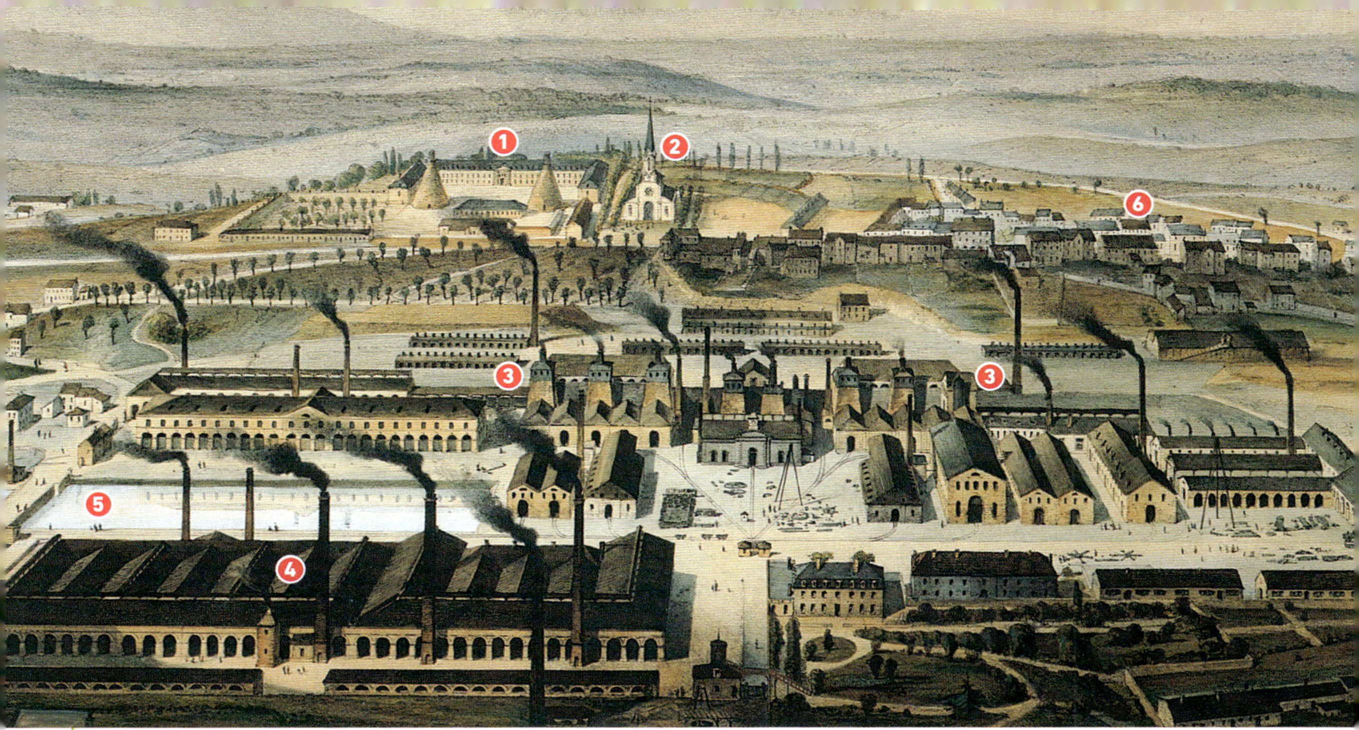

5 La ville du Creusot en 1847 (*Le Creusot, vue prise du nord*, lithographie de Trémaux, 1847. Écomusée du Creusot.)

1 Château de La Verrerie, résidence des Schneider
2 Église Saint-Laurent
3 Hauts-fourneaux (produisent de la fonte et de l'acier)
4 Forge et ateliers de construction
5 Canal (qui permet d'acheminer le fer et le charbon avant la construction de la voie ferrée en 1860)
6 Cités ouvrières

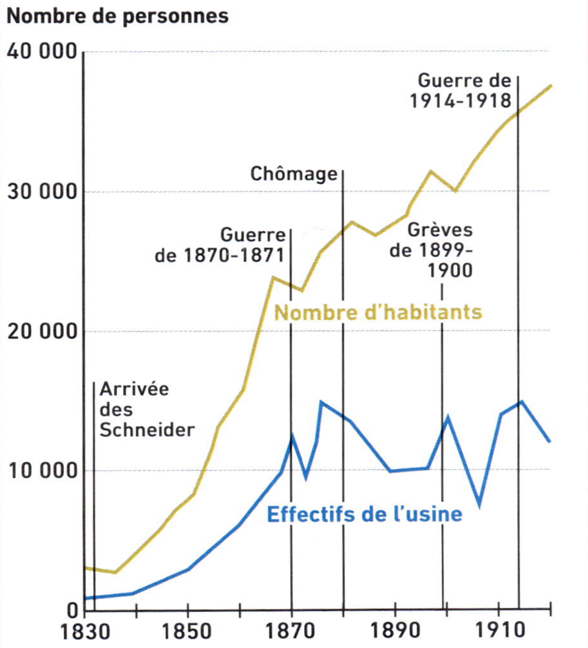

Source : d'après C. Devillers, *Le Creusot, naissance et développement d'une ville industrielle*, Champ Vallon, Seyssel, 1977.

6 Population du Creusot et effectifs de l'usine

Vocabulaire

L'industrie métallurgique : l'industrie du métal.

L'industrie sidérurgique : l'industrie du fer.

Un « pays noir » : une région industrielle créée sur des gisements de charbon.

ACTIVITÉS

1. **Doc. 1** | Quelles sont les différentes fonctions occupées par Eugène Schneider ?
2. **Doc. 1 à 4** | Que produisent les usines du Creusot ? Qu'est-ce qui a permis le développement de l'industrie au Creusot ?
3. **Doc. 5** | **J'analyse un document**
   a Identifiez le document (nature du document, sujet représenté, date).
   b Nommez et situez les bâtiments d'habitation.
   c Quels sont les bâtiments de l'usine et leur fonction ?
   d À quoi sert le canal devant les usines ?
   e À l'aide de cette image expliquez l'expression « pays noir ».
4. **Doc. 6** | Quelle est la grande période de développement de l'entreprise ? Décrivez et expliquez l'évolution de la population urbaine.

ÉTUDE

Le développement du chemin de fer

COMPÉTENCE
Je pratique différents langages
Décrire le développement du chemin de fer

À partir des années 1830, un nouveau moyen de transport se développe en Europe, grâce à l'adaptation de la machine à vapeur : le chemin de fer.

Quelles transformations entraîne le développement du chemin de fer en Europe au XIXe siècle ?

hatier-clic.fr/hg4034

1 Train, pont en pierres, tunnel

(Lithographie en couleurs, 1889.)

1 La locomotive à vapeur
2 Le « chauffeur » alimente la locomotive avec du charbon
3 Le tender (derrière la locomotive) contient les réserves de charbon et d'eau
4 Les wagons (ou voitures) pour les passagers
5 Le passage à niveau

2 L'évolution des temps de transport en France

	1834 (voiture attelée)	1893 (chemin de fer)
Paris-Strasbourg	47 heures	8 h 49 min
Paris-Marseille	80 heures	14 h 07 min
Paris-Toulouse	70 heures	14 h 10 min
Paris-Brest	61 heures	13 h 31 min
Paris-Le Havre	17 heures	3 h 59 min

3 Une affiche publicitaire

(Affiche de publicité de la Compagnie des chemins de fer du Nord, 1899.)

Les compagnies de chemin de fer apposent de grandes affiches dans les gares et les lieux de vente de billets pour pousser les touristes à partir sur la côte.

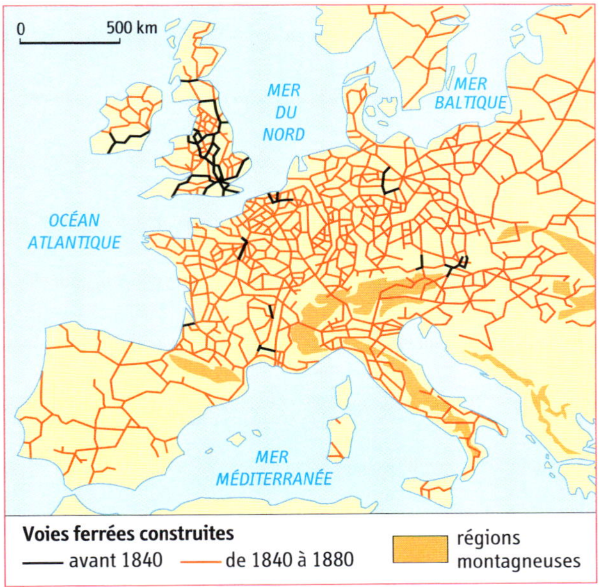

6 Le réseau ferré européen en 1840 et 1880

4 Les avantages du chemin de fer

« La durée moyenne du voyage par bateau entre Liverpool et Manchester est de 36 heures environ. Avec le projet de voies ferrées, le transport de marchandises sera effectué entre 5 ou 6 heures et le prix sera réduit d'un tiers […].
Pour les habitants, les produits agricoles de toutes sortes pourront venir de plus loin à des prix plus modérés. Pour les propriétaires établis au voisinage de la ligne, les chemins de fer offrent d'importants avantages en agrandissant les marchés pour leurs produits agricoles et minéraux, et en leur permettant de recevoir à bon compte de l'engrais. En outre, en tant que moyen de transport à bon marché et rapide pour les passagers, le chemin de fer offre d'autres avantages au public. »

▪ **Prospectus de la Compagnie du chemin de fer Liverpool-Manchester, 1824.**

5 Les coûts de transport

	1800	1900
Paris-Toulouse 2e classe	108 francs (diligence)	50 francs (train)
Paris-Toulouse 1re classe	136 francs (diligence)	75 francs (train)

ACTIVITÉS

1. **Doc. 1** | Comment fonctionne le chemin de fer ? Quelle source d'énergie utilise-t-il ?
2. **Doc. 1** | Quels aménagements nécessite le chemin de fer ?
3. **Doc. 6** | Durant quelle période le réseau de chemin de fer s'est-il surtout développé ? Dans quelles parties de l'Europe est-il le plus dense, le moins dense vers 1880 ?
4. **Doc. 2 et 5** | Avec le chemin de fer, comment évoluent le temps et le coût du transport ? Justifiez.
5. **Doc. 3 et 4** | Quels avantages représente le chemin de fer pour l'économie et la société ?
6. **Je pratique différents langages**

   Décrivez le développement du chemin de fer et les changements qu'il entraîne.

Coup de pouce Avant de rédiger, vous pouvez compléter le tableau suivant :

Le développement du chemin de fer	Les changements qu'il apporte
Fonctionnement ? Évolution du réseau ? Travaux réalisés ?	Rapidité et coût de transport ? Conséquences économiques ?

Arts et Histoire

CLAUDE MONET PEINT LA GARE SAINT-LAZARE

COMPÉTENCE
Je pratique différents langages
Décrire une œuvre d'art : un tableau impressionniste

La gare Saint-Lazare est la première gare parisienne à être construite. Elle dessert l'Ouest de la France, en particulier la Normandie, où des Parisiens commencent à partir en vacances. Vers 1860, le peintre impressionniste Claude Monet a fait de nombreux tableaux des trains arrivant dans la gare.

▶ De quelle manière Claude Monet a-t-il peint la gare Saint-Lazare ?

hatier-clic.fr/hg4035

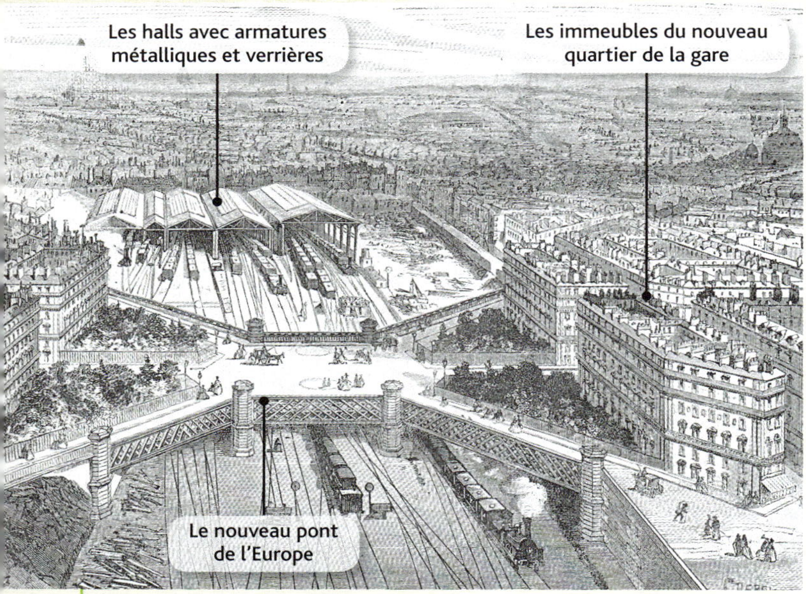

1 La gare Saint-Lazare en 1868

(*L'Illustration*, 1868. Bibliothèque historique de la ville de Paris.)

La gare Saint-Lazare est construite de 1842 à 1853. Elle dessert la Normandie. En 1867, elle est considérablement agrandie.
À cette époque, c'est la plus importante de la capitale, avec 25 millions de voyageurs par an.

2 BIOGRAPHIE

Claude Monet (1840-1926)

Claude Monet est né à Paris en 1840. Il passe sa jeunesse au Havre puis fait des études à l'école des Beaux-Arts de Paris.
En 1872, il peint un paysage du port du Havre intitulé *Impression soleil levant* dans un style nouveau.
Il devient un des principaux peintres du courant « impressionniste » au côté de Renoir, Degas...
À partir de 1883, il s'installe dans une maison en Normandie, à Giverny ; il y meurt en 1926.

3 Claude Monet au travail

Témoignage du journaliste Hugues le Roux.

« Je me souviens d'avoir un jour aperçu dans la gare Saint-Lazare un homme juché avec son chevalet sur un tas de caisses. C'était un chaud dimanche d'été, les Parisiens partaient par bandes pour la banlieue […]. C'était Claude Monet. Il peignait avec acharnement des départs de locomotives. Il voulait les montrer en route dans la vague d'air chaud qui leur tremblait autour des reins sur l'échine. Il demeurait là, le pinceau à l'affût, comme un chasseur, guettant la minute de sa touche. »

▪ **Hugues Le Roux, article publié lors d'une exposition consacrée à Monet en 1889.**

Vocabulaire des arts

Impressionnisme école de peinture née vers 1870
- Travail du peintre en plein air (et non en atelier)
- Paysages, sujets modernes, importance donnée à la lumière
- Peinture par petites touches, contours flous

4 *La Gare Saint-Lazare, arrivée d'un train* (1877)

FICHE D'IDENTITÉ

- **AUTEUR :** Claude Monet (1840-1926)
- **TITRE :** *La Gare Saint-Lazare, arrivée d'un train*
- **DATE :** 1877
- **NATURE ET TECHNIQUE :** peinture, huile sur toile
- **GENRE :** paysage
- **DIMENSION :** largeur 101 cm, hauteur 82 cm
- **LIEU DE CONSERVATION ACTUEL :** Fogg Art Museum, Cambridge, États-Unis
- **HISTOIRE DE L'ŒUVRE :** Monet s'installe à Paris en 1877, non loin de la gare Saint-Lazare. À la recherche d'un sujet moderne, il obtient de la Compagnie de chemin de fer de l'Ouest l'autorisation de peindre les trains dans la gare. Il peint ainsi 12 tableaux dans des conditions atmosphériques différentes et avec des points de vue divers. Il s'agit ici d'un des douze tableaux.

ACTIVITÉS

Je pratique différents langages

Je présente

1. Présentez le tableau (auteur, date, sujet).
2. Quelle destination la gare Saint-Lazare dessert-elle (voir doc. 1) ?

Je décris et j'explique

3. À l'aide du doc. 1 et de vos observations, dites à quoi correspond chaque numéro sur la peinture.
4. Qu'est-ce qui est nouveau dans le sujet du tableau ?
5. Qualifiez la manière dont est peint le tableau (observez les contours).

Je relie à une école artistique

6. En utilisant des arguments, montrez que ce tableau appartient au courant impressionniste.

1 L'Europe s'industrialise

Quels sont les bouleversements économiques en Europe au XIXe siècle ?

A L'essor de l'industrie

1. La diffusion de la **machine à vapeur** en Angleterre, qui fonctionne grâce au charbon, marque le début de l'industrialisation. De nombreuses **autres inventions** permettent des progrès techniques (DOC. 5). Le travail industriel se concentre peu à peu dans les **usines** où sont regroupées les machines.

2. Les industries textiles et **métallurgiques** se développent fortement (DOC. 2). **Les usines sont construites sur les gisements de charbon** qui est une source d'énergie et en même temps une matière première pour la métallurgie. Elles donnent naissance à **de nouvelles régions industrielles**, les **pays noirs** (DOC. 3).

3. À **la fin du siècle**, on découvre d'autres sources d'énergie : **le pétrole et l'électricité.** De nouvelles industries apparaissent : industrie chimique, électrique et automobile. C'est le début de la **seconde « révolution industrielle »**.

B La révolution des transports

1. **Le chemin de fer**, qui fonctionne grâce à la machine à vapeur, s'étend très rapidement à partir de 1840. Les **navires à vapeur** remplacent les bateaux à voile. **La vitesse des transports augmente et leur coût diminue.**

2. Avec les progrès des transports et la baisse des tarifs douaniers, **les échanges intérieurs et internationaux se développent** surtout entre l'Europe et les États-Unis. Des lignes transatlantiques régulières sont ouvertes pour les passagers. Le commerce entre l'Europe et l'Asie est aussi facilité par l'ouverture du **canal de Suez** en Égypte (1869) qui permet d'atteindre l'Inde sans avoir à contourner l'Afrique.

C Le capitalisme et la « révolution industrielle »

1. La construction d'une ligne de chemin de fer ou d'une usine nécessite un **capital très important**. Pour le trouver, les entrepreneurs peuvent emprunter aux banques qui se développent beaucoup au XIXe siècle. Ils peuvent aussi créer des **sociétés anonymes** dans lesquelles le **capital** de l'entreprise est divisé en **actions** vendues à la Bourse (DOC. 4).

2. **La « révolution industrielle » naît en Angleterre puis elle gagne les autres pays d'Europe du Nord-Ouest** (France, Belgique, Pays-Bas, Allemagne), où existait déjà une importante bourgeoisie marchande. Vers 1900, les pays d'Europe de l'Est et du Sud sont encore peu industrialisés.

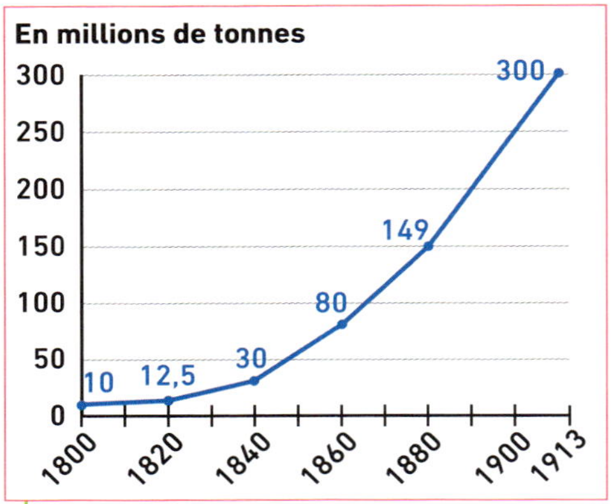

1 La production de charbon au Royaume-Uni (1800-1913)

- Comment évolue la production ? Expliquez cette évolution.

2 La production de fonte[1] (en millions de tonnes)

	1800	1850	1900
Royaume-Uni	0,2	3	9,1
France	0,06	0,6	2,7
Allemagne	0,04	0,3	7,5

1. La fonte est réalisée à partir de la fusion de minerai de fer et de charbon.

1. Quel est le premier pays producteur ?
2. Dans quel pays la croissance est-elle la plus rapide après 1850 ?

Vocabulaire

Une action : la part d'une entreprise vendue à la Bourse et qui rapporte un bénéfice annuel à son détenteur (le dividende).

Le capital : l'argent et le matériel nécessaires pour fonder et faire fonctionner une entreprise. Le capitaliste est celui qui possède un capital important.

L'industrie métallurgique : l'industrie du métal (elle comprend donc la sidérurgie).

Un « pays noir » : voir p. 89.

La révolution industrielle : une augmentation brusque et rapide de la production industrielle, liée à des innovations technologiques (par exemple la machine à vapeur).

Une société anonyme : une société dont le capital est divisé en de très nombreuses parts, appelées actions, vendues à la Bourse.

3 L'Europe industrialisée en 1900

1. Quelles sont les principales régions industrielles à la fin du XIXe siècle ?
2. Quels sont les principaux secteurs de la croissance industrielle ?

4 Une société par actions

« **Article 1.** Il est formé une société par actions entre MM. Mancel père et fils, gérants de ladite société, et toutes les personnes qui deviendront propriétaires des actions.
Article 2. La société a pour objet l'exploitation des mines de houilles de Carmaux et l'exploitation du chemin de fer de Carmaux à Albi [...].
Article 5. La société prend le nom de Compagnie des Houillères et Chemins de fer de Carmaux-Toulouse.
Article 6. Le capital est fixé à 17 400 000 francs et divisé en 116 000 actions de 150 francs chacune.
Article 22. Il sera formé un conseil de surveillance composé de 11 membres nommés par l'assemblée générale des actionnaires.
Article 28. L'assemblée générale se compose de tous les actionnaires propriétaires de 40 actions au moins. »

▪ ***Statuts de la Compagnie des Houillères et Chemins de fer de Carmaux-Toulouse*, 1856.**

1. Quel est le nom de la société ? Quelles sont ses activités ?
2. À combien s'élève le capital nécessaire à son démarrage ? Comment est-il réuni ?
3. Comment la société est-elle dirigée ?

5 Quelques inventions fondatrices

1769 Watt dépose un brevet améliorant la machine à vapeur (Royaume-Uni).
1815 Robert Stephenson construit la première locomotive (R-U).
1824 Roberts met au point le métier à filer automatique (R-U).
1839 Daguerre invente la daguerréotypie (photographie) (F).
1839 Bourdon et Nasmyth mettent au point le marteau-pilon (F / R-U).
1855 Le convertisseur Bessemer (fabrication de l'acier) (R-U).
1856 Perkin crée le premier colorant chimique (R-U).
1869 Gramme construit la première dynamo (pour produire de l'électricité) (Belgique).
1879 Lampe à incandescence de Thomas Edison (É-U).
1886 Daimler invente le moteur à explosion (Allemagne).
1890 Premières automobiles Peugeot (F).

- Quelles inventions concernent l'industrie ? les transports ? l'agriculture ?

ÉTUDE

Quitter l'Irlande au XIXe siècle

COMPÉTENCE
Je pratique différents langages
Compléter une carte mentale sur l'émigration irlandaise

Au XIXe siècle, la population irlandaise, pauvre et rurale, augmente fortement. À partir du milieu du siècle, les Irlandais sont très nombreux à émigrer hors d'Europe.

Pourquoi et où ont émigré des millions d'Irlandais au XIXe siècle ?

Vocabulaire

L'émigration : le départ d'un pays pour s'installer dans un autre pays.

1 CHRONOLOGIE

1845-1848 effondrement de la récolte de la pomme de terre due à un champignon, le mildiou. Famine en Irlande.
1845-1870 3 millions d'Irlandais quittent l'Irlande.

2 La crise irlandaise des années 1840

« Autrefois l'Irlande était beaucoup moins peuplée : on ne comptait en 1800 que 4 millions d'âmes, au lieu des 8 millions de 1846. [...] Quand cette population surabondante s'est développée, la culture des pommes de terre s'est étendue parallèlement, et a absorbé tous les soins, tous les travaux. La pomme de terre avait couvert le tiers du sol cultivé. Elle fournissait les trois quarts de la nourriture des campagnes.
Tant qu'on obtenait la pomme de terre et l'avoine avec quelque abondance, le peuple des petits fermiers vivait mal mais il vivait, et malheureusement il multipliait. Quand la récolte venait à manquer ou seulement à décroître, la disette[1] les décimait. Comme en même temps ils ne pouvaient pas payer leur loyer, le propriétaire ordonnait leur expulsion [...]. Les fermiers dépossédés, n'ayant plus aucun moyen d'existence, devenaient des vagabonds ; leurs enfants et leurs femmes demandaient l'aumône [...]. »

■ **Léonce de Lavergne,** ***Essai sur l'économie rurale de l'Angleterre, de l'Écosse et de l'Irlande*****, 1854.**

1. Insuffisance de nourriture.

3 Expulsion de fermiers dans l'Ouest de l'Irlande en 1881

L'expulsion des fermiers par les propriétaires protégés par la police est un thème classique, souvent illustré par les journaux.

4 Le départ des Irlandais pour les États-Unis

(« L'attrait des salaires américains », caricature américaine, vers 1855.)

1 Castle Garden, centre d'immigration aux États-Unis
2 Oncle Sam
3 « Recherchons 1 000 000 d'hommes, bons salaires »
4 « Vers les navires à vapeur américains »
5 Allégorie de l'Irlande
6 John Bull, symbole du bourgeois anglais
7 Lion, symbole du Royaume-Uni

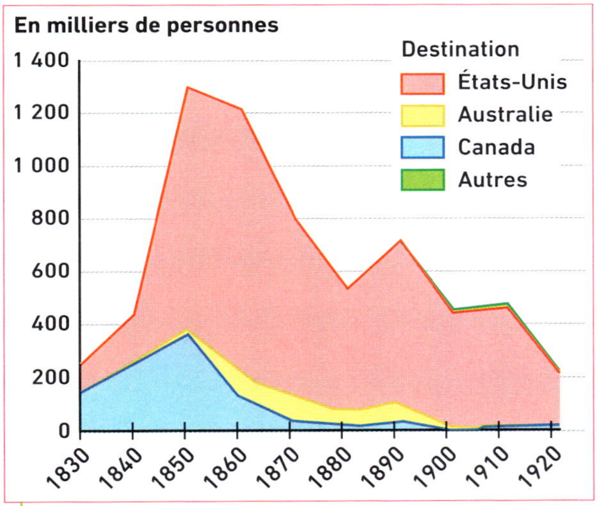

5 Les destinations outre-mer des émigrants irlandais (1820-1920)

6 Les Irlandais aux États-Unis

« Le nombre des Irlandais résidant en Amérique dépasse actuellement de plus du double celui resté dans la mère patrie. [...] Les Irlandais, presque tous agriculteurs en Irlande, changent généralement de travail en arrivant aux États-Unis. Ils préfèrent rester dans les grandes villes et leurs faubourgs ; ils travaillent comme portefaix, manœuvres, débardeurs, terrassiers[1], puis, quand ils ont gagné quelques piastres[2], ils deviennent artisans, entrepreneurs, commerçants, et prennent part avec passion à la politique locale. Quant aux femmes, elles s'engagent dans les familles américaines comme aides ou domestiques. »

■ **Élisée Reclus, *Les États-Unis*, Nouvelle Géographie universelle, livre XVI, 1892.**

1. Métiers non qualifiés qui demandent un effort physique important (porter, creuser...). 2. Argent.

ACTIVITÉS

1. **Doc. 4** | D'après le document, où la jeune femme souhaite-t-elle se rendre et par quels moyens ? Qu'est-ce qui l'attire dans ce pays ?
2. **Doc. 1, 2, 3** | Qu'est-ce qui pousse les Irlandais à quitter leur pays au milieu du XIXe siècle ?
3. **Doc. 5** | Quelle est la principale période de l'émigration irlandaise ? Quelles sont les deux principales destinations outre-mer des émigrants irlandais ?
4. **Doc. 6** | Quel type de travail effectuent les Irlandais en arrivant aux États-Unis ? Montrez qu'ils s'intègrent rapidement.
5. **Je pratique différents langages** Complétez la carte mentale suivante.

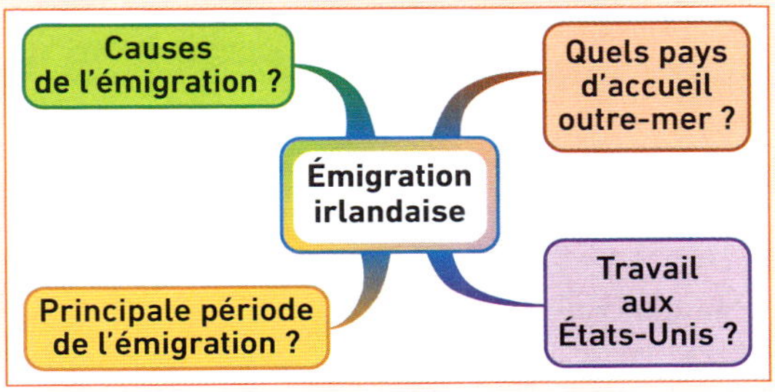

2 Le dynamisme de la population

▶ Quelles sont les causes et les conséquenses de la croissance démographique ?

A Une forte croissance démographique

1. **La croissance démographique, qui a commencé dans la première moitié du XVIIIe siècle, s'accélère au XIXe siècle.** La population de l'Europe, Russie incluse, passe d'environ 190 millions d'habitants en 1800 à 420 millions en 1900, alors que l'Afrique et l'Asie voient leur population s'élever d'un tiers seulement entre ces deux dates. La croissance démographique **concerne surtout les pays d'Europe de l'Ouest** qui s'industrialisent (DOC. 1).

2. **L'augmentation de la population s'explique par le recul de la mortalité.** En effet, les épidémies très meurtrières comme la peste ont disparu. De plus, les populations sont dans l'ensemble mieux nourries grâce à la hausse de la production agricole et elles sont donc plus résistantes. Enfin, la santé s'améliore grâce aux progrès de l'hygiène et de la médecine. **Comme la natalité reste élevée, l'accroissement naturel** de la population devient très important (DOC. 2).

B L'émigration massive des Européens

1. **Entre 1820 et 1920, plus de 60 millions d'hommes et de femmes quittent l'Europe** pour aller sur d'autres continents. **Les populations qui partent** sont d'abord originaires d'Europe du Nord, puis à partir de 1880 d'Europe du Sud et de l'Est (DOC. 4). **Plus de la moitié de ces migrants s'installent aux États-Unis.** Les autres pays d'accueil importants sont les « pays neufs » : le Canada, l'Argentine, le Brésil, l'Australie, l'Afrique du Sud et l'Algérie (DOC. 3).

2. Les départs **s'expliquent surtout par la croissance démographique** : les populations sont de plus en plus nombreuses dans les campagnes et elles cherchent du travail ailleurs. **D'autres causes expliquent l'émigration** : les crises économiques, des massacres de Juifs en Russie, le besoin de liberté… De leur côté, les pays neufs recherchent de la main-d'œuvre pour leur industrie et pour mettre en valeur leur territoire. À partir de 1860, **la navigation à vapeur** facilite les déplacements vers l'outre-mer.

C L'arrivée dans les pays d'accueil

Dans les pays d'accueil, **les migrants trouvent facilement du travail**, mais leurs **conditions de vie sont difficiles** (bas salaires, logements insalubres). Ils sont souvent l'objet de rejet et parfois d'actes de **xénophobie** (DOC. 5). Dans les villes, ils se **regroupent en quartiers par nationalités**, ce qui leur permet de s'entraider et de conserver leur culture.

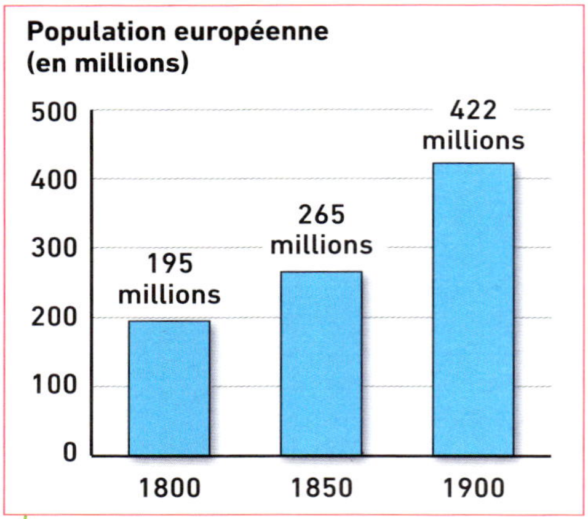

1 La population européenne

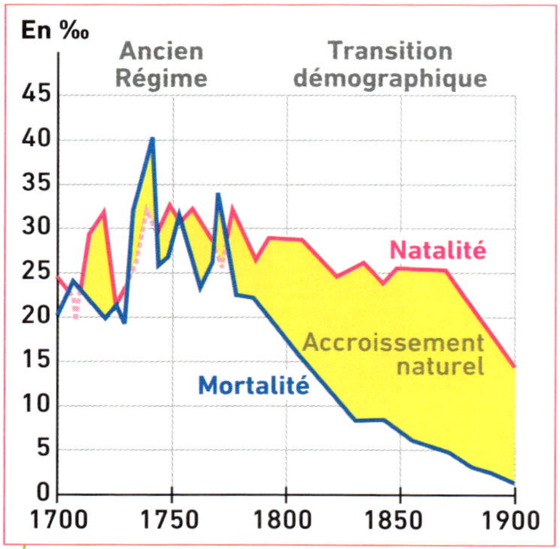

2 Natalité et mortalité en Europe de l'Ouest

1. Pourquoi l'accroissement naturel est-il de plus en plus fort entre 1800 et 1880 ?
2. Quelle en est la conséquence ?

Vocabulaire

L'accroissement naturel : la différence entre la natalité et la mortalité.

La croissance démographique : l'augmentation de la population.

L'émigration : voir p. 96.

Un migrant : une personne qui se déplace pour s'installer ailleurs.

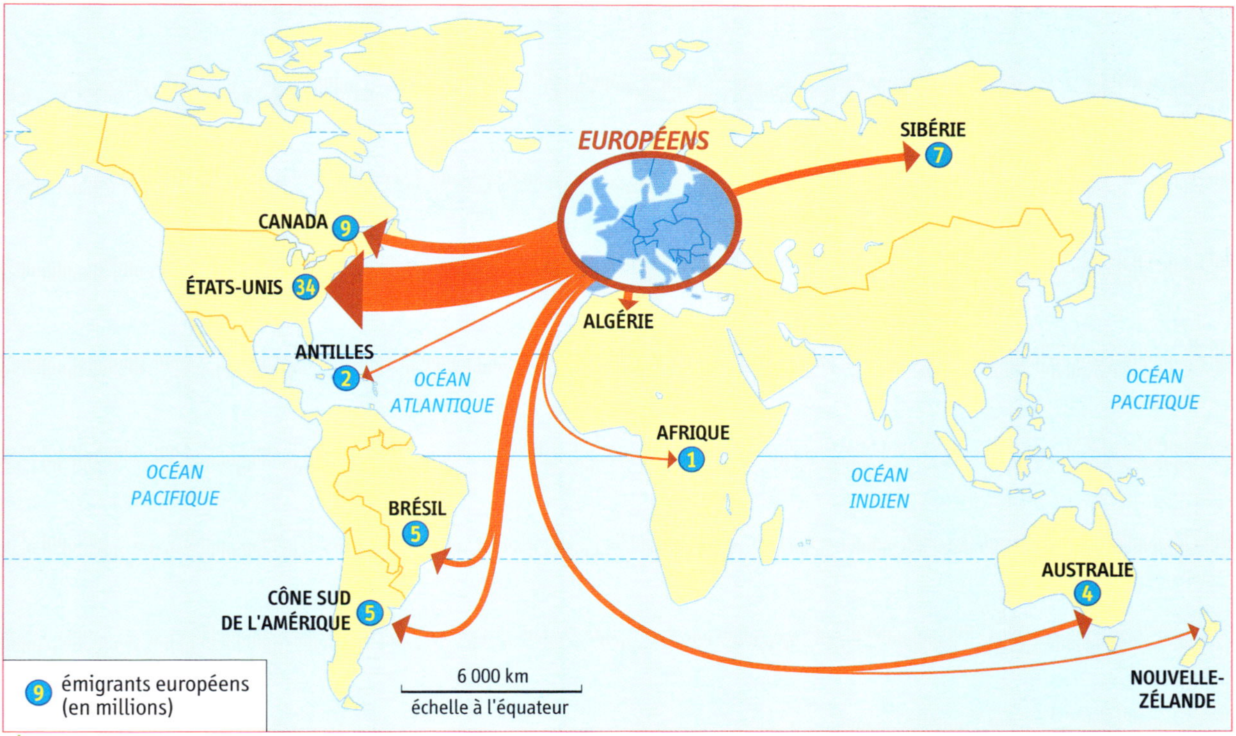

3 L'émigration des Européens sur d'autres continents au XIXe siècle

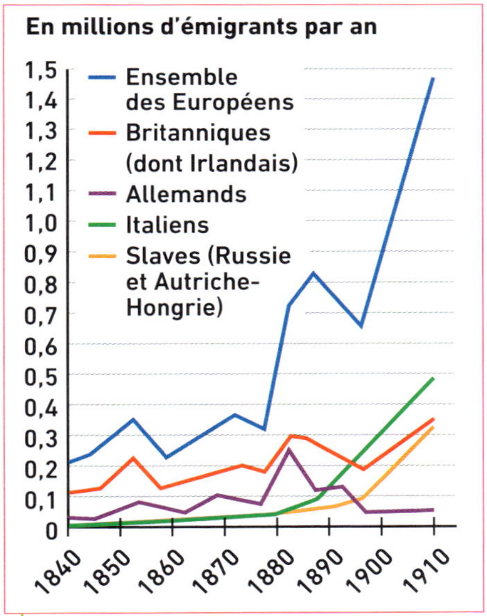

4 L'émigration des Européens hors d'Europe

1. Comment évolue l'émigration totale ?
2. Concernant les nationalités, quel est le changement des années 1890 ?

5 Une caricature xénophobe

(Louis Dalrymple, 1866-1905, « Le dépotoir en libre accès », caricature parue dans l'hebdomadaire américain *Judge*, 1903.)

1 « Tous les jours en direct des bidonvilles d'Europe »
2 McKinley, président des États-Unis assassiné en 1901 par un anarchiste polonais

- Pourquoi ce document est-il xénophobe ?

Berlin, une capitale au XIXe siècle

COMPÉTENCE
Je pratique différents langages
Rédiger un paragraphe sur les transformations de Berlin au XIXe siècle

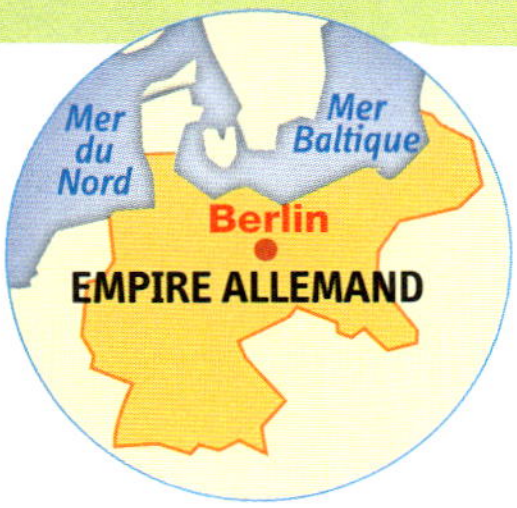

Au XIXe siècle, la ville de Berlin connaît un formidable essor. Capitale du royaume de Prusse, elle devient celle de l'Empire allemand après l'unification de l'Allemagne en 1871. Sa croissance est essentiellement due à l'industrialisation.

Comment se transforme la ville de Berlin au XIXe siècle ?

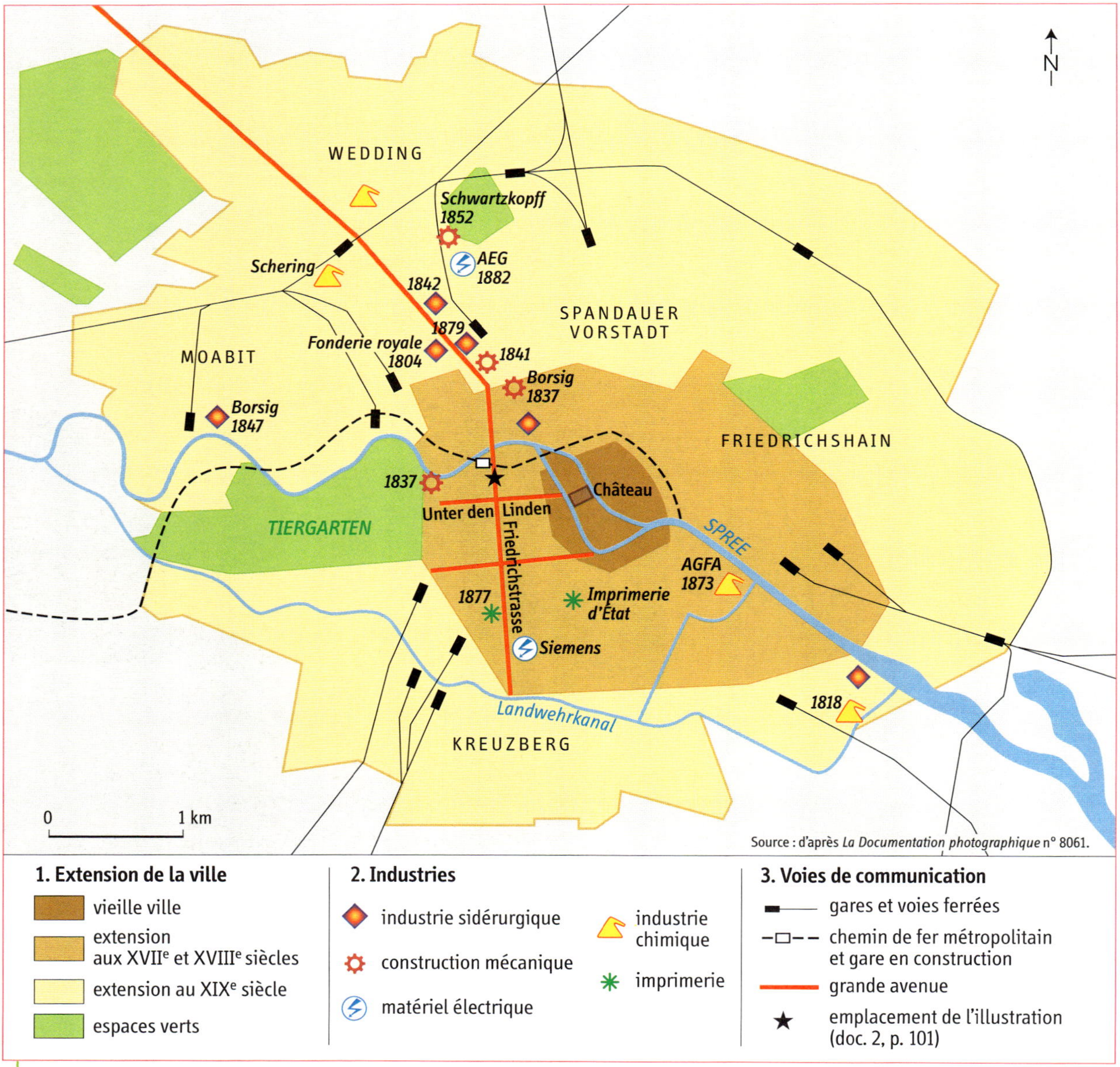

1 La transformation de Berlin au XIXe siècle

2 La gare et la Friedrichstrasse à Berlin
(Carte postale en couleurs, vers 1913.)

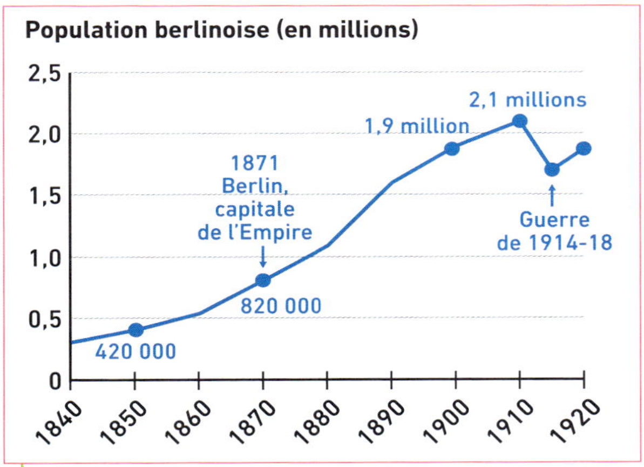

3 L'évolution de la population berlinoise

4 Cuisine d'un logement ouvrier berlinois
(Photographie, 1903.)

ACTIVITÉS

1. **Doc. 1 et 3** | Décrivez l'évolution de la ville au XIXe siècle.
2. **Doc. 1** | Quelles sont les activités industrielles nouvelles dans la ville au XIXe siècle ? Quel lien peut-on faire entre ces activités et l'évolution de la ville ?
3. **Doc. 1** | Comment la ville a-t-elle amélioré ses relations avec l'extérieur ?
4. **Doc. 2** | Quelles sont les transformations du paysage urbain qui témoignent de la modernité de la ville ?
5. **Doc. 3 et 4** | Que révèlent ces documents sur les habitants de Berlin ?
6. **Je pratique différents langages**
Rédigez un paragraphe sur les transformations de Berlin au XIXe siècle.

Coup de pouce Avant de rédiger classez les informations des documents dans le tableau suivant

Évolution de la ville	Nouvelles activités	Nouveau paysage urbain	Les Berlinois

ÉTUDE

Les ouvriers au XIXe siècle

COMPÉTENCE
J'analyse un document
Des documents sur les ouvriers (affiche, graphique)

Avec la révolution industrielle, le nombre d'ouvriers de mines et d'usines augmente fortement : ce sont les prolétaires.

Quelle est la condition des ouvriers au XIXe siècle et comment luttent-ils pour l'améliorer ?

1 Les mineurs du charbon
(Intérieur d'une mine de charbon dans le Nord de la France, 1890.)
Il s'agit ici de mineurs chargés de l'étayage, qui consiste à consolider les galeries.

Vocabulaire

Une grève : un arrêt volontaire du travail.
Un syndicat ouvrier : une association qui a pour but de défendre les intérêts des ouvriers et de faire aboutir leurs revendications.

2 Le règlement d'une usine du Creusot

« **Article 1er** À partir du 1er septembre et jusqu'à nouvel ordre, la durée de la journée de travail est fixée à 12 heures de travail effectif.
Article 2 La journée sera divisée en trois tiers de quatre heures chacun.
- Premier tiers : 5 heure, commencement des travaux ; 9 heure, fin des travaux
- Deuxième tiers : 10 heure, commencement des travaux ; 14 heure, fin des travaux
- Troisième tiers : 15 heure, commencement des travaux ; 19 heure, fin des travaux

Article 3 Tout ouvrier qui, au second coup de cloche, ne sera pas à son travail, perdra la valeur d'une heure de sa journée. En cas de récidive, l'ouvrier perdra sa place.
Signé : Schneider et Compagnie »

▪ **Règlement des ateliers de construction des usines Schneider au Creusot, 1er septembre 1850.**

3 La catastrophe de Courrières

Dans le Nord, à Courrières, en 1906, une explosion cause la mort de 1 099 mineurs travaillant pour les compagnies et provoque la grève.

« La catastrophe avait remué tout le pays. Depuis longtemps, le peuple noir des mineurs se plaignait des salaires de famine, du travail trop pénible, des conditions de sécurité insuffisantes. La colère grondait contre les compagnies. Le désespoir et la révolte coururent de coron en coron[1] et la grève éclata. Des groupes se formaient. De longs cortèges se déroulaient sur les chemins.
Une de ces manifestations, drapeau rouge en tête, se heurta aux gendarmes sur la route d'Hénin-Liétard. Soudain, en tête, il y eut un arrêt brusque, des cris, des coups de sifflet, des remous violents dans la foule et brusquement, une galopade éperdue. Ils chargeaient. »

▪ **Maurice Thorez, *Fils du peuple*, Éditions sociales, 1937.**

1. Maisons ouvrières.

4 Une affiche syndicale

(Affiche de la Confédération générale du travail, 1912.)

La CGT, le principal syndicat français, a été fondée en 1895.

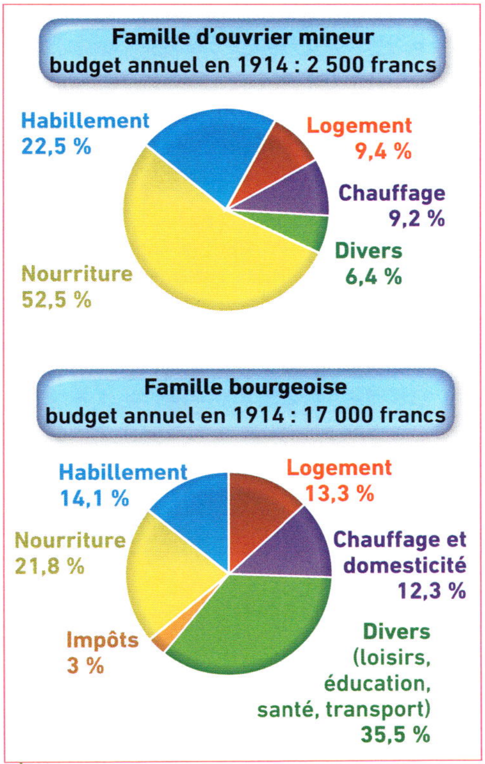

5 Les dépenses d'une famille ouvrière et bourgeoise au début du siècle (France)

ACTIVITÉS

1. **Doc. 1, 2, 3** | Décrivez les conditions de travail des ouvriers.
2. **Doc. 3** | Pourquoi les ouvriers de Courrières se mettent-ils en grève ?
3. **Doc. 5** | **J'analyse un document**
   - **a** Identifiez ce document.
   - **b** Quel est le budget annuel de chaque famille ?
   - **c** La famille bourgeoise dépense-t-elle moins que la famille ouvrière pour la nourriture ? Justifiez votre réponse.
   - **d** Quelles dépenses de la famille bourgeoise n'apparaissent pas dans celles de la famille ouvrière ?
   - **e** Quel poste de dépense est nettement supérieur chez les bourgeois ?
4. **Doc 4** | **J'analyse un document**
   - **a** Identifiez l'affiche.
   - **b** Quelle est la revendication exprimée par l'affiche ?
   - **c** Décrivez la situation de la famille quand les journées de travail sont longues ; quand les journées de travail sont courtes.
   - **d** Expliquez pourquoi, d'après l'affiche, les courtes journées sauvegardent la santé ; pourquoi elles diminuent le chômage.
   - **e** Quel message veut faire passer cette affiche ?
5. **Doc. 1 à 5** | Complétez le tableau sur la vie ouvrière à l'aide de l'ensemble des documents.

Conditions de travail	Conditions de vie	Luttes ouvrières

3 Les transformations sociales

Quelles sont les transformations sociales liées à l'industrialisation ?

A L'essor des villes

1. Au XIXe siècle, la **croissance urbaine** est très forte (DOC. 2). Elle concerne avant tout les **capitales**, les **villes industrielles et minières**, les **ports**. Elle s'explique par l'augmentation générale de la population et par **l'exode rural**. Les villes attirent parce qu'elles offrent de nombreux emplois dans l'industrie, le commerce, le bâtiment, les transports. À l'inverse, dans les campagnes, l'artisanat disparaît et des machines agricoles commencent à remplacer des hommes (DOC. 1).
2. **L'afflux de personnes dans les villes** pose des **problèmes de logement, d'hygiène, de transport**. Dans les capitales, de grands travaux d'urbanisme cherchent à résoudre ces problèmes.

B Le nouveau monde ouvrier

1. L'industrialisation entraîne **l'augmentation du nombre d'ouvriers** dans les usines et dans les mines, y compris des femmes et des enfants. Ce sont les **prolétaires**.
2. Au XIXe siècle, **les ouvriers ont des vies difficiles**. Soumis au rythme des machines, ils doivent supporter des journées de travail très longues et les accidents de travail sont fréquents. Leurs salaires sont faibles. En cas de chômage, de maladie ou de vieillesse, la misère menace.
3. À partir de 1850, la situation des ouvriers s'améliore. Les députés votent les premières **lois sociales** (DOC. 3 ET 4). Les ouvriers s'organisent en **syndicats** pour mieux se faire entendre et utilisent **la grève** pour faire pression sur les patrons. **À partir des années 1880, leurs salaires augmentent rapidement.** Les inégalités sociales restent cependant très fortes.

C Le triomphe de la bourgeoisie

1. L'industrialisation s'accompagne de **l'essor de la grande bourgeoisie** : patrons d'usines, négociants, banquiers. Ces bourgeois accordent beaucoup d'importance à l'argent. Ils habitent dans des beaux appartements, entourés de nombreux domestiques (DOC. 5). Ils forment des alliances entre eux et cherchent aussi à jouer un rôle politique pour défendre leurs intérêts.
2. **Les classes moyennes** (moyenne et petite bourgeoisie) **se développent** : avocats, médecins, commerçants, fonctionnaires, employés de bureau (DOC. 6). Elles cherchent à se différencier du monde ouvrier dont elles sont parfois issues, et à s'élever socialement par l'épargne et par l'instruction.

1 Une publicité pour les machines agricoles
(Affiche publicitaire pour les machines agricoles Mac Cormick. Collection privée.)

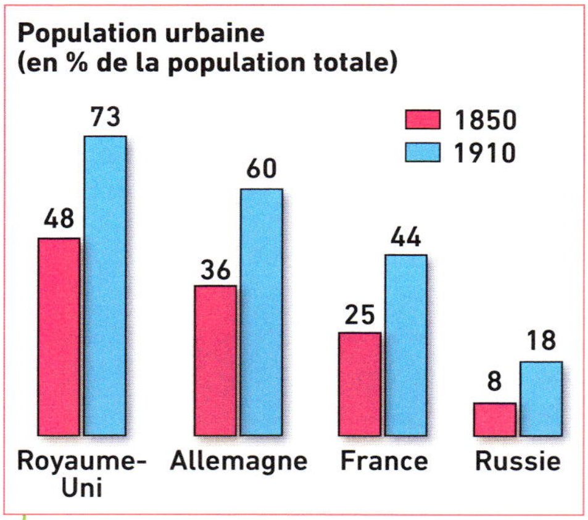

2 Le taux d'urbanisation

Vocabulaire

Les classes moyennes : les populations ayant un revenu intermédiaire entre les pauvres et les riches.

La croissance urbaine : l'augmentation de la population des villes.

L'exode rural : le départ définitif des habitants des campagnes pour les villes.

3 1848 : l'État légifère pour les ouvriers

Le 2 mars 1848, le gouvernement provisoire de la IIe République décrète une limitation légale du temps de travail.

« Considérant qu'un travail manuel trop prolongé non seulement ruine la santé du travailleur, mais encore, en l'empêchant de cultiver son intelligence, porte atteinte à la dignité de l'homme, le Gouvernement provisoire de la République décrète : la journée de travail effectif est diminuée d'une heure. En conséquence, à Paris, où elle était de onze heures, elle est réduite à dix ; et en province où elle était jusqu'ici de douze heures, elle est réduite à onze. »

▪ **Décret du 2 mars 1848.**

1. Quel est le nouveau contexte politique en France en 1848 (voir p. 106) ?
2. Quel constat fait le gouvernement sur la situation des ouvriers ?
3. Quelles mesures prend-il pour améliorer cette situation ?

4 Les premières lois sociales en France

Les lois sont votées par les députés.

1841 Interdiction du travail des enfants de moins de huit ans.

1848 Première loi pour limiter la durée du travail sous la IIe République.

1864 Droit de grève.

1884 Autorisation des syndicats.

1892 Interdiction du travail des moins de 13 ans. Limitation de la journée de travail à 10 heures pour les moins de 16 ans, à 11 heures pour les femmes (avec interdiction du travail de nuit).

1898 Obligation pour les patrons d'indemniser les ouvriers victimes d'accidents de travail.

1900 Limitation de la journée de travail à 10 heures.

1907 Obligation d'un repos hebdomadaire.

1. Quelle a été la première catégorie de la population protégée par la loi ?
2. Quelles lois permettent aux ouvriers de se défendre ?
3. Quelles lois limitent le temps de travail ?

5 La grande bourgeoisie

(Édouard Debat-Ponsan, 1847-1913, *Avant le bal*, huile sur toile, 1886. Musée des Beaux-Arts de Tours.)

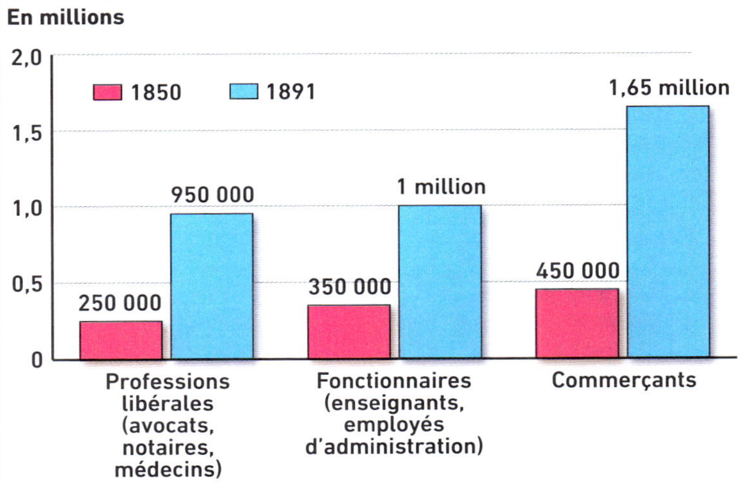

6 Les classes moyennes en France

1. Qu'est-ce qu'un fonctionnaire ? une profession libérale ?
2. Pour chaque catégorie, donnez une raison qui peut expliquer l'évolution.

ÉTUDE

1848 : les révolutions en Europe

COMPÉTENCE
Je me repère
Situer sur une carte historique

En 1848, en France, les Parisiens renversent le roi Louis-Philippe et mettent en place la Deuxième République. La révolution gagne ensuite toute l'Europe. C'est « le printemps des peuples ».

▶ Quels sont les fondements des révolutions de 1848 ?

1 La lutte du peuple à Paris en 1848 (Gravure en couleurs.)
En 1848, en France, la population est épuisée par la crise économique qui la plonge dans le chômage et la misère. Elle réclame aussi davantage de libertés. En février, les ouvriers et les étudiants parisiens se soulèvent ; le 24 mars, le roi Louis-Philippe est renversé, et la monarchie est remplacée par la Deuxième République.

2 La IIe République établit le droit au travail

« Le 25 février 1848, le gouvernement provisoire[1] prenait un décret par lequel il garantissait l'existence de l'ouvrier par le travail. Le décret qui constituait les ateliers nationaux fut rendu le 27 ; le 28, le ministre des Travaux publics annonçait à tous les travailleurs sans emploi (très nombreux à ce moment) que des travaux importants allaient être entrepris et que les maires des 12 arrondissements de Paris seraient chargés de recevoir les demandes d'ouvrage et de diriger les ouvriers vers les chantiers. Les mairies furent assiégées de demandes. »

▪ **Daniel Stern, *Histoire de la Révolution de 1848*, publié de 1850 à 1852.**

1. Le gouvernement républicain né de la Révolution.

ACTIVITÉS

1. **Doc. 3** | Je me repère
   - **a** Identifiez cette carte historique (espace, sujet). La carte est-elle évolutive ou représente-t-elle un moment donné ?
   - **b** Sur la carte, par quel figuré sont représentées les révolutions ? Qu'est-ce qui distingue les révolutions les plus importantes ?
   - **c** Où a lieu la première révolution ? Quels sont les autres pays concernés par des révolutions ?

Coup de pouce En histoire, une carte peut être évolutive (présenter une évolution), ou représenter une situation à un instant donné.

2. **Doc. 1 et 2** | Quelles sont les causes de la révolution en France ? Pourquoi dit-on que la République établit le « droit au travail » ?
3. **Doc. 5** | Quels sont les buts des révolutionnaires berlinois ? Décrivez la barricade.
4. **Doc. 4** | Quels sont les peuples qui cherchent à se détacher de l'empire d'Autriche ?

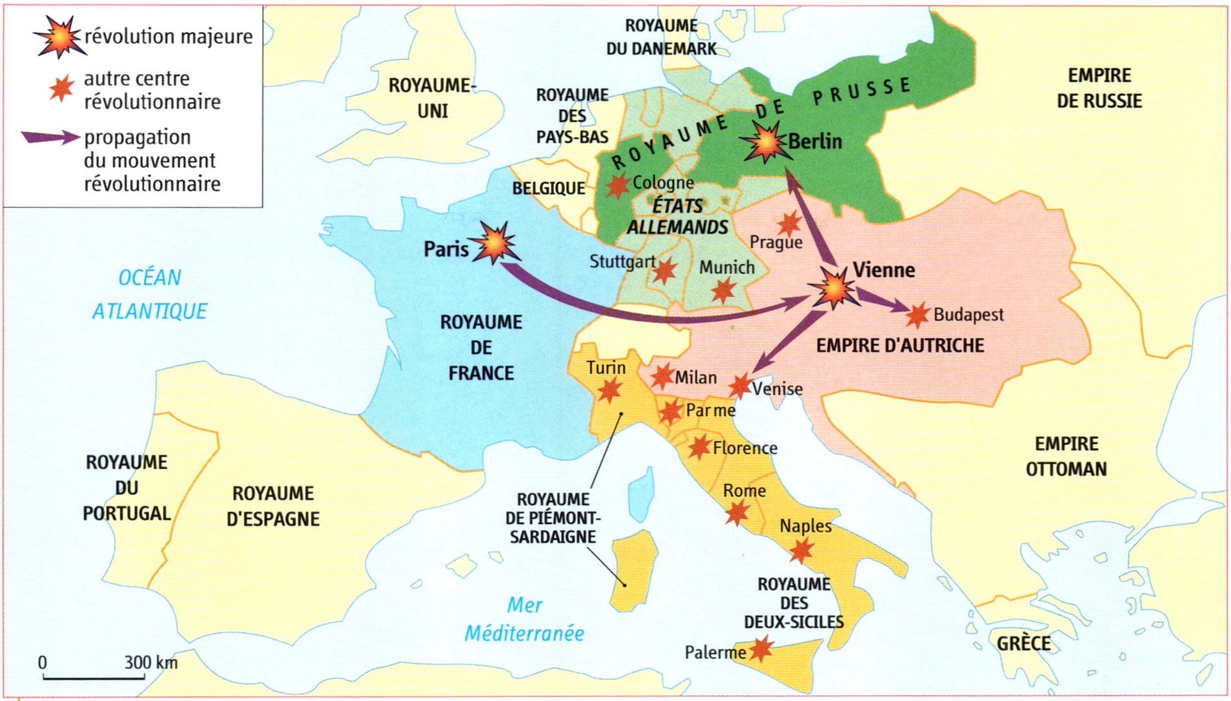

3 Les révolutions de 1848

4 L'empire d'Autriche ébranlé

Les différentes nationalités de l'empire d'Autriche se soulèvent pour obtenir leur indépendance.

« Jamais la maison d'Autriche n'avait été plus voisine de sa perte. Jamais la possibilité d'un démembrement de ses possessions n'avait paru plus imminente. Pendant que la Lombardie[1] se révoltait à main armée et rompait violemment ses chaînes, la Hongrie obtenait une constitution indépendante et des libertés. En Bohême, quatre millions de Tchèques, qu'un mouvement de nationalité soulève contre la domination autrichienne, rêvaient de former avec les Serbes et les Croates un empire slave [...]. Menacée de toutes parts, la cour d'Autriche ne fondait plus espoir que sur l'armée. »

▪ **Daniel Stern, *Histoire de la révolution de 1848*, publié de 1850 à 1852.**

1. La région de Milan, peuplée d'Italiens.

Vocabulaire

Une nationalité : un peuple ayant un territoire, une langue, des traditions, une histoire en commun.

5 La révolution à Berlin

(Knud Petersen, XIXe siècle.)

Les **patriotes** qui veulent les libertés et l'unification de l'Allemagne ont construit une **barricade**. (1) Le **drapeau noir, rouge et or** symbolise l'unification allemande réclamée par les patriotes. **L'armée prussienne** réprime l'insurrection.

ÉTUDE

Compétence : Je pratique différents langages — Classer des informations dans un tableau

Les nouvelles idéologies politiques

Face aux transformations de l'économie et de la société, des idéologies nouvelles se développent.

Quelles sont les nouvelles idéologies politiques nées avec l'âge industriel ?

1 Le discours libéral d'un grand patron

En 1897, un grand patron français libéral, Henri Schneider, répond aux questions d'un journaliste.

- ***Sur les crises économiques et le chômage***

« C'est un mal nécessaire, on n'y peut absolument rien ! La production dépend d'une mode, ou d'un courant, on ne peut prévoir ni la durée, ni le développement… […]. »

- ***Sur l'intervention de l'État dans l'industrie***

« Très mauvaise ! Très mauvaise ! Je n'admets pas un préfet dans les grèves ; c'est comme la réglementation du travail des femmes et des enfants[1] ; on met des obstacles inutiles, trop étroits, nuisibles surtout aux intéressés qu'on veut défendre, on décourage les patrons de les employer… »

- ***Sur la diminution de la journée de travail***

« Oh ! Je veux bien ! dit M. Schneider, je serai le premier à en profiter, car je travaille moi-même plus de 10 heures par jour… Seulement les salaires diminueront ou le prix des produits augmentera, c'est tout comme !… Pour moi, la vérité, c'est qu'un ouvrier bien portant peut très bien faire ses dix heures par jour et qu'on doit le laisser libre de travailler davantage si cela lui fait plaisir. »

■ **Extraits de Jules Huret, *Enquête sur la question sociale en Europe*, 1897.**

1. À cette époque, la durée et l'âge du travail des enfants sont limités par la loi.

2 La position de l'Église catholique

Le pape Léon XIII donne l'interprétation officielle de l'Église sur les problèmes contemporains.

« L'industrie s'est développée et ses méthodes se sont complètement renouvelées. Les rapports entre patrons et ouvriers se sont modifiés. La richesse a afflué entre les mains d'un petit nombre et la multitude a été laissée dans la misère […].
Les socialistes, pour guérir ce mal, poussent à la haine jalouse des pauvres contre les riches […]. Mais pareille théorie, loin d'être capable de mettre fin au conflit, ferait tort à la classe ouvrière elle-même, si elle était mise en pratique. D'ailleurs, elle est souverainement injuste en ce qu'elle viole les droits légitimes des propriétaires […].
Quant aux riches et aux patrons, ils ne doivent point traiter l'ouvrier en esclave […]. Parmi les devoirs principaux du patron, il faut mettre au premier rang celui de donner à chacun le salaire qui convient. L'enfant en particulier – et ceci demande à être observé strictement – ne doit entrer à l'usine qu'après que l'âge aura suffisamment développé en lui les forces physiques, intellectuelles et morales. »

■ **Encyclique[1], *Rerum novarum* (1893).**

1. Lettre publique envoyée par le pape à ses évêques.

Vocabulaire

Une idéologie : un ensemble d'idées et de croyances.

Le libéralisme économique : une idéologie qui s'oppose à l'intervention de l'État dans les domaines économique et social au nom de la liberté de l'entreprise.

Le marxisme : le socialisme imaginé par Karl Marx.

Le socialisme : une idéologie politique qui condamne les inégalités sociales et cherche les moyens de les réduire ou de les supprimer.

3 BIOGRAPHIE

Karl Marx (1818-1883)

Né dans une famille juive allemande, Karl Marx fait des études de droit et de philosophie. Il émigre à Paris en 1843, puis à Bruxelles, où il écrit avec Friedrich Engels le *Manifeste du Parti communiste* qui paraît en 1848 à Londres. Il s'installe à Londres en 1849. Il y rédige de nombreux ouvrages dont *Le Capital* (1867) et prend part à la fondation de la 1re Internationale qui regroupe les partis socialistes d'Europe.

Karl Marx dénonce l'exploitation du prolétariat par les bourgeois. Pour lui, le prolétariat doit prendre le pouvoir par une révolution, s'emparer des moyens de production de la bourgeoisie (usines, transports...) et créer une société égalitaire et sans classes. Son influence sur le socialisme européen est durable.

ACTIVITÉS

1. **Doc. 1** | Montrez que l'auteur est contre l'intervention de l'État dans l'économie (relevez des passages).
2. **Doc. 3** | Quels sont les deux principaux ouvrages de Karl Marx, et leurs dates ?
3. **Doc. 5** | Expliquez : « Que les classes dominantes tremblent devant une révolution communiste ».
4. **Doc. 4** | Montrez que cette image est en accord avec les idées marxistes (voir doc. 5).
5. **Doc. 2** | Pourquoi le pape rejette-t-il le marxisme ? Quelle est sa position face au libéralisme ?
6. **Je pratique différents langages**

   Classez les phrases suivantes pour distinguer les idéologies libérale et marxiste :

   – *La propriété privée est sacrée.*
   – *La propriété crée les inégalités.*
   – *Les inégalités sociales doivent être réduites ou supprimées.*
   – *Les inégalités sociales sont naturelles.*
   – *Les prolétaires doivent s'emparer de l'État par la révolution.*
   – *L'État doit supprimer les inégalités.*
   – *L'État ne doit pas intervenir dans l'économie.*

Idéologie libérale	Idéologie marxiste

4 Un journal socialiste allemand

(Caricature, une de l'hebdomadaire allemand *Der Wahre Jacob*, 21 février 1905.)

5 Le *Manifeste du Parti communiste* (extrait)

« À notre époque, la société tout entière se divise de plus en plus en deux vastes camps ennemis, en deux classes qui s'affrontent directement : la bourgeoisie et le prolétariat [...].

L'ouvrier devient le plus simple accessoire de la machine, on ne lui demande plus que le geste le plus simple, le plus monotone, le plus vite appris [...]. Des masses d'ouvriers sont chaque jour, chaque heure domestiqués par la machine, par le surveillant, par le bourgeois industriel tout seul.

Le but immédiat des communistes est le renversement de la domination bourgeoise, la conquête du pouvoir politique par le prolétariat [...]. Ce dernier supprimera toutes les différences et oppositions de classe. Que les classes dominantes tremblent devant une révolution communiste [...]. »

▪ **Karl Marx et Friedrich Engels, *Manifeste du Parti communiste*, 1848.**

4 Le renouvellement des idées

Quel est le renouvellement des idées au XIXe siècle ?

A Les idées de nation et de liberté

1. En 1815, les rois d'Europe ont rétabli **leur pouvoir absolu** et **les frontières ont été redessinées sans tenir compte des nationalités**. Ainsi les Allemands et les Italiens sont divisés en plusieurs États, alors que l'Empire autrichien comprend de nombreuses nationalités. **À partir de 1815, les mouvements nationaux et libéraux se développent.** Les **patriotes** réclament l'indépendance pour leur peuple, ou l'unification nationale, alors que les **libéraux** – souvent aussi patriotes – réclament des libertés.

2. En mars 1848, en **France**, une révolution établit la **Deuxième République**. Cette révolution met le feu aux poudres. **Au printemps 1848, les peuples se soulèvent dans toute l'Europe** (DOC. 1). Ces révolutions sont écrasées, mais les **idées de nation et de liberté** aboutissent vingt ans plus tard à **l'unification de l'Italie (1870) et de l'Allemagne (1871)**.

B Les idéologies politiques

1. Au XIXe siècle, le **libéralisme** est l'**idéologie** économique dominante. Selon cette pensée, il faut laisser chacun libre d'entreprendre pour assurer la croissance économique. Au nom de cette liberté d'entreprise, **les libéraux refusent les lois sociales**, qui contraindraient les patrons.

2. Au contraire des libéraux, des hommes et des femmes s'indignent des inégalités entre les prolétaires et les bourgeois, et veulent les réduire : ce sont **les socialistes**. Pour **Karl Marx**, le prolétariat doit **s'emparer de l'État par une révolution**, et **établir l'égalité entre tous**.

3. Certains socialistes sont **réformistes**, favorables à des réformes sociales, d'autres **révolutionnaires**, pour la révolution immédiate. En France, le parti socialiste **SFIO**, créé en 1905 et dirigé par Jean Jaurès, essaie de concilier les deux tendances (DOC. 2 ET 3).

C La science face à la religion

1. Les **progrès scientifiques** sont importants au XIXe siècle. La confiance en la science progresse et certains scientifiques deviennent très célèbres (Louis Pasteur, Marie Curie...).

2. **Les découvertes scientifiques font douter de l'enseignement des Églises.** En établissant que les espèces évoluent et que l'homme descend d'un ancêtre commun de celui du singe, **Darwin** remet en question l'enseignement biblique sur la création de l'homme par Dieu (*De l'origine des espèces*, 1859).

1 L'affirmation du nationalisme italien

(Baldassare Verazzi, *Épisode des cinq jours de Milan*, huile sur toile, XIXe siècle. Museo del Risorgimento, Milan.)

La Lombardie est une région d'Italie qui appartient à l'empire d'Autriche. Du 18 au 22 mars 1848, la population se soulève à Milan et les troupes autrichiennes doivent quitter la ville.

1. Situez précisément Milan (voir p. 107).
2. Où ont eu lieu les autres révolutions italiennes (voir p. 107) ?
3. Que veulent les Milanais et les autres Italiens ?

Vocabulaire

Le darwinisme : la théorie du Britannique Darwin, selon laquelle les espèces évoluent par la sélection naturelle.

Une idéologie : voir p. 108.

Un mouvement libéral : un mouvement qui combat pour davantage de libertés politiques.

Un mouvement national : un mouvement qui combat pour l'unification d'un peuple ou son indépendance.

Une nationalité : voir p. 107.

2 Un discours de Jean Jaurès

« Par le suffrage universel, vous avez fait de tous les citoyens, y compris les salariés, une assemblée de rois. C'est de leur volonté qu'émanent les lois et le gouvernement ; ils révoquent, ils changent les législateurs et les ministres.
Mais au moment même où le salarié est souverain dans l'ordre politique, il est dans l'ordre économique réduit à une sorte de servage [...]. Ce roi de l'ordre politique peut être jeté dans la rue à tout moment, s'il veut exercer son droit pour défendre son salaire ; il peut se voir refuser tout travail, tout salaire, toute existence [...]. Le socialisme proclame que la République politique doit aboutir à la République sociale [...]. »

▪ **Jean Jaurès, discours à la Chambre des députés, 21 novembre 1893.**

1. Qui est Jean Jaurès à l'époque de ce discours ? Où le tient-il ?
2. Qui défend-il à la tribune de l'Assemblée ? Qu'entend-il par « République sociale » ?
3. Quel parti fonde-t-il en 1905 (voir doc. 3) ?

3 Jaurès parle aux ouvriers

(Lithographie, vers 1910. Musée Jean-Jaurès, Castres.)

Jean Jaurès (1859-1914) est un homme politique français. En 1893, il est élu à l'Assemblée nationale comme député socialiste. En 1905, il fonde avec Jules Guesde la SFIO (Section française de l'Internationale ouvrière) qui unit tous les socialistes.

4 Darwin et la théorie de l'évolution

« Je suis convaincu que les espèces ne sont pas immuables. Je suis convaincu que les espèces qui appartiennent à ce que nous appelons le même genre descendent directement de quelque autre espèce ordinairement éteinte. Je suis convaincu enfin que la sélection naturelle a joué le rôle principal dans la modification des espèces. »

▪ **Charles Darwin, *De l'origine des espèces au moyen de la sélection naturelle*, 1859.**

« Un vénérable orang-outang », caricature de Charles Darwin en singe, lithographie publiée dans le magazine satirique *The Hornet*, 22 mars 1871.

1. Pourquoi Darwin est-il caricaturé en singe ?
2. En quoi la thèse de Darwin remet-elle en cause l'enseignement de la Bible ?

5 Les réactions au Darwinisme

En 1860, le professeur Huxley défend les théories de Darwin face à l'évêque Wilberforce.

« Quel bonheur ce fut pour moi de pouvoir assister à la confrontation mémorable entre M. Huxley et l'évêque Wilberforce qui eut lieu à Oxford ! Tant de monde voulait participer à l'événement qu'il fallut se déplacer à la grande bibliothèque du musée. [...] L'évêque se leva et, d'un ton à la fois grandiloquent et méprisant, nous certifia qu'il n'y avait rien derrière l'idée d'évolution, et que les pigeons ne seraient jamais autre chose que des pigeons. Puis, se tournant vers son contradicteur, il demanda, avec un sourire moqueur, s'il pensait descendre du singe par sa grand-mère ou son grand-père. C'est alors que M. Huxley se leva lentement, l'air déterminé [...]. Il n'avait pas honte d'avoir un singe pour ancêtre, dit-il, mais il aurait honte d'être apparenté à quelqu'un qui utilisait ses talents pour cacher la vérité. Personne ne douta du sens de ces paroles et l'effet fut incroyable. [...] »

▪ **Débat au sein de l'Association britannique pour le progrès de la science, 1860.**

1. Montrez l'intérêt de la société de l'époque pour les théories darwinistes.
2. Expliquez les propos de l'évêque.
3. Quelle est la « vérité cachée » ?

JE M'EXERCE PAR COMPÉTENCE

Je raisonne

1 Expliquer le fonctionnement de la machine à vapeur

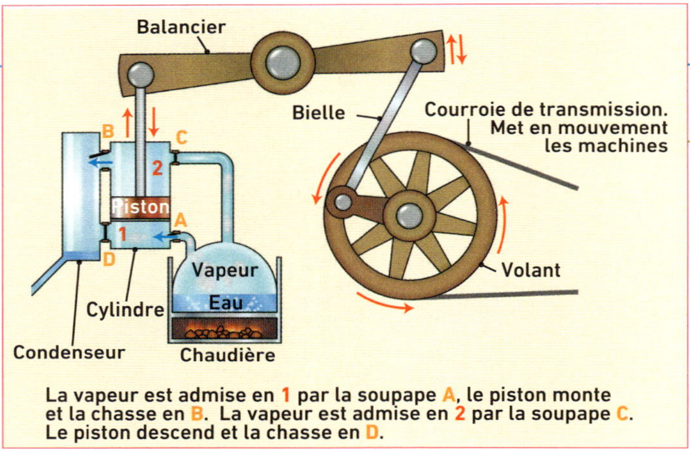

PASSERELLE TECHNOLOGIE

Machine à vapeur de James Watt (1769)

1. J'explique pourquoi cette machine est appelée machine à vapeur.
2. J'explique le processus qui permet de faire tourner les roues.
3. J'explique pourquoi la machine à vapeur nécessite du charbon.
4. J'explique l'usage que l'on peut faire de la machine à vapeur.

Je m'informe sur Internet

2 S'informer sur le Paris d'Haussmann

1. Présentez le baron Haussmann en faisant une recherche sur Internet (dates, lieu de vie, fonction).

• Tapez dans un moteur de recherche « Paris Haussmann Canopé ». Cliquez sur le premier lien « Le Paris d'Haussmann - Réseau Canopé » et regardez la vidéo « Le Paris d'Haussmann ».

2. D'après ce documentaire, quels ont été les travaux d'Haussmann :
   a. pour assainir Paris ?
   b. pour permettre une meilleure circulation dans Paris ?
   c. pour que la ville « respire mieux » et soit moins polluée ?
   d. pour favoriser les échanges ?

• Tapez dans un moteur de recherche « opéra Paris avant et après Haussmann », allez dans les images et recherchez des vues superposées de l'opéra de Paris avant et après Haussmann.

3. Quels travaux Haussmann a-t-il fait réaliser pour mettre en valeur l'Opéra ?
4. Réalisez en fichier Word un récit illustré de l'œuvre d'Haussmann à Paris : présentez Haussmann et une image commentée pour chaque volet de son œuvre par thème : transport, assainissement, embellissement, approvisionnement.

Je raisonne

3 Expliquer l'intérêt du canal de Suez

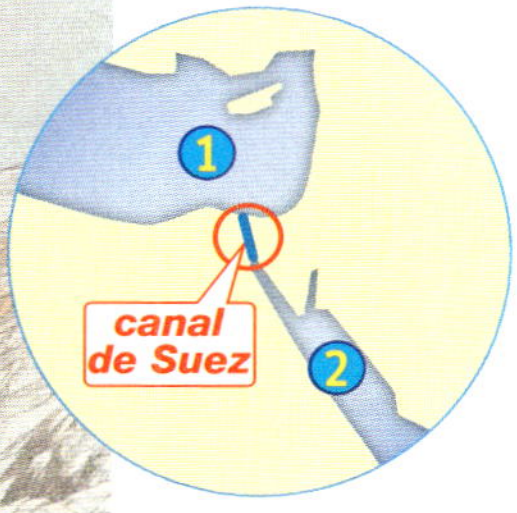

L'ouverture du canal de Suez (1869)
(Gravure sur bois, d'après la gouache d'Édouard Rioux. Musée du théâtre de Vienne.)

Je me repère (voir carte p. 124-125)

1. Situez le canal de Suez : dans quel pays ? Entre quelles mers (1 et 2) ?
2. Quelle est sa date d'ouverture ?

Je raisonne

3. Je rappelle par quelle route maritime l'Europe était en contact avec l'Asie au début du XIXe siècle.
4. À partir de la carte du manuel, j'explique :
   – l'intérêt du canal de Suez pour les échanges mondiaux ;
   – l'intérêt du canal de Suez pour l'Angleterre.
5. Je donne la définition du mot « coloniser ». J'explique l'intérêt qu'avait l'Angleterre à coloniser l'Égypte.

Je m'informe sur Internet

4 Décrire une usine du Creusot au XIXe siècle

• À l'aide d'un moteur de recherche, allez sur le site de l'écomusée du Creusot-Montceau. Cliquez sur « expos virtuelles » puis sur « Forgeage au marteau-pilon de F. Bonhommé ». Lancez l'animation.

(François Bonhommé, 1809-1881, Forgeage au marteau-pilon d'un arbre coudé à Indret, huile sur toile, vers 1865. Écomusée du Creusot.)

1. Comment appelle-t-on l'usine représentée ?
2. En quel matériau sont les colonnes ?
3. Comment est l'espace de travail ?
4. Pourquoi l'usine est-elle peu éclairée ?
5. Qu'est-ce qui rend les conditions de travail difficiles et dangereuses dans l'usine ?
6. Quelles sont les principales machines dans l'usine ?
7. À quoi est destinée la pièce fabriquée ? Quelles sont les autres productions des usines du Creusot ?
8. À quelle école artistique peut se rattacher cette peinture ?

EXERCICE 1 Analyser un document

DOCUMENT Les ouvriers de Mulhouse vers 1840

Le docteur Villermé est chargé par l'Académie des sciences morales de rédiger un rapport sur l'état de santé des ouvriers. Il publie son enquête en 1840.

« Les seules usines textiles de Mulhouse comptaient en 1835 plus de 5 000 ouvriers logés dans les villages environnants. Il faut les voir arriver chaque matin en ville et partir chaque soir. Il y a parmi eux une foule de femmes, pâles, maigres, marchant pieds nus au milieu de la boue et un nombre plus considérable de jeunes enfants non moins sales, non moins pâles, couverts de haillons. À la fatigue d'une journée démesurément longue puisqu'elle est au moins de 15 heures, vient se joindre celle de ces allers retours si pénibles [...]. En général, un homme seul gagne assez pour faire des épargnes, mais c'est à peine si une femme est suffisamment rétribuée pour subsister. Une famille ne subsiste avec ses gains que si le mari et la femme se portent bien, sont employés toute l'année, n'ont pas de vice ni de charge autre que deux enfants [...]. »

▪ **Louis René Villermé, *Tableau de l'état physique et moral des ouvriers dans les fabriques de coton, de laine et de soie*, 1840.**

QUESTIONS

1. Identifiez le document. Est-il une source fiable ?
2. Qui sont les ouvriers évoqués dans le texte ?
3. Classez les informations données par le texte.

Conditions de travail	Conditions de vie

4. D'après le texte, qu'est-ce qui différencie les conditions de travail des hommes et des femmes ?
5. Quels sont les problèmes des ouvriers évoqués dans la dernière phrase ?
6. Quelle est la loi sur le travail des enfants votée un an après ce rapport ?

EXERCICE 2 Maîtriser différents langages pour raisonner

DÉVELOPPEMENT CONSTRUIT

▶ Sous forme d'un développement construit d'une vingtaine de lignes, décrivez et expliquez les transformations des villes et de la société en Europe au XIXe siècle.

Méthode Comprendre le sujet et rédiger

Étape 1 Comprendre le sujet

Décrivez et expliquez la transformation des villes et de la société en Europe au XIXe siècle

- transformation des villes → Croissance, visage de la ville...
- société → Ouvriers, bourgeois...
- Europe au XIXe siècle → Espaces et bornes chronologiques

Étape 2 Rédiger

Introduction rédigée : Au XIXe siècle, l'Europe de l'Ouest connaît de profonds bouleversements économiques, démographiques et sociaux.

Problématique → Comment les villes et la société sont-elles bouleversées ?

Première partie *(Je saute une ligne après l'introduction)* : Au XIXe siècle, les villes se transforment... (Continuez : *la croissance des villes, l'exode rural, la transformation des villes.*)

L'idée du paragraphe apparaît au début →

Deuxième partie *(Je vais à la ligne)* : La société connaît d'importants changements. La classe ouvrière se développe... (Continuez ; *les ouvriers et leurs luttes.*) Les classes moyennes... (Continuez.) La grande bourgeoisie... (Continuez.)

L'idée du paragraphe apparaît au début →

Conclusion *(Je saute une ligne)* : Ainsi, les villes se transforment...

JE CONSTRUIS MON BILAN

hatier-clic.fr/hg4036

hatier-clic.fr/hg4037

1 Je me repère dans l'espace

1. À quels numéros correspondent les régions industrielles suivantes :
   - Nord de l'Angleterre
   - Le Creusot
   - Pays de Galles
   - Nord de la France
   - Belgique
   - Ruhr
   - Sarre
2. Pourquoi dit-on que ces régions sont des « pays noirs » ?
3. D'après cette carte, quels sont les quatre pays les plus industrialisés d'Europe ?

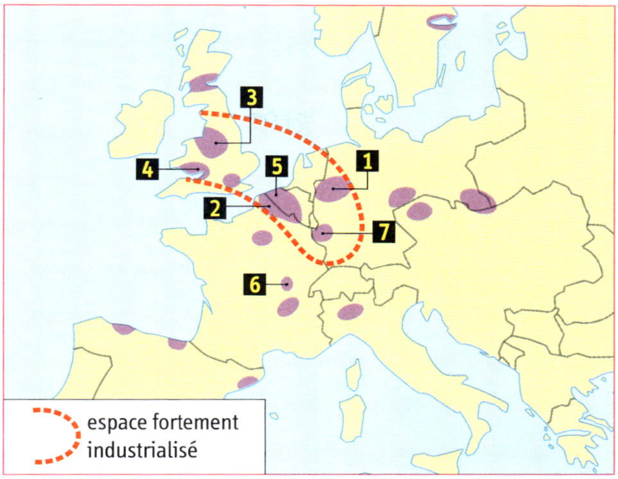

2 Je complète une carte mentale sur l'Europe de la révolution industrielle

- Reproduisez et complétez la carte mentale ci-dessous. Limitez-vous à trois points au maximum par question. Ne faites pas de phrases.

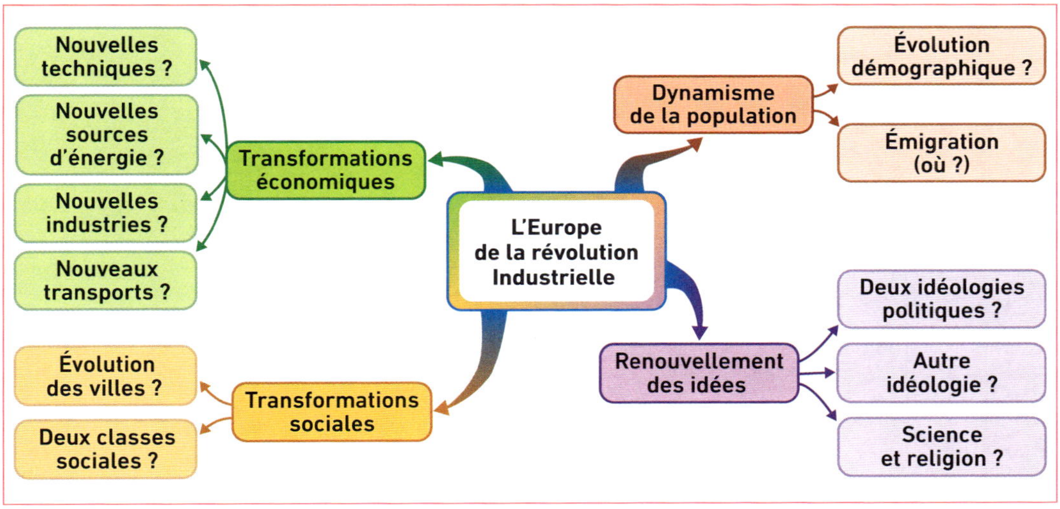

3 Je connais le vocabulaire du chapitre

- Retrouvez les mots correspondant aux définitions suivantes :

a. L'industrie du fer.

b. Un arrêt volontaire du travail.

c. Une petite part d'une entreprise.

d. Une association ouvrière qui défend les intérêts des travailleurs.

e. Une population qui a un revenu intermédiaire entre pauvres et riches.

f. Le départ définitif des habitants des campagnes vers les villes.

g. Une idéologie opposée à l'intervention de l'État dans l'économie et le social.

h. Une idéologie qui condamne les inégalités sociales et cherche les moyens de les réduire ou de les supprimer.

i. Quitter son pays pour s'installer dans un autre.

CHAPITRE 5

Conquêtes et sociétés coloniales

Comment les Européens exercent-ils leur domination et leur influence sur le monde au XIXe siècle ?

1 La conquête du Dahomey par les Français
(Gravure en couleur, *Le Petit journal*, 19 novembre 1892.)

Je me repère dans le temps

- 1815
- **1830** Début de la conquête de l'Algérie
- **1857** Création de l'empire britannique des Indes
- **1882** La Grande-Bretagne occupe l'Égypte
- **1883** Expédition au Tonkin
- **1895** Création de l'AOF (Afrique occidentale française)
- **1896** Conquête de Madagascar
- **1912** Colonisation du Maroc
- 1914

Apogée de la colonisation (1882–1914)

Compétences

J'analyse un document
- Une image sur l'abolition de l'esclavage. ▶ P. 118

Je travaille en groupe
- Découvrir les explorateurs européens de l'Afrique ▶ P. 120

Je pratique différents langages
- Expliquer comment la France a fait la conquête de Madagascar ▶ P. 122

Je me repère
- Localiser les principaux empires coloniaux ▶ P. 124

Je raisonne
- Choisir une démarche pour présenter l'Algérie coloniale ▶ P. 128

2 Le chargement d'un train de marchandises au Congo
(Début XXe siècle.)
Une fois conquises, les colonies sont exploitées par la puissance coloniale. De grandes sociétés et des colons produisent des matières premières agricoles qui sont ensuite acheminées par train jusqu'aux ports d'où elles sont ensuite exportées vers la métropole. Les travaux de force sont souvent réalisés par les populations, obligées par la puissance coloniale de fournir des corvées gratuites.

ÉTUDE

Les abolitions de l'esclavage au XIXe siècle

COMPÉTENCE
J'analyse un document
Une image sur l'abolition de l'esclavage

Vestige de l'ancien système colonial, l'esclavage est progressivement aboli au XIXe siècle sous la pression des abolitionnistes, mais aussi à cause de la multiplication des révoltes d'esclaves dans les colonies.

Comment l'esclavage a-t-il été aboli au XIXe siècle ?

hatier-clic.fr/hg4038
hatier-clic.fr/hg4039

1 Un processus lent et international

1787	Création à **Londres** d'une Société pour l'abolition de la traite des esclaves
1788	Fondation à **Paris** de la Société des amis des Noirs
1790-1791	Révolte d'esclaves à **Saint-Domingue**, colonie française
1794	En France, la Convention vote à l'unanimité l'abolition de l'esclavage dans les colonies françaises
1802	**Bonaparte** rétablit l'esclavage dans les colonies françaises
1803-1804	Saint-Domingue proclame son indépendance sous le nom d'**Haïti**
1807	L'**Angleterre** abolit la Traite (le commerce des esclaves)
1833	L'**Angleterre** abolit l'esclavage dans ses colonies par l'*Abolition Bill*
1848	**En France, la IIe République abolit l'esclavage dans ses colonies**
1865	Les **États-Unis** abolissent l'esclavage à la fin de la guerre de Sécession

Vocabulaire

L'abolitionnisme : le mouvement en faveur de l'abolition de la traite (commerce) des esclaves et de l'esclavage.

2 Un sceau antiesclavagiste (1787)

Josiah Wedgwood, célèbre céramiste, fait partie des douze amis qui forment à Londres en 1787 la *Société pour l'abolition de la traite des esclaves*. Ce sceau est diffusé massivement, repris et traduit en français par la *Société des amis des Noirs* en 1789.

3 BIOGRAPHIE

« Toussaint Louverture : chef des noirs insurgés de Saint Domingue », **estampe, début XIXe siècle.)**

Toussaint-Louverture (1743-1803)

Ancien esclave affranchi (libéré), il prend la tête de la révolte pour la libération des esclaves à Saint-Domingue (Haïti).
Le 4 février 1794, la République française décrète l'abolition de l'esclavage dans les colonies, et Toussaint Louverture devient gouverneur de Saint-Domingue.
En 1801, il se déclare gouverneur général à vie. Napoléon envoie son armée, le fait arrêter (il mourra en prison peu après) et rétablit l'esclavage.
La population de Saint-Domingue se révolte de nouveau et elle prend son indépendance en 1804 sous le nom de Haïti.

4 Victor Schœlcher, un militant abolitionniste

« Nulle part [les Noirs] ne sont admis dans la société des Blancs ; aux champs ou à la ville, on les traite comme de véritables animaux domestiques, on leur refuse le titre d'Hommes, et il n'est pas d'Européen qui n'ait frissonné d'horreur et de honte en voyant les esclaves traînés sur les marchés ou dans les ventes comme nous y conduisons nos bœufs. [...] Il est avéré aujourd'hui que l'humanité et la liberté peuvent s'allier avec la conservation des colonies, et par conséquent de leurs produits. Les Noirs ne sont pas indispensables sur une plantation. »

▪ **Victor Schœlcher, « Des Noirs », *Revue de Paris*, tome XX, 1830.**

5 L'abolition de l'esclavage à La Réunion

(Alphonse Garreau, *L'Émancipation à La Réunion*, huile sur toile, 1849. Musée du Quai Branly, Paris.)

Arrivé à La Réunion le 13 octobre 1848, le commissaire de la République, Sarda-Garriga fait la tournée de l'île. L'annonce de l'abolition de l'esclavage rend obligatoire un contrat de travail pour tout affranchi, rassurant ainsi les propriétaires.

6 L'abolition dans les colonies françaises

« Au nom du peuple français, le gouvernement provisoire[1], considérant que l'esclavage est un attentat contre la dignité humaine ; qu'en réduisant le libre arbitre de l'homme, il supprime le principe naturel du droit et du devoir ; qu'il est une violation flagrante du dogme républicain "Liberté – Égalité – Fraternité" décrète :

Art 1 : L'esclavage sera entièrement aboli dans toutes les colonies des possessions françaises. [...]

Art 3 : Les gouverneurs et commissaires généraux de la République sont chargés d'appliquer l'ensemble des mesures propres à assurer la liberté à la Martinique, à la Guadeloupe et dépendances, à l'île de la Réunion, à la Guyane, au Sénégal [...].

Art 5 : L'Assemblée nationale fixera l'indemnité qui devra être accordée aux colons. »

▪ **Décret du 27 avril 1848.**

1. Gouvernement de la IIe République.

ACTIVITÉS

1. **Doc. 1 et 2** | Expliquez comment Saint Domingue a été libérée de l'esclavage.
2. **Doc. 1** | Quel est le premier pays d'Europe à abolir l'esclavage et quand ?
3. **Doc. 1** | Décrivez le long processus de l'abolition de l'esclavage par la France.
4. **Doc. 2 et 4** | Quels arguments utilisent les abolitionnistes pour convaincre l'opinion ?
5. **Doc. 6** | Au nom de quels grands principes la République abolit-elle l'esclavage ? Quel dédommagement les propriétaires d'esclaves obtiennent-ils ?
6. **Doc. 5** | **J'analyse un document**
   - **a** Le document est-il contemporain des événements ? Justifiez votre réponse.
   - **b** Qui sont les personnes représentées ?
   - **c** Dans le décor qu'est-ce qui rappelle la République ? Qu'est-ce qui rappelle le travail ?
   - **d** À l'aide de la légende, décrivez et expliquez le geste de Sarda-Garriga.

ÉTUDE

Les explorations européennes

COMPÉTENCE
Je travaille en groupe
Découvrir les explorateurs européens de l'Afrique

Au XIXe siècle, les Européens explorent les dernières terres inconnues d'eux : les pôles et l'intérieur de l'Afrique. Souvent encouragés par leur gouvernement, des explorateurs s'engagent ainsi dans de vastes expéditions.

Quelles ont été les grandes explorations européennes du XIXe siècle ?

Vocabulaire

Un explorateur : une personne qui explore une région peu connue dans un but donné.

1 L'exploration des régions polaires

« Régions polaires – Sud
Une expédition vient de partir à bord du vapeur *Morning*, dans le but de ravitailler la *Discovery*, ce navire qui, on le sait, a conduit, l'année dernière, une mission scientifique anglaise dans la direction dit pôle sud. [...]

Régions polaires – Nord
L'expédition menée par Sverdrup[1] depuis 1898, qui était munie d'un outillage scientifique très complet, a rapporté de nombreux matériaux d'études et des collections considérables. Elle a trouvé des traces nombreuses d'une population d'Esquimaux probablement chassée vers le sud par la recrudescence du froid, à une époque déjà lointaine. Il put également explorer les fjords du détroit de Hayes et des contrées qui n'ont jamais été visitées et en dessiner des cartes. »

***Revue de géographie. Exploration, colonisation, géographie scientifique et économique*, Tome 51, 1902.**

1. Explorateur et marin norvégien qui a cartographié plus de 260 000 km² de terres découvertes.

2 Les grandes explorations en Afrique au XIXe siècle

3 L'explorateur Pierre Savorgnan de Brazza
(Une du *Petit Journal*, 19 mars 1905.)

4 BIOGRAPHIE

David Livingstone (1813-1873)

Médecin écossais expérimenté et pasteur protestant, c'est à 27 ans que David Livingstone (1813-1873) est envoyé en Afrique par la Société missionnaire de Londres pour y convertir les populations.
De la région du Cap, il part explorer des régions inconnues, découvre les chutes du fleuve Zambèze, à qui il donne le nom de la Reine Victoria. Patronné par la Société royale de géographie, il multiplie les explorations, dresse des cartes de l'Afrique australe qu'il traverse d'est en ouest, tout en participant à la lutte contre l'esclavage en Afrique. Parti à la recherche des mystérieuses sources du Nil, il croise le chemin de l'explorateur Stanley et, épuisé, il tombe malade et meurt de la dysenterie. Rapatrié à Londres, il est inhumé dans l'abbaye de Westminster et pleuré comme un héros national.

5 Les buts d'un explorateur : Gustave Binger

Louis Gustave Binger est un officier français qui a exploré la boucle du Niger pour le compte de l'armée.

« Dans un moment où toutes les puissances de l'Europe jetaient leur dévolu sur l'Afrique, il aurait été difficile à un officier d'infanterie de marine, ayant déjà fait deux séjours au Sénégal, de se contenter d'enregistrer les prises de possession des nations européennes sans s'en émouvoir quelque peu.
La France avait de l'avance dans cette partie du monde, et il ne fallait pas la laisser distancer par des rivales. C'était le vœu de tout le monde et je m'y associais de grand cœur. Aussi l'étude des voyages était ma distraction favorite. Je caressais peu à peu le rêve d'aller noircir un des grands blancs de la carte d'Afrique. Entre les deux branches du Niger et du golfe de Guinée, les éditeurs de carte avaient semé un peu au hasard, d'après des traditions légendaires et des informations indigènes, un certain nombre de cours d'eau indécis, de montagnes hypothétiques, de noms d'États et de peuples. C'est là, dans cette terre vierge d'explorations, dans le cœur de cet inconnu, que je voulais pénétrer. »

▪ **Capitaine Binger, *Du Niger au Golfe de Guinée*, Hachette, 1892.**

ACTIVITÉS

Je travaille en groupe

Réalisez ce travail à deux ou à trois.

1. Répondez aux questions suivantes sur Brazza, Livingstone, Binger à l'aide des documents :
   a Identifiez l'explorateur : nom, nationalité, fonction ou métier d'origine.
   b Décrivez le voyage d'exploration : région, trajet, dates, trace…
   c Donnez les motivations de l'explorateur : pourquoi a-t-il fait ces voyages (d'après l'image ou le texte).
2. Résumez vos réponses sur les trois explorateurs dans un tableau de synthèse.

Identité de l'explorateur	Régions explorées	Objectifs de l'explorateur

3. **Doc. 1 |**
   a Quel est le but des explorateurs des régions polaires ? Justifiez la réponse.
   b Est-il le même que celui des explorateurs de l'Afrique ? Justifiez la réponse.

ÉTUDE

La conquête de Madagascar

COMPÉTENCE

Je pratique différents langages

Expliquer comment la France a fait la conquête de Madagascar

À la fin du XIXe siècle, la France fait la conquête de l'île de Madagascar. En 1896, l'île devient une colonie française.

Comment Madagascar est-elle devenue une colonie française ?

1 CHRONOLOGIE

La conquête de Madagascar

1883 Première expédition française à Madagascar.

1894 La reine Ranavalona refuse le protectorat de la France.

1895-1896 Un corps expéditionnaire est envoyé sur l'île et s'empare de la capitale Tananarive. L'île devient une colonie de l'empire français.

1896-1905 Le général Gallieni est le gouverneur de Madagascar. Il réprime violemment les révoltes contre la France et amorce la colonisation de l'île.

2 Les atouts de Madagascar

« Ce que Madagascar vous offre n'existe nulle part ailleurs. Le rivage offre à notre marine des abris, des rades, des ports les plus magnifiques du globe dans des conditions analogues à celles qui donnent aux arsenaux[1] de l'Angleterre une si grande supériorité sur les nôtres. Là vous avez une situation stratégique incomparable, nécessaire à la France pour la sauvegarde de son commerce, de sa marine marchande et militaire, de ses intérêts, de son prestige dans l'hémisphère sud. Là, vous avez un climat excellent, où les Européens peuvent vivre et travailler comme en Europe. »

▪ Discours du député réunionnais François de Mahy devant l'Assemblée nationale, 26 juillet 1885.

1. Flottes de guerre.

3 L'expédition de 1895

(Gravure en couleur, ***Le Petit journal***, 2 juin 1895.)

En 1895, face au refus de la reine malgache d'accepter le protectorat, la France envoie un corps expéditionnaire d'environ 20 000 hommes à Madagascar. Composées de Français et de nombreux soldats des colonies, les troupes entament une marche jusqu'à la capitale Tananarive, qui est prise le 1er octobre.

4 Une affiche de 1895

(Affiche publicitaire pour le livre de H. Galli, *La Guerre à Madagascar*, 1895.)

5 Déclaration de Gallieni

« Aux habitants de l'Imerina[1] :
Depuis que le Gouvernement de la République a déclaré Madagascar colonie française, la royauté est devenue inutile. J'ai donc invité la Reine à abandonner ses fonctions [...].
Ces quelques mois qui viennent de s'écouler vous ont montré ce que voulaient dire ces mots : Madagascar, colonie française. Ils signifient : la France est désormais la seule souveraine à Madagascar et elle n'entend partager sa souveraineté avec personne [...].
Pour ramener la tranquillité et la prospérité dans le pays, nos braves soldats n'ont cessé de combattre jusqu'à ce jour avec le plus grand courage [...]. La France vous considère maintenant comme ses propres enfants. Elle ne veut que votre bien, et, tout en respectant vos mœurs et vos lois, elle veut vous faire participer peu à peu aux bienfaits de sa propre civilisation.
Votre devoir est de m'aider dans cette œuvre de pacification et de rénovation, que le Gouvernement de la République française m'a confiée. [...].
Fait à Tananarive, le 28 février 1897. »

1. Région centrale de Madagascar.

6 La répression des révoltes

Un Français témoigne de la résistance malgache et de la répression.
« Des actes de répression dans l'Imerina[1] eurent lieu le 5 mars 1896 : quatre unités mobiles de la compagnie Thévenin devaient cerner Manaritsoa qu'on prétendait être le refuge d'une bande de rebelles. Après le "cessez-le-feu", on continua de tirer et de charger à la baïonnette. La répression fut impitoyable. [...]. En novembre, je partis à Ambatomanga. Les abords du village étaient jalonnés de piquets surmontés de têtes. Les exécutions se faisaient presque journellement. De fait, il n'arrivait à Ambatomanga que des gens qu'on prenait, soi-disant, les armes à la main, et à qui on coupait la tête, sans interrogatoire et sans aucune forme de procès. [...]
Maintenant, on voyait dans tout le pays en insurrection, des chefs de bande entraînant les populations. »

▪ **C. Savaron, *Mes souvenirs à Madagascar, avant et après la conquête*, 1885-1898.**

1. Région centrale de Madagascar.

ACTIVITÉS

1. **Doc. 2** | Selon le député, quels avantages représente la conquête de Madagascar ?
2. **Doc. 3** | Comment est composée l'armée française ? Qu'est-ce qui la rend supérieure à l'armée malgache ?
3. **Doc. 4** | Quelle étape de la guerre l'affiche représente-t-elle (voir doc. 1) ? Que veut-signifier l'image ?
4. **Doc. 6** | Montrez la violence de la répression française.
5. **Doc. 5** | **a)** Quels sont les changements annoncés par Gallieni ?
   b) Quel contrat propose-t-il aux Malgaches après la conquête ?
6. **Je pratique différents langages**
   À l'aide des documents, montrez pourquoi et comment la France a fait la conquête de Madagascar.

Coup de pouce
Vous pouvez :
– Expliquer les motivations de la conquête.
– Montrer la violence de la conquête.
– Décrire le projet colonial proposé aux Malgaches par Gallieni.

ÉTUDE

Les empires coloniaux

COMPÉTENCE
Je me repère
Localiser les principaux empires coloniaux

La colonisation qui débute en 1830 s'accélère à partir de 1870. Les puissances européennes conquièrent de vastes territoires et constituent de nouveaux empires coloniaux.

Quels sont les grandes puissances coloniales et leurs empires en 1914 ?

1 Superficie et population des empires coloniaux en 1914

États	Superficie (en millions de km²)	Population des colonies (en millions d'habitants)
Allemagne	2,90	16
Belgique	2,38	15
Espagne	0,21	0,22
France	11	48
Italie	0,48	1,3
Pays-Bas	2,04	38
Portugal	2,09	9,3
Royaume-Uni	22,85	400

2 Les empires coloniaux en 1870

Vocabulaire

Un empire colonial : l'ensemble des colonies administrées par une puissance.

3 Les empires coloniaux en 1914

hatier-clic.fr/hg4040

ACTIVITÉS

Je me repère

1. Quelles sont les possessions du Royaume-Uni en 1914 en Asie, en Afrique ?
2. Quelle est la superficie de l'empire colonial britanique en 1914 ? Qu'est-ce qui explique l'importance de sa population ?
3. Quelles sont les possessions coloniales de la France en Afrique, en Asie en 1914 ?
4. Quelles sont les autres puissances coloniales européennes en 1914 ? Citez pour chacune un territoire lui appartenant.
5. En comparant les cartes 2 et 3, indiquez quelle est la grande période de l'expansion coloniale européenne. Justifiez la réponse.

1 Les conquêtes coloniales

Pourquoi et comment des colonies ont-elles été conquises ?

A Les causes de la colonisation

1. Au XIXe siècle, des **missionnaires** et des **explorateurs** européens parcourent les pôles, l'Afrique et l'Asie. Ils attirent l'attention des opinions publiques européennes et des gouvernements sur ces régions et continents encore si peu connus.

2. À partir des années 1870, le **sentiment national se développe**. Chaque peuple européen veut montrer qu'il est supérieur aux autres, ce qui pousse à partir à la conquête de nouveaux territoires (DOC. 1). Avec la colonisation, les puissances européennes peuvent aussi **établir des bases militaires** le long des grandes routes maritimes et ainsi mieux les contrôler.

3. Les colonisateurs ont **d'autres objectifs**. Ils espèrent trouver dans les **colonies** des **matières premières** et **pouvoir y vendre leurs produits industriels**. Ils sont aussi convaincus que leur **civilisation** est supérieure aux autres et qu'ils ont pour mission de l'apporter aux peuples d'Afrique et d'Asie. Enfin, la population européenne augmente très vite, et ils espèrent trouver des colonies pour y installer une partie de leurs habitants.

B La conquête des colonies

1. **À partir des années 1830**, de **grandes expéditions militaires** sont lancées **pour conquérir des régions d'Afrique ou d'Asie** (DOC. 3). Mais la colonisation prend surtout son essor **à partir des années 1870** (DOC. 2). En **1884-1885**, lors de la **conférence de Berlin**, les grandes puissances européennes fixent les règles de la colonisation pour l'Afrique : un État doit occuper un territoire pour l'acquérir, ce qui accélère la « course aux colonies ».

2. Les conquêtes se font surtout par la guerre et sont **violentes**. Les Européens bénéficient de la **supériorité des armes, de la division des peuples indigènes et de l'absence de grands États forts face à eux**. De nombreuses révoltes et diverses formes de **résistances** ont lieu au début de l'occupation. Mais elles sont écrasées dans le sang.

3. À partir de la fin du siècle, **les grandes puissances européennes se disputent les derniers territoires à coloniser**. Les guerres sont évitées de justesse : entre le Royaume-Uni et la France à propos du **Soudan** (1898) ; entre l'Allemagne et la France à propos du **Maroc** (1905 et 1911) (DOC. 4). **En 1914, le Royaume-Uni et la France possèdent les deux plus vastes empires coloniaux** alors que l'Allemagne, qui s'y est prise plus tardivement, possède peu de colonies.

1 Jules Ferry justifie les conquêtes

« Sur le terrain économique, ce qui manque à notre grande industrie, ce sont des débouchés[1]. Or, ce problème est intimement lié à la politique coloniale. Il faut chercher des débouchés [...].
Messieurs, il y a un second point que je voudrais aborder, c'est le côté humanitaire et civilisateur de la question. Les races supérieures ont le devoir de civiliser les races inférieures [...]. De nos jours, je soutiens que les nations européennes s'acquittent avec grandeur et honnêteté de ce devoir supérieur de civilisation.
Il faut aussi savoir qu'une marine comme la nôtre ne peut se passer, sur la surface des mers, d'abris solides, de défenses, de centres de ravitaillement [...].
Rayonner sans agir, sans se mêler aux affaires du monde, croyez-le bien, c'est abdiquer, c'est descendre du premier rang au troisième, puis au quatrième [...].
La France ne peut pas seulement être un pays libre, elle doit répandre son influence sur le monde, et porter partout où elle le peut sa langue, ses mœurs, son drapeau, ses armes, son génie. »

▪ Discours de Jules Ferry à l'Assemblée nationale, le 28 juillet 1885.

1. Des marchés pour l'industrie.

1. Présentez le document.
2. Comment sont appelées les populations des colonies ?
3. Selon Ferry, quel est l'intérêt économique des colonies ? Quel est l'intérêt stratégique ?
4. Selon Ferry, que doit apporter la colonisation aux peuples colonisés ?
5. Selon lui, que risque la France si elle renonce à la colonisation ?

Vocabulaire

Une colonie : un territoire conquis, occupé puis administré et dominé par une puissance étrangère.

Un missionnaire : un religieux chargé de propager la religion chrétienne.

2 La conquête de l'Indochine : bataille de Sontay (nord du Vietnam, décembre 1883)

(Imagerie Pellerin, Épinal, fin XIXe siècle.)

La France occupe le sud du Vietnam depuis 1869. Le 16 décembre 1883, l'armée coloniale s'empare de la citadelle de Sontay, qui était tenue par les Chinois au Tonkin (nord du Vietnam). Cette victoire permet à la France d'établir son autorité sur la totalité du Vietnam en 1884.

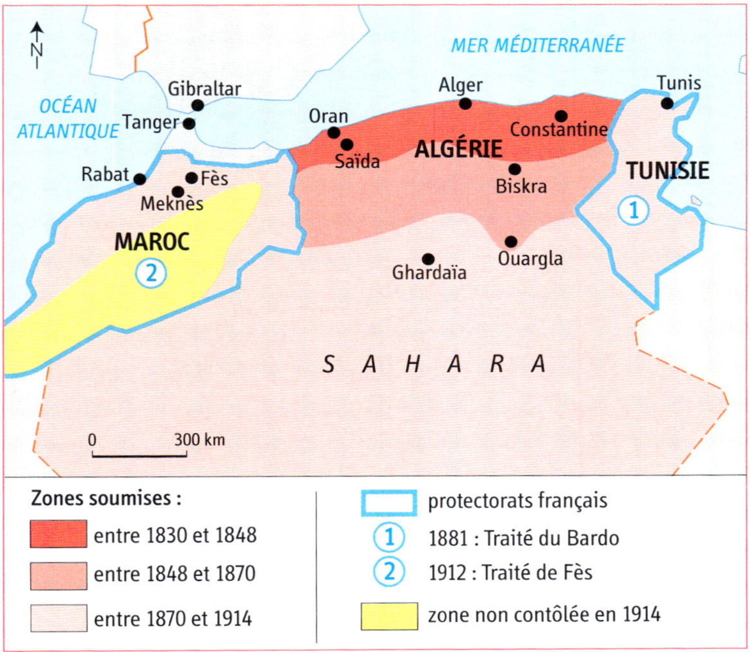

3 L'expansion française en Afrique du Nord

- **Doc. 3 et 4** | Pour quelles raisons l'Allemagne s'oppose-t-elle à la colonisation du Maroc par la France ?

4 Les rivalités au Maroc

Le diplomate allemand von Holstein explique pourquoi il ne veut pas que le Maroc devienne un protectorat français.

« Au Maroc, seuls les Français seraient choisis par le sultan pour construire les voies ferrées et pour exploiter les mines. Le Maroc est aujourd'hui un des rares pays où l'Allemagne bénéficie d'une libre concurrence pour son commerce et le dommage qu'elle subirait du fait de la position privilégiée de la France serait considérable. Mais ce qui serait encore plus grave, c'est le préjudice que subirait le prestige de l'Allemagne si nous acceptions sans mot dire que la France y possède des droits supérieurs aux nôtres […]. L'Allemagne se doit de protester contre l'intention de la France de s'approprier le Maroc, non seulement pour des raisons matérielles mais plus encore pour la sauvegarde de son prestige. »

■ **F. von Holstein, 3 juin 1904.**

Tâche complexe

L'HISTOIRE AUTREMENT

Je raisonne

Choisir une démarche pour présenter l'Algérie coloniale

Vivre en Algérie

ACTIVITÉ

Vous êtes un journaliste américain venu se rendre compte des conséquences de la colonisation française en Algérie, en particulier sur la société coloniale où se côtoient colonisateurs, colons et colonisés.

Après un séjour, vous rédigez un article de presse, destiné à vos lecteurs, qui rende compte de la situation en Algérie.

Coup de pouce

- Situez le lieu, les étapes et les acteurs de la conquête de l'Algérie par la France.
- Montrez comment les Européens influencent et transforment l'Algérie.
- Expliquez comment ils mettent en place une société inégalitaire (entre colonisateurs, colons et colonisés).

1 Un colon français d'Algérie à la fin du XIXe siècle (Almanach du petit colon algérien, 1893.)

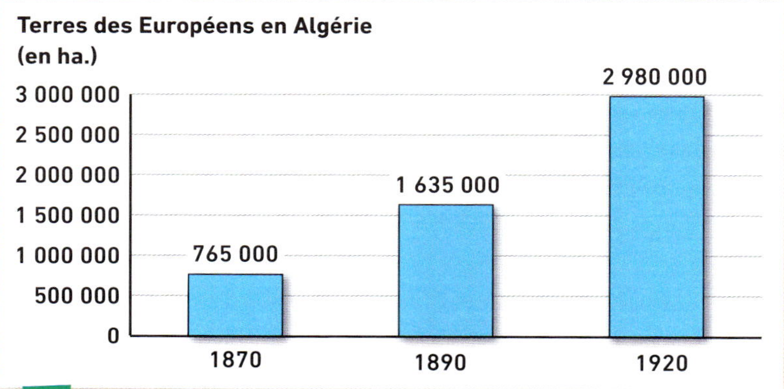

2 Les terres des Européens en Algérie

Boîte à outils

Documents complémentaires

- Doc. 3 et 4 p. 127

Ressources numériques

- L'émission de radio « La marche de l'Histoire » sur la colonisation de l'Algérie

hatier-clic.fr/hg4041

3 Complainte des Algériens

« L'impôt s'abattit sur nous à coups répétés
Soixante écus par tête chaque fois
Apporte-les ou débrouille-toi.

Les gens ont dû vendre leurs arbres à fruits
Et même leurs vêtements
C'est pour eux une époque terrible.

La terre la plus fertile
A été vendue à vil prix
Son propriétaire ne la verra plus.

Il ne possède même plus une brebis
Il est indigent et souffre de la faim
C'est la volonté de Dieu, résignons nous. »

▪ **Complainte chantée en Algérie après la révolte de 1871 réprimée par l'armée coloniale.**

4 *« Mes enfants, aimez la France, votre nouvelle patrie »*

(Une école rurale en Algérie vers 1850, photographie parue en France, dans la revue *L'Illustration*, en 1858.)

5 L'inauguration du chemin de fer à Saïda

(Gravure couleur, *Le Petit journal*, 18 février 1900.)

Le chemin de fer permet de relier Saïda, située à l'intérieur du pays, au port d'Arzew, près d'Oran, sur la côte méditerranéenne, et d'y transporter les produits agricoles.

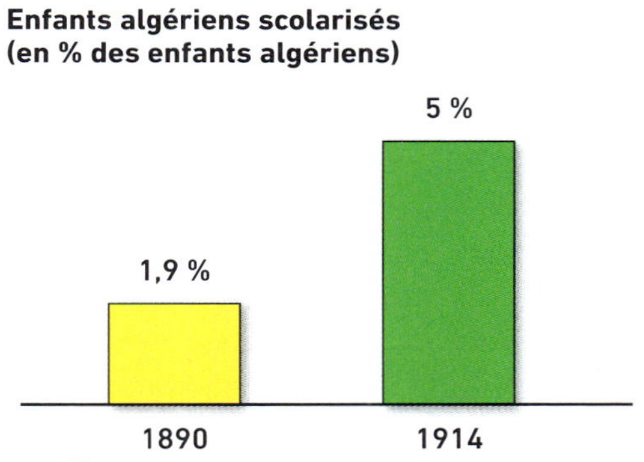

6 Les enfants algériens scolarisés

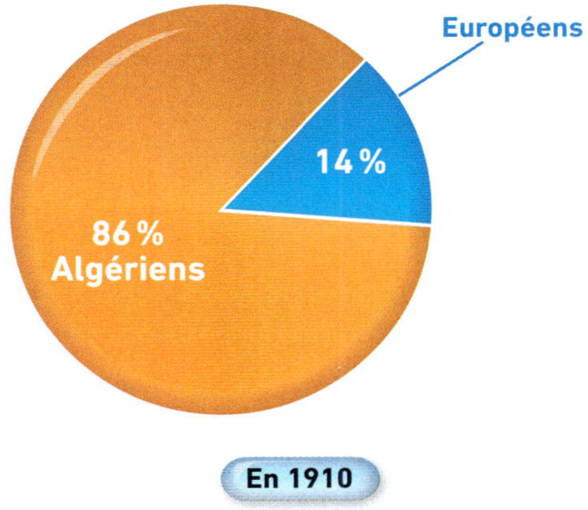

7 La population en Algérie (1910)

2 Les sociétés coloniales

Pourquoi les sociétés coloniales sont-elles dominées par les Européens ?

A La domination des Européens

1. La puissance coloniale appelée **métropole** peut **administrer directement la colonie avec un gouverneur et des fonctionnaires**. Elle peut aussi établir un **protectorat** sur le territoire conquis et laisser le roi local gouverner sous son contrôle. Certaines colonies comme l'Algérie accueillent de nombreux colons européens. Il s'agit dans ce cas de colonies de peuplement.
2. **Les colons et les sociétés européennes s'emparent des meilleures terres agricoles** pour y faire des **plantations** (DOC. 1). Ils exploitent aussi **les richesses minières** de la colonie. La métropole fait construire des voies de chemin de fer et des ports pour qu'ils puissent facilement exporter leurs produits vers l'Europe.
3. **Les colons vivent sur leurs domaines agricoles ou dans les quartiers « européens » des villes**, très différents des quartiers indigènes (DOC. 3).

B La vie des colonisés

1. La grande majorité des **indigènes** sont des **paysans pauvres**. Certains travaillent sur les plantations, dans les mines ou comme auxiliaires dans l'administration, mais ils n'occupent que des **emplois subalternes et mal payés**. Les **artisans** locaux sont souvent ruinés par la concurrence des produits industriels venant d'Europe.
2. Avec la colonisation, les indigènes ont de **nouvelles obligations**. Ils doivent payer des **impôts** qui sont souvent très lourds pour eux. Ils doivent aussi fournir des **corvées gratuites** pour les grands travaux : construction de lignes de chemin de fer, de ports... (DOC. 2).
3. Les Indigènes **n'ont aucun droit politique**. Leur statut est inférieur à celui des colons qui souvent les méprisent (DOC. 4). Mais après la période de la conquête, les **résistances sont rares**.

C Le modèle culturel européen

1. Les métropoles construisent de rares **hôpitaux et des dispensaires** dont profitent les populations, et les médecins européens étudient les maladies tropicales. Après 1900, de **grandes campagnes de vaccination** font baisser la mortalité.
2. Des **écoles** sont construites mais elles **ne scolarisent qu'une petite partie des enfants indigènes**. La langue de la métropole – qui est celle de l'administration et de l'école – se diffuse parmi les habitants.
3. Les **missionnaires** sont nombreux et les **religions chrétiennes**, catholique ou protestante, se répandent, surtout en Afrique (DOC. 5).

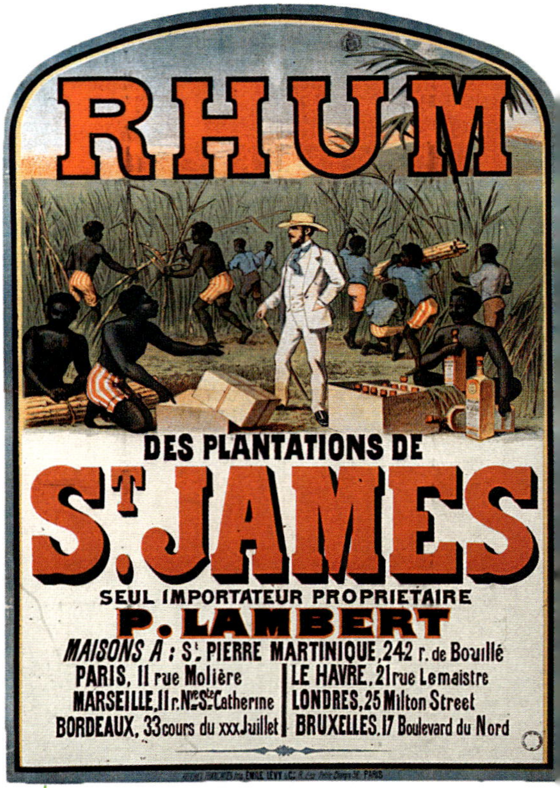

1 Les plantations coloniales
(Affiche publicitaire, vers 1888.)

1. Que font les personnages sur l'affiche ?
2. Qui tire profit de la fabrication du rhum ? De quelle façon ?

Vocabulaire

Un colon : un habitant de la métropole venu s'installer dans une colonie et ses descendants.

Un dispensaire : un établissement de santé public ou privé où l'on soigne gratuitement les malades.

Un indigène (ou autochtone) : une personne originaire du pays.

La métropole : la puissance qui dirige la colonie.

Un missionnaire : voir p. 126.

Un protectorat : une colonie qui reste dirigée par un roi indigène sous la surveillance de la métropole.

2 Le travail forcé à Madagascar

« La mortalité effrayante qui frappe les indigènes soumis au travail forcé, employés à la construction de la route de Tananarive-Tamatave, a atteint dans ces derniers mois une proportion importante [...]. La question commence à se poser sérieusement de savoir s'il n'est pas préférable de ne pas avoir de routes, mais de conserver une population valide susceptible de mettre Madagascar en valeur, plutôt que de créer de belles pistes carrossables au prix de tant d'existences humaines sacrifiées. La population, si peu dense au moment de la conquête, s'éclaircit tous les jours davantage. Les indigènes sont d'ailleurs tellement las et exténués par des corvées et des travaux incessants, qu'ils déclarent aujourd'hui hautement préférer la mort à toute occupation autre que celle de la culture de leurs champs. »

▪ **Pétition de 51 colons français au gouverneur général de Madagascar, le 13 janvier 1909.**

1. Quel est le but des corvées ? Quelle est leur conséquence ?
2. Selon vous, que craignent les colons qui ont signé cette pétition ?

3 Les colons et leurs domestiques en Inde

(« Un Noël en famille en Inde », illustration pour *The Graphic*, magazine hebdomadaire illustré britannique, 1881.)

1. Situez la scène représentée dans l'espace et le temps.
2. Quelle est la puissance coloniale ?
3. Quelles sont les activités des domestiques ?
4. Qu'est-ce qui distingue les colons des autochtones ?

4 La domination européenne vue par un Vietnamien

« Lentement, les Blancs nous écorchent et nous avalent à petites bouchées au moyen d'impôts de toute sorte. [...]
Tu es entre les mains de l'étranger. Les titres réservés aux indigènes sont ceux de boys, de coolies, d'interprètes, de troupiers perpétuels. Cependant, les impôts augmentent tous les jours. Ô, pays d'Annam, que tu es à plaindre ! Ô, âmes engourdies, réveillez-vous de votre torpeur ! [...] Quant aux autres études, telles l'électricité, les sciences naturelles, la chimie, les sciences politiques, militaires, etc., elles ne sont pas enseignées aux Vietnamiens pour les maintenir dans une ignorance complète. »

▪ **Phan Bôi Châu, révolutionnaire vietnamien, *Cahiers annamites*, 1906-1913.**

- Quel reproche fait ce Vietnamien à la puissance coloniale ?

5 L'action des missionnaires

(Examen de cathéchisme à Mongo, Guinée, 1911.)

Les missionnaires sont des religieux ou religieuses qui prêchent auprès des populations locales, ouvrent des écoles ou soignent des malades. C'est par eux que la religion chrétienne se répand.

1. Décrivez la scène, les personnages, le décor.
2. Imaginez le dialogue entre les missionnaires et l'enfant.

JE M'EXERCE PAR COMPÉTENCE

J'analyse un document 1 L'extermination des Hereros

1 Un dessin de presse en 1905

(Caricature parue dans *Der Wahre Jacob* [journal socialiste allemand], janvier 1905.)

1. Situez la colonie concernée par le massacre (voir carte p. 127). Quel est le pays colonisateur ?
2. Qu'est-ce qui montre que des Hereros résistent à la colonisation ?
3. Quelles sont les mesures contre les Hereros décidées par le général ?
4. Quelles sont les conséquences de ces mesures dans la région ?
5. Montrez que ce dessin de presse allemand est opposé au massacre.

2 L'extermination

Entre 1904 et 1906, les troupes coloniales allemandes présentes dans le Sud-Ouest africain cherchent à éliminer le peuple herero.

a. « Moi, général des troupes allemandes, adresse cette lettre au peuple herero. Les Hereros ne sont plus dorénavant des sujets allemands. Celui qui me livrera Samuel Maherero [le chef de la révolte] recevra 5 000 marks. Tous les Hereros doivent quitter le pays. S'ils ne le font pas, je les y forcerai avec mes grands canons. Tout Herero découvert dans les limites du territoire allemand, armé comme désarmé, avec ou sans bétail, sera abattu. Je n'accepte aucune femme ou enfant. Ils doivent partir ou mourir. Telle est ma décision pour le peuple herero. »

■ **Proclamation du général von Trotha (commandant de l'armée allemande dans le Sud-Ouest africain) au peuple herero, 2 octobre 1904.**

b. « Les nouveaux venus (dans la colonie allemande) devront s'habituer à payer eux-mêmes de leur personne car la main-d'œuvre indigène est rare et se dérobe. On estime que les 4/5e des Hereros ont disparu par la mort ou l'émigration[1]. »

■ ***La Quinzaine coloniale*, journal français, 25 mars 1908.**

1. Au recensement de 1911, il reste 15 000 Hereros survivants sur 80 000 avant 1904.

J'analyse un document 2 Un graphique sur le commerce colonial

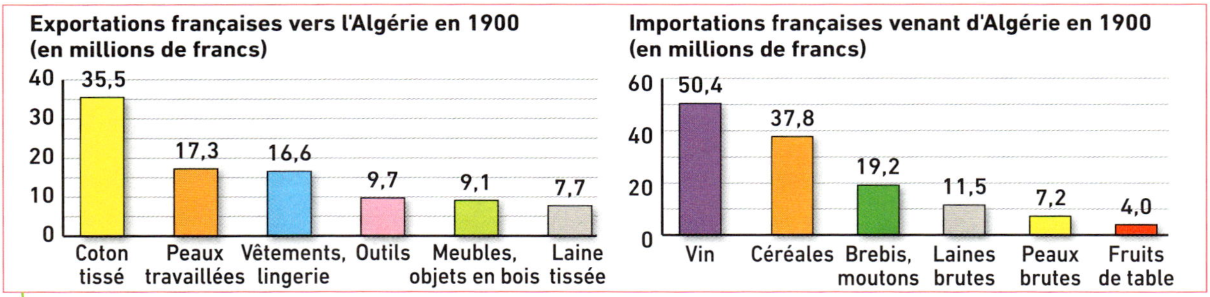

Le commerce de la France avec l'Algérie, en 1900

1. Présentez les deux graphiques. Définissez exportation, importation.
2. À cette époque, quelle est la situation de l'Algérie par rapport à la France ?
3. Quel type de produits est importé d'Algérie ?
4. Peut-on dire que l'Algérie est un « débouché » pour l'industrie française ? Justifiez la réponse.

J'analyse un document 3 Les femmes en situation coloniale

1 Les femmes en Indochine d'après Ho Chi Minh

Hô Chi Minh est un Vietnamien hostile à la colonisation française. Il relate la situation des femmes vietnamiennes.

« On a pu voir de quelle manière la femme annamite[1] est "protégée" par nos civilisateurs. [...] Partout, elle est en butte aux mauvais traitements de l'administrateur, de l'officier, du gendarme, du douanier, de l'employé de gare. Il n'est point rare d'entendre un Européen traiter une Annamite de *condhi* (putain) ou de *bouzou* (singe). Même aux halles centrales de Saïgon, ville française dit-on, les gardiens européens n'hésitent pas à frapper les femmes indigènes à coups de matraque pour les faire circuler [...]. Un autre officier avait violé une fillette dans des conditions odieuses de sadisme. Il fut acquitté parce que la victime était une Annamite [...]. L'enthousiasme des Annamites pour l'instruction moderne effraie l'administration du protectorat. C'est pourquoi elle ferme les écoles communales, chasse les élèves et coffre les maîtres. »

▪ **Hô Chi Minh, *Le Procès de la colonisation française, « Chapitre XI, Le martyre de la femme indigène »*, rédigé en 1920.**

1. L'Annam correspond à une partie du territoire vietnamien.

2 Une carte postale française au début du XXe siècle (Carte postale, début XXe siècle.)

En 1900, 6 000 prêtres missionnaires sont envoyés à travers le monde et 10 000 religieuses.

1. Identifiez chacun des documents
2. D'après vos connaissances, quelle est la situation de l'Indochine à l'époque des documents ?
3. Dans le document 2, qui sont les femmes et que font-elles ?
4. Dans le document 1, quelles violences subissent les femmes ? Qui leur fait subir ces violences ?
5. **J'exerce mon esprit critique.** Expliquez pourquoi il faut se méfier de la vision de la colonisation donnée par chacun des documents.

Je m'informe sur Internet 4 Étudier les abolitions de l'esclavage

• Tapez « Les abolitions de l'esclavage » sur un moteur de recherche. Allez sur le site lesabolitions.culture.gouv et visionnez les vidéos (environ 1 minute chacune).

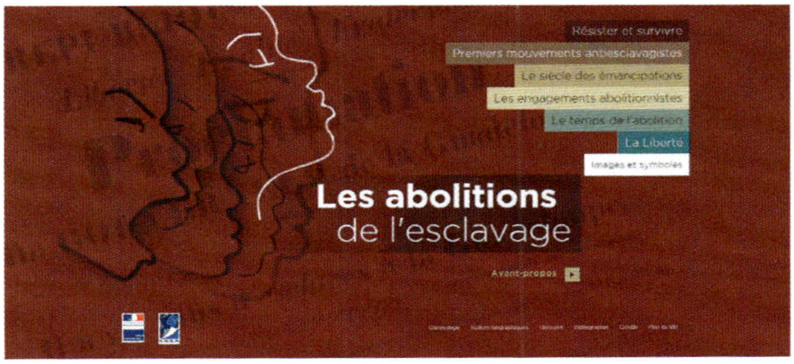

1. Avant-propos, vidéo : quand se rebellent les esclaves de Saint-Domingue ?
2. Le siècle des émancipations, vidéo : au XIXe siècle, dans quels pays la libération des esclaves s'est-elle faite par la guerre ?
3. L'engagement des abolitionnistes, vidéo : quand se répand en France le principe d'une abolition totale et immédiate ?
4. Le temps de l'abolition, vidéo : pourquoi Schœlcher demande-t-il une abolition immédiate et sans délai de l'esclavage ? Quelle est la date exacte de l'abolition ?
5. La liberté, vidéo : que redoutent les négociants et les planteurs ?

EXERCICE 1 Analyser et comprendre un document

DOCUMENT Couverture d'un cahier scolaire français, vers 1900

QUESTIONS

1. Quelle est la nature de l'image ? À qui est-elle destinée ?
2. Quelles sont les colonies françaises représentées au premier plan ?
3. Qui sont la femme et les personnages à l'arrière-plan ? Justifiez votre réponse.
4. Quels messages simples cette image de propagande veut-elle faire passer ?
5. Ce message est-il le reflet de la réalité ? Justifiez votre réponse à l'aide de quelques exemples précis.

Méthode L'image de propagande

- L'image de propagande a pour objectif de « propager », c'est-à-dire de faire admettre une idée, une opinion.
- Elle exagère ou transforme la réalité pour emporter l'adhésion, quitte à cacher, voire à mentir.
- Elle peut emprunter plusieurs supports : affiche, dessin de presse, carte postale…
- Son message est simple : les images doivent être faciles à comprendre, les textes courts.

EXERCICE 2 Maîtriser différents langages pour raisonner

DÉVELOPPEMENT CONSTRUIT

- Sous la forme d'un développement construit d'une vingtaine de lignes, décrivez et expliquez comment s'organise la société des colonies françaises après la conquête.

Méthode Comprendre le sujet et rédiger

Étape 1 Comprendre le sujet

Comment s'organise la société des colonies françaises après la conquête

Il ne s'agit donc pas des conquêtes coloniales

Étape 2 Rédiger

Introduction : La France a fait de nombreuses conquêtes coloniales au XIXe siècle en Afrique et en Asie (Indochine). Comment s'organisent les sociétés des colonies une fois la conquête achevée ?

Première partie : Montrez comment la France gouverne et exploite les colonies.

Deuxième partie : Montrez comment vivent les colons et les populations colonisées dans les colonies.

Conclusion : Résumez les grandes idées de votre rédaction (deux à quatre phrases).

JE CONSTRUIS MON BILAN

hatier-clic.fr/hg4042 hatier-clic.fr/hg4043

1 Je me repère dans le temps et l'espace

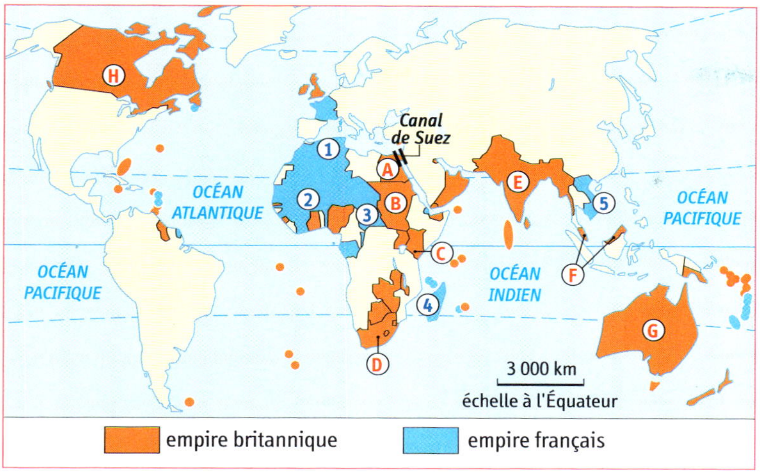

1. Localisez et nommez les colonies françaises marquées d'un numéro en Afrique et en Asie. Où la France est-elle présente outre-mer ?
2. Localisez et nommez les colonies britanniques marquées d'une lettre en Afrique, en Amérique et en Asie.
3. Situez le canal de Suez. Quel avantage représente-t-il pour le commerce ?

2 Je complète une carte mentale sur la colonisation

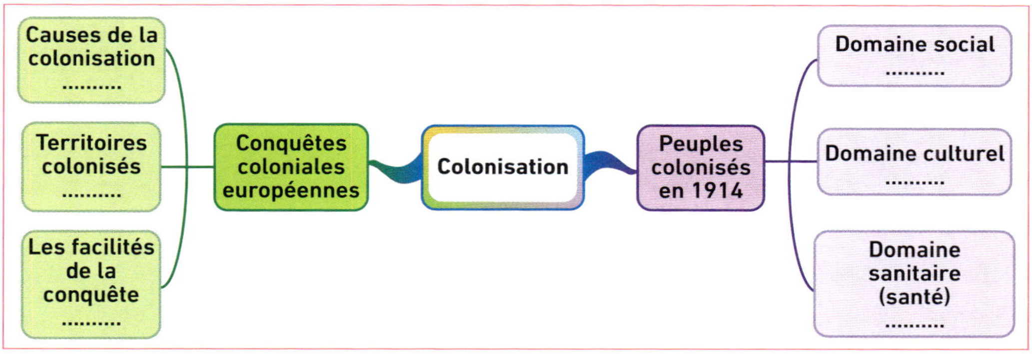

1. Recopiez et complétez la partie de la carte mentale sur les conquêtes coloniales avec les informations suivantes :
• *Afrique* • *Nationalisme* • *Supériorité des armes* • *Division des peuples indigènes* • *Matières premières* • *Asie*

2. Recopiez et complétez la partie de la carte mentale sur les peuples colonisés en 1914 avec les informations suivantes :
• *Campagnes de vaccination* • *Paysans pauvres*
• *Corvées et impôts* • *Scolarisation partielle*
• *Baisse de la mortalité* • *Christianisation*
• *Emplois subalternes* • *Ruine des artisans*

3 Je connais le vocabulaire de la colonisation

- Retrouvez les mots correspondant aux définitions suivantes :
  a. Un religieux chargé de propager la religion chrétienne.
  b. Un habitant de la métropole venu s'installer dans une colonie, et ses descendants.
  c. La puissance qui dirige la colonie.
  d. Le mouvement en faveur de l'interdiction du commerce des esclaves et de l'esclavage.
  e. Un établissement de santé où l'on soigne gratuitement les malades.
  f. Une colonie qui reste dirigée par un roi indigène sous la surveillance de la métropole.
  g. L'ensemble des colonies appartenant à une puissance.

CHAPITRE 6

Voter de 1815 à 1870

Comment les Français sont-ils peu à peu devenus électeurs au cours du XIXe siècle ?

1 *Le vote ou le fusil* **(Lithographie de Bosredon, 1848, BNF, Paris)**

« Ça, c'est pour l'ennemi du dehors ; pour le dedans, voici comment l'on combat loyalement les adversaires… »

Pour beaucoup, l'instauration du suffrage universel doit permettre aux ouvriers de s'exprimer autrement qu'en prenant les armes et en se révoltant.

Je me repère dans le temps

- 1815
- Révolution de 1830
- Révolution de 1848
- 2 déc. 1851 : Coup d'État
- 1870

MONARCHIE CONSTITUTIONNELLE — IIe RÉP. — SECOND EMPIRE

Suffrage censitaire (1815-1848) — Suffrage universel masculin (sauf en 1850-1851) (1848-1870)

Compétences

J'analyse un document
- Un discours sur le droit de vote ▶ P. 138
- Un témoignage sur la première élection au suffrage universel ▶ P. 140

Je raisonne
- Justifier des affirmations par des arguments ▶ P. 142

2 L'instauration du suffrage universel en 1848

(Frédéric Sorrieu, *Le Suffrage universel. Dédié à Ledru-Rollin*, lithographie gouachée, 1850.)

Par cette œuvre, l'artiste célèbre l'instauration du suffrage universel lors de la IIe République. Au premier plan, une allégorie de la République porte la torche des Lumières et la table des droits de l'homme. À ses côtés, une urne de vote, une presse symbolisant la liberté de la presse et une corne d'abondance.

ÉTUDE

Voter sous la monarchie constitutionnelle (1814-1848)

COMPÉTENCE
J'analyse un document
Un discours sur le droit de vote

De 1814 à 1848, deux monarchies constitutionnelles se succèdent : la Restauration (1814-1830) et la monarchie de Juillet (1830-1848). Le vote est limité et les électeurs ont peu de pouvoirs.

Quelle est la place du vote sous la monarchie constitutionnelle ?

Vocabulaire

La Charte : la Constitution de 1814.
L'éligibilité : le fait de pouvoir être élu.
Le suffrage censitaire : un vote réservé aux citoyens qui paient un impôt (le cens) au-delà d'un certain seuil (ce qui exclut du vote les citoyens pauvres).

1 Louis XVIII méditant sur la Charte qu'il va donner aux Français
(François Gérard, *Louis XVIII roi de France et de Navarre*, huile sur toile, 1823. Musée national du château de Versailles.)

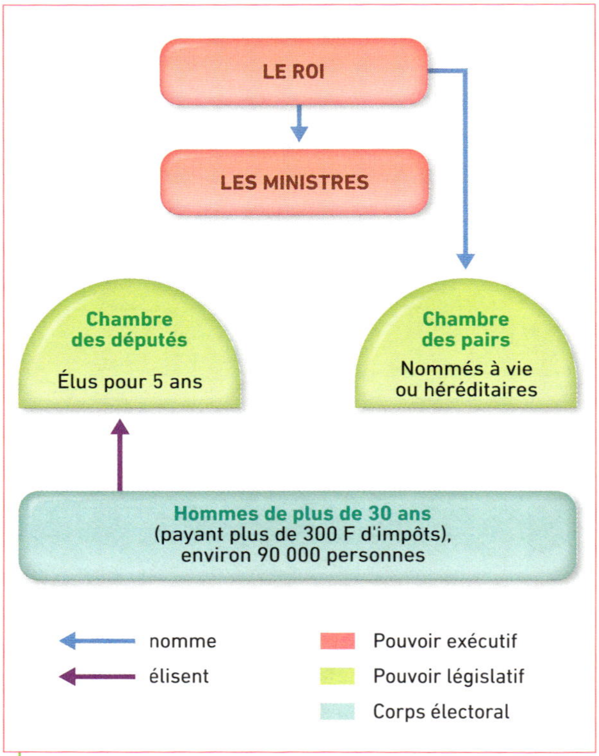

2 La Charte de 1814

3 Un droit de vote et une éligibilité restreints

	Conditions du droit de vote	Nombre d'électeurs	Conditions d'éligibilité à la députation	Nombre d'éligibles
Restauration (1814-1830)	• Avoir au moins 30 ans • Payer un cens de 300 francs	90 000	• Avoir au moins 40 ans • Payer un cens de 1 000 francs	15 000
Monarchie de Juillet (1830-1848)	• Avoir au moins 25 ans • Payer un cens de 200 francs (seulement 100 dans certains cas)	241 000 à la fin des années 1840	• Avoir au moins 30 ans • Payer un cens de 500 francs	40 000

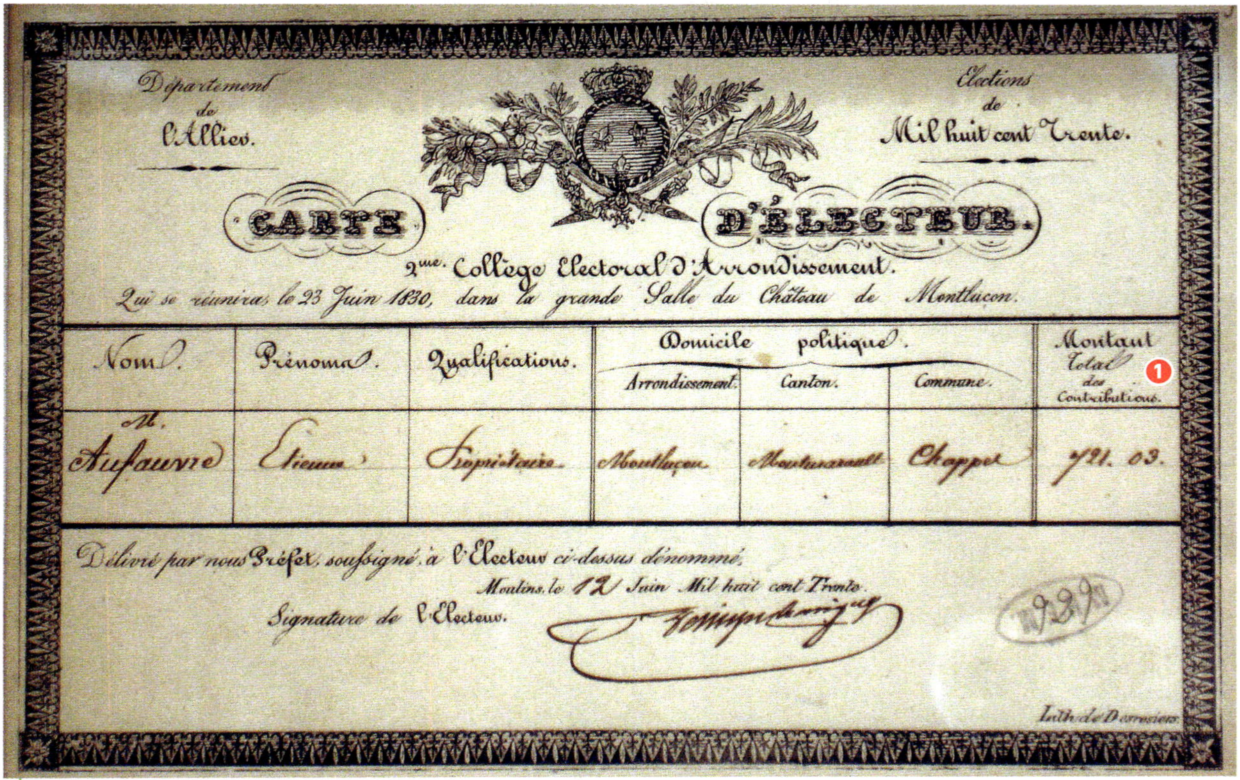
Département de l'Allier.

Élections de Mil huit cent Trente.

CARTE D'ÉLECTEUR.

2me. Collège Electoral d'Arrondissement.

Qui se réunira, le 23 Juin 1830, dans la grande Salle du Château de Montluçon.

Nom.	Prénoms.	Qualifications.	Domicile politique. Arrondissement.	Canton.	Commune.	Montant total des Contributions. 1
M. Aufauvre	Etienne	Propriétaire.	Montluçon	Montmarault	Chappes	721. 03.

Délivré par nous Préfet, soussigné, à l'Electeur ci-dessus dénommé.

Moulins, le 12 Juin Mil huit cent Trente.

Signature de l'Electeur.

Lith. de Desrosiers.

4 Une carte d'électeur de 1830

1 Montant total des contributions (impôt payé).

5 Pour l'instauration du suffrage universel

Le suffrage censitaire fait naître des revendications dans les années 1840.

« Aujourd'hui, le peuple, c'est un troupeau conduit par quelques privilégiés comme vous, comme moi, messieurs, qu'on nomme électeurs, puis par quelques autres, plus privilégiés encore, qu'on salue du titre de député. Et si ce peuple, qui n'est point représenté, se lève pour revendiquer ses droits, on le jette dans les cachots. [...] C'est dire assez que ce système a fait son temps, et qu'il faut le changer, sous peine de subir une violente révolution. [...] Cette réforme il la faut radicale. Que tout citoyen soit électeur, que le député soit l'homme de la nation, non de la fortune ; qu'il soit désigné pour sa vertu. »

▪ **Discours de Ledru-Rollin aux électeurs de la Sarthe, 23 juillet 1841.**

6 CHRONOLOGIE

1814 : Le roi Louis XVIII octroie une Charte qui établit un nouveau fonctionnement de la monarchie.

1822 : loi censurant la presse.

1824 : Charles X succède à son frère Louis XVIII.

Juillet 1830 : Une révolution chasse Charles X du pouvoir. Louis Philippe devient « roi des Français ». Début de la « monarchie de Juillet ».

1847-1848 : campagne des banquets organisée pour réclamer le suffrage universel.

24 février 1848 : Louis-Philippe abdique à la suite d'une révolution.

ACTIVITÉS

1. **Doc. 2** | Qu'est-ce qui différencie ce régime de la monarchie absolue ? Quelles sont les seules élections nationales ?
2. **Doc. 3** | **a)** En 1815, quelles sont les conditions requises pour être électeur ?
   b) Montrez que le droit de vote s'élargit en 1830. Comment s'explique ce changement (voir doc. 6) ?
3. **Doc. 4** | **a)** Où habite cet électeur ? Quelle est sa qualification ?
   b) Quelle est la condition qui lui permet de voter ?
4. **Doc. 5** | **J'analyse un document**
   a Quelle est la date du texte.
   b Pourquoi Ledru Rollin dit-il que les électeurs sont « privilégiés » ? Que les députés sont « plus privilégiés encore » ?
   c Quelle « réforme radicale » souhaite Ledru-Rollin ? Selon lui, pourquoi est-elle nécessaire ?
   d Comment Ledru-Rollin diffuse-t-il ses idées ?

ÉTUDE

Voter sous la IIe République (1848-1851)

COMPÉTENCE
J'analyse un document
Un témoignage sur la première élection au suffrage universel

En février 1848, la monarchie de Juillet est renversée par une révolution. Le gouvernement provisoire proclame la République et institue le suffrage universel masculin.

En quoi l'instauration du suffrage universel masculin constitue-t-elle une rupture majeure dans la vie politique française ?

1 CHRONOLOGIE

24 février 1848 : Proclamation de la République.
5 mars 1848 : Décret instituant le suffrage universel masculin.
23 avril 1848 : Premières élections législatives.
10 décembre 1848 : Louis-Napoléon Bonaparte est élu président de la République.
31 mai 1850 : Restriction du suffrage universel. Près de 3 millions d'électeurs perdent le droit de vote.

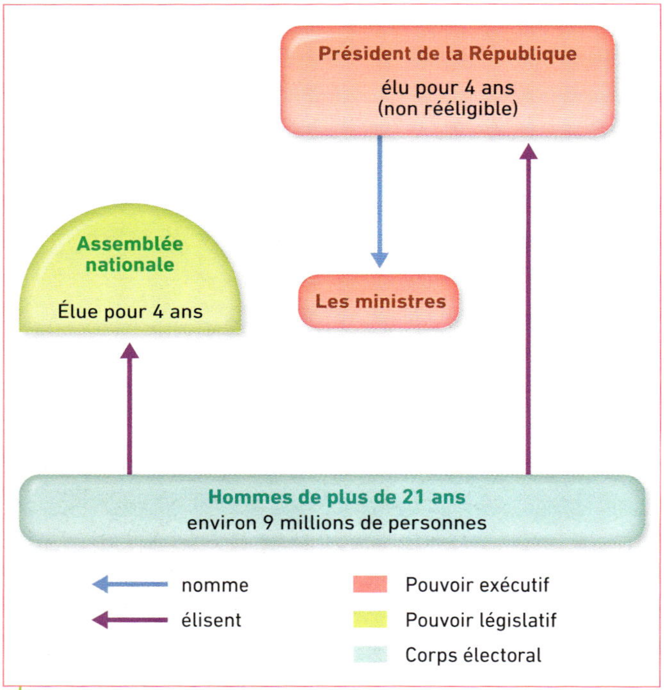

2 La Constitution de la IIe République

3 L'instauration du suffrage universel (5 mars 1848)

« **Art. 5.** Le suffrage sera direct et universel.
Art. 6. Sont électeurs tous les Français âgés de 21 ans, résidant dans la commune depuis plus de six mois, et non judiciairement privés ou suspendus de l'exercice des droits civiques.
Art. 7. Sont éligibles tous les Français âgés de 25 ans, et non privés ou suspendus de l'exercice des droits civiques.
Art. 8. Ce scrutin sera secret.
Art. 9. Tous les électeurs voteront au chef-lieu de leur canton au scrutin de liste [...].
Art. 10. Chaque représentant du peuple recevra une indemnité de 25 francs par jour pendant la durée de la session. »

▪ **Début du gouvernement provisoir, 5 mars 1848.**

ACTIVITÉS

1. **Doc. 3** | Qui est électeur en 1848 ? Où votent les électeurs ?
2. **Doc. 2** | Quels sont les deux types d'élections nationales sous la IIe République ?
3. **Doc. 5** | **J'analyse un document**
   a. Quelle est la nature du texte ? Qui en est l'auteur ?
   b. Quel passage montre que le suffrage est universel ?
   c. Où se rendent les électeurs pour voter ? Comment s'y rendent-ils ? Comment votent-ils ?
   d. Montrez que ce vote a une grande importance pour les électeurs.
4. **Doc. 4** | Comment s'organise un bureau de vote ? Quel élément actuel d'un bureau de vote n'existe pas encore ?
5. **Doc. 6** | Par quels moyens les candidats diffusent-ils leurs programmes ? Lequel va être élu ?

4 **Un bureau de vote en Bretagne lors des élections d'avril 1848** (Gabriel Gostiaux, lithographie en couleur)
Chaque village défile tour à tour. L'électeur remet son bulletin de vote au président du bureau de vote (ici le maire) qui est ensuite déposé dans l'urne. Un assesseur est chargé de faire signer l'électeur sur la liste d'émargement.

5 Les premières élections au suffrage universel masculin

Il s'agit des élections législatives du 23 avril 1848.

« Au lever du soleil, les populations recueillies et émues de patriotisme se formèrent en colonnes à la sortie des temples. Sous la conduite des maires, des curés, des instituteurs, des juges de paix, des citoyens influents, ils s'acheminèrent par villages et hameaux aux chefs-lieux, et déposèrent dans les urnes sans autre impulsion que celle de leur conscience, sans violences [...] les noms des hommes dont la probité[1], les lumières, la vertu, le talent et surtout la modération leur inspiraient le plus de confiance pour le salut commun et pour l'avenir de la République.

Il en fut de même dans les villes. On voyait les citoyens riches et pauvres, soldats ou ouvriers, propriétaires ou prolétaires, sortir un à un du seuil de leurs maisons, le recueillement et la sérénité sur leurs visages, porter leurs suffrages écrits au scrutin [...], les déposer dans l'urne et revenir avec la satisfaction peinte sur les traits comme d'une pieuse cérémonie. »

▪ **Alphonse de Lamartine, *Histoire de la révolution de 1848*, 1849.**

1. L'honnêteté.

6 La campagne présidentielle de décembre 1848

Vocabulaire

Les élections législatives : les élections des députés.

Éligible : qui peut se présenter aux élections.

Le suffrage direct : le suffrage dans lequel les électeurs élisent directement leurs représentants. Dans le suffrage indirect, ils élisent de grands électeurs qui élisent les représentants.

Le suffrage universel masculin : le vote de l'ensemble des citoyens masculins.

ÉTUDE

Voter sous le Second Empire (1852-1870)

COMPÉTENCE
Je raisonne
Justifier des affirmations par des arguments

Le 2 décembre 1851, Louis-Napoléon Bonaparte, alors président de la République et ne pouvant être réélu, fait un coup d'État. En décembre 1852, il rétablit l'Empire et prend le nom de Napoléon III.

Comment Napoléon III utilise-t-il le suffrage universel pour se maintenir au pouvoir ?

1 La famille impériale

***(Napoléon III, Eugénie, S.A.I. Napoléon*, image d'Épinal, lithographie Pinot et Sagaire.)**

Napoléon III, sa femme Eugénie, et son fils Louis-Napoléon. Napoléon a rétabli l'Empire le 2 décembre 1852. Il est représenté ici avec tous les symboles impériaux, la main de justice et la couronne. Mais les couleurs tricolores de la Révolution sont partout présentes.

Vocabulaire

Un plébiscite (ou référendum) : un vote où il faut répondre oui ou non à une question posée.

2 CHRONOLOGIE

2 décembre 1851 : Coup d'État de Louis-Napoléon Bonaparte.
17 février 1852 : Louis-Napoléon Bonaparte rétablit la censure pour empêcher les opposants de s'exprimer et de diffuser leurs idées.
2 décembre 1852 : Proclamation du Second Empire à la suite d'un plébiscite. Louis-Napoléon Bonaparte devient Napoléon III.
Années 1860 : La censure devient moins stricte. Des hommes politiques, des journalistes et des artistes formulent des critiques contre l'Empire.
2 septembre 1870 : Défaite de Napoléon III face à la Prusse à Sedan. Le 4 septembre, la République est proclamée à Paris.

3 Le plébiscite pour l'Empire

Un an après son coup d'État, Louis-Napoléon Bonaparte organise un plébiscite au suffrage universel pour le rétablissement de l'Empire.

a. *Question posée aux électeurs lors du plébiscite du 21 novembre 1852*

« Le peuple veut le rétablissement de la dignité impériale dans la personne de Louis-Napoléon Bonaparte, avec hérédité dans sa descendance directe, légitime ou adoptive et lui donne le droit de régler l'ordre de sa succession au trône dans la famille Bonaparte [...]. »

b. *Le décret impérial du 2 décembre 1852 donne les résultats du vote*

« 7 824 189 bulletins portent le mot "oui" ; 253 145 bulletins portent le mot "non" ; 63 326 bulletins nuls. Louis-Napoléon Bonaparte est empereur des Français sous le nom de Napoléon III ».

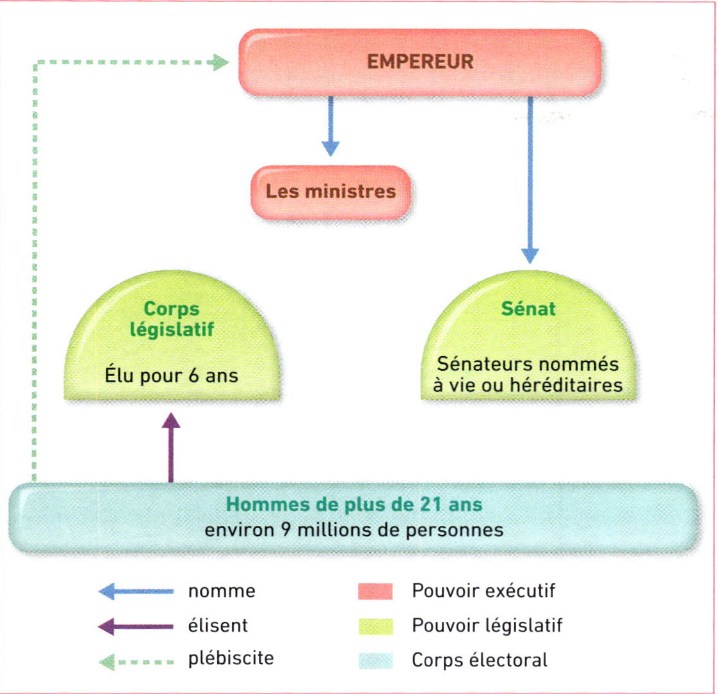

4 La Constitution de 1852

5 Les candidatures officielles sous le Second Empire

« Monsieur le Maire[1],
Le scrutin[2] ouvre demain.
J'ai l'honneur de vous rappeler [...] que vous aurez sur le bureau un certain nombre de bulletins portant le nom de M. de Dalmas et pas d'autres ; qu'il est important que des personnes intelligentes et sûres, munies de bulletins portant le nom de Dalmas, occupent les abords de la mairie et protègent les électeurs si bien intentionnés de votre commune contre l'erreur et le mensonge. [...]
Faites voter en masse, monsieur le maire, pour M. de Dalmas candidat du gouvernement ; et, par votre conduite éclairée et patriotique, vous servirez à la fois le gouvernement de l'Empereur et l'intérêt général du pays. »

▪ **Lettre adressée aux maires par le sous-préfet de Fougères, 1859.**

1. Sous le Second Empire, les maires sont nommés par l'État.
2. L'opération de vote.

6 L'usage du plébiscite

(Caricature de Daumier parue dans *Le Charivari*, 30 avril 1870. BNF, Paris.)

Légende : « – M'sieur l'maire quoi donc que c'est qu'un bibiscite ?
– C'est un mot latin qui veut dire oui. »

ACTIVITÉS

1. **Doc. 3 et 4** | Qui vote lors du plébiscite de 1852 ? Qu'obtient Louis-Napoléon Bonaparte par ce plébiscite ?
2. **Doc. 4** | Quelles sont les élections sous le Second Empire ?
3. **Doc. 2** | Quel est le moyen utilisé par Napoléon III pour empêcher que les électeurs soient bien informés ?
4. **Doc. 5** | **a)** Identifiez l'auteur et le destinataire de ce document.
   b) Comment Napoléon III cherche-t-il à influencer le vote des électeurs.
5. **Doc. 6** | Identifiez ce document (nature, auteur, date, destinataires). Que veut-il montrer ?
6. **Je raisonne**
   À l'aide des documents du dossier, justifiez chacune des affirmations suivantes par des arguments
   a Le pouvoir des électeurs est limité.
   b Napoléon III contrôle l'information qui pourrait éclairer l'électeur.
   c Napoléon III influence les votes des électeurs.

1 Le vote de 1815 à 1870

Comment les Français sont-ils peu à peu devenus électeurs au cours du XIXe siècle ?

A Les monarchies constitutionnelles et le suffrage censitaire

1. **En 1814, la monarchie est restaurée.** Il s'agit d'une **monarchie constitutionnelle** où les pouvoirs du roi sont limités par un texte constitutionnel (la Charte). Une chambre des députés est élue au **suffrage censitaire** : le droit de vote n'est accordé qu'à ceux qui payent beaucoup d'impôts, c'est-à-dire aux riches. Ce régime est mal accepté et, en **juillet 1830**, une **révolution** chasse le roi Charles X du pouvoir. Il est remplacé par Louis-Philippe, un roi plus libéral (DOC. 1).

2. Durant la **monarchie de Juillet** (1830-1848), **le nombre** d'électeurs augmente, mais le suffrage reste censitaire. À partir de 1847, un mouvement en faveur de l'élargissement du droit de vote se développe. **Du 22 au 24 février 1848, les Parisiens se soulèvent et le roi abdique.**

B La IIe République et le suffrage universel masculin

1. Après la révolution, un gouvernement provisoire mené par Lamartine proclame **la IIe République (1848-1851)**. Le 5 mars 1848, il instaure **le suffrage universel masculin**. On passe ainsi de moins de 250 000 électeurs à plus de 9 millions. Le gouvernement rétablit aussi les **libertés de presse, de réunion et d'association** nécessaires à la démocratie : cela favorise les débats et permet aux électeurs d'être mieux renseignés (DOC. 2).

2. Les Français élisent dès avril 1848 une **Assemblée constituante** puis, en décembre 1848, la première élection présidentielle est organisée (DOC. 4). Louis-Napoléon Bonaparte, neveu de Napoléon Ier, devient **président de la République**. En 1850, craignant le vote du peuple, l'Assemblée rétablit le suffrage censitaire (DOC. 3).

C Le vote durant le Second Empire (1852-1870)

1. Le 2 décembre 1851, Louis-Napoléon Bonaparte fait un **coup d'État**. Il organise ensuite des **plébiscites** au suffrage universel masculin pour légitimer ses décisions (DOC. 5). C'est ainsi qu'il **rétablit l'Empire** en 1852 et prend alors le nom de Napoléon III.

2. Durant le Second Empire, une **chambre des députés (le Corps législatif) est élue au suffrage universel** mais elle **a peu de pouvoirs** et **le vote est étroitement encadré** : la **censure** est très forte et les **candidats officiels**, désignés par le régime, sont favorisés lors des **campagnes électorales**.

1 Louis-Philippe, roi des Français
(Peinture d'Horace Vernet, 1832. Musée du Château de Versailles.)

Louis-Philippe devient roi des Français après la révolution de 1830. Il modifie la Charte pour accorder plus de pouvoirs aux Chambres. Il élargit aussi le corps électoral mais le droit de vote reste limité à une minorité.

1. Quels sont les insignes visibles du sacre ?
2. Qu'est-ce qui montre que Louis-Philippe ne veut pas établir un pouvoir absolu ?

Vocabulaire

Une campagne électorale : une période précédant les élections durant laquelle les candidats et leurs partis « font campagne », c'est-à-dire leur promotion.

Un coup d'État : une prise de pouvoir par la force.

Une monarchie constitutionnelle : un régime où le pouvoir du roi est limité par une Constitution.

Un plébiscite (ou référendum) : voir p. 142.

Le suffrage censitaire : voir p. 138.

2 Distribution des bulletins de vote dans les rues

(*L'Illustration*, 1848)

À cette époque, on arrivait au bureau de vote avec son bulletin à la main.

3 Victor Hugo défend le suffrage universel

En 1850, sous la IIe République, Victor Hugo s'oppose aux députés conservateurs et monarchistes qui s'apprêtent à rétablir le suffrage censitaire.

« [...] Le côté profond, efficace, politique du suffrage universel, [...] ce fut d'aborder dans ses ténèbres matérielles et morales l'infortuné qui, dans les extrémités de sa détresse, n'avait d'autre arme, d'autre défense, d'autre ressource que la violence, et de lui retirer la violence, et de lui remettre dans les mains, à la place de la violence, le droit ! *(Bravos prolongés.)*

[...] Voyez, messieurs, comme ce qui est profondément juste est toujours en même temps profondément politique. Le suffrage universel, en donnant un bulletin à ceux qui souffrent, leur ôte le fusil. En leur donnant la puissance, il leur donne le calme. Tout ce qui grandit l'homme l'apaise. *(Mouvement.)* »

▪ **Discours de Victor Hugo devant l'Assemblée législative, le 20 mai 1850.**

- Selon Victor Hugo, que doit empêcher le suffrage universel ? Expliquez.

AVIS

TRÈS-IMPORTANT.

AUX ÉLECTEURS,

Ne votez pas pour Ledru-Rollin si vous ne voulez pas le socialisme et le partage des biens.

Ne votez pas pour Louis Napoléon, c'est la guerre, les luttes, l'anarchie, la conscription, les alliés.

CAVAIGNAC.

C'est l'ordre, la sécurité, le repos, la paix, le retour de la confiance.

VOTEZ POUR CAVAIGNAC.

4 Une affiche électorale pour l'élection présidentielle de 1848

5 Contre Napoléon III

(Bulletins de vote du plébiscite de novembre 1852, département de la Seine. Archives nationales, Paris.)

L'opposition à Louis-Napoléon Bonaparte est très minoritaire mais elle s'exprime quand même dans les urnes.

JE M'EXERCE PAR COMPÉTENCE

J'analyse un document

1 Un texte littéraire sur l'instauration du suffrage universel

Le point de vue d'un paysan sur l'instauration du suffrage universel

Ce roman écrit par un paysan permet d'analyser le vote des ruraux.

« Je savais cela par M. Perrier, un ancien maître d'école devenu agent d'assurances, – notre client pour le lait. M. Perrier lisait le journal, et chaque fois qu'il se passait quelque chose d'important, il en faisait part à ma femme avec mission de me le rapporter.

C'est ainsi que j'eus connaissance de la révolution de février 1848. [...] M. Perrier [...] m'expliqua qu'on venait précisément de mettre à la porte ce roi Louis-Philippe, et que nous avions maintenant la République. Il m'indiqua même la différence entre les deux formes de gouvernement.

À la campagne, on ne s'inquiète guère de ces choses-là. [...]

Tout de suite, je sus gré à la République de supprimer l'impôt sur le sel. [...]

Le suffrage universel fut une autre innovation sans doute heureuse. Je savais que les ouvriers des villes faisaient grand cas de cela et j'en ai compris plus tard la raison. Mais, à ce moment, je ne trouvais pas que le droit de vote fût une chose d'aussi grande importance que la suppression de l'impôt sur le sel ! »

▪ **Émile Guillaumin, *La Vie d'un simple (Mémoires d'un Métayer)*, Nelson, 1922 (1re édition 1904).**

1. Quel est le métier de l'auteur ?
2. Qui l'informe sur les événements politiques ?
3. À quel changement politique fait référence le texte ?
4. Le droit de vote est-il au cœur des préoccupations de l'auteur en 1848 ? Justifiez votre réponse.
5. Selon lui, quelle est la catégorie sociale la plus concernée par le suffrage universel ?

Je pratique différents langages

2 Composer un couplet de chanson

PASSERELLE HISTOIRE-FRANÇAIS

L'instauration du suffrage universel masculin célébrée en chanson

« Plus de tyran qui nous domine
Au nom d'un caprice mouvant
Tous ont parlé... chacun s'incline
Comme les cèdres sous le vent.
Plus de sujets qui ploient et tremblent
Sous le poids d'un sceptre ou d'un nom
Dans le forum quand on s'assemble
Chacun dit oui, chacun dit non. »

▪ **Pierre Dupont, *Le Chant du vote*, 1848.**

- Composez un autre couplet pour compléter cette chanson de 1848.

Je pratique différents langages

3 Réaliser une carte mentale

Monarchie constitutionnelle (1814-1848)		IIe République (1848-1851)		Second Empire (1852-1870)
....	.... →	Suffrage universel (jusqu'en mai 1850)	.... →	....

- Réalisez cette carte mentale et complétez-la avec les expressions suivantes :
  • Coup d'État de Louis-Napoléon Bonaparte • Suffrage universel • Suffrage censitaire • Révolution de 1848

Je pratique différents langages

4 Lire et comprendre une caricature de Daumier

1 BIOGRAPHIE

Honoré Daumier (1808-1879)

Peintre, sculpteur et lithographe, Honoré Daumier révèle son talent pour la caricature durant la monarchie de Juillet. Sous le Second Empire, il dénonce les atteintes à la liberté et milite en faveur de la République. Caricaturiste de talent, il dépeint également sans complaisance ses contemporains.

FICHE D'IDENTITÉ

- **TITRE :** « V'là ma cartouche »
- **AUTEUR :** Honoré Daumier
- **NATURE :** Caricature lithographique publiée dans le journal satirique *Le Charivari*
- **DATE :** 20 novembre 1869

2 « V'là ma cartouche »
Caricature d'Honoré Daumier, publiée dans *Le Charivari* le 20 novembre 1869.

PASSERELLE HISTOIRE-ARTS

Je présente et je situe

1. Présentez l'œuvre (nature, auteur).
2. Où et sous quel régime politique a-t-elle été publiée ?
3. D'après le doc. 1, quelle est son opinion sur ce régime politique ?

Je décris

4. Quel événement est représenté ?
5. À quelle catégorie sociale appartient le personnage au premier plan ? Que fait-il ?
6. Que voit-on à l'arrière-plan ?

J'analyse

7. À l'aide du titre de l'image, expliquez le message que veut faire passer Honoré Daumier.

- Pour aller plus loin : www.expositions.bnf.fr/daumier (illustration de l'œuvre de Daumier en lien avec son époque)

Vocabulaire des arts

Une caricature : une image qui déforme ou exagère la réalité, souvent pour faire passer un message.

Une lithographie : une reproduction à de nombreux exemplaires d'un dessin réalisé à l'encre ou au crayon gras sur une pierre calcaire.

JE PRÉPARE LE BREVET SUJET • MÉTHODE

EXERCICE 1 Analyser et comprendre un document

DOCUMENT Le vote dans les campagnes.

Gravure parue dans *L'Illustration. Journal universel*, 16 décembre 1848.

Ce dessin de presse représente un cortège électoral lors de l'élection présidentielle de décembre 1848.

QUESTIONS

1. Sous quel régime politique a lieu ce vote ?
2. En quoi cette journée est-elle une première dans la vie politique française ?
3. Où se déroule la scène ? Où les électeurs se rendent-ils pour voter ?
4. Comment sont-ils informés sur les différents candidats ?
5. D'après vos connaissance qui va être élu ?

EXERCICE 2 Maîtriser différents langages pour se repérer et raisonner

DÉVELOPPEMENT CONSTRUIT

- Sous la forme d'un développement construit d'une vingtaine de lignes, montrez comment le vote a évolué de 1815 à 1870.
- Placez sur la frise chronologique les noms des deux types de suffrage et leurs années de naissance.

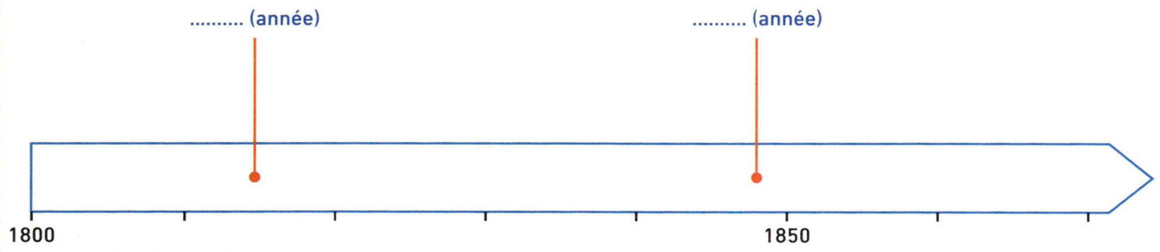

Méthode Rédiger à l'aide d'un plan

Première partie : montrez comment l'on vote sous la monarchie constitutionnelle (1815-1848) (suffrage, type d'élection, évolution du suffrage, rôle du vote, censure).

Deuxième partie : décrivez les changements apparus sous la IIe République (1848-1851) (suffrage, premières élections, type d'élections, limitation du suffrage).

Troisième partie : montrez que sous le Second Empire, Napoléon III détourne le vote à son profit (1852-1870) (suffrage, plébiscite, types d'élections, candidatures officielles, rôle du vote, censure)

Conclusion : concluez en soulignant que le vote a une importance plus grande sous la République que sous les autres régimes.

JE CONSTRUIS MON BILAN

hatier-clic.fr/hg4044 hatier-clic.fr/hg4045

1 Je situe les faits dans le temps

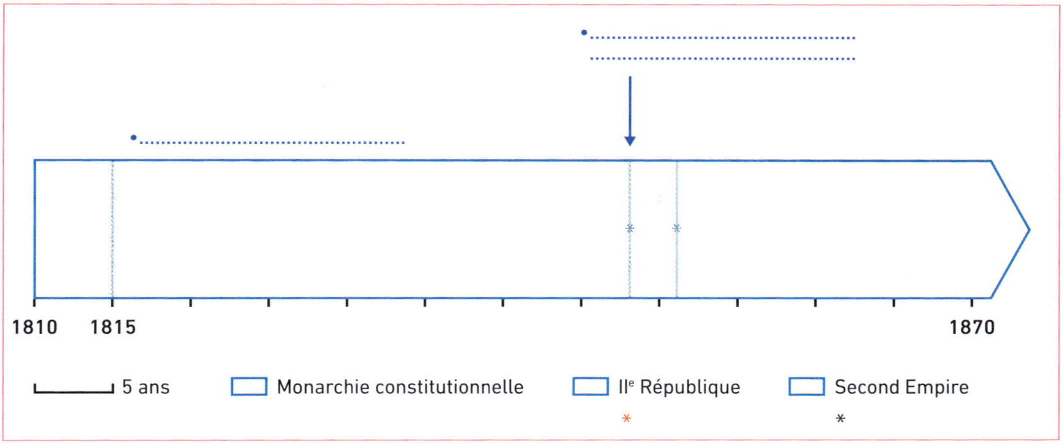

1. Reproduisez cette frise (1 cm = 5 ans ; longueur 13 cm).
2. Coloriez chaque régime politique.
3. Placez sur la frise une étoile rouge pour la révolution de 1848, une étoile noire pour le coup d'État de Napoléon.
4. Placez au-dessus de la frise : *suffrage censitaire, début du suffrage universel*.
5. Réalisez la légende de votre frise (vous pouvez aussi écrire le nom des trois régimes sur la frise).

2 Je connais l'usage national du vote de 1815 à 1870

1 Régime politique	2 Dates	3 Suffrage	4 Élections nationales	5 Autre usage du vote	6 Liberté de la presse
Monarchie constitutionnelle					
IIe République					
Second Empire					

1. Imprimez ou reproduisez le tableau suivant.
   a. Colonne 2 : placez les dates manquantes.
   b. Colonnes 3, 4 et 5 : complétez les colonnes avec les mots suivants (on peut les écrire plusieurs fois) :
   • *Élections législatives* • *Plébiscite* • *Élection présidentielle* • *Suffrage universel masculin*
   • *Suffrage censitaire*
   c. Colonne 6 : placez Oui ou Non dans chaque case.
2. Quel est le régime le plus démocratique ? Justifiez la réponse à l'aide du tableau.

3 Je connais le vocabulaire du vote

- Retrouvez les mots correspondant aux définitions suivantes :
  a. Vote où il faut répondre par oui ou non à une question posée.
  b. Système où le droit de vote est réservé à ceux qui paient beaucoup d'impôts (c'est-à-dire aux plus riches).
  c. Période précédant les élections durant laquelle les candidats et leurs partis font leur promotion.
  d. Fait de pouvoir être élu.
  e. Élection des députés.

CHAPITRE 7

La Troisième République

Comment s'installe et s'affirme la République en France ?

1 La République est proclamée devant le palais Bourbon le 4 septembre 1870
(Gravure coloriée, 1870. Collection particulière.)

La sévère défaite militaire de Napoléon III face aux Prussiens entraîne la chute du Second Empire. Les républicains Léon Gambetta et Jules Favre se rendent au palais Bourbon (siège de la Chambre) puis à l'Hôtel de ville de Paris pour y proclamer la République.

Je me repère dans le temps

IIIe RÉPUBLIQUE

- **4 septembre 1870** Proclamation de la République
- **1871** Commune de Paris
- **1881-1882** Jules Ferry et les lois scolaires
- **1886-1889** Crise boulangiste
- **1894** Affaire Dreyfus
- **1905** Séparation des Églises et de l'État
- 1914

Compétences

J'analyse un document

- Les lois scolaires ▶ P. 156
- Un extrait de la loi de séparation des Églises et de l'État ▶ P. 164

Je raisonne

- Choisir une démarche pour faire un reportage sur la République au village vers 1900 ▶ P. 154

Je pratique différents langages

- Décrire la reprise de Paris par les Versaillais ▶ P. 152
- Décrire et expliquer la statue de la République ▶ P. 158
- Construire une plaidoirie pour la défense du capitaine Dreyfus ▶ P. 162

2 *Une séance à la Chambre des députés en 1907*

(René Rousseau-Decelle, huile sur toile, 1907. Musée de Versailles.)

À la Chambre, les députés débattent de l'action du gouvernement. **1** Les députés (les socialistes à gauche, les conservateurs à droite). **2** Le président du Conseil et les ministres répondent à l'orateur. **3** Le public (et les journalistes). **4** L'orateur qui donne son avis à la tribune (ici le socialiste Jaurès). **5** Le président de la Chambre dirige les débats.

ÉTUDE

La Commune de Paris (1871)

COMPÉTENCE
Je pratique différents langages
Décrire la reprise de Paris par les Versaillais

En 1870, les Prussiens envahissent la France et Napoléon III est battu à Sedan. Une nouvelle République est proclamée et une Assemblée constituante est élue. Mais en mars 1871, les Parisiens se révoltent et élisent un gouvernement insurrectionnel : la Commune de Paris.

Quel est le conflit qui oppose Paris à l'Assemblée en 1871 ?

1 CHRONOLOGIE

19 juillet 1870 La France déclare la guerre à la Prusse.
2-4 septembre 1870 Défaite de Napoléon III à Sedan puis proclamation de la République.
Février 1871 Les royalistes remportent les élections à la nouvelle Assemblée nationale. Elle s'installe à Versailles et nomme Thiers chef du gouvernement, qui négocie la paix avec l'Allemagne.
18 mars1871 Thiers veut faire enlever de Paris les canons qui ont servi contre les Prussiens ; une insurrection éclate. Thiers et l'armée se replient sur Versailles.
26 mars 1871 Les Parisiens élisent la Commune de Paris, qui se proclame gouvernement insurrectionnel.
21-28 mai 1871 Reprise de Paris par l'armée des Versaillais durant la « Semaine sanglante ». Elle fait plus de 20 000 morts côté Communards et 1 000 environ du côté Versaillais.

2 Le programme de la Commune

Les Communards veulent instaurer une « République sociale » très marquée à gauche, comme le montre son programme.

« La Commune est la base de tout État politique[1]. Elle implique comme force politique la République, seule compatible avec la liberté et la souveraineté populaire. La liberté la plus complète de parler, d'écrire, de se réunir et de s'associer. Le principe de l'élection appliqué à tous les fonctionnaires ou magistrats. La propagation de l'enseignement laïque[2] intégral. L'organisation d'un système d'assurance communal contre tous les risques sociaux, y compris le chômage et la faillite. La recherche incessante d'en finir pour toujours avec le salariat et l'infâme pauvreté. »

▪ **Manifeste du Comité central des vingt arrondissements de Paris, 26 mars 1871.**

1. Les Communards proclament une large autonomie pour la Commune étendue à toutes les communes de France.
2. Non religieux.

3 Une barricade des Communards

(Barricade à l'angle des boulevards Voltaire et Richard Lenoir. Bibliothèque historique de la ville de Paris.)

Les Communards (les partisans et défenseurs de la Commune) construisent des barricades sur les grandes artères de Paris dans la crainte d'une attaque des Versaillais (l'armée de l'Assemblée nationale installée à Versailles).

4 Paris enflammé lors de la « Semaine sanglante » (vue vers l'est)

(Gravure photographiée et retouchée par Numa fils, 1871. Musée d'Art et d'Histoire, Saint-Denis.)

Les premiers incendies sont provoqués par les bombardements des Versaillais, qui entrent dans la ville par l'ouest le 21 mai 1871.
La Commune allume à son tour des feux pour entraver la progression des Versaillais.

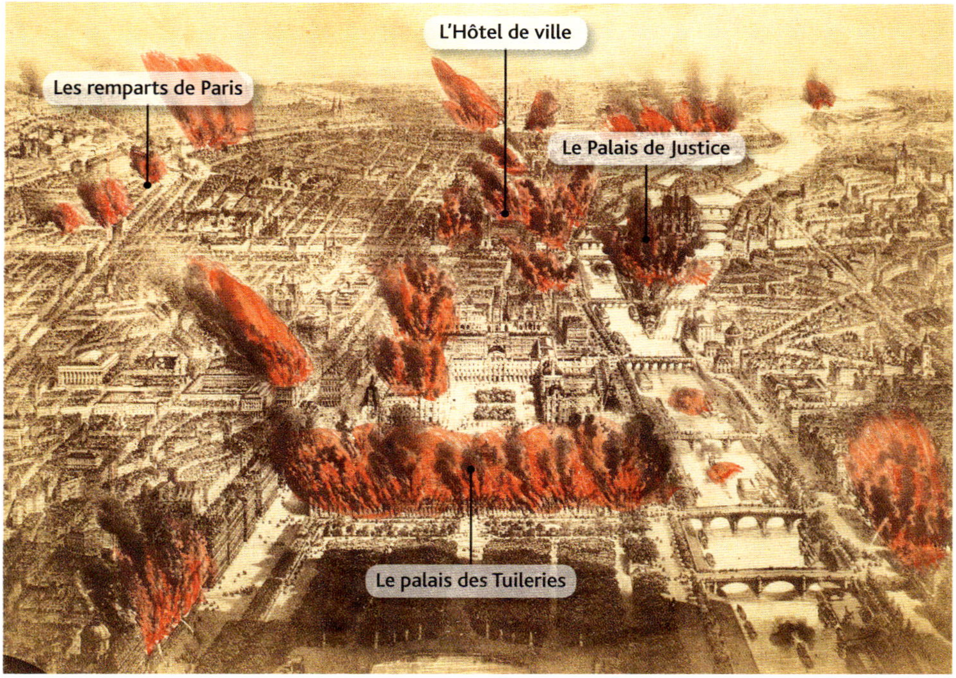

5 La fin des combats (27-28 mai 1871)

« Après une longue canonnade, les Versaillais entrent dans le cimetière du Père-Lachaise[1] où l'on se tue dans les caveaux, où l'on se terre derrière les fourrés [...].
Le bruit du combat s'est apaisé, mais on entend dans Paris une autre fusillade : celle des pelotons d'exécution.
Les Versaillais ont commencé à massacrer les Communards : un des plus effroyables crimes qu'ait enregistré l'histoire de l'humanité. »

▪ **D'après C. Talès, *La Commune de 1871*, éd. du Travail, 1921.**

1. Cimetière situé à l'est de Paris.

(Communards fusillés par les Versaillais, estampe d'Alphonse Leroy. BNF, Paris.)

ACTIVITÉS

1. **Doc. 1** | Qu'est-ce qui peut expliquer la révolte des Parisiens contre le nouveau gouvernement ?
2. **Doc. 2** |
   a) Quel nom porte la « force » politique souhaitée par les Communards ?
   b) Que revendiquent-ils dans le domaine politique ?
   c) Quel changement souhaitent-ils dans l'éducation ?
   d) Quelle réforme sociale demandent-ils ? Expliquez.
3. **Doc. 1 à 5** | **Je pratique différents langages**
   À l'aide des documents, décrivez la reprise de Paris par les Versaillais.

Coup de pouce
– Présentez les acteurs et la période des combats.
– Racontez le déroulement et la forme des combats.
– Concluez par un bilan.

Tâche complexe

L'HISTOIRE AUTREMENT

Je raisonne

Choisir une démarche pour faire un reportage sur la République au village vers 1900

LA RÉPUBLIQUE AU VILLAGE

ACTIVITÉ

Vous êtes journaliste d'un quotidien de province en 1900. Votre rédaction vous charge de faire un reportage sur la République dans les villages français : la vie politique, les fêtes républicaines, la statuaire républicaine...

Vous pouvez, par petits groupes :
– vous répartir les rôles pour imaginer les questions et les réponses d'une interview de villageois ;
– rendre compte de ce que vous avez appris dans un article rédigé ;
– faire une page de journal avec un petit article de synthèse et deux ou trois photographies commentées.

Vous êtes libres de la forme, du moment que vous traitez le sujet.

Coup de pouce

- Dans le cas d'une interview, vous pouvez poser des questions :
  – sur la vie politique municipale ;
  – sur les bâtiments et constructions de la commune liés à la République ;
  – sur la fête républicaine du 14 juillet ;
  – sur les objets du quotidien liés à la République.

Boîte à outils

Documents complémentaires

- Dossier sur l'école de la République, p. 156-157.

1 La place du village
(Place du 4 septembre à Gigean, Hérault. Carte postale, fin XIXe siècle.)

2 Le 14 juillet au village (fin XIXe siècle)

« On attribuait aux gouvernements qui avaient précédé celui de la République toute la misère que Mazières[1], sans échanges et sans industrie, avait connue.
On attribuait au contraire au régime républicain tout le mérite du progrès accompli. On était fier de participer au vote, à la gestion des affaires de l'État. Tous les ans, le 14 juillet, une grande cérémonie républicaine était célébrée dans la joie, sur la place publique. Et le soir, un banquet ne réunissait pas moins de cent convives dans la grande salle de la mairie. Un discours était prononcé où l'on parlait invariablement de la Bastille. Une retraite aux flambeaux, un immense feu de joie auprès duquel, spontanément on chantait *La Marseillaise*, terminait la fête. »

■ **Roger Thabault, *Mon village : ses hommes, ses routes, son école, 1848-1914*, Presses de Sciences Po, 1982.**

1. Mazières-en-Gâtine, dans le département des Deux-Sèvres.

3 La mairie et l'école publique (Mairie et école d'Arcy-sur-Cure, Yonne, fin XIXe siècle.)

À partir de 1882, on construit de nombreuses mairies-écoles. Les frontons de mairies portent les mots « République française » et souvent la devise républicaine : « liberté, égalité, fraternité ».

4 Le maire et le conseil municipal

« **Article 14** : Les conseillers municipaux sont élus par le suffrage universel direct. Sont électeurs tous les Français âgés de 21 ans.
Art. 41 : Les conseils municipaux sont nommés pour 4 ans[1]. Ils sont renouvelés intégralement tous les 4 ans le premier dimanche de mai, dans toute la France.
Art. 54 : Les séances du conseil municipal sont publiques.
Art. 56 : Le compte-rendu de la séance est, dans les huit jours, affiché à la porte de la mairie.
Art. 76 : Le conseil municipal élit le maire et ses adjoints parmi ses membres au scrutin secret et à la majorité absolue. »

▪ **Extrait de la loi municipale du 5 avril 1884.**

1. Le mandat sera ensuite porté à 6 ans.

(Buste de Marianne, sculpture de Jean-Antoine Injalbert, 1889.)
Marianne est une allégorie qui représente à la fois la République et la France. La mairie et parfois l'école ont leur buste de Marianne, qui est acheté par la commune.

Pièce de un franc de 1898 (argent).
La pièce porte la devise de la République.

Un timbre de 1900.

5 Des objets du quotidien

ÉTUDE

L'école de la République

COMPÉTENCE
J'analyse un document
Les lois scolaires

En 1882, l'instruction devient obligatoire pour les enfants de six à treize ans. L'école publique joue un grand rôle dans l'attachement croissant des Français à la République. L'enseignement se faisant en français, elle participe aussi à l'unification du pays.

Comment l'école renforce-t-elle l'attachement des Français à la République ?

1 Portrait de Jules Ferry vers 1885

Jules Ferry (1832-1893) a été ministre de l'Instruction publique de 1879 à 1883 et deux fois président du Conseil (chef du gouvernement) entre 1880 et 1885. Il est à l'origine des lois scolaires.

2 Les lois scolaires

Loi Ferry de 1881

« *Art. 1.* Il ne sera plus perçu de rétribution scolaire dans les écoles primaires publiques. »

Loi Ferry de 1882

« *Art. 2.* Les écoles primaires publiques vaqueront un jour par semaine, en outre du dimanche, afin de permettre aux parents de faire donner, s'ils le désirent, à leurs enfants, l'instruction religieuse, en dehors des édifices scolaires. [...]

Art. 4. L'instruction primaire est obligatoire pour les enfants des deux sexes âgés de six à treize ans ; elle peut être donnée soit dans les écoles publiques ou libres[1], soit dans les familles. »

Loi Goblet de 1886

« Dans les écoles publiques, l'enseignement est exclusivement confié à un personnel laïque. »

1. Les écoles privées.

Vocabulaire

Une école publique : une école qui dépend de l'État ou de la commune (contraire d'école privée).

Laïc : qui n'est pas religieux. Une école laïque est une école qui ne s'occupe pas de religion.

3 L'enlèvement des crucifix dans les écoles publiques de la ville de Paris

(Dessin de Gerliet paru dans *La Presse illustrée*, 20 février 1881.)

À cette époque, dans les écoles publiques, les institutrices des écoles de filles sont le plus souvent des religieuses.

4 Une classe d'école communale (L'école de garçons de Buigny-les-Gamaches, Somme, 1905.)

5 La République à l'école

L'Univers, *un journal quotidien catholique, critique l'école publique républicaine.*

« Dans l'école laïque, le crucifix et l'image de la Sainte Vierge ont été enlevés. Le maître a commencé sa classe sans invoquer le nom de Dieu ; et si quelque écolier a fait, par habitude, le signe de la croix, il a été repris aussitôt et peut-être puni comme d'une faute. Pour le début, un commentaire sur la Déclaration des droits de l'homme, un éloge du régime républicain, a remplacé la leçon de catéchisme et d'histoire sainte [...].

Il faut maudire ce jour d'innovation funeste qui livre nos écoles, nos enfants à l'expérience d'un enseignement contraire à la tradition française, contraire à la religion nationale. »

▪ **Article paru dans *L'Univers*, le 2 octobre 1882.**

6 Les instituteurs de la République

« De jeunes maîtres venaient nous faire la classe. [...] Ils étaient toujours prêts à crier "Vive la République". Nos jeunes maîtres étaient beaux comme des hussards[1] noirs, sveltes, sévères, sanglés, sérieux et un peu tremblants de leur précoce, de leur soudaine toute-puissance. Un long pantalon noir. Un gilet noir. Une longue redingote noire. Cet uniforme civil était une sorte d'uniforme militaire porté par ces gamins qui étaient vraiment les enfants de la République. Par ces jeunes hussards de la République. Par ces hussards noirs de la sévérité [...]. Ces instituteurs étaient sortis du peuple, fils d'ouvriers mais surtout de paysans et de petits propriétaires. »

▪ **Charles Péguy, *L'Argent*, Cahiers de la Quinzaine, Gallimard, 1913.**

1. Militaires d'un corps de cavalerie.

ACTIVITÉS

1. **Doc. 2** | **J'analyse un document**
   a Identifiez ces lois (Qui les a proposées ? Quand ont-elles été votées ?).
   b Quel est l'âge de l'obligation scolaire ? Où l'instruction peut-elle se donner ?
   c Relevez dans un tableau les informations concernant l'école publique.

La gratuité de l'enseignement	La laïcité de l'enseignement

   d Pourquoi la loi dégage-t-elle une journée de liberté pour les élèves dans la semaine ?

2. **Doc. 3** | Pourquoi enlève-t-on les crucifix ? Pourquoi les institutrices de cette école publique sont-elles des religieuses ?
3. **Doc. 4** | À travers cette image, que peut-on dire des écoles du début de la IIIe République ? Justifiez vos réponses.
4. **Doc. 5 et 6** | Relevez les éléments qui montrent que la République s'installe à l'école.

Arts et Histoire

UN MONUMENT POUR LA RÉPUBLIQUE

COMPÉTENCE
Je pratique différents langages
Décrire et expliquer la statue de la République

En 1879, la municipalité républicaine de Paris propose d'édifier un monument en l'honneur de la République. Le projet des frères Morice l'emporte et le monument est inauguré sur la place du Château d'eau (qui devient la place de la République) le 13 juillet 1883.

Comment le monument des frères Morice glorifie-t-il la République ?

FICHE D'IDENTITÉ

- **NOM :** monument de la République
- **AUTEURS :** les frères Morice (Léopold pour les statues et les plaques en bronze, Charles pour le piédestal sculpté en pierre)
- **DATE :** 1883
- **NATURE :** monument sculpté avec piédestal en pierre et statue en bronze
- **DIMENSION :** statue de 9,5 mètres sur un piédestal de 15 mètres
- **SITUATION :** place du Château d'eau à Paris (qui prend le nom de place de la République)
- **COMMANDITAIRE :** la ville de Paris, à la suite d'un concours

Vocabulaire des arts

Une allégorie : la représentation d'une idée ou d'un principe par un être vivant.

Un piédestal : un socle sur lequel on pose quelque chose.

Une statue : une sculpture en trois dimensions représentant un homme ou une femme.

1 La fête du 14 juillet 1883, place de la République
(Gravure, fin XIXe siècle. Musée Carnavalet, Paris.)
Le 14 juillet 1883, les élèves portant l'uniforme défilent devant la nouvelle statue.

ACTIVITÉS

Je présente

1. Présentez le monument de la République.

Je décris

2. Quelles sont les deux parties du monument ?
3. Classez les éléments de la statue dans le tableau suivant.

Symbole	Signification

4. Sur le piédestal, par quoi est symbolisé le suffrage universel masculin ? Quels principes républicains représentent les statues féminines ?
5. Quelle est la principale période historique célébrée par les plaques de bronze du piédestal ?

J'explique le sens

6. Résumez : quels valeurs et principes, quelle pratique citoyenne, quelle période historique ce monument de la République veut-il célébrer ?

Les plaques en bronze (bas-reliefs) du piédestal représentent les événements majeurs à l'origine de la République, entre 1789 et 1880.

- **20 juin 1789** : serment du Jeu de paume.
- **14 juillet 1789** : prise de la Bastille.
- **4 août 1789** : nuit du 4 août.
- **14 juillet 1790** : fête de la Fédération.
- **11 juillet 1792** : proclamation de la patrie en danger.
- **20 septembre 1792** : bataille de Valmy.
- **21 septembre 1792** : abolition de la royauté.
- **29 juillet 1830** : les Trois Glorieuses.
- **4 mars 1848** : décret abolissant l'esclavage.
- **4 septembre 1870** : proclamation de la République.
- **14 juillet 1880** : première fête nationale.

2 Le monument de la République des frères Morice

1 L'installation de la République

Comment la République parvient-elle à s'installer durablement en France ?

A Une naissance difficile

1. Après la défaite de Napoléon III à Sedan et alors que les Allemands envahissent la France, **les députés républicains proclament la République (4 septembre 1870)**. Les élections à l'Assemblée nationale sont remportées par les monarchistes, qui choisissent Thiers comme chef du gouvernement.

2. Installé à Versailles, **Thiers négocie puis signe la paix avec l'Allemagne** : la France lui verse une lourde indemnité et lui cède l'Alsace et le nord de la Lorraine (mai 1871). Puis, **Thiers écrase la Commune de Paris** lors de la « Semaine sanglante » (22-28 mai 1871).

3. Les monarchistes de l'Assemblée ne parviennent pas à choisir un roi. **En 1875**, certains se joignent aux Républicains pour voter les lois qui fixent **les institutions de l'État républicain** (DOC. 3).

B Les grandes lois de la République

1. **De 1875 à 1879**, conduits par Léon Gambetta (DOC. 1) et Jules Ferry, **les républicains occupent tous les pouvoirs**. Ils gagnent les élections à la **Chambre des députés** (DOC. 2) puis au **Sénat** et, en 1879, le républicain Jules Grévy devient **président de la République**. *La Marseillaise* devient l'hymne national et le 14 juillet la fête nationale.

2. En 1881 et 1882, le ministre de l'Instruction publique Jules Ferry fait voter les **lois scolaires**. L'école publique devient gratuite et laïque et l'instruction obligatoire de 6 à 13 ans.

3. Les républicains votent aussi des **lois qui renforcent la démocratie** : liberté de réunion et de presse (1881) ; élection des maires par les conseils municipaux (1884) ; autorisation des syndicats (1884) (DOC. 4).

C La diffusion de la culture républicaine

1. Les **communes** installent des bustes de Marianne dans les mairies et font construire des statues de la République sur les places. La devise « liberté, égalité, fraternité » apparaît au fronton des mairies et des cérémonies officielles célèbrent le 14 juillet. Les symboles républicains décorent les objets de la vie quotidienne (francs, timbres...).

2. **L'école joue aussi un grand rôle dans la diffusion de la culture républicaine.** Elle apprend aux jeunes élèves à aimer et servir la France et la République.

1 BIOGRAPHIE

Léon Gambetta (1838-1882)

Après avoir été le chef de file républicain des opposants au Second Empire, Léon Gambetta est chef du gouvernement de la Défense nationale à la proclamation de la République (1870). Il a marqué les esprits, partisan du combat contre la Prusse qui avait envahi la France. Il a été plus tard président de la Chambre des députés (1879-1881), puis président du Conseil et ministre des Affaires étrangères en 1881 et 1882.

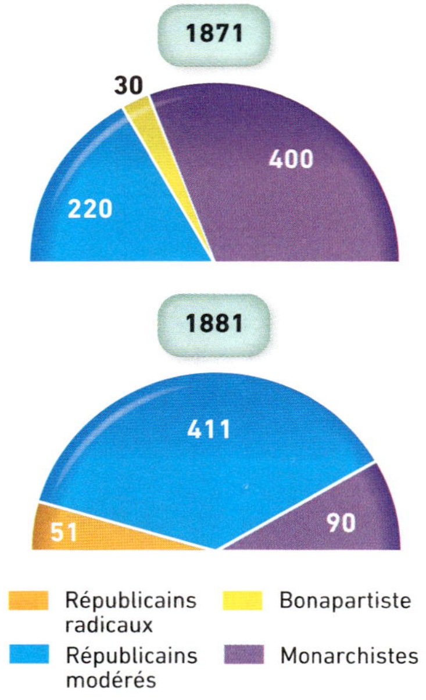

2 L'Assemblée nationale en 1871 et la Chambre des députés en 1881

1. En 1871, la force politique dominante dans l'Assemblée est-elle favorable à la République ?
2. En 1881 : quelle force politique domine la Chambre des députés ?

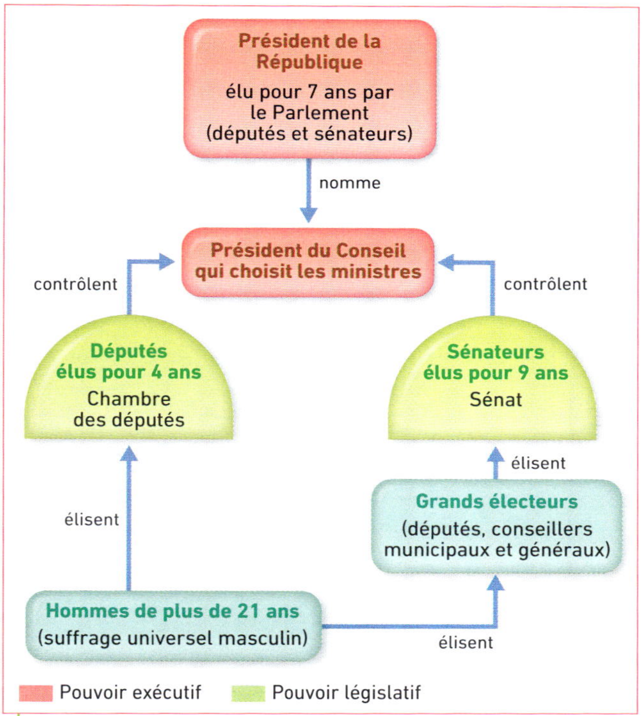

3 Les institutions de la IIIe République

4 Les lois fondant les libertés républicaines

a. Loi de 1881 sur la presse (extraits) :
« *Article 1.* L'imprimerie et la librairie sont libres. [...]
Art. 5. Tout journal et écrit périodique peut être publié sans autorisation préalable. »

Loi de 1884 :
« *Art. 7.* Avant la publication de tout journal ou écrit périodique, il sera fait une déclaration. »

b. Loi de 1884 sur les syndicats :
« Les syndicats ou associations professionnelles pourront se constituer librement sans autorisation du gouvernement. »

c. Loi de 1901 sur les associations :
« Les associations de personnes pourront se former librement sans autorisation ni déclaration préalable. »

1. Quelles lois concernent la liberté d'expression et que permettent-elles ?
2. Qu'est-ce qu'un syndicat ?
3. Que peuvent créer les personnes qui veulent se regrouper et grâce à quelle loi ?

5 Un bureau de vote en 1891

(Afred Bramtot, *Le Suffrage universel*, huile sur toile, 1891. Mairie des Lilas.)

L'électeur place son bulletin de vote dans une enveloppe opaque et uniforme, puis il se rend au bureau où il montre sa carte électorale ; il glisse son bulletin dans l'urne et signe devant son nom sur la liste électorale.

ÉTUDE

L'affaire Dreyfus, une crise majeure de la République

COMPÉTENCE
Je pratique différents langages
Construire une plaidoirie pour la défense du capitaine Dreyfus

En 1894, le capitaine Dreyfus, officier alsacien et juif, est condamné au bagne pour espionnage au profit de l'Allemagne. En 1898, l'armée découvre le vrai coupable mais l'acquitte, laissant Dreyfus au bagne. La France se divise alors en deux camps : les dreyfusards, partisans de la révision du procès de Dreyfus, et les antidreyfusards, qui s'y opposent.

En quoi l'affaire Dreyfus est-elle une crise pour la République ?

hatier-clic.fr/hg4046

1 Le capitaine Dreyfus devant le conseil de guerre en 1894
(Une du *Petit Journal*, 23 décembre 1894.)

2 La dégradation publique de Dreyfus dans la cour des Invalides à Paris
(Une du *Petit Journal*, 13 janvier 1895.)

3 CHRONOLOGIE

Septembre 1894 On découvre qu'un membre de l'état-major français a livré des renseignements militaires à l'Allemagne sur un bordereau.

1894-1895 Le capitaine Alfred Dreyfus, accusé d'en être l'auteur, est condamné au bagne par un conseil de guerre.

1898 Le capitaine Esterhazy est acquitté par un tribunal militaire, malgré les preuves de sa culpabilité.
Zola publie « J'accuse » dans *L'Aurore*.

1899 L'un des documents accusant Dreyfus se révélant être un faux, celui-ci est rejugé à Rennes par un nouveau conseil de guerre, mais encore condamné. Il est gracié par le président de la République, Émile Loubet.

1906 Dreyfus est acquitté.

4 « J'accuse » d'Émile Zola

En 1898, l'écrivain Émile Zola réagit à l'annonce de l'acquittement d'Esterhazy. Il rédige une « lettre ouverte » au président de la République, qui est publiée en Une du journal L'Aurore.

« J'accuse le lieutenant-colonel du Paty du Clam[1] d'avoir été l'ouvrier diabolique de l'erreur judiciaire.
J'accuse le général Billot [ministre de la Guerre en avril 1896] d'avoir eu entre les mains les preuves certaines de l'innocence de Dreyfus et de les avoir étouffées, de s'être rendu coupable de crime de lèse-humanité et de lèse-justice dans un but politique et pour sauver l'état-major compromis [...]. J'accuse enfin le second conseil de guerre [qui acquitta Esterhazy en 1898] d'avoir couvert cette illégalité par ordre, en commettant à son tour le crime juridique d'acquitter sciemment un coupable [...]. Je n'ai qu'une passion, celle de la lumière, au nom de l'humanité qui a tant souffert et qui a droit au bonheur. »

▪ **Extrait de l'article d'Émile Zola, *L'Aurore*, 13 janvier 1898.**

1. Chargé de l'enquête et accusateur de Dreyfus.

— Surtout ! ne parlons pas de l'affaire Dreyfus !

— Ils en ont parlé...

6 Un dîner en famille

(Caricature de Caran d'Ache, *Le Figaro*, 13 février 1898.)

5 Pour ou contre Dreyfus

a. « Zola n'est pas seul. Il a avec lui les hommes de pensée contre les hommes de pouvoir. Tous les regards qui ne sont pas déviés par les bas intérêts du fanatisme politique et religieux sont tournés vers l'île du diable, vers un rocher où agonise un homme, jeté là au mépris des lois et du droit le plus élémentaire. »

▪ **Jean Ajalbert, « Ça commence », *Les Droits de l'homme*, 28 février 1898.**

b. « Cette bande de juifs a l'audace effrénée de prétendre, à force d'outrages, faire capituler la justice militaire et la contraindre à réviser un arrêt qui a justement condamné un misérable qui livrait nos secrets à l'ennemi. »

▪ **Édouard Drumont, « Finissez en... », *La Libre parole*, 1er janvier 1898.**

c. « Les amis de Dreyfus injurient tout ce qui nous est cher, notamment la patrie et l'armée [...]. Leur complot divise et désarme la France et ils s'en réjouissent. Quand même leur client serait innocent, ils demeureraient criminels. »

▪ **Maurice Barrès, écrivain nationaliste.**

ACTIVITÉS

1. **Doc. 1 à 3** | Par qui Dreyfus est-il condamné ? À quoi est-il condamné ?
2. **Doc. 4** | De quoi Zola accuse-t-il les responsables de l'armée ?
3. **Doc. 5** |
   Texte a. Au nom de quels principes les dreyfusards défendent-ils Dreyfus ?
   Textes b et c. Pourquoi les antidreyfusards s'opposent-ils à la révision du procès Dreyfus ?
4. **Doc. 6** | Identifiez le document. Que veut-il signifier ?
5. **Doc. 3** | Comment s'achève l'affaire Dreyfus ?
6. **Je pratique différents langages**
   Vous êtes avocat et vous faites une plaidoirie (un exposé oral devant un tribunal) pour défendre Dreyfus en 1899.

Coup de pouce
Vous pouvez construire votre plaidoirie autour de ces idées :
– Dreyfus a été condamné sans preuve en 1894.
– Dreyfus a été victime d'une machination (la culpabilité d'un autre est certaine).
– La campagne de haine contre Dreyfus est éloignée des valeurs républicaines et menace le régime républicain.

ÉTUDE

La séparation des Églises et de l'État

COMPÉTENCE
J'analyse un document
Un extrait de la loi de séparation des Églises et de l'État

En 1902, les républicains radicaux – qui ont été les plus fervents partisans de Dreyfus – gagnent les élections. Ils votent avec les socialistes la loi de séparation des Églises et de l'État en 1905.

▶ Quels sont les enjeux de la loi de séparation des Églises et de l'État pour la République ?

Vocabulaire

Anticlérical : hostile au clergé.

La laïcité : le principe selon lequel l'État et la religion sont séparés. L'État laïc ne s'oppose pas à la religion, il garantit la liberté de culte.

2 Une affiche anticléricale (1902)

Les radicaux sont anticléricaux. Ils estiment que l'Église catholique (le clergé) obscurcit les consciences et s'oppose à la République.

1 CHRONOLOGIE

1902 Victoire des républicains radicaux aux élections législatives.
1904 Loi interdisant aux congrégations religieuses (ordres religieux) d'enseigner.
1903-1905 Le député socialiste Aristide Briand fait rédiger un projet de loi sur la séparation des Églises et de l'État.
1905 Vote de la loi de séparation des Églises et de l'État.
1906 Le pape condamne la loi de séparation. Manifestations et troubles lors des inventaires des biens des églises par l'État.

3 Aristide Briand défend le projet de loi

« Comment [l'Église catholique] s'est-elle comportée vis-à-vis de la République ? La vérité, c'est que pendant cette longue période de régime concordataire[1], dans toutes les circonstances graves, difficiles, aux heures critiques où son existence a été menacée, la République a vu le clergé se dresser contre elle en ennemi [...].
Sous le boulangisme et plus récemment encore, vous savez quelle a été l'attitude du clergé. Il n'est pas une liberté dont jouisse ce pays qui n'ait dû être conquise sans les résistances acharnées de l'Église : la voilà, la vérité ! »
(Applaudissements à l'extrême gauche et à gauche – Réclamation à droite.)

▪ **Discours d'Aristide Briand à la Chambre des députés, 6 avril 1905.**

1. Régime du Concordat signé entre l'État et le pape en 1801.

4 La loi de séparation des Églises et de l'État (1905, extraits)

« *Article 1.* La République assure la liberté de conscience. Elle garantit le libre exercice des cultes [...].

Article 2. La République ne reconnaît, ne salarie ni ne subventionne aucun culte. En conséquence, seront supprimées des budgets de l'État, des départements et des communes, toutes dépenses relatives à l'exercice des cultes. [...]. »

Article 28. Il est interdit à l'avenir d'élever ou d'opposer aucun signe ou emblème religieux sur les monuments publics ou en quelque emplacement public que ce soit, à l'exception des édifices servant au culte [...], des monuments funéraires ainsi que des musées et des expositions. »

5 Une caricature sur la loi

(Lithographie. Musée Jean Jaurès, Castres.)

6 L'inventaire des biens ecclésiastiques

(Église d'Yssingeaux, Haute-Loire, avril 1906.)

Dans la loi de séparation, il est précisé que l'État fera les inventaires des biens de l'Église. Craignant que ces biens soient confisqués, de nombreux catholiques s'opposent à ces inventaires. L'armée est parfois obligée d'enfoncer la porte des églises où se barricadent des fidèles.

ACTIVITÉS

1. **Doc. 2 et 3** | Que reprochent Aristide Briand et les radicaux à l'Église catholique ?
2. **Doc. 4** | **J'analyse un document**
   - a Situez la loi dans le temps.
   - b Qui a fait rédiger le projet de loi ? Quels sont les partis politiques à l'origine de la loi ?
   - c Comment l'État se détache-t-il concrètement des Églises ?
   - d Où est-il interdit de présenter des signes religieux ? Donnez des exemples de lieux et de monuments concernés.
   - e Montrez que la loi protège aussi les religions.
3. **Doc. 5** | À quoi voit-on que cette caricature est anticléricale ? Que veut montrer cette image concernant la loi de séparation des Églises et de l'État ?
4. **Doc. 1 et 6** | Montrez que la loi suscite une crise entre la République et l'Église catholique.

2 La République résiste aux crises

Comment la République surmonte-t-elle les crises politiques de 1886 à 1905 ?

A Les premières crises (1886-1894)

1. En 1886, le **général Boulanger**, ministre de la Guerre, devient très populaire, mais son discours de revanche contre l'Allemagne inquiète les républicains. Renvoyé du gouvernement, il rallie tous les mécontents et les opposants à la République (monarchistes, bonapartistes…) et il est triomphalement élu député (DOC. 3 ET 4). En 1889, craignant qu'il s'empare du pouvoir, le gouvernement menace alors de l'arrêter et il s'enfuit en Belgique où il se suicide en 1891.

2. De 1892 à 1894, des **anarchistes** commettent des attentats parfois dirigés contre le personnel politique (assassinat du Président Sadi Carnot en 1894, attentat à la Chambre des députés) (DOC. 5). Pour défendre la République, **les républicains votent des lois qui limitent les libertés** en interdisant la propagande et la presse anarchistes (DOC. 6).

B L'affaire Dreyfus (1898-1906)

1. En 1894, le capitaine alsacien et juif Alfred Dreyfus est condamné au bagne pour espionnage au profit de l'Allemagne par un tribunal militaire. En 1898, l'armée découvre le vrai coupable (Esterhazy) mais l'acquitte et laisse Dreyfus au bagne. C'est le début de **« l'affaire Dreyfus »** (DOSSIER P. 162-163).

2. De 1898 à 1906, les Français se divisent en deux camps : **les dreyfusards** qui veulent la révision du procès au nom des principes de la République (droits de l'homme, justice…) ; les **antidreyfusards** qui s'y opposent par **antisémitisme** et parce qu'ils ne veulent pas affaiblir l'armée. Finalement Dreyfus est gracié par le président de la République en 1899 puis il est réhabilité en 1906.

C La séparation des Églises et de l'État

1. Les **républicains radicaux** – qui ont été les plus grands partisans de Dreyfus – remportent les élections de 1902 puis de 1906 (DOC. 1 ET 2). Anticléricaux, ils accusent l'Église catholique d'avoir été contre Dreyfus et de s'opposer à la République. En 1905, ils votent avec les socialistes **la loi de séparation des Églises et de l'État** : l'État ne versera plus de salaires aux membres du clergé et il ne s'occupera plus de religion ; mais la loi garantit en même temps le libre exercice du culte.

2. En 1906, l'État fait les **inventaires des biens de l'Église, ce qui entraîne des affrontements violents avec les catholiques** dans de nombreuses régions (DOSSIER P. 164-165). Mais l'ordre revient l'année suivante.

1 BIOGRAPHIE

Georges Clemenceau (1841-1929)

Médecin de formation, Georges Clemenceau est élu député à partir de 1871. C'est un républicain résolu qui siège à l'extrême gauche comme député radical. Anticlérical, il prône la séparation des Églises et de l'État et s'oppose à la colonisation défendue par Jules Ferry. Il s'engage parmi les premiers pour Dreyfus dans les colonnes du journal *L'Aurore*. De 1906 à 1909, il est ministre de l'Intérieur et président du Conseil. Il mène à son terme la politique de séparation des Églises et de l'État et réprime les grèves qui se multiplient à cette époque. Patriote intransigeant durant la guerre, il redevient président du Conseil de 1917 à 1920.

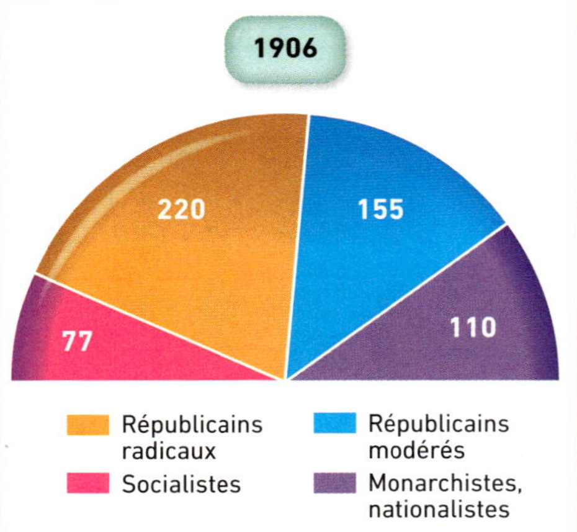

2 La Chambre des députés en 1906

Vocabulaire

L'anarchisme : le courant révolutionnaire selon lequel la liberté passe par le rejet de toute forme d'autorité (celle de l'État, de l'Église ou du patron).

L'antisémitisme : l'hostilité envers les juifs.

3 Le boulangisme

a. *Proclamation de Boulanger aux électeurs du département du Nord en 1888 :*

« Électeurs du Nord, les derniers événements ont démontré jusqu'à l'évidence que la Chambre est devenue absolument étrangère aux aspirations du pays. Celui-ci ne la comprend pas plus qu'elle n'est elle-même capable de le comprendre [...]. À l'impuissance dont l'Assemblée législative est atteinte, il n'y a qu'un remède : dissolution de la Chambre, révision de la Constitution. »

b. *Un bonapartiste parle du boulangisme :*

« Que voulons-nous, somme toute, depuis que le boulangisme a surgi ? Nous voulons qu'il serve à bousculer, à renverser un système politique odieux, insupportable, qu'avec nos seuls efforts, nous sommes impuissants à mettre par terre. C'est un outil, un engin. »

▪ **Paul de Cassagnac, dans le journal *L'Autorité*, 4 janvier 1889.**

4 Le général Boulanger menace la République

(« Boulanger Ier, empereur », caricature parue dans *Le Grelot*, 29 mai 1887.)

1. Identifiez le document
2. Décrivez les personnages et l'action du premier plan.
3. Qui est le personnage derrière Boulanger et que représente l'inscription sur le soleil ?
4. Que veut signifier cette caricature ?

5 Un attentat anarchiste

(Une du *Petit Journal*, 23 décembre 1893.)

Le 9 décembre 1893, l'anarchiste Auguste Vaillant lance une bombe dans la Chambre des députés, blessant une cinquantaine de personnes. Condamné à mort, il est guillotiné en 1894.

6 La loi contre les anarchistes

« Le lundi 9 juillet 1894, le garde des Sceaux, un sénateur du Vaucluse nommé Guérin, montait à la tribune, et donnait lecture d'un nouveau projet de loi destiné à atteindre "ceux qui font, par un moyen quelconque, acte de propagande anarchique". M. Guérin résumait en quelques mots la loi nouvelle. Il s'agissait de tous les actes de propagande, quels qu'ils fussent, des actes de propagande secrète, intime, confidentielle, résultant d'une conversation entre amis ou d'une lettre privée. Ces délits étaient désormais déférés à la juridiction correctionnelle, "une répression rapide étant seule efficace". L'emprisonnement devait être individuel sans qu'aucune diminution de peine ne pût s'ensuivre. »

▪ **Léon Blum, « Comment les lois scélérates ont été faites », *Revue Blanche*, 1er juillet 1898.**

1. Quel est le contenu de la loi ?
2. Quel événement a favorisé l'adoption de cette loi et que veut-elle combattre ?
3. Quelle menace plus large contient cette loi ? Quel nom lui donne Léon Blum dans son article ?

J'analyse un document

1 Les vignettes d'un tract électoral

Vocabulaire

Un tract : une feuille ou une brochure que l'on distribue à des fins de propagande.

La République a d'abord libéré le territoire : chaque Français lui a apporté son obole et tous les peuples de la terre lui ont apporté leur **crédit.**

Elle nous a donné l'Egalité de tous devant la Conscription : Bourgeois, Ouvriers, Instituteurs, Prêtres et Paysans, tous sont égaux à la caserne.

Son effort de prédilection s'est porté sur les lois d'éducation nationale, le budget des Ecoles a été doublé, et l'instruction de tous assurée.

Pour la première fois le respect absolu de la liberté de Conscience dans l'Ecole a été constitué par les lois, qu'il s'agisse du Prêtre, du Pasteur ou du Rabbin.

La République a fait arriver les Chemins de fer dans les pays qui ne les possédaient pas encore, et elle veut que leur réseau soit rapidement complété.

La liberté absolue de la Presse Républicaine a permis au plus humble village de connaitre la vérité exacte sur les actes du Gouvernement.

Jamais les affaires n'ont été plus florissantes, qu'il s'agisse de l'Agriculture, du Commerce ou de l'Industrie, grâce à l'absolue sécurité politique dont le pays jouit.

Aussi, vis-à-vis de ces Résultats, Peuple Français ! Va nommer tes nouveaux députés et vôte solennellement pour la République !

« Ce qu'a fait la République »
(Vignettes extraites d'un tract électoral de 1881. BNF, Paris.)

1. De quand date ce tract ? À qui est-il destiné ?
2. Quel drame évoque la première vignette ?
3. À quelle loi correspond la troisième vignette ?
4. Faites la liste des améliorations apportées par la République dans le domaine des libertés, dans le domaine de l'éducation, dans le domaine de l'économie, dans le domaine de l'égalité.
5. Pour quel parti le tract invite-t-il à voter ? Justifiez votre réponse à l'aide des images.

@ Je m'informe sur Internet 2 Faire une recherche sur les écoles de la IIIe République

• Tapez « L'histoire par l'image développement des écoles primaires » sur un moteur de recherche. Ouvrez la rubrique animations et visionnez l'animation « Le développement des écoles primaires à la fin du XIXe siècle ».

1. Que signifie « la mixité n'existe pas ».
2. Quelles sont les particularités de la salle de classe ?
3. Quel est le nombre d'élèves par classe maximum ?
4. Que portent tous les élèves ?
5. Pourquoi la leçon de couture est-elle considérée comme fondamentale pour les filles ?
6. Pourquoi les cheveux sont-ils coupés courts chez les garçons ?

• Sur un moteur de recherche, tapez « Le temps des instituteurs ». Allez dans l'onglet « Enseignements » puis recherchez « Décret de 1887 ».

7. Quelles sont les différences avec les matières enseignées aujourd'hui ?

J'analyse un document 3 Une carte postale de 1905

Carte postale de 1905

1. Qui sont les trois personnages ? Comment les reconnaît-on ?
2. Quelle est l'action représentée ? Que pouvez vous en dire (utilisez vos connaissances) ?
3. Comment se passe cette séparation d'après l'image ?
4. Comment s'est-elle passée dans la réalité ?

JE PRÉPARE LE BREVET SUJET • MÉTHODE

EXERCICE 1 Analyser et comprendre un document

DOCUMENT Extrait d'une chanson républicaine

« La protectrice de la France
C'est la Marianne qu'on l'appelle
Nous a sortis de la souffrance.
Encore il y en a qui s'en rappellent,
Elle a fait de ses enfants *(bis)*
Jusqu'à présent, de grands savants. »

▪ **Thomas Delpy, *La Marianne*, 1882.**

QUESTIONS

1. Quelle est la nature de ce texte et à qui est-il destiné ?
2. À quel moment de l'histoire de la IIIe République ce texte est-il écrit ?
3. Que représente *« la Marianne »* et sous quelles formes est-elle visible durant la IIIe République ?
4. À quels événements douloureux les vers 3 et 4 font-ils allusion ?
5. Quelles sont les deux grandes lois républicaines qui peuvent expliquer les vers 5 et 6 ?

EXERCICE 2 Maîtriser différents langages pour se repérer et raisonner

DÉVELOPPEMENT CONSTRUIT

▸ Sous la forme d'un développement construit d'une vingtaine de lignes, décrivez et expliquez les crises que traverse la République de 1886 à 1905.

▸ À quel numéro sur la frise correspond chacune des crises suivantes ?
Affaire Dreyfus – Attentats anarchistes – Boulangisme – Séparation des Églises et de l'État.

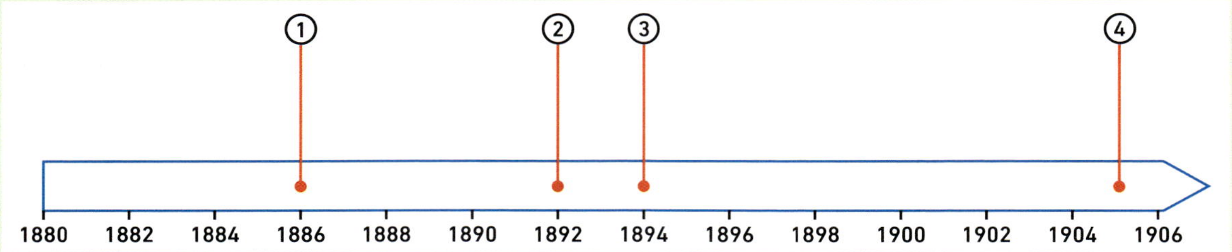

Méthode Comprendre le sujet et rédiger

Étape 1 Comprendre le sujet

Décrivez et expliquez les crises que traverse la République de 1885 à 1905

crises : Les moments très difficiles
de 1885 à 1905 : Attention aux bornes chronologiques

Étape 2 Rédiger Conseil pour rédiger

1. Faites la liste des crises et de leurs principaux événements.
2. Vous devez suivre l'ordre chronologique des crises. Mais il ne faut pas se perdre dans les détails des crises. Il faut surtout en expliquer le sens. Dans une rédaction, on cherche à faire une **démonstration**, à montrer quelque chose.
On montre ici que la République est menacée mais qu'elle parvient à chaque fois à surmonter la crises à plusieurs reprises.
– Le boulangisme réunit les opposants à la République parlementaire (monarchistes, nationalistes souhaitant la revanche contre l'Allemagne, partisans d'un pouvoir exécutif fort).
– L'affaire Dreyfus révèle qu'une partie des Français ne reconnaît pas les valeurs de la République.
– Les anarchistes multiplient les attentats pour détruire l'État républicain.
– Avec la séparation de l'Église et de l'État, la République et l'Église s'affrontent.

JE CONSTRUIS MON BILAN

hatier-clic.fr/hg4047 hatier-clic.fr/hg4048

1 Je repère les événements importants

1. Reproduisez ou imprimez le tableau et complétez-le avec les événements suivants.
   • *Commune de Paris* • *Lois scolaires* • *Affaire Dreyfus* • *Proclamation de la IIIe République*
   • *Séparation des Églises et de l'État* • *Boulangisme*
2. Placez une étoile à côté de chaque événement qui correspond à une crise de la République.

Date	Événement
1870	...
1871	...
1882	...
1886	...
1898	...
1905	...

2 Je réalise une carte mentale

- Reproduisez ou imprimez la carte mentale et complétez-la en répondant aux questions posées.

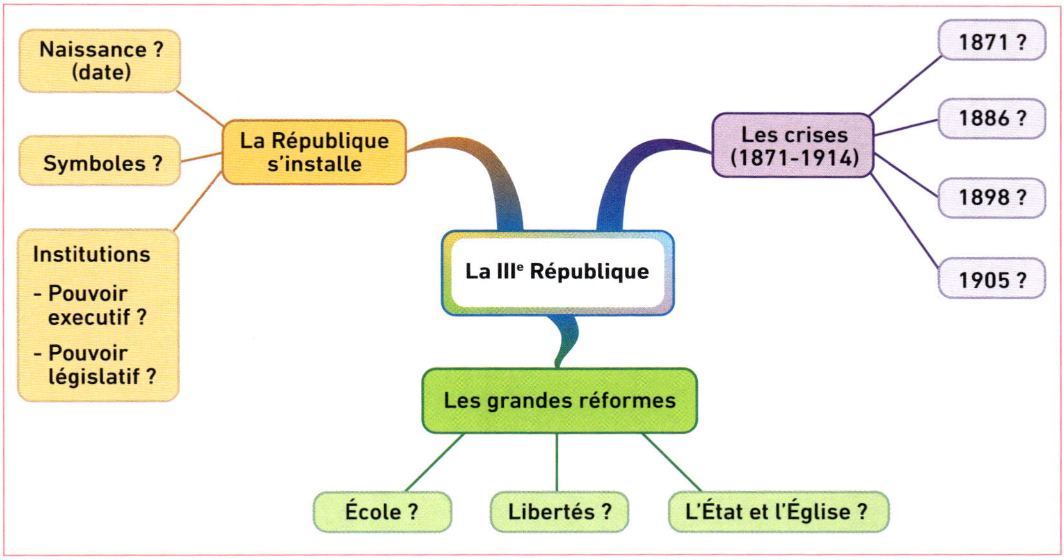

3 Je connais le vocabulaire de la IIIe République

- Retrouvez les mots correspondant aux définitions suivantes :
  a. Mouvement insurrectionnel formé à Paris en 1871.
  b. Allégorie de la République.
  c. Le chef du gouvernement sous la IIIe République.
  d. La chambre votant les lois et contrôlant le gouvernement sous la IIIe République.
  e. L'hostilité envers les juifs.
  f. Qui n'est pas religieux.
  g. Qui est hostile au clergé.
  h. L'hymne national de la République française.

CHAPITRE 8

Les conditions féminines au XIXe siècle

Comment les conditions féminines ont-elles évolué au XIXe siècle ?

1 Une famille bourgeoise au XIXe siècle

(Auguste La Brely, *Victorien Sardou et ses enfants*, huile sur toile, XIXe siècle. Musée Carnavalet, Paris.)

Dans les familles bourgeoises, les femmes s'occupent du foyer et de l'éducation de leurs enfants avec l'aide de domestiques. Cet idéal de la femme au foyer est répandu dans toutes les couches de la société, mais en dehors des classes aisées (noblesse, grande et moyenne bourgeoisie), les femmes travaillent pour faire vivre leur famille.

Je me repère dans le temps

- **1861** Julie-Victoire Daubié, première bachelière française
- **1881** Enseignement primaire obligatoire
- **1884** droit au divorce
- **1900** Jeanne Chauvin, première avocate
- **1903** Marie Curie, prix Nobel de physique

Compétences

Je raisonne
- Justifier des affirmations sur le statut et la place des femmes ▶ P. 174
- Choisir une démarche pour rédiger une biographie de Marie Curie ▶ P. 180

J'analyse un document
- Une représentation du travail féminin au XIXe siècle ▶ P. 176

Je pratique différents langages
- Réaliser une carte mentale sur les féministes ▶ P. 178

2 Des femmes en grève (1899)

(Jules Adler, *La Grève au Creusot, 9 octobre 1899.* Écomusée Le Creusot Montceau.)

Les femmes ont joué un rôle important pendant la grève des usines Schneider au Creusot en 1899. Ici, elles sont représentées défilant à égalité à côté des hommes. Au premier plan, l'une d'elles arbore le drapeau rouge de la révolution.

ÉTUDE

Le statut et la place des femmes

COMPÉTENCE
Je raisonne
Justifier des affirmations sur le statut et la place des femmes

Depuis le début du XIXe siècle, la femme connaît une condition juridique et sociale inférieure à celle de l'homme. Pour la société de l'époque, sa place est à la maison, et elle doit être soumise à son mari. Elle ne doit pas s'occuper des affaires publiques et n'a de ce fait pas de droits politiques.

Quel rôle est donné à la femme dans la société du XIXe siècle ?

1 La femme dans le Code civil (1804)

« **Article 213** – Le mari doit protection à sa femme, la femme obéissance à son mari.
Article 214 – La femme est obligée d'habiter avec le mari, et de le suivre partout où il juge à propos de résider. Le mari est obligé de la recevoir, et de lui fournir tout ce qui est nécessaire pour les besoins de la vie, selon ses facultés et son état.
Article 373 – Le père seul exerce l'autorité parentale durant le mariage.
Article 1124 – Les mineurs, les femmes mariées, les criminels et les débiles mentaux n'ont pas le droit de passer un contrat.
Article 1421 – Le mari s'occupe seul des biens de la famille. Il peut les vendre ou les donner sans l'accord de sa femme. »

■ **Extraits du Code civil de l'an XII (1804).**

2 CHRONOLOGIE

1848 Suffrage universel masculin, mais pas féminin.

1850 Obligation pour les communes d'ouvrir des écoles pour filles (loi Falloux).

1861 Julie-Victoire Daubié est la première femme autorisée à se présenter au baccalauréat, qu'elle obtient.

1880 Création des collèges et lycées publics pour les filles (loi Camille Sée).

1881 Enseignement primaire obligatoire pour les filles comme pour les garçons (lois Jules Ferry).

1884 Autorisation du divorce (qui avait été interdit en 1816).

1892 Le port du pantalon est autorisé pour les femmes en vélo ou à cheval.

1900 Les femmes peuvent devenir avocates : Jeanne Chauvin, première avocate.

1907 Les femmes mariées peuvent percevoir leur salaire.

1909 La loi institue un congé de maternité de huit semaines, mais sans salaire.

3 Une leçon de couture dans une classe de filles (fin XIXe siècle) (Photographie prise à l'école primaire d'Hellemmes, dans la banlieue de Lille, Nord, à la fin du XIXe ou au début du XXe siècle.)
La leçon de couture revêt une grande importance à l'école primaire. On veut que les jeunes filles sachent coudre pour leurs futures fonctions ménagères.

4 Guide à l'usage des jeunes filles

Ce guide, très répandu à l'époque, décrit ce que doit être le bon comportement des jeunes filles et des femmes.

« Dans les vies modestes, où le travail est la condition nécessaire du bien-être de la famille, les femmes distinguées sont nombreuses. C'est dans l'intérieur de l'artiste, du savant, du médecin, de l'avocat, du juge, du professeur, du commerçant, que l'on trouve le plus souvent ces femmes studieuses, capables, qui sont très instruites et qui à l'aide de leur intelligence, assurent l'aisance, le bien-être de la maison [...].

Dans ce petit appartement du troisième étage, la mère est entourée de ses enfants. Elle les élève elle-même ! Elle règne sur ses enfants, qui comprennent les mérites et les sacrifices de cette mère et qui la chérissent. Les fils sont les premiers au collège et dans les écoles ; les filles reçoivent ces éducations supérieures qu'on peut donner pour modèles aux jeunes filles du monde. Le père est à son travail ; la mère gouverne la maison. »

▪ **Clarisse Juranville (1826-1906), *Guide pratique de la vie usuelle à l'usage des jeunes filles*, 1879.**

5 Un idéal du XIXe siècle : la femme au foyer

(Suzette Henry, *Nobles tâches domestiques*, 1802. Celle, Bomann-Museum.)

Pour la société de l'époque, la femme idéale s'occupe du foyer et de ses enfants pendant que son mari travaille.

6 Les femmes exclues de la vie politique

« Destinée à la maternité, faite pour la vie de famille, la dignité de la femme sera d'autant plus grande qu'elle n'ira point la compromettre dans les luttes de forum[1] et dans les hasards de la vie publique. Elle oublierait fatalement ses devoirs de mère et d'épouse, si elle abandonnait le foyer pour courir à la tribune[2]. Elle n'y apporterait pas d'ailleurs la modération du langage et la netteté des conceptions, qui sont indispensables dans les usages parlementaires [...]. On a donc parfaitement raison d'exclure de la vie politique les femmes et les personnes qui, par leur peu de maturité d'esprit, ne peuvent prendre une part intelligente à la conduite des affaires publiques. »

▪ **Extrait de la thèse d'Émile Morlot[3], *De la capacité électorale*, 1887.**

1. Les combats politiques. 2. La tribune de l'Assemblée. 3. Émile Morlot a été député radical de 1896 à 1907.

Vocabulaire

Le Code civil : les textes de loi définissant l'ensemble des règles qui déterminent le statut des personnes dans la société.

ACTIVITÉS

1. **Doc. 1** | Montrez que le statut de la femme est inférieur à celui des hommes dans le Code civil.
2. **Doc. 3, 4 et 5** | D'après ces documents, quels rôles doit jouer la femme dans la société ?
3. **Doc. 6** | D'après Émile Morlot, pourquoi les femmes doivent-elles être exclues de la vie politique ?
4. Quels sont les progrès pour les femmes dans le domaine de l'éducation ? Le domaine professionnel ? Celui des libertés ?
5. **Je raisonne**
   Justifiez chacune des phrases à l'aide des documents.
   a. Au XIXe siècle, la femme a un statut inférieur à l'homme.
   b. Au XIXe siècle, la femme idéale est la femme au foyer.
   c. La condition des femmes s'améliore au cours du siècle dans plusieurs domaines.

ÉTUDE

Le travail des femmes

COMPÉTENCE
J'analyse un document
Une représentation du travail féminin au XIXe siècle

Les femmes ont toujours travaillé, essentiellement dans l'agriculture. Au XIXe siècle, leur travail s'élargit à l'industrie textile et au commerce. On leur donne peu de postes de responsabilité et leurs conditions de travail sont difficiles, avec des salaires inférieurs à ceux des hommes.

Quelles sont les caractéristiques du travail féminin au XIXe siècle ?

1 Le travail féminin sur une gravure du XIXe siècle (Gravure du XIXe siècle. Collection privée, Paris.)

2 Le travail d'une domestique

« Debout dès 6 heures, je me démenais jusqu'à minuit. Tant de fois par jour, Madame ou les enfants me sonnaient, n'avaient-ils que leurs bougies à souffler ! Le bébé qui ne savait pas encore parler savait déjà commander : en pointant l'index, il m'ordonnait de monter et de descendre l'escalier. Avec le linge à repasser et à raccommoder, je ne jouissais pas d'un instant de répit. La courbature me rendait la montée des marches douloureuse, mais cette souffrance physique me paraissait plus supportable que mon esclavage. Nous dinions fort tard et la batterie de cuisine, en cuivre, nécessitait un sérieux entretien dont je devais m'occuper le bébé couché. Le dimanche, pendant mes deux heures de liberté, je lavais mes corsages, ensuite je raccommodais mes bas. »

▪ **Yvonne Cretté-Breton, *Mémoires d'une bonne, Souvenirs*, 1908-1919.**

3 Les femmes dans une usine textile (fin du XIXe siècle)

(Intérieur de l'usine Rousset : atelier de piqûre des chaussures. Archives départementales du Loir-et-Cher.)

Les usines textiles emploient majoritairement des femmes. Elles ont des fonctions peu qualifiées et des salaires plus bas que les hommes.

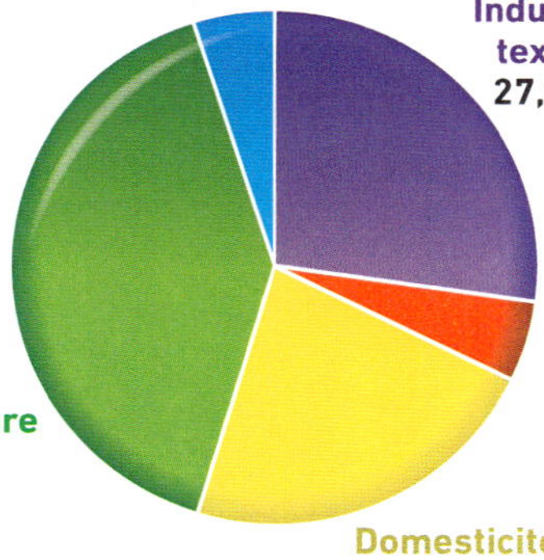

Source : Louise A. Tilly, Joan W. Scott, *Les femmes, le travail et la famille*, Rivages, 21 987, p. 90

4 La répartition de la main-d'œuvre féminine en 1866

5 L'inégalité au travail

Julie-Victoire Daubié (1824-1874), enseignante, est la première femme ayant obtenu le baccalauréat, en 1861. Elle dénonce l'inégalité au travail.

« Malgré les progrès de la civilisation et l'adoucissement des mœurs, on ne fait aucun scrupule de traiter de nos jours la femme comme si elle était naturellement l'inférieure de l'homme, et de rétribuer[1] ses services et son travail en conséquence. Ainsi les institutrices, les directrices des asiles, des écoles, des bureaux de poste et les filles de magasin, les servantes, les ouvrières sont moitié moins rétribuées que les hommes remplissant des fonctions analogues ou exécutant les mêmes travaux [...].
De cette position inférieure, il résulte une foule de maux et de désordres physiques et moraux qui sont surtout affligeants dans les grands centres industriels. »

▪ **Julie-Victoire Daubié, *La Femme pauvre au XIXe siècle*, Avant-propos, 1869.**

1. Payer.

ACTIVITÉS

1. **Doc. 1** | **J'analyse un document**
   a Que représente ce document ?
   b Quelles sont les particularités des métiers féminins ?
   c Quel est le métier considéré comme le plus important ? Pourquoi est-il le plus considéré ?
   d Quels sont les métiers les moins bien considérés ? Pourquoi le sont-ils (faites des hypothèses) ?
2. **Doc. 4 et 3** | Pourquoi le secteur textile emploie-t-il de nombreuses femmes ? Donnez plusieurs raisons à l'aide des documents et de vos connaissances.
3. **Doc. 2 et 3** | Montrez que les conditions de travail sont difficiles.
4. **Doc. 5** | Quelle est l'inégalité avec les hommes révélée par le texte ? D'après Julie-Victoire Daubié, quelles sont les conséquences de cette inégalité ?

ÉTUDE

Les revendications féministes

COMPÉTENCE
Je pratique différents langages
Réaliser une carte mentale sur les féministes

Au cours du XIXe siècle, des personnalités engagées revendiquent des avancées pour le droit des femmes. Le féminisme prend de l'importance sous la Troisième République.

Quels sont les combats des femmes au XIXe siècle ?

1 Un club féminin en 1848 (Gravure, musée Carnavalet, Paris.)
Après la révolution de 1848, les femmes créent des clubs de discussion et revendiquent la transformation du Code civil, le droit au divorce (qui a été supprimé en 1816) et le droit de vote. Mais elles n'obtiennent rien et, dès juillet 1848, le gouvernement fait fermer les clubs féminins qu'il estime dangereux.

Vocabulaire

Le féminisme : le mouvement qui combat pour l'égalité des droits entre les hommes et les femmes.

Le militantisme : le soutien actif à une cause ou un idéal.

Une suffragette : une féministe qui lutte pour obtenir le droit de vote pour les femmes (terme venu d'Angleterre).

Hubertine Auclert, BNP PD, © domaine public.

2 Le combat féministe en France

1832 Création du journal *La Femme libre*.

1849 Jeanne Deroin réclame le droit de vote pour les femmes et tente de se présenter aux élections législatives.

1876 Hubertine Auclert, journaliste et première suffragette, fonde l'association *Le droit des femmes* pour le droit de vote des femmes.

1882 Léon Richer fonde *La Ligue française pour le droit des femmes*.

1897 Marguerite Durand fonde le journal quotidien féministe *La Fronde* avec un personnel uniquement féminin.

1902 Nelly Roussel est la première femme à se déclarer pour la contraception[1].

1909 Création de l'*Union française pour le suffrage des femmes* (UFSF).

1913 Médecin et féministe, Madeleine Pelletier publie *Le droit à l'avortement*.

1. Moyens pour empêcher une grossesse.

hatier-clic.fr/hg4049

3 BIOGRAPHIE

Louise Michel (1830-1905), une femme de combats

Louise Michel en costume de fédéré durant la Commune de 1871.

« Institutrice, journaliste, et féministe, elle défend l'idée que la place des femmes dans l'humanité « ne doit pas être mendiée, mais prise ».
Pendant la Commune, elle anime le Club de la Révolution et participe aux combats tout en étant ambulancière. Arrêtée, elle est condamnée à la déportation en Nouvelle-Calédonie en 1871. Elle s'occupe alors de l'instruction des Canaques (la population indigène) et se rapproche des mouvements anarchistes. De retour à Paris grâce à une amnistie en 1880, elle poursuit ses combats pour l'égalité sociale et elle est condamnée à six ans de prison suite à une manifestation parisienne en 1883. De 1890 à 1895, elle s'occupe d'une école anarchiste à Londres. Elle est restée dans l'histoire sous le nom de Vierge rouge ».

4 Un discours d'Hubertine Auclert (1848-1914)

« Nous proclamons, comme vous, citoyens, le principe de l'égalité humaine, de l'égalité de tous les hommes entre eux, mais encore de l'égalité des hommes et des femmes.
Nous voulons pour elles comme pour vous, l'instruction intégrale, les mêmes facilités de développement physique, moral, intellectuel, professionnel.
Nous voulons pour les femmes, comme pour les hommes, liberté de conscience, liberté d'opinion, liberté d'action.
Nous réclamons pour les femmes, comme pour les hommes, le droit de participer au vote dans la commune, dans l'État, ou dans le groupe. Parce que les femmes, comme les hommes, sont intéressées aux lois et règlements qui se font; parce que les femmes payant les impôts ont autant de droits que les hommes d'exiger une bonne répartition de ces impôts; parce que dans une vraie République, il n'y a plus de privilégiés, il n'y a que des personnes qui, se soumettant aux mêmes devoirs, doivent posséder les mêmes droits ».

▪ **Discours d'Hubertine Auclert au Congrès ouvrier socialiste de Marseille, 1879.**

5 Hubertine Auclert, une « suffragette »

(Illustration du *Petit Journal* du 17 mai 1908.)

En 1908, Hubertine Auclert brise une urne lors des élections municipales à Paris, pour protester contre l'interdiction du vote des femmes.

ACTIVITÉS

1. **Doc. 1, 2 et 4** | Quelles sont les revendications des féministes avant 1900 ? Quelles sont les revendications qui apparaissent au début du XXe siècle ?
2. **Doc. 1, 2 et 5** | Par quels moyens les féministes font-elles valoir leurs revendications ?
3. **Doc. 4** | Quels sont les arguments d'Hubertine Auclert en faveur du droit de vote pour les femmes ?
4. **Doc. 3 et 4** | Qu'est-ce qui différencie les combats de Louise Michel de ceux d'Hubertine Auclert ?
5. **Étude p. 173** | Dans quel domaine les revendications féministes n'ont-elles pas été entendues ?
6. **Je pratique différents langages**
Réalisez la carte mentale suivante à l'aide des termes :
Revendications ? • Moyens d'action ? • Avancées (grands domaines) ? • Argument féministe ?

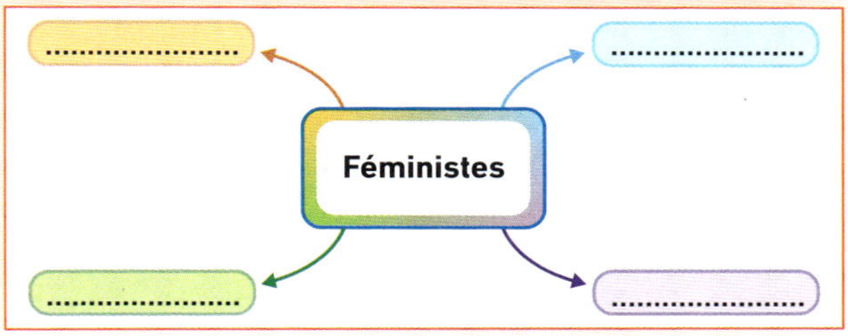

Tâche complexe

L'HISTOIRE AUTREMENT

Je raisonne

Choisir une démarche pour rédiger une biographie de Marie Curie

Marie Curie
une femme de sciences

ACTIVITÉ

Vous êtes un(e) jeune conseiller(ère) du président de la République. Celui-ci doit s'adresser à des collégiens pour présenter Marie Curie dans le cadre de la journée internationale des femmes.
On vous confie la rédaction d'une courte biographie qui montre en quoi la scientifique a été une femme exceptionnelle. Le musée Curie a mis à votre disposition tous les documents nécessaires.

Vous montrez en quoi Marie Curie est une femme d'exception.

Coup de pouce Vous pouvez adopter le plan suivant :

- Montrer que son parcours scolaire est exceptionnel pour une femme de cette époque.
- Expliquer qu'elle était une femme dans un métier réservé aux hommes.
- Décrire comment elle a été honorée de son vivant et longtemps après sa mort.

1 Marie Curie (1867-1934) est une grande scientifique. Unique femme à avoir reçu deux prix Nobel (physique et chimie), elle est à l'origine des premières recherches sur la radioactivité avec son mari Pierre Curie.

2 Le laboratoire

Dans leur premier laboratoire, Pierre et Marie Curie aboutissent à la découverte de deux éléments radioactifs, le plutonium et le radium.

« Nous ne savions où faire nos traitements chimiques. Il a fallu les organiser dans un hangar abandonné, séparé par une cour de l'atelier. C'était une baraque en planches et au toit vitré protégeant incomplètement contre la pluie, dépourvue de tout aménagement ; elle contenait pour tout matériel des tables de sapin usées, un poêle en fonte et le tableau noir dont Pierre aimait se servir. Nos journées s'écoulaient au laboratoire, nous vivions dans une préoccupation unique... »

▪ **Marie Curie, 1923.**

Boîte à outils

Document complémentaire
Figures de femmes françaises au XIXe siècle (doc. 1 et 2 page 172).

Ressources numériques

- Le musée Curie hatier-clic.fr/hg4050
- La journée internationale des femmes hatier-clic.fr/hg4051

3 Le congrès Solvay en 1911

1 Max Plank. 2 Rutherford. 3 Einstein. 4 de Broglie. 5 Perrin. 6 Langevin. 7 Marie Curie.

BIOGRAPHIE

1867 Naissance à Varsovie (Pologne) de Maria Sklodowska.

1891 Arrivée à Paris pour entreprendre des études en physique et en mathématiques à la Sorbonne.

1895 Mariage avec Pierre Curie.

1896 Reçue première à l'agrégation de physique.

1898 Marie Curie découvre deux éléments radioactifs, le polonium et le radium.

1903 Soutenance de sa thèse intitulée « Recherches sur les substances radioactives ». Prix Nobel de physique avec son mari Pierre Curie pour la découverte de la radioactivité naturelle.

1906 Première femme à enseigner à la Sorbonne en remplacement de son mari décédé.

1911 Prix Nobel de chimie.

1934 Décès des suites de son exposition aux radiations.

1995 Les cendres de Pierre et Marie Curie sont transférées au Panthéon.

4 Discours du transfert des cendres de Pierre et Marie Curie au Panthéon

(extrait)

« Il est un symbole qui retient ce soir l'attention de la nation : celui du combat exemplaire d'une femme qui a décidé d'imposer ses capacités dans une société qui réserve trop souvent aux hommes les fonctions intellectuelles et les responsabilités publiques.
Parmi les photographies qui émaillent le chemin de Marie, l'une marque le souvenir de son empreinte. Elle est prise à Bruxelles en 1911 lors du Congrès Solvay. S'y trouvent rassemblées les plus grandes figures de la physique : Max Plank, Rutherford, Einstein, de Broglie, Perrin, Langevin, bien d'autres encore. Marie, seule femme, est au milieu d'eux, reconnue comme leur égale.
Au moment où le pays s'incline devant les cendres de celle qui fut, en tant que femme, la première docteur es-sciences, la première professeur en Sorbonne, la première à recevoir le Prix Nobel, je forme le vœu, au nom de la France, que partout dans le monde progresse l'égalité des droits des femmes et des hommes. »

▪ Allocution du président Mitterrand lors du transfert des cendres de Pierre et Marie Curie au Panthéon, le 20 avril 1995.

Vocabulaire

Un prix Nobel : une récompense internationale décernée chaque année à des personnes « ayant apporté le plus grand bénéfice à l'humanité ».

1 Être femme au XIXe siècle

▶ Comment évolue la place des femmes au XIXe siècle ?

A Un statut inférieur aux hommes

1. Le **Code civil** (1804) établit que la femme, **d'abord sous la tutelle du père, passe ensuite sous celle de son mari**. Une fois mariée, elle ne peut étudier, travailler, disposer de ses biens et de son salaire sans l'autorisation de son époux. C'est son mari et non elle qui a l'autorité légale sur ses enfants. Les femmes sont par ailleurs sévèrement **punies en cas d'adultère ou d'avortement**.

2. **Les femmes n'ont pas le droit de vote**. En 1848, elles sont exclues du suffrage universel.

B Les conditions de vie des femmes

1. La fonction première donnée à la femme est la maternité. **La société considère qu'elle doit vivre au foyer et s'occuper du ménage et de l'éducation des enfants**. L'homme doit faire vivre la famille par son activité professionnelle.

2. Ce modèle vaut surtout pour la bourgeoisie, car dans la paysannerie et le monde ouvrier, **le travail féminin est nécessaire à la survie de la famille**. Au XIXe siècle, beaucoup de femmes sont employées dans **l'industrie textile** et de plus en plus dans **les services** (commerce, banque…). Mais à travail égal, elles **sont beaucoup moins payées que les hommes**.

3. **L'instruction des femmes n'est pas une priorité** au XIXe siècle et c'est surtout aux mères qu'est confiée l'éducation des filles. Mais en 1850, **une première loi oblige les communes à ouvrir une école de filles** (**loi Falloux**). En 1880, l'État crée les **premiers collèges et lycées publics pour filles** (**loi Camille Sée**). Enfin, en 1881, l'instruction des filles devient comme celle des garçons **obligatoire jusque 13 ans (loi Ferry)**. En 1861, Julie-Victoire Daubié est la première bachelière.

C Les revendications féministes

1. Lors des révolutions de 1830 et 1848, **des femmes participent aux combats pour les libertés**. Mais leurs revendications pour l'égalité des droits avec les hommes ne sont pas entendues, et sont souvent caricaturées (DOC. 4).

2. **Sous la IIIe République**, des **suffragettes** comme Hubertine Auclert réclament, par des actions d'éclat, **le droit de vote des femmes. Des associations et des journaux féministes** gagnent en audience. Les femmes accèdent à des **professions** réservées aux hommes (avocat, médecin), d'autres **sont reconnues comme artistes**. Elles accèdent à **des droits nouveaux**.

1 Figures de femmes françaises au XIXe siècle

- **Sophie Germain** (1776-1831), mathématicienne
- **Marceline Desbordes-Valmore** (1786-1859), poétesse française
- **Eugénie Niboyet** (1796-1883), militante du droit des femmes
- **Flora Tristan** (1803-1844), militante socialiste et féministe
- **George Sand** (1804-1876), critique littéraire et journaliste
- **André Léo** (1824-1900), romancière, journaliste et féministe française
- **Julie Daubié** (1824-1874), première bachelière (1861)
- **Maria Deraismes** (1828-1894), femme de lettres et féministe
- **Louise Michel** (1830-1905), institutrice et militante anarchiste, combattante de la Commune
- **Berthe Morisot** (1841-1895), artiste peintre
- **Sarah Bernhardt** (1844-1923), actrice
- **Hubertine Auclert** (1848-1914), militante féministe et suffragette
- **Camille Claudel** (1864-1973), sculptrice
- **Marguerite Durand** (1864-1936), journaliste
- **Suzanne Valadon** (1865-1938), artiste peintre
- **Marie Curie** (1867-1934), scientifique
- **Sidonie-Gabrielle Colette** dite **Colette** (1873-1954), romancière, actrice et journaliste

hatier-clic.fr/hg4052

Vocabulaire

Le ménage : l'entretien de la famille.
La tutelle : l'autorisation qui permet à une personne de s'occuper d'une personne jugée inapte le faire.

2 Les femmes sur les barricades en 1830

(Une barricade en 1830, Paul Manguin, 1834. Musée Carnavalet, Paris.)

Des femmes ont participé aux journées révolutionnaires de juillet 1830 qui ont renversé le roi Charles X.

3 La première étudiante à la Sorbonne

Melle Bilcescu a obtenu sa licence de droit en 1887. Elle témoigne en 1931.

« Ce ne fut pas commode de pénétrer à l'École de droit. "Les dames n'entrent pas" vous répondait l'huissier à la porte. Le conseil de la faculté fut appelé à statuer. "Comment, Monsieur, dit ma mère au secrétaire, dans un pays où il est écrit même sur les portes des prisons : « Liberté, Égalité, Fraternité », vous empêcheriez une femme de s'instruire, rien que parce qu'elle est une femme?" [...] L'accueil des professeurs fut glacial, celui des étudiants extrêmement respectueux. À la clôture du cours de première année, M. Comet de Santerre, professeur de droit civil, s'adressant aux étudiants, dit, presque textuellement : "nous avons hésité à accorder À Melle Bilcescu l'autorisation qu'elle demandait par crainte d'avoir à faire la police dans les amphithéâtres ; cette jeune fille dont l'assiduité est au-dessus de tout éloge, et la conduite, exemplaire, s'est imposée à notre estime, vous l'avez respectée comme une sœur, nous vous en remercions." Ces paroles ont été couvertes par un tonnerre d'applaudissements ».

■ **Cité dans Edmée Charrier, *L'Évolution intellectuelle féminine*, Mechelinck, 1931.**

4 Le discours féministe de Victor Hugo

« Il est douloureux de le dire : dans la civilisation actuelle, il y a une esclave. Cette esclave, c'est la femme. L'homme a chargé inégalement les deux plateaux du Code ; il a fait verser tous les droits de son côté et tous les devoirs du côté de la femme. De là, un trouble profond. De là, la servitude de la femme. Dans notre législation, la femme ne possède pas, elle ne témoigne pas en justice, elle ne vote pas, elle ne compte pas, elle n'est pas. Il y a des citoyens, il n'y a pas de citoyennes. C'est là un état violent : il faut qu'il cesse.

Une société est mal faite quand l'enfant est laissé sans lumière, quand la femme est maintenue sans initiative ; et l'on reconnaîtra qu'il est difficile de composer le bonheur de l'homme avec la souffrance de la femme. »

■ **Lettre à Léon Richer (créateur de l'Association pour le droit des femmes), 8 juin 1872.**

5 Sakountala de Camille Claudel

(Camille Claudel, *Vertumne et Pomone*, 1905. Musée Rodin, Paris.)

JE M'EXERCE PAR COMPÉTENCE

J'analyse un document 1 Comprendre le sens général d'un document

1 Le pauvre et la femme

Dans ce roman, Jacques Laurent est un jeune homme pauvre qui a quitté sa campagne pour Paris. Dans le cadre de ses études, il veut prendre pour sujet la Femme ayant l'intuition qu'elle est dominée par l'éducation qu'elle a reçue.

« L'être moral de la femme diffère du nôtre, à coup sûr, autant que son être physique. Dans le seul fait d'avoir accepté si longtemps et si aveuglément son état de contrainte et d'infériorité sociale, il y a quelque chose de capital qui suppose plus de douceur ou plus de timidité qu'il n'y en a chez l'homme. Cependant le pauvre aussi, le travailleur sans capital, qui certes n'est pas généralement faible, accepte depuis le commencement des sociétés la domination du riche et du puissant. C'est qu'il n'a pas reçu, plus que la femme, par l'éducation, l'initiation à l'égalité. Il y a de mystérieuses et profondes affinités entre ces deux êtres, le pauvre et la femme. La femme est pauvre sous le régime d'une communauté dont son mari est le chef; le pauvre est femme, puisque l'enseignement, le développement, est refusé à son intelligence, et que le cœur seul vit en lui. »

▪ **George Sand, *Isidora* (1845), Hetzel, 1854.**

1. Présentez l'auteur du texte.
2. Expliquez la première phrase du texte.
3. Pourquoi la femme est-elle comparée au pauvre ?
4. Quels droits leur sont refusés ? Qu'en déduit l'auteur ?

2 BIOGRAPHIE

(Portrait par Auguste Charpentier en 1838.)

George Sand (1804-1876)

Amantine Aurore Lucile Dupin, née à Paris prend le pseudonyme masculin de George Sand à l'occasion de son premier roman, *Indiana*. Elle a beaucoup choqué à l'époque car elle avait pris un prénom masculin, s'habillait en homme, demandait plus de liberté pour les femmes et eut plusieurs histoires amoureuses notamment avec le poète Alfred de Musset et le musicien Frédéric Chopin. Elle écrit surtout des romans champêtres, inspirés de sa vie campagnarde à Nohant (dans l'Indre), où elle raconte des histoires d'amour de gens du peuple (*La Mare au diable, La Petite fadette*). Elle est déçue par la République de 1848 qui n'amène pas les changements qu'elle espérait pour les femmes et les pauvres. Elle a aussi écrit des contes, des pièces de théâtre et est également connue pour sa correspondance amoureuse avec Musset.

Je m'informe sur Internet 2 Approfondir ses connaissances sur George Sand

• Sur un moteur de recherche, tapez « George Sand culture » et accédez au menu.

1. À quelle occasion ce site a-t-il été créé ?
2. Ouvrez la rubrique « Les combats ». Quels sont les combats menés par George Sand ?
3. Quel est le but des « combats personnels » de George Sand ?
4. Comment décrit-elle la condition de la femme mariée ?
5. Montrez que sa séparation avec son mari se fait difficilement.

J'analyse un document 3 — Un texte engagé

La France est en république

« La république, c'est la régénération de la société, la société ce sont les hommes et les femmes. Le plus profond principe de la régénération proposé par la république, c'est l'égalité, l'égalité sociale ; l'égalité de tous les membres de la société.
Dire aux femmes : vous n'êtes pas électeurs, vous n'êtes pas éligibles [...] c'est refuser d'établir l'égalité tout en la promettant, c'est déshonorer une victoire remportée pour le bien de tous, c'est nous monopoliser indignement les résultats publics et communs du triomphe, c'est n'être plus républicain, tranchons le mot, c'est être aristocrates ! Que la nation lise, réfléchisse et décide. »

▪ **Eugénie Niboyet, *La voix des femmes*, 27 mars 1848.**

1. De quel type de document ce texte est-il extrait ?
2. En quoi la date de ce texte est-elle importante ?
3. Que réclame l'auteur pour les femmes ? Quels sont ses arguments ?
4. Existe-t-il des revendications de ce type chez d'autres féministes ?

Je pratique différents langages 4 — Expliquer les influences d'une affiche

Les grandes figures du féminisme pour sensibiliser les lycéens franciliens à la parité

En 2016, La région Ile-de-France et le centre Hubertine Auclert ont présenté cinq affiches et supports pédagogiques mettant en avant les luttes pour les droits des femmes depuis le XIXe siècle.
Cette opération de communication a été au moment de la Journée des droits des femmes.

1. Pour qui et dans quel but est réalisée cette affiche ?
2. Pourquoi Hubertine Auclert a-t-elle été choisie pour cette affiche ?
3. Décrivez la composition de l'affiche. Comment le lien entre le passé et le présent est-il figuré ? Quelle place y tient le personnage ? Comment est-elle présentée ?
4. D'après le message de l'affiche, quels sont les points communs entre la situation des femmes d'aujourd'hui et du passé ?

Coup de pouce La parité est l'égalité en nombre d'hommes et de femmes dans une assemblée par exemple.

JE PRÉPARE LE BREVET SUJET • MÉTHODE

EXERCICE 1 Analyser un document

DOCUMENT Les femmes et les élections

Issue d'une famille bourgeoise aisée et ayant eu une éducation soignée, la féministe Maria Deraismes (1828-1894) explique pourquoi elle ne peut pas se présenter aux élections législatives de 1881.

« Certes, depuis quinze ans, j'ai pris en main la cause des femmes, et j'ai fait revivre cette importante question ensevelie après la Révolution de 1848.

J'ai, en toute circonstance, demandé l'intégrité des droits féminins, aussi bien politiques que civils.

Dès lors, le mouvement s'est généralisé, l'idée n'a cessé de marcher; elle est même parvenue jusqu'aux Chambres. Mais, comme, malgré les progrès accomplis dans les esprits et dans les consciences, rien n'est encore changé dans la loi, que le terme français, employé dans les codes et les constitutions, n'implique toujours pas celui de Française et qu'il l'exclue même en plus d'un cas; qu'en conséquence, ma candidature ne peut être qu'une candidature de protestation, dont le résultat immanquable, même s'il y a succès est l'invalidation, je refuse ».

▪ **Maria Deraismes, Lettre au journal *Le Rappel*, 1881.**

QUESTIONS

1. Présentez la source de ce document (nature, auteur, date et contexte).
2. Que s'est-il passé lors de la révolution de 1848 ? Les femmes ont-elles obtenu de nouveaux droits ?
3. Quels sont les droits que l'auteure revendique pour les femmes ? Expliquez.
4. Expliquez la partie du texte souligné. À quel statut fait-elle référence ?
5. Pourquoi Maria Deraismes dit-elle que son élection ne sera pas validée si elle est élue ?

EXERCICE 2 Maîtriser différents langages pour raisonner

DÉVELOPPEMENT CONSTRUIT

▸ Sous la forme d'un développement construit d'une vingtaine de lignes, décrivez l'évolution des conditions féminines au XIXe siècle.

Méthode Comprendre le sujet et rédiger

Piège à éviter
Vous ne pouvez pas tout dire, il faut sélectionner des exemples de votre cours.

Étape 1 Comprendre le sujet

Décrivez les conditions féminines au XIXe siècle.

conditions féminines : C'est un pluriel. Ouvrières, bourgeoises, paysannes ne vivent pas dans les mêmes conditions.

Étape 2 Rédiger

Plan possible

Introduction : au XIXe siècle, les femmes ont des vies très différentes selon le milieu social auquel elles appartiennent. Elles ont cependant en commun de ne pas avoir les mêmes droits ni la même place que les hommes dans la société.

Quelles sont les conditions féminines et comment évolue la place de la femme dans la société ?

Partie I : montrez que les femmes, quel que soit leur milieu social, ont moins de droits que les hommes (Code civil, droit de vote) et que la société et l'éducation les préparent à être femmes au foyer (Comment ? Pour quoi faire ?).

Partie II : montrez ensuite que la condition des femmes est très variée. Si les femmes de la bourgeoisie sont au foyer, les autres sont obligées de travailler pour faire vivre leur famille (Dans quel domaine ? Dans quelles conditions ?).

Partie III : cependant, à partir de 1848, des féministes luttent pour l'égalité des droits avec les hommes (Quelles féministes ? Quelles revendications ?). Peu à peu, la situation des femmes s'améliore (Quelles améliorations ?).

Conclusion : la situation des femmes évolue mais leur situation reste encore très inférieure à celle des hommes en 1914.

JE CONSTRUIS MON BILAN

hatier-clic.fr/hg4053 hatier-clic.fr/hg4054

1 Je connais les grandes dates

- Reliez les faits aux dates qui leur correspondent.

Julie-Victoire Daubié, première bachelière française ●	● 1911
Code civil napoléonien ●	● 1848
Accès des femmes aux universités ●	● 1881
Les femmes sont exclues du suffrage universel ●	● 1861
Droit au divorce ●	● 1804
L'enseignement primaire est désormais obligatoire, public et laïc pour tous les enfants : filles et garçons (lois Jules Ferry) ●	● 1884

2 Je comprends et j'apprends à partir d'une carte mentale

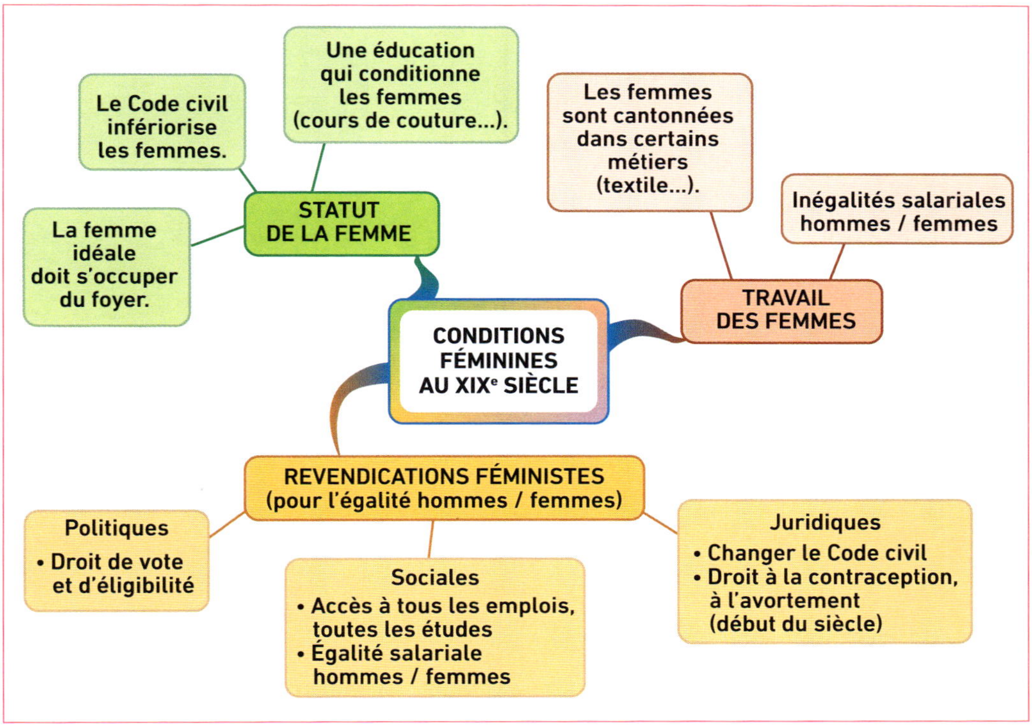

3 Je connais les mots importants

- À quel mot correspond chaque définition ?

A. Mouvement militant pour l'amélioration et l'extension du rôle et des droits des femmes dans la société.

B. Ouvrage réunissant des textes de loi définissant les relations de famille et le statut des personnes.

C. Terme apparu en Angleterre pour désigner les féministes souhaitant une évolution dans l'égalité hommes-femmes.

D. Soutenir activement une cause ou un idéal.

EPI Une exposition sur les femmes

Vous organisez une exposition intitulée : *Les femmes qui ont fait l'histoire au XIXe siècle*.
Avec vos professeurs d'histoire, de français et d'arts plastiques, vous allez présenter des portraits de femmes sous forme de panneaux mettant en valeur l'engagement de ces femmes d'exception.
Suivez les étapes du projet !

1 Choisir des femmes célèbres du XIXe siècle

Appuyez-vous sur la « Boîte à idées », sur vos recherches documentaires et sur les connaissances que vous avez acquises sur le sujet dans les différentes matières (« Conditions féminines dans une société en mutation » en histoire, « Vivre en société, participer à la société, Individu et société » en français, etc.).

BOÎTE À IDÉES

- Camille Claudel
- Julie-Victoire Daubié
- Caroline Remy dite Severine
- Marie Curie
- Hubertine Auclert
- Flora Tristan
- George Sand…

2 Rechercher des informations et des documents

Travaillez en groupes et sollicitez votre professeur documentaliste. Vous pouvez utiliser la rubrique « Enquête doc' ».

ENQUÊTE DOC'

Film

- *Camille Claudel*, film français de Bruno Nuytten, 1988.
- *Louise Michel la rebelle*, film français de Solveig Anspach, 2010.

Sites Internet

- Pour découvrir les portraits de Jeanne Deroin, Severine, George Sand… : http://itinerairesdecitoyennete.org
- Pour découvrir les liens entre Rodin et Camille Claudel : www.musee-rodin.fr

Roman
P. Barbeau et M. Gousset, *Courage, Mademoiselle Louise !*, Éditions Oskar, 2013.

Bande dessinée
V. Gravé et É. Liberge, *Camille Claudel*, Éditions Glénat, 2012.

Revue
La vie et l'œuvre en BD de Hubertine Auclert, militante féministe, dans la revue *Histoire* n° 17 (mars 2013).

Bande dessinée
L. Berg et S. Soularue, *Marie Curie*, Éditions Naïve, 2015.

3 Imaginer et réaliser un panneau pour cette exposition

Travaillez en groupes pour élaborez les affiches. Répartissez-vous les tâches.

QUI FAIT QUOI ?

Personnalité choisie →

ÉQUIPE DE RÉDACTEURS

- **Rédacteur 1 :** trouvez des indications biographiques (dates de naissance et de mort, événements importants, lieux de vie…).
- **Rédacteur 2 :** présentez le contexte, la période à laquelle a vécu cette femme ainsi que le statut des femmes à cette époque…
- **Rédacteur 3 :** présentez les actions dans le domaine dans lequel elle s'est illustrée, son rôle dans l'histoire et son influence sur le monde d'aujourd'hui.

ICONOGRAPHE/ILLUSTRATEUR
Sélectionnez sur Internet ou dans des ouvrages documentaires un portrait et des documents représentatifs des actions de la personne choisie (documents d'époque…)
Vous pouvez aussi réaliser vous-même un portrait d'après document.

→ **Réalisation du panneau**
Rassemblez et organisez les textes et les documents iconographiques.
Soignez la mise en page : tailles de titres, couleurs, lisibilité des textes, dimension des documents iconographiques…

Qu'est-ce qu'un portrait ?
Un portrait fait la description d'une personne ; il peut être oral, écrit, ou faire appel à des procédés artistiques (dessin, peinture...).

Qu'est-ce qu'un panneau d'exposition ?
Un panneau d'exposition présente un sujet de manière à en donner des informations claires et structurées, sous une forme visuelle agréable. Le public de l'exposition doit être capable, après sa visite, d'avoir retenu l'essentiel et posséder suffisamment d'éléments pour approfondir le sujet s'il le souhaite.

Un exemple de panneau d'exposition

Placez en titre du panneau le nom de votre héroïne.

Pensez à des intertitres qui donnent envie de découvrir la vie et l'oeuvre de la personne concernée.

Variez les documents iconographiques et vérifiez qu'ils illustrent bien les textes.

Donnez les références de vos sources.

LES FEMMES QUI ONT FAIT L'HISTOIRE AU XIXe SIÈCLE

Une artiste et une femme libre,
Camille Claudel

Camille Claudel (1864-1943) a un destin hors du commun. Son œuvre interroge la destinée humaine et mêle sujets mythologiques et autobiographiques.

Au XIXe siècle, les femmes n'ont pas accès aux Beaux-arts. Il faudra attendre 1903 pour qu'elles puissent participer au célèbre Prix de Rome qui permet à de jeunes artistes de suivre une formation en Italie.

C. Claudel dans son atelier avec J. Lipscomb

Les débuts artistiques

À 17 ans, soutenue par Alfred Boucher, Camille Claudel décide de faire de la sculpture son métier.
Elle s'installe à Paris et suit des cours à l'Académie Colarossi. En 1882, elle ouvre son atelier, rue Notre-Dame des Champs où elle accueille d'autres femmes sculpteurs, comme Jessie Lipscomb avec qui elle noue une profonde amitié.

La rencontre avec Rodin

C'est aussi en 1882 qu'elle rencontre Auguste Rodin, son professeur puis son amant, de 24 ans son aîné. Elle participe à certaines de ses œuvres majeures comme *Les Bourgeois de Calais*, en 1884. L'influence de Camille Claudel sur l'œuvre de Rodin est très forte. Elle modèlera la sculpture emblématique de Rodin, *Le Baiser* et plus tard, l'imposante *Porte de l'enfer*.

Jeune fille à la gerbe, 1886, Terre cuite

La reconnaissance

De 1882 à 1889, elle expose régulièrement ses œuvres (bustes et portraits). Son art touche les spectateurs car il s'adresse à leurs émotions.

La maturité

En 1892, Camille Claudel et Rodin se séparent douloureusement après avoir vécu une passion tumultueuse et fusionnelle pendant 10 ans. Elle s'enferme alors dans son atelier et son travail prend une autre direction comme en témoigne sa sculpture *L'Âge mûr*.
Délaissée par Rodin et sa famille, elle sombre dans la folie.

La Valse, 1889-1905, bronze

La mondialisation

La mondialisation est la mise en relation des différentes parties du monde sous l'effet de l'**accélération des échanges** et des **mobilités humaines**. Favorisée par la révolution des transports et des télécommunications, elle **transforme les espaces** et **sélectionne les territoires**.

Accélération des échanges

Les échanges maritimes : un porte-conteneurs géant

Les échanges de capitaux : la bourse de Wall Street à New York (États-Unis)

Transformation des espaces

Des métropoles transformées : le quartier d'affaires de Singapour

Des ports de plus en plus grands : le port de Shanghai (Chine)

Mondialisation

Intensification des mobilités humaines

Les migrations transnationales :
un train de migrants (Mexique)

Les mobilités touristiques :
touristes chinoises devant la tour Eiffel (Paris)

Sélection des territoires

Des villes en crise ?
une maison détruite à Detroit (États-Unis)

Des espaces à l'écart ?
un bidonville d'Abidjan (Côte d'Ivoire)

Géo-Histoire

La mondialisation dans l'Histoire

La mondialisation est un phénomène ancien, qui débute au XVIe siècle avec les grandes découvertes et le développement des échanges maritimes. On distingue trois mondialisations dans l'Histoire.

XVIe siècle | XVIIe siècle | XVIIIe siècle | XIXe siècle | XXe siècle | XXIe siècle

La première mondialisation | La deuxième mondialisation | La troisième mondialisation

La première mondialisation (XVIe-XVIIIe siècle)

Au XVIe siècle, les grandes découvertes élargissent le monde des Européens. Au XVIIIe siècle, le commerce maritime mondial se développe, principalement entre l'Europe et ses colonies.

Christophe Colomb arrive sur l'île de Guanahani

Un navire de commerce au XVIIIe siècle

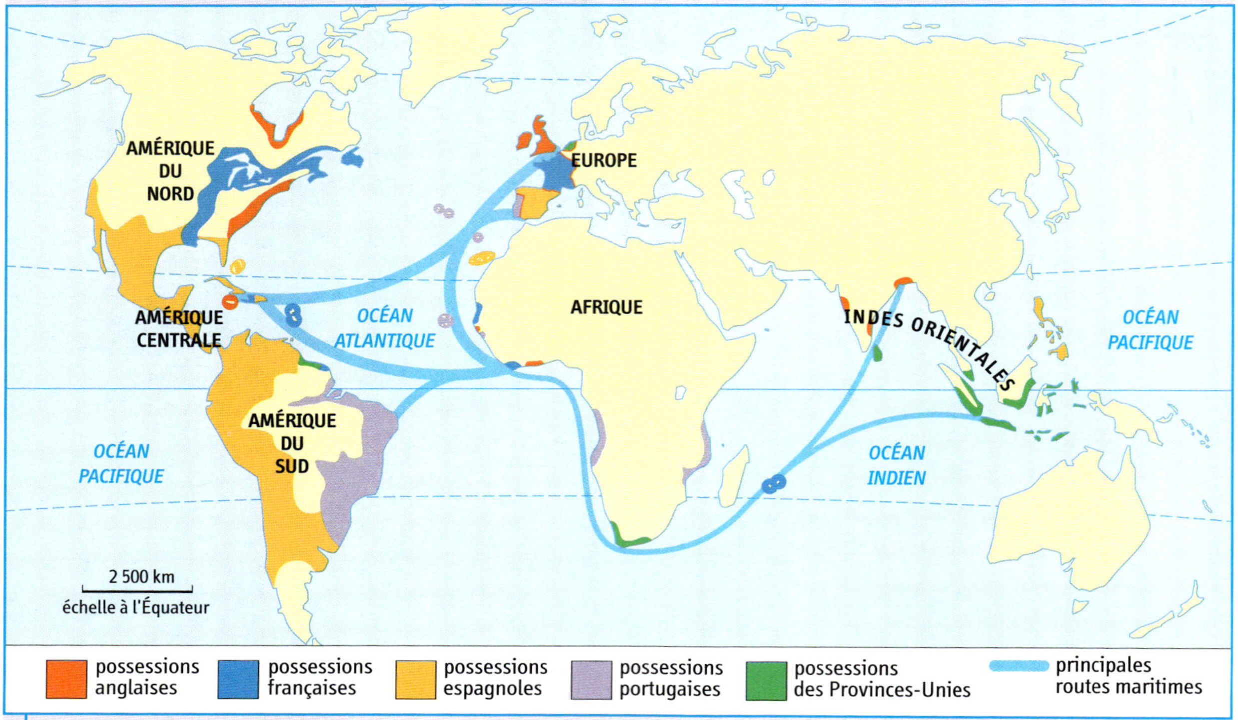

1 Les empires coloniaux et les routes maritimes vers 1740

La deuxième mondialisation (1850-1950)

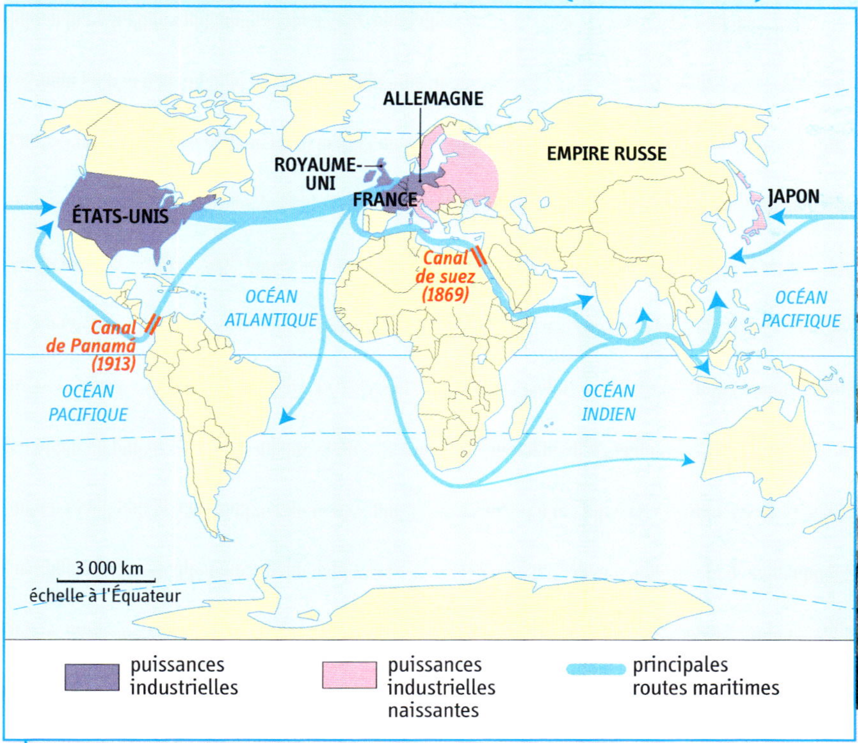

2 Les puissances industrielles et les routes maritimes en 1914

Au XIXe siècle, l'industrialisation de l'Europe et des États-Unis s'accompagne d'une intensification des échanges de marchandises et des migrations internationales.

Le canal de Suez au XIXe siècle

L'arrivée de migrants irlandais à New York au XIXe siècle

La troisième mondialisation (1950 à nos jours)

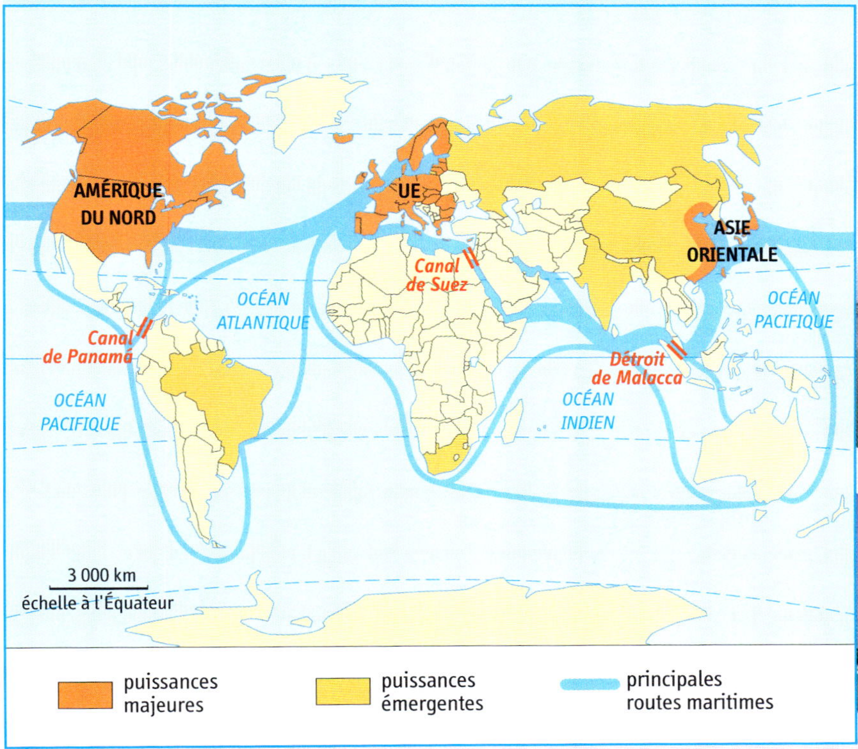

3 Les puissances et les routes maritimes aujourd'hui

Depuis 1950, les échanges mondiaux (marchandises, informations, capitaux) et les mobilités humaines (migrations, tourisme) se développent très rapidement. Ils mettent en relation les différentes parties du monde.

Un porte-conteneurs géant

Le développement du tourisme international

Les États

LES LIEUX ÉTUDIÉS dans le manuel

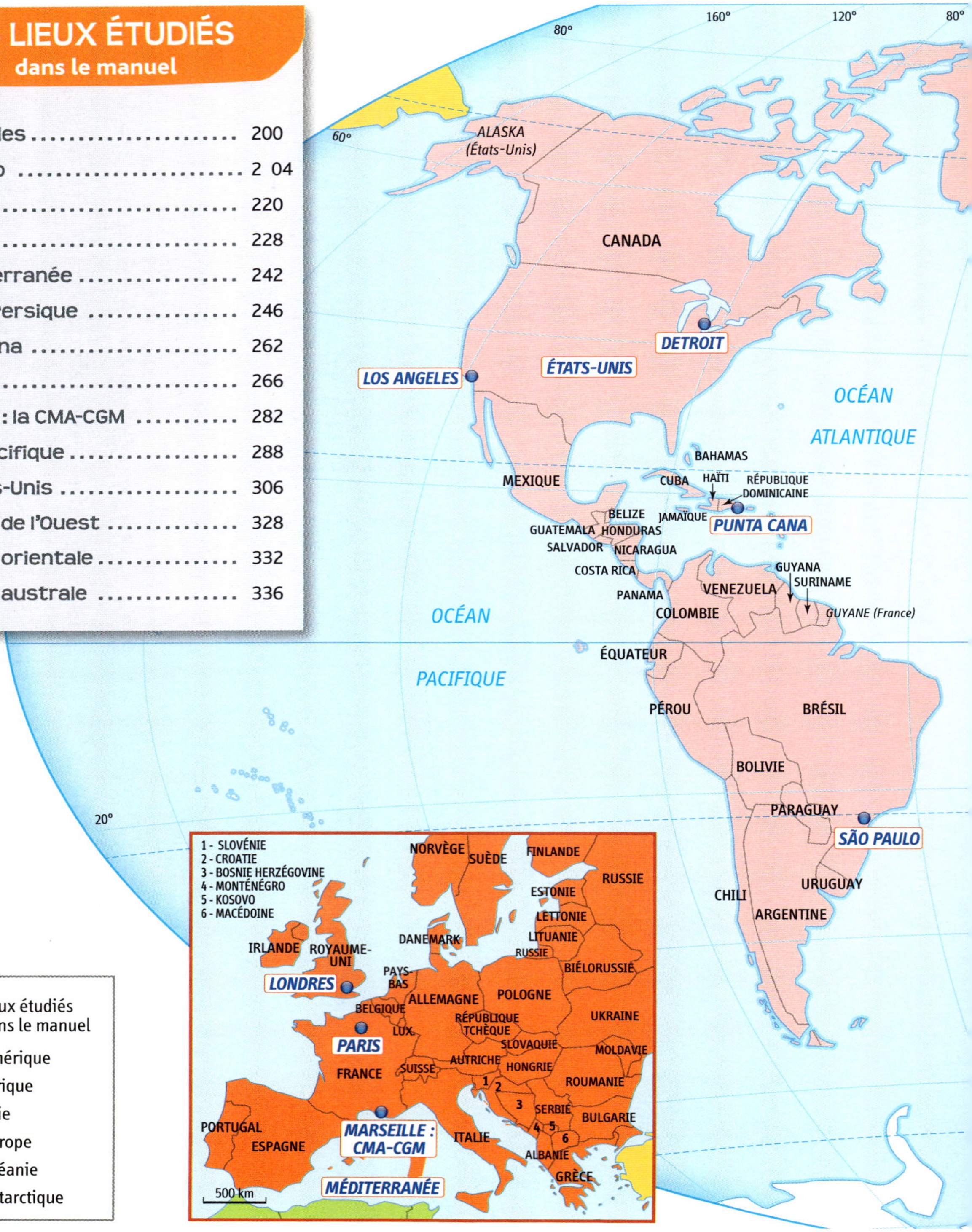

DETROIT lieux étudiés dans le manuel

- Amérique
- Afrique
- Asie
- Europe
- Océanie
- Antarctique

COMPÉTENCE
Je me repère dans l'espace

du monde en 2016

hatier-clic.fr/hg4055

Le croquis en géographie :

Un croquis est la représentation simplifiée d'un espace. Pour réaliser un croquis, il faut utiliser le langage cartographique et suivre une méthode en trois étapes.

Le langage cartographique pour réaliser un croquis

	FIGURÉS PONCTUELS	FIGURÉS DE SURFACE	FIGURÉS LINÉAIRES
Représenter des informations	Une ville : Une usine : Un aéroport Un port : Une façade maritime : Une mégalopole : Un tunnel, un col :	Un espace peuplé : Un espace agricole : Un espace industriel : Une zone de montagne :	Une autoroute : Une voie ferrée : Une voie fluviale : Une limite administrative : Un flux migratoire : Des exportations de marchandises : Des flux commerciaux :
Hiérarchiser des informations (varier la taille, la couleur, l'épaisseur...)	Ex. La population des villes peu peuplée – peuplée – très peuplée Ex. La croissance des villes positive – négative	Ex. La densité de population faible – moyenne – forte Ex. Le dynamisme des espaces dynamique – moins dynamique	Ex. Les axes de communication majeur – secondaire Ex. Un flux migratoire faible – moyen – fort
Différencier des informations (varier la couleur, la forme...)	Ex. Les transports Un aéroport : Un port :	Ex. Possibilité de superposer deux couches Une région peuplée : Une région ouverte sur le monde :	Ex. Les échanges de marchandises Des exportations : Des importations :

• Pour réaliser un croquis, il est conseillé de commencer par appliquer les figurés de surface, en soignant les contours et le coloriage.

• On peut ensuite placer les figurés ponctuels et linéaires, en étant précis dans les localisations.

COMPÉTENCE
Je pratique différents langages

Un exemple de croquis

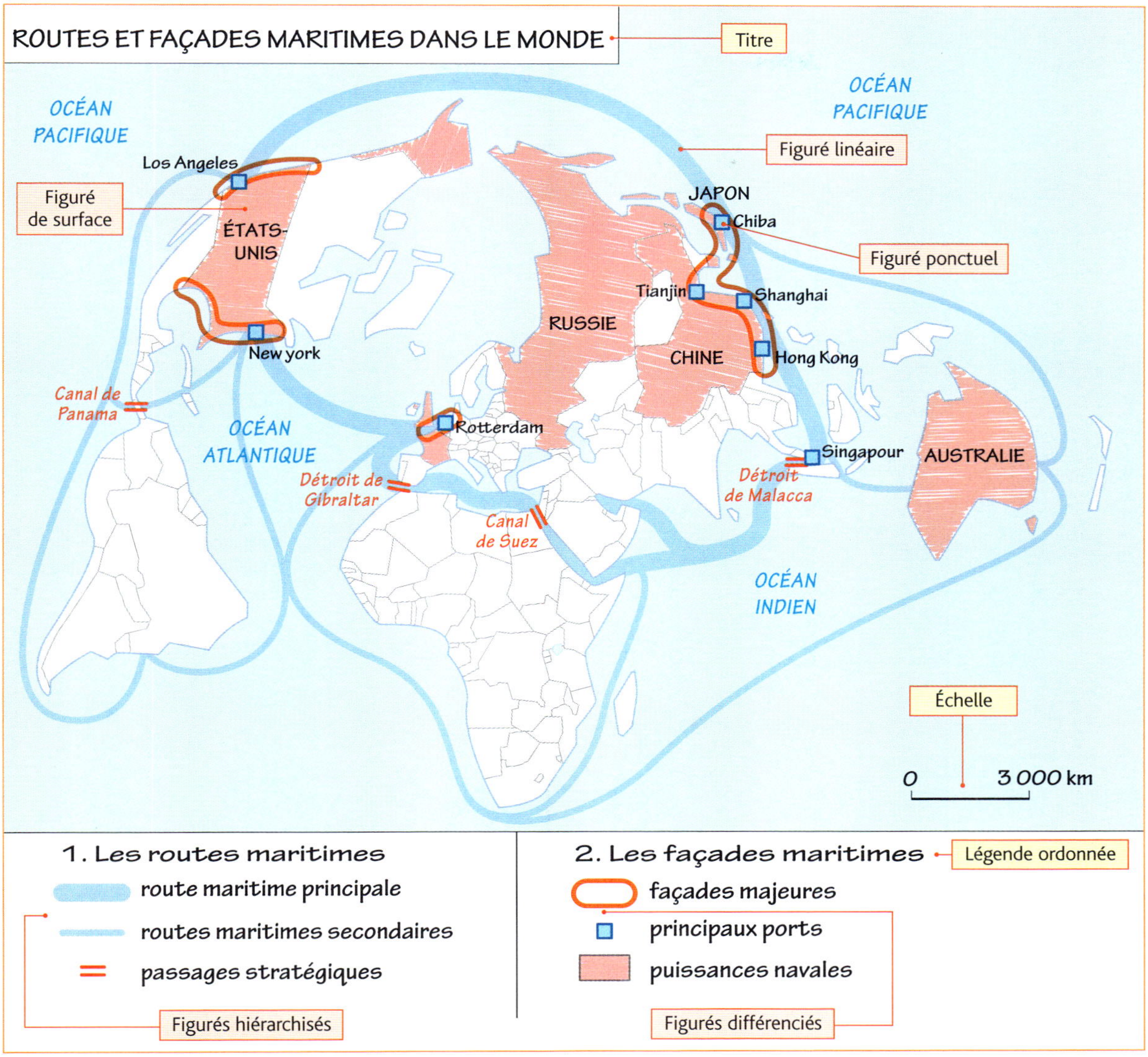

Méthode pour réaliser un croquis

Étape 1 Je prélève des informations sur des cartes, dans des textes, des tableaux de statistiques…

Étape 2 J'organise la légende à l'aide des informations sélectionnées.

Étape 3 Je complète le croquis à partir des informations choisies en utilisant le langage cartographique (voir ci-contre).

- Un croquis ne doit pas être surchargé, il faut faire des choix dans les informations à représenter.
- Un croquis doit toujours comporter **une échelle, une orientation, un titre et une légende**.
- Un croquis doit être soigné pour être lisible.

Et si je changeais de langage ?

Suite à la réalisation du croquis, je dois être capable de « changer de langage » en passant du croquis à une autre forme d'expression (texte rédigé, présentation orale, carte mentale, etc.) pour expliquer l'organisation de l'espace représenté.

CHAPITRE 9

Espaces et paysages de l'urbanisation

Quels sont les espaces et les paysages urbains nés de la mondialisation ?

1 Le centre de Singapour : Marina Bay et le quartier d'affaires

Le centre de Singapour s'organise autour d'un vaste quartier d'affaires. Cet espace, composé de gratte-ciel, est un des symboles forts de la mondialisation des paysages urbains.

hatier-clic.fr/hg4056

Compétences

J'analyse un document
- Un paysage du centre de Los Angeles ▶P. 200
- Un paysage du centre de São Paulo ▶P. 204

Je pratique différents langages
- Rédiger un texte sur les périphéries de Los Angeles ▶P. 202
- Compléter un schéma des périphéries de São Paulo ▶P. 206

Je me repère dans l'espace
- Situer les grandes villes mondiales et l'inégale urbanisation ▶P. 208

Je m'informe sur Internet
- Étudier une œuvre de *street art* ▶P. 212

2 Un lotissement géant en périphérie de Mexico (Mexique)
Le lotissement géant de San Buenaventura se situe à 32 km à l'est de Mexico. Il comprend plus de 20 000 maisons, toutes identiques, destinées à des familles modestes. Il témoigne d'un fait majeur de la mondialisation : l'étalement urbain des grandes villes.

Los Angeles : centres et périphéries

COMPÉTENCE
J'analyse un document
Un paysage du centre de Los Angeles

Peuplée de plus de 18 millions d'habitants, Los Angeles est une vaste agglomération qui s'étend sur plus de 150 km du nord au sud. Ses paysages sont marqués par l'étalement urbain et la mondialisation.

A Comment le centre-ville de Los Angeles se transforme-t-il ?

1 Une vue du centre-ville de Los Angeles

ACTIVITÉS

1. **Doc. 1** | **J'analyse un document**
   a Situez ce paysage (voir aussi doc. 4).
   b Décrivez le quartier d'affaires.
   c Quels aménagements observez-vous au pied de ce quartier d'affaires ?
   d Complétez le croquis ci-contre.
2. **Doc. 2 et 3** | Montrez comment le centre-ville de Los Angeles s'est transformé dans les années 2000.
3. **Doc. 1 et 4** | Nommez quelques équipements culturels qui témoignent de ces transformations.
4. **Doc. 2 et 4** | Quelles inégalités persistent ?

TITRE : ....

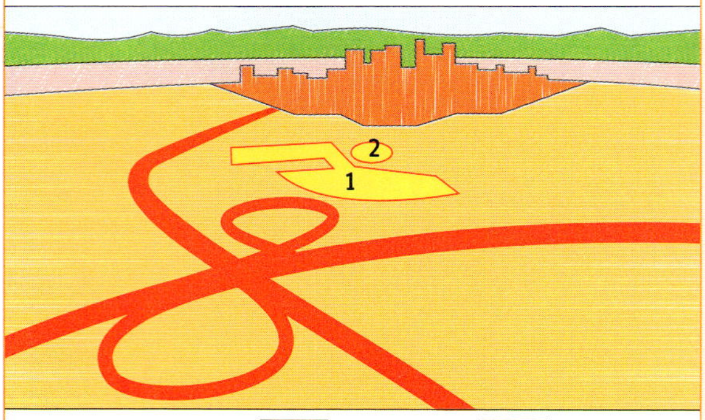

▬ .... ☐ .... ☐ ....
1. .... ☐ .... ☐ ....
2. ....

hatier-clic.fr/hg4057

2 Un centre-ville transformé

« Depuis un décret de 1999 qui encourage les investisseurs à rénover les bâtiments inemployés, le centre-ville de Los Angeles connaît une formidable transformation. 52 400 nouveaux habitants, surtout blancs ou asiatiques, s'y sont réinstallés depuis 14 ans.

Tout a commencé avec la construction du "Staples Center", la salle du club de basket de la ville, les Lakers, et de l'auditorium qui a attiré des gens d'autres quartiers dans ce centre-ville, à l'époque pauvre, dégradé, et seulement peuplé de SDF[1] la nuit. Depuis, de nombreuses entreprises high-tech se sont installées dans des bâtiments industriels désaffectés et les boutiques et restaurants branchés ont fleuri sur les trottoirs autrefois désertés après 5 heures du soir. Cependant, les prix des logements auparavant très bas sont en pleine augmentation et rien n'a été fait pour les habitants du "Skid Row" tout proche, un des quartiers les plus pauvres des États-Unis. »

▪ D'après Lauren Schucker, « Downtown L.A. Goes From Gritty to Glitzy », *Wall Street Journal*, 10 avril 2014.

1. SDF : sans domicile fixe.

3 Un café dans le centre-ville

4 Le centre-ville de Los Angeles : des espaces marqués par la mondialisation

Vocabulaire

Une agglomération : une ville et ses banlieues.

La centralité : la concentration des fonctions et des services importants dans les quartiers centraux d'une ville.

La gentrification : l'installation de populations aisées dans des quartiers rénovés, souvent centraux, au détriment des populations modestes.

Un quartier d'affaires : un quartier central constitué de grandes tours où se concentrent les banques, les bureaux, les commerces de luxe et les grands hôtels. Aux États-Unis, on l'appelle CBD (*central business district*).

COMPÉTENCE
Je pratique différents langages
Rédiger un texte sur les périphéries de Los Angeles

B Comment se manifeste l'étalement urbain dans les périphéries de Los Angeles ?

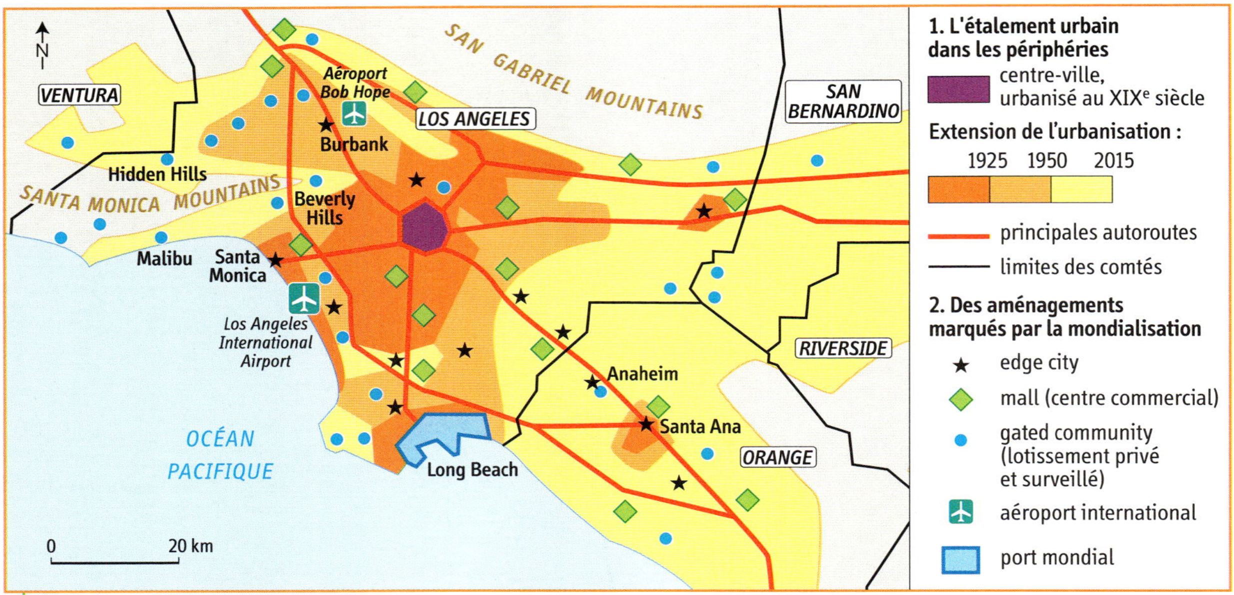

1 Los Angeles et ses périphéries

2 Hidden Hills, une « *gated community* »

Hidden Hills (« les collines cachées ») se situe à l'ouest de l'agglomération de Los Angeles, à environ 40 km du centre. C'est une « *gated community* » : l'entière municipalité est privée et fermée derrière des barrières et gardée jour et nuit.

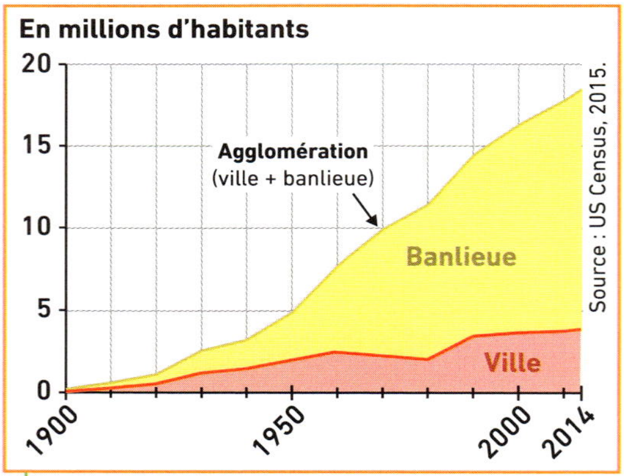

3 La population de Los Angeles

Vocabulaire

Une *edge city* (« ville-lisière ») : un espace urbanisé en périphérie qui concentre des bureaux, des services et des centres commerciaux.

L'étalement urbain : l'extension des banlieues et des zones urbaines à la périphérie des agglomérations.

Une *gated community* : un lotissement privé fermé et surveillé en permanence par des entreprises de sécurité.

4 L'étalement urbain en périphérie de Los Angeles : Burbank

hatier-clic.fr/hg4058

1 Zone de bureaux (*edge city* de Burbank) et centre commercial (*mall*)
2 Banlieue pavillonnaire (vallée de San Fernando) 3 Aéroport Bob Hope 4 San Gabriel Mountains

Burbank s'est développée autour de la production cinématographique et télévisuelle (on y trouve les studios Disney, Warner et de la chaîne de télévision NBC). Ses activités créent de la centralité dans une zone où la banlieue pavillonnaire s'étend à des kilomètres.

5 Les transformations des banlieues américaines

« Au cours des deux dernières décennies, les banlieues américaines ont continué de s'étendre encore plus loin suivant le principe de la maison individuelle. Elles ont également enregistré un renouvellement de leur population et de leurs activités. En effet, les zones industrielles de la ville-centre ont progressivement diminué au profit de nouvelles localisations en banlieue. Au départ principalement résidentielles (en dehors des centres commerciaux et des aires de loisirs), les banlieues accueillent désormais des zones de bureaux (les *edge cities*) bien desservies par le réseau autoroutier et situées non loin de centres commerciaux ayant été à l'origine d'une animation urbaine. Cet étalement urbain se fait grâce à une mobilité reposant sur l'usage exclusif de la voiture personnelle, compte tenu de l'absence de transports en commun. »

■ **D'après Cynthia Ghorra-Gobin, « La banlieue, rêve américain ou espace en voie de disparition ? », revue *Esprit*, 2013.**

ACTIVITÉS

1. **Doc. 3** | Comment a évolué la population de l'agglomération de Los Angeles depuis 1900 ?
2. **Doc. 1 et 3** | Pourquoi peut-on parler d'étalement urbain dans les périphéries de Los Angeles ? Comment l'expliquer ?
3. **Doc. 4 et 5** | Quels aménagements caractérisent les banlieues de Los Angeles ?
4. **Doc. 1 et 5** | Le long de quelles voies de communication ces aménagements se développent-ils ? Pourquoi ?
5. **Doc. 1 et 2** | Situez Hidden Hills. Montrez qu'il s'agit d'une *gated community* (aidez-vous de la définition).
6. **Je pratique différents langages**
Au cours d'un voyage aux États-Unis, vous découvrez Los Angeles en voiture. Écrivez un e-mail à un ami lui expliquant ce que vous voyez dans les périphéries de cette ville.

Coup de pouce
- **Décrivez** et expliquez l'étalement urbain.
- **Décrivez** les aménagements des périphéries marqués par la mondialisation.

ÉTUDE DE CAS

São Paulo : espaces et paysages

COMPÉTENCE
J'analyse un document
Un paysage du centre de São Paulo

São Paulo est la capitale économique du Brésil où vivent environ 21 millions d'habitants. C'est une ville où les fortes inégalités sociales marquent les espaces et les paysages.

A Quelles sont les caractéristiques du centre-ville de São Paulo ?

1 Un paysage du centre-ville de São Paulo

ACTIVITÉS

1. **Doc. 1** | **J'analyse un document**
   - **a** Situez ce paysage (voir aussi doc. 4).
   - **b** Décrivez ce paysage, du premier plan à l'arrière-plan.
   - **c** Complétez le croquis ci-contre.

Coup de pouce
- Je **complète** la légende.
- Je **colorie** avec les couleurs choisies.

2. **Doc. 4** | Quels sont les trois types de quartiers dans le centre-ville ?
3. **Doc. 2 et 3** | Quelles sont les particularités de l'avenue Paulista ?
4. **Doc. 2 et 4** | Quelles sont les évolutions actuelles du centre-ville ?
5. **Doc. 2 et 4** | Quelles inégalités existent dans le centre de São Paulo ?

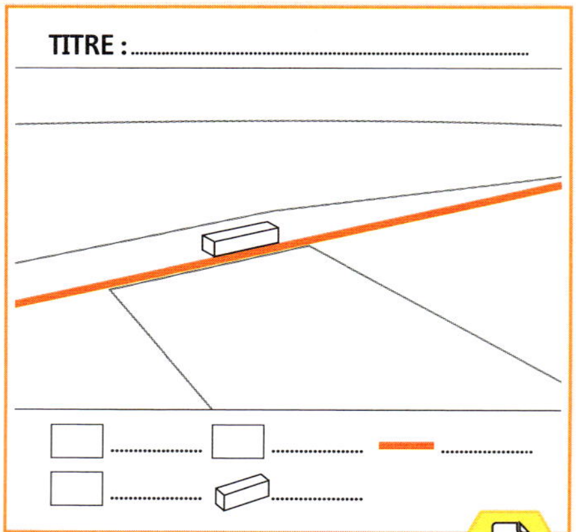

hatier-clic.fr/hg4059

2 L'avenue Paulista, le cœur économique

L'avenue Paulista, située au cœur de la ville, est son poumon économique. Elle connaît actuellement des transformations majeures avec par exemple l'implantation de pistes cyclables, dans une ville dominée par l'automobile.

3 Dans le centre-ville de São Paulo

« Dans le centre-ville de São Paulo, la foule file, pressée comme à Manhattan, téléphone portable et tablette prêts à être dégainés. Ainsi court São Paulo, pour imposer sa loi des affaires, celle qui en fait la capitale économique du Brésil. Elle produit le quart de sa richesse et abrite 60 % de ses grandes fortunes. Impossible de ne pas arpenter l'avenue Paulista. On parle des "Champs-Élysées de São Paulo" : immeubles signés des grands architectes pour les banques, compagnies de téléphonie, boutiques chics et restaurants aux goûts du jour. Pourtant, tout le monde n'a pas les moyens. Malaise à voir le nombre de ceux qui vivent dans la rue. Le soir, toutes les vitrines sont barricadées et certaines ruelles passent aux mains des laissés-pour-compte. »

▪ **« São Paulo, rendez-vous avec la démesure », www.lefigaro.fr, 2 mai 2014.**

Vocabulaire

La gentrification : voir p. 201.

Un quartier d'affaires : voir p. 201.

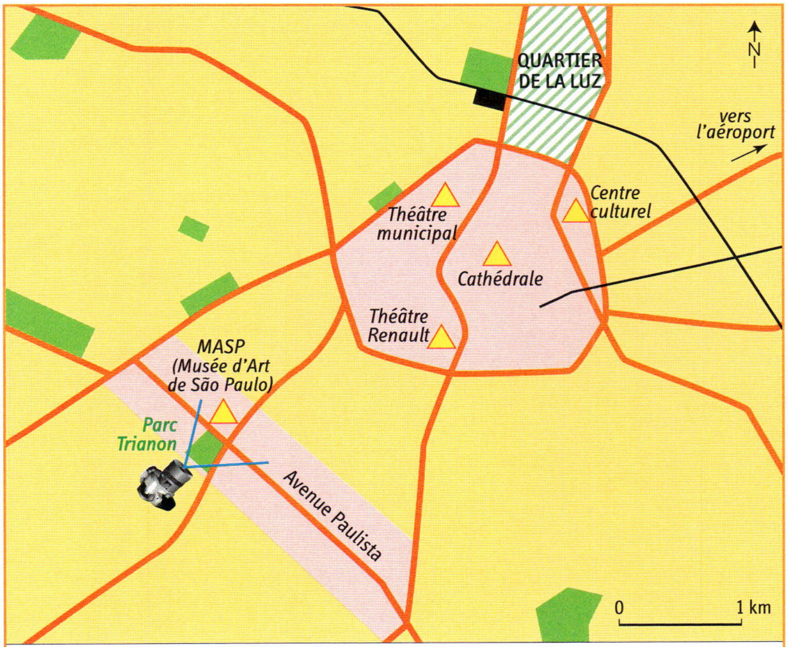

1. Les quartiers du centre-ville
- principaux quartiers d'affaires et de commerce
- quartiers résidentiels aisés
- quartiers dégradés en cours de gentrification
- principaux établissements culturels
- parcs, jardins, espaces verts

2. Un centre bien relié au reste de la ville
- gare centrale
- voies ferrées
- avenues principales
- champ de la photographie p. 204

4 Les espaces du centre-ville de São Paulo

COMPÉTENCE
Je pratique différents langages
Compléter un schéma des périphéries de São Paulo

B Quelles sont les inégalités dans les périphéries de São Paulo ?

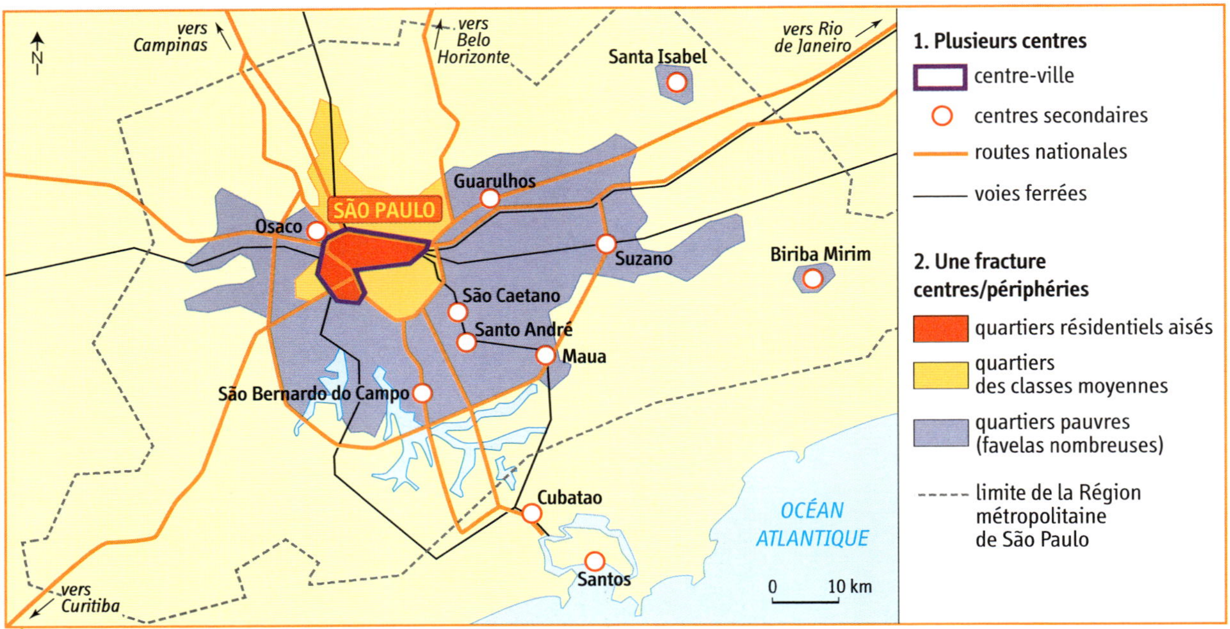

1 Centres et périphéries à São Paulo

2 Un quartier populaire de São Paulo

Dans ce quartier situé en périphérie de São Paulo, des maisons ont été construites pour des familles pauvres qui résidaient autrefois dans des favelas.

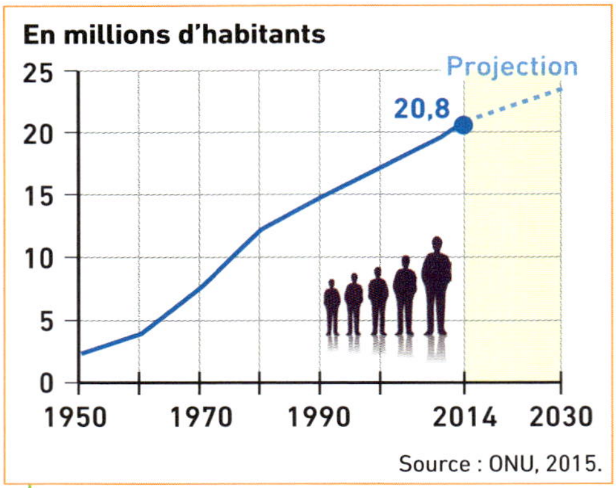

3 La population de São Paulo

Vocabulaire

Un *condominio fechado* : une « copropriété fermée ». Voir « *gated community* » p. 202.

L'étalement urbain : l'extension des banlieues et des zones urbaines à la périphérie des agglomérations.

Une favela : un quartier pauvre où les maisons sont construites par les habitants avec des matériaux de récupération.

4 L'étalement urbain à São Paulo : des périphéries contrastées

1 Favela de Paraisópolis 2 Quartier de classes moyennes et aisées

5 Des quartiers très différents

• « Les autorités ont lancé il y a 10 ans un programme pour réhabiliter les favelas. Uniao de Vila Nova, quartier de 32 000 habitants à 25 kilomètres du centre, était autrefois rongé par la criminalité. À la saison des pluies, les maisons délabrées étaient souvent emportées par les crues. Aujourd'hui, c'est un quartier propret et sûr, aux maisons multicolores, où les habitants sont fiers d'habiter. »

▪ **D'après « Un programme ambitieux a réussi à métamorphoser les favelas à São Paulo », tempsreel.nouvelobs.com, 17 septembre 2012.**

• « Les *condominios fechados* sont des quartiers très sécurisés. Pour pénétrer à Alphaville, vous devez présenter votre doigt pour la reconnaissance électronique de votre empreinte. Le quartier est constitué d'espaces verts impeccables, de maisons stylisées, certaines très grandes, avec trois places de garages, un grand jardin, parfois équipé d'une piscine et d'un terrain de tennis. »

▪ **D'après C. Rebeche, « Alphaville », lepetitjournal.com, 18 novembre 2014.**

ACTIVITÉS

1. **Doc. 3** | Comment a évolué la population de São Paulo depuis 1950 ?
2. **Doc. 1 et 4** | Montrez que les périphéries de São Paulo sont marquées par l'étalement urbain (utilisez la définition).
3. **Doc. 2 et 4** | Quels types d'habitat observe-t-on dans les périphéries de São Paulo ?
4. **Doc. 1 et 4** | Quelles sont les inégalités entre les différents quartiers de São Paulo ?
5. **Doc. 5** | Ces inégalités diminuent-elles ou s'accentuent-elles ? Justifiez à l'aide d'exemples pris dans les textes.
6. **Je pratique différents langages**
Complétez le schéma de São Paulo ci-dessous et donnez-lui un titre.

Coup de pouce **Utilisez** les mots suivants : Périphéries de classe moyenne • Extension de l'agglomération • Centre aisé • Voies de communication • Périphéries pauvres

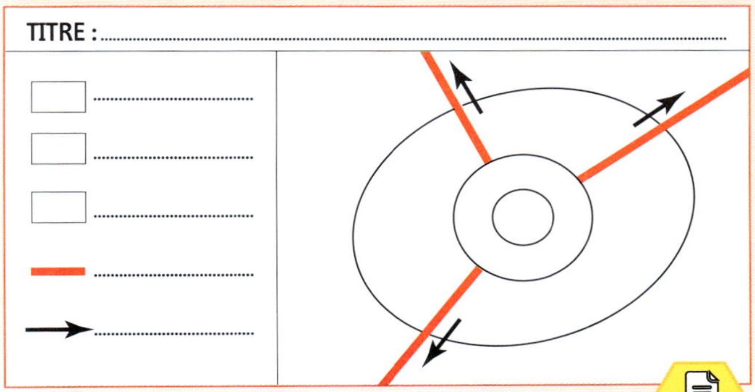

hatier-clic.fr/hg4060

L'urbanisation dans le monde

COMPÉTENCE
Je me repère dans l'espace
Situer les grandes villes mondiales et l'inégale urbanisation

1. Le taux d'urbanisation (2014)
- plus de 70 %
- de 60 à 70 %
- moins de 60 %

2. Les grandes agglomérations du monde (2014)
- plus de 20 millions d'habitants
- de 15 à 20 millions d'habitants
- de 12 à 15 millions d'habitants

- limite entre pays développés et pays en développement

São Paulo étude de cas du chapitre

Des études de cas...

1. Quel est le taux d'urbanisation des États-Unis ?

2. Quelle est l'autre grande agglomération des États-Unis ?

Los Angeles

3. Quel est le taux d'urbanisation du Brésil ?

4. Quelle est l'autre grande agglomération du Brésil ?

São Paulo

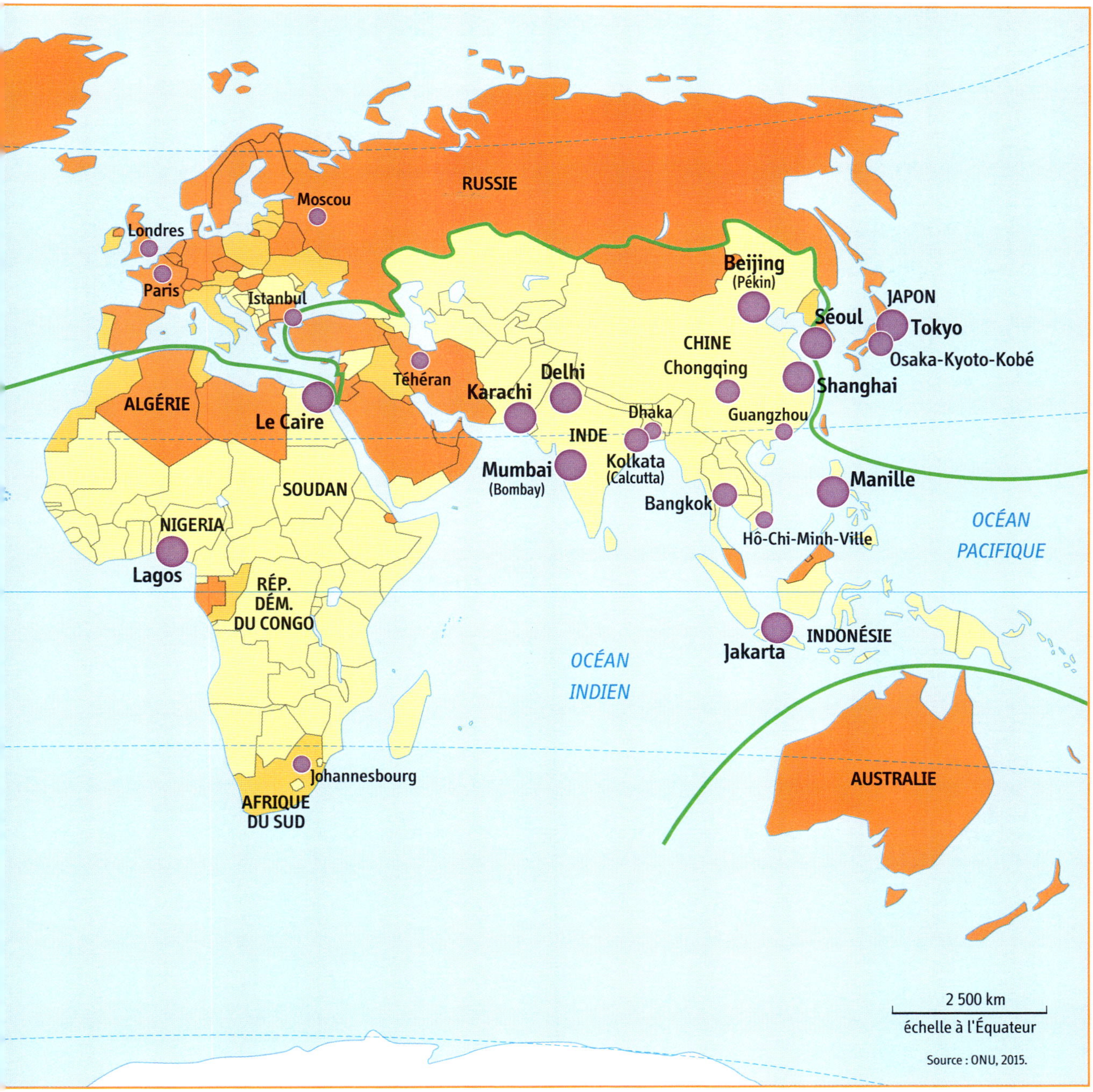

... au monde

5. Quels sont les continents les plus urbanisés ? Quels sont les continents les moins urbanisés ?

6. Sur quel continent les grandes agglomérations sont-elles les plus nombreuses ? Justifiez.

Vocabulaire

Une agglomération : une ville et ses banlieues.

Le taux d'urbanisation : le pourcentage de la population d'un pays vivant en ville.

1 L'urbanisation du monde

Quels sont les espaces et les paysages urbains nés de la mondialisation ?

A Une urbanisation accélérée

1. **L'urbanisation est un fait majeur de la mondialisation.** En 2015, 54 % de la population mondiale vit en ville (soit 3,7 milliards de personnes, DOC. 1). En 2050, elle devrait être de 65 % d'après l'ONU. **En Europe et en Amérique du Nord, l'urbanisation a débuté au XIXe siècle.** La population y est majoritairement urbaine (plus de 75 %) et la croissance des villes désormais faible.

2. À l'inverse, **la croissance urbaine est très forte dans les pays émergents et en développement**, du fait de l'accroissement naturel et de l'exode rural. Les **mégapoles** y sont de plus en plus nombreuses, surtout en Asie (DOC. 2) et en Afrique. En 2015, 21 des 28 mégapoles du monde se situent dans ces pays du Sud.

B Des paysages urbains transformés

1. **La mondialisation transforme les villes.** En Europe, les centres-villes s'organisent autour de quartiers historiques, aujourd'hui modernisés. Ils accueillent les aménagements culturels (musées, DOC. 5). En Amérique du Nord, le centre s'organise autour d'un CBD (Los Angeles). Composé de gratte-ciel, ce modèle du **quartier d'affaires** s'est diffusé dans toutes les grandes villes mondiales, devenant un **paysage typique de la mondialisation** (DOC. 4).

2. **Les périphéries des grandes villes se caractérisent par l'étalement urbain.** Dans les pays du Nord, de vastes banlieues pavillonnaires, organisées en lotissements le long des autoroutes urbaines, se mêlent à des zones d'activités (centres commerciaux, etc.). De **nouvelles centralités** (*edge cities* aux États-Unis) y apparaissent parfois. Dans les pays du Sud, l'étalement urbain prend la forme de vastes quartiers d'habitations, souvent informels (favelas de São Paulo, *slums* de Mumbai).

C Des espaces de plus en plus divisés

1. **L'urbanisation s'accompagne d'un creusement des inégalités.** Les centres-villes sont souvent réaménagés et habités par des populations de plus en plus aisées : c'est la **gentrification** (Paris). Pourtant, des poches de pauvreté demeurent dans ces centres, au Nord (ghettos à Chicago) comme au Sud (**bidonvilles** à Manille, DOC. 3).

2. **Dans les périphéries, les inégalités sont aussi très fortes.** Les banlieues pavillonnaires sont habitées par les classes moyennes et aisées, qui se regroupent parfois dans des quartiers sécurisés (les *gated communities*). Les **bidonvilles du Sud** sont pauvres. Ces inégalités risquent de s'accroître dans l'avenir.

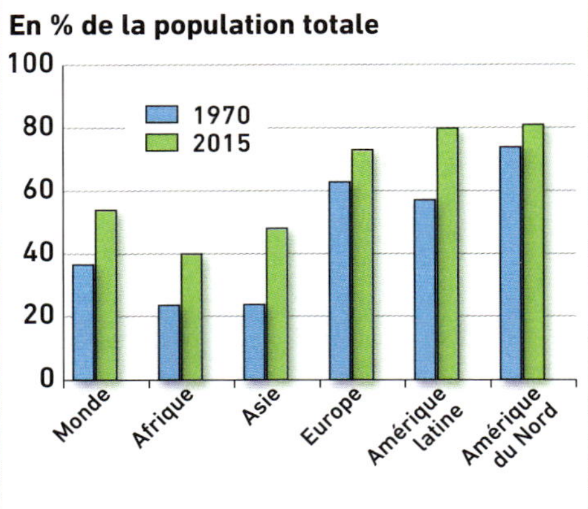

Source : ONU, 2015.

1 La population urbaine dans le monde

1. Comment évolue la population urbaine mondiale ?
2. En 2014, quels sont les continents les plus urbanisés ? les moins urbanisés ?

2 Les cinq premières villes mondiales

Ville (pays)	Nombre d'habitants (millions)	Croissance 1990-2014 (%)
1 : Tokyo (Japon)	37,8	+ 16 %
2 : Delhi (Inde)	25	+ 156 %
3 : Shanghai (Chine)	23	+ 193 %
4 : Mexico (Mexique)	20,8	+ 33 %
5 : São Paulo (Brésil)	20,8	+ 41 %

Source : ONU, 2015.

- Quelles villes connaissent la plus forte croissance ?

Vocabulaire

Un bidonville : voir favela p. 206.

La croissance urbaine : l'augmentation de la population des villes.

L'étalement urbain : voir p. 202.

La gentrification : voir p. 201.

Une mégapole : une ville peuplée de plus de 10 millions d'habitants.

Un quartier d'affaires : voir p. 201.

L'urbanisation : l'augmentation de la population urbaine et la transformation d'un espace rural en un espace urbain.

3 Les contrastes urbains à Manille (Philippines)

- Comment cette photographie illustre-t-elle les inégalités sociales dans les grandes villes ?

4 Des villes semblables avec la mondialisation ?

« On assiste actuellement à une uniformisation des villes à l'échelle mondiale. Partout des centres-villes avec des rues piétonnes, sortes de gigantesques centres commerciaux où s'affichent les mêmes enseignes. Partout les mêmes aéroports, le même mobilier urbain, les mêmes quartiers d'affaires centraux, parfois avec gentrification du centre-ville. Partout les œuvres des mêmes "starchitectes", des architectes à la renommée internationale. Exemple : le musée Guggenheim à Bilbao (Espagne) de Frank Gehry. Il a connu un tel succès que toutes les villes ont voulu un musée, qui permet d'identifier la ville et de lui donner une visibilité mondiale. Les chercheurs et les urbanistes pensent que cette uniformisation est un symbole de la mondialisation. Mais halte au pessimisme ! De Trinidad à Katmandou, de Jérusalem à Bakou, les villes conservent des spécificités, ici un gratte-ciel, là un monument ou un quartier historique. »

▪ **Corinne Chabaud, « Copier-coller d'un modèle urbain mondial », *Atlas des villes*, Le Monde/La Vie, 2014.**

1. Pourquoi peut-on parler d'une uniformisation des villes mondiales ?
2. Comment les villes se différencient-elles pourtant ?

5 Le musée Guggenheim de Bilbao (Espagne)

Arts et Géo

JR ET LE STREET ART

COMPÉTENCE
S'informer sur Internet
Étudier une œuvre de *street art*

JR est un artiste français qui utilise le collage photographique comme moyen d'expression. Dans son projet *Women are Heroes*, il habille les murs d'une favela de Rio de portraits de femmes.

FICHE D'IDENTITÉ

- **NOM** : *Women are Heroes*
- **AUTEUR** : JR
- **DATE** : 2008
- **LIEU** : Favela de Morro da Providência, Rio de Janeiro (Brésil)
- **NATURE ET TECHNIQUE** : collage photographique
- **COURANT ARTISTIQUE** : *Street art* (art urbain)
- **HISTOIRE DE L'ŒUVRE** : Pour rendre hommage aux femmes, qui occupent un rôle essentiel dans les sociétés mais sont les principales victimes des violences, JR a habillé l'extérieur de cette favela de Rio avec ses immenses photos de visages de femmes. « C'est un projet fait de bric et de broc, comme la favela elle-même. On s'est adapté à l'environnement dans cet univers où les toits des maisons sont en plastique. On s'est débrouillé malgré les rues en pentes, les maisons chancelantes et les câbles électriques imprévisibles », dit JR.

1 Un escalier de la favela

***Women are Heroes*, Action dans la favela Morro da Providência, Escalier, Rio de Janeiro, Brésil, 2008.**

2 BIOGRAPHIE

JR est un artiste français né en 1983. Après avoir trouvé un appareil-photo dans le métro parisien en 2001, il parcourt l'Europe à la rencontre de ceux qui s'expriment sur les murs des villes. Grâce à la technique du collage photographique il expose librement sur les murs du monde entier. De Paris à Shanghai en passant par New York ou Rio, il affiche des portraits très grands formats d'anonymes qui deviennent acteurs de ses projets artistiques.

3 **Vue générale de la favela Morro da Providência (Rio de Janeiro, Brésil)**

Women are Heroes, Action dans la favela Morro da Providência, favela de jour, Rio de Janeiro, Brésil, 2008.

Vocabulaire des arts

Le *street art* (ou art urbain) : un mouvement artistique regroupant toutes les formes d'art réalisées dans la rue (graffiti, collage, etc.) pour toucher un large public. Il apparaît dans les années 1960 en France et aux États-Unis.

ACTIVITÉS

Je présente

1. Où et quand les photographies du projet *Women are Heroes* ont-elles été réalisées ?
2. Présentez l'auteur de ces photographies.

Je décris et j'explique

3. Décrivez ce projet (support, technique, sujets, etc.).
4. Pourquoi JR a-t-il réalisé ces photographies ?

Je relie à une école artistique

5. En utilisant le vocabulaire des arts, montrez que *Women are Heroes* est une œuvre de *street art*.

6. **S'informer sur Internet** @

Rendez-vous sur le site de l'artiste JR : www.jr-art.net/fr/projets

Cliquez sur le projet « The Wrinkles of the city ». Avec un camarade, choisissez une ville photographiée par JR et présentez-la à la classe dans un oral de quelques minutes.

hatier-clic.fr/hg4061

JE M'EXERCE PAR COMPÉTENCE

Je me repère dans l'espace

1 Situer la croissance urbaine dans le monde

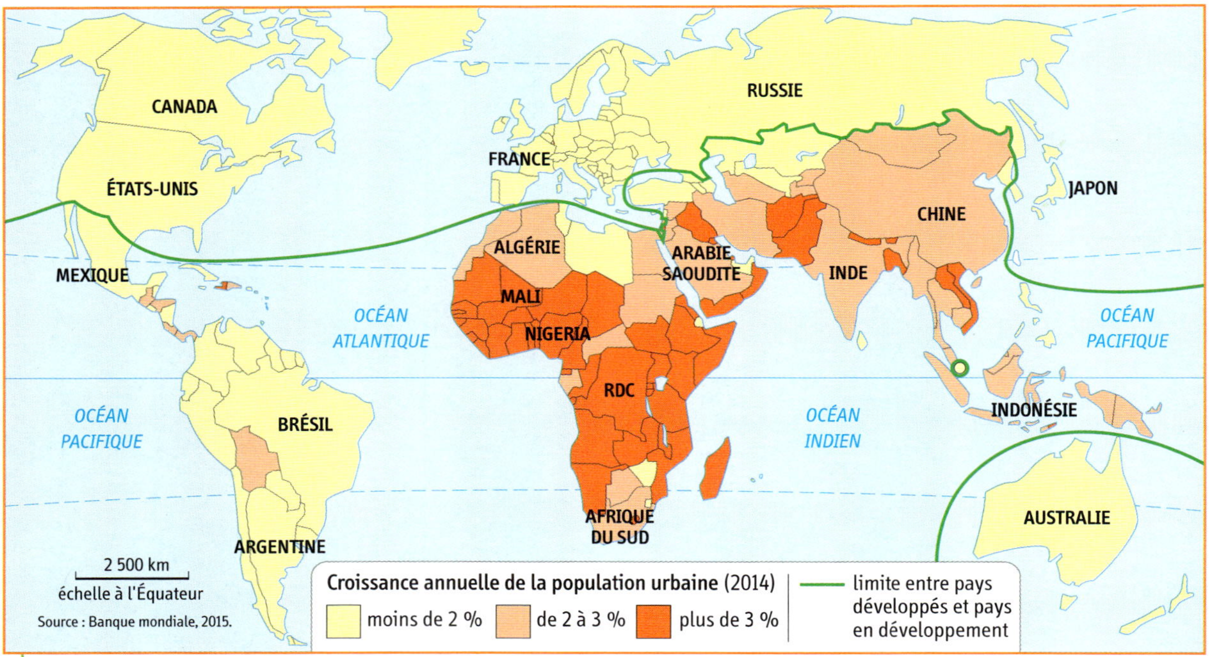

La croissance urbaine dans le monde

1. Qu'est-ce que la croissance urbaine (voir la définition p. 210) ?
2. Que représentent les différentes couleurs sur la carte ?
3. Dans quelles régions du monde la croissance urbaine est-elle la plus élevée ?
4. Dans quelles régions du monde est-elle la moins élevée ?
5. Comparez cette carte avec le planisphère p. 208. Que peut-on en déduire ?

J'analyse un document

2 Analyser un graphique sur la population des bidonvilles

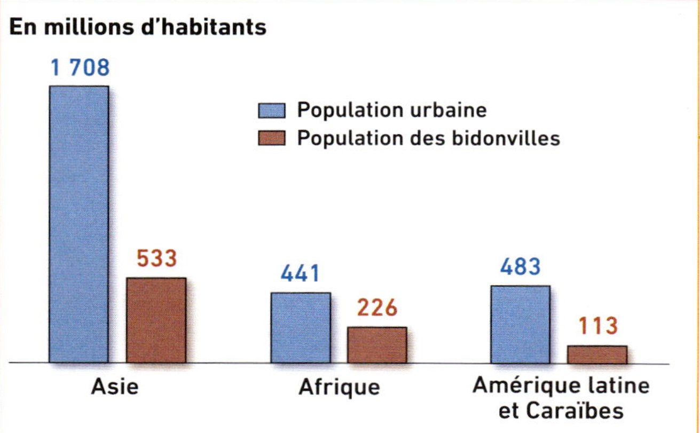

Source : ONU-Habitat, *L'État des villes dans le monde 2012-2013*.

Population urbaine et population des bidonvilles en 2012

1. Qu'est-ce qu'un bidonville ?
2. Dans quelle région du monde la population des bidonvilles est-elle la plus importante ? Justifiez.
3. Dans quelle région du monde la proportion des citadins habitant les bidonvilles est-elle la plus importante ? Pourquoi d'après vous ?
4. Pourquoi l'Europe et l'Amérique du Nord ne sont-elles pas représentées sur ce graphique ?

3 Décrire l'évolution d'un paysage urbain : Paris

PASSERELLE GÉO-HISTOIRE

1 Paris depuis la place de l'Étoile vers la Défense

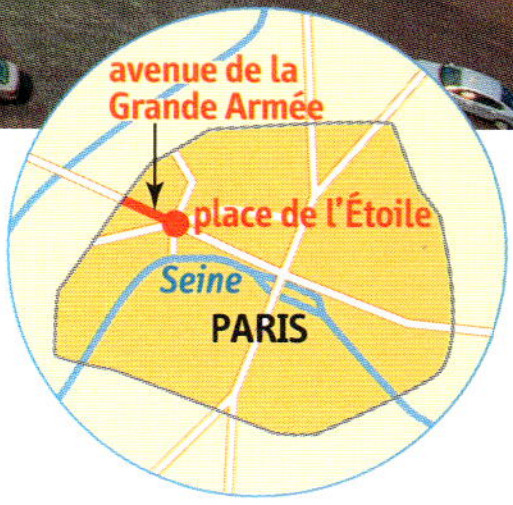

2 La transformation de Paris au XIXe siècle

« Faire de la capitale une ville moderne. Telle était la mission d'Haussmann, qui, pendant près de dix-sept ans (1853-1870), avec un soutien inconditionnel de Napoléon III, transforma Paris. Avant ce chantier, Paris était une ville médiévale aux ruelles étroites et insalubres. Elle a littéralement été bouleversée par les plans d'Haussmann. Dans un premier temps, il "nettoya" les rues, expropriant les habitants puis démolissant des centaines de constructions anciennes pour bâtir à la place des immeubles en pierre de taille, appelés "immeubles haussmanniens". Il façonna ensuite de grandes avenues capables d'absorber une circulation en constant accroissement. Le but de tous ces travaux était de créer des voies de communication et d'échanges favorisant le commerce mais aussi la vie quotidienne des habitants. »

▪ **Marc Fayad, « Haussmann, l'homme qui bâtit Paris », www.lepoint.fr, 20 août 2013.**

1. **Doc. 1** | Situez ce paysage.
2. **Doc. 1** | Décrivez ce paysage, du premier plan à l'arrière-plan.
3. **Doc.1 et 2** | D'après le texte, à quel moment le quartier du premier plan a-t-il été aménagé ? Quelles sont les principales transformations d'Haussmann visibles sur la photographie ?
4. **Doc. 1** | Quel quartier a été construit à une époque plus récente ? Justifiez.
5. À l'aide vos réponses, rédigez un texte de quelques lignes décrivant Paris depuis la place de l'Étoile. Vous expliquerez les transformations de ce quartier depuis le XIXe siècle.

Je m'informe sur Internet — 4 Découvrir le centre de Shanghai avec Google Earth

- Rendez-vous sur le site de Google earth : www.google.fr/intl/fr/earth/. Téléchargez le logiciel puis lancez-le.
- Tapez « Lujiazui, Shanghai » dans « Rechercher » puis repérez ce quartier avec une punaise jaune.
- Cochez l'onglet « Bâtiments 3D » puis observez ce quartier à l'aide de la fonction zoom.

1. Où se situe Shanghai ?
2. Décrivez le quartier de Lujiazui.
3. Comment appelle-t-on ce type de quartier ?

- Retrouvez l'angle de prise de vue similaire au document ci-contre.
- Dans la barre d'outils, cliquez sur « Afficher des images d'archive ».
- En faisant glisser le curseur, allez à l'image du 20/5/2000. Cochez, puis décochez l'onglet « Bâtiments 3D ».

- Revenez à l'image de 2015 puis dirigez-vous à l'ouest du quartier de Lujiazui, dans le quartier « d'Haiyi villa ». Survolez cette zone et observez-la.

Vue du quartier de Lujiazui à Shanghai (image Google Earth)

4. Comment a évolué ce quartier entre 2000 et 2015 ?
5. Comment expliquer cette évolution ?
6. Quels types d'habitat observez-vous dans ce quartier ?

J'analyse un document — 5 Analyser un plan de Madrid

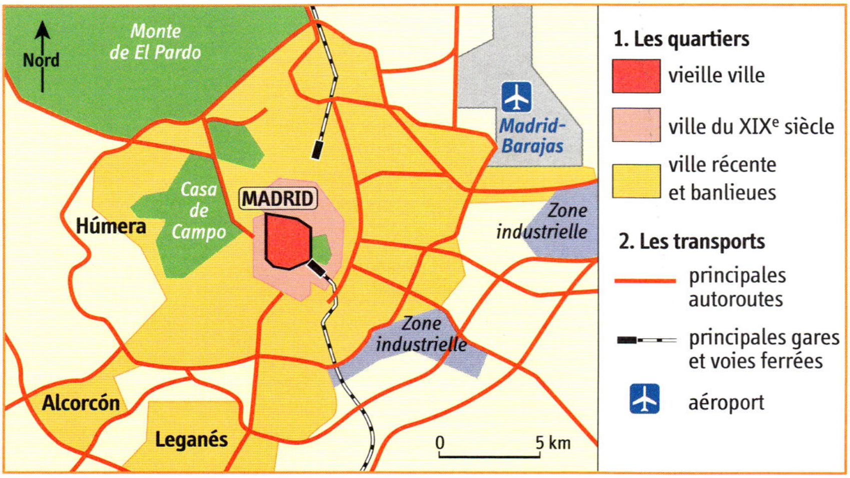

1. Montrez que la ville de Madrid s'organise selon le modèle centre-périphéries.
2. Quelles sont les deux parties du centre de Madrid ?
3. Quels sont les espaces et les aménagements des périphéries ?
4. Réalisez un schéma simplifié de l'agglomération de Madrid.

Coup de pouce Vous pouvez vous aider du schéma p. 207.

JE CONSTRUIS MON BILAN

hatier-clic.fr/hg4062 hatier-clic.fr/hg4063

1 J'identifie des paysages urbains

1. Localisez ces paysages (villes et pays) à l'aide des pages du chapitre.
2. Associez les mots suivants aux bonnes images :
   Centre historique • Bidonville • Quartier d'affaires • Banlieue pavillonnaire • Étalement urbain.
3. Classez ces paysages dans le tableau ci-dessous :

Centres	Périphéries
....	....

4. À l'aide d'un exemple pris dans chacune des colonnes, justifiez vos choix en décrivant les paysages choisis.

2 Je complète une carte mentale sur l'urbanisation

- Complétez la carte mentale ci-dessous à l'aide des mots suivants :

a. Quartiers d'affaires • **b.** Ghettos • **c.** Banlieues pavillonnaires • **d.** Bidonvilles • **e.** Quartiers historiques • **f.** Étalement urbain • **g.** Gentrification • **h.** Gated community

CHAPITRE 10

Les villes dans la mondialisation

Pourquoi les villes sont-elles inégalement intégrées à la mondialisation ?

1 Shanghai, une ville au cœur de la mondialisation
Shanghai est une ville au cœur des échanges mondiaux (marchandises, informations, etc.). Le quartier de Pudong est le centre d'affaires le plus dynamique de la ville.

Compétences

J'analyse un document
- Un plan des fonctions mondiales de Londres ▶ P. 220

Je pratique différents langages
- Réaliser un croquis de Londres ▶ P. 222
- Réaliser un croquis des villes dans la mondialisation ▶ P. 228

Je raisonne
- Choisir une démarche pour présenter la crise de Detroit ▶ P. 224

Je me repère dans l'espace
- Localiser et situer les villes mondiales ▶ P. 226

Je travaille en groupe
- Étudier les villes à l'écart de la mondialisation ▶ P. 230

EPI Créer un carnet de voyage sur New York ▶ P. 238

2 Detroit : une ville à l'écart de la mondialisation ?

Couverture du magazine américain *Time* du 5 octobre 2009.

Avec la crise de l'industrie automobile américaine, la ville de Detroit est passée de près de 2 millions d'habitants dans les années 1950 à 800 000 aujourd'hui. C'est une « shrinking city », une ville qui « rétrécit ».

* « **La tragédie de Detroit**. Comment une grande ville est tombée et comment elle peut se relever ».

ÉTUDE DE CAS

Une métropole mondiale : Londres

COMPÉTENCE
J'analyse un document
Un plan des fonctions mondiales de Londres

Londres est une ville qui concentre de nombreuses fonctions mondiales. C'est une métropole très bien intégrée à la mondialisation.

A Quelles sont les fonctions de cette ville mondiale ?

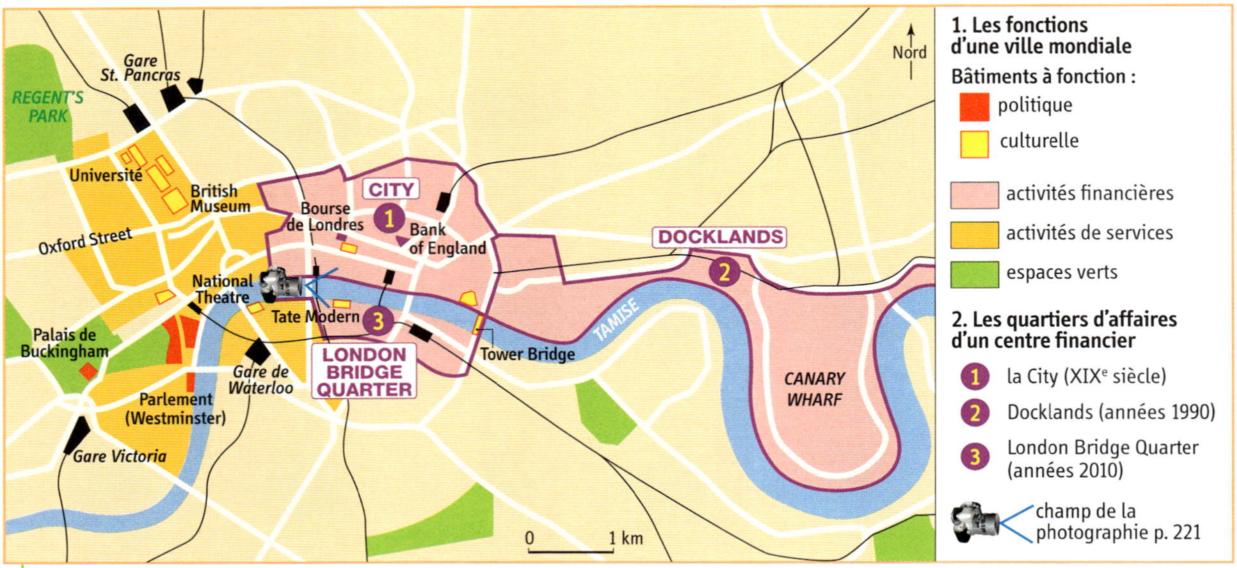

1 Les fonctions du centre de Londres

2 Le British Museum

Le British Museum est le deuxième musée le plus visité du monde après Le Louvre (Paris). Il attire près de six millions de visiteurs par an.

3 Londres dans le classement des villes mondiales

	Classement général[1]	Produit urbain brut[2]
1	New York	Tokyo
2	Londres	New York
3	Paris	Los Angeles
4	Tokyo	Chicago
5	Hong Kong	Londres
6	Los Angeles	Paris
7	Chicago	Osaka-Kobe
8	Séoul	Mexico
9	Bruxelles	São Paulo
10	Washington	Philadelphie

Sources : *Questions internationales*, n° 60, avril 2013 ; AT kearney Global Cities index, 2012.

1. Selon des critères économiques, culturels, etc.
2. Le Produit urbain brut est l'ensemble des richesses produites par une ville.

4 Les quartiers d'affaires de Londres

1 Cathédrale Saint-Paul 2 La Tamise 3 Tate Modern (musée d'art contemporain installé dans une ancienne usine électrique) 4 La City 5 Docklands et Canary Wharf 6 London Bridge Tower

5 Un centre économique et financier majeur

« Londres est la première place boursière européenne et la principale plate-forme aéroportuaire du continent. C'est une métropole créative, abritant des entreprises de classe mondiale dans les domaines de la publicité, des arts, des médias ou de l'architecture. [...] Mais son influence internationale est surtout marquée par le secteur de la finance et symbolisée par le quartier d'affaires de la City. Cœur économique du Royaume-Uni, la City n'est peuplée que de 7 300 habitants, mais elle concentre 368 000 emplois, pour les deux tiers dans la finance et l'assurance. Elle abrite la Bourse de Londres – troisième bourse mondiale derrière New York et Tokyo –, la Banque d'Angleterre, plus de 500 banques du monde entier et les sièges de nombreuses multinationales. [...]. Les gratte-ciel se sont multipliés dans la City, renforçant l'image d'une ville de la mondialisation en perpétuelle réinvention. »

▪ **Mark Bailoni, Delphine Papin, « Londres mondiale et communautariste », *L'Atlas des villes*, Le Monde/La Vie, Rue des écoles, 2014.**

ACTIVITÉS

1. **Doc. 1** | **J'analyse un document**
   a. Localisez et situez Londres.
   b. Nommez et datez ses trois principaux quartiers d'affaires.
   c. Complétez le tableau ci-dessous :

Bâtiments à fonction politique	Bâtiments à fonction culturelle

Coup de pouce Pour distinguer les fonctions, repérez les plages de couleurs utilisées.

2. **Doc. 4** | Décrivez l'architecture des quartiers d'affaires de Londres.
3. **Doc. 5** | Pourquoi la City est-elle un centre économique et financier majeur ?
4. **Doc. 2, 3 et 5** | Montrez que Londres fait partie des villes mondiales les plus influentes.

Vocabulaire

Une métropole : une ville concentrant de nombreuses fonctions de commandement (économique, financière, politique, etc.). La métropole attire et rayonne.

Un quartier d'affaires : un quartier constitué de grandes tours où se concentrent les sièges des banques, des entreprises et des services haut de gamme.

COMPÉTENCE
Je pratique différents langages
Réaliser un croquis de Londres

B Comment Londres est-elle connectée à la mondialisation ?

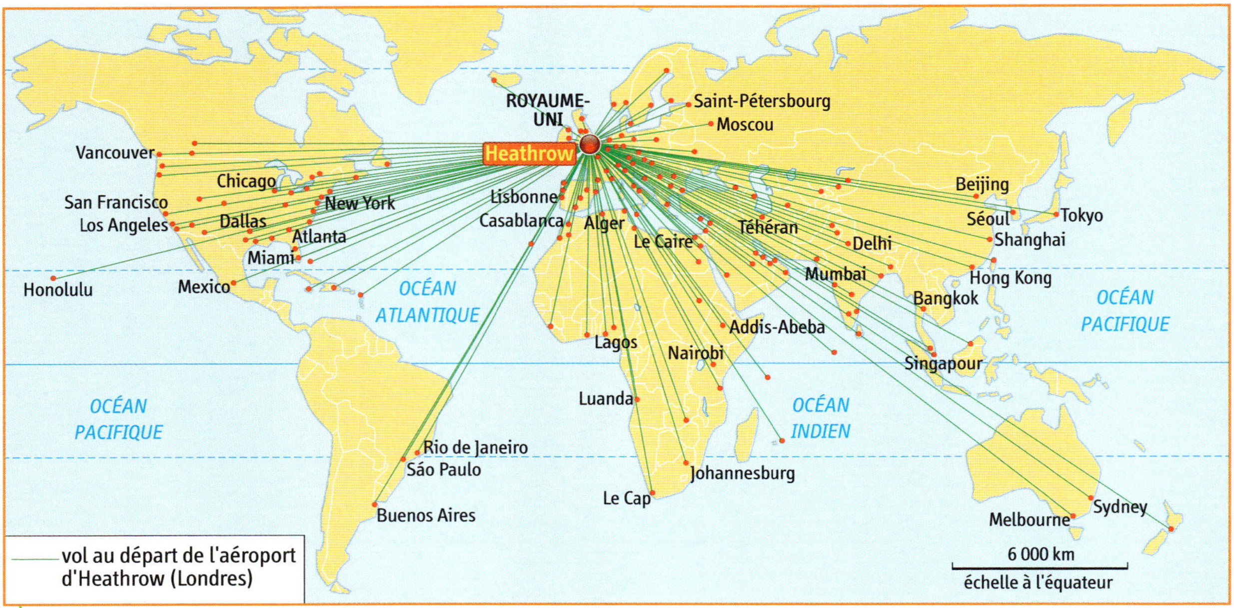

1 L'aéroport d'Heatrow : un *hub* aérien mondial
L'aéroport d'Heathrow se situe au premier rang mondial. En 2015, il a acheminé 73,4 millions de passagers dont 68,1 millions sur des vols internationaux vers près de 180 destinations dans plus de 90 pays.

2 Stratford : le site des jeux Olympiques de 2012
Les jeux Olympiques ont attiré à Londres 10 500 athlètes de 204 délégations (pays) et 2 millions de visiteurs. Ils ont été suivis par 5 milliards de téléspectateurs en audience cumulée.

3 De fortes inégalités sociales

« Si la ville accueille de très grandes fortunes (54 milliardaires vivent à Londres), elle compte également des populations très pauvres. [...] Le patrimoine des 10 % des Londoniens les plus riches est 270 fois supérieur à celui des 10 % les plus pauvres. 38 % des enfants vivent sous le seuil de pauvreté à Londres (moyenne nationale : 30 %). Les disparités de santé sont aussi importantes : entre les différents quartiers du borough de Westminster, l'espérance de vie masculine peut varier de dix-sept ans. [...]
À Londres, les plus pauvres et les plus riches ne sont souvent séparés que de quelques rues. Par exemple, les territoires défavorisés de l'East End ne se situent qu'à une rue de la City. La cohabitation est parfois difficile, en particulier en période de crise. »

▪ **Mark Bailoni, Delphine Papin, « Londres mondiale et communautariste », *L'Atlas des villes*, Le Monde/La Vie, Rue des écoles, 2014.**

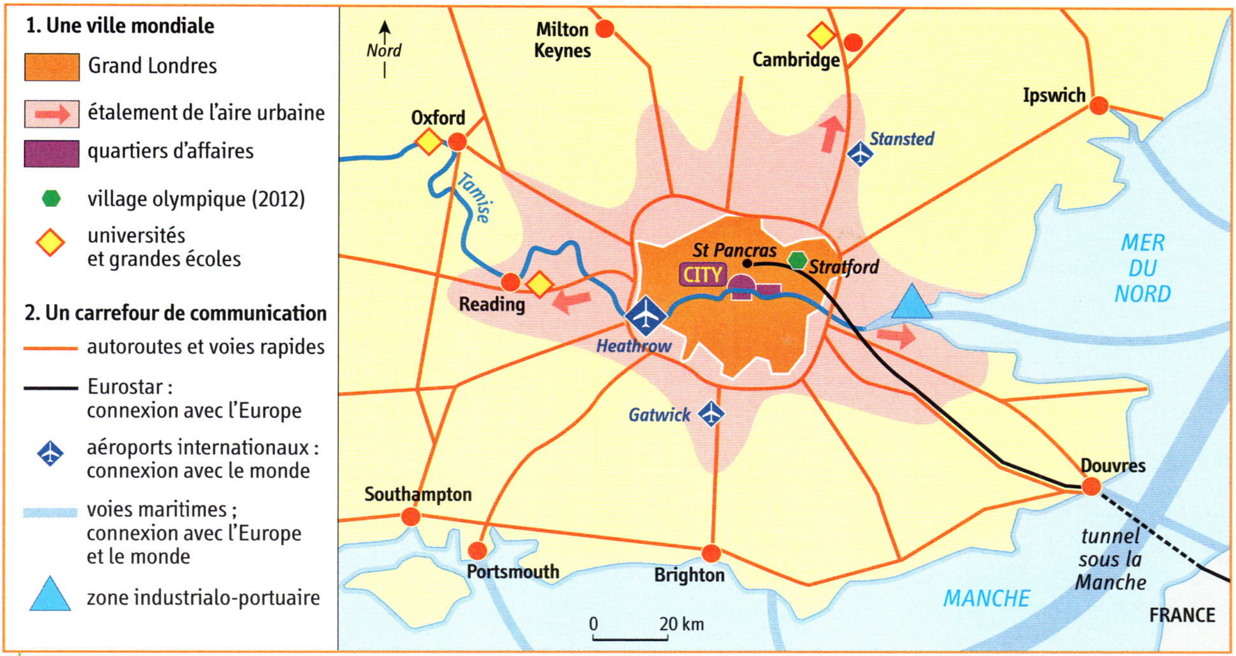

4 Londres : une ville connectée au monde

5 La gare de Saint Pancras

La gare de Saint Pancras est le terminus des trains à grande vitesse de l'entreprise franco-britannique Eurostar et des trains allemands de la Deutsche Bahn.

Vocabulaire

Un *hub* aérien : un nœud de transports aériens.

ACTIVITÉS hatier-clic.fr/hg4064

1. **Doc. 4 et 5 |** Quels aménagements de transports permettent à Londres d'être reliée au monde ?
2. **Doc. 1 |** Avec quelles régions du monde Londres est-elle reliée grâce à l'aéroport d'Heathrow ?
3. **Doc. 2 et 5 |** Où se situent ces aménagements ? Pourquoi montrent-ils que Londres est une ville mondiale ?
4. **Doc. 3 |** La mondialisation profite-t-elle à tous les habitants ? Justifiez.
5. **Je pratique différents langages** À l'aide du doc. 4, complétez le croquis ci-contre :

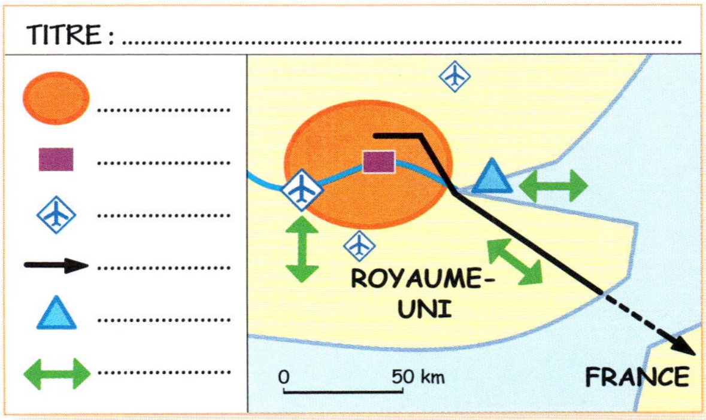

Coup de pouce
- **Complétez** la légende en choisissant les bons intitulés.
- **Indiquez** quelques noms de lieux sur le croquis.
- **Donnez** un titre au croquis.

Tâche complexe

LA GÉOGRAPHIE AUTREMENT

Detroit : une ville qui rétrécit !

Je raisonne

Choisir une démarche pour présenter la crise de Detroit

ACTIVITÉ

Vous êtes le conseiller du maire de Detroit. Celui-ci doit participer à une émission de télévision dans laquelle il doit présenter la situation de sa ville. Avant de prendre son taxi, il vous demande de lui préparer une mise au point synthétique sur le sujet.

Rédigez, sous la forme de votre choix (simples notes, texte structuré, dossier documentaire...), une synthèse sur la crise de Detroit. Vous pouvez travailler avec d'autres conseillers. Attention, le taxi du maire part dans deux heures !

Coup de pouce

- **Décrivez** et **expliquez** les problèmes de Detroit.
- **Présentez** les solutions envisagées pour la sortir de la crise.

Boîte à outils

Documents complémentaires

– Doc. 2 p. 219 et doc. 3 p. 230

Ressources numériques

– Une vidéo sur le renouveau de Detroit

hatier-clic.fr/hg4065

– Des cartes et des graphiques

hatier-clic.fr/hg4066

1 Detroit, une *shrinking city*

« Detroit est une *shrinking city*, une ville qui rétrécit. Depuis déjà longtemps : à la fin des années 1960, les émeutes raciales font fuir les Blancs des classes moyennes vers les banlieues. La fin de l'âge d'or de l'automobile entraîne un déclin progressif. La crise économique de 2007, les saisies immobilières et la débâcle des trois principaux employeurs de la ville – Ford, Chrysler et General Motors – précipitent la chute. La grande métropole de plus de 2 millions d'habitants n'en abrite plus que 800 000.

Le syndrome des villes manufacturières de la *Rust Belt* (« ceinture de la rouille ») du nord des États-Unis, Cleveland, Flint, Pittsburgh, est bien connu. Mais aucune ne le vit au niveau de Detroit, ville fantôme de 370 kilomètres carrés, dont plus d'un quart du territoire – 100 kilomètres carrés, l'équivalent de Paris – est vide. La ville est un gruyère géant où pas un seul quartier, même chic, n'échappe aux trous honteux – maisons abandonnées, rues désertes, enseignes fermées. »

▪ **Emmanuelle Anizon, « Detroit, la ville qui rétrécit », www.telerama.fr., 19 juillet 2013.**

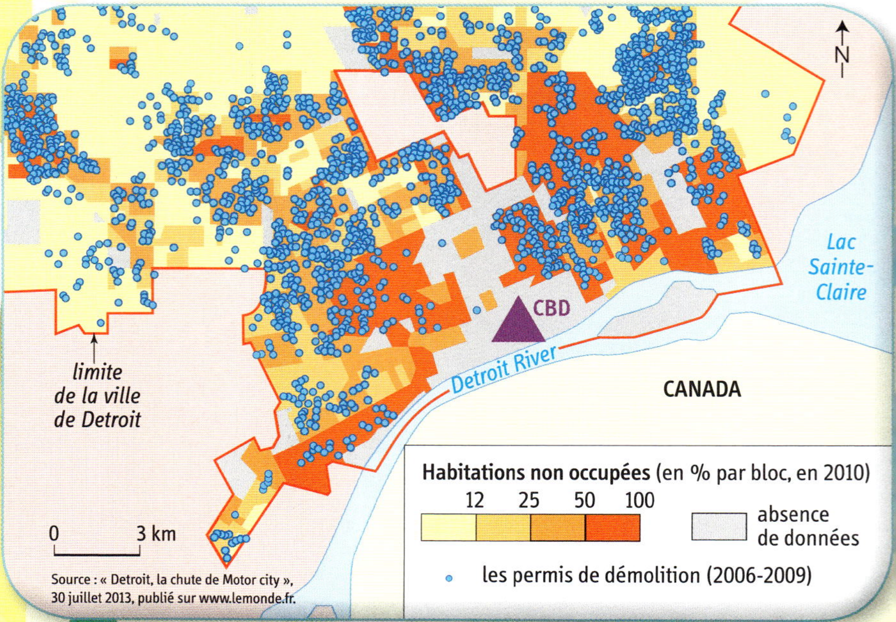

2 Le rétrécissement de Detroit

3 Une vue du centre de Detroit

Depuis peu, de nouvelles « start-up » (entreprises spécialisées dans le numérique) s'installent dans le quartier d'affaires de Detroit. Elles sont le signe du renouveau récent de la ville.

4 Detroit en chiffres

18 milliards de dollars : le montant de la dette de la ville.

78 000 : le nombre de bâtiments à l'abandon.

58 minutes : le temps moyen d'intervention de la police (contre 11 minutes au niveau national)

36,2 % : la population vivant sous le seuil de pauvreté (contre 15,7 % dans le Michigan).

16 % : le taux de chômage officiel (contre 8,4 % dans le Michigan).

1500 : le nombre de fermes et de jardins cultivés sur des terrains en friche.

Donald Hebert, « Le déclin inexorable de Detroit expliqué en une image », tempsreel.nouvelobs.com, 18 juillet 2013.

5 Jardins partagés à Detroit

Les maisons abandonnées laissent place à des jardins communautaires. En quelques années, Detroit est devenue le berceau mondial de l'agriculture urbaine (*urban farming*).

À L'ÉCHELLE DU MONDE

Les villes organisent le monde

COMPÉTENCE

Je me repère dans l'espace

Localiser et situer les villes mondiales

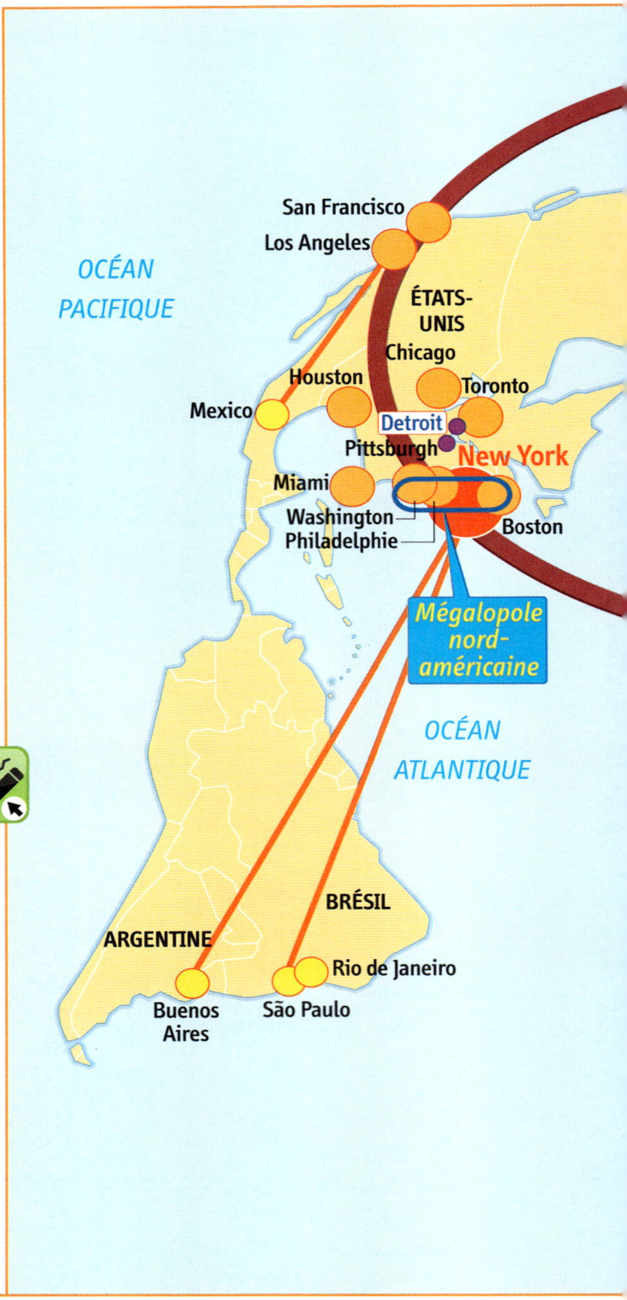

1. La hiérarchie des villes mondiales

- villes globales : centres mondiaux de décision
- autres villes mondiales
- villes mondiales émergentes
- villes en déclin

2. Les flux de la mondialisation

- mégalopoles
- flux majeurs entre les trois mégalopoles (informations, capitaux, marchandises)
- flux avec les villes mondiales émergentes
- **Londres** étude de cas du chapitre

Des études de cas...

1. Quelles sont les quatre villes globales ?

2. Où se situent les mégalopoles du monde ?

Londres

3. Localisez et nommez les villes en déclin.

Detroit

... au monde

4. Dans quelles régions du monde se situent les principales villes mondiales ?

5. Quels sont les différents flux reliant les trois mégalopoles entre elles ?

6. Où se situent les villes mondiales émergentes ? Donnez quelques exemples.

Vocabulaire

L'archipel métropolitain : l'ensemble des métropoles qui contribuent à la direction du monde et qui entretiennent entre elles des relations privilégiées.

Une mégalopole : une grande région urbaine qui regroupe une concentration exceptionnelle de pouvoirs.

Une ville mondiale : une métropole, voir p. 221.

COMPÉTENCE

Je pratique différents langages

Réaliser un croquis des villes dans la mondialisation

Les villes dans

Je réalise un croquis

Étape 1 Je prélève des informations

a. Doc. 1 | Que représentent les ronds sur ce croquis ? Pourquoi sont-ils de tailles différentes ?

b. Doc. 2 | Quelles sont les trois mégalopoles représentées ? À proximité de quels océans se situent-elles ?

c. Doc. 3 | Comment a-t-on représenté les flux sur ce croquis ? Quels sont ces flux ?

Étape 2 J'organise la légende

a. Doc. 4 | **Trouvez** les intitulés de la première colonne de la légende du croquis.

b. Doc. 4 | **Dessinez** les figurés manquants dans la deuxième colonne.

c. Doc. 4 | **Organisez** la légende du croquis en reportant au bon endroit les titres des différentes parties :

- « Des métropoles connectées entre elles »
- « La hiérarchie des métropoles ».

Étape 3 Je complète le croquis

a. Doc. 4 | **Complétez** le croquis à l'aide des figurés choisis.

b. Doc. 4 | **Ajoutez** le nom des villes, des mégalopoles et des océans.

c. Doc. 4 | **Donnez** un titre au croquis.

Coup de pouce

- Vous pouvez vous aider du planisphère p. 226.
- Retrouvez le langage cartographique et la **méthode du croquis p. 196**.

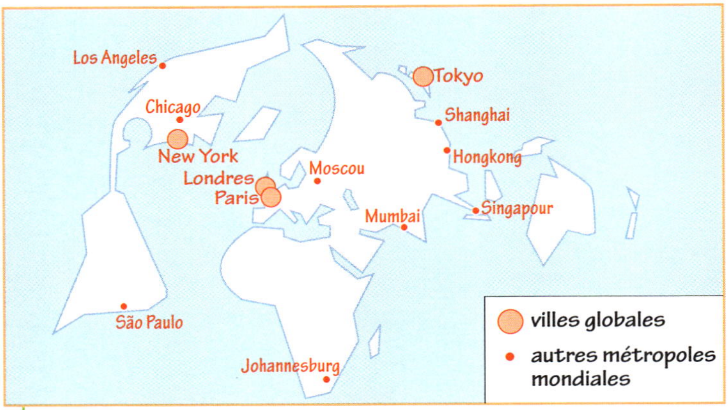

1 Les villes mondiales

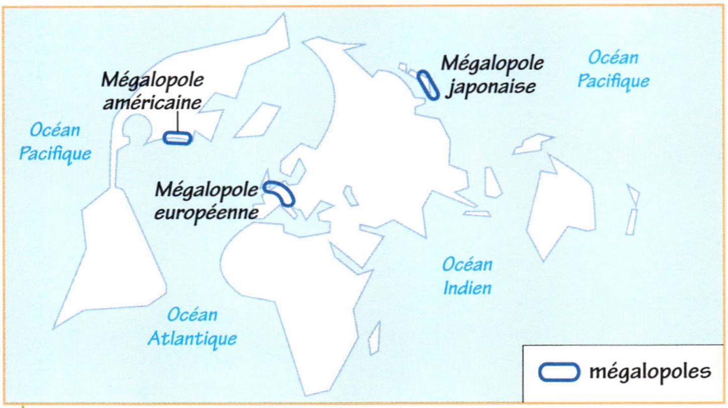

2 Les mégalopoles du monde

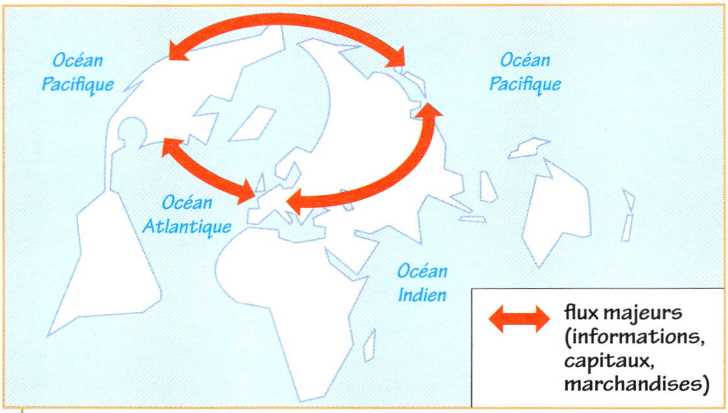

3 Les principaux flux mondiaux

TITRE : ....

1. ....

....

....

2. ....

.... mégalopoles

.... flux majeurs

4 Croquis des villes dans la mondialisation

hatier-clic.fr/hg4067

Et si je changeais de langage ?

À l'oral, présentez votre croquis à la classe. Vous justifierez vos choix cartographiques et expliquerez comment les métropoles sont intégrées à la mondialisation.

Coup de pouce Au cours de votre présentation orale :
- **Articulez**, parlez fort.
- **Montrez**, au fur et à mesure, les éléments de votre croquis.

DOSSIER

Les villes en marge de la mondialisation

COMPÉTENCE
Je travaille en groupe
Étudier les villes à l'écart de la mondialisation

Si la mondialisation est dominée par quelques métropoles mondiales, d'autres villes sont éloignées des grands courants d'échanges actuels.

Pourquoi certaines villes sont-elles à l'écart de la mondialisation ?

1 Une *shrinking city* allemande (« ville rétrécissante ») : Leipzig
Située à l'Est de l'Allemagne, Leipzig est une ville de 500 000 habitants alors qu'elle en comptait plus de 700 000 en 1939. Avec ce déclin démographique, de nombreux bâtiments sont abandonnés ou détruits.

2 La capitale d'une dictature isolée : Pyongyang
Pyongyang (Corée du Nord) est la capitale d'une dictature communiste, maintenue à l'écart des échanges mondiaux par son dictateur, Kim Jong-Un. La rue de la Réunification est l'une des principales avenues de la ville.

3 Les *shrinking cities*

« Le terme de *shrinking city*, traduit par “ville rétrécissante”, désigne un phénomène qui touche les villes sur trois plans : démographique, par la perte de population ; économique, par la perte d'activités, de fonctions, de revenus et d'emplois ; et social, par le développement de la pauvreté urbaine, du chômage et de l'insécurité. Les *shrinking cities* sont d'abord associées au “déclin urbain” des villes industrielles américaines et allemandes dans les années 1970-1980. Ainsi, par exemple les *shrinking cities* de la *Rust Belt*[1] (Baltimore, Cincinnati et Philadelphie) ont perdu plus de 20 % de leur population entre 1970 et 2000 ; Détroit, Cleveland, Pittsburgh et Buffalo plus de 30 % et St Louis 44 %. [...] À l'échelle mondiale, les *shrinking cities* n'arrivent pas à trouver leur place dans la mondialisation des échanges et peinent à se connecter aux réseaux globaux ».

▪ **D'après « *Shrinking cities* », geoconfluences.ens-lyon.fr, le 25 octobre 2013.**

1. « La ceinture de la rouille » désigne la région du Nord-Est des États-Unis touchée par la crise des industries sidérurgique et automobile.

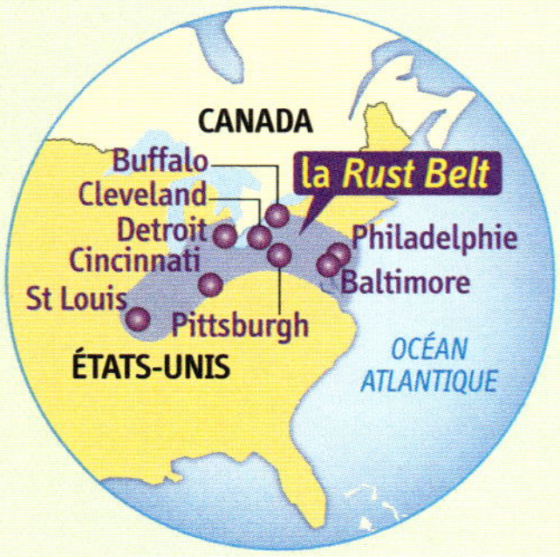

4 Les villes à l'écart de la mondialisation

LES VILLES « RÉTRÉCISSANTES » *(SHRINKING CITIES)*

Exemples :
Detroit (États-Unis),
Leipzig (Allemagne)

- Touchées par la crise économique et le chômage
- À l'écart des grands flux mondiaux (capitaux, marchandises...)
- Perte de population et rétrécissement urbain

LES VILLES EN GUERRE ET DE DICTATURE

Exemples :
Damas (Syrie),
Pyongyang (Corée du Nord)

- Isolement subi (ville en guerre) ou volontaire (dictature)
- À l'écart des grands flux mondiaux (capitaux, marchandises, informations...)
- Problèmes de violences et d'accès à l'information

LES VILLES DE PAYS PAUVRES

Exemples :
Phnom Penh (Cambodge),
Bangui (Centrafrique)

- Manque d'infrastructur de communication
- À l'écart des grands flux mondiaux (capitaux, marchandises...)
- Problèmes de pauvreté et de développement

5 Un quartier en marge de la mondialisation à Phnom Penh

Les bidonvilles des pays les plus pauvres du monde sont souvent à l'écart des grands courants d'échanges mondiaux (marchandises, capitaux...), comme ici à Phnom Penh (Cambodge).

Vocabulaire

Une *shrinking city* (« une ville qui rétrécit ») : une ville qui perd des activités et de la population, et qui s'appauvrit.

ACTIVITÉS

Je travaille en groupe

1. Constituez des groupes pour étudier les villes à l'écart de la mondialisation.

Groupe 1 | Les villes rétrécissantes

a **Doc. 3** | Qu'est-ce qu'une *shrinking city* ? Où se situent surtout les *shrinking cities* aux États-Unis ?

b **Doc. 1** | Quels sont les principaux problèmes des *shrinking cities* ?

Groupe 2 | Les villes en guerre ou de dictature

a **Doc. 2** | Où se situe Pyongyang ? Pourquoi cette ville est-elle à l'écart de la mondialisation ?

b **Doc. 4** | À quels problèmes les villes en guerre sont-elles confrontées ?

Groupe 3 | Les villes de pays pauvres

a **Doc. 5** | Situez ce quartier. Quels sont les signes de pauvreté visibles ?

b **Doc. 4 et 5** | Montrez que les villes des pays pauvres sont en marge de la mondialisation.

2. À l'oral, chaque groupe présente ses réponses à la classe.
3. À l'aide des informations des groupes, construisez une carte mentale sur les villes en marge de la mondialisation.

1 Les villes dans la mondialisation

▶ Pourquoi les villes sont-elles inégalement intégrées à la mondialisation ?

A Les villes organisent la mondialisation

1. Les grandes villes jouent un **rôle majeur dans la mondialisation**. Elles concentrent de nombreuses **fonctions de commandement** (DOC. 2). Centres économiques et financiers, elles accueillent les bourses mondiales, les banques et les sièges sociaux des **firmes transnationales** (DOC. 4). Métropoles culturelles (musées) et scientifiques (centres de recherche), elles abritent aussi des institutions internationales (l'ONU à New York).
2. **Ces différentes fonctions mondiales apparaissent dans les grandes villes.** Les **quartiers d'affaires** (la City à Londres) sont identifiables à leurs gratte-ciel (DOC. 5). Alors que les centres-villes abritent les bâtiments à fonction politique (palais de l'Élysée à Paris) et culturelle (centre historique), les périphéries accueillent les campus universitaires et les **technopôles**.
3. Les métropoles mondiales sont **reliées entre elles par de multiples flux**. Ceux-ci peuvent être visibles (marchandises) ou invisibles (échanges d'informations par Internet, transferts de capitaux entre les places boursières, DOC. 3). Ces échanges nécessitent des aménagements : aéroports internationaux, ports maritimes, etc.

B Des villes inégalement connectées à la mondialisation

1. **Les villes globales sont les plus intégrées à la mondialisation**. New York, Londres, Paris et Tokyo (DOC. 1) concentrent des pouvoirs exceptionnels (centres financiers, métropoles culturelles...). À la tête de vastes **mégalopoles**, **elles structurent l'archipel métropolitain mondial** (CARTE P. 226). Cette forte intégration aggrave cependant les inégalités sociales.
2. **D'autres villes jouent un rôle important dans la mondialisation.** Elles se situent dans les pays développés (Chicago, Madrid) et dans certains pays émergents (Shanghai, São Paulo). Même si ce sont des villes mondiales incomplètes, elles sont **de plus en plus intégrées aux réseaux de la mondialisation.**
3. **Certaines villes sont à l'écart de la mondialisation :** villes de pays pauvres, éloignées des grandes voies de communication (Phnom Penh au Cambodge), villes en guerre (Damas en Syrie) ou capitales de régimes dictatoriaux (Pyongyang en Corée du Nord). **Les *shrinking cities* perdent de la population et rétrécissent.** Elles se situent surtout aux États-Unis (Detroit, Cleveland) et en Allemagne (Leipzig).

1 Qu'est-ce qu'une ville globale ?

« Certaines villes mondiales, notamment New York, Londres, Tokyo, Paris sont des villes de commandement exceptionnel à l'échelle planétaire et des interfaces[1] majeurs de l'économie mondiale. Nœuds stratégiques de la mondialisation, elles accueillent les principaux lieux du pouvoir politique, économique et financier, de l'innovation, et culturel. En outre, d'autres villes mondiales émergent notamment en Asie et en Amérique latine ; elles jouent un rôle grandissant dans la mondialisation. »

▪ **Annette Ciattoni, Yvette Veyret (dir.), *Géographie et géopolitique de la mondialisation*, Hatier, « Initial », 2011.**

1. Une interface est une zone de contact entre deux espaces différents.

1. Quelles sont les principales villes de commandement du monde ?
2. Sur quels continents se trouvent les villes mondiales émergentes ?

2 Les fonctions d'une ville mondiale

Vocabulaire

L'archipel métropolitain : voir p. 227.

Une firme transnationale (FTN) : une entreprise présente dans plusieurs pays du monde.

Une mégalopole : voir p. 227.

Un quartier d'affaires : voir 221.

Une *shrinking city* : voir p. 231.

Un technopôle : un espace consacré aux activités de hautes technologies.

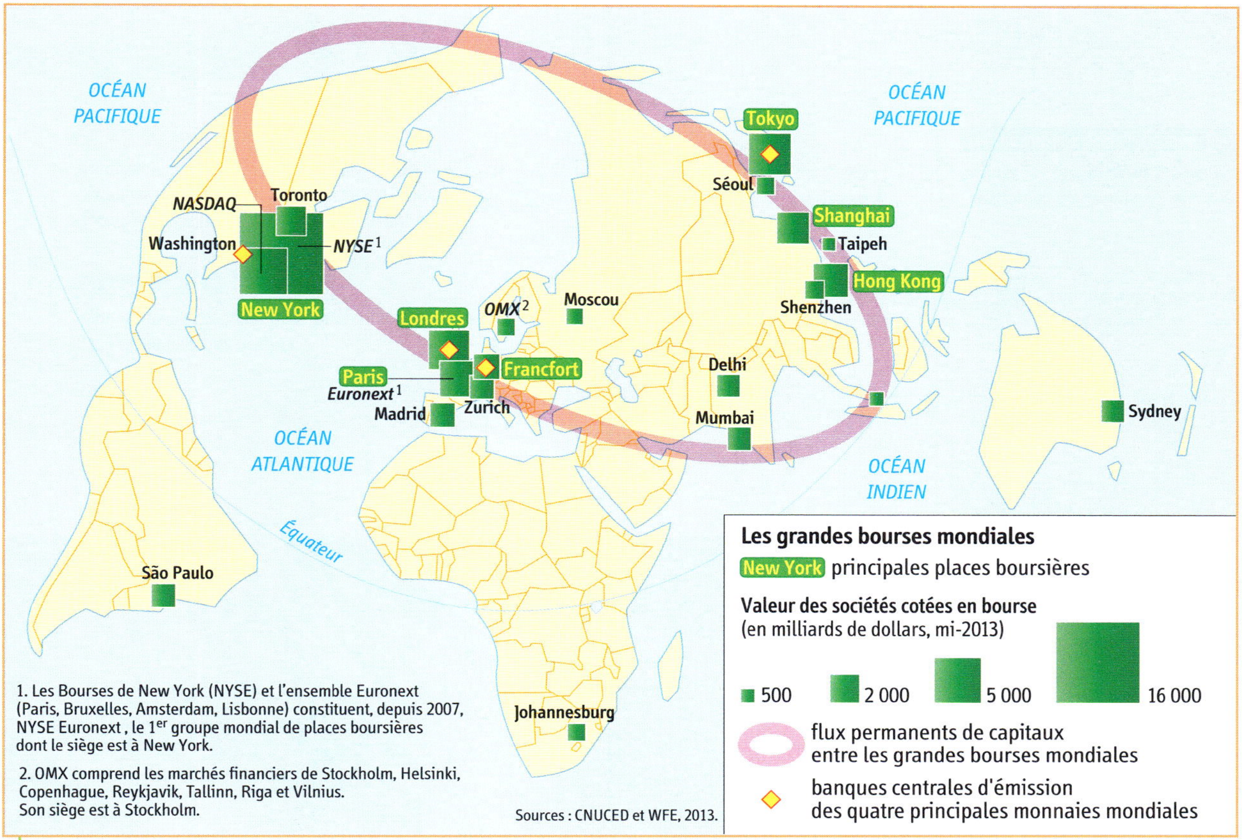

3 Les places boursières dans le monde

1. Où se situent les principales bourses mondiales ? 2. Comment sont-elles reliées entre elles ?

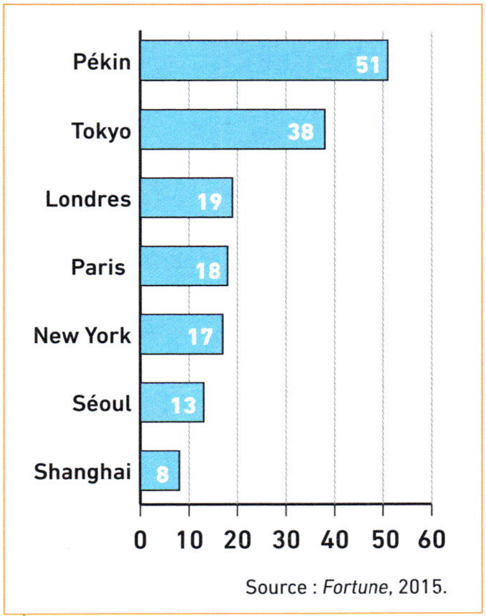

4 Nombre de sièges sociaux de firmes transnationales (FTN) dans les métropoles

1. Quelle ville accueille le plus de sièges sociaux de FTN ? Justifiez.
2. Quel est le nombre de sièges sociaux de FTN à Paris, Londres et New York ?

5 Time Square à New York : le cœur d'une ville mondiale

Time square est l'un des quartiers les plus emblématiques de New York, ville globale. On y trouve de nombreux commerces, les sièges sociaux de firmes transnationales et des salles de spectacles de renommée mondiale.

JE M'EXERCE PAR COMPÉTENCE

J'analyse un document

1 Analyser une carte des flux aériens

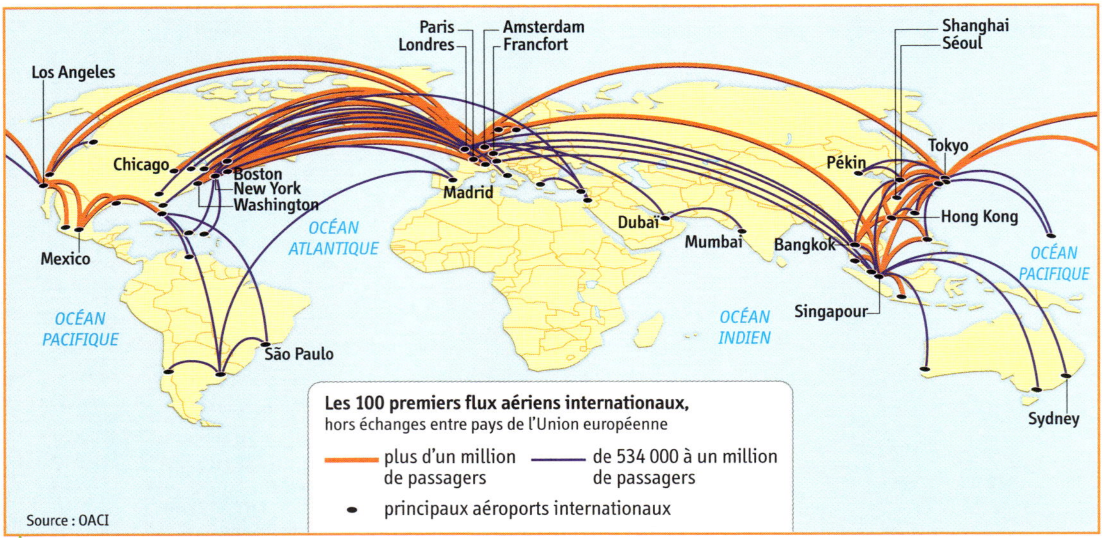

Les flux aériens et les principaux aéroports

1. Comment a-t-on représenté les flux aériens sur ce planisphère ?
2. Où se situent les principaux aéroports internationaux ?
3. Entre quelles régions du monde ont lieu les principaux flux aériens internationaux ? Justifiez.
4. Quelle partie du monde est moins intégrée à la mondialisation des flux aériens ?

Je me repère dans l'espace et le temps

2 Étudier une ville mondiale au XVIIe siècle

Amsterdam, une ville mondiale dès le XVIIe siècle

« Au XVIIe siècle, Amsterdam créa des compagnies de commerce à l'échelle mondiale : la Compagnie des Indes orientales en 1602, pour le commerce colonial avec l'Asie, et la Compagnie des Indes occidentales en 1621, pour le commerce avec l'Afrique occidentale et l'Amérique, qui, plus tard, fit le commerce d'esclaves. [...] C'est sur cette fondation que s'est ensuite développée une bourse, ainsi que des puissants secteurs financiers et d'assurance. [...] Ainsi, Amsterdam devint une ville globale avant la lettre : reliée au monde, dotée d'institutions financières, tolérante mais présentant aussi de fortes inégalités, à l'image des villes globales d'aujourd'hui. [...] Après son âge d'or, Amsterdam a perdu son rang dans le commerce international. Mais elle conserva son image de ville tolérante, en publiant des livres controversés d'auteurs du XVIIIe siècle, tels que Voltaire et Rousseau, permettant ainsi l'essor des Lumières. »

▪ **S. Musterd, « Amsterdam une ville globale avant l'heure », *L'Atlas des villes*, Le Monde/La Vie, Rue des écoles, 2014.**

PASSERELLE GÉO-HISTOIRE

1. Dans quel pays se situe Amsterdam aujourd'hui ? À quel État appartenait-elle au XVIIIe siècle ? (voir carte Histoire p. 21).
2. Avec quels continents Amsterdam faisait-elle du commerce dès le XVIIe siècle ?
3. À l'aide du planisphère de l'exercice 1, montrez qu'Amsterdam est encore aujourd'hui une ville bien reliée au monde.
4. Relevez deux exemples montrant qu'Amsterdam est au XVIIe siècle une ville mondiale, à l'image de celles d'aujourd'hui.
5. Quels auteurs du XVIIIe siècle sont publiés à Amsterdam ? Rappelez quelques-unes de leurs idées d'après vos connaissances d'Histoire (ou voir p. 42-43).

Je pratique différents langages

3 Rédiger un texte sur une ville mondiale : Tokyo

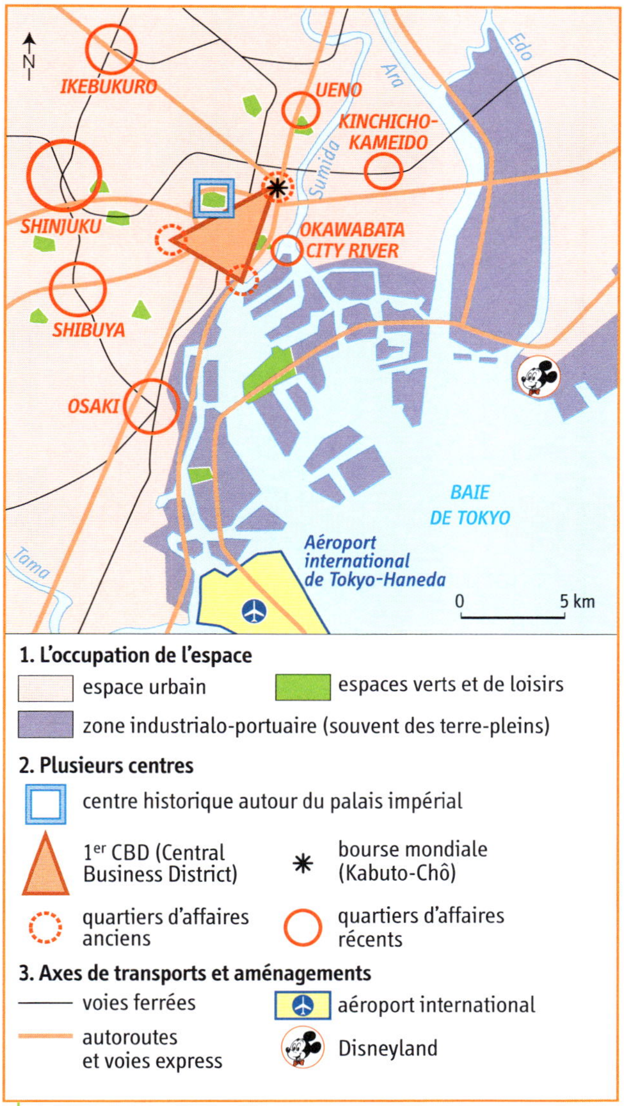

1 Les lieux de pouvoir à Tokyo

2 Tokyo : un centre de l'économie mondiale

« Plusieurs critères indiquent que Tokyo suit une évolution comparable aux autres "villes-monde" (Londres, New York et Paris) : développement de la bourse comme place financière mondiale ; installation de sièges sociaux de grandes firmes transnationales ; augmentation des services haut de gamme. Les entreprises d'informations et de télécommunications de la nouvelle économie se créent massivement à Tokyo. Le département de Tokyo accueille 80 % des sièges sociaux des firmes étrangères, 73 % des banques étrangères et un quart des étudiants universitaires. [...] En outre, Tokyo est toujours la capitale industrielle du Japon, réunissant de grandes entreprises, mais aussi un tissu dense et dynamique de nombreuses PME[1] dynamiques. »

▪ **Philippe Pelletier, *Le Japon*, Armand Colin, 2012.**

1. Petites et moyennes entreprises.

Le quartier des affaires de Shibuya (2014).

1. **Doc. 1** | Localisez et situez Tokyo.
2. **Doc. 1** | Nommez et localisez les principaux quartiers d'affaires de Tokyo.
3. **Doc. 1** | Quels aménagements permettent à Tokyo d'être reliée au reste du monde ?
4. **Doc. 2** | Relevez trois exemples montrant que Tokyo est un centre majeur de l'économie mondiale.
5. Dans un texte de quelques lignes, montrez que Tokyo est une ville mondiale.

JE PRÉPARE LE BREVET SUJET • MÉTHODE

EXERCICE 1 Analyser et comprendre un document

DOCUMENT Une ville mondiale : Paris

« Chaque année, pour comparer les grandes métropoles mondiales, la fondation japonaise Mori Memorial calcule l'indice de puissance des villes. Ce classement, effectué sur la base de 70 indicateurs, est réparti en 6 critères : l'économie, la recherche et le développement, les échanges culturels, le logement, l'environnement et l'accessibilité des transports. Depuis 2008, Paris se hisse en troisième position des villes les plus puissantes, précédée de Londres et de New York. La capitale peut se réjouir d'offrir la meilleure qualité de vie. En termes d'accessibilité, elle est la deuxième ville la plus desservie par des vols directs internationaux. De plus, la richesse de son patrimoine culturel est bien mise en valeur grâce à la facilité d'accès de ses sites culturels, pour les résidents comme pour les touristes. Pour progresser, Paris doit cependant améliorer son attractivité pour les entreprises et ses performances écologiques. »

▪ **D'après Constance Assor, «Paris élue ville la plus agréable du monde», www.lepoint.fr, 21 octobre 2015.**

QUESTIONS

1. Identifiez ce document.
2. Expliquez le mot «métropole», en faisant appel à vos connaissances.
3. Relevez et expliquez deux atouts qui font de Paris une métropole mondiale.
4. Quelles sont les limites du rôle mondial de Paris ?

Méthode

▶ Pour identifier un document, il faut donner :
- sa nature
- sa date
- son auteur
- son sujet

▶ La nature d'un texte peut être variée : témoignage, article de journal, biographie, interview, etc.

EXERCICE 2 Maîtriser différents langages pour raisonner

DÉVELOPPEMENT CONSTRUIT

▶ Sous la forme d'un développement construit d'une vingtaine de lignes, montrez que les villes sont inégalement intégrées à la mondialisation.

Méthode Comprendre le sujet et rédiger

Étape 1 Comprendre le sujet

▶ Pour analyser le sujet, il faut se poser des questions simples :

– Quelles villes sont bien intégrées aux échanges mondiaux ? Comment le sont-elles ?

– Quelles villes sont plus à l'écart de la mondialisation ? Pourquoi le sont-elles ?

Étape 2 Rédiger

▶ Rassemblez vos idées au brouillon avant de rédiger.

▶ Commencez votre développement par une phrase d'introduction présentant le sujet.

▶ Vous pouvez ensuite suivre le plan suivant :

1. Les villes bien intégrées à la mondialisation. Utilisez les mots suivants : métropoles, fonctions, quartiers d'affaires, mégalopoles, flux, etc.
2. Les villes moins intégrées ou à l'écart de la mondialisation. Utilisez les mots suivants : villes de pays pauvres ou émergents, shrinking cities, villes en guerre, etc.

▶ Sautez une ligne entre vos deux parties.

▶ Rédigez une phrase de conclusion rappelant les principales idées du développement.

JE CONSTRUIS MON BILAN

hatier-clic.fr/hg4068 hatier-clic.fr/hg4069

1 Je localise et je situe les villes mondiales et les mégalopoles

1. À quelles villes correspondent les chiffres 1 à 7.
2. Dans quels pays se situent les villes 2, 4, 5 et 7 ? Quelle est la particularité de ces quatre villes ?
3. Qu'est-ce qu'une mégalopole ?
4. À quelles mégalopoles correspondent les lettres A, B et C ?

2 Je complète une carte mentale sur les villes mondiales

- Complétez la carte mentale ci-dessous à l'aide des expressions suivantes :

a. Sièges des firmes transnationales • **b.** Lieux de décision politique • **c.** Congrès internationaux • **d.** Bourse • **e.** Population nombreuse • **f.** Quartiers d'affaires • **g.** Population multiculturelle • **h.** Connexion avec les autres villes mondiales • **i.** Gratte-ciel • **j.** Siège d'institutions internationales • **k.** Carrefour de communication • **l.** Universités.

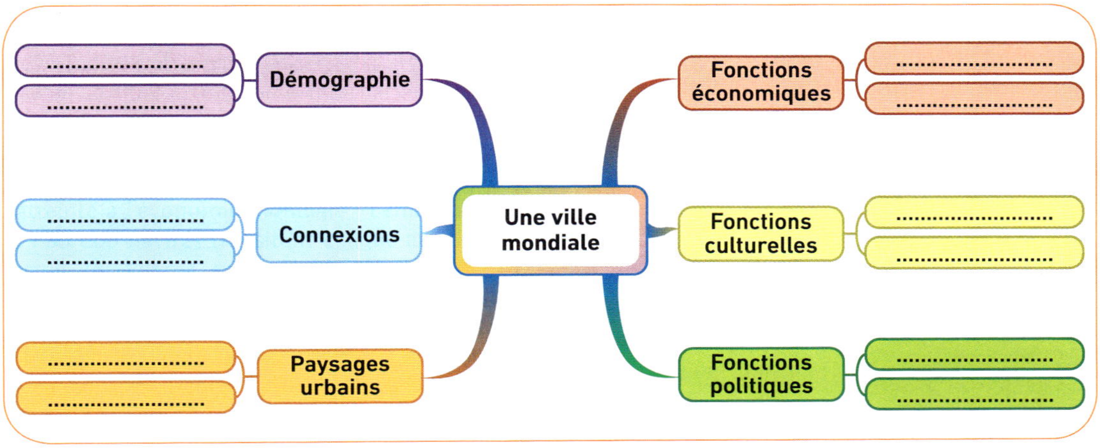

EPI Un carnet de voyage sur New York

Avec votre professeur d'histoire-géographie et vos professeurs d'anglais et d'arts plastiques, vous allez créer un carnet de voyage sur une grande ville mondiale : New York. Suivez les étapes du projet et apprenez à créer votre carnet de voyage.

1 Choisir les thèmes à aborder

Il s'agit de réaliser un carnet de voyage jour après jour. C'est un carnet « virtuel », il n'est pas nécessaire d'aller jusqu'à New York pour le réaliser ! Appuyez-vous sur la boîte à thèmes et sur vos connaissances dans les différentes matières.

BOÎTE À THÈMES

- Ellis island : l'immigration à New York
- Lower Manhattan : le quartier d'affaires d'une ville globale
- Chinatown et Little Italy : une ville cosmopolite
- Midtown : l'architecture des buildings (Empire state building, etc.)
- Time square et Broadway : publicités géantes et spectacles
- Upper East side : les grands musées (Moma et Guggenheim)
- Central park : le poumon vert de New York
- Harlem : un quartier en transformation
- Brooklyn et Williamsburg : la gentrification

2 Rechercher des informations et des documents

Vous pouvez utiliser la rubrique « Enquête Doc' ». Travaillez en groupes et sollicitez votre professeur documentaliste !

ENQUÊTE DOC'

Sur Internet

- www.nycgo.com/fr
- www1.nyc.gov
- www.google.fr/maps
- www.epi-hatier.fr

Au CDI

Géo ado, n° 131, Milan, janvier 2014.

L'Express, avril-mai-juin 2015

3 Réaliser le carnet

En groupe, réalisez les pages du carnet de voyage à l'aide de l'exemple p. 239 Répartissez-vous les rôles (schéma ci-contre).

QUI FAIT QUOI ?

- **RÉDACTEUR-ICE** rédige les textes (manuscrits ou dactylographiés) → **MAQUETTISTE**
- **MAQUETTISTE** place les informations et les documents dans le carnet
- **ICONOGRAPHE** recherche les photographies et les imprime → **MAQUETTISTE**
- **ILLUSTRATEUR-ICE** réalise des dessins d'illustration → **MAQUETTISTE**
- **CARTOGRAPHE** recherche et/ou réalise les cartes → **MAQUETTISTE**

Un exemple de page du carnet de voyage

Le titre du carnet

Les intitulés des journées

Des cartes de localisation

Des images

Des textes explicatifs

Let's go to New York ! My travel diary

DAY ONE : Go South : Lower Manhattan and the islands

Après huit heures de vol de nuit, nous arrivons à l'aéroport JFK de New York. Le jour se lève sur Big Apple, nous mettons le cap au sud de Manhattan pour visiter le quartier d'affaires (Financial District) puis prenons le ferry pour Liberty Island et Ellis Island.

Le sud de Manhattan

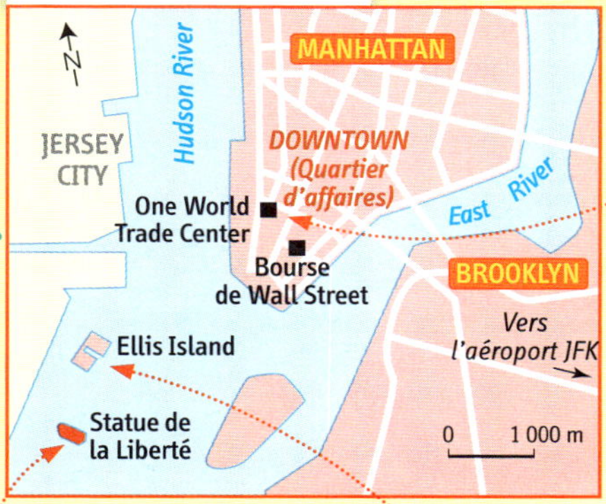

Le One World Trade Center

Le One World Trade Center se situe dans le quartier d'affaires de Downtown. Avec ses 541 mètres de haut, il est le plus haut gratte-ciel du continent américain. Il a été inauguré en 2013, sur l'emplacement des anciennes tours jumelles détruites lors des attentats du 11 septembre 2001.

La statue de la Liberté

Offerte par la France aux États-Unis pour célébrer le centenaire de la Déclaration d'indépendance américaine, la statue de la Liberté a été inaugurée en 1886. Elle a été réalisée par le sculpteur Auguste Bartholdi et l'ingénieur Gustave Eiffel. Elle est devenue le symbole des valeurs américaines.

Ellis Island

Lors de la première moitié du XXe siècle, Ellis Island a été l'entrée principale des migrants arrivant aux États-Unis. Entre 1892 et 1952, elle a accueilli plus de 12 millions d'immigrés, la plupart européens. Le bâtiment principal de l'île est aujourd'hui le musée national de l'Histoire de l'immigration aux États-Unis.

CHAPITRE 11

Un monde de migrants

Quels sont les migrations transnationales et leurs effets ?

1 Un train de migrants au Mexique
Ce train est surnommé « La Bestia » (la « bête » en espagnol). Il traverse tout le Mexique en direction des États-Unis. Ses passagers sont des migrants venus d'Amérique centrale et du Mexique dont le but est d'entrer aux États-Unis, premier foyer d'immigration au monde.

hatier-clic.fr/hg4070

Compétences

J'analyse un document
- Le témoignage d'un migrant ▶ P. 242
- Une carte des migrations dans le golfe Persique ▶ P. 246

Je pratique différents langages
- Compléter un schéma sur les effets des migrations en Méditerranée ▶ P. 244
- Réaliser un croquis des migrations internationales ▶ P. 250

Je me repère dans l'espace
- Localiser et situer les migrations internationales ▶ P. 248

Je travaille en groupe
- Étudier les migrations climatiques ▶ P. 252

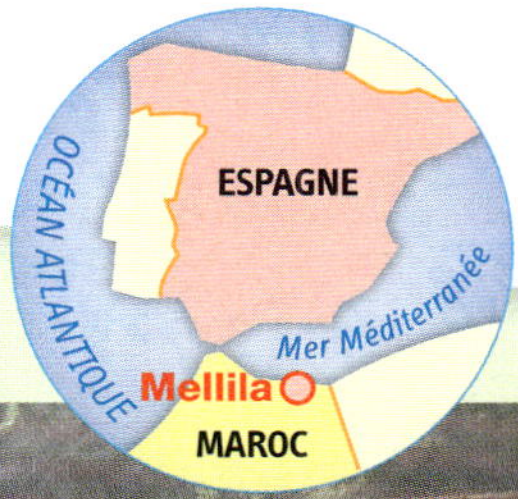

2 Des migrants tentent de passer la barrière de Melilla

L'enclave espagnole de Melilla se situe au Maroc. Elle constitue une des portes d'entrée de l'Europe pour des migrants venus d'Afrique. Elle est ceinturée par une haute barrière protégée par la Guardia civile (police) espagnole.

Migrer en Méditerranée

COMPÉTENCE
J'analyse un document
Le témoignage d'un migrant

De nombreux migrants cherchent à passer par la Méditerranée pour se rendre en Europe. Ces migrations transforment les territoires et les sociétés.

A Quels sont les parcours des migrants en Méditerranée ?

1 Une embarcation de migrants en Méditerranée
Le 23 avril 2015, ces migrants venus d'Afrique sont secourus en Méditerranée par des garde-côtes italiens.

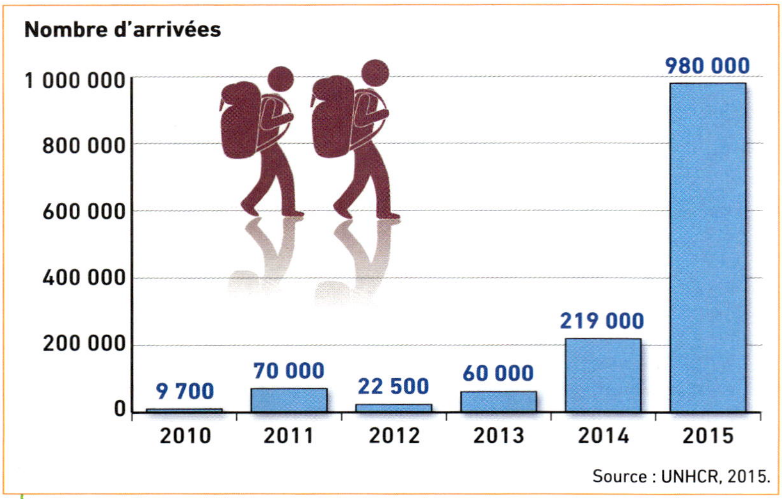

3 Migrants arrivés sur les côtes de Méditerranée

2 Le parcours d'Abderrahmane

« Abderrahmane a 25 ans. Il a fui son pays, le Soudan, à cause des violences. Son exode débute en février 2014. Par cinq mois de marche dans le désert. Arrivé sur la côte libyenne, il rencontre des passeurs à qui il verse toutes ses économies : 2 200 dollars. À la nuit tombée, il les suit. “Quand on est entrés dans l'eau, on a distingué le bateau dans l'obscurité. On nous avait promis un chalutier, mais c'était un pneumatique de 12 mètres sur 2 pour 95 personnes !” Trois jours en enfer. La journée, il y a le soleil brûlant. La nuit, tout le monde a peur à cause des vagues en pleine face. Le pire est ensuite arrivé : une panne de carburant, puis une latte du plancher qui se brise. L'eau commence à monter dans le bateau. Un passager parvient avec un portable à contacter quelqu'un à Lampedusa, mais le temps que la marine italienne intervienne, 37 passagers sont morts noyés. Abderrahmane, les yeux embués, raconte : “Au Soudan, c'était la mort assurée. Alors, je ne regrette pas ce que j'ai fait, d'être ici à Paris”. »

▪ **Mathilde Lemaire, « Récits de migrants : l'enfer en mer Méditerranée », www.francetvinfo.fr, 17 septembre 2014.**

hatier-clic.fr/hg4071

Vocabulaire

L'espace Schengen : la zone de libre circulation des personnes entre les pays de l'Union européenne ayant signé les accords de Schengen.

Un flux migratoire : le déplacement de populations hors de leur pays d'origine.

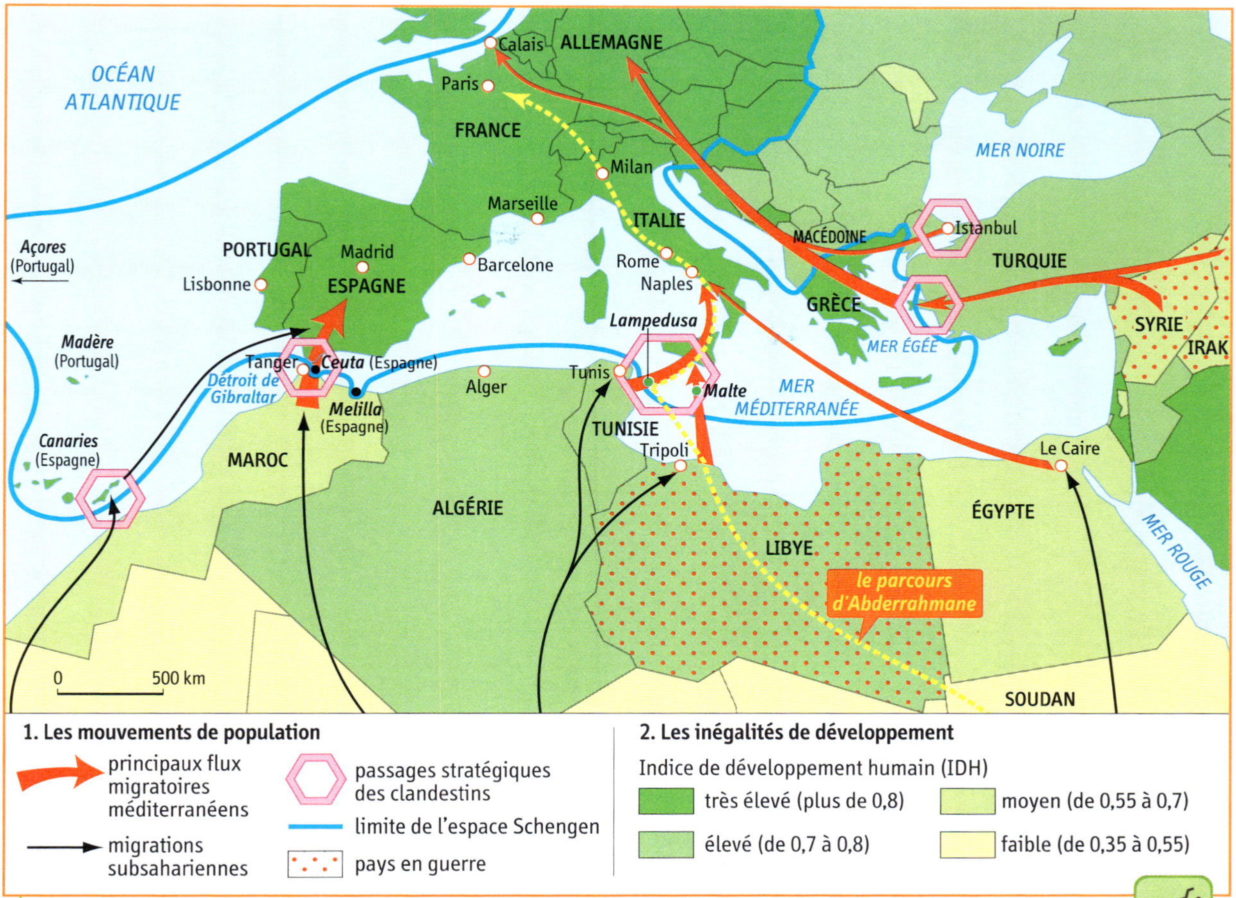

4 Les migrations de population en Méditerranée

5 Des migrants syriens à la frontière entre la Grèce et la Macédoine (septembre 2015)

Avec les conflits en Afrique et au Moyen-Orient (Syrie), les routes de Méditerranée orientale et des Balkans sont devenues très empruntées par les migrants. Des familles de la classe moyenne partent souvent avec leurs enfants.

ACTIVITÉS

1. **Doc. 2** | J'analyse un document
   - **a** D'où vient Abderrahmane ?
   - **b** Pourquoi a-t-il quitté son pays ?
   - **c** Décrivez son parcours à l'aide du doc. 4.
   - **d** Relevez deux exemples montrant la difficulté de son parcours (voir aussi doc. 1).

Coup de pouce Pour décrire le parcours, nommez les lieux traversés.

2. **Doc. 4** | D'où viennent les migrants qui traversent la Méditerranée ? Comment expliquer ces migrations ?
3. **Doc. 3** | Comment a évolué le nombre de migrants arrivés sur les côtes de Méditerranée depuis 2011 ? Justifiez.
4. **Doc. 3 et 5** | Comment expliquer cette évolution ?

COMPÉTENCE
Je pratique différents langages
Compléter un schéma sur les effets des migrations

B Quels sont les effets des migrations en Méditerranée ?

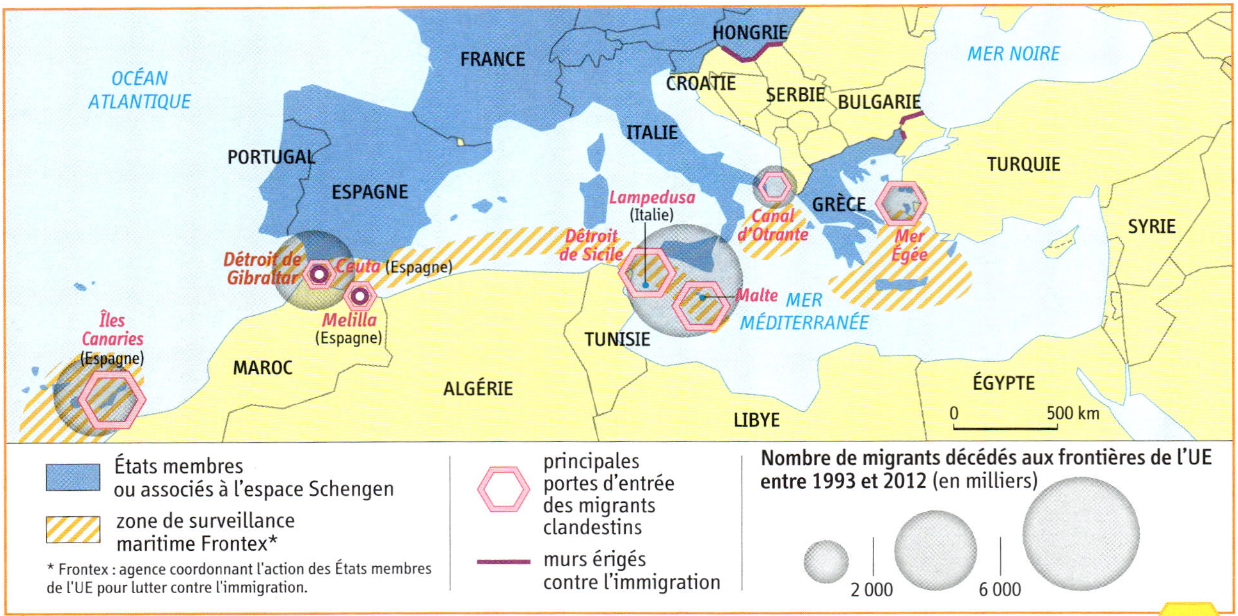

1 Les effets des migrations en Méditerranée

hatier-clic.fr/hg4072

2 Les transferts d'argent vers le Maghreb

« Les flux financiers des émigrés ne connaissent pas la crise. Malgré la morosité de l'économie mondiale, les sommes envoyées par les migrants vivant en dehors de l'Afrique en 2012 s'élèvent à 60 milliards de dollars. Pour le Maghreb, cette progression s'explique par sa proximité avec l'Europe et par la taille de sa population émigrée. Au Maroc, les transferts des Marocains résidents à l'étranger ont atteint près de 5 milliards de dollars en 2012, dont 2 milliards en provenance de France. Chaque migrant maghrébin actif qui procède à un transfert d'argent envoie entre 100 et 160 euros par mois vers son pays d'origine, pour subvenir en majorité aux besoins courants de sa famille. Cette somme constitue une source non négligeable de revenus pour une partie de la population et couvre les dépenses de santé et d'éducation. De plus en plus de migrants investissent aussi dans un achat immobilier, notamment ceux qui prévoient un retour définitif au pays. »

▪ **Olfa Khamira, « Généreuse diaspora : Les transferts d'argent des migrants vers le Maghreb en hausse », www.huffpostmaghreb.com, 28 novembre 2013.**

3 Un village marocain transformé par les migrations

De nombreux habitants de la vallée de Tafraout (dans l'anti-Atlas marocain) ont émigré vers l'Europe. Leur argent a permis de rénover les habitations et les monuments des villages, comme ici à Adaï.

4 **Construction d'un mur de barbelés à la frontière entre la Hongrie et la Serbie (août 2015)**
Cette barrière a été construite au sud de la Hongrie, à la frontière avec la Serbie et la Croatie, de juillet à octobre 2015. Face à l'afflux massif de migrants en Europe par cette frontière, le gouvernement hongrois a estimé que l'Union européenne ne prenait pas les mesures nécessaires pour contenir ces flux de population.

5 **Le détroit de Gibraltar : un espace transformé par les migrations**

ACTIVITÉS

1. **Doc. 1** | Où le nombre de migrants décédés aux frontières est-il le plus important ? Pourquoi d'après vous ?
2. **Doc. 1 et 5** Comment les frontières de l'Europe sont-elles surveillées ?
3. **Doc. 1, 4 et 5** Comment ces frontières sont-elles transformées ?
4. **Doc. 2 et 3** Quel a été le montant total des transferts de fonds des Marocains installés à l'étranger en 2012 ? À quoi sert cet argent ?
5. **Je pratique différents langages**
Complétez la légende du schéma ci-dessous sur les migrations en Méditerranée et leurs effets.

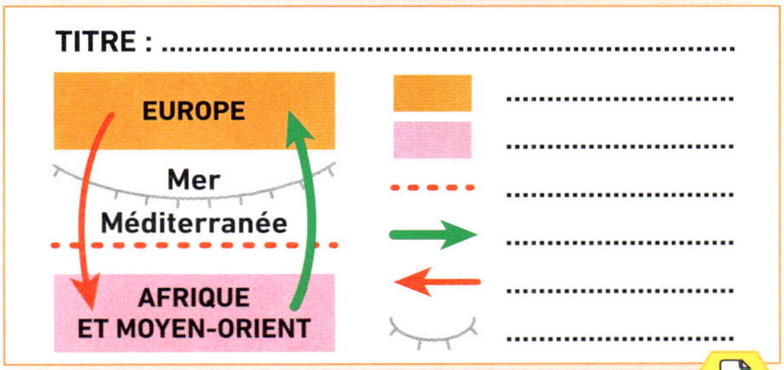

hatier-clic.fr/hg4073

Coup de pouce
• **Utilisez** les mots suivants : Transferts d'argent • Région d'arrivée • Surveillance des frontières • Flux migratoire • Limite Nord-Sud • Région de départ.
• **Donnez** un titre au schéma.

ÉTUDE DE CAS

Les migrations dans le golfe Persique

COMPÉTENCE
J'analyse un document
Une carte des migrations dans le golfe Persique

Le golfe Persique est un important pôle de migrations Sud-Sud. Ces migrations s'expliquent surtout par les besoins en main-d'œuvre des pays de cette région du monde.

Quelles sont les migrations dans le golfe Persique ?

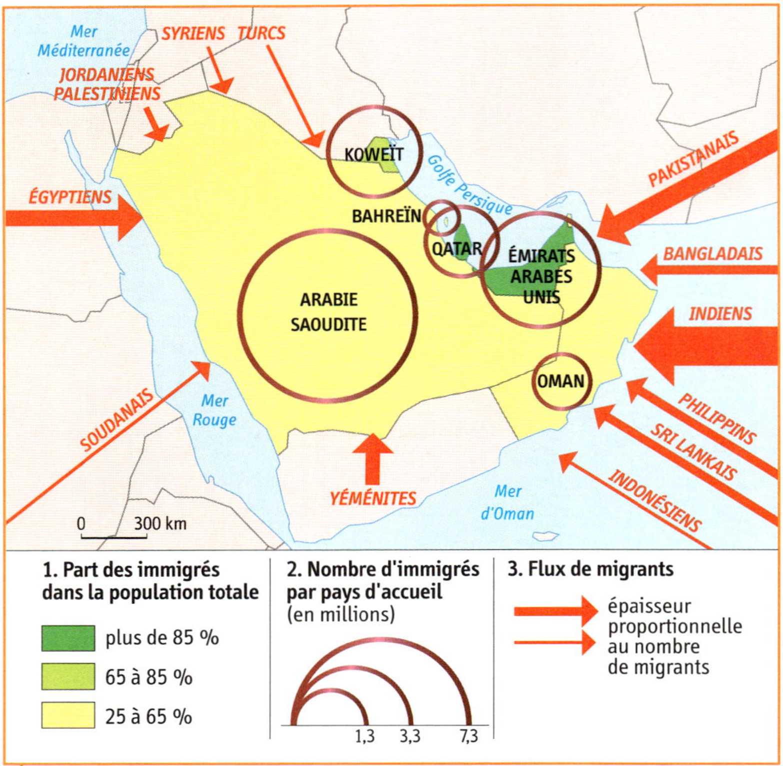

1 Les migrations de travail dans le golfe Persique

3 Quelques indicateurs pour trois pays du Golfe

	Émirats Arabes Unis	Qatar	Arabie Saoudite
Population (en millions)	7,5	1,7	27,4
Part des immigrés dans la population active (en %)	93 %	92 %	35 %
Croissance annuelle du PIB entre 2000 et 2010 (en %)	5,3 %	12,9 %	3,3 %
Rang mondial des producteurs de pétrole	8e rang	16e rang	3e rang

Source : Banque mondiale, ONU et BP, 2015.

2 Un carrefour de migrations Sud-Sud

« Les pays du Golfe sont un vaste champ de migrations Sud-Sud, compte tenu de leur faiblesse démographique, de l'absence des femmes sur le marché du travail et de leurs besoins de main-d'œuvre. Les migrants y représentent entre un tiers et quatre cinquièmes de la population. Ces pays ont d'abord attiré les populations arabes de la rive sud de la Méditerranée (Maghreb, Égypte), avant de développer une migration asiatique (Inde, Pakistan, Philippines, Sri Lanka) et africaine (Corne de l'Afrique notamment). [...] Les pays du Golfe sont entièrement dépendants de l'immigration, qualifiée et non qualifiée. [...]
Les Émirats Arabes Unis sont peuplés à 90 % d'étrangers : Indiens, Pakistanais, Iraniens, Sri Lankais, Philippins, Chinois. La plupart d'entre eux travaillent sur les chantiers, la restauration et l'hôtellerie, comme à Dubaï. Les droits du travail et au regroupement familial sont quasi inexistants et les contrats de travail sont souvent de courte durée. »

▪ **Catherine Withol de Wenden, *Atlas des migrations*, Autrement, 2012.**

Vocabulaire

Un flux migratoire : le déplacement de populations hors de leur pays d'origine.

4 Des travailleurs immigrés sur un chantier à Dubaï

Dubaï est une ville des Émirats Arabes Unis qui a connu un développement très rapide. Ses gratte-ciel, ses routes, ses centres commerciaux ont été construits par une main-d'œuvre venue de l'étranger.

5 Teresa, une expatriée des Philippines

Une employée philippine dans un hôtel de Dubaï

« Il est midi aux Émirats Arabes Unis (ÉAU) et 16 heures aux Philippines. Teresa vit à Dubaï, la ville la plus peuplée des ÉAU, à 6 900 km des Philippines, là où habitent ses deux aînés. Âgée de 39 ans, elle est vendeuse dans un magasin de prêt-à-porter, dans une galerie marchande rutilante de Dubaï. Elle travaille, debout, six jours sur sept. Son seul jour de congé est le vendredi. Chaque vendredi midi, Teresa a rendez-vous avec sa fille de 11 ans et son fils de 8 ans, mais à la façon moderne des travailleurs expatriés – ces millions d'adultes exilés à des milliers de kilomètres de chez eux pour occuper des emplois leur permettant d'envoyer de l'argent à leur famille. Teresa s'assied devant son ordinateur, dans la chambre qu'elle partage avec quatre personnes. Elle se branche sur Facebook. Elle clique sur un bouton établissant une communication vidéo, se penche sur l'écran et attend. »

▪ **Cynthia Gorney, « Enquête sur les déracinés, travailleurs au Moyen-Orient », *National geographic*, 19 mars 2014.**

ACTIVITÉS

1. **Doc. 1** | **J'analyse un document**
   a Nommez les pays du golfe Persique qui accueillent des migrants.
   b D'où viennent ces migrants ?
   c Pourquoi peut-on parler de migrations Sud-Sud pour le golfe Persique ? (voir aussi le planisphère p. 248).

Coup de pouce Pour lire la carte, **distinguez** les figurés ponctuels (cercles) des figurés linéaires (flèches).

2. **Doc. 2 et 3** | Pourquoi ces migrants viennent-ils dans les pays du Golfe ?
3. **Doc. 2 et 4** | Dans quels secteurs travaillent-ils surtout ?
4. **Doc. 5** | D'où vient Teresa et où travaille-t-elle ?
5. **Doc. 5** | Quelles sont les conditions de vie et de travail de Teresa ?

À L'ÉCHELLE DU MONDE

Les migrations internationales

COMPÉTENCE
Je me repère dans l'espace
Localiser et situer les migrations internationales

hatier-clic.fr/hg4074

1. Les espaces des migrations
- principales régions de départ
- principaux pays d'accueil
- EUROPE DE L'OUEST : pôles majeurs des migrations internationales

2. Les flux migratoires
- principaux flux de migrants
- grande zone de mobilité de travail
- limite Nord/Sud

Études de cas du chapitre :
(1) Mer Méditerranée (2) Golfe Persique

Des études de cas...

1. Quels sont les principaux pays de départ des migrants en Méditerranée ?
2. Où se dirigent-ils surtout ?

La Méditerranée

3. D'où proviennent les migrants qui arrivent dans les États du Golfe ?

Les États du golfe Persique

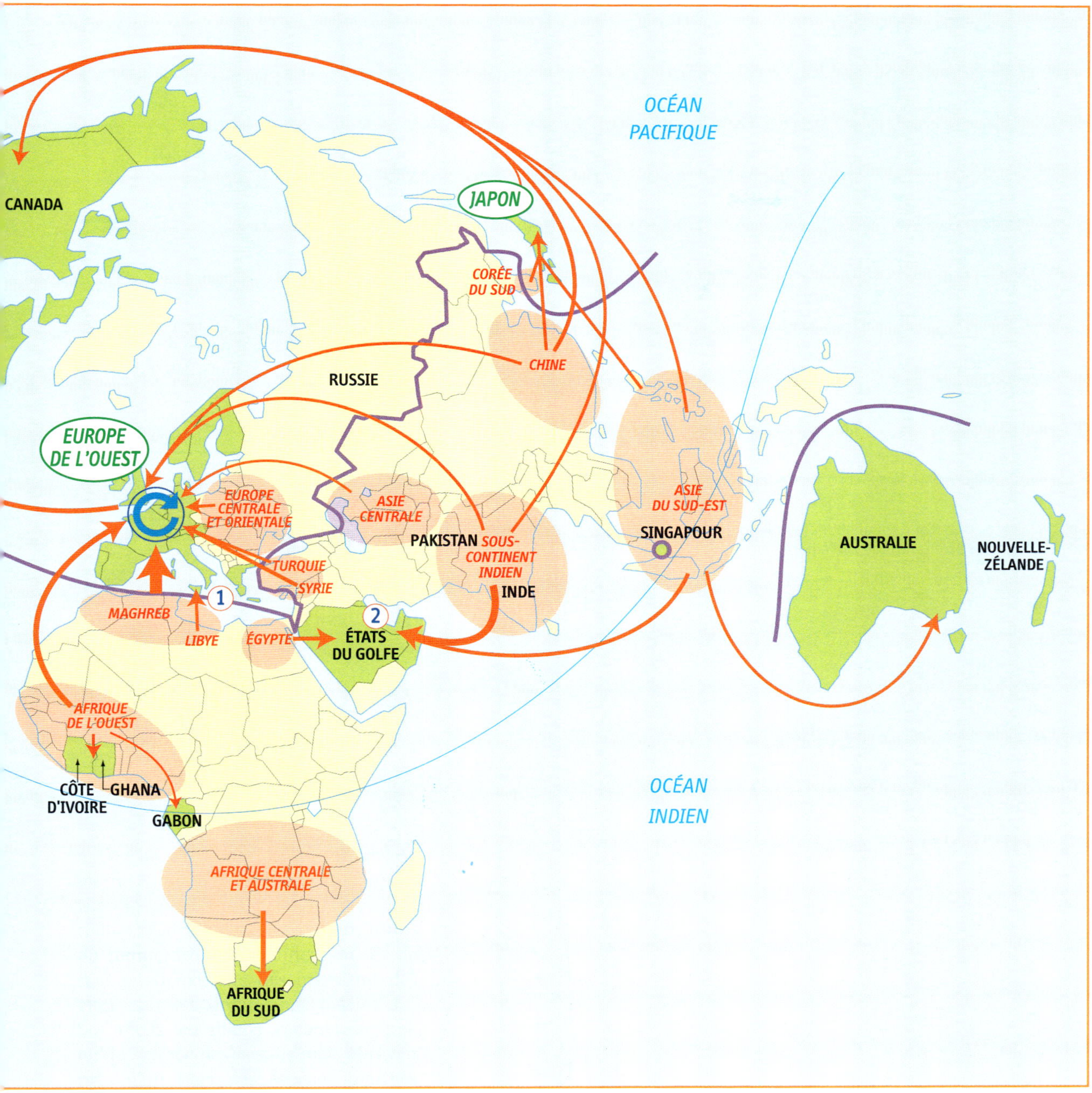

… au monde

4. Quels sont les trois pôles majeurs des migrations internationales ?

5. D'où proviennent les migrants qui migrent vers ces pôles ?

6. À l'aide de deux exemples, montrez qu'il existe aussi des migrations entre les pays du Sud.

Vocabulaire

Une migration internationale : le déplacement d'une personne ou d'un groupe de personnes d'un pays vers un autre pour s'y installer.

COMPÉTENCE
Je pratique différents langages
Réaliser un croquis des migrations internationales

Pôles et flux des

Je réalise un croquis

Étape 1 Je prélève des informations

a. Doc. 1 | Que représentent les cercles sur ce croquis ?

b. Doc. 2 | Quelles sont les principales régions d'accueil des migrants ?

c. Doc. 3 | Comment a-t-on représenté les flux migratoires sur ce croquis ? Où les frontières se renforcent-elles ?

Étape 2 J'organise la légende

a. Doc. 4 | Trouvez les intitulés de la première colonne de la légende.

b. Doc. 4 | Dessinez les figurés manquants dans la deuxième colonne.

c. Doc. 4 | Proposez un titre pour chaque partie de la légende.

Étape 3 Je complète le croquis

a. Doc. 4 | Complétez le croquis à l'aide des figurés choisis.

b. Doc. 4 | Ajoutez le nom de quelques régions de départ et d'arrivée et le nom des océans.

c. Doc. 4 | Donnez un titre au croquis.

Coup de pouce
- Vous pouvez vous aider du planisphère p. 248.
- Retrouvez le langage cartographique et la **méthode du croquis p. 196.**

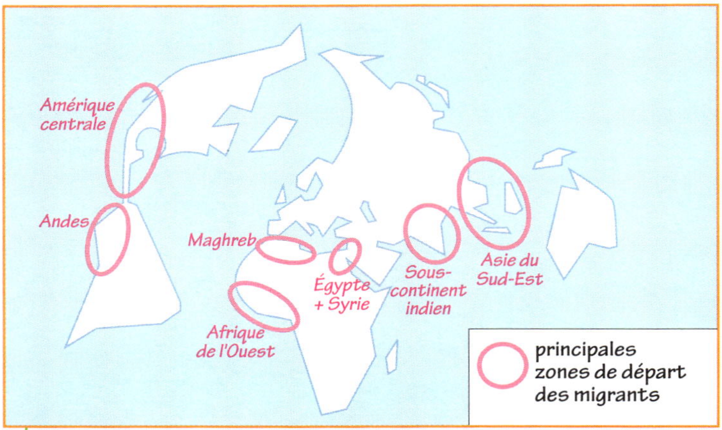

1 Les zones de départ des migrants

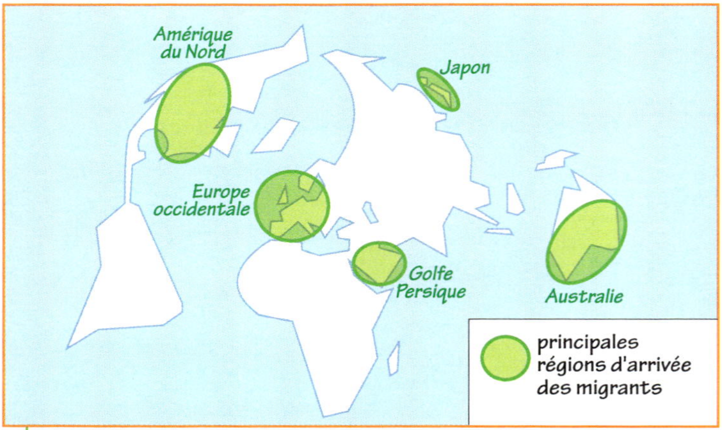

2 Les régions d'arrivée des migrants

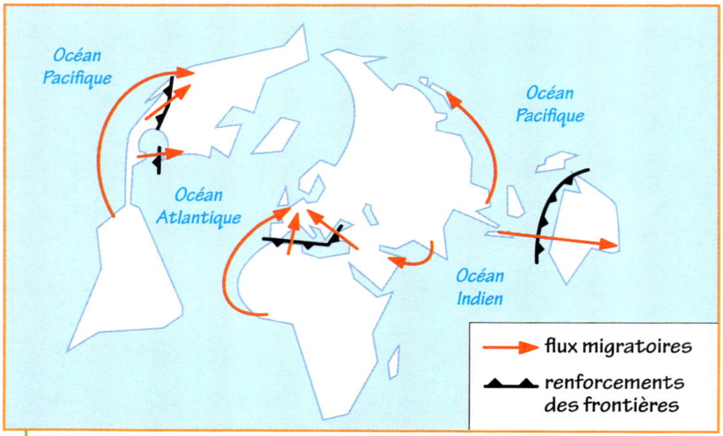

3 Les flux migratoires et leurs effets

migrations internationales

TITRE : ....

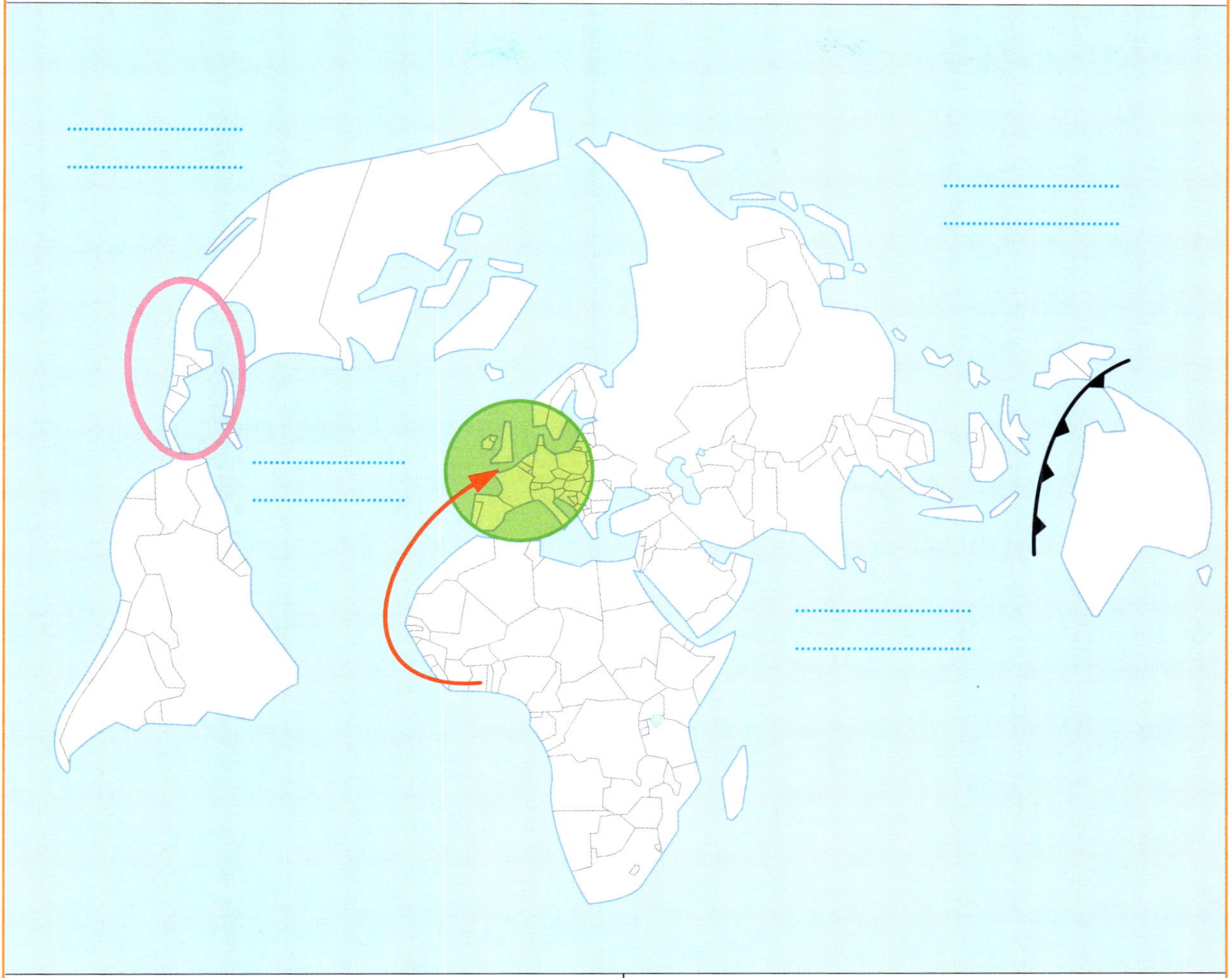

1. ....

- (pink circle) ....
- (green disc) ....

2. ....

- .... flux migratoires
- .... renforcement des frontières

4 Croquis des migrations internationales

hatier-clic.fr/hg4075

Et si je changeais de langage ?

À l'aide de votre croquis, expliquez en quelques phrases quels sont les pôles et les flux des migrations internationales.

Coup de pouce

- **Décrivez** les flux migratoires, des zones de départ vers les régions d'arrivée.
- **Expliquez** les raisons de ces flux et leurs conséquences sur les frontières.

Dossier Prospective ET DEMAIN ?

Les réfugiés climatiques : migrants de demain ?

COMPÉTENCE
Je travaille en groupe
Étudier les migrations climatiques

Les réfugiés climatiques devraient être 250 millions en 2050. Les effets du changement climatique constituent les principales causes de leurs migrations.

hatier-clic.fr/hg4076

Quels sont les effets du changement climatique sur les migrations ?

1 Les migrations climatiques de demain

« On estime aujourd'hui à 38 millions le nombre de réfugiés environnementaux à l'échelle mondiale. Le changement climatique pourrait faire passer ce nombre de migrants à 250 millions en 2050. Les causes des déplacements environnementaux sont multiples : dégel (Alaska), cyclones (Caraïbes), élévation du niveau des mers (îles Tuvalu), désertification (Sahel), fonte des glaciers continentaux (Himalaya), inondations (Thaïlande). Au Bangladesh, l'inondation du delta du Gange liée à la fonte des glaciers de l'Himalaya pourrait engendrer des catastrophes humaines dans la capitale, Dhaka, en raison de la concentration de la population sur place et de sa précarité. L'Inde est d'ailleurs en train de construire un mur entre les deux pays pour se prémunir des migrations venues du Bangladesh. Il va de soi que les plus pauvres ne partiront qu'en y étant forcés. »

▪ **Catherine Withol de Wenden, *Atlas des migrations*, Éditions Autrement, 2012.**

La part des réfugiés climatiques par continents (période 2008-2014), en %

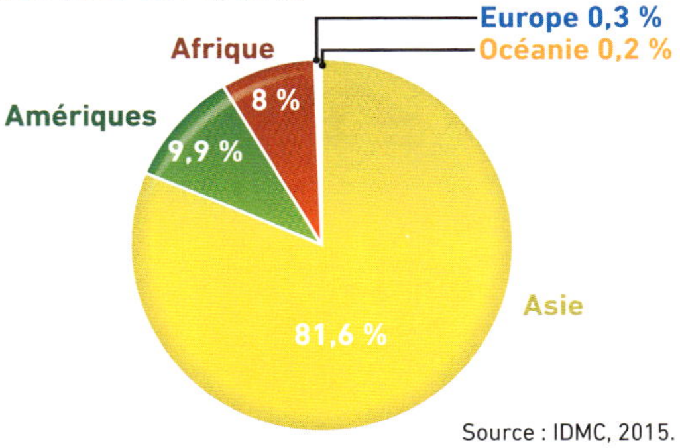

Source : IDMC, 2015.

2 Les réfugiés climatiques par continent

3 Dans une île des Sundarbans au Bangladesh

Les îles des Sundarbans doivent faire face à la montée des eaux. D'ici à 2050, l'élévation du niveau de la mer pourrait engloutir 10 % des terres émergées du Bangladesh. Ce pays compte plus d'un demi-million de réfugiés climatiques et ce nombre devrait atteindre 20 à 30 millions d'ici 2050.

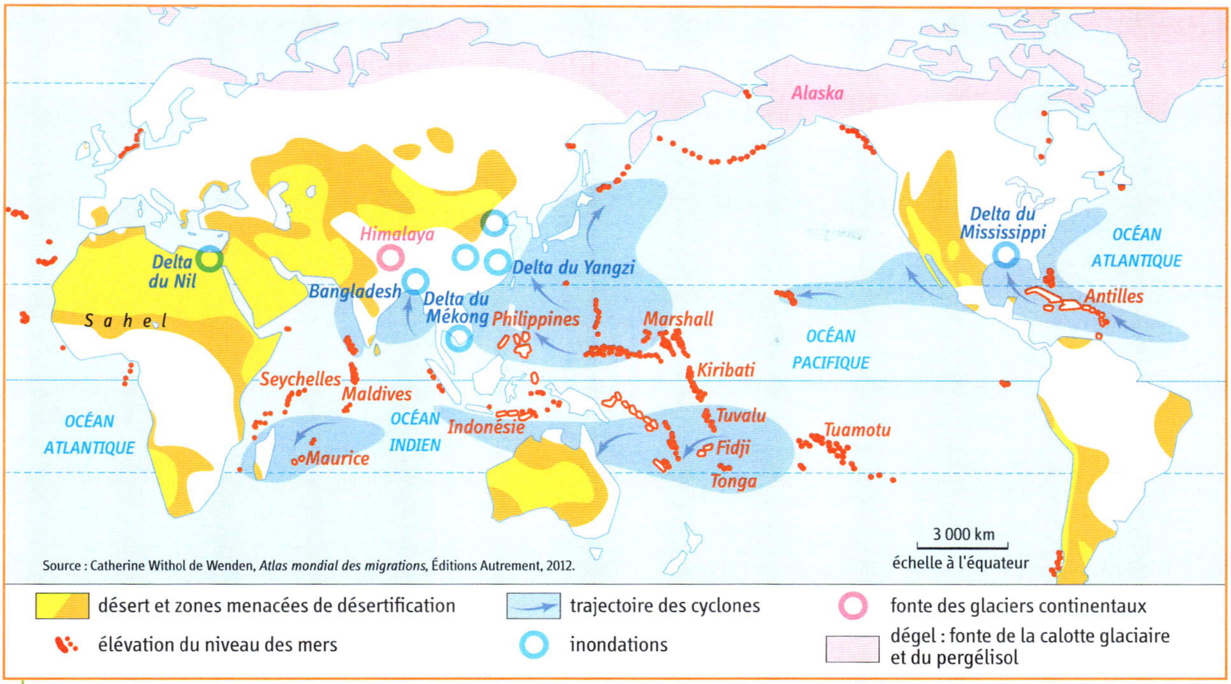

4 Les causes des migrations environnementales

5 Ioane Teitiota, premier réfugié climatique ?

« C'est une première mondiale. Un habitant des îles Kiribati, un archipel du Pacifique Sud, a demandé jeudi à la Haute cour d'Auckland, en Nouvelle-Zélande où il réside, le statut de réfugié pour cause de réchauffement climatique. Il s'agit de la deuxième demande de Ioane Teitiota, 37 ans. L'archipel des Kiribati est composé d'une trentaine d'atolls coralliens, dont la plupart dépassent à peine le niveau de l'eau. Des zones entières sont régulièrement envahies par l'océan, et les récoltes s'appauvrissent en raison de l'infiltration d'eau salée dans les réserves d'eau douce. “Un accès à l'eau douce est un droit fondamental”, a argumenté l'avocat de Ioane Teitiota. Le cas de son client pourrait créer un précédent, non seulement pour les 100 000 habitants des Kiribati, mais aussi pour toutes les populations menacées par le changement climatique causé par l'homme. Ce danger crée une nouvelle classe de réfugiés, dont les droits ne sont pas reconnus par les conventions internationales. »

▪ **« Un habitant des îles Kiribati veut devenir le premier réfugié climatique », www.france24.com, 17 octobre 2013.**

Vocabulaire

Le changement climatique : la modification durable du climat.

Un réfugié climatique : une personne forcée de se déplacer suite à un événement climatique.

ACTIVITÉS

Je travaille en groupe

1. Constituez des groupes pour étudier les réfugiés climatiques.

Groupes 1 et 2 | Les futurs probables

a **Doc. 1** | Combien y a-t-il de réfugiés climatiques aujourd'hui ? Combien devraient-ils être en 2050 ?

b **Doc. 1 et 4** | Comment s'expliquent ces migrations climatiques ?

c **Doc. 1 et 3** | Montrez que la question des migrations climatiques est particulièrement problématique au Bangladesh.

Groupes 3 et 4 | Un phénomène planétaire

a **Doc. 2 et 4** | Sur quel continent se situe la majorité des réfugiés climatiques ? Comment l'expliquer ?

b **Doc. 2 et 4** | Quelles sont les autres régions du monde touchées par les migrations climatiques ? Pourquoi ?

c **Doc. 5** | Pourquoi Ioane Teitiota demande-t-il le statut de réfugié climatique ?

2. À l'oral, présentez vos réponses à la classe.
3. À l'aide des informations des groupes, rédigez quelques lignes sur les réfugiés climatiques d'aujourd'hui et de demain.

1 Les migrations transnationales

Quels sont les migrations transnationales et leurs effets ?

A Des migrations croissantes

1. **Les migrations transnationales sont en forte croissance** depuis les années 1970. Le nombre de migrants est passé de 77 millions en 1975 à **230 millions en 2015, soit 3 % de la population mondiale** (DOC. 1). D'après les prévisions, les migrants devraient être plus de 400 millions en 2050.

2. **Les flux migratoires s'effectuent surtout du Sud** (Asie, Afrique, Amérique latine) **vers le Nord** (Europe occidentale, Amérique du Nord, Japon et Australie). Cependant, **les migrations entre les pays du Sud s'intensifient** (DOC. 2). Les pays du golfe Persique attirent des migrants venus d'Asie du Sud. De même, **les migrations entre les pays du Nord se multiplient** depuis les années 1990 (de l'Europe de l'Est vers l'Europe de l'Ouest, par exemple).

B Les facteurs des migrations

1. Les migrations présentent des **causes variées** : **inégalités de développement** (les migrants quittent leur pays pour trouver du travail, de meilleures conditions de vie, etc.) ; **raisons politiques ou de guerre** (**réfugiés** de Syrie ou de Somalie, DOC. 5) ; **raisons climatiques** (les migrants environnementaux des îles Tuvalu dans le Pacifique).

2. **Le profil des migrants évolue.** Ce ne sont plus uniquement des gens pauvres et analphabètes, mais de plus en plus des populations éduquées issues des classes moyennes. Certains sont très qualifiés : c'est **la fuite des cerveaux** (« *brain drain* »). Avec les programmes d'échanges universitaires (Erasmus en Europe), **la mobilité internationale des étudiants s'intensifie** (DOC. 4).

C Les effets des migrations

1. Pour les **pays de départ**, les migrations permettent une baisse du nombre de chômeurs et constituent une solution au manque de terres. **L'argent envoyé par les migrants à leur famille** (les remises) **est indispensable** au développement de ces pays (Maroc). Mais ils perdent aussi une main-d'œuvre dynamique et parfois très qualifiée qui leur aurait été utile (Afrique).

2. Dans les **pays d'accueil**, l'immigration fournit une main-d'œuvre manquante dans des emplois peu qualifiés et ralentit le vieillissement de la population (Allemagne). Mais **elle transforme aussi les frontières** : construction de murs (DOC. 3), multiplication des systèmes de surveillance (Méditerranée), etc.

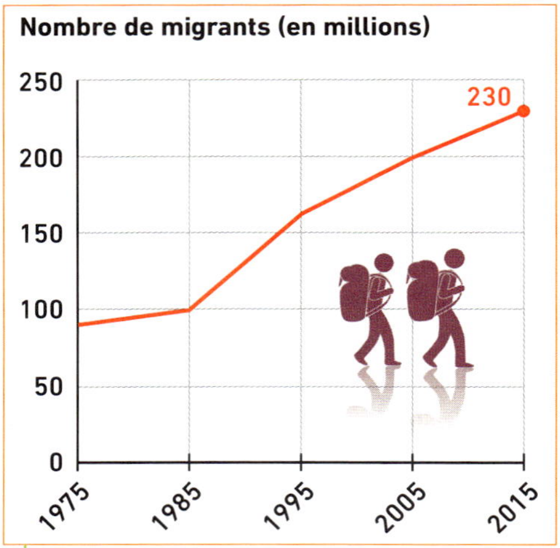

1 Les migrations internationales

- Comment ont évolué les migrations ?

2 L'évolution des flux migratoires

« En 2013, les migrants représentaient 3 % de la population mondiale. L'Organisation internationale du travail (OIT) estime que "les migrations s'intensifieront probablement dans un avenir prévisible". Les mouvements Sud-Sud se sont accentués. De 2000 à 2013, ils ont constitué 57 % de l'ensemble des flux migratoires. La crise des économies développées, une certaine amélioration de la qualité des emplois et des revenus dans les pays émergents expliquent ces changements. »

▪ **Rémi Barroux, « 230 millions de migrants dans le monde », www.lemonde.fr, 29 mai 2014.**

- Quelles migrations s'accentuent ? Pourquoi ?

Vocabulaire

La « fuite des cerveaux » : le départ des personnes qualifiées vers des pays offrant de meilleures conditions de travail.

Une migration transnationale (ou internationale) : le déplacement d'une personne ou d'un groupe de personnes d'un pays vers un autre pour s'y installer.

Un réfugié : une personne ayant quitté son pays pour des raisons politiques, religieuses ou ethniques.

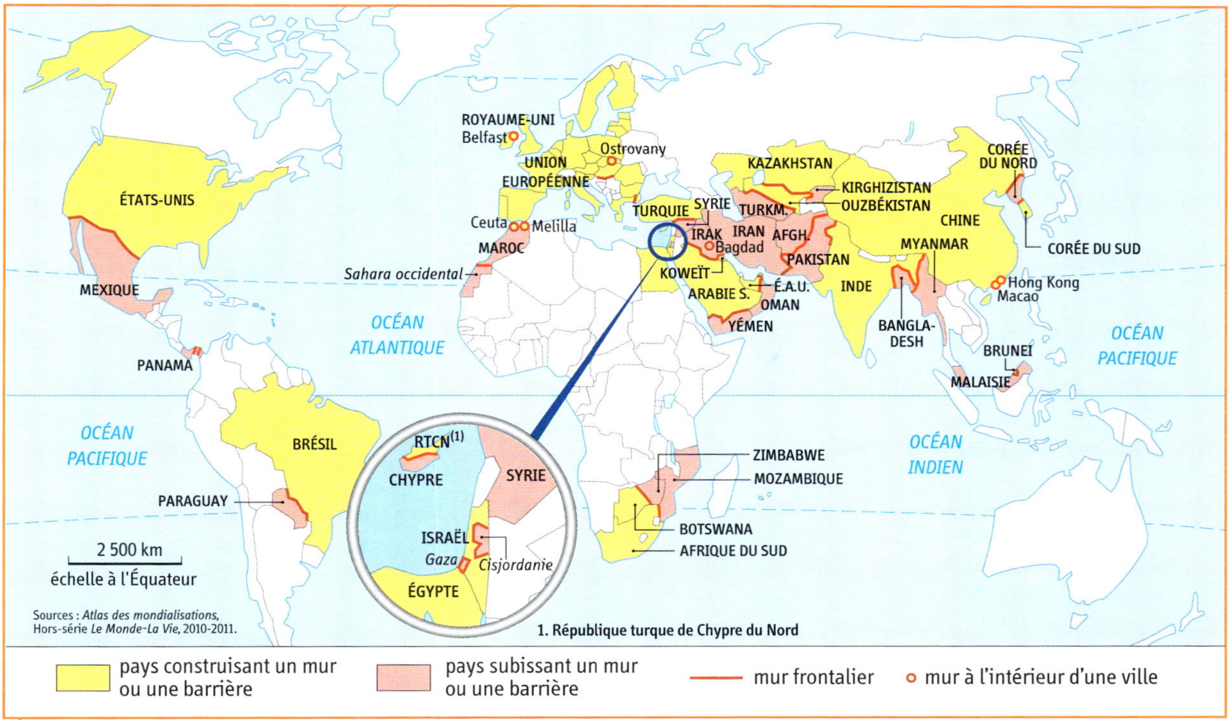

3 **Les murs dans le monde**

1. Nommez des pays dans lesquels se situent des murs frontaliers.

2. Selon vous, pourquoi ces murs ont-ils été construits ?

4 **Affiche du programme Erasmus, 2012**
(programme européen d'échanges universitaires)

5 **Un camp de réfugiés au Kenya**

Ce camp de réfugiés se situe au Nord-Est du Kenya. Créé en 1992, il accueille des réfugiés venus de Somalie, touchée par la guerre civile. Il compte aujourd'hui plus de 460 000 personnes.

JE M'EXERCE PAR COMPÉTENCE

Je pratique différents langages

1 Rédiger un texte sur l'évolution des migrations en Italie

PASSERELLE GÉO-HISTOIRE

1 L'émigration des Italiens vers les États-Unis au XIXe siècle

« L'émigration massive des Italiens du Sud vers les États-Unis a lieu entre 1880 et la Première Guerre mondiale. Elle est souvent une solution ultime pour échapper à la misère. Les conditions de vie dans le Mezzogiorno[1] sont telles que les hommes considèrent qu'ils n'ont plus d'autre choix que de quitter leur village à la recherche d'emplois, même temporaires, afin de subvenir aux besoins de leur famille. Majoritairement paysans et sans qualification, ils partent travailler en tant que manœuvres dans des territoires en plein développement. Même s'ils partent également vers d'autres pays d'Europe, l'Afrique ou l'Amérique du Sud (en Argentine ou au Brésil notamment), les promesses d'emplois garanties par l'industrialisation massive aux États-Unis stimulent un mouvement migratoire transatlantique des plus importants. Entre 1860 et 1920, quelque 4,5 millions d'Italiens émigrent aux États-Unis. »

1. Les régions du Sud de l'Italie.

▪ **M.-C. Michaud, « Les Italiens aux États-Unis : la grande immigration », *RADICI, Revue d'actualité, consacrée à la langue et la culture italienne*, 29 novembre 2013.**

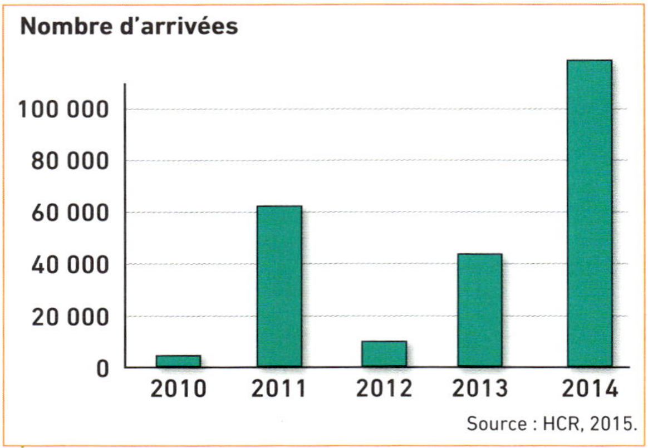

2 Les arrivées de migrants en Italie depuis 2010

1. **Doc. 1** | Où les Italiens émigrent-ils au XIXe siècle ?
2. **Doc. 1** | Pourquoi quittent-ils alors l'Italie ?
3. **Doc. 2** | Comment ont évolué les arrivées de migrants en Italie depuis 2010 ?
4. **Doc. 3** | D'où viennent aujourd'hui les migrants qui se dirigent vers l'Italie ? Pourquoi d'après vous ?
5. Rédigez quelques lignes montrant qu'entre le XIXe siècle et aujourd'hui, l'Italie est passée d'un pays d'émigration à un pays d'immigration.

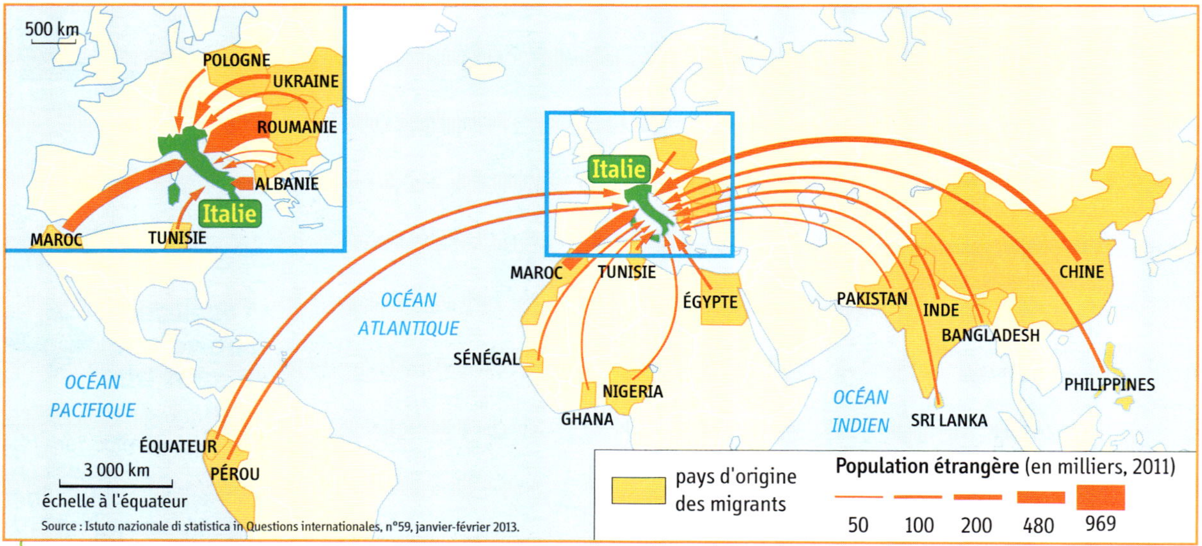

3 Les flux migratoires vers l'Italie (2011)

J'analyse un document — 2 Analyser l'extrait d'un roman sur l'immigration clandestine

Eldorado

Eldorado est un roman de l'écrivain français Laurent Gaudé publié en 2006. Il met en scène l'immigration clandestine en Méditerranée à travers le parcours de plusieurs personnages dont deux frères Soudanais, Soleiman et Jamal, qui cherchent à rallier l'Europe. Arrivé devant la barrière de l'enclave espagnole de Ceuta, Soleiman tente, avec d'autres clandestins, un passage en force avec des échelles de fortune.

« Je cours. Je dévale la colline en serrant mon échelle. Je n'en reviens pas que nous soyons si nombreux. Je dépasse des hommes qui soufflent comme moi, avec la même rage. Je cours. Je vais vite. Je suis jeune. Il faut se frayer un passage dans la foule. Tout le monde a les yeux rivés sur la barrière. Les gardes espagnols ont réalisé maintenant. Ils hurlent dans la nuit. Que disent-ils ? Est-ce qu'ils nous ordonnent de nous arrêter ? Rien ne nous arrêtera. [...] Je serre fort mon échelle. Je suis maintenant à quelques mètres de la barrière. Je la plaque contre les barbelés. Je n'ai pas le temps de regarder si elle atteint le sommet, je commence à monter. Des dizaines d'autres échelles jaillissent partout autour de moi. Les plus jeunes d'entre nous sont arrivés. L'assaut a commencé. Je monte à toute vitesse. [...] Les bras me tirent, je n'ai plus la force et me laisse tomber. Je chute. Je sens l'impact dur du sol. Les genoux qui me rentrent dans le ventre. Je suis fatigué mais je sens sous moi cette terre nouvelle et cela me donne une force de conquérant. »

▪ **Laurent Gaudé, *Eldorado*, Actes Sud, 2006.**

PASSERELLE GÉO-FRANÇAIS

1. Situez l'enclave de Ceuta à l'aide du doc. 4 p. 243.
2. Qui est le narrateur ? Que tente-t-il de faire ? Pourquoi ?
3. Relevez le champ lexical de la vitesse. Pourquoi est-il ainsi développé ?
4. Pourquoi l'auteur utilise-t-il la première personne du singulier dans cet extrait ?
5. Retrouvez dans le manuel une photographie permettant d'illustrer cet extrait.
6. Expliquez le titre de ce roman en faisant une recherche personnelle.

Je m'informe sur Internet — 3 Découvrir une organisation internationale : le HCR

- Rendez-vous sur le site du Haut-commissariat aux réfugiés (HCR) : www.unhcr.fr.
- Allez dans la rubrique « En bref ».

1. Quand le HCR a-t-il été créé ? Quelle est sa mission ?

- Allez dans « Nouvelles et opinions », puis « Galeries photos ». Lisez l'article intitulé « Tendances mondiales : le déplacement forcé de population en 2014 ».

2. Comment a évolué le nombre de réfugiés en 2014 ? Comment l'expliquer ?
3. Choisissez une photographie et présentez le parcours d'un migrant ou d'un groupe de migrants.

- Allez dans la rubrique « Où nous travaillons », puis « Asie et Pacifique ».

4. Quels sont les deux pays dont sont originaires la majorité des réfugiés de cette région ?
5. Pourquoi migrent-ils ? Où migrent-ils ?

EXERCICE 1 Analyser et comprendre un document

DOCUMENT
Le rêve européen ?
Le Rêve européen, dessin de Chapatte, paru dans *Le Temps* du 15 septembre 2015.

QUESTIONS

1. Identifiez ce document (nature, auteur, date, sujet).
2. Décrivez précisément ce document en utilisant un vocabulaire adapté.
3. Expliquez le sens de ce document, en faisant appel à vos connaissances.
4. À l'aide du document et de vos connaissances, discutez le titre *Le Rêve européen*.
5. L'auteur de ce document exprime un point de vue. Justifiez cette affirmation.

Méthode
Pour **identifier** le point de vue d'un document, il faut se demander ce que l'auteur a voulu dire : quel est son message ? que veut-il dénoncer ?

EXERCICE 2 Maîtriser différents langages pour raisonner

DÉVELOPPEMENT CONSTRUIT

▶ Sous la forme d'un développement construit d'une vingtaine de lignes, décrivez et expliquez les migrations transnationales dans le monde.

Méthode Comprendre le sujet et rédiger

Étape 1 Comprendre le sujet

▶ **Décrire** les migrations signifie identifier les zones de départ, les flux et les régions d'arrivée des migrants.

▶ **Expliquer** les raisons des migrations correspond à répondre à la question : pourquoi migre-t-on ?

Ces deux idées peuvent constituer les deux parties de votre plan.

Étape 2 Rédiger

Vous pouvez commencer par une courte introduction de ce type :

Les **migrations transnationales** sont les déplacements de personnes d'un pays vers un autre pour s'y installer. → Je définis la notion du sujet

Elles concernent aujourd'hui **230 millions de personnes** dans le monde. → Je donne un chiffre-clé

JE CONSTRUIS MON BILAN

hatier-clic.fr/hg4077

hatier-clic.fr/hg4078

1 Je localise et je situe les zones de migrations internationales

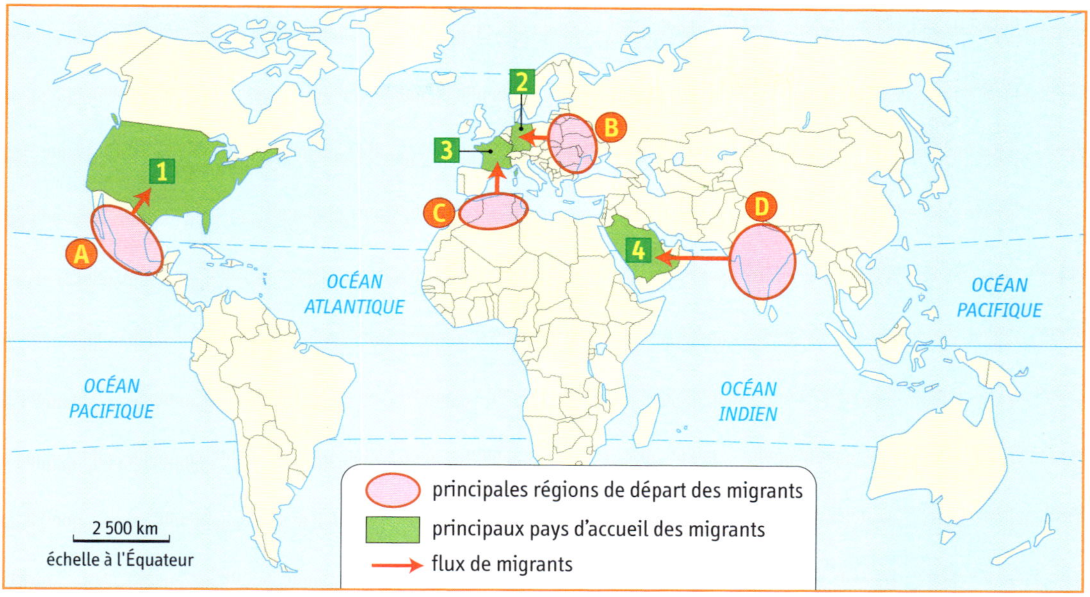

1. Quelles sont les zones de départ des migrations A, B, C et D ?
2. Vers quels pays ces migrants se dirigent-ils ?
3. Pour quelles raisons migrent-ils d'après vous ?

2 Je complète une carte mentale sur les migrations transnationales

• Complétez la carte mentale ci-dessous à l'aide des mots suivants :

a. Renforcement des frontières • b. Changement climatique • c. Ralentissement du vieillissement dans les pays d'accueil • d. Recherche de meilleures conditions de vie • e. Transferts d'argent vers les pays de départ • f. Suite de conflits ou de guerres.

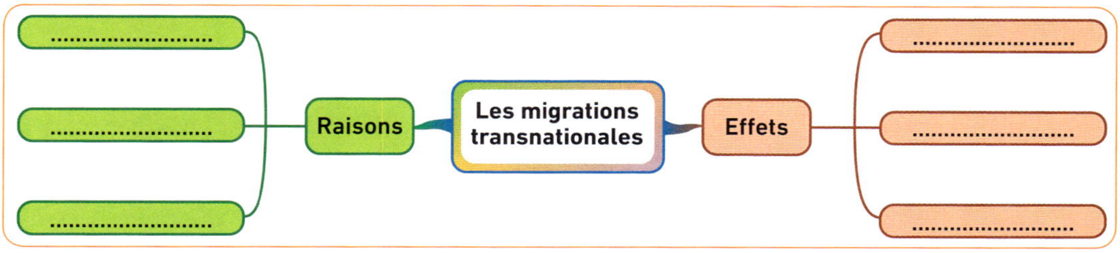

3 Je connais le vocabulaire des migrations

• Associez chaque mot à sa définition.

a. Un flux migratoire ■
b. Un réfugié ■
c. La fuite des cerveaux ■
d. Un réfugié climatique ■

■ 1. Une personne forcée de se déplacer suite à un événement climatique.
■ 2. Le départ des personnes qualifiées vers des pays offrant de meilleures conditions de travail.
■ 3. Le déplacement de populations hors de leur pays d'origine.
■ 4. Une personne ayant quitté son pays pour des raisons politiques, religieuses ou ethniques.

CHAPITRE 12

Le tourisme et ses espaces

Quels sont les mobilités touristiques internationales et leurs effets ?

1 La Tour Eiffel, haut-lieu du tourisme mondial (Paris)

Avec plus de 22 millions de touristes par an, Paris est la ville la plus visitée du monde. Parmi eux, la part des touristes chinois est en forte croissance (en 2014, on estime à plus de 100 millions le nombre de touristes chinois dans le monde).

hatier-clic.fr/hg4079

Compétences

Je pratique différents langages
- Rédiger un texte sur la station touristique de Punta Cana ▶ P. 262
- Réaliser une carte mentale sur les effets du tourisme à Punta Cana ▶ P. 264

Je travaille en groupe
- Étudier le tourisme de demain ▶ P. 270

Je raisonne
- Choisir une démarche pour réaliser une brochure touristique sur Paris ▶ P. 266

J'analyse un document
- Un tableau sur le tourisme au XIXe siècle ▶ P. 274

Je me repère dans l'espace
- Situer les espaces et les flux du tourisme mondial ▶ P. 268

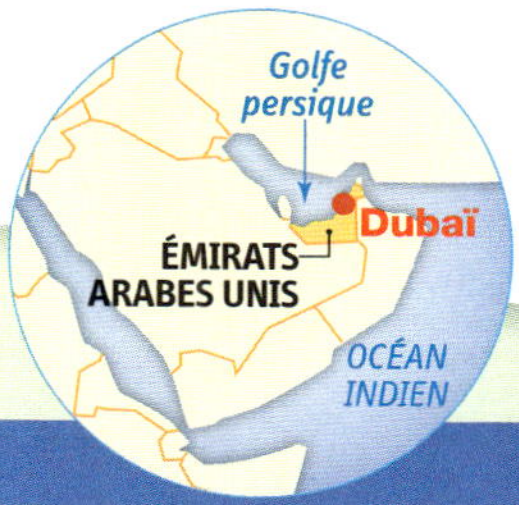

2 Un littoral transformé par le tourisme : Jumeirah beach à Dubaï

Dubaï est une destination touristique récente, qui a accueilli plus de 15 millions de visiteurs en 2015. Son littoral a été entièrement transformé pour le tourisme (aménagement de plages, d'hôtels de luxe, de centres commerciaux, etc.), comme sur cette plage de Jumeirah Beach.

ÉTUDE DE CAS

Une station touristique des Caraïbes : Punta Cana

COMPÉTENCE
Je pratique différents langages
Rédiger un texte sur la station touristique de Punta Cana

Punta Cana est la première destination touristique des Caraïbes. Les impacts du tourisme sur cet espace sont nombreux.

A Pourquoi Punta Cana est-elle une station touristique internationale ?

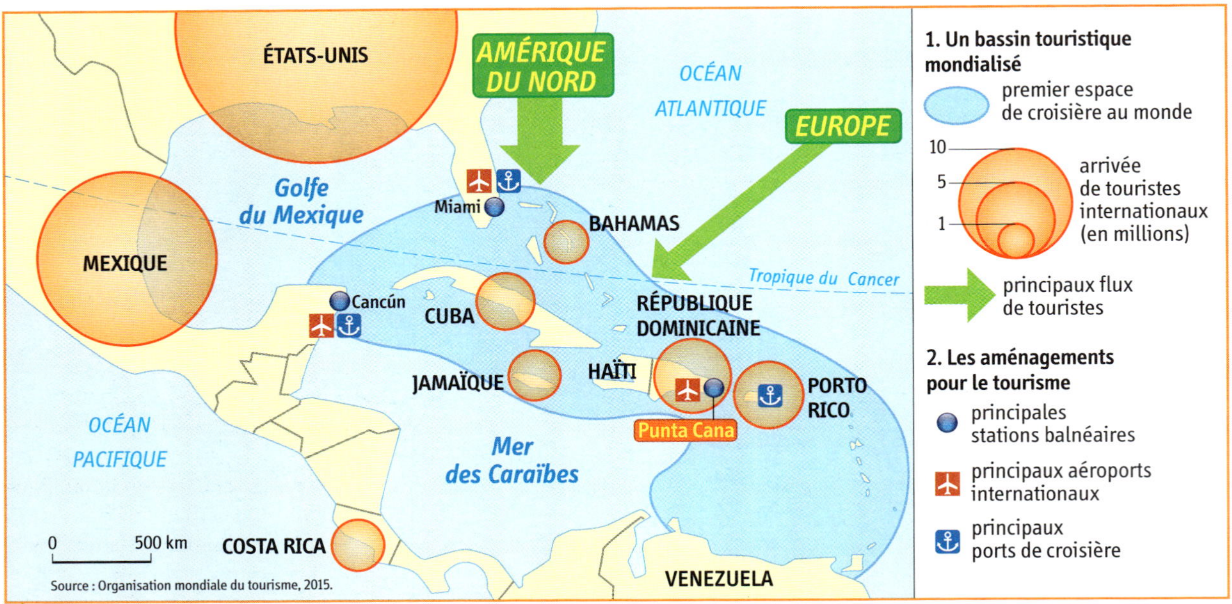

1 Le tourisme dans le bassin des Caraïbes

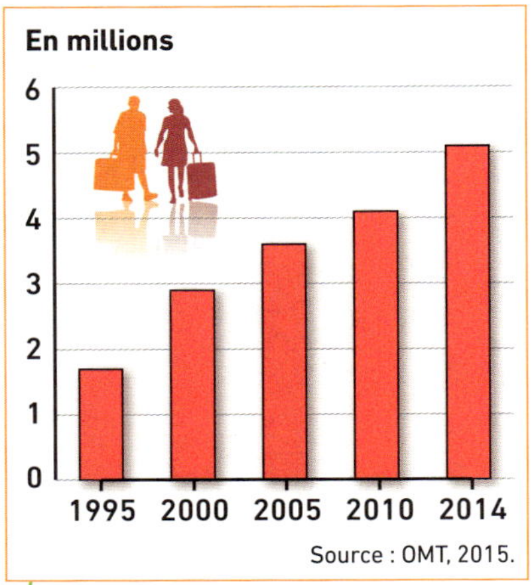

2 L'évolution du nombre de touristes en République dominicaine

3 Un hôtel « tout inclus » à Punta Cana (playa Bavaro)

4 Vue aérienne de l'hôtel Barceló de Punta Cana

L'hôtel Barceló propose aux touristes des séjours « tout compris » : hébergement, restauration, activités, etc. Les touristes ne sortent en général que pour des excursions organisées par l'hôtel.

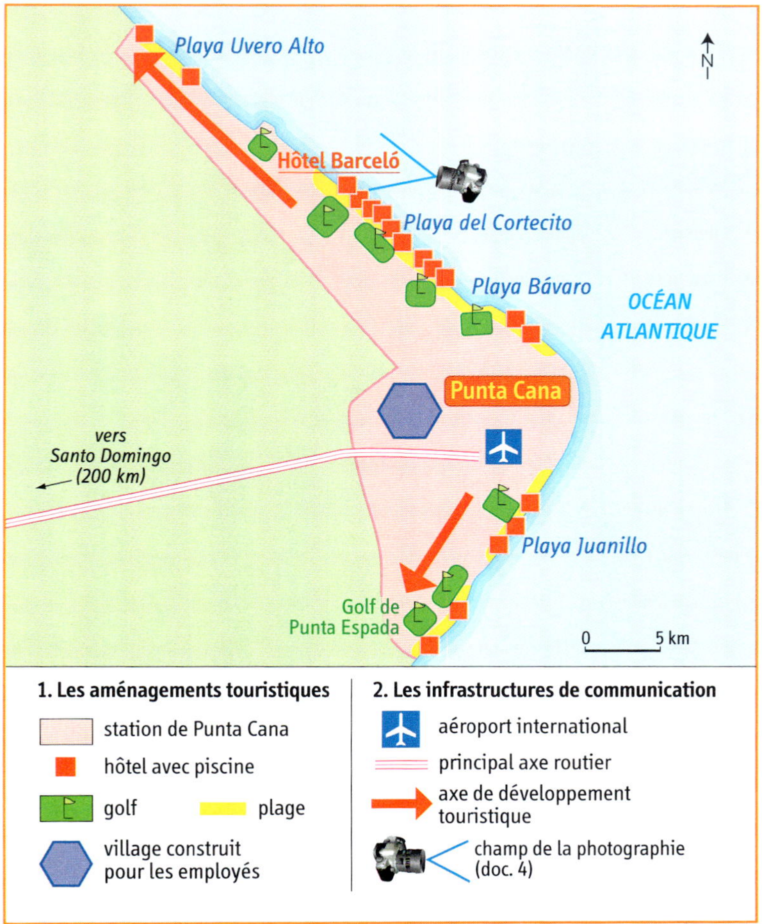

5 L'organisation de la station de Punta Cana

ACTIVITÉS

1. **Doc. 1** | Localisez et situez la station de Punta Cana.
2. **Doc. 1 et 3** | D'où viennent les touristes qui séjournent à Punta Cana ? Comment viennent-ils dans cette station ?
3. **Doc. 2** | Décrivez l'évolution du nombre de touristes en République dominicaine depuis 1995.
4. **Doc. 3 et 4** | Pour quelles raisons les touristes viennent-ils à Punta Cana ?
5. **Doc. 4 et 5** | Quels sont les aménagements réalisés pour le tourisme à Punta Cana ?
6. **Je pratique différents langages**
Vous êtes auteur de guides de voyages. Vous participez à l'écriture du guide sur la République dominicaine. Rédigez, en quelques lignes, la note consacrée à Punta Cana.

Coup de pouce
- **Expliquez** d'où viennent les touristes, comment et pourquoi.
- **Décrivez** les aménagements touristiques.

Vocabulaire

Une station balnéaire : voir p. 272.

COMPÉTENCE
Je pratique différents langages
Réaliser une carte mentale sur les effets du tourisme

B Quels sont les effets du tourisme à Punta Cana ?

1 Acteurs et histoire de la station de Punta Cana

1969	Un groupe d'investisseurs américains achète plus de 58 km² dans l'est du pays.
1971	Création du *Punta Cana Club*, premier hôtel pouvant accueillir 40 touristes.
1978	Installation du *Club Méditerranée*, avec un complexe de 350 chambres. L'État lance la construction de la première route d'accès direct.
1984	Inauguration de l'aéroport international de Punta Cana (premier aéroport privé au monde). Le groupe espagnol *Barceló Hotel & Resorts* construit son premier hôtel à Bavaro.
1994	Le groupe gestionnaire* créé *The Ecological Foundation* afin de gérer au mieux la richesse écologique locale face à l'expansion touristique.

D'après www.republique-dominicaine-live.com, 2015.

* Punta Cana est une zone privée gérée par le Grupo Puntacana, S.A. Tous les services d'intérêt général de la zone sont privés : réseau et production électrique, réseau d'eau potable, eaux usées et traitement, réseaux routier et autoroutier, etc.

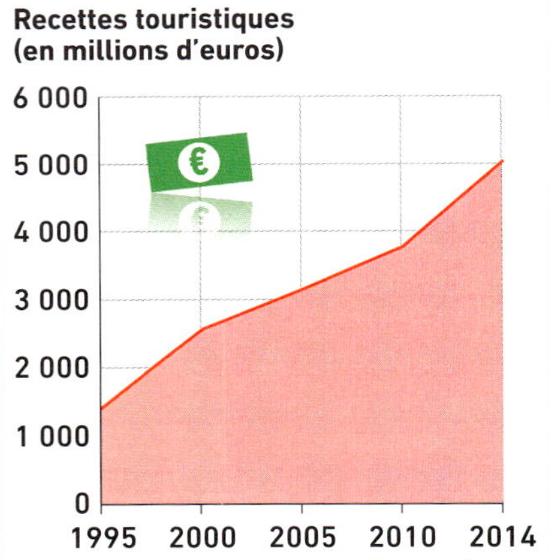

Source : Banque Centrale de la République Dominicaine, 2015.

2 Les recettes du tourisme en République dominicaine

3 Le golf de Punta Espada (Punta Cana)

Les nombreux golfs de Punta Cana sont très consommateurs d'eau et d'espaces. Leur construction participe au déboisement de la République dominicaine.

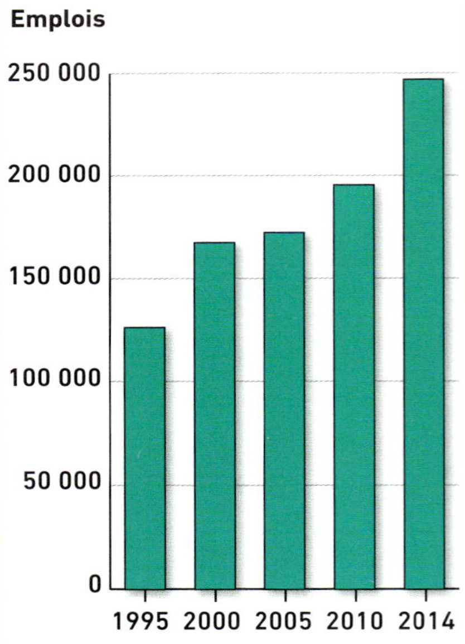

Source : Banque Centrale de la République Dominicaine, 2015.

4 Les emplois du tourisme en République dominicaine

Le tourisme est devenu le premier secteur d'emploi en République dominicaine.

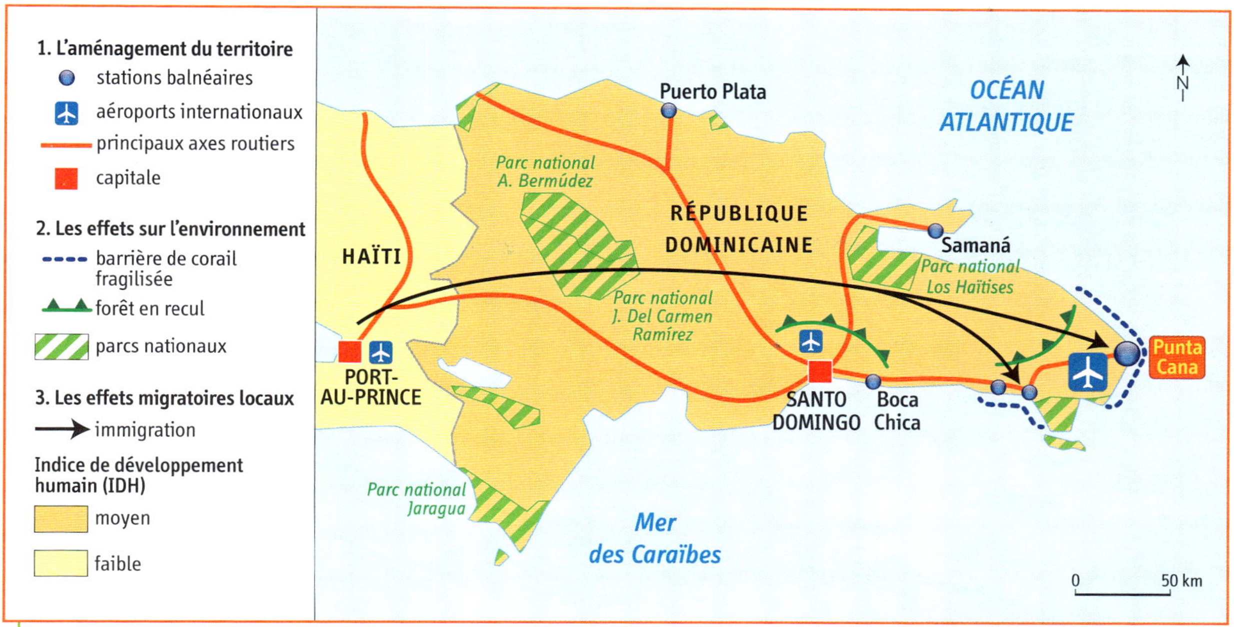

5 Les effets du tourisme en République dominicaine

6 Les effets du tourisme à Punta Cana

« La République dominicaine a fait du tourisme balnéaire international le pivot de son développement économique en autorisant la réalisation de grands complexes touristiques. Ceux-ci sont conçus et gérés par des entreprises spécialisées qui font en sorte que les vacanciers n'aient ni l'envie ni le besoin d'en sortir pendant leur séjour.

À Punta Cana, la nature tropicale est domestiquée et mise en scène avec la réalisation de grandes piscines, de parcs marins et de plantations de palmiers. Ces grands aménagements sont souvent critiqués en raison de leurs impacts sur les paysages et les écosystèmes et le type d'emplois qu'ils proposent, généralement peu qualifiés et peu payés. Ils ne favorisent pas non plus les contacts entre touristes et populations résidentes, séparés par la langue, le statut social et, souvent, de solides enceintes. De plus, les bénéfices vont aux investisseurs internationaux bien plus qu'à la population ou à l'État. »

▪ **M.-F. Prévôt-Schapira, S. Velut, « Amérique latine, les défis de l'émergence », *La Documentation photographique*, n° 8089, septembre-octobre 2012.**

ACTIVITÉS

1. **Doc. 1** | À partir de quand la station de Punta Cana se développe-t-elle ? Quels sont les principaux acteurs de ce développement ?
2. **Doc. 2 et 4** | Montrez que le tourisme est un facteur de développement pour la République dominicaine.
3. **Doc. 5** | Quelles infrastructures de transport le tourisme permet-il de développer ?
4. **Doc. 3 et 5** | Quels sont les problèmes environnementaux posés par le tourisme à Punta Cana ?
5. **Doc. 5 et 6** | La population locale profite-elle pleinement de l'activité touristique ? Justifiez.
6. **Je pratique différents langages**
Complétez la carte mentale ci-dessous sur les effets du tourisme à Punta Cana.

Coup de pouce **Utilisez** les mots suivants : Développement économique • Coraux fragilisés • Aménagements de transports • Déforestation • Population locale à l'écart • Création d'emplois.

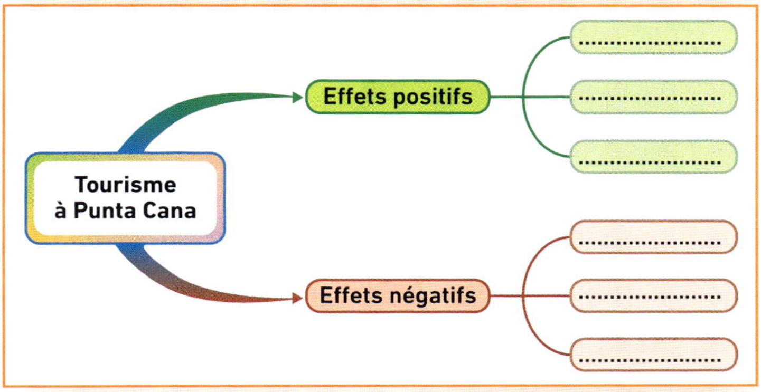

hatier-clic.fr/hg4080

Tâche complexe

LA GÉOGRAPHIE AUTREMENT

Je raisonne

Choisir une démarche pour réaliser une brochure touristique

ACTIVITÉ

Vous travaillez dans une agence de voyage en Chine. Des clients souhaitent partir une semaine à Paris.

Afin de répondre à leurs attentes, vous devez réaliser une brochure touristique sur Paris contenant les détails du séjour : lieux visités, variétés des activités, hébergements proposés et moyens de transports utilisés. Attention, ils souhaitent voir d'autres agences concurrentes, il faudra les convaincre !

Coup de pouce
- Vous pouvez **travailler en petits groupes**.
- **Illustrez** votre brochure par un plan et/ou une photographie.

Boîte à outils

Document complémentaire
– Document 1 p. 218

Ressources numériques
– Le site de l'Office de tourisme de Paris

hatier-clic.fr/hg4081

– Le site d'un guide de voyage

hatier-clic.fr/hg4082

Tourisme à Paris !

1 « Magasiner » à Paris

Une d'un supplément du *Figaro* destinée aux touristes chinois, 30 juillet 2011.

Activité	%
Visite de musées et de monuments	91 %
Découverte de la ville	73,5 %
Shopping	48,2%
Gastronomie	38,9 %
Parcs et jardins	37,3 %

Source : *Le Tourisme à Paris, chiffres clés 2014.*

2 Les principales activités pratiquées par les touristes étrangers à Paris (en %)

3 Mieux connecter l'aéroport de Roissy à Paris

« Le projet de liaison ferroviaire CDG Express [propose] de relier sans aucun arrêt l'aéroport de Roissy-Charles de Gaulle à Paris-Gare de l'Est à l'horizon 2023. [...] Cette nouvelle liaison en site propre devra offrir une desserte adaptée entre la métropole la plus visitée au monde[1] et son principal aéroport international et ainsi participer à l'attractivité touristique de Paris. [...] Ce service adapté aux besoins des passagers aériens existe d'ailleurs déjà dans plusieurs autres grandes métropoles internationales. [Il] garantira aux voyageurs une visibilité sur leur temps de trajet (20 minutes environ) entre l'aéroport et la capitale ; garantie que ne leur offrent aujourd'hui ni l'autoroute A1, fréquemment embouteillée, ni le RER B, saturé. »

▪ **Jean-Michel Gradt, « Projet de liaison express Paris-Roissy », *Les Échos*, 8 novembre 2014.**

1. 22 millions de touristes en 2014.

4 Un bus touristique devant Notre-Dame de Paris

La cathédrale Notre-Dame de Paris est le monument le plus visité de Paris et d'Europe (plus de 14 millions de personnes en 2014).

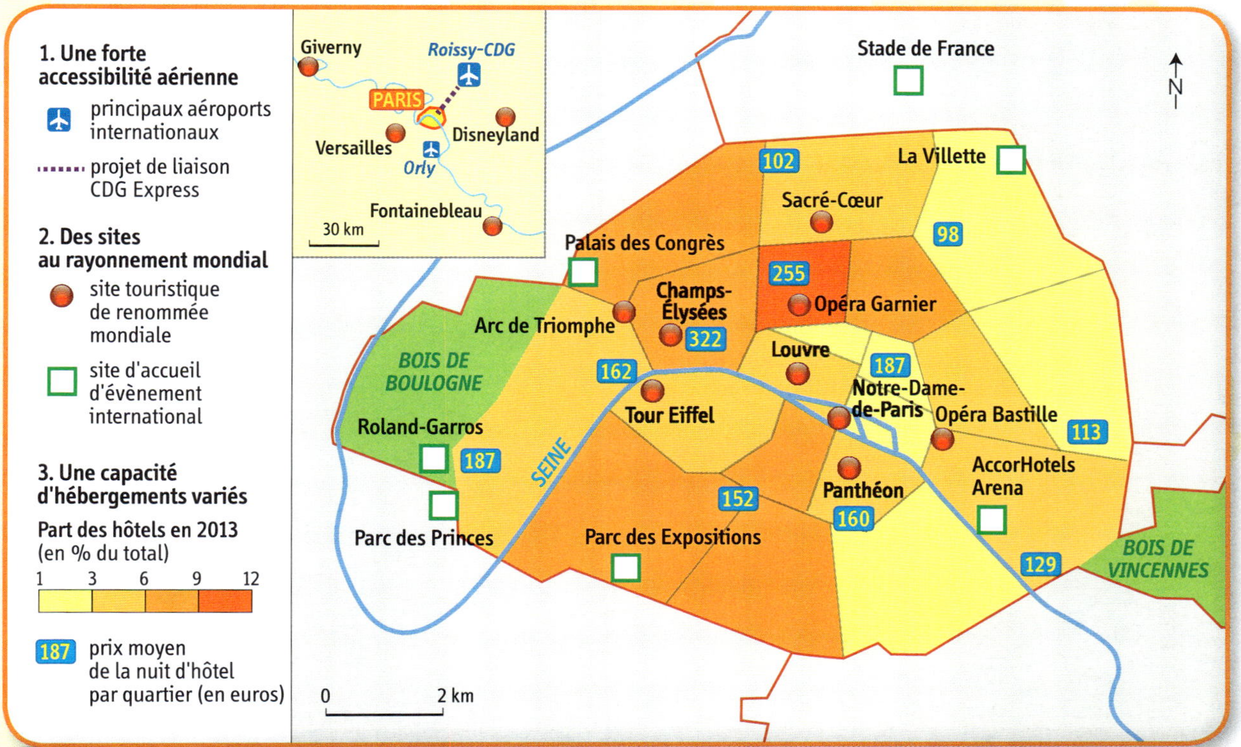

5 Paris, une métropole touristique mondiale

Le tourisme international

COMPÉTENCE
Je me repère dans l'espace
Situer les espaces et les flux du tourisme mondial

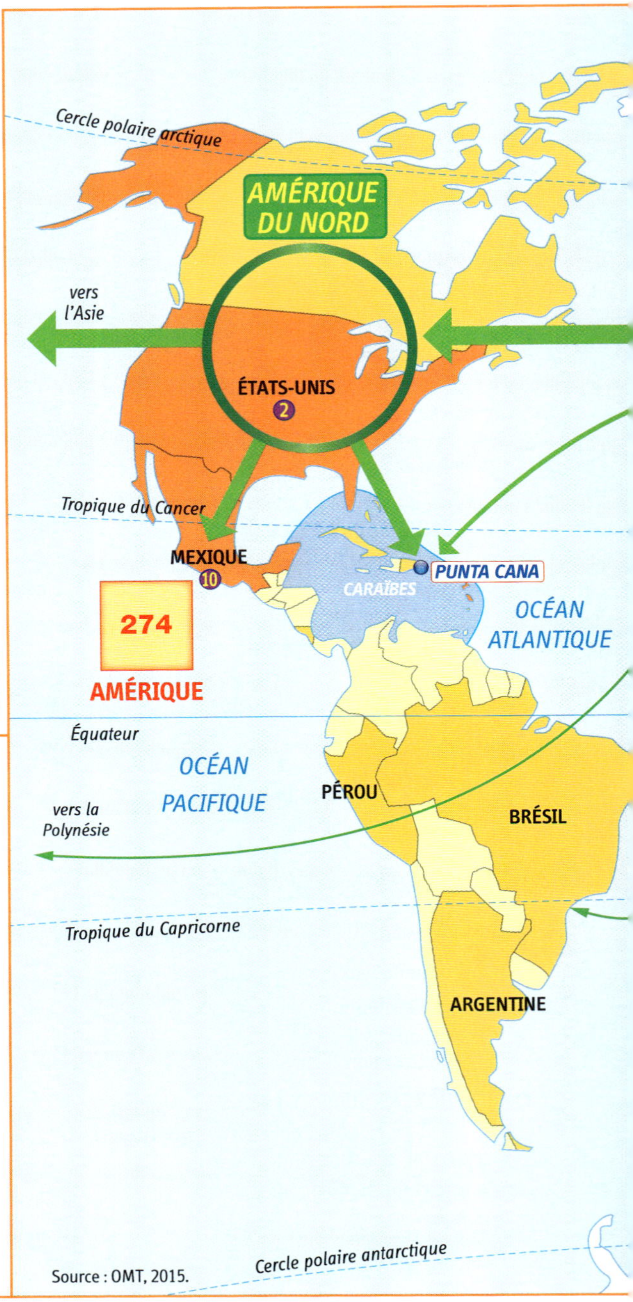

1. Les pôles touristiques

- principaux pôles émetteurs
- les 10 pays les plus visités du monde (classement)
- autres destinations importantes (pays d'accueil)
- grands bassins touristiques

2. Les mobilités et leurs effets

- principaux flux touristiques
- recettes du tourisme par continent ou grande région (en milliard de dollars par an, 2014)
- PUNTA CANA étude de cas du chapitre

Des études de cas...

1. Dans quel grand bassin touristique se situe Punta Cana ?

2. D'où proviennent les flux de touristes arrivant dans ce bassin touristique ?

Punta Cana

3. Quelle est la particularité de la France dans le tourisme mondial ?

4. À quel pôle émetteur appartient-elle ?

Paris

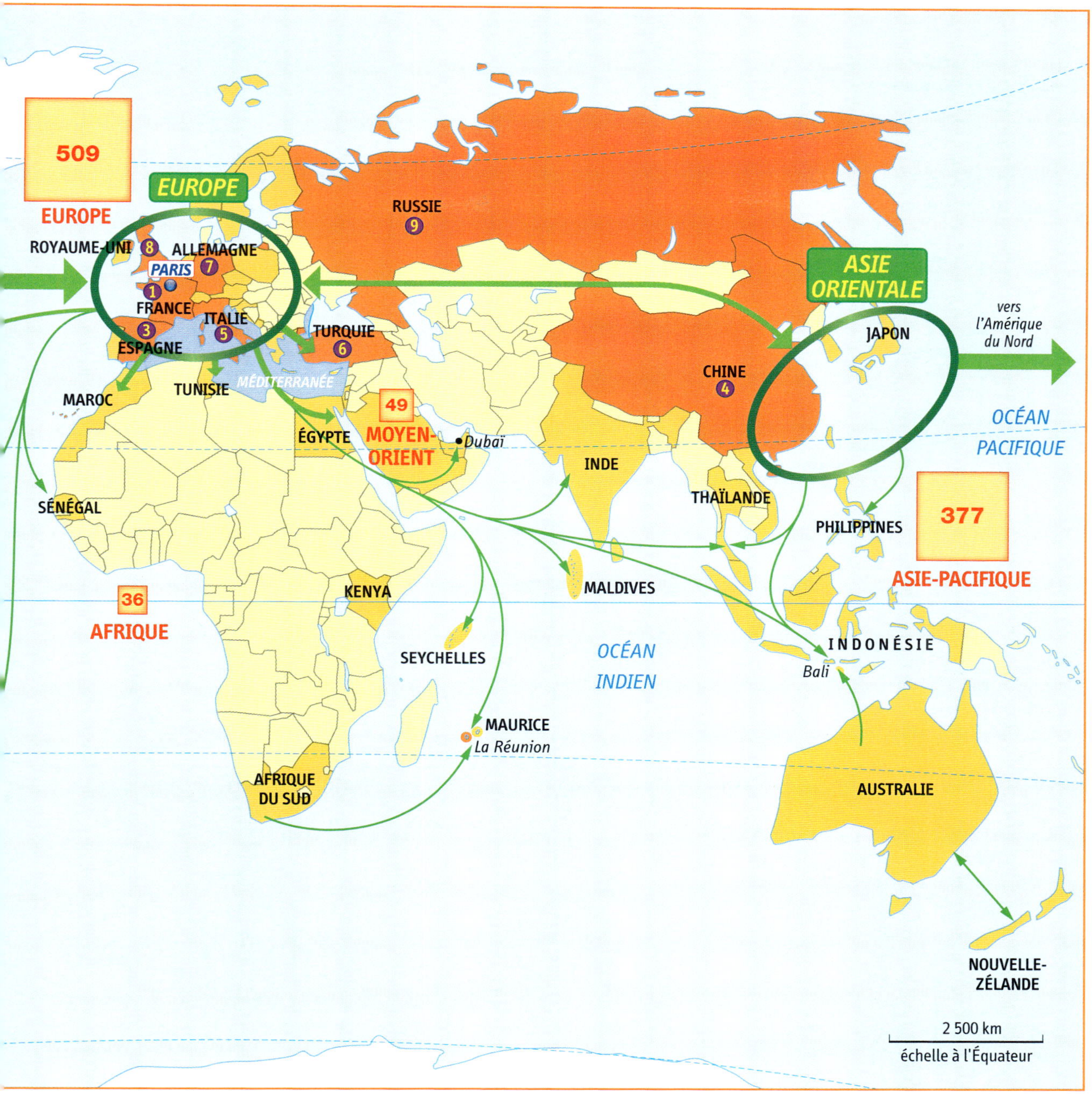

... au monde

5. Quels sont les trois principaux pôles émetteurs du tourisme international ?

6. Où se situent les principales destinations touristiques du monde ?

7. Quels liens peut-on faire entre flux et recettes touristiques ?

Vocabulaire

La mobilité : le déplacement de personnes.

Un touriste international : un visiteur temporaire qui séjourne au moins 24 heures dans un autre pays que le sien pour des raisons de loisirs.

Dossier Prospective ET DEMAIN ?

Mes vacances en 2030 ?

COMPÉTENCE
Je travaille en groupe
Étudier le tourisme de demain

Le nombre de touristes internationaux est en constante augmentation et cette évolution devrait se poursuivre dans l'avenir avec la mise en tourisme de nouveaux espaces.

Quels seront les espaces et pratiques touristiques vers 2030 ?

1 Le tourisme en 2030

« L'Organisation mondiale du tourisme annonce 1,8 milliard d'arrivées internationales en 2030, après avoir célébré la milliardième arrivée à la fin de 2012. Il y a au moins deux raisons à cette évolution future : les hommes, dans leurs représentations de l'avenir, ne savent généralement que prolonger les tendances existantes. De plus, l'accès aux vacances et au tourisme est un indicateur du niveau de vie dans les pays en développement, là où se trouvent les réserves des marchés de demain, en Chine, en Inde, au Brésil, etc.
Ce tourisme de demain sera à plusieurs vitesses : des lieux et des produits pour les nouveaux touristes, d'autres à ceux qui reviennent dans des lieux qu'ils ont déjà visités, mais aussi à ceux qui souhaitent découvrir des bouts du monde ou à ceux qui souhaitent être les acteurs d'un tourisme "responsable". Plus que jamais, il conviendra de parler de tourismes au pluriel. »

▪ **Rémy Knafou, « Le tourisme de masse et le défi de l'individualisation », *L'Atlas du monde de demain*, Le Monde/La Vie, 2013.**

2 Voir les derniers ours blancs d'Arctique

Avec le réchauffement climatique, l'Arctique pourrait être sans glace en été dès 2030. Voir les derniers ours blancs devient dès aujourd'hui une nouvelle forme de tourisme.

3 Demain, visiter les bidonvilles des pays du Sud ?

Le « Favela tour » propose de faire visiter aux touristes les bidonvilles de Rio de Janeiro (Brésil). Le but est de modifier leur regard sur ces lieux souvent décrits uniquement par la violence et la pauvreté. D'autres villes du monde commencent à proposer ce type de *slum tourism* (Mumbai, en Inde, dans le bidonville de Dharavi, par exemple).

4 Corée du Sud 2030 : le projet « 8 City »

« Pour rivaliser avec les grandes destinations touristiques mondiales de jeux d'argent, la Corée envisage de construire une ville de tourisme de masse, édifiée en forme de 8, chiffre porte-bonheur en Chine, afin d'attirer spécifiquement les touristes chinois très riches. Ce projet d'environ 220 milliards d'euros appelé "8 City", sera achevé d'ici 20 ans. L'installation de 80 km² sera réalisée dans la 3e plus grande ville du pays, Incheon. Les plans comprennent des hôtels de luxe, des casinos et des centres commerciaux ainsi qu'un parc à thème, un parc aquatique, une piste de course de Formule 1, une salle de concert de 50 000 places, et une "ville de la guérison" pour le tourisme médical. Lorsque le projet sera achevé en 2030, plus de 350 000 personnes habiteront à "8 City". Elle attirera environ 134 millions de touristes chaque année, en créant des emplois pour plus de 930 000 personnes. »

▪ **UbiFrance (agence française gouvernementale pour le développement international des entreprises), 2012.**

5 Le tourisme spatial

La compagnie Virgin Galactic du milliardaire Richard Branson cherche à créer un vaisseau spatial capable d'emmener des touristes à plus de 100 km de la Terre (vol suborbital) dans le futur.

Vocabulaire

Le tourisme de masse : le tourisme concernant un grand nombre de personnes.

L'héliotropisme : l'attirance des populations vers les régions ensoleillées.

Le *slum tourism* : le tourisme consistant à visiter les bidonvilles.

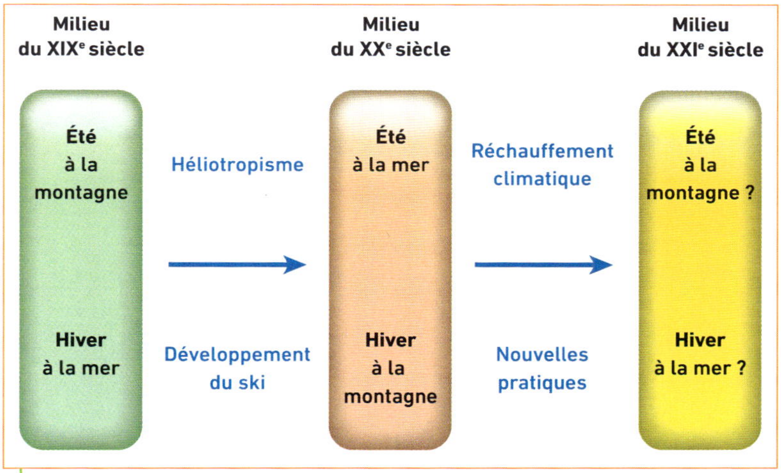

6 Les pratiques touristiques : hier, aujourd'hui et demain

ACTIVITÉS

Je travaille en groupe

1. Constituez des groupes pour étudier le tourisme de demain.

Groupes 1 et 2 | Les futurs possibles

a **Doc. 1** | Comment devrait évoluer le nombre de touristes internationaux jusqu'en 2030 (voir aussi doc. 1 p. 272) ?

b **Doc. 1** | Comment expliquer cette évolution ?

c **Doc. 6** | Pourquoi les pratiques touristiques ont-elles changé au milieu du XXe siècle ? Pourquoi pourraient-elles évoluer à nouveau dans l'avenir ?

Groupes 3 et 4 | De nouveaux espaces

a **Doc. 4** | Quels sont les objectifs du projet « 8 City » ?

b **Doc. 2 et 3** | Quels sont les espaces touristiques de demain qui se développent aujourd'hui ? Pourquoi ?

c **Doc. 5** | Comment le développement du tourisme spatial pourrait-il s'expliquer dans le futur ?

2. À l'oral, chaque groupe présente ses réponses à la classe.
3. Suite à la mise en commun, chaque groupe réalise une affiche sur une nouvelle forme de tourisme de demain.

1 Les mobilités touristiques dans le monde

Quels sont les mobilités touristiques internationales et leurs effets ?

A L'essor du tourisme international

1. **Les mobilités touristiques internationales sont en constante augmentation depuis les années 1980** (DOC. 1). Elles concernent plus d'un milliard d'individus en 2014, soit 15 % de la population mondiale. Ces **touristes** sont **surtout originaires des pays développés et de plus en plus des pays émergents**. Les Européens représentent la part la plus importante, suivis des Asiatiques (avec une domination des Chinois) et des Nord-Américains.

2. Les destinations touristiques sont de plus en plus variées, mais **certains pôles dominent** (PLANISPHÈRE P. 268) **: l'Europe de l'Ouest** (avec la France, l'Espagne et l'Italie), **la Chine et les États-Unis** (DOC. 2). Les touristes internationaux parcourent tous les continents, mais 80 % de ces déplacements se font dans leur espace régional d'origine (DOC. 3). Ainsi en Europe, 87 % des séjours internationaux sont le fait d'Européens.

3. L'augmentation de ces mobilités touristiques s'explique par **les progrès du transport aérien** depuis les années 1960 et le développement des **compagnies *low cost*** dans les années 1990. Ces mobilités sont aussi facilitées par la **généralisation des voyages organisés** : les séjours « tout inclus » (Punta Cana) structurent une grande partie de ces déplacements.

B Les effets du tourisme

1. Le **tourisme de masse** a des **effets économiques considérables**. Les recettes du tourisme international s'élèvent à plus de 1 200 milliards de dollars en 2014, soit 9 % du PIB mondial. C'est un secteur qui concerne aujourd'hui un emploi sur 11 dans le monde.

2. **Les territoires sont transformés par le tourisme** (DOC. 5). Les littoraux accueillent des **stations balnéaires**, on aménage des stations de ski en montagne et les villes restaurent leur patrimoine (Paris). Le tourisme permet aussi d'améliorer les infrastructures de transport (routes, aéroport).

3. Les espaces touristiques sont parfois **au cœur de conflits d'acteurs**. Le tourisme peut entrer en concurrence avec d'autres activités (pêche, agriculture, etc.) sur un même territoire. Il peut aussi **porter atteinte à l'environnement** (eau). Ainsi, d'autres formes de tourisme se développent, plus respectueuses des écosystèmes (écotourisme) et des sociétés locales (tourisme équitable) (DOC. 4). Ils constituent une des évolutions possibles du **tourisme de demain**.

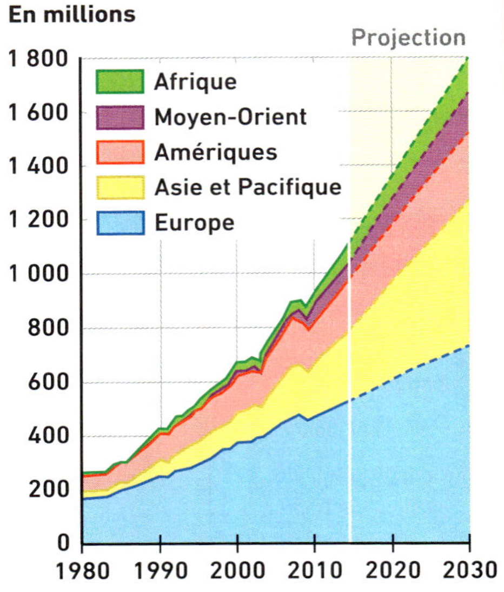

Source : OMT, 2015.

1 Les arrivées de touristes internationaux

1. Comment ont évolué les arrivées de touristes internationaux entre 1980 et 2014 ?
2. Quelles sont les prévisions pour l'avenir ?

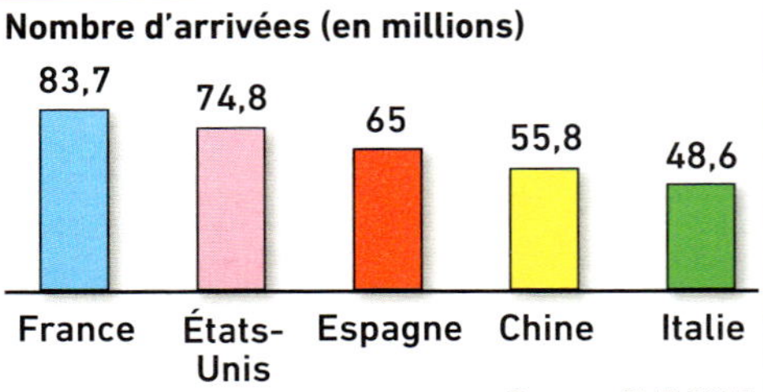

Source : OMT, 2015.

2 Les cinq premières destinations touristiques du monde en 2015

Vocabulaire

Une compagnie *low cost* : une compagnie aérienne à « bas coût ».

La mobilité : le déplacement de personnes.

Une station balnéaire : une ville touristique située au bord de la mer.

Le tourisme de masse : voir p. 271.

Un touriste international : voir p. 269.

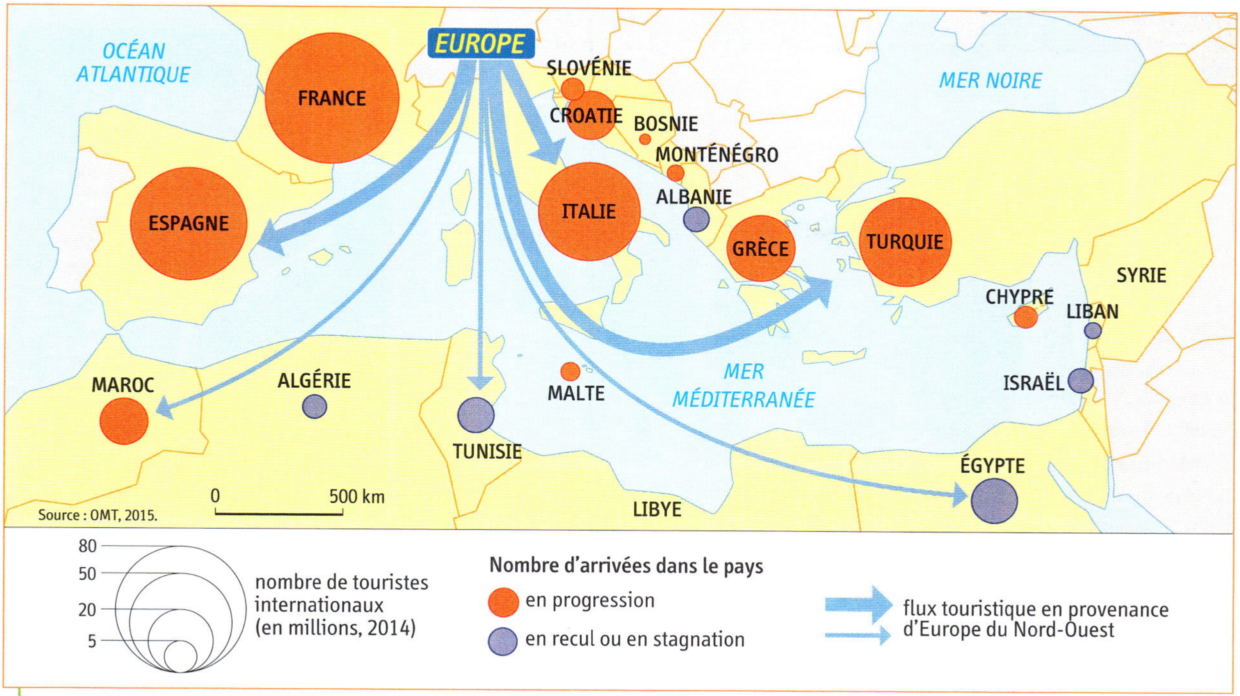

3 Un bassin touristique : la Méditerranée

1. D'où viennent les touristes qui séjournent dans le bassin méditerranéen ? Quelles sont leurs principales destinations ? Pourquoi selon vous ?
2. Comment expliquer le recul récent du nombre d'arrivées dans les pays de la rive Sud de la Méditerranée ?

4 De nouvelles formes de tourisme

« De nouvelles formes de tourisme se veulent à la fois plus proches et plus respectueuses des populations locales ; elles sont regroupées sous diverses dénominations : tourisme solidaire, alternatif, durable, etc. Le logement se fait chez l'habitant ou dans de petites structures d'accueil, la consommation de produits locaux est privilégiée, ainsi que les contacts personnels. Latitud Sur est une ONG proposant des voyages d'écotourisme solidaires en Amérique du Sud. Elle est engagée dans des projets de développement au bénéfice des communautés. Il s'agit de vendre une expérience différente du voyage et des relations entre touristes et populations ».

▪ **M.-F. Prévôt-Schapira, S. Velut, « Amérique latine, les défis de l'émergence », *La Documentation photographique*, n° 8089, septembre-octobre 2012.**

5 Le parc d'attractions Walt Disney de Floride (États-Unis)

Arts et Géo

LA PLAGE DE TROUVILLE

COMPÉTENCE
J'analyse un document
Un tableau sur le tourisme au XIXe siècle

Eugène Boudin a peint de nombreux tableaux de la plage de Trouville en Normandie. Il y représente les premiers touristes du XIXe siècle. Aujourd'hui, les pratiques touristiques ont changé.

Comment ont évolué les pratiques touristiques à Trouville ?

1 BIOGRAPHIE

Eugène Boudin (Honfleur 1824, Deauville 1898)

Eugène Boudin est né en Normandie d'un père marin. Il passe ses étés à Honfleur où il peint les plages de plus en plus fréquentées par les touristes à la fin du XIXe siècle. Travaillant en plein air, il peint par petites touches et cherche à capter la lumière, notamment dans ses immenses ciels. En 1874, il participe à la première exposition des impressionnistes, qui le reconnaissent comme un précurseur de leur mouvement.

2 La plage de Trouville aujourd'hui

3 La naissance du tourisme balnéaire

« L'attrait exercé par les littoraux et les plages, le plaisir des bains de mer sont relativement récents. La mer était crainte jusqu'au XVIIIe siècle, associée au déluge, aux invasions. […] À partir de 1750, des médecins anglais prescrivent des bains de mer à leurs patients affaiblis par les nuisances de la ville. La bonne société les fréquente et participe à leur promotion. Cette mode des bains thérapeutiques s'accentue encore dans la première moitié du XIXe siècle sous les effets de l'industrialisation et de l'urbanisation. Les premières stations balnéaires sont britanniques (Brighton, Bath) puis allemandes, belges…
Trouville fait partie des premières stations balnéaires françaises (dès 1830) avec Boulogne, Granville, Étretat. Son essor s'explique par sa proximité de Paris et son accessibilité avec le développement du chemin de fer. Peu à peu, la mode des bains thérapeutiques s'estompe et laisse place aux bains de mers estivaux que nous connaissons aujourd'hui. »

▪ **Annick Polin, Bertrand Gendreau, « La plage de Trouville-Eugène Boudin », Fiche pédagogique, CRDP de Basse Normandie, 2012.**

4 **Eugène Boudin, *La Plage de Trouville*, 1864** (Huile sur toile, 1864, musée d'Orsay, Paris.)

FICHE D'IDENTITÉ

- **NOM** : *La Plage de Trouville*
- **AUTEUR** : Eugène Boudin
- **DATE** : 1864
- **NATURE ET TECHNIQUE** : Peinture, huile sur bois
- **GENRE** : paysage et scène de genre
- **DIMENSIONS** : 26 cm x 48 cm
- **LIEU DE CONSERVATION** : Musée d'Orsay, Paris (France)
- **SUJET** : Sur une plage de la station balnéaire de Trouville (Normandie), des touristes de l'aristocratie parisienne du Second Empire profitent de la mer et regardent des pêcheurs.
- **COURANT ARTISTIQUE** : Impressionnisme

Vocabulaire des arts

L'impressionnisme : une école de peinture née vers 1870 qui privilégie le travail en plein air, la peinture par petites touches et accorde une grande importance à la lumière.

ACTIVITÉS

J'analyse un document

Je présente

1. Où se situe Trouville ?
2. **Doc. 4 et fiche d'identité** | Présentez le tableau (auteur, date, sujet).

Je décris et j'explique

3. **Doc. 4** | Décrivez les touristes (tenues, position, action, origine sociale, etc.).
4. **Doc. 3 et 4** | Pourquoi ces touristes viennent-ils à Trouville ? Comment s'y rendent-ils ?

Je fais le lien avec aujourd'hui

5. **Doc. 2, 3 et 4** | Comment ont évolué les pratiques touristiques à Trouville, du XIXe siècle à nos jours ?

Coup de pouce **Repérez** les évolutions suivantes : nombre de touristes, catégories sociales des touristes, rapport au soleil et à la mer, urbanisation.

Je pratique différents langages

1 Décrire et expliquer les évolutions du tourisme de montagne

1 Une station de ski alpin (Leysin en Suisse)

2 La fin de « l'or blanc » ?

« L'univers du tourisme de montagne européen est marqué par de nombreuses incertitudes dont le changement climatique constitue un révélateur, et souvent un accélérateur : concurrence d'autres destinations touristiques, fracture croissante entre grandes et petites stations, nouvelles pratiques récréatives, vieillissement de la population touristique. Pour de nombreux observateurs, le système touristique basé sur les sports d'hiver hérité de la seconde moitié du XXe siècle repose depuis longtemps sur un modèle "épuisé". »

■ **Philippe Bourdeau, « De l'après-ski à l'après-tourisme, une figure de transition pour les Alpes ? »,** ***Revue de géographie alpine*****, 2009.**

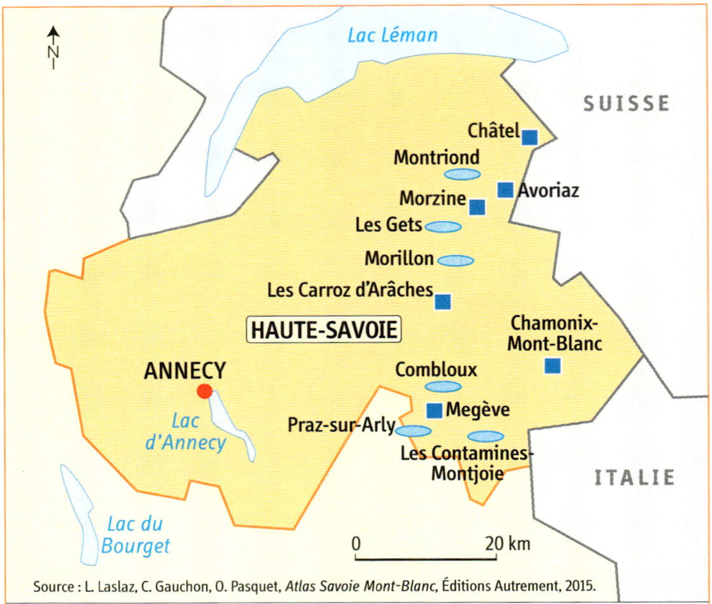

Source : L. Laslaz, C. Gauchon, O. Pasquet, *Atlas Savoie Mont-Blanc*, Éditions Autrement, 2015.

- lac de baignade ou plan d'eau créé en station
- parcs aquatiques et centres aqualudiques en station

3 La nouvelle mode de l'eau dans les stations de Haute-Savoie (France)

1. **Doc. 1 et 2** | Qu'est-ce que « l'or blanc » ?
2. **Doc. 1 et 2** | Comment se traduit le changement climatique en montagne ?
3. **Doc. 2** | Pourquoi le système touristique basé sur les sports d'hiver est-il « épuisé » ?
4. **Doc. 2 et 3** | Comment réagissent les stations ? Que construisent-elles ?
5. **Doc. 3** | Pourquoi cherchent-elles à attirer les touristes toute l'année ?
6. Rédiger un texte de quelques lignes décrivant et expliquant les évolutions du tourisme de montagne.

Coup de pouce **Utilisez** notamment les mots suivants : Changement climatique • Stations en difficultés • Nouvelles pratiques.

J'analyse un document

2 Analyser une carte du tourisme en Chine

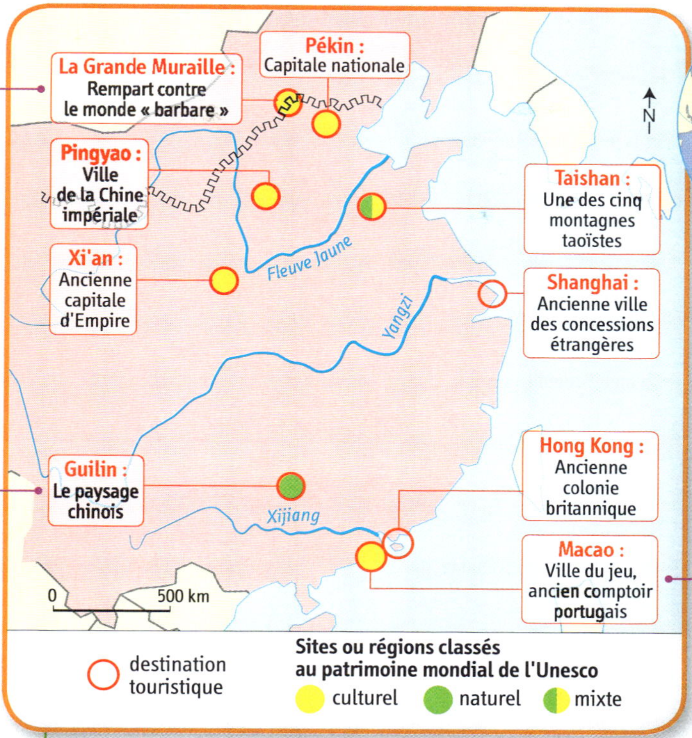

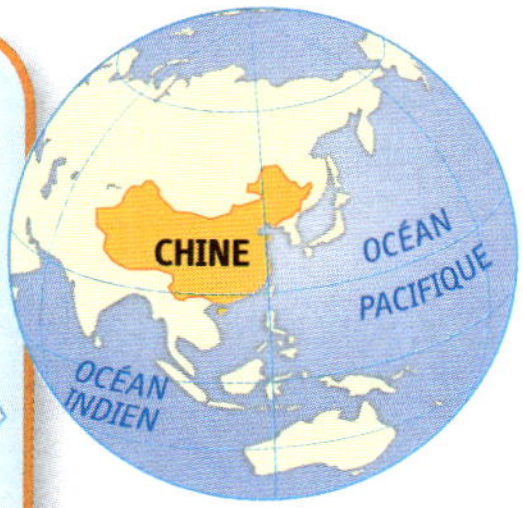

Les destinations touristiques de l'Est de la Chine

1. Quel est le thème de cette carte ?
2. Localisez et nommez trois espaces touristiques en Chine.
3. Quelles sont les différentes formes de tourisme en Chine ?
4. D'après vous, pourquoi n'a-t-on représenté que l'Est de la Chine sur cette carte ?

Je m'informe sur Internet

3 Étudier le tourisme en Guadeloupe avec Géoportail

- Rendez-vous sur le site Géoportail : www.geoportail.gouv.fr
- Cliquez sur « Consultez la version simplifiée »
- Tapez « Sainte-Anne » (97180, en Guadeloupe) dans la barre « Cherchez un lieu »
- Puis, à l'aide la fonction zoom, répondez aux questions suivantes.

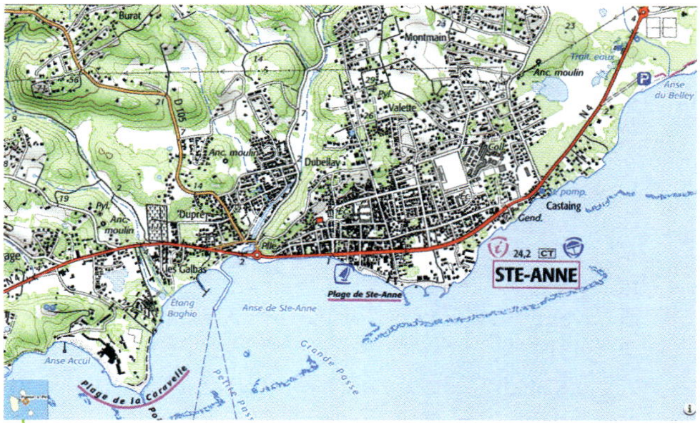

Carte IGN de Saint-Anne (Guadeloupe)

1. Quels sont les différents aménagements réalisés pour le tourisme entre Sainte-Anne et Saint-François ? Utilisez aussi la « vue aérienne ».
2. Comment les touristes peuvent-ils accéder à ce littoral ?
3. Quelles autres îles de Guadeloupe les touristes peuvent-ils relier à partir de Sainte-Anne et de Saint-François ?

EXERCICE 1 Analyser et comprendre des documents

DOCUMENT 1
Les touristes russes en Espagne

« Des plages de la Costa del Sol au Prado de Madrid, en passant par Tolède ou la Sagrada Familia de Barcelone, les vacanciers russes déferlent sur l'Espagne. En 2012, pour la première fois, plus d'un million de touristes russes ont visité l'Espagne, un bond de 39,8 % par rapport à 2011, selon le ministère du Tourisme. Le nombre croissant de vols directs entre la Russie et l'Espagne, l'accès plus facile aux visas[1], l'appétit grandissant pour les voyages de la classe moyenne russe expliquent cet essor, de même que les révolutions arabes qui ont éloigné les touristes de destinations comme l'Égypte ou la Tunisie. Parmi les destinations de choix pour ces touristes de l'Est, la Catalogne, sa capitale Barcelone et ses stations balnéaires, où, durant la saison d'été, les Russes dépassent désormais en nombre les Britanniques. En outre, l'arrivée des Russes permet de compenser la chute du nombre de visiteurs italiens ou néerlandais. »

▪ **D'après « Les touristes russes déferlent sur l'Espagne », Agence France Presse, 24 février 2013.**

1. Avec la chute de l'Union soviétique en 1991, les Russes ont pu commencer à voyager dans le monde.

◀ **DOCUMENT 2**
Un restaurant à Palma de Majorque (Baléares, Espagne)

QUESTIONS

1. Identifiez ces deux documents.
2. Relevez trois raisons permettant d'expliquer l'augmentation de touristes russes en Espagne.
3. Quels sont les principaux lieux visités par les touristes russes en Espagne ? Pourquoi selon vous ?
4. L'Espagne est une destination du tourisme international. Justifiez cette affirmation à l'aide des documents et de vos connaissances.

EXERCICE 2 Maîtriser différents langages pour raisonner

DÉVELOPPEMENT CONSTRUIT

▶ Sous la forme d'un développement construit d'une vingtaine de lignes, décrivez les mobilités touristiques internationales et expliquez leurs effets.

Méthode Comprendre le sujet et rédiger

Étape 1 Comprendre le sujet

▶ Les « mobilités touristiques » sont les déplacements des touristes.
▶ Les « effets » sont les conséquences du tourisme.

Étape 2 Rédiger

Plan possible **I. Décrire** les mobilités touristiques (régions de départ et d'arrivée, moyens de transports, raisons, etc.)
2. Expliquer les effets du tourisme (transformation des espaces, conséquences économiques, effets sur l'environnement, etc.).

JE CONSTRUIS MON BILAN

hatier-clic.fr/hg4083

hatier-clic.fr/hg4084

1 Je situe les repères du tourisme mondial

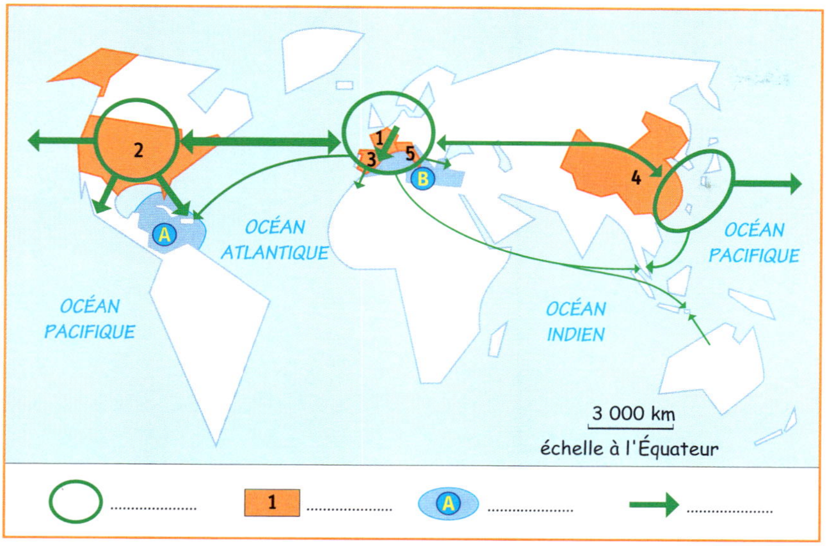

1. Nommez les pays touristiques numérotés de 1 à 5 ?
2. Quels sont les trois pôles de départ des touristes ?
3. Nommez les bassins touristiques A et B.
4. Reproduisez ou imprimez le croquis et complétez sa légende.

2 Je complète une carte mentale sur le tourisme international

- Complétez la carte mentale ci-dessous à l'aide des mots suivants :

a. Progrès des transports aériens b. Création de stations balnéaires c. Surtout des pays développés
d. Recettes touristiques e. De plus en plus des pays émergents f. Création d'emplois
g. Enrichissement de la planète h. Patrimoine des villes restauré.

3 Je connais le vocabulaire du tourisme

- Dans le texte ci-dessous, remplacez les expressions soulignées par les mots de vocabulaire qui conviennent. Choisissez dans la liste suivante :

Tourisme de masse • Flux touristiques • Stations balnéaires • Écotourisme • Pôles émetteurs • Recettes touristiques

« Les principaux <u>espaces de départ</u> du tourisme international sont l'Europe, l'Amérique du Nord et l'Asie-Pacifique. Les <u>mouvements de touristes</u> se dirigent surtout vers les grandes <u>villes touristiques construites en bord de mer</u> de Méditerranée et des Caraïbes. Ce <u>tourisme qui concerne un grand nombre de personnes</u> permet aux pays d'accueil de créer des emplois et d'augmenter leur richesse grâce aux <u>bénéfices du tourisme</u>. Cependant, il pose un certain nombre de problèmes (consommation d'eau, pollution, etc.), ainsi un <u>tourisme plus respectueux de l'environnement</u> se développe. »

CHAPITRE 13

Mers et océans : un monde maritimisé

Comment la mondialisation transforme-t-elle les espaces maritimes du globe ?

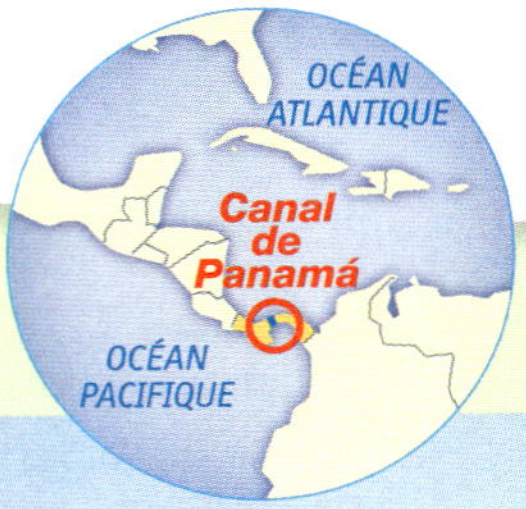

1 Passage d'écluse dans le canal de Panamá
Le canal de Panamá permet de relier l'océan Atlantique à l'océan Pacifique sans faire le tour de l'Amérique latine. Devenu trop étroit pour les plus grands navires de commerce, il fait aujourd'hui l'objet d'importants travaux d'élargissement.

Compétences

Je pratique différents langages
- Rédiger un texte sur le trajet d'un navire ▶ P. 282
- Réaliser un schéma d'une façade maritime ▶ P. 288
- Réaliser un croquis des espaces maritimes ▶ P. 298

J'analyse un document
- Un planisphère des routes maritimes de la CMA-CGM ▶ P. 284

Je me repère dans l'espace
- Situer les routes et les façades maritimes du monde ▶ P. 286

Je raisonne
- Choisir une démarche pour présenter les ressources des océans ▶ P. 292

Je travaille en groupe
- Étudier les océans de demain ▶ P. 294

EPI Créer un mur collaboratif sur les océans ▶ P. 304

2 Pêche à la baleine au large de l'île de Lembata (Indonésie)
En Indonésie, la pêche est une activité essentielle pour les hommes. Dans les eaux territoriales de l'Indonésie, les baleines ne sont pas protégées.

DOSSIER

La CMA-CGM : une compagnie maritime sur les océans

COMPÉTENCE
Je pratique différents langages
Rédiger un texte sur le trajet d'un navire

La CMA-CGM est une compagnie maritime française spécialisée dans le transport de marchandises. Ses navires porte-conteneurs sont présents sur tous les océans du globe.

A Quel est le trajet du navire Bougainville ?

1 Le porte-conteneurs Bougainville de la CMA-CGM
Le Bougainville a été construit en Corée du Sud, par le chantier naval coréen Samsung Industries. Il a été inauguré dans le port du Havre le 6 octobre 2015.

hatier-clic.fr/hg4085

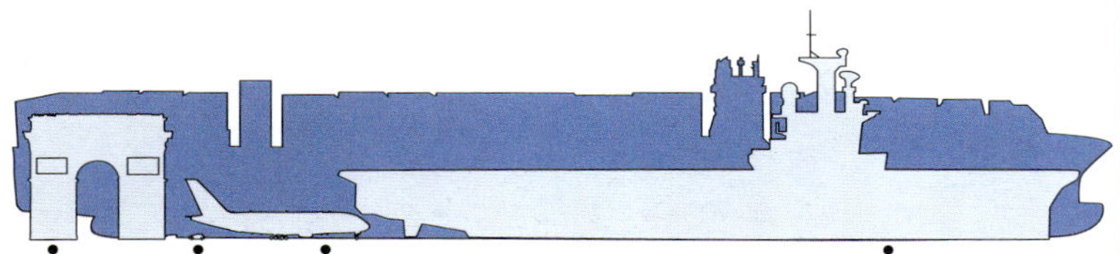

3 Le Bougainville : un géant des mers

2 Le transport des marchandises

« Dans le ventre du Bougainville à destination de l'Europe, des ordinateurs portables, des vêtements et tous les produits finis de grande consommation qui atterrissent sur les linéaires de la grande distribution. Dans l'autre sens, le Bougainville quittera l'Europe chargé d'équipements industriels, de produits agro-alimentaires en tous genres (petits pois Bonduelle, chocolat...), d'eaux minérales, de produits de luxe, de parfums, de vins ou encore de Cognac. Sacrée invention que cette boîte métallique standard que l'on appelle conteneur ! On la doit aux Américains qui dans les années 1950 ont commencé à mettre des marchandises dans des boîtes de vingt pieds de long (soit 6,10 mètres) pour les faire voyager par mer mais aussi sur terre[1]. Depuis, on s'est mis à conteneuriser tout ce qui pouvait l'être, en dehors des vracs énergétiques et des matières premières. »

▪ **Claire Garnier, « Le porte-conteneurs Bougainville », www.usinenouvelle.com, 6 octobre 2015.**

1. De taille standard (30 m³), le conteneur peut être transporté sur un navire, un train, un camion ou une barge fluviale.

Vocabulaire

Une compagnie maritime : une entreprise spécialisée dans le transport maritime.

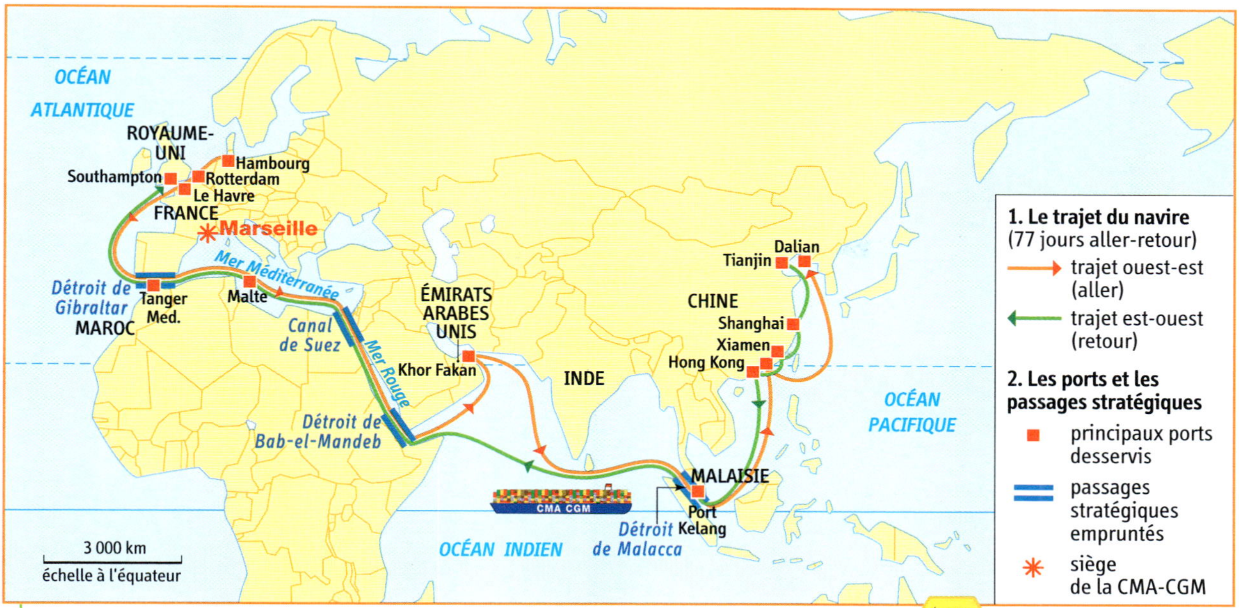

4 La ligne de transport maritime du Bougainville

hatier-clic.fr/hg4086

5 Dans le port du Havre (France)

1 Quai de stockage des conteneurs
2 Portique de chargement et de déchargement des conteneurs
3 Navire porte-conteneurs
4 Terre-plein en construction

Un conteneur est une grande caisse métallique pouvant contenir des marchandises diverses.

ACTIVITÉS

1. **Doc. 1 et 3** | Présentez le navire Bougainville (compagnie, dimensions, capacité, etc.).
2. **Doc. 4** | Quels sont les ports, les océans et les passages stratégiques traversés par le Bougainville au cours de son trajet ?
3. **Doc. 4** | Combien de jours dure le trajet aller-retour du Bougainville ?
4. **Doc. 2** | Quelles sont les marchandises transportées par le Bougainville ?
5. **Doc. 1, 2 et 5** | Comment voyagent ces marchandises ? Quels sont les avantages de ce moyen de transport ?
6. **Je pratique différents langages**
Journaliste pour l'émission Thalassa, vous embarquez au port du Havre sur le Bougainville pour un trajet aller-retour sur sa ligne maritime. Décrivez et expliquez le trajet de ce navire dans un texte de quelques lignes.

Coup de pouce
- **Présentez** le navire Bougainville.
- **Décrivez** précisément son trajet.
- **Expliquez** le transport des marchandises.

COMPÉTENCE
J'analyse un document
Un planisphère des routes maritimes de la CMA-CGM

B Comment la CMA-CGM parvient-elle à desservir le monde entier ?

1 La compagnie maritime CMA-CGM

- **3e compagnie maritime** du monde
- **471 navires** circulant sur plus de 200 routes maritimes mondiales
- **14 porte-conteneurs géants** (capacité supérieure à 12 700 conteneurs)
- **420 ports d'escales** dans 160 pays
- **13 millions de conteneurs** transportés en 2015
- **765 bureaux** dans le monde
- **Des filiales** transportant les conteneurs sur terre (camion, train) et sur voies fluviales (barges)

Source : www.cma.cgm.fr, 2016.

2 Un transport respectueux des océans ?

Publicité de la CMA-CGM.

En équipant ses derniers navires de technologies innovantes, la CMA-CGM a réduit de 50 % ses émissions de CO_2 depuis 2005. La compagnie maritime communique sur sa volonté de limiter l'impact de son activité sur la biodiversité des océans et sur le changement climatique.

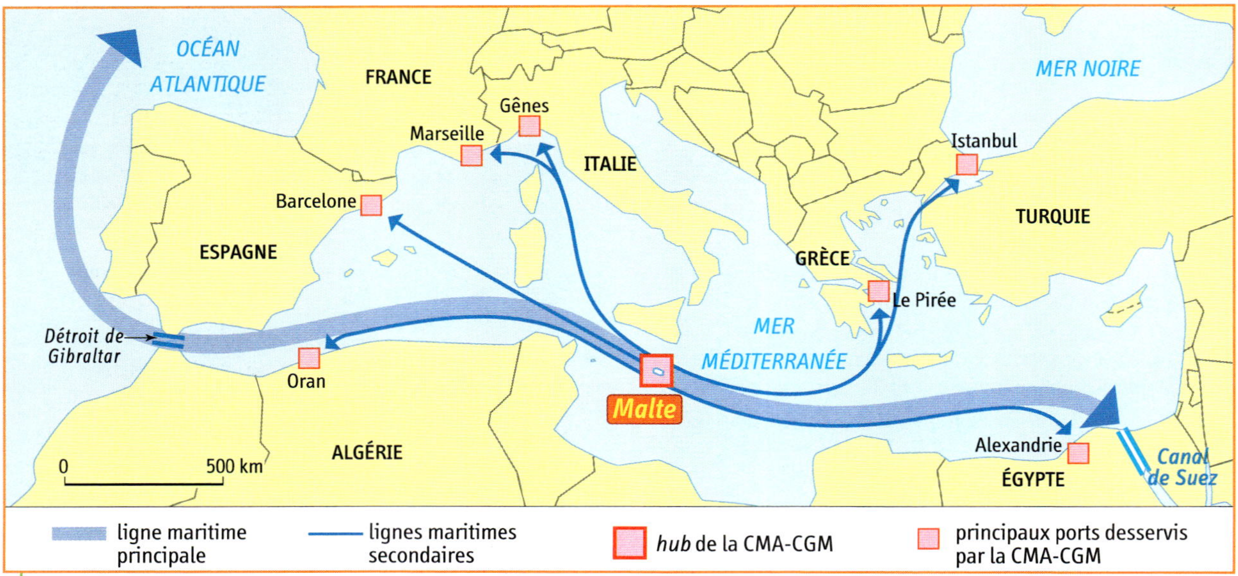

3 Le *hub* de Malte : un port de redistribution pour la CMA-CGM

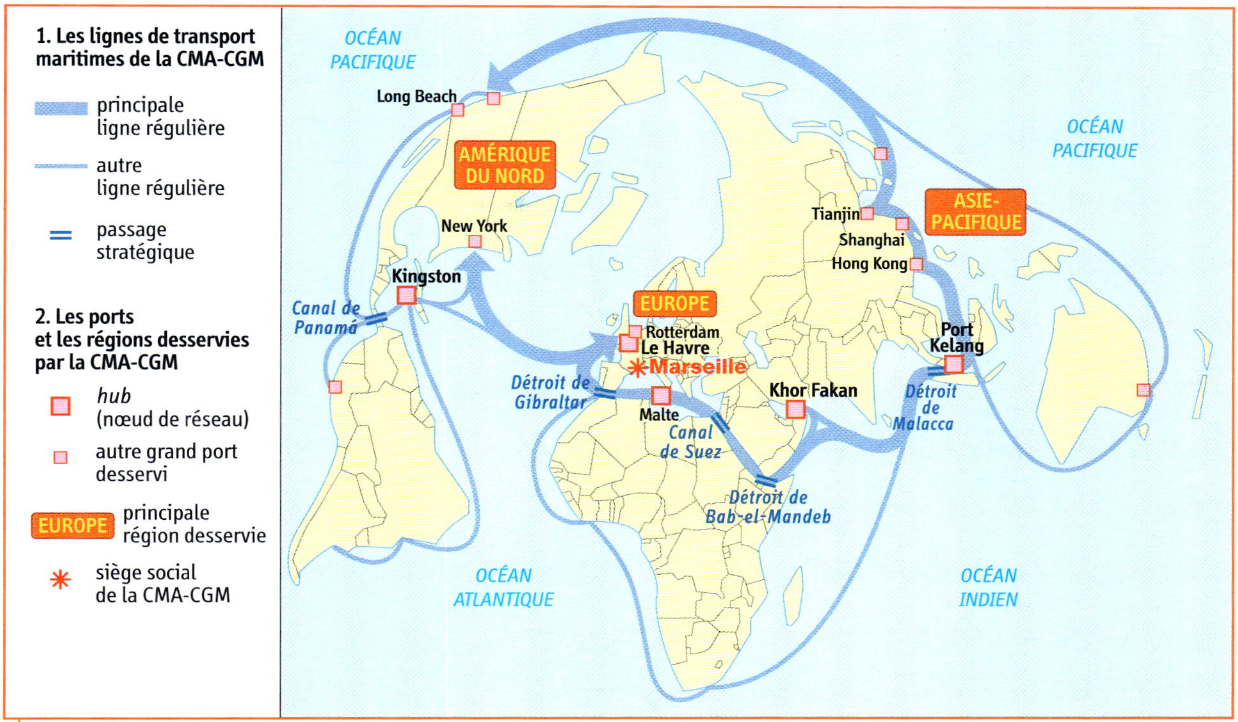

4 Le réseau maritime mondial de la CMA-CGM

5 Les dangers de la piraterie

« L'explosion, depuis le début des années 2000, de la piraterie maritime inquiète les compagnies maritimes. Pour Jacques Portail, commandant de porte-conteneurs pour la compagnie CMA-CGM, "les risques étaient devenus minimes dans les années 1970, aujourd'hui on en vient à s'interroger lorsqu'on reçoit un appel d'un navire en perdition : s'agit-il ou non de pirates." Face à cette criminalité – 439 attaques en 2011 selon le Bureau maritime international, principalement en Somalie, dans le golfe de Guinée et en Asie du Sud-Est – les États ont été forcés de réagir car "pour la première fois, la piraterie portait atteinte à l'économie mondiale". L'enjeu est de taille : 80 000 navires transitent chaque année par le détroit de Malacca, entre l'île de Sumatra (Indonésie) et la côte malaise, infesté de pirates, et près de "75 % des flux de conteneurs passent par l'Océan indien occidental", où sévissent les pirates somaliens, rappelle Paul Tourret, de l'Institut supérieur d'économie maritime. »

▪ **AFP, « Face à la piraterie en mer, les États forcés de réagir sur tous les fronts », www.lexpress.fr, 11 mai 2012.**

Vocabulaire

Un *hub* : un port qui redistribue les marchandises des routes maritimes mondiales vers les routes régionales.

Un réseau maritime : l'ensemble des lignes maritimes empruntées pour le transport des marchandises.

ACTIVITÉS

1. **Doc. 4** | **J'analyse un document**
   - **a** Quelle est la particularité de la projection de ce planisphère ?
   - **b** Où se situe la principale ligne régulière de transport maritime de la CMA-CGM ? Précisez les noms des océans, des passages stratégiques, etc.
   - **c** Quelles sont les principales régions du monde desservies par les navires de cette compagnie ?
   - **d** Quelle route maritime cette projection permet-elle de mettre en évidence ?

Coup de pouce La **projection cartographique** est la manière de représenter la Terre (qui est une sphère) sur la surface plane d'une carte.

2. **Doc. 1** | Montrez que la CMA-CGM dispose d'une très grande capacité de transport.
3. **Doc. 3** | Qu'est-ce qu'un *hub* ? Quel est l'intérêt du *hub* de Malte ?
4. **Doc. 5** | À quel problème les navires de la CMA-CGM sont-ils confrontés ? Dans quelles régions ?
5. **Doc. 2** | Décrivez et expliquez cette publicité de la compagnie.

À L'ÉCHELLE DU MONDE

Routes et façades maritimes

COMPÉTENCE

Je me repère dans l'espace

Situer les routes et les façades maritimes du monde

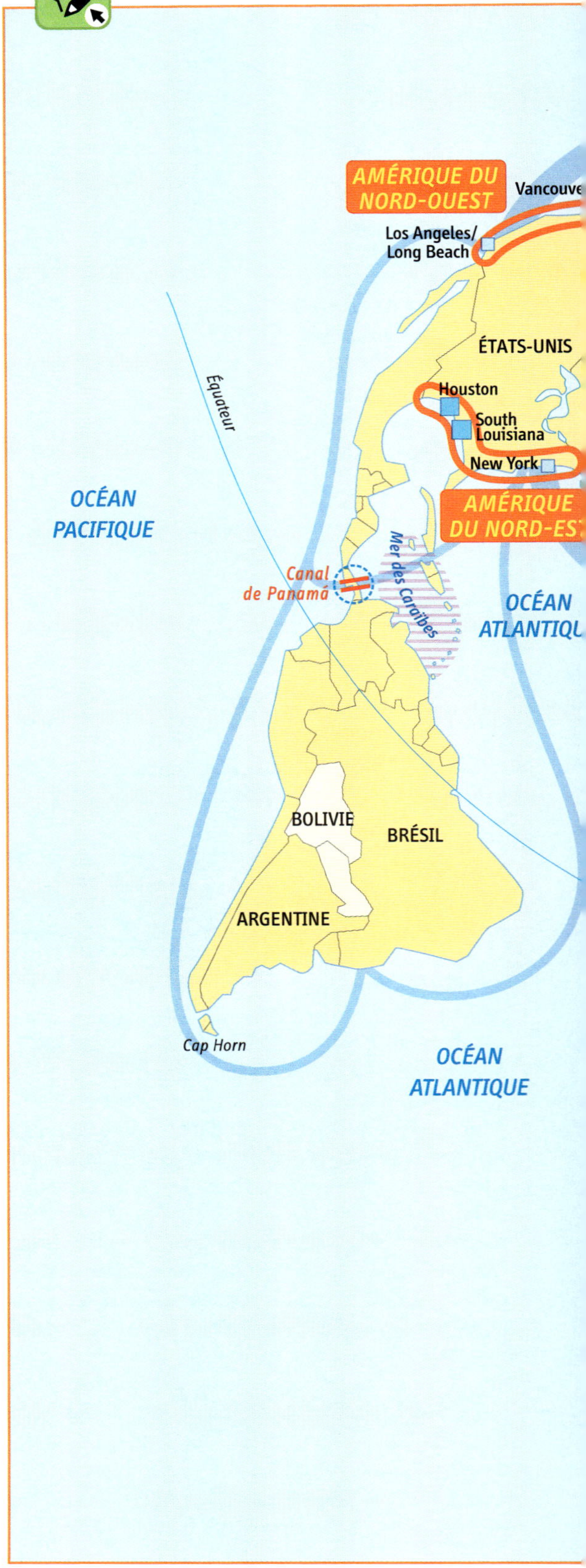

Vocabulaire

Un canal : une voie d'eau artificielle servant à la navigation.

Un cap : une pointe de terre qui s'avance dans la mer.

Un détroit : un passage maritime étroit entre deux terres.

Un État enclavé : un pays qui n'a pas de rivage maritime.

Une façade martime : un littoral qui concentre un grand nombre de ports importants.

Une route maritime : une voie maritime emprutée par les navires de commerce.

ACTIVITÉS

Je me repère dans l'espace

1. Où se situe la principale route maritime du monde ?
2. Par quels passages stratégiques passe-t-elle ?
3. Quelles sont les quatres grandes façades maritimes du monde ?
4. Quelle est la façade maritime la plus dynamique ? Pourquoi ?
5. Localisez quelques routes maritimes secondaires.
6. Nommez et situez quelques États enclavés. Pourquoi leur situation est-elle un handicap dans les échanges mondiaux ?

Détroit de Béring
OCÉAN PACIFIQUE
CANADA
OCÉAN GLACIAL ARCTIQUE
JAPON
Chiba
Nagoya
ASIE-PACIFIQUE
Ulsan
Dalian
Qinhuangdao
Busan
Tianjin
Inchon
Shanghai
Ningbo
Qingdao
Xiamen
Kaohsiung
Shenzhen
Guangzhou
Hong Kong
RUSSIE
CHINE
KAZAKHSTAN
EUROPE DU NORD-OUEST
Rotterdam
Hambourg
Le Havre
Anvers
Mer de Chine
Port Kelang
Singapour
Détroit de Malacca
AUSTRALIE
Newcastle
Port Hedland
Dampier
INDE
Marseille
Détroit de Gibraltar
Mer Méditerranée
Détroit d'Ormuz
Dubaï
Canal de Suez
Golfe d'Aden
MALI
TCHAD
Détroit de Bab-el-Mandeb
OCÉAN INDIEN
Golfe de Guinée
ZAMBIE
Richards Bay
Cap de Bonne Espérance
1. Les routes maritimes
principales routes maritimes
passages maritimes stratégiques
travaux d'agrandissement des passages maritimes
État enclavé (un pays qui n'a pas de rivage maritime)
2. Les façades maritimes
grande façade maritime
zones de piraterie
Principaux ports mondiaux
En millions de tonnes de marchandises, 2014
680
300
150
moins de 150

DOSSIER

La façade maritime d'Asie-Pacifique

COMPÉTENCE
Je pratique différents langages
Réaliser un schéma d'une façade maritime

La façade maritime d'Asie-Pacifique est la plus dynamique du monde. Elle est très intégrée aux échanges maritimes planétaires.

Pourquoi la façade d'Asie-Pacifique est-elle au cœur des échanges maritimes mondiaux ?

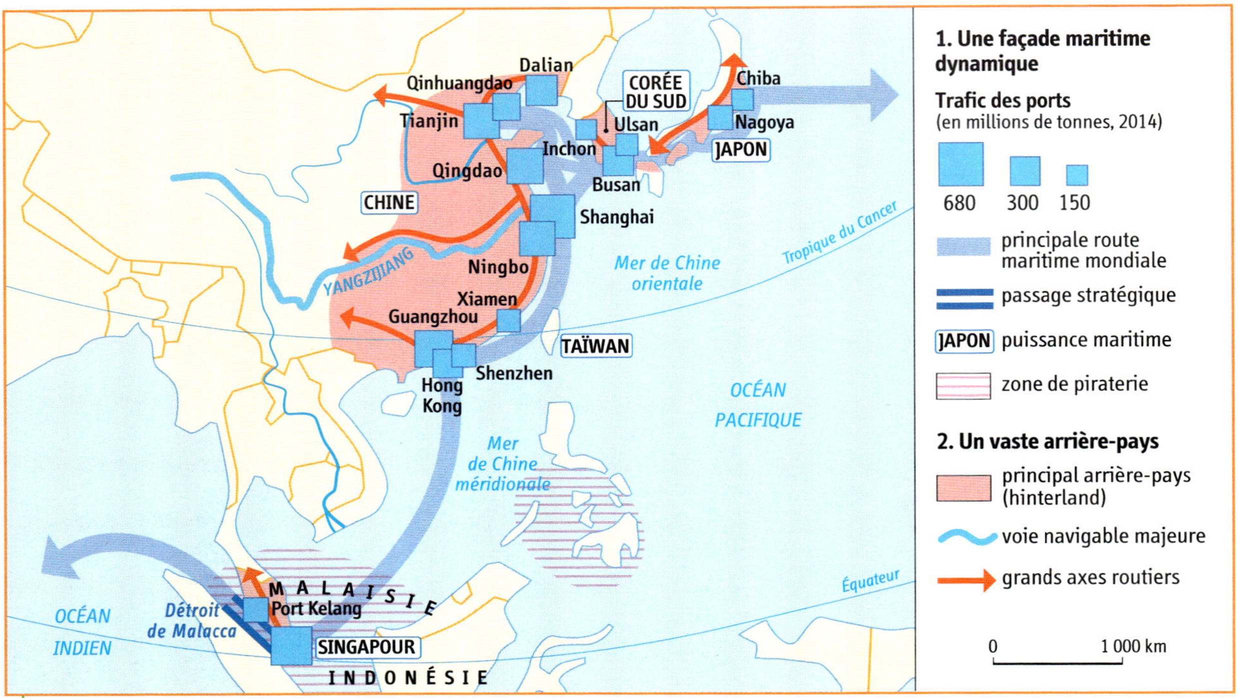

1 La façade maritime d'Asie-Pacifique

2 Le poids mondial de la façade d'Asie-Pacifique

« Depuis les années 1980, les ports de l'Asie orientale ont peu à peu constitué la première façade maritime mondiale. Adossés à des métropoles multimillionnaires également dotées d'aéroports de première importance pour le fret, ils permettent à cet ensemble régional d'être en relation avec le reste du monde. De cette région partent les deux plus grandes routes transocéaniques conteneurisées, l'une transpacifique et l'autre reliant l'Asie orientale à l'Europe. Mais le marché intra-asiatique est aussi le plus important au monde en volume. L'Asie orientale représente plus de 50 % des conteneurs manutentionnés dans le monde. »

▪ **Antoine Frémont et Anne Frémont-Vanacore, « Géographie des espaces maritimes », *Documentation photographique* n° 8 104, La Documentation française, mars-avril 2015.**

3 Les 10 premiers ports du monde en 2014

	Nom du port (pays)	Trafic total en 2014 (en millions de tonnes)
1	Shanghai (Chine)	678
2	Singapour (Singapour)	581
3	Guangzhou (Chine)	501
4	Qingdao (Chine)	465
5	Port Hedland (Australie)	447
6	Tianjin (Chine)	446
7	Rotterdam (Pays-Bas)	445
8	Ningbo (Chine)	430
9	Dalian (Chine)	337
10	Busan (Corée du Sud)	335

Source : American Association of Port Authorities (AAPA), 2015.

4 Un port construit en pleine mer : le terminal de Yangshan à Shanghai

5 L'aménagement du port de Shanghai

« En 2004 débute à Shanghai l'activité du port de Yangshan. Situé au large, c'est un port en eau profonde, capable d'accueillir les plus grands porte-conteneurs du monde. Prenant appui sur des îles, les terminaux ont été construits sur des terre-pleins pour dégager à la fois les kilomètres de quais nécessaires à l'accueil des navires, mais aussi les surfaces de terminaux pour le stockage des conteneurs. Plus de 25 millions de conteneurs peuvent être manutentionnés chaque année dans ce port. Il est relié à un pont routier de 32 km à la terre ferme. [...] Avec le port de Ningbo, Shanghai devrait rapidement s'affirmer comme le premier ensemble portuaire de la façade maritime asiatique. Il y bénéficie d'une position centrale tout en prenant appui sur la puissance de son arrière-pays manufacturier, mais aussi sur celle, immense et en devenir, des provinces intérieures chinoises. »

▪ Antoine Frémont et Anne Frémont-Vanacore, « Géographie des espaces maritimes », *Documentation photographique* n° 8 104, La Documentation française, mars-avril 2015.

Vocabulaire

Un arrière-pays (ou *hinterland*) : une région desservie par un ou plusieurs ports au moyen de transports terrestres.

Une façade martime : voir p. 286

Un terre-plein : une étendue de terre gagnée sur la mer grâce à des remblais.

ACTIVITÉS

1. **Doc. 1** | Nommez et situez les principaux ports de la façade d'Asie-Pacifique.
2. **Doc. 1, 2 et 3** | Montrez que ces ports dominent le commerce maritime mondial.
3. **Doc. 4 et 5** | Où, quand et comment le port de Yangshan a-t-il été construit ?
4. **Doc. 1 et 5** | Comment les ports de la façade d'Asie-Pacifique sont-ils reliés à leur arrière-pays ?
5. **Je pratique différents langages**
Complétez ce schéma à l'aide du doc. 1.

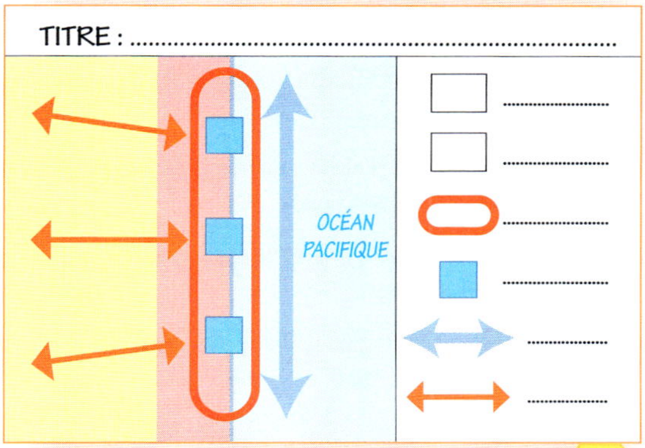

hatier-clic.fr/hg4087

Coup de pouce
- **Associez** les figurés aux intitulés suivants : Façade maritime • Route maritime • Littoral • Arrière-pays • Port • Routes terrestres.
- **Donnez** un titre au croquis.

1 Les espaces maritimes dans la mondialisation

▶ Pourquoi les mers et les océans sont-ils des espaces majeurs de la mondialisation ?

A Mers et océans dans les échanges

1. **Les mers et les océans représentent 71 % de la surface de la Terre** (DOC. 1). Ils communiquent les uns avec les autres, offrant ainsi une formidable possibilité d'échanges à l'échelle mondiale. Depuis les années 1960, les échanges maritimes connaissent une très forte augmentation (DOC. 2). Aujourd'hui, **80 % des échanges économiques mondiaux se font par la mer** : on parle de **maritimisation** de l'économie.

2. Les mers et les océans sont **parcourus par les lignes de transport maritime** (PLANISPHÈRE P. 286). Plus de 50 000 navires les empruntent en permanence. Elles **relient les trois grands pôles de l'économie mondiale** (la **Triade**) : l'Amérique du Nord, l'Europe de l'Ouest et l'Asie orientale. Ces trois pôles sont aussi reliés entre eux par des réseaux de câbles sous-marins (DOC. 3).

3. Avec la mondialisation des échanges, les navires se sont agrandis et spécialisés (pétroliers, porte-conteneurs). Ils appartiennent à de **grandes compagnies maritimes** (CMA-CGM, Maersk), acteurs majeurs de la maritimisation du monde. Ces compagnies sont confrontées au **risque de piraterie maritime** dans certains lieux sensibles (golfe d'Aden, détroit de Malacca, etc.).

B Des espaces maritimes transformés

1. **Les points de passage stratégiques sont des lieux de concentration du trafic maritime**. Il s'agit des canaux (Suez, Panamá) et des détroits (Gibraltar, Malacca). Ce sont des points de tension importants. Leur fermeture aurait de graves conséquences sur les échanges internationaux de marchandises. Avec l'augmentation de la taille des navires (gigantisme naval), **ils font l'objet de nouveaux aménagements** (DOC. 4 ET 5).

2. Les littoraux et les ports sont des zones de contact (d'**interface**) entre le domaine maritime (l'avant-pays) et un ***hinterland*** (l'**arrière-pays**). Avec l'essor du commerce maritime, **les ports se transforment et s'agrandissent**. Leurs installations se déplacent vers les eaux profondes des mers et des océans (Shanghai).

3. Avec la mondialisation, la concurrence entre ces ports est de plus en plus vive. **Quelques grandes façades maritimes** concentrent les échanges, les ports majeurs, les métropoles mondiales et les très fortes densités de population. La façade d'Asie-Pacifique connaît aujourd'hui la plus forte croissance (DOC. 1 P. 288).

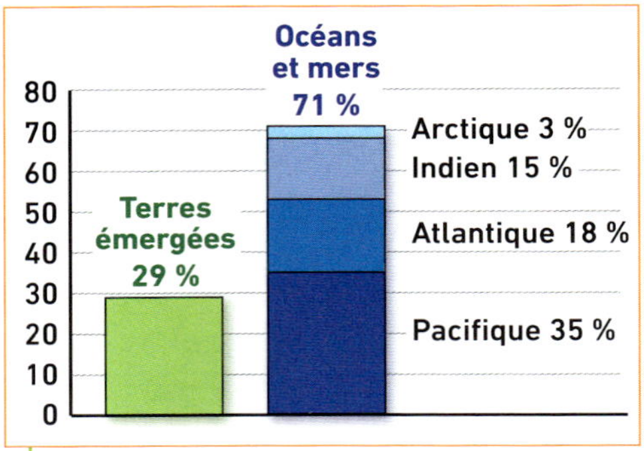

1 La division des océans

- Quel est le plus vaste océan du monde ? Justifiez.

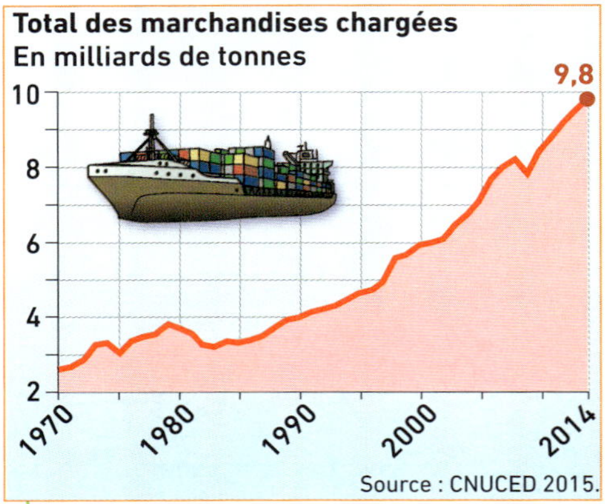

2 Le trafic maritime mondial

- Comment a évolué le commerce maritime depuis 1970 ? Comment l'expliquer ?

Vocabulaire

Un arrière-pays (ou *hinterland*) : une région desservie par un ou plusieurs ports au moyen de transports terrestres.

Une façade martime : un littoral qui concentre un grand nombre de ports importants.

Une interface : la zone de contact entre deux espaces différents. Le littoral est une interface entre la terre et la mer.

La maritimisation : l'accroissement des échanges internationaux par voie maritime.

La Triade : les trois principaux pôles de l'économie mondiale (Amérique du Nord, Europe de l'Ouest et Asie Orientale).

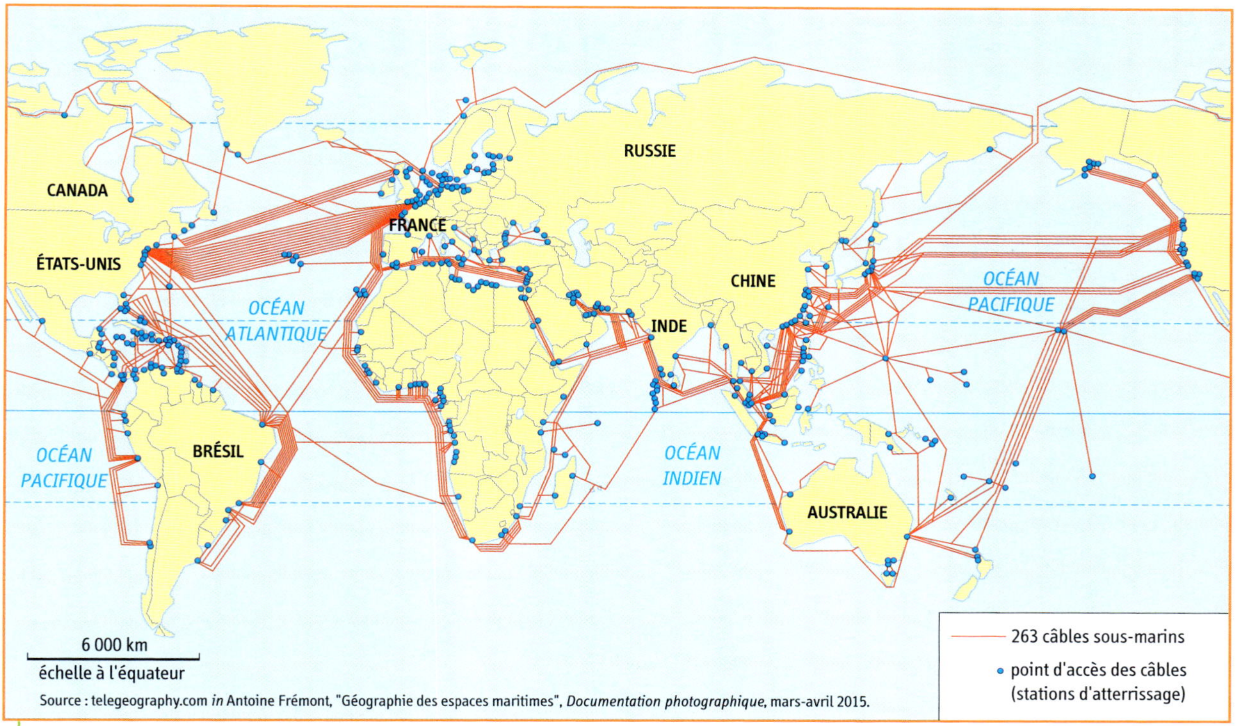

3 Les câbles sous-marins dans le monde (2014)

Au fond des mers et des océans se cachent des câbles sous-marins qui assurent 95 % des télécommunications mondiales (téléphonie et Internet). Répartis sur 400 000 km, ils peuvent être disposés à une profondeur maximale de 8 500 m.

1. Quels sont les deux océans dans lesquels le nombre de câbles sous-marins est le plus important ?
2. Entre quelles régions du monde ces câbles sont-ils les plus nombreux ? À quoi servent ces câbles sous-marins ?

4 Les mers et les océans : un vaste espace de circulation

« Jamais autant de marchandises n'ont été acheminées par la voie maritime : un peu plus de 9 milliards de tonnes en 2012 contre 1 milliard en 1960 et 550 millions en 1950 ! Les mers et les océans offrent un espace de circulation d'exception, bien plus aisé que l'espace terrestre [...]. Les navires couvrent de longues distances sans obstacle, hormis quelques tempêtes. [...] Des canaux pharaoniques, Suez et Panamá, ont été construits à la fin du XIXe siècle pour raccourcir les distances d'un océan à l'autre. De nouvelles écluses, plus larges, sont actuellement en construction pour Panamá, alors que l'Égypte envisage d'augmenter les capacités de Suez en élargissant le chenal existant et en créant une portion de canal parallèle à l'original. »

▪ **Antoine Frémont et Anne Frémont-Vanacore, « Géographie des espaces maritimes », *Documentation photographique* n° 8 104, La Documentation française, mars-avril 2015.**

5 Le canal de Suez (Égypte)

Tâche complexe

LA GÉOGRAPHIE AUTREMENT

Je raisonne

Choisir une démarche pour présenter les ressources des océans

Les ressources des océans

ACTIVITÉ

Vous travaillez pour l'Ifremer, l'Institut français de recherche pour l'exploitation de la mer. Dans le cadre de la journée mondiale des océans, le 8 juin, vous intervenez dans une classe de collège pour présenter les ressources des mers et des océans.

Présentez, sous la forme de votre choix (exposé oral, affiche, diaporama, etc.) les ressources des mers et des océans ainsi que les tensions dont elles font l'objet.

Coup de pouce

- **Décrivez** d'abord les différentes ressources.
- **Expliquez** ensuite les tensions pour ces ressources.

Vocabulaire

Une Zone économique exclusive (ZEE) : la zone maritime de 200 miles (370 km) à partir de la côte dont dispose chaque État qui borde la mer.

Boîte à outils

Documents complémentaires
– Documents 1 à 5 p. 296-297

Ressource numérique
– Le site de l'Ifremer
hatier-clic.fr/hg4088

1 Une plate-forme pétrolière off-shore (mer Caspienne)

Aujourd'hui, 30 % de la production mondiale de pétrole est d'origine sous-marine.

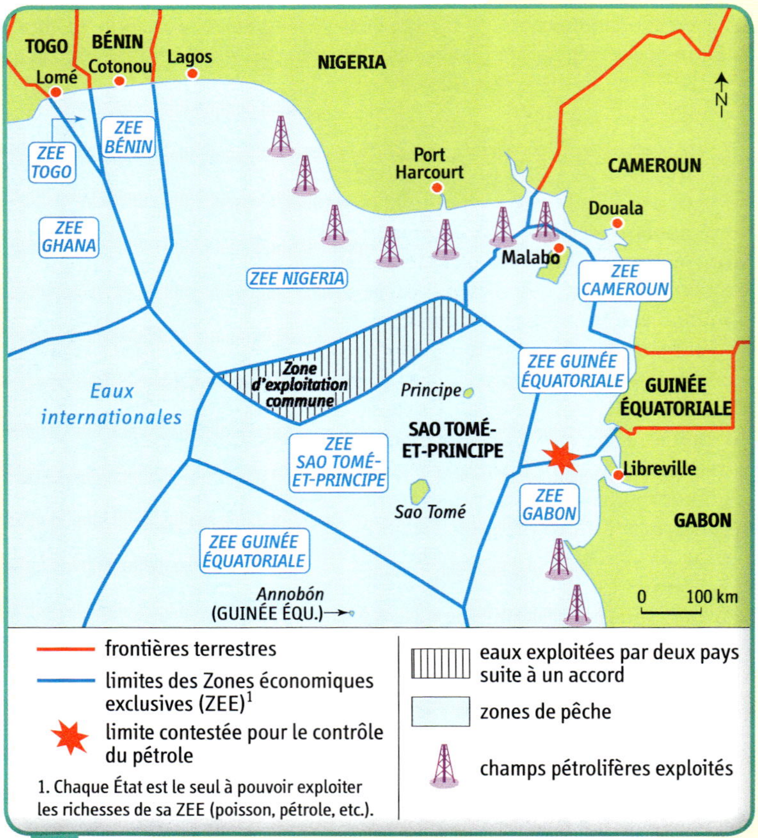

1. Chaque État est le seul à pouvoir exploiter les richesses de sa ZEE (poisson, pétrole, etc.).

2 Ressources et frontières maritimes dans le golfe de Guinée

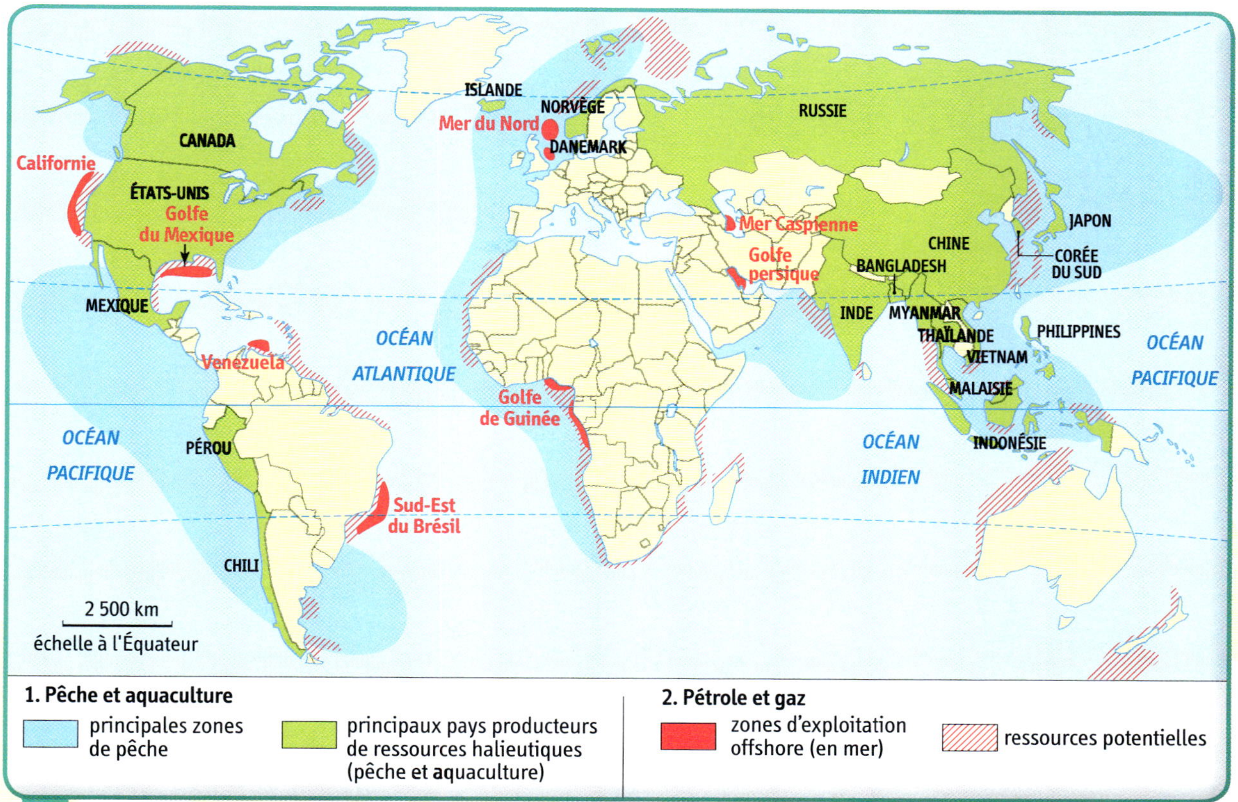

3 Les ressources halieutiques et énergétiques des océans

4 L'enjeu des nodules polymétalliques

« À plusieurs milliers de mètres de profondeur, certains fonds sont recouverts de nodules polymétalliques. Renfermant des métaux parmi les plus recherchés – manganèse, cuivre, nickel et cobalt – ces centaines de milliards de tonnes de minerai sont devenues vers 1970 l'enjeu d'une intense compétition scientifique et économique internationale. Plusieurs nations – dont la France – investirent alors des sommes colossales dans la conception d'engins de ramassage capables d'opérer à de grandes profondeurs. Aujourd'hui, la Chine, l'Inde ou la Corée du Sud intensifient leurs recherches dans la perspective d'une éventuelle pénurie de certains métaux. »

▪ **D'après le site de l'Ifremer, www.ifremer.fr, 14 décembre 2015.**

5 Pêche industrielle au Japon

Dossier Prospective ET DEMAIN ?

Quels océans pour demain ?

COMPÉTENCE
Je travaille en groupe
Étudier les océans de demain

Les océans sont menacés par la pollution et le changement climatique.
Des solutions sont cependant recherchées pour préserver ce milieu fragile.

Comment protéger les océans aujourd'hui pour demain ?

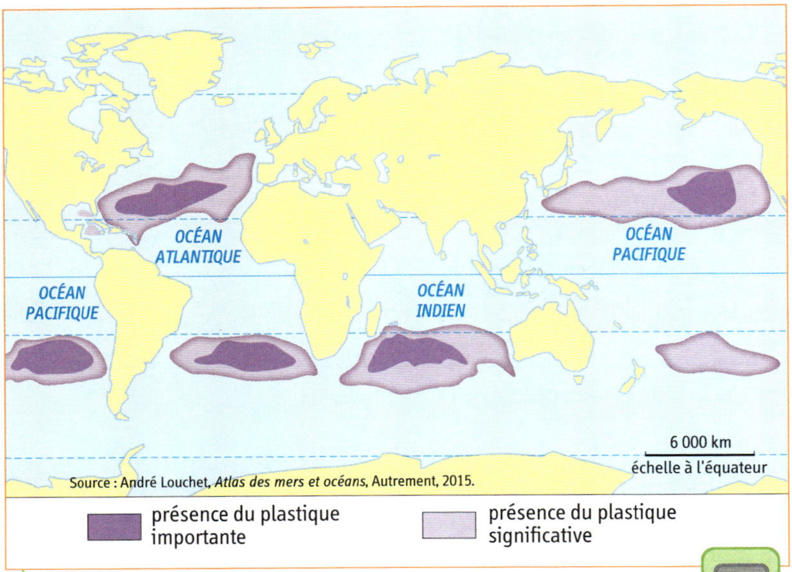

1 Les grands vortex de plastique

2 2050, des océans de plastique ?

Ellen MacArthur

« Si rien n'est fait, les océans pourraient se transformer en décharge à ciel ouvert. "Il y aura plus de plastique dans l'océan que de poisson en 2050", alerte une étude réalisée par la fondation Ellen MacArthur. "Aujourd'hui, nous estimons qu'il y a environ 150 millions de tonnes de déchets plastiques dans les océans[1]. Si la consommation de plastique se poursuit au même rythme, cette masse de déchets pourrait doubler d'ici 2050." Dans les océans, ces déchets s'agglutinent et sont transportés par les courants marins vers un nouveau "continent", souvent surnommé le septième continent, dont la taille atteint près de 3,5 millions de km². Ainsi, la Fondation Ellen MacArthur milite pour la transition de notre économie basée sur le jetable vers une économie où les sacs seraient réutilisés. La France agit déjà en ce sens en interdisant l'utilisation des sacs plastiques en 2016. »

▪ Mathilde Golla, « En 2050, les océans compteront plus de plastique que de poisson », www.lefigaro.fr, 25 janvier 2016.

1. Ces plastiques sont ingérés par plusieurs centaines d'espèces marines (tortues, poissons), provoquant leur suffocation.

3 Affiche de l'association Surfrider Foundation

Surfrider Foundation est une association ayant pour but la sauvegarde et la gestion durable des océans.

4 Demain, vivre sur les océans ?

« Lilypad » est un projet de ville flottante imaginé par l'architecte Vincent Callebaut. Cette ville permettrait d'accueillir les réfugiés climatiques de demain tout en exploitant les ressources des océans (poissons avec l'aquaculture, vent à l'aide d'éoliennes, etc.).

Vincent Callebaut ▶

5 Océans et changement climatique

« Les mers sont les premières exposées aux dérèglements du climat. Les océans absorbent 90 % de l'énergie produite par le réchauffement et jouent un rôle d'amortisseur sur la hausse de la température de l'air. Mais celle de leurs eaux augmente vite : la Méditerranée a gagné en moyenne 1 degré depuis trente ans. Cela a pour résultat de dilater les mers et de provoquer l'élévation de leur niveau. Celui-ci monte de 3 millimètres par an en moyenne. [...] De plus, l'absorption du CO_2 par les océans est de plus en plus problématique, entraînant un phénomène d'acidification qui aura des conséquences sur l'évolution de toute la chaîne alimentaire, du zooplancton aux coquillages et jusqu'aux espèces marines les plus vivaces. »

▪ **Propos de Robert Calcagno recueillis par Joël Cossardeaux, « Les mers sont les plus exposées au dérèglement », *Les Échos*, 6 février 2014.**

Vocabulaire

L'acidification : la diminution progressive du PH des océans dûe à l'augmentation du CO_2 dans l'atmosphère.

Le changement climatique : la modification durable du climat.

Un réfugié climatique : une personne forcée de se déplacer suite à un événement climatique.

Un vortex de plastique : une gigantesque étendue de déchets plastiques flottant à la surface de l'océan.

ACTIVITÉS

Je travaille en groupe

1. Constituez des groupes pour étudier les océans de demain.

Groupes 1 et 2 | Les futurs possibles

a **Doc. 1 et 2 |** Situez les vortex de plastique et la menace qu'ils représentent pour les océans aujourd'hui et demain.

b **Doc. 5 |** Décrivez et expliquez trois effets potentiels du changement climatique sur les océans.

c **Doc. 4 et 5 |** Quelles menaces représentent-ils pour les hommes et la biodivesité des océans ?

Groupes 3 et 4 | Des solutions pour demain

a **Doc. 2, 3 et 4 |** Listez les acteurs qui recherchent des solutions pour protéger ou habiter les océans.

b **Doc. 2, 3 et 4 |** Décrivez et expliquez les solutions proposées par ces acteurs.

c **Doc. 5 p. 297 |** Quelle ressource durable des océans cherche-t-on à exploiter ? Comment ?

2. À l'oral, chaque groupe présente ses réponses.
3. À l'aide des informations, rédigez un texte de quelques lignes sur les futurs possibles des océans et les solutions envisagées pour les protéger.

2 Mers et océans : des espaces exploités à ménager

Comment gérer durablement les mers et les océans ?

A Des territoires riches en ressources

1. **Les mers et les océans disposent de nombreuses ressources.** Les ressources halieutiques fournissent des protéines animales essentielles à l'homme, et la pêche (DOC. 1) procure du travail et des revenus à de nombreux habitants, surtout situés dans les pays pauvres. L'**aquaculture** se développe fortement.

2. **Le sous-sol des océans détient des hydrocarbures** (pétrole, gaz) de plus en plus exploités. Aujourd'hui, 30 % de la production mondiale de pétrole est d'origine sous-marine. Des nodules polymétalliques et des **dépôts minéraux** riches en métaux précieux couvrent le sol des océans. Mais ils sont difficiles à atteindre.

B Des espaces de conflits d'intérêts

1. Chaque État côtier exploite librement les ressources de sa **Zone économique exclusive (ZEE)** (DOC. 2). La haute mer est toutefois à la disposition de tous (près de 60 % de la surface maritime).

2. Malgré cette réglementation, **il existe de nombreuses rivalités entre États pour le contrôle des espaces maritimes**. Dans le golfe de Guinée, le Gabon et la Guinée équatoriale contestent le tracé de leurs frontières maritimes pour le contrôle des hydrocarbures. Dans le golfe de Gascogne, la délimitation des zones de pêche oppose la France et l'Espagne.

3. **Les océans sont aussi un enjeu géopolitique** entre les grandes **puissances maritimes** (DOC. 3). Les États-Unis constituent la première puissance navale. D'autres États développent des marines de guerre (Chine) pour protéger leurs intérêts.

C Des milieux fragiles à préserver

1. **Les mers et les océans subissent la surexploitation de leurs ressources** (épuisement des stocks de poisson, pillage du sable des fonds marins, DOC. 4) et des pollutions croissantes (marées noires, **vortex de plastique**). **Régulateurs climatiques** (ils absorbent une grande partie du CO_2 rejeté dans l'atmosphère), **ils sont bouleversés par le changement climatique** (**acidification**, etc.).

2. **De nombreux acteurs se mobilisent pour une gestion plus durable des océans.** Certains États réglementent la pêche (quotas par espèces). Des entreprises développent les énergies renouvelables en mer (DOC. 5) et des ONG agissent au quotidien pour sensibiliser au respect des océans (Surfrider Foundation).

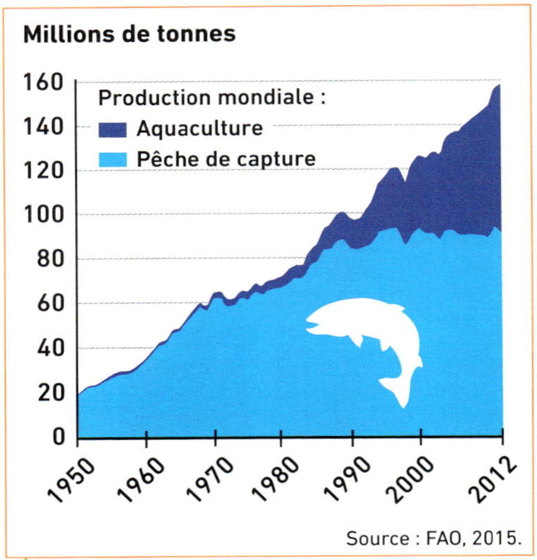

1 L'évolution des prises de pêche

- Comment ont évolué les prises de pêche depuis 1950 ?

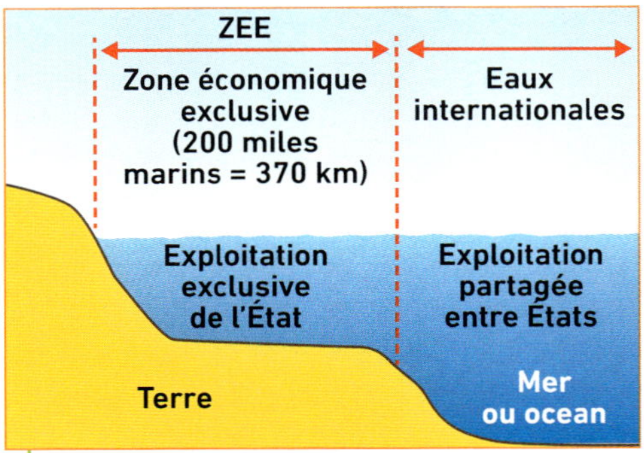

2 Le partage des espaces maritimes

- Qu'est-ce qui différencie la ZEE des eaux internationales ?

Vocabulaire

L'acidification : voir p. 295.

L'aquaculture : l'élevage ou la culture de poissons, crustacés, coquillages.

Une puissance maritime : un État capable de mobiliser ses ressources maritimes pour s'imposer face aux autres.

Un vortex de plastique : voir p. 295.

Une Zone économique exclusive (ZEE) : voir p. 292.

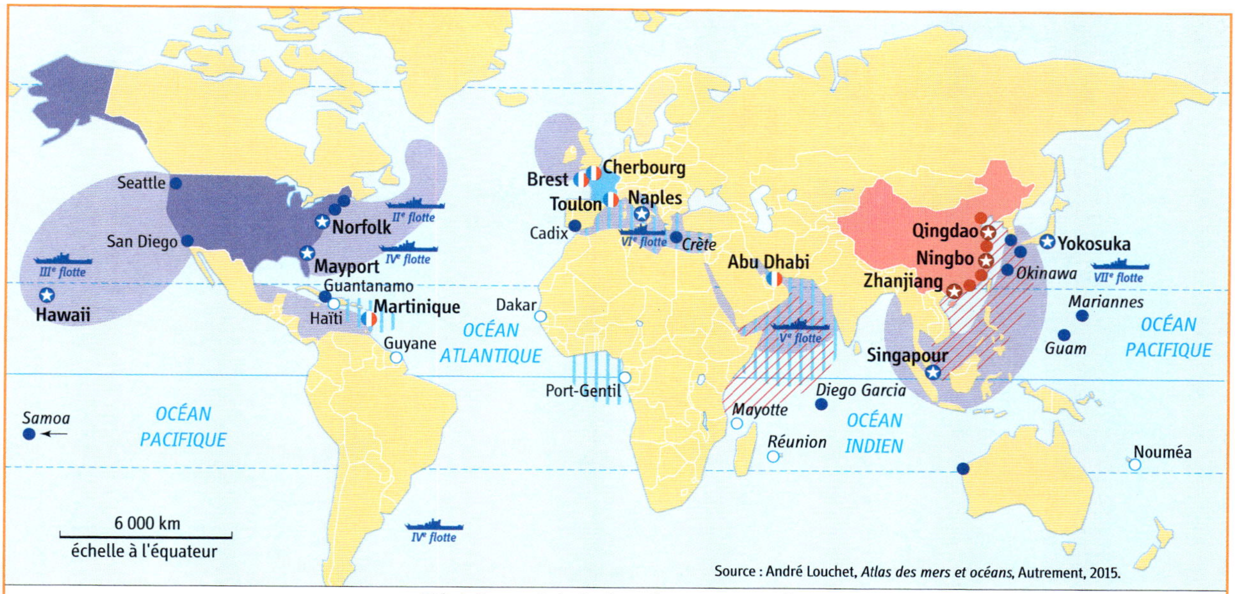

Source : André Louchet, *Atlas des mers et océans*, Autrement, 2015.

Déploiement de trois puissances navales

	Quartiers généraux	Bases importantes	Zone de déploiement de la marine, ou de participation à des opérations de sécurité
les États-Unis	✪	●	flotte de guerre américaine
la Chine	✪	●	
la France	◐	○	

3 Trois puissances navales dans le monde : États-Unis, France et Chine

1. Montrez que les États-Unis sont la plus importante puissance navale du monde.

2. Dans quelle région du monde les marines des États-Unis, de la France et de la Chine sont-elles toutes les trois présentes ? Pourquoi selon vous ?

4 Des coraux en danger

« L'océan est le plus grand espace de vie de la planète, celui où sont apparues les premières cellules, il y a 3,5 milliards d'années. Les modifications de température, d'acidification[1] et de teneur en oxygène des mers ont des effets sur les organismes marins. [...] Les récifs coralliens recouvrent une faible surface des océans mais abritent près d'un tiers des espèces marines connues. Ils sont très sensibles aux variations de température et à l'acidité de l'eau qui perturbent la formation de leur squelette et d'autres fonctions biologiques comme la reproduction. On estime qu'environ 20 % des récifs coralliens sont en danger de nos jours et que 25 % supplémentaires seront menacés d'ici 2050 si aucune action n'est menée pour les préserver. »

▪ **F.-M. Bréon, G. Lineau, *Atlas du climat*, © Éditions Autrement, 2015.**

1. La diminution progressive du PH des océans due à l'augmentation du CO_2 dans l'atmosphère.

5 Des éoliennes off-shore (Danemark)

CROQUIS

COMPÉTENCE

Je pratique différents langages

Réaliser un croquis des espaces maritimes

Des espaces maritimes

1 Routes et façades maritimes

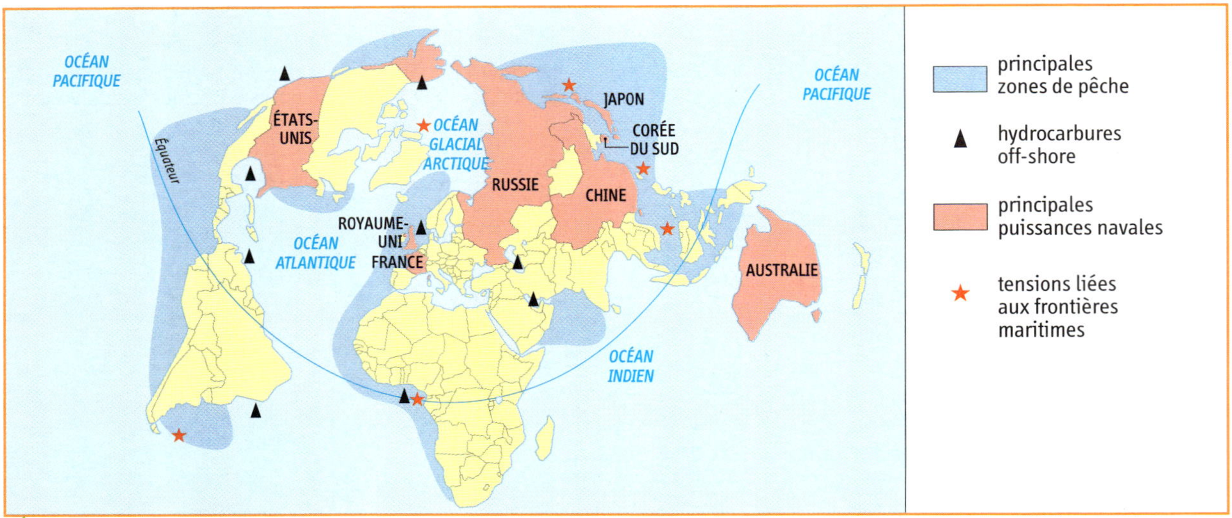

2 Les espaces maritimes : ressources et tensions

Je réalise un croquis

Étape 1 Je prélève des informations

a. Doc. 1 | Avec quel figuré a-t-on représenté la principale route maritime ?

b. Doc. 2 | Pour quels intitulés a-t-on utilisé des figurés de surface ? des figurés ponctuels ?

c. Doc. 2 | Localisez et nommez trois puissances navales.

Étape 2 J'organise la légende

a. Doc. 3 | Pour complétez la première partie de la légende du croquis, quel document devez-vous utilisez ? et pour la deuxième partie de la légende ? Justifiez.

b. Doc. 3 | Complétez la légende du croquis en indiquant les intitulés manquants et en dessinant les figurés manquants.

c. Doc. 1 | Quel figuré n'est pas utilisé ? Pourquoi selon vous ?

hatier-clic.fr/hg4089

TITRE : ....

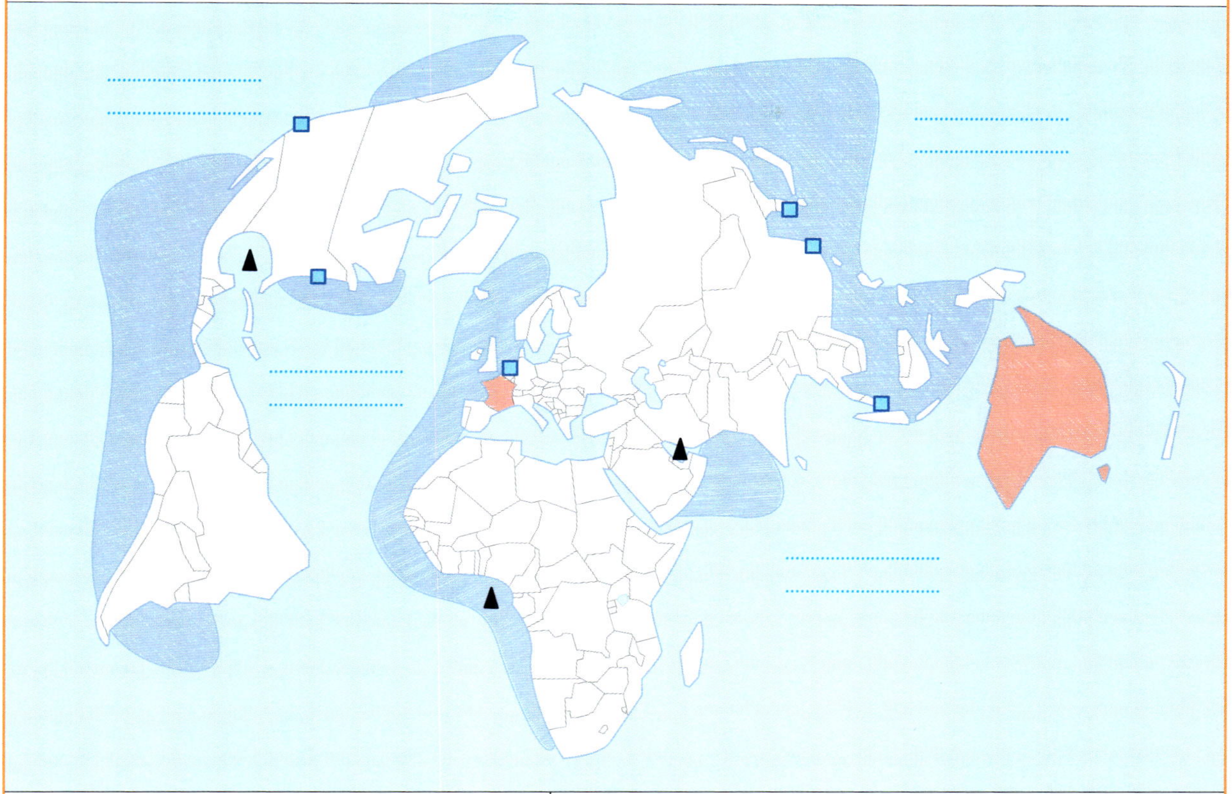

1. Une maritimisation des échanges

- .... principale route maritime
- ■ ....
- .... façades maritimes
- = ...

2. Des espaces de ressources et de tension

- ■ ....
- ....
- .... tensions liées aux frontières maritimes
- ....

3 Croquis des espaces maritimes mondiaux

Étape 3 Je complète le croquis

a. Doc. 3 | Complétez le croquis à l'aide des figurés choisis.

b. Doc. 3 | Ajoutez le nom des océans, des ports, des passages stratégiques et de quelques puissances navales.

c. Doc. 3 | Donnez un titre au croquis.

Coup de pouce
- Vous pouvez aussi vous aider des planisphères p. 286 et p. 293.
- Retrouvez le langage cartographique et la **méthode du croquis p. 196**.

Et si je changeais de langage ?

À l'aide de votre croquis, construisez une carte mentale sur les espaces maritimes dans la mondialisation.

Coup de pouce
- **Organisez** votre carte mentale en deux parties, correspondant aux deux parties de la légende du croquis.
- **Choisissez** un nombre limité d'informations.

JE M'EXERCE PAR COMPÉTENCE

Je me repère dans l'espace

1 Étudier les routes maritimes de l'Arctique

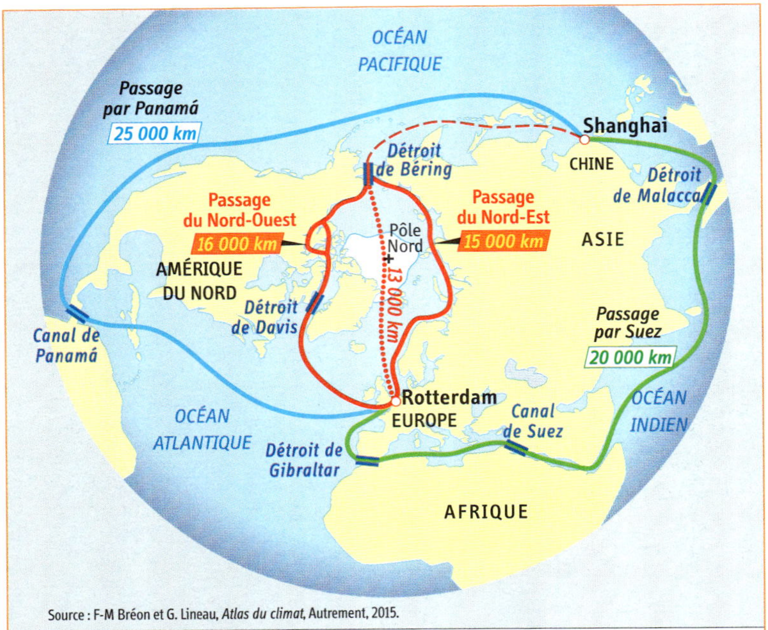

1 Les routes maritimes entre l'Europe et l'Asie

2 Les nouvelles routes de l'Arctique

« Le passage du Nord-Ouest relie le détroit de Davis (Atlantique) à celui de Béring (Pacifique). Avant la fin du XXIe siècle, cette voie sera libre 120 jours par an. La distance entre Londres et Tokyo sera réduite de 3 000 à 5 000 miles marins par rapport aux routes passant par le canal de Suez ou celui de Panamá. Idem pour le passage du Nord-Est. [...] De plus, les navires ne seront plus limités par leur taille, qui oblige aujourd'hui les plus gros à passer par le cap Horn ou celui de Bonne-Espérance, avec le coût en carburant que cela implique. Enfin, les itinéraires arctiques permettront d'éviter les eaux de certaines régions touchées par la piraterie (corne de l'Afrique, mer de Chine), qui conduira sans doute à une baisse des tarifs d'assurances. »

▪ F.-M. Bréon et G. Lineau, ***Atlas du climat***, © Éditions Autrement, 2015.

1. **Doc. 1** | Quelle est la projection utilisée sur cette carte ? Pourquoi ?
2. **Doc. 1 et 2** | Quelles sont les deux nouvelles routes maritimes de l'Arctique empruntées par les navires ? Pourquoi les navires peuvent-ils les emprunter plus souvent aujourd'hui ?
3. **Doc. 1 et 2** | Quels sont les trois avantages de ces nouveaux passages maritimes ?
4. **Doc. 1** | Quelles sont les particularités du futur passage transpolaire ?

Coup de pouce La **projection cartographique** est la manière de représenter la Terre (qui est une sphère) sur la surface plane d'une carte.

Je m'informe sur Internet

2 Je découvre un site de suivi de trafic maritime

- Rendez-vous sur le site Marine traffic :

  hatier-clic.fr/hg4090

- Dans l'onglet à gauche, cliquez sur « Filters » pour voir les types de bateaux en circulation.

1. Quels sont les deux types de navires les plus fréquents dans la Manche et la mer du Nord ? Que transportent-ils ?
2. Entre quels ports la densité de trafic est-elle la plus importante ?
3. Repérez le port de Rotterdam. Jusqu'où peuvent aller les bateaux qui entrent en Europe par le port de Rotterdam ? À l'aide de quelle voie de communication ?
4. À l'aide de vos réponses et de vos connaissances, montrez en quelques lignes que le Nord-Ouest de l'Europe est une façade maritime très active.

J'analyse un document — 3 Analyser une affiche sur la surpêche

Affiche du WWF (World Wilde Fund) parue en 2015
Le Fond Mondial pour la Nature (WWF) est une organisation non gouvernementale de protection de l'environnement.

1. Présentez le document (nature, auteur, date, sujet).
2. Décrivez le document en croisant l'image et le texte.
3. Que souhaite-t-il dénoncer ? Dans quel but ?
4. Faites une recherche Internet pour trouver d'autres affiches du WWF ou de Surfrider Foundation sur le thème de la protection des océans ou de la biodiversité marine. À l'oral, présentez-les à la classe.

Je m'informe sur Internet — 4 J'étudie les grands vortex de plastique

PASSERELLE GÉO-SVT

Charles More dans l'océan Pacifique nord

- Rendez-vous sur le site « Le dessous des cartes » : http://ddc.arte.tv
- Cliquez sur « Toutes les émissions », puis « Par date », puis sur « 2011 ».
- Cliquez sur l'émission « Des îles de déchets ? », puis « Nos cartes ».
- Répondez aux questions ci-dessous en faisant défiler les différentes cartes.

1. **Cartes 1 et 2** | Qu'est-ce que les gyres subtropicales ?
2. **Carte 3** | Quels sont les principaux courants océaniques du nord de l'océan Pacifique ?
3. **Cartes 5 à 9** | Qu'a découvert Charles More en 1997 dans le Pacifique nord ? Développez votre réponse en quelques lignes.
4. **Carte 10** | Où trouve-t-on d'autres îles de plastique ?
5. **Cartes 11 à 13** | Quelles sont les solutions envisagées face à ce problème ? Avec quelles limites ?

EXERCICE 1 Analyser et comprendre un document

DOCUMENT Le réseau de la compagnie maritime *China Shipping Container Lines* (CSCL)

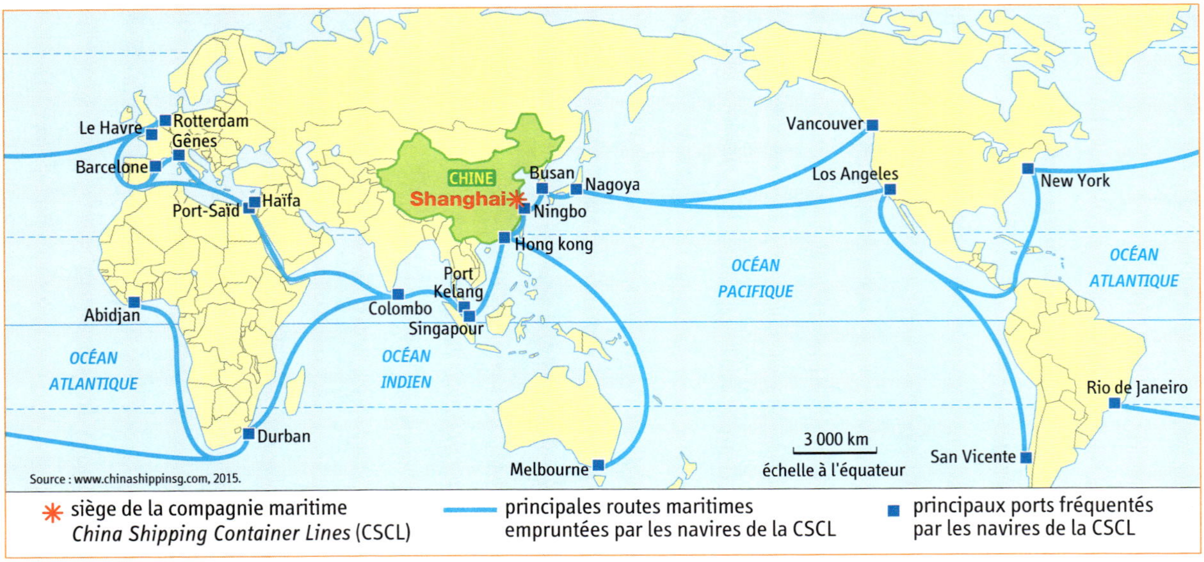

La *China Shipping Container Lines* (CSCL) est spécialisée dans le transport des conteneurs.

QUESTIONS

1. Identifiez la nature et la source de ce document.
2. Montrez que cette compagnie dispose d'un réseau mondial de lignes maritimes.
3. Nommez et situez trois passages stratégiques par lesquels passent les navires de cette compagnie en faisant appel à vos connaissances.
4. Quelle est la particularité du centrage de ce planisphère ? Pourquoi cette compagnie a-t-elle choisi ce centrage pour représenter son réseau ?

Méthode

- Pour **identifier le centrage**, il faut retrouver le continent ou l'océan placé au centre de la carte.
- Le centrage n'est pas neutre, il révèle un point de vue.

EXERCICE 2 Maîtriser différents langages pour raisonner

DÉVELOPPEMENT CONSTRUIT

▶ Sous la forme d'un développement construit d'une vingtaine de lignes, montrez que les mers et les océans sont des espaces d'échanges transformés par la mondialisation.

Méthode Comprendre le sujet et rédiger

Étape 1 Comprendre le sujet

▶ Le sujet invite à **décrire** les échanges maritimes, puis à **expliquer** leurs conséquences sur les mers et les océans.

Étape 2 Rédiger

Plan possible
1. **Décrivez** les échanges maritimes (routes maritimes, navires, régions du monde, acteurs, risques, etc.).
2. **Expliquez** les transformations des mers et des océans par les échanges (passages stratégiques, ports, façades maritimes, etc.).

JE CONSTRUIS MON BILAN

hatier-clic.fr/hg4091

hatier-clic.fr/hg4092

1 Je localise et je situe les repères des espaces maritimes

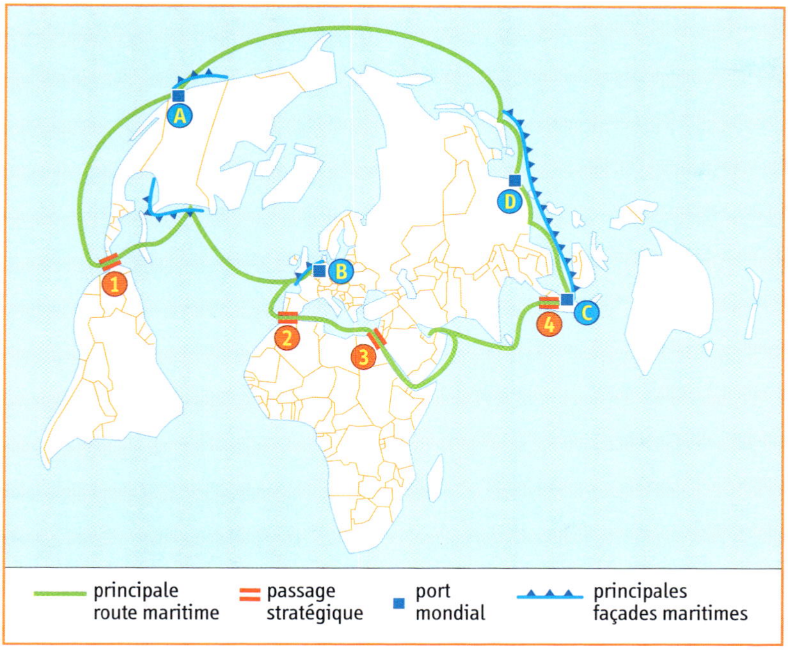

1. Nommez les passages stratégiques 1 à 4.
2. Quels océans et mers permettent-ils de relier ?
3. Nommez les ports A, B, C et D.
4. À quelle façade maritime appartient chacun d'eux ?
5. Quels sont les trois pôles du commerce mondial reliés par la principale route maritime ?

2 Je complète une carte mentale sur les mers et les océans

- Complétez la carte mentale ci-dessous à l'aide des mots suivants :

a. Hydrocarbures. • **b.** Construction de ports en eaux profondes. • **c.** Pollution • **d.** Lignes de transport maritime • **e.** Pêche et aquaculture • **f.** Acidification • **g.** Navires spécialisés • **h.** Élargissement des canaux et des détroits.

3 Je connais le vocabulaire des espaces maritimes

- À quels mots correspondent les définitions suivantes ?

a. Une grande caisse métallique qui contient des marchandises diverses.
b. Un littoral qui concentre un grand nombre de ports importants.
c. L'élevage ou la culture de poissons, crustacés, coquillages.
d. Une gigantesque étendue de déchets plastiques flottant à la surface de l'océan.

EPI Un mur collaboratif sur les océans

Avec votre professeur de géographie et vos professeurs de sciences, vous allez créer un mur collaboratif sur les ressources et la vulnérabilité des mers et des océans. Suivez les étapes du projet et apprenez à utiliser l'outil numérique padlet.

1 Choisir les thèmes à aborder

Appuyez-vous sur la boîte à thèmes et sur vos connaissances sur le sujet dans les différentes matières (« Mers et océans » en géographie, « La constitution et les états de la matière » en physique-chimie, « L'exploitation des ressources naturelles par l'être humain » en SVT, etc.).

BOÎTE À THÈMES

- Les ressources halieutiques
- L'aquaculture
- Les nodules polymetalliques
- Les hydrocarbures off-shore
- Les éoliennes off-shore
- Les nouvelles routes maritimes de l'Arctique
- La surpêche
- Les marées noires
- Les vortex de plastique
- L'exploitation du sable marin
- L'élévation du niveau des mers
- L'acidification des océans
- Des ONG protègent les océans

2 Rechercher des informations et des documents

Vous pouvez utiliser la rubrique « Enquête Doc' ». Travaillez en groupes et sollicitez votre professeur documentaliste !

ENQUÊTE DOC'

Au CDI

Le Monde des ados n° 257, Fleurus presse, août 2011.

Sur le terrain

Si une exposition sur le sujet a lieu dans votre région, visitez-la pour vous documenter et trouver des sources d'inspiration !

En vidéo

Yann-Arthus Bertrand et Michael Pitiot, *Planète océan*, 2012.

hatier-clic.fr/hg4093

Sur Internet

- wwz.ifremer.fr
- www.surfrider.eu
- www.developpement-durable.gouv.fr
- www.epi-hatier.fr

3 Réaliser les pages du mur

En groupe, réalisez un mur collaboratif à l'aide du site padlet : https://fr.padlet.com. Utilisez l'exemple p. 305 et répartissez-vous les rôles (schéma ci-contre).

QUI FAIT QUOI ?

- **RÉDACTEUR-ICE** recherche les textes et rédige les synthèses → **WEBMASTER** insère les informations et les documents sur le mur padlet
- **ICONOGRAPHE** recherche les photographies et les illustrations → WEBMASTER
- **VIDÉASTE** se charge de trouver des vidéos ou de les tourner → WEBMASTER
- **CARTOGRAPHE** recherche et/ou réalise les cartes → WEBMASTER

Un exemple de mur padlet

Le titre de l'EPI

La barre d'outils padlet

Ressources et vulnérabilité des océans

Une présentation du projet

Notre projet EPI
Ce mur collaboratif a été réalisé dans le cadre d'un enseignement pratique interdisciplinaire (EPI) dans notre collège. Il s'intéresse aux ressources et à la vulnérabilité des mers et des océans, en croisant les regards de la géographie et des sciences.

Créez votre mur

Partagez votre mur

Le titre d'un mur padlet

Les pilleurs de sable

Personnalisez votre mur

À quoi sert le sable ?

Le sable entre dans la composition du béton, nécessaire à l'industrie du bâtiment.

Des chiffres-clés

Tonnes de sable nécessaires pour :

- une maison de taille moyenne : 200 t
- un hôpital : 3 000 t
- 1 km d'autoroute : 30 000 t

Des vidéos

« Le sable : enquête sur une disparition » : un reportage d'Arte

Maroc : la disparition des dunes

« Sur les plages du Maroc, près de Tanger ou de Casablanca, les dunes ont disparu, laissant apparaître un paysage lunaire. Elles n'ont pas été effacées sous l'effet de tempêtes, mais volées nuit après nuit par des camions pour construire des résidences destinées à l'afflux de touristes qu'attire la réputation de ce rivage au sable doux. [...] Le pillage du sable est une pratique en hausse dans le monde. Face au boum de la construction, les carrières terrestres ne suffisent plus. Ponctionner le rivage ou les fonds marins devient donc une pratique de plus en plus répandue, mais qui a des conséquences particulièrement brutales, notamment l'érosion des littoraux et la perte de la biodiversité marine ».

▪ Martine Valo, « Les pilleurs de sable écument les plages du globe », *Le Monde*, 29 mai 2013.

Des textes à partir de sources fiables

Prélèvements illégaux de sable en Sierra Leone

Des photographies

CHAPITRE 14

Les États-Unis, un territoire dans la mondialisation

Comment la mondialisation transforme-t-elle le territoire américain ?

1 Crown Fountain dans le quartier d'affaires de Chicago
Crown Fountain est une oeuvre d'art urbain de l'artiste catalan Jaume Piensa, installée dans le quartier d'affaires de Chicago (le « Loop »). Cette agglomération américaine est la ville où sont nés les premiers gratte-ciel. C'est aujourd'hui une métropole mondiale transformée par la mondialisation.

Compétences

Je me repère dans l'espace
- Situer les États-Unis dans la mondialisation ▶P. 308

J'analyse un document
- Une carte des métropoles américaines ▶P. 310

Je raisonne
- Choisir une démarche pour présenter la Silicon Valley ▶P. 312

Je travaille en groupe
- Étudier la frontière américano-mexicaine ▶P. 314

Je pratique différents langages
- Réaliser un croquis du territoire américain ▶P. 316

Je m'informe sur Internet
- Étudier la ville américaine avec les séries ▶P. 320

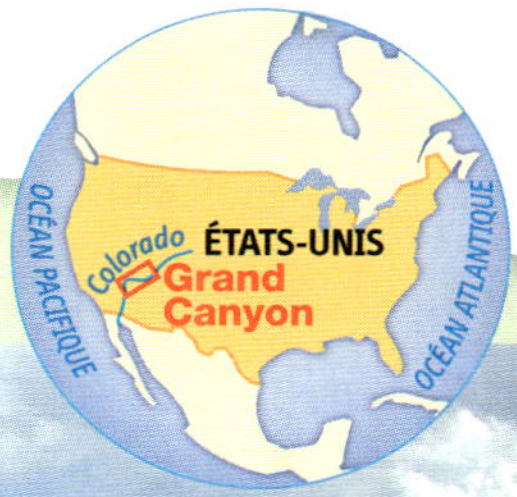

2 Touristes au-dessus du Grand Canyon (Montagnes Rocheuses, Arizona)
Le Grand Canyon se situe dans les Montagnes Rocheuses. Il est fréquenté chaque année par plus de 4 millions de visiteurs du monde entier. La passerelle de verre (appelée « Grand Canyon Skywalk ») permet aux visiteurs de se trouver à 1 300 mètres au dessus du vide.

À L'ÉCHELLE DU MONDE

Les États-Unis, une puissance attractive

COMPÉTENCE
Je me repère dans l'espace
Situer les États-Unis dans la mondialisation

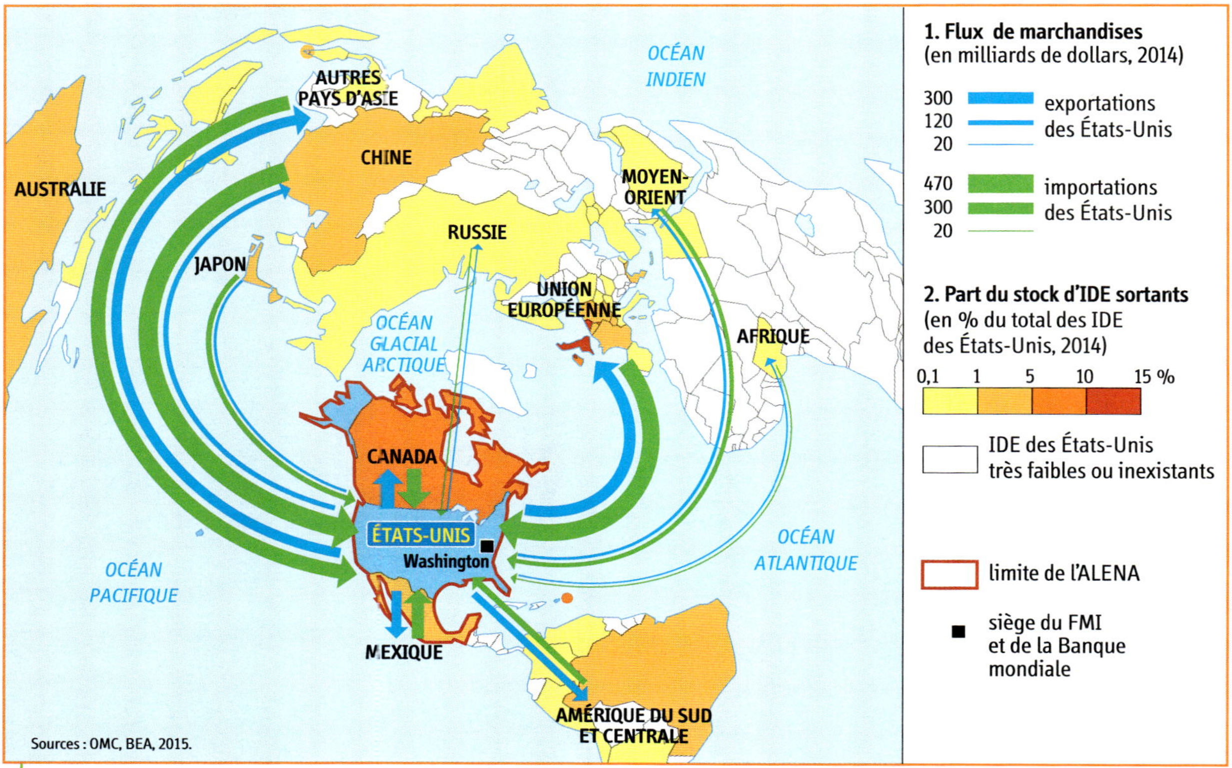

1 Les États-Unis : un pôle majeur de l'économie mondiale

Vocabulaire

L'ALENA : l'Association de libre-échange nord-américain regroupant les États-Unis, le Canada et le Mexique

Immigrer : venir se fixer dans un pays étranger au sien.

Les investissements directs à l'étranger (IDE) : l'argent investi par une entreprise pour créer ou acquérir une entreprise ou une usine à l'étranger.

ACTIVITÉS

Je me repère dans l'espace

1. **Doc. 1, 2 et 3** | Quelle est la particularité du centrage de chacun de ces planisphères ?

Coup de pouce Pour identifier le centrage d'un planisphère, il faut **retrouver** le continent ou l'océan placé au centre de la carte.

2. **Doc. 1** | Avec quelles régions du monde les États-Unis échangent-ils surtout des marchandises ?
3. **Doc. 1** | Nommez trois pays du monde où les États-Unis investissent en priorité.
4. **Doc. 2** | Quelles sont les deux principales régions d'origine des migrants s'installant aux États-Unis ? Comment l'expliquer d'après vous ?
5. **Doc. 3** | Avec quelles régions du monde, les flux de télécommunication des États-Unis sont-ils les plus importants ?
6. **Doc. 3** | Montrez que le cinéma américain dispose d'un rayonnement mondial.

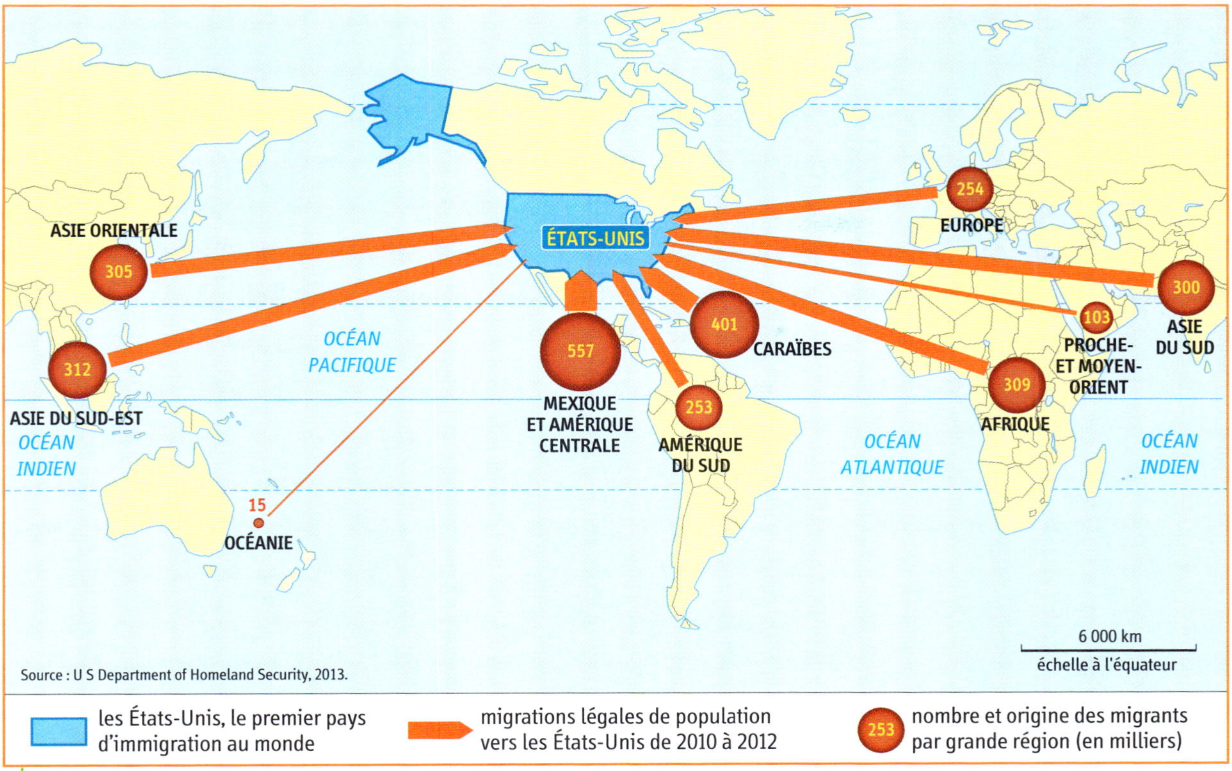

2 Le premier pays d'immigration au monde

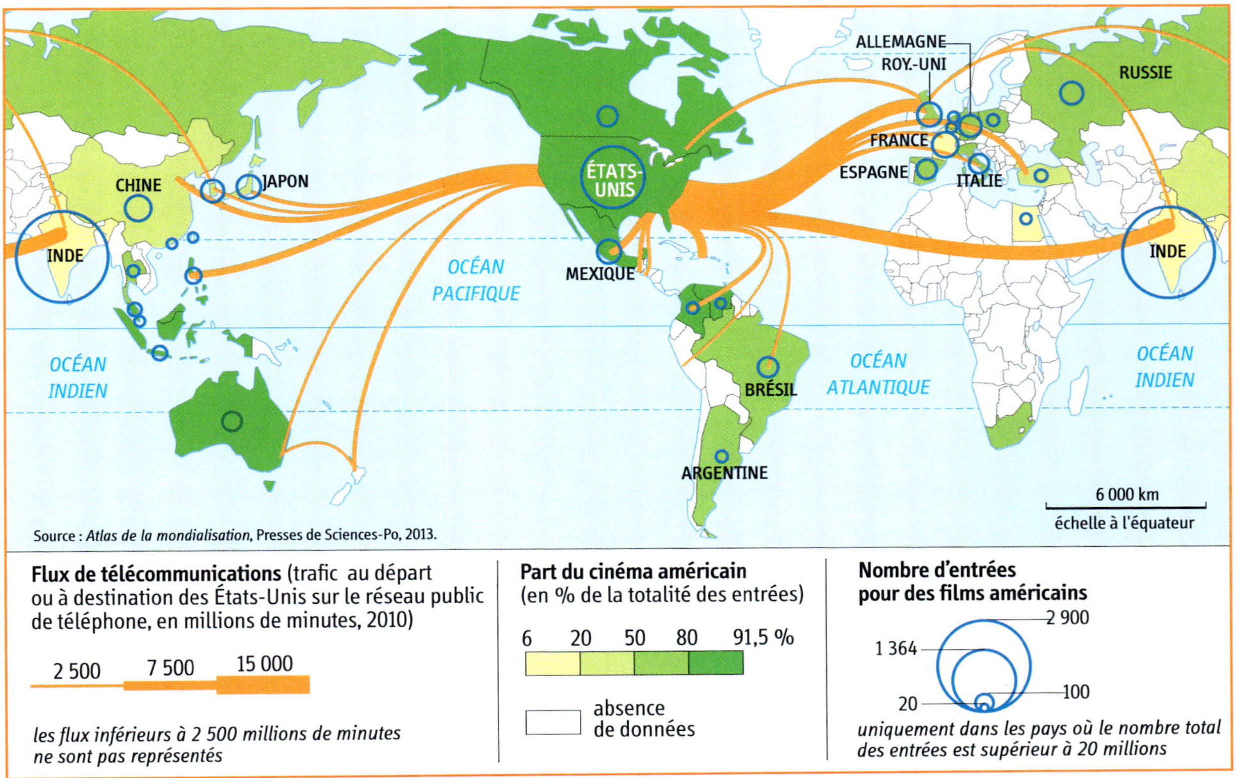

3 Télécommunications et cinéma : attractivité et rayonnement des États-Unis

DOSSIER

Métropoles américaines et mondialisation

COMPÉTENCE
J'analyse un document
Une carte des métropoles américaines

Les métropoles américaines organisent le territoire des États-Unis.
Elles concentrent de nombreux pouvoirs et sont transformées par la mondialisation.

Comment les métropoles américaines s'adaptent-elle à la mondialisation ?

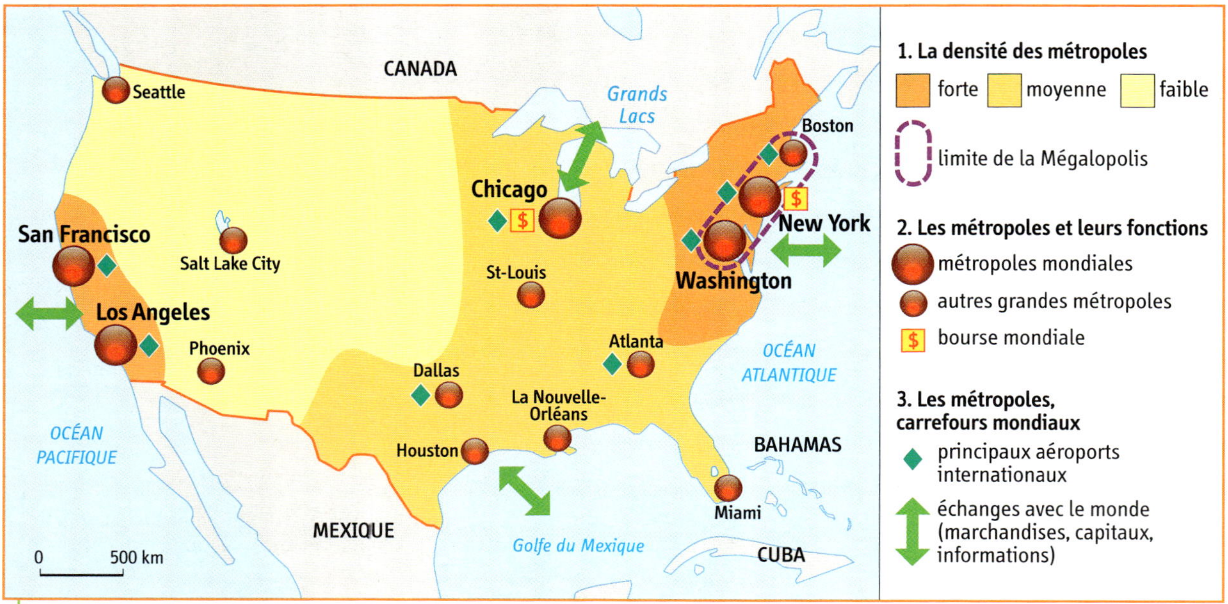

1 Les métropoles américaines

2 La bourse de Wall Street à New York (janvier 2016)

Wall Street et le quartier environnant constituent la première place financière mondiale et abritent notamment les deux plus importantes bourses mondiales : le NYSE (New York Stock Exchange) et le NASDAQ.

3 La métropolisation aux États-Unis

« Aujourd'hui, les 100 plus grandes métropoles des États-Unis, bien que ne représentant que 12 % du territoire national en superficie, concentrent 65 % de la population américaine, 74 % du PNB et 79 % des brevets déposés. Le trio de tête pour la richesse produite par habitant (services et biens) est constitué de San Francisco (76 727 $/ hab./an), Washington (72 230 $/ hab./an), et Seattle (66 859 $/ hab./an). Néanmoins, New York règne sur le commerce international. Avec plus de 80 milliards de dollars d'exportation, cette ville-monde devance très nettement Houston et son industrie du pétrole. »

▪ **Gérard Billard, Jacques Chevalier, *Géographie et géopolitique des États-Unis*, Hatier, 2012.**

4 Le quartier d'affaires de Chicago (le « Loop »)

Chicago est une des principales places financières mondiales et la première bourse de matières premières agricoles du monde.
1 Willis Tower (527 mètres de haut) 2 Bourse 3 Banques et sièges sociaux de firmes multinationales 4 Lac Michigan

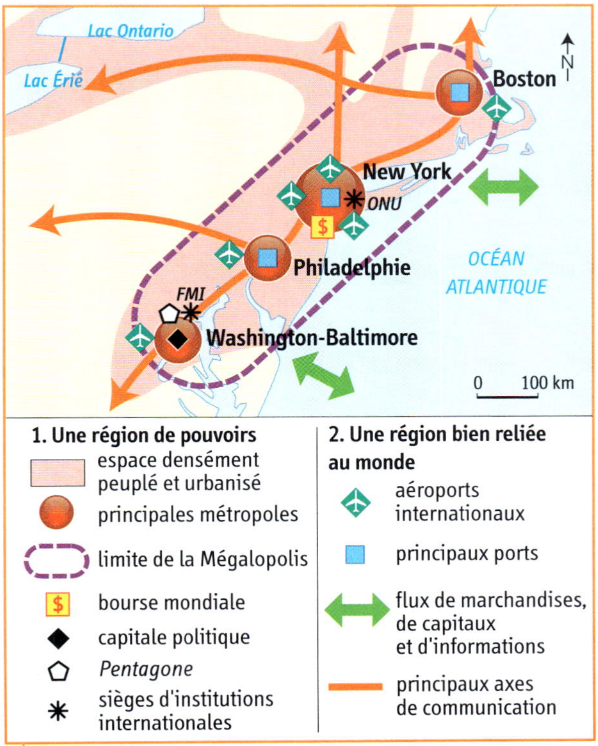

5 La Mégalopolis américaine

Vocabulaire

La Mégalopolis : une vaste région urbaine de la côte est des États-Unis qui constitue un pôle mondial de décision.

Une métropole : voir p. 221.

La métropolisation : la concentration croissante des pouvoirs et des activités dans les grandes villes.

ACTIVITÉS

1. **Doc. 1** | **J'analyse un document**
   a Dans quelles parties du territoire américain la densité des métropoles est-elle la plus forte ?
   b Quelles sont les métropoles américaines mondiales ?
   c Comment sont-elles reliées au reste du monde ?

Coup de pouce Pour lire la carte, **distinguez** les figurés de surface (plages de couleurs) des figurés ponctuels (cercles) et linéaires (flèches).

2. **Doc. 2 et 3** | Relevez deux exemples de la métropolisation du territoire américain (utilisez la définition).
3. **Doc. 5** | Quels sont les différents pouvoirs présents dans la Mégalopolis ? Où se situent-ils surtout ?
4. **Doc. 4** | En décrivant la photographie, montrez que Chicago est transformée par la mondialisation.

Tâche complexe

LA GÉOGRAPHIE AUTREMENT

Je raisonne

Choisir une démarche pour présenter la Silicon Valley

ACTIVITÉ

Vous travaillez dans une société d'informatique française. À la demande de votre entreprise, vous partez quelques jours dans la Silicon Valley, en Californie, pour découvrir les atouts de cette région.

De retour en France, vous présentez la Silicon Valley à vos collaborateurs sous la forme de votre choix (exposé oral, diaporama, récit vidéo, etc.). Utilisez des cartes et n'hésitez pas à réaliser un croquis ou un schéma pour illustrer votre propos.

Coup de pouce

- **Décrivez** les activités et les entreprises.
- **Expliquez** l'organisation de ce territoire et sa transformation.
- **Montrez** les liens entre la Silicon Valley et le monde.

Boîte à outils

Document complémentaire
– Carte 2 p. 316

Ressource numérique
– Un site sur la Silicon Valley
hatier-clic.fr/hg4094

Départ pour la Silicon Valley !

1 L'organisation de la Silicon Valley

2 Présentation de produits Apple à Cupertino (22 mars 2016)

Apple est une société née en 1976 dans la Silicon Valley. En 2015, la société a réalisé un chiffre d'affaires de plus de 75 milliards de dollars. Elle compte 92 600 employés et 463 Apple store dans le monde.

3 Palo Alto dans la Silicon Valley

Fondée dans un garage de Palo Alto, la société HP (Hewlett-Packard) est aujourd'hui l'un des plus gros fabricants mondiaux de PC. Ses fondateurs ont étudié à l'université de Stanford, tout comme les fondateurs de Google, Yahoo ou Instagram.

4 Une vallée dynamique

« Une quarantaine d'années après sa création, la Silicon Valley reste à la pointe des nouvelles technologies et une véritable puissance économique. Si elle était un pays, elle serait dans les dix premiers pour son produit intérieur brut (PIB) par habitant. On y trouve sept universités et plus de 6 000 entreprises dans le secteur des nouvelles technologies. Au départ, elles se sont installées là dans les années 1970 à cause du silicium dans le sol, ou *silicon* en anglais, un des composants des microprocesseurs que l'on retrouve dans tous les ordinateurs. Aujourd'hui, la Silicon Valley attire en raison de sa concentration d'entrepreneurs, d'argent et d'expériences dans le domaine des start-up. »

▪ **Anne-Marie Capomaccio, « La Silicon Valley, toujours au cœur de l'innovation », www.rfi.fr, 12 décembre 2014.**

Courrier international
N° 1230 du 28 mai au 4 juin 2014
courrierinternational.com
France : 3,70 €

Google maître du futur

Robots, biotechnologies, santé… Le géant d'Internet investit tous azimuts. Enquête.

EUROPE—QUI SERA LE PROCHAIN PATRON ?
SYRIE—UNE PARODIE D'ÉLECTION
EXPATRIÉS—ILS PARTENT ÉTUDIER À L'ÉTRANGER

5 Un géant des nouvelles technologies : Google

Une de *Courrier international*, 28 mai-4 juin 2014.

Le siège de Google à Mountain View

DOSSIER

La Mexamérique : une frontière transformée

COMPÉTENCE
Je travaille en groupe
Étudier la frontière américano-mexicaine

La frontière entre les États-Unis et le Mexique est particulièrement active.
Avec la mondialisation des échanges et des mobilités, c'est un espace qui se transforme.

Comment la mondialisation transforme-t-elle la frontière américano-mexicaine ?

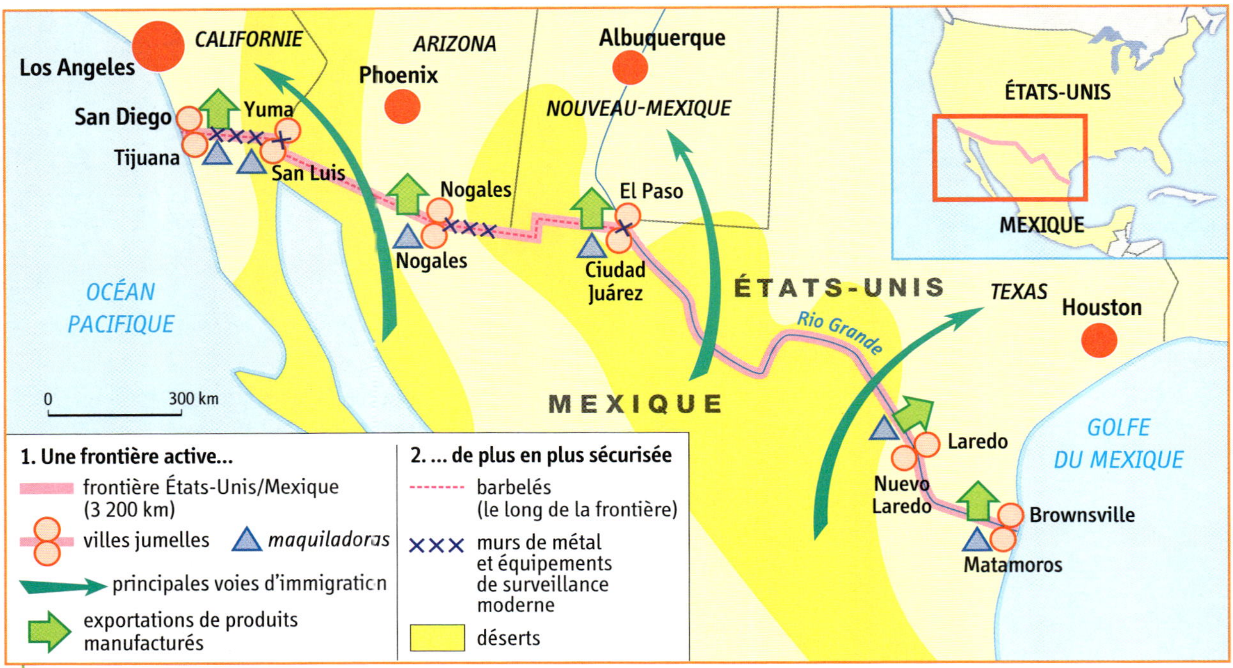

1 La frontière américano-mexicaine

2 Le mur entre San Diego et Tijuana

3 Une frontière ouverte mais sécurisée

« La frontière entre les États-Unis et le Mexique est un cas unique au monde. Sur 3 200 kilomètres, elle sépare une superpuissance mondiale et un pays émergent, le Nord et le Sud. Avec l'entrée en vigueur de l'ALENA en 1994, elle est devenue une frontière interne à l'espace nord-américain, et l'ouverture du marché s'est accompagnée d'une circulation accrue des capitaux et des marchandises [...]. Depuis 1993, les dispositifs de fermeture et de contrôle de la frontière ont été renforcés par les États-Unis pour limiter les migrations. Commencée en 2002, l'édification d'un véritable mur s'est accélérée à partir de 2006 sur certains segments californiens, atteignant au total plus de 600 kilomètres. Sa prolongation de 90 mètres en mer est prévue sur la côte pacifique pour empêcher les migrants de profiter de la marée basse. L'objectif final est de construire 1 200 kilomètres de mur en Californie et au Texas. »

■ Alexandra Monot, *Canada, États-Unis, Mexique*, Bréal, 2012.

4 Le poste frontière entre Ciudad Juárez et El Paso

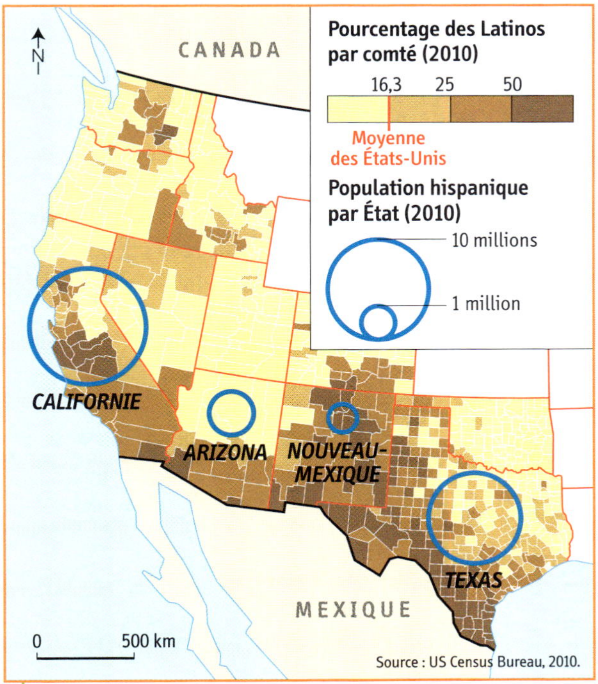

5 Les Hispaniques dans le Sud-Ouest des États-Unis

Vocabulaire

L'ALENA : l'Association de libre-échange nord-américain regroupant les États-Unis, le Canada et le Mexique.

Une *maquiladora* : une usine d'assemblage construite par une firme nord-américaine au Mexique.

ACTIVITÉS

Je travaille en groupe

1. Constituez des groupes pour étudier la frontière américano-mexicaine.

Groupes 1 et 2 | Une frontière ouverte

a **Doc. 1 et 3** | Quels sont les flux de part et d'autre de la frontière américano-mexicaine ?

b **Doc. 1 et 3** | Comment expliquer l'importance de ces flux ?

c **Doc. 1 et 4** | Montrez que la frontière est transformée par les échanges commerciaux.

Groupes 3 et 4 | Une frontière sécurisée

a **Doc. 1, 2 et 3** | La frontière américano-mexicaine est de plus en plus sécurisée. Justifiez cette affirmation.

b **Doc. 3** | Depuis quand et pourquoi la fermeture de cette frontière se renforce-t-elle ?

c **Doc. 1, 2 et 5** | Discutez l'efficacité des dispositifs de fermeture de cette frontière.

2. Présentez vos réponses aux autres groupes.
3. Chaque groupe complète le schéma suivant :

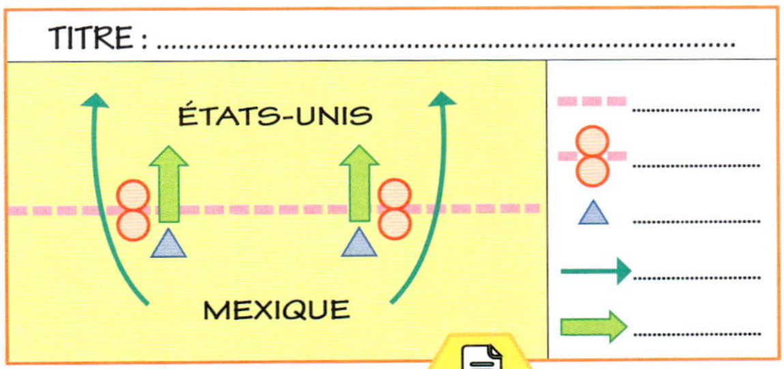

hatier-clic.fr/hg4095

1 Le peuplement américain et ses dynamiques

2 Des espaces industriels ouverts sur le monde

Je réalise le croquis

Étape 1 Je prélève des informations

a. Doc. 1 | Où se situent les fortes densités de population ? les faibles densités ?

b. Doc. 1 | À quoi correspondent les flèches sur la carte ?

c. Doc. 2 | Situez la *Rust Belt* et la *Sun Belt* et expliquez leurs particularités (voir aussi vocabulaire p. 318).

Étape 2 J'organise la légende

a. Doc. 3 | Dans la première partie de la légende, indiquez les intitulés manquants (voir aussi la carte p. 319).

b. Doc. 3 | Dessinez les figurés manquants dans la deuxième partie de la légende (voir aussi la carte p. 310).

c. Doc. 3 | Quels sont les trois types de figurés utilisés dans votre légende ? Justifiez par des exemples.

territoire américain

COMPÉTENCE
Je pratique différents langages
Réaliser un croquis du territoire américain

TITRE : ....

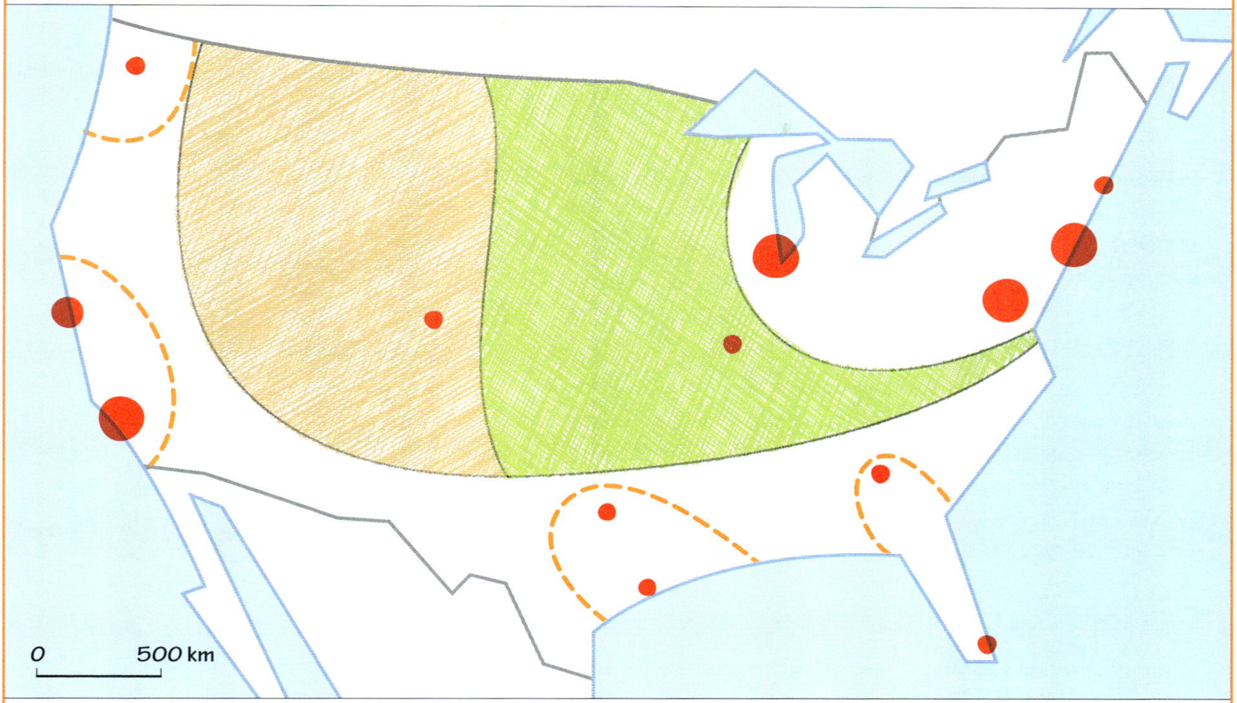

1. DES ESPACES TRANSFORMÉS PAR LA MONDIALISATION

- Nord-Est, cœur de la puissance
- ....
- ....
- ....
- ....

2. UN TERRITOIRE INTÉGRÉ À LA MONDIALISATION

- .... Mégalopolis
- .... métropoles mondiales
- .... autres métropoles
- .... façades maritimes
- Mexamérique
- .... flux intérieurs

3 Croquis du territoire américain dans la mondialisation

hatier-clic.fr/hg4096

Étape 3 Je complète le croquis

a. Doc. 3 | Complétez le croquis à l'aide des figurés choisis.

b. Doc. 3 | Ajoutez le nom des métropoles, des régions de hautes technologies, des océans et des États frontaliers.

c. Doc. 3 | Donnez un titre au croquis.

Coup de pouce
Retrouvez le langage cartographique et la **méthode du croquis p. 196.**

Et si je changeais de langage ?

À l'aide de votre croquis, montrez dans un texte de quelques lignes comment s'organise le territoire américain dans le cadre de la mondialisation.

Coup de pouce

- **Organisez** votre texte en deux parties, correspondant aux deux parties de la légende.
- **Nommez** des lieux précis (métropoles, régions, etc.).

1 Les États-Unis : un territoire transformé par la mondialisation

Comment la mondialisation transforme-t-elle le territoire américain ?

A La métropolisation du territoire

1. **La mondialisation accélère la métropolisation du territoire américain.** Dans les métropoles, les quartiers d'affaires (CBD) accueillent les sièges sociaux des grandes firmes ; les aéroports (Atlanta) s'installent en périphéries. Les métropoles de rayonnement mondial sont surtout situées dans la **Mégalopolis** (New York, DOC. 1) et en **Californie** (Los Angeles, p. 200).

2. Les métropoles de la ***Sun Belt*** concentrent la plupart des **activités de hautes technologies** : informatique et internet à San Francisco et dans la Silicon Valley, aéronautique à Seattle, etc. Elles accueillent des **entreprises innovantes** (Apple, Boeing) et de **grandes universités** (Stanford). Elles bénéficient des délocalisations industrielles de la ***Rust Belt***.

B Littoraux et frontières : des interfaces

1. **La mondialisation s'accompagne d'une littoralisation des activités américaines. Les façades maritimes** concentrent les ports à conteneurs (Los Angeles-Long Beach), les industries pétrolières (golfe du Mexique) et le tourisme balnéaire (Floride, DOC. 2). Elles sont reliées entre elles par un réseau de communication intérieur dense.

2. **Les frontières terrestres (avec le Mexique et le Canada) sont aussi très actives.** Les échanges s'effectuent dans le cadre de l'ALENA. Des ***maquiladoras*** produisent au Mexique pour les entreprises américaines. La **Mexamérique** est aussi un espace de migrations nombreuses, malgré la sécurisation de la frontière.

C Des régions en crise ou en marge ?

1. **Certaines villes du nord-est des États-Unis sont en crise ou en restructuration** (Detroit, Pittsburg, DOC. 3). Après une crise industrielle (de l'automobile et de la sidérurgie), la croissance revient progressivement dans ces villes de la *Rust Belt*. Alors que le **« Vieux Sud »** est en difficulté, **l'Alaska** est un front pionnier en voie d'intégration grâce à ses ressources pétrolières.

2. Les **régions agricoles des grandes plaines** constituent l'un des plus importants greniers agricoles du monde grâce à de grandes exploitations mécanisées. Malgré leur isolement, **les Montagnes Rocheuses** sont exploitées pour leurs ressources naturelles (minerais) et fréquentées par des touristes venus du monde entier (parcs nationaux, DOC. 4).

1 Manhattan à New York

1. Situez New York à l'aide de la carte 1 p. 316.
2. Quels sont les lieux du pouvoir financier à Manhattan ? du pouvoir culturel ?

Vocabulaire

L'ALENA : voir p. 308.
Les *maquiladoras* : voir p. 315.
La métropolisation : voir p. 311.
La *Rust Belt* (« ceinture de la rouille ») : la région industrialisée du nord-est des États-Unis.
La *Sun Belt* (« ceinture du soleil ») : les régions dynamiques du sud et de l'ouest des États-Unis.

2 Le port de Miami (Floride) : une interface maritime

Miami est le plus important port de croisières de la planète. Il est capable d'accueillir les plus gros paquebots du monde. C'est aussi un port de commerce ouvert sur le monde.

1. Localisez et situez Miami.
2. Décrivez et expliquez les éléments du paysage liés au tourisme.

3 La *Rust Belt*

« La *Rust Belt* correspond à une région des États-Unis appelée auparavant *Manufacturing Belt*. Il s'agit de la région industrielle du nord-est des États-Unis qui s'étend de Chicago au littoral atlantique, et de la frontière canadienne aux Appalaches. Le changement de nom s'est produit dans les années 1980. Le nouveau nom ("ceinture de la rouille") évoque le déclin des industries lourdes (sidérurgie) et de l'industrie automobile, fleuron de la réussite économique de la région au XXe siècle. Même si certaines villes ont réussi leur reconversion, la désindustrialisation s'est accompagnée d'une chute des emplois, d'un accroissement de la pauvreté, d'un recul démographique et d'un rétrécissement urbain ("*shrinking cities*") dont Detroit est l'exemple le plus saisissant. »

▪ **« La Rust Belt », geoconfluences.ens-lyon.fr, 3 juillet 2015.**

1. Situez la *Rust Belt* (voir aussi carte 2 p. 316).
2. Expliquez l'expression « ceinture de la rouille ».

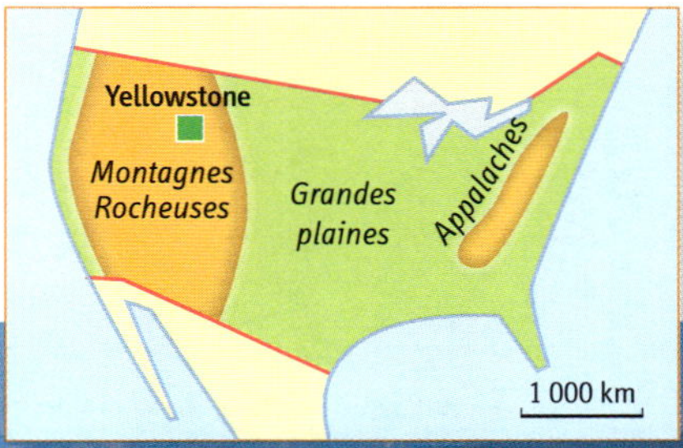

4 Le Grand Prismatic Spring (source d'eau chaude) dans le parc national de Yellowstone (Montagnes Rocheuses)

Arts et Géo

LES SÉRIES TÉLÉVISÉES, REFLET DES VILLES AMÉRICAINES

COMPÉTENCE
Je m'informe sur Internet @
Étudier la ville américaine avec les séries

Les séries américaines permettent de comprendre le territoire et la société des États-Unis. Elles reflètent notamment l'organisation des villes américaines et leur transformation par la mondialisation.

▶ En quoi les séries sont-elles le reflet de la transformation des villes américaines par la mondialisation ?

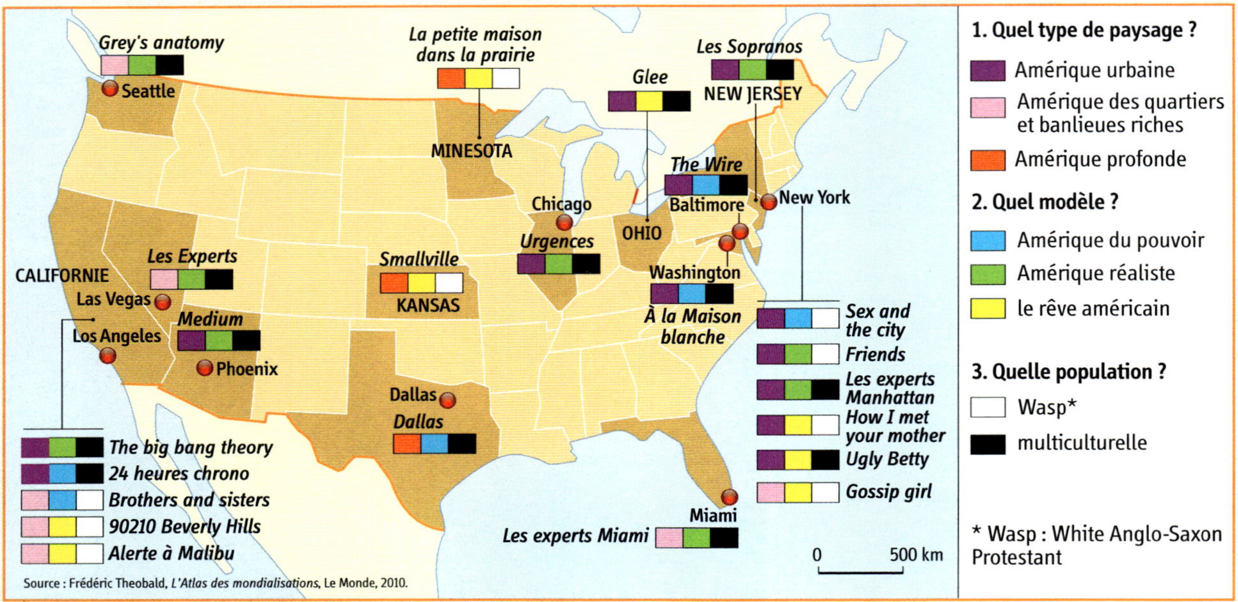

1 Territoire et séries américaines

2 Los Angeles : lieu de tournage des séries

« À part quelques séries prestigieuses, les séries télévisées américaines sont presque toutes tournées à Los Angeles, dans les studios hollywoodiens principalement. Les lieux que les séries télévisées nous donnent à voir sont donc de "faux lieux" géographiques. Par exemple, les différentes versions des *Experts* sont ancrées dans un lieu : les enquêtes de chacune des versions montrent les problèmes sociaux et urbains de Miami pour l'une, New York ou Las Vegas pour les autres. Pourtant, *Les Experts Miami* ou *Les Experts Las Vegas* sont des séries filmées à Los Angeles. Cette ville présente un avantage spatial : on retrouve, dans un périmètre restreint, beaucoup de paysages différents (déserts, forêts...) qui permettent une variété de tournage en extérieur à proximité des studios hollywoodiens. »

▪ **D'après les propos de David Buxton rapportés par Bénédicte Tratnjek, « Les séries TV, miroir obscur de la géographie urbaine », *Café géographique*, 20 novembre 2013.**

hatier-clic.fr/hg4097

3 Générique de la série « Les Sopranos »

Gossip Girl
La série se déroule à New York. Elle met en scène la jeunesse dorée du quartier de l'Upper Est Side, à Manhattan.

The Wire
La série se déroule dans la ville de Baltimore. Elle illustre la dégradation des quartiers populaires noirs devenus des ghettos.

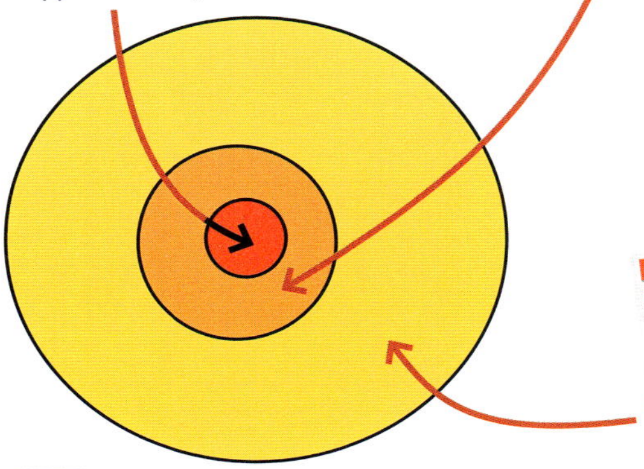

- centre
- quartiers d'habitations et ghettos
- banlieues pavillonnaires

Source : D'après Bertrand Pleven, « À la série comme à la ville », *Libération*, numéro spécial « Libé de géographes », 11 octobre 2012.

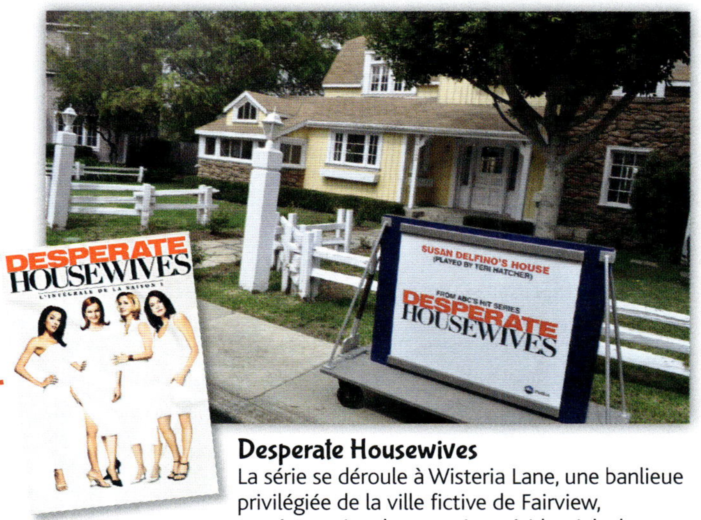

Desperate Housewives
La série se déroule à Wisteria Lane, une banlieue privilégiée de la ville fictive de Fairview, représentative des quartiers résidentiels des classes moyennes et supérieures américaines.

4 La ville américaine des séries

ACTIVITÉS

J'identifie et je situe

1. **Doc. 1** | Dans quelles villes la plupart des séries américaines se déroulent-elles ?
2. **Doc. 2** | Où sont-elles souvent tournées en réalité ? Pourquoi ?

Je décris et j'explique

3. **Doc. 4** | Dans quelles villes et dans quels types de quartiers se déroule chacune de ces séries ? Quelles populations (origines, classes sociales, etc.) mettent-elles en scène ?
4. **Doc. 3** | Visionnez le générique de cette série. Identifiez les différents espaces de la ville américaine observables (aidez-vous du doc. 4).
5. **Je m'informe sur Internet** @

Avec un camarade, recherchez sur Internet le générique ou l'extrait de la série américaine de votre choix. En quelques lignes, expliquez quel est l'intérêt de cet extrait pour comprendre les villes américaines. Présentez votre travail à la classe.

Coup de pouce
- Vous pouvez choisir une série du dossier ou une autre.
- Privilégiez un extrait court, dans lequel la ville apparaît.

JE M'EXERCE PAR COMPÉTENCE

Je me repère dans l'espace

1 Étudier l'évolution des migrations aux États-Unis

PASSERELLE GÉO-HISTOIRE

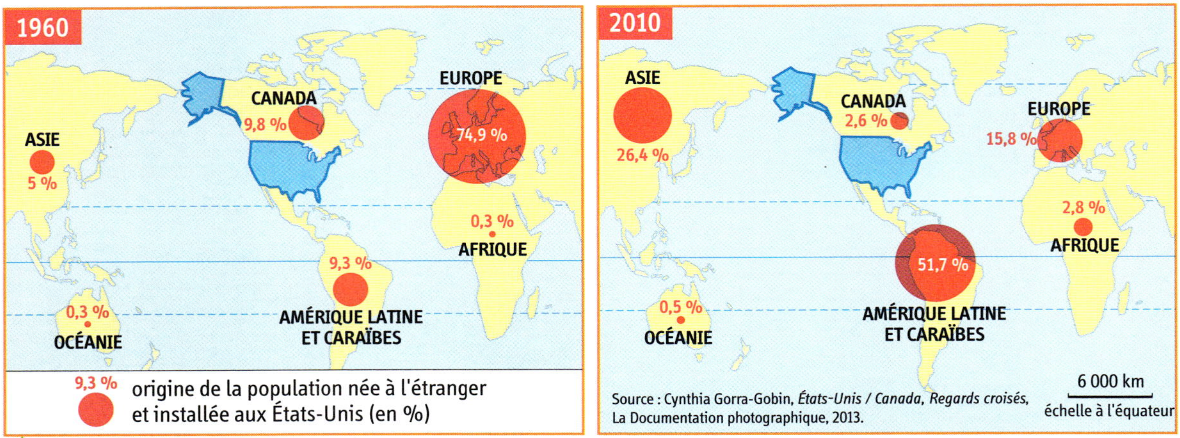

Source : Cynthia Gorra-Gobin, *États-Unis / Canada, Regards croisés*, La Documentation photographique, 2013.

L'évolution de l'origine des migrants aux États-Unis

1. Que représentent les cercles sur les cartes ?
2. De quelle région du monde était originaire la majorité des résidents des États-Unis nés à l'étranger en 1960 ? et en 2010 ?
3. Comment expliquer cette évolution d'après vous ?
4. Quel lien pouvez-vous faire entre ce document et la carte 5 p. 315 ?

Coup de pouce Sur les cartes, les cercles sont proportionnels au phénomène représenté.

Je m'informe sur Internet

2 S'informer sur les universités américaines

Les 10 premières universités du monde (2015)

Classement mondial	Établissement	Pays
1	Université d'Harvard	États-Unis (drapeau)
2	Université Stanford	États-Unis (drapeau)
3	Institut de Technologie du Massachusetts (MIT)	États-Unis (drapeau)
4	Université de California à Berkeley	États-Unis (drapeau)
5	Université de Cambridge	Royaume-Uni (drapeau)
6	Université de Princeton	États-Unis (drapeau)
7	Institut de Technologie de Californie	États-Unis (drapeau)
8	Université Columbia	États-Unis (drapeau)
9	Université de Chicago	États-Unis (drapeau)
10	Université d'Oxford	Royaume-Uni (drapeau)

Source : Classement établi par l'université Jiao Tong de Shanghai en 2015.

1. Parmi les dix premières universités du monde, combien sont situées aux États-Unis ?
2. Dans quelles villes et dans quels États des États-Unis se situent ces universités ? Faites une recherche Internet pour répondre à la question.

- Connectez-vous sur le site de l'université Jiao Tong de Shanghai : www.shanghairanking.com/fr
- Allez dans « Les 500 meilleures universités », puis « Méthodologie ».

3. Quels sont les critères utilisés pour classer les universités ?
4. Cliquez sur « Statistiques ». Sur les 100 meilleures universités, combien sont situées aux États-Unis ? Quel pays arrive en deuxième position ? Justifiez.

Je pratique différents langages

3 Étudier une région agricole des États-Unis : la vallée centrale

1 Culture du riz dans la vallée centrale (Californie)

2 Une région agricole dynamique

« La vallée centrale en Californie occupe une superficie quasiment équivalente à deux fois celle de la Belgique, vaste zone déprimée entre la Sierra Nevada et les chaînes côtières, s'ouvrant sur le Pacifique par la baie de San Francisco. Il s'agit d'une des régions agricoles les plus productives au monde. Son essor doit beaucoup aux conditions agroclimatiques : climat méditerranéen, sec et chaud en été et aux automne et hiver plutôt humides. [...] Coton, légumes (tomates, salades, concombres, etc.), fruits (pommes, poires, raisins, etc.) composent l'essentiel de la production. À cela s'ajoute, malgré une réelle mécanisation, une main-d'œuvre bon marché constituée surtout d'immigrés : les Mexicains constituent toujours de gros contingents et, à partir des années 1970, sont venus s'ajouter des immigrés d'Asie du Sud-Est. Tout ceci a contribué à faire de cet espace l'un des plus dynamiques de la Californie et la région agricole la plus productive des États-Unis. »

▪ **Gérard Billard, Jacques Chevalier, *Géographie et géopolitique des États-Unis*, Hatier, 2012.**

1. **Doc. 1** | Situez ce paysage agricole des États-Unis.
2. **Doc. 1** | Décrivez précisément ce paysage.
3. **Doc. 1 et 2** | Que cultive-t-on dans cette « vallée centrale » ? Grâce à quels atouts ?
4. **Doc. 2** | Montrez qu'il s'agit d'un espace attractif.

EXERCICE 1 Analyser et comprendre un document

DOCUMENT

La frontière États-Unis/Mexique vue par un dessinateur de presse

Dessin d'Angel Boligan, dessinateur cubain vivant au Mexique, publié sur le site www.cartooningforpeace.org.

QUESTIONS

1. Identifiez ce document.
2. Décrivez précisément ce document en utilisant un vocabulaire adapté.
3. Expliquez le sens de ce document en faisant appel à vos connaissances.
4. La frontière américano-mexicaine est aussi ouverte. Justifiez cette affirmation à l'aide de vos connaissances, en montrant les limites du document.
5. Quel point de vue l'auteur de ce document exprime-t-il ?

Méthode

• Pour montrer les limites du document, il faut expliquer ce que le document ne montre pas sur le sujet.

EXERCICE 2 Maîtriser différents langages pour raisonner et se repérer

DÉVELOPPEMENT CONSTRUIT

▸ Sous la forme d'un développement construit d'une vingtaine de lignes, montrez comment la mondialisation transforme le territoire des États-Unis.

Méthode Comprendre le sujet et rédiger

Étape 1 Comprendre le sujet

▸ Le sujet invite à **décrire** et à **expliquer** les conséquences de la mondialisation sur le territoire des États-Unis.

Étape 2 Rédiger

Plan possible
1. La transformation des métropoles
2. Les façades maritimes et les frontières terrestres
3. Les régions intérieures

REPÉRAGE SPATIAL

▸ Localisez et nommez sur le fond de carte ci-dessous les métropoles représentées par des points rouges.

▸ Dessinez la Mégalopolis et indiquez son nom.

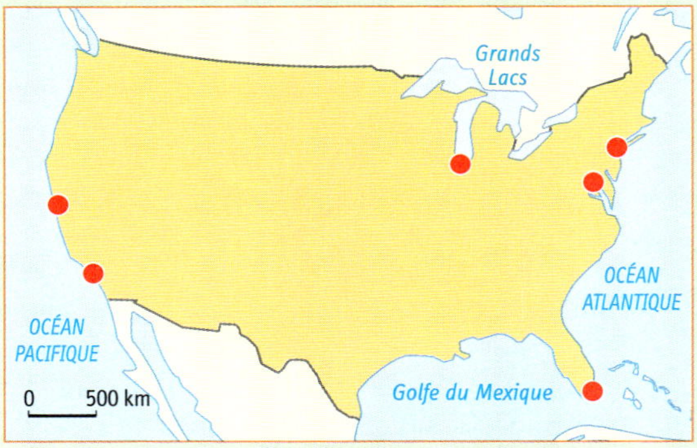

hatier-clic.fr/hg4098

hatier-clic.fr/hg4099 hatier-clic.fr/hg4100

1 Je complète un schéma sur le territoire des États-Unis

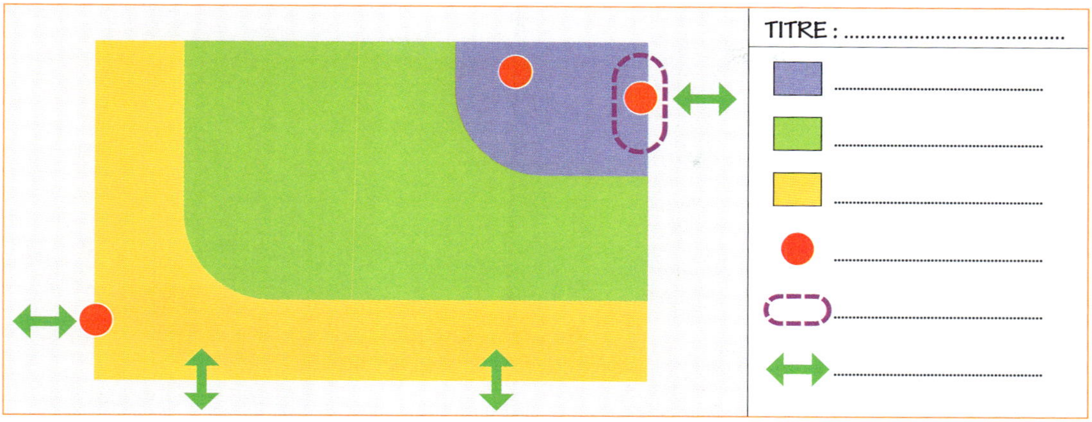

1. Comment a-t-on représenté le territoire américain sur ce schéma ?
2. Complétez la légende en retrouvant les intitulés.
3. Indiquez quelques noms de repères sur le schéma (villes, océans, États frontaliers).
4. Donnez un titre au schéma.

2 Je complète une carte mentale sur le territoire des États-Unis

- Complétez la carte mentale ci-dessous à l'aide des mots suivants :

a. Mégalopolis • **b.** Grandes plaines agricoles • **c.** Mexamérique • **d.** Tourisme littoral • **e.** Ressources des montagnes • **f.** ALENA • **g.** Hautes technologies • **h.** Ports de commerce

3 Je connais le vocabulaire du territoire américain

- Associez chaque mot à sa définition :

A. Mégalopolis ■
B. *Sun Belt* ■
C. Mexamérique ■
D. *Rust Belt* ■

■ 1. Les régions dynamiques du sud et de l'ouest des États-Unis
■ 2. La région industrialisée du nord-est des États-Unis, en crise et en reconversion
■ 3. Une vaste région urbaine de la côte est des États-Unis qui constitue un pôle mondial de décision
■ 4. La frontière active entre les États-Unis et le Mexique

CHAPITRE 15

Les régions africaines dans la mondialisation

Quelles sont les dynamiques des aires régionales africaines dans la mondialisation ?

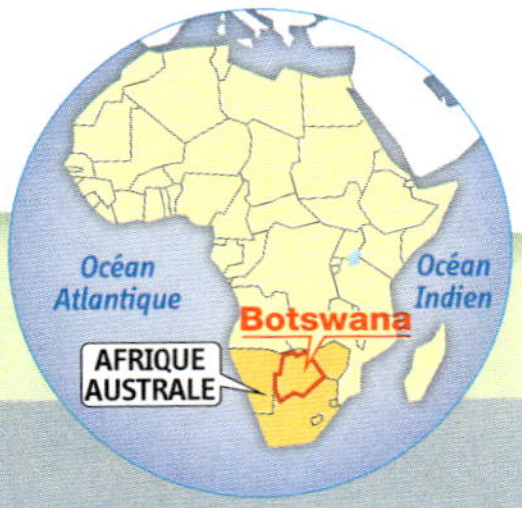

1 Touristes dans un parc national du Botswana (Afrique australe)
La fréquentation touristique internationale augmente en Afrique, comme ici dans un parc national du nord-est du Botswana, où de nouveaux parcs naturels sont en cours d'aménagement ou d'extension.

Compétences

J'analyse un document
- Un paysage de Dakar ▶P. 328
- Une carte de l'Afrique australe dans la mondialisation ▶P. 336

Je raisonne
- Choisir une démarche pour présenter les cultures d'exportation en Afrique de l'Est ▶P. 334

Je pratique différents langages
- Rédiger un rapport sur les fragilités de l'Afrique de l'Ouest ▶P. 330
- Rédiger un texte sur les fragilités de l'Afrique australe ▶P. 338

Je me repère dans l'espace
- Situer les territoires africains dans la mondialisation ▶P. 340

Je travaille en groupe
- Étudier l'Afrique orientale dans la mondialisation ▶P. 332

2 Un oléoduc dans un village du Nigeria (Afrique de l'Ouest)

Ces oléoducs (canalisations utilisées pour transporter le pétrole) traversent un village du Nigeria. Ce pays est le premier producteur et exportateur de pétrole d'Afrique. Pourtant, ses habitants souffrent d'une pénurie énergétique, faute d'une gestion efficace de la ressource.

DOSSIER

L'Afrique de l'Ouest dans la mondialisation

COMPÉTENCE
J'analyse un document
Un paysage de Dakar

L'Afrique de l'Ouest participe de manière croissante à la mondialisation. Mais cette participation reste inégale selon les territoires.

A Quelles sont les dynamiques de l'Afrique de l'Ouest dans la mondialisation ?

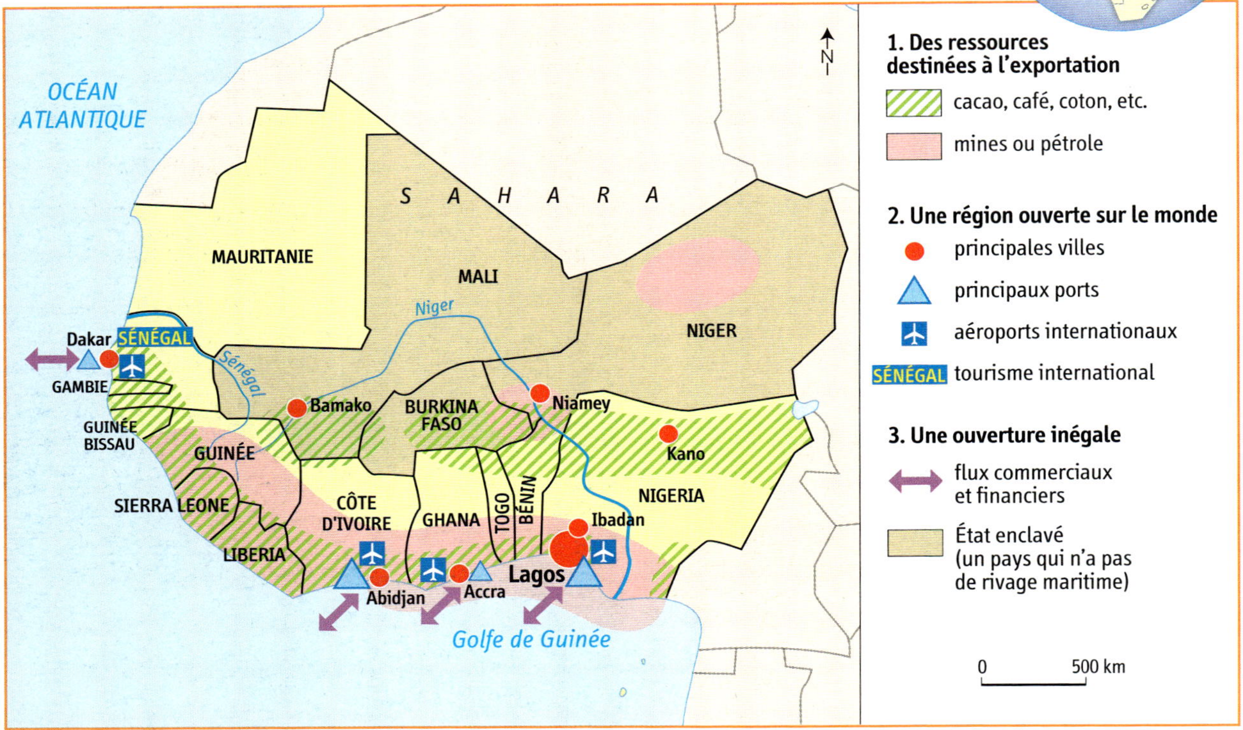

1 L'Afrique de l'Ouest : un espace transformé par la mondialisation

2 Le Nigeria, le géant ouest-africain

« Après 2020, le Nigeria devrait devenir la première puissance économique d'Afrique. De loin le pays le plus peuplé du continent avec 170 millions d'habitants, le Nigeria affiche une insolente croissance économique de 8 % par an depuis près d'une décennie. Les revenus pétroliers de ce géant ouest-africain ont fortement progressé ces dix dernières années (les hydrocarbures représentent 87 % des recettes d'exportation).
On voit émerger une classe moyenne, urbanisée, très jeune, des consommateurs en puissance de produits alimentaires, de biens d'équipements et de services. Les grands industriels (Nestlé, Unilever, Cadbury), du chocolat à la bière en passant par les pâtes alimentaires, ont vu leurs ventes décuplées ces dernières années. De puissants entrepreneurs locaux ont émergé et opèrent dans tous les secteurs (agroalimentaire, énergie, construction, banques…). Aliko Dangote, qui a bâti sa fortune dans les cimenteries, est devenu en l'espace de trente ans le plus riche des Africains, selon le classement 2013 du magazine *Forbes*. »

Aliko Dangote

▪ **D'après Pascal Airault, « Nigeria : Quand le géant ouest-africain s'éveille », www.larevue.info, 8 octobre 2013.**

3 Une ville dans la mondialisation : Dakar (Sénégal)
La modernisation du port de Dakar a permis l'augmentation de son trafic (de 8,7 millions de tonnes en 2009 à 12,2 millions de tonnes en 2013). Le quartier du Plateau accueille les banques, les sièges sociaux des grandes entreprises et les hôtels internationaux.

4 Le coton, une culture d'exportation (Burkina Faso)
En 2015, le Burkina Faso est le premier producteur de coton du continent africain et le 9e mondial.

ACTIVITÉS

1. **Doc. 1 et 4** | Nommez et situez les ressources d'Afrique de l'Ouest destinées à l'exportation.
2. **Doc. 2** | Quelle est la place du pétrole dans l'économie du Nigeria ? (voir aussi doc. 2 p. 327)
3. **Doc. 2** | Quelles entreprises étrangères s'installent au Nigeria ? Pourquoi ?
4. **Doc. 1** | Quels aménagements de transports permettent à l'Afrique de l'Ouest d'être ouverte sur le monde ?
5. **Doc. 3** | **J'analyse un document**
   a. Situez ce paysage.
   b. Montrez que ce territoire est transformé par la mondialisation.
   c. Qu'a permis la modernisation du port de Dakar ?

Coup de pouce Pour expliquer la transformation de Dakar, il faut repérer les signes de la mondialisation dans le paysage.

COMPÉTENCE

Je pratique différents langages

Rédiger un rapport sur les fragilités de l'Afrique de l'Ouest

B Quelles sont les fragilités de l'Afrique de l'Ouest ?

Part de l'Afrique de l'Ouest dans les exportations et les importations mondiales

En %

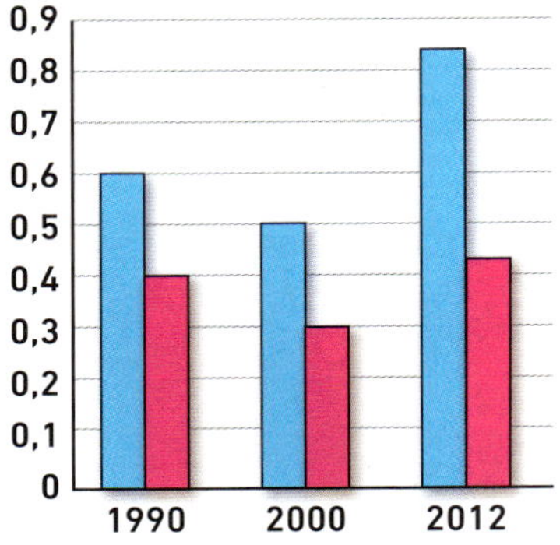

Source : OMC, 2015.

1 L'Afrique de l'Ouest dans le commerce mondial

L'ensemble du continent africain ne représente que 3,3% du commerce mondial de marchandises.

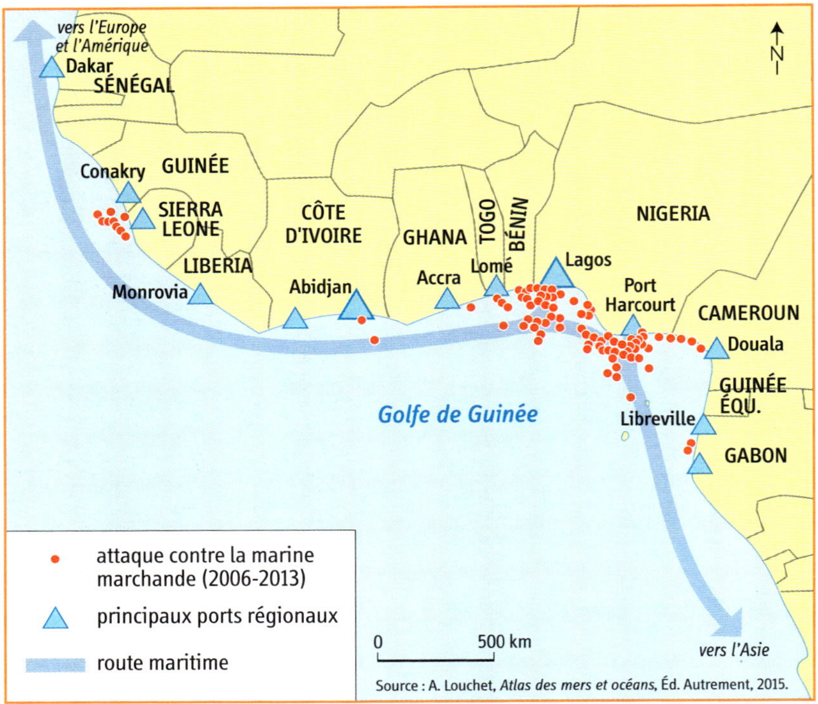

Source : A. Louchet, *Atlas des mers et océans*, Éd. Autrement, 2015.

2 La piraterie dans le golfe de Guinée

3 Une démographie encore mal maîtrisée

a. Les dynamiques du peuplement en Afrique de l'Ouest

En millions de personnes

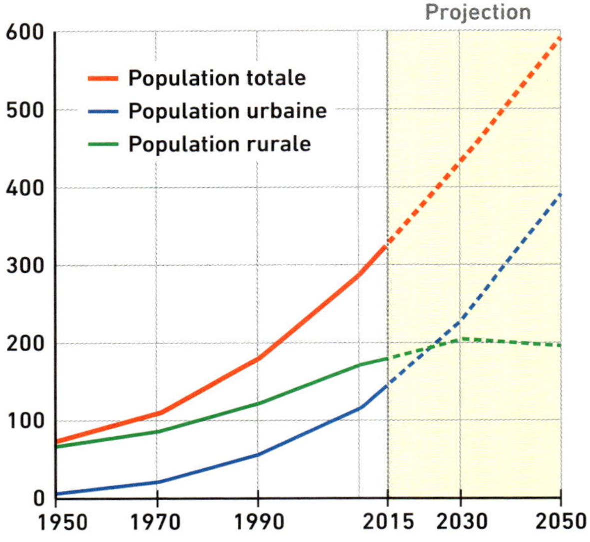

Source : CSAO/OCDE, 2015.

b. La jeunesse et l'emploi en Afrique de l'Ouest

Grain de sel, n° 59-62, juillet 2012-juin 2013.

Avec plus de 5 enfants par femme en moyenne, les pays d'Afrique de l'Ouest ont les niveaux de fécondité les plus élevés du monde.

4 Les réfugiés maliens au Niger

« Avec 54 000 personnes, le nombre de réfugiés maliens[1] au Niger a atteint son plus haut niveau depuis que le conflit a éclaté au Mali en 2012. “Dans les camps au Niger, les gens qui vivaient dans des tentes ont commencé à les remplacer par des maisons faites de boue, ce qui indique qu'ils ne comptent plus sur un retour rapide”, a indiqué un porte-parole du HCR (Haut Commissariat aux réfugiés), ajoutant que le nombre des nouveaux arrivants et la croissance naturelle de la population ont augmenté la population totale de réfugiés de plus de 10 %. »

▪ **D'après le site de l'ONU, « Le nombre de réfugiés maliens au Niger atteint un nouveau record, selon le HCR », www.un.org, 10 novembre 2015.**

1. Un réfugié est une personne ayant quitté son pays pour des raisons politiques, religieuses ou ethniques.

Un camp de réfugiés maliens au Niger.

5 Le quartier d'Abobo, un bidonville d'Abidjan (Côte d'Ivoire)

ACTIVITÉS

1. **Doc. 1** | Quelle est la part de l'Afrique de l'Ouest dans le commerce mondial ?
2. **Doc. 2** | Où la piraterie est-elle la plus importante ? Quel problème représente-t-elle pour le commerce d'après vous ?
3. **Doc. 3** | Décrivez l'évolution des trois courbes du graphique. Quel lien pouvez-vous faire entre le graphique et le dessin ?
4. **Doc. 4** | Quelle est l'une des conséquences de la guerre au Mali ?
5. **Doc. 5** | La mondialisation ne profite pas à tous en Afrique de l'Ouest. Justifiez cette affirmation à l'aide de la photographie et du doc. 2 p. 328.
6. **Je pratique différents langages**
Vous êtes envoyé en Afrique de l'Ouest par l'ONU pour rédiger un rapport de quelques lignes sur les fragilités de cette région.

Coup de pouce **Utilisez** les mots suivants : Commerce • Piraterie • Croissance démographique • Emploi • Réfugiés • Inégalités.

DOSSIER

L'Afrique orientale dans la mondialisation

COMPÉTENCE

Je travaille en groupe

Étudier l'Afrique orientale dans la mondialisation

L'Afrique orientale connaît une rapide intégration à la mondialisation. Mais elle doit aussi faire face à de nombreuses difficultés.

Quelles sont les dynamiques et les fragilités de l'Afrique orientale dans la mondialisation ?

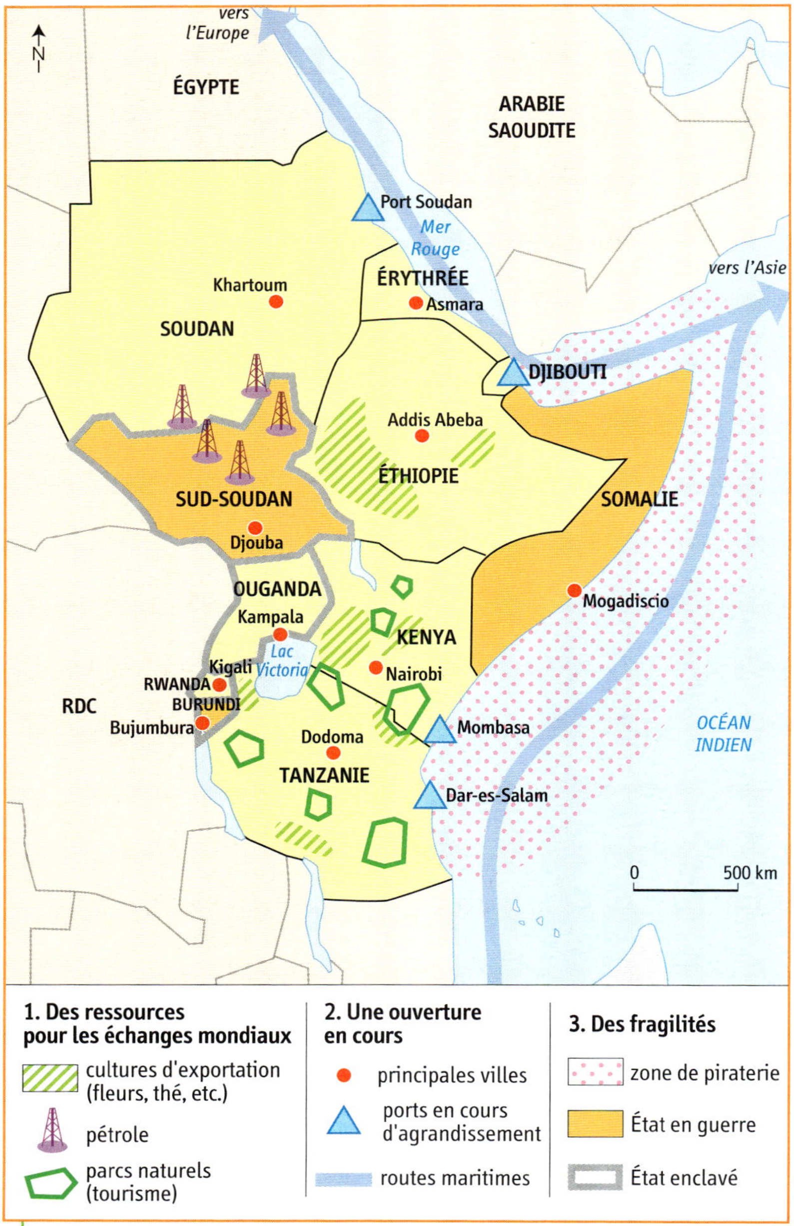

1 L'Afrique orientale : ouverture sur le monde et fragilités

2 Les difficultés de l'Afrique orientale

a. La Somalie et l'Érythrée : deux pays d'émigrations

« Les causes d'émigration en Somalie, comme en Érythrée, ne sont une surprise pour personne. Dans le premier, c'est le chaos, les violences sont quotidiennes et les conséquences économiques de la guerre civile qui a duré 20 ans se font toujours ressentir. En Érythrée, le régime ultra-répressif en fait un gigantesque nid à aspirants au rêve occidental. L'enrôlement dans l'armée est systématique dès 17 ans et la situation des libertés est catastrophique. »

▪ **Sarah Diffalah, « D'Érythrée à Lampedusa : un périple de plusieurs années », tempsreel.nouvelobs.com, 4 octobre 2013.**

b. Kibera : un bidonville en transformation

hatier-clic.fr/hg4101

« Pour réduire le taux de criminalité à Nairobi, Kenya, le quartier de Kibera va subir des transformations. Ce bidonville est considéré comme l'un des plus grands d'Afrique. Surpeuplée et mal desservie, la cité est aussi connue pour être un terreau pour criminels. Mais le visage de Kibera est en train de changer : le bidonville va subir des travaux de rénovation avec des routes goudronnées, des canalisations, des cliniques mobiles et même le wifi gratuit. »

▪ **Venuste Nshimiyimana, « Le bidonville de Kibera fait peau neuve », www.bbc.com, 26 février 2015.**

3 Les investissements chinois

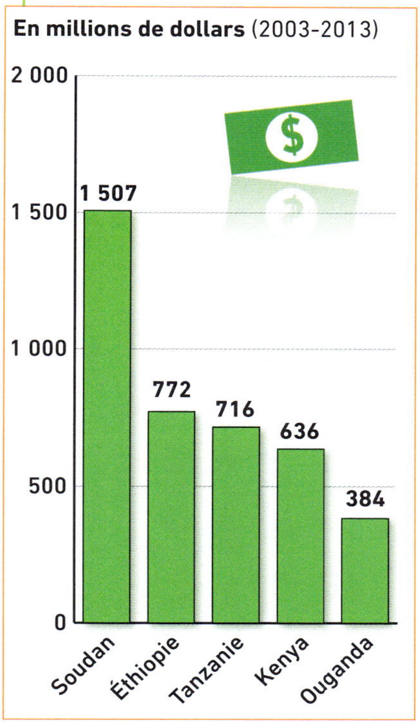

4 Une usine chinoise près d'Addis-Abeba (Éthiopie)

Dans cette usine chinoise de chaussures, les ouvriers éthiopiens sont payés 50 dollars par mois (contre 450 en Chine). Les chaussures sont ensuite exportées vers les États-Unis et l'Europe.

5 Le tourisme de safari au Kenya

Le Kenya a développé un tourisme de safari haut de gamme. Lors de ces safaris photographiques, il s'agit de voir les « big five », les cinq gros mammifères d'Afrique (le lion, le léopard, l'éléphant d'Afrique, le rhinocéros noir et le buffle d'Afrique).

ACTIVITÉS

Je travaille en groupe

1. Constituez des groupes pour étudier l'Afrique orientale dans la mondialisation.

Groupes 1 et 2 | Les dynamiques

a **Doc. 1 et 5** | Nommez et situez les ressources permettant à l'Afrique orientale de s'intégrer à la mondialisation.

b **Doc. 3 et 4** | Où la Chine investit-elle ? Pourquoi ?

c **Doc. 1 et doc. 4 et 5 p. 335** | Quels sont les espaces transformés par la mondialisation ?

Groupes 3 et 4 | Les fragilités

a **Doc. 1 et 2a** | À quels problèmes sont confrontées la Somalie et l'Érythrée ? Quelle en est la conséquence ?

b **Doc. 1** | Situez la zone de piraterie. Pourquoi est-ce un frein à l'intégration de l'Afrique orientale à la mondialisation ?

c **Doc. 2b** | Expliquez le titre du document.

2. Chaque groupe présente ses réponses à la classe.
3. En groupe, réalisez une carte mentale sur les dynamiques et les fragilités de l'Afrique orientale dans la mondialisation.

Tâche complexe

LA GÉOGRAPHIE AUTREMENT

Bénévoles en Afrique orientale !

Je raisonne

Choisir une démarche pour présenter les cultures d'exportation en Afrique de l'Est

ACTIVITÉ

Une association spécialisée dans le développement rural en Afrique recherche des bénévoles ! Elle a besoin d'informations sur les cultures d'exportation en Afrique de l'Est avant de lancer un programme d'aide au développement. Avec quelques camarades, vous vous portez volontaires pour partir pendant les vacances.

À votre retour, votre professeur vous demande de faire un compte-rendu (oral ou écrit) de ce séjour qui vous a amené à visiter les campagnes d'Éthiopie et du Kenya.

Coup de pouce

- Vous insisterez sur les types de cultures exportées et la transformation des paysages.

Vocabulaire

Le *land-grabbing* (« accaparement de terres ») : achat de terres agricoles par des sociétés privées ou publiques dans des pays étrangers, souvent pauvres.

Une culture d'exportation : une culture dont la production est destinée à être vendue dans d'autres pays.

Boîte à outils

Document complémentaire
– Carte 1 p. 332

Ressources numériques
– Sur l'Éthiopie
hatier-clic.fr/hg4102

– Une vidéo sur la culture des fleurs au Kenya
hatier-clic.fr/hg4103

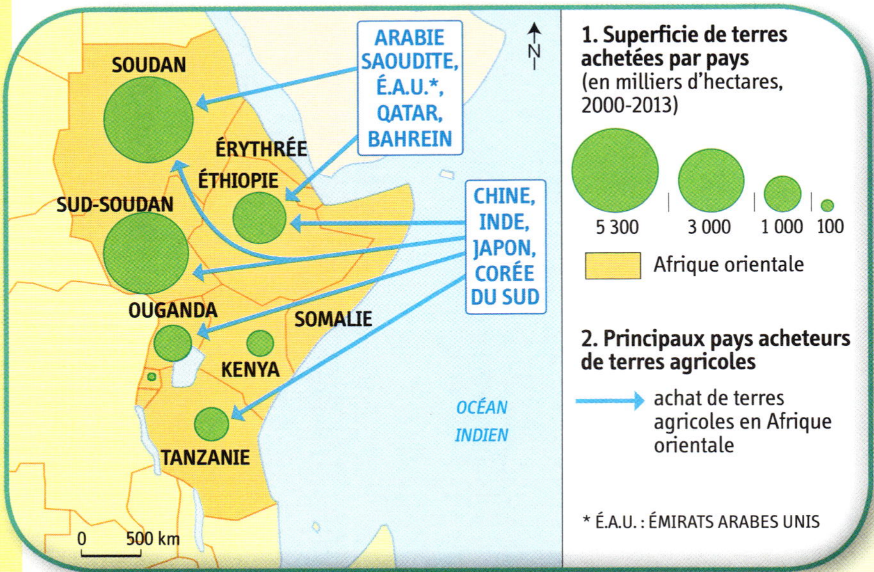

1 Les achats de terre en Afrique orientale

Pour assurer leur sécurité alimentaire, de nombreux pays du monde pratiquent le ***land-grabbing***. Des sociétés étrangères achètent des terres en Afrique et y installent des plantations spécialisées dans **les cultures d'exportation**.

2 Au Kenya, la préparation des roses pour l'exportation

3 L'essor de la canne à sucre en Éthiopie

« L'Éthiopie est en train de déloger des centaines de milliers de personnes de la Vallée de l'Omo (sud) pour libérer des terres à des fins de plantations d'État de canne à sucre. La Vallée de l'Omo compte déjà plusieurs plantations de canne à sucre. La production de sucre, largement destinée à l'exportation, est une source de revenus majeure pour l'Éthiopie. [...]
Avec un revenu moyen de moins de deux dollars par jour, l'Éthiopie est encore l'un des pays les plus pauvres de la planète. Mais son économie est aussi l'une de celles qui affichent la plus forte croissance et ce pays de la Corne de l'Afrique entend industrialiser son secteur agricole pour donner un coup de fouet à ses exportations et rejoindre le clan des pays à revenu intermédiaire en 2025. »

▪ **AFP, 19 février 2014.**

4 Plantation de thé au Kenya (région de Kericho)

Le Kenya est le premier exportateur de thé au monde.
1 Champs de thé 2 Maisons des ouvriers agricoles 3 Serres pour la culture des fleurs exportées vers l'Europe

5 La transformation des paysages agricoles en Éthiopie

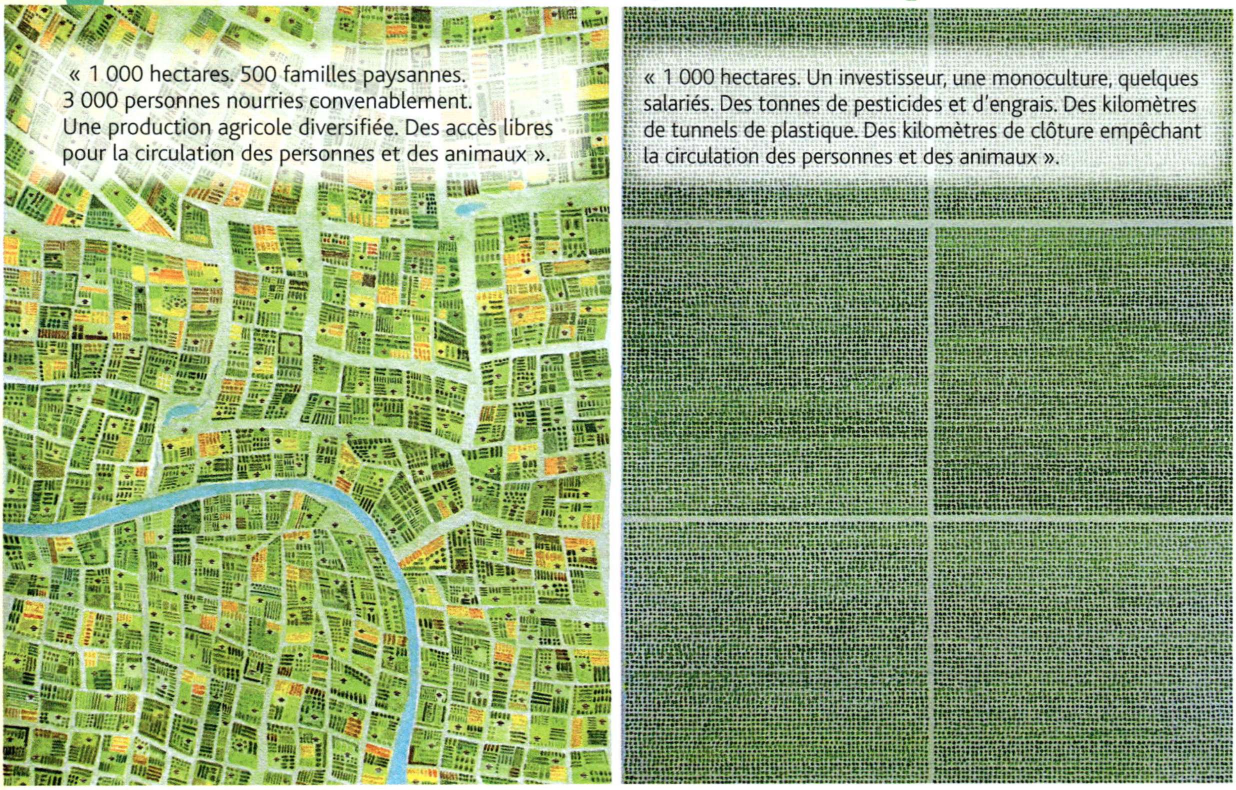

Illustrations et textes d'Agnès Stienne « Vol de terres en Éthiopie », 18 novembre 2013, Les blogs du Diplo (blog.mondediplo.net).

DOSSIER

L'Afrique australe dans la mondialisation

COMPÉTENCE
J'analyse un document
Une carte de l'Afrique australe dans la mondialisation

L'Afrique australe s'intègre rapidement à la mondialisation. Pourtant, malgré son développement, de nombreuses fragilités demeurent.

A Comment l'Afrique australe s'intègre-t-elle à la mondialisation ?

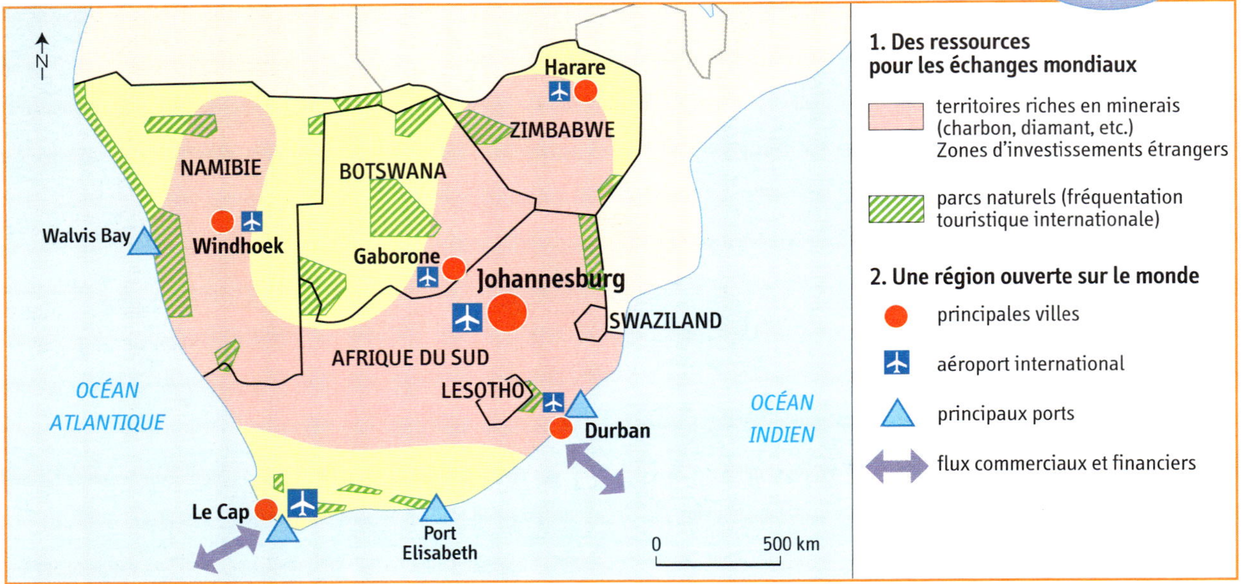

1 Une Afrique australe bien reliée au reste du monde

2 Un centre commercial à Soweto (Banlieue de Johannesburg)
Depuis la fin de l'apartheid en 1991, l'Afrique du Sud s'est ouverte à la mondialisation. Une classe moyenne émerge et accède à la société de consommation dans des centres commerciaux où s'installent des entreprises mondiales.

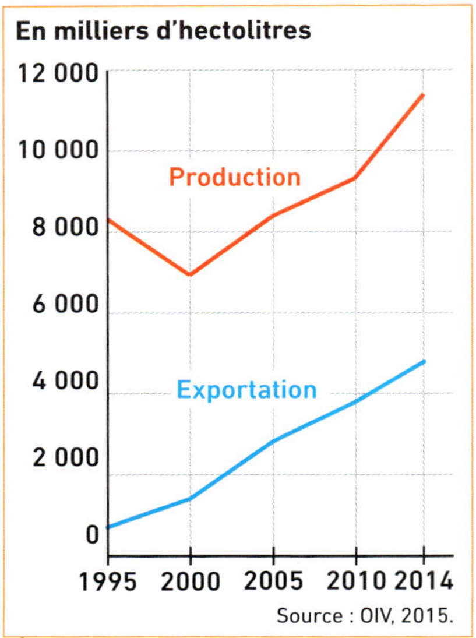

3 Production et exportation de vin de l'Afrique du Sud

4 Le Cap (Afrique du Sud) : une ville intégrée à la mondialisation

1 Stade construit pour la Coupe du monde de football (2010) 2 Quartier d'affaires (CBD) 3 *Table Mountain* : site touristique
C'est au Cap, dans la prison de Robben Island, aujourd'hui transformée en musée, que le leader anti-apartheid Nelson Mandela fut enfermé.

5 Le diamant au Botswana

« Sous des lampes de bureau, les petits tas se font et se défont. Saisies à la main ou avec des pincettes, les pierres précieuses sont scrutées par des employés chaussés de lunettes grossissantes. Selon sa qualité, le diamant brut en provenance des mines exploitées au Botswana, mais aussi en Afrique du Sud ou en Namibie, se retrouvera classé dans une des 12 000 catégories pour faciliter sa vente [...].
Cela fait désormais un an que ce travail [...] est effectué dans la capitale du Botswana, Gaborone. Celle-ci n'est pas peu fière d'avoir succédé à Londres, siège historique du diamantaire De Beers, mais aussi de l'ex-puissance coloniale de ce pays d'Afrique australe. Grâce à la découverte de gisements exceptionnels dans les années 1960, le Botswana a obtenu sur trente ans le plus fort taux de croissance au monde, 9 %, et est devenu le premier producteur mondial de diamants en valeur ».

▪ **S. Hervieu, « Le Botswana devient un des leaders du négoce de diamant », *Le Monde*, 20 août 2013.**

ACTIVITÉS

1. **Doc. 1** | **J'analyse un document**
   a Nommez les pays qui composent l'Afrique australe.
   b Quelles ressources permettent à l'Afrique australe de s'intégrer à la mondialisation ?
   c Quels aménagements de transports favorisent cette intégration ?

Coup de pouce Pour lire la carte, **distinguez** les figurés de surface des figurés ponctuels.

2. **Doc. 3 et 5** | Quels produits sont exportés par l'Afrique du Sud et le Botswana ?
3. **Doc. 5** | Montrez que l'exploitation des diamants permet le développement du Botswana.
4. **Doc. 4** | Quels éléments du paysage montrent que Le Cap est une ville intégrée à la mondialisation ?
5. **Doc. 2** | Quelle nouvelle classe sociale émerge en Afrique du Sud depuis les années 1990 ? Pourquoi ?

Vocabulaire

L'apartheid : un régime politique séparant les Blancs des non-Blancs en Afrique du Sud entre 1948 et 1991.

COMPÉTENCE
Je pratique différents langages
Rédiger un texte sur les fragilités de l'Afrique australe

B Quelles sont les fragilités de l'Afrique australe ?

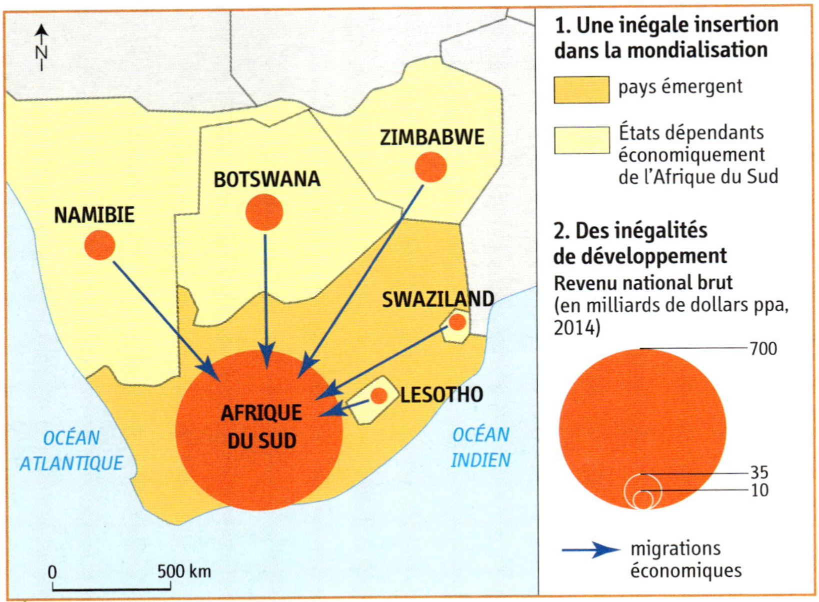

1 Les inégalités en Afrique australe

2 Un bidonville à Windhoek (Namibie)

3 Le Sida en Afrique australe

A. Les six pays du monde les plus touchés par le Sida (en % de la population totale du pays)

1. Swaziland	26 %
2. Botswana	23, 4 %
3. Lesotho	23,3 %
4. Afrique du Sud	17,3 %
5. Zimbabwe	14,9 %
6. Namibie	13,4 %

▪ Source : ONU, 2015.

B. Le cas de l'Afrique du Sud

« On constate que la population sud-africaine ne connaît qu'une très faible croissance démographique (passée de 2 % par an en 1993 à 1,1 % par an en 2011) et que l'espérance de vie y est en baisse (de 59 ans en 1990 à 54 ans en 2011). Une des principales causes de cette évolution est l'épidémie du Sida. [...] C'est la population active qui est la plus touchée (17 % des Sud-Africains âgés de 15 à 49 ans), d'où des conséquences considérables sur l'économie. [...] Dans les villes, les *townships* noirs sont nettement plus affectés que les quartiers résidentiels aisés, les taux les plus élevés étant observés dans les bidonvilles des grandes métropoles. »

▪ **Philippe Gervais-Lambony, *L'Afrique du Sud, entre héritages et émergence*, La Documentation photographique, juillet-août 2012.**

Vocabulaire

L'apartheid : voir p. 337.

Un pays émergent : un pays dont la croissance économique est forte et où les conditions de vie des populations s'améliorent.

Un *township* : un quartier réservé aux non-Blancs sous l'apartheid.

4 Le problème de l'accès à l'eau (barrage de Katse, Lesotho)

Le barrage de Katse a été construit en 1998 au Lesotho. Si ce barrage représente une ressource financière importante pour le Lesotho, les 27 000 villageois vivant sur le site n'ont plus accès à l'eau potable car celle-ci est vendue à l'Afrique du Sud, pays frontalier. Les habitants ont été relogés mais la majorité a perdu ses terres cultivables et ses pâturages.

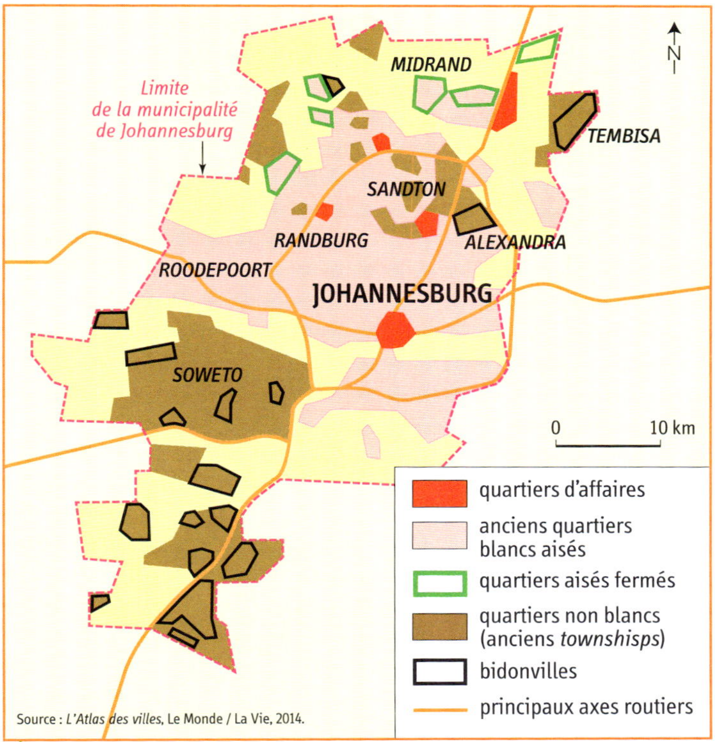

5 Johannesburg (Afrique du Sud) : les traces de l'apartheid

ACTIVITÉS

1. **Doc. 1** | Quelles inégalités observe-t-on entre les pays d'Afrique australe ?
2. **Doc. 3** | Montrez que le Sida est un problème majeur pour l'Afrique australe.
3. **Doc. 5** | Quelles inégalités persistent à Johannesburg malgré la fin de l'apartheid ?
4. **Doc. 2 et 3** | Quels sont les signes visibles de la pauvreté dans les villes d'Afrique australe ?
5. **Doc. 4** | Pourquoi l'accès à l'eau est-il un problème en Afrique australe ?
6. **Je pratique différents langages**
   À l'aide de vos réponses, rédigez un texte de quelques lignes sur les fragilités de l'Afrique australe.

Coup de pouce
- **Montrez** d'abord l'inégale insertion des États d'Afrique australe dans la mondialisation.
- **Décrivez** et **expliquez** ensuite les inégalités persistantes.

L'Afrique

1 L'Afrique : les espaces de la mondialisation

COMPÉTENCE
Je me repère dans l'espace
Situer les territoires africains dans la mondialisation

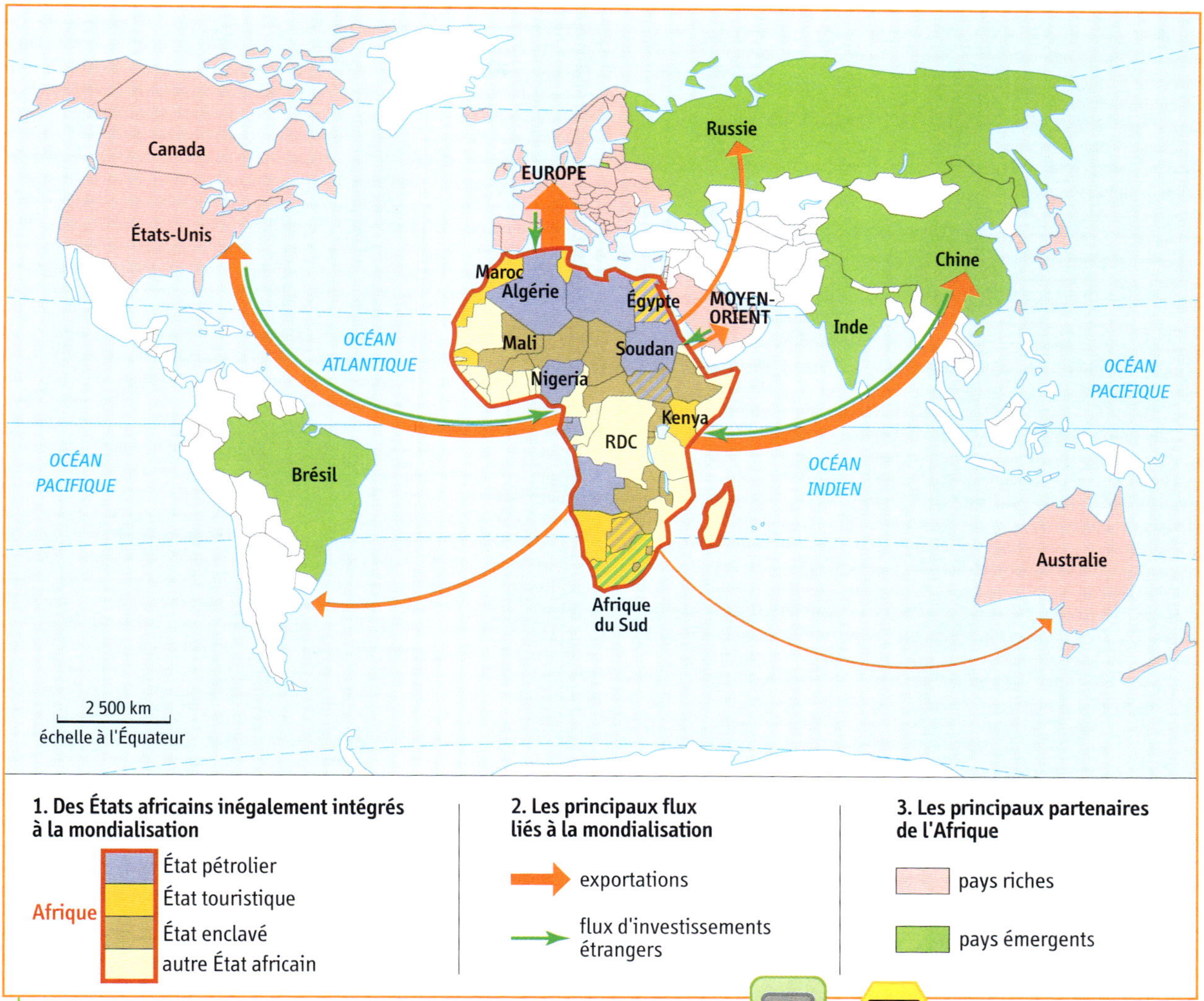

2 L'Afrique dans la mondialisation

hatier-clic.fr/hg4104

Vocabulaire

Un État enclavé : un pays qui n'a pas de rivage maritime.

Un État pétrolier : un État dont l'économie repose en grande partie sur la production et l'exportation du pétrole.

Les investissements directs à l'étranger (IDE) : l'argent investi par une entreprise pour créer ou acquérir une entreprise ou une usine à l'étranger.

Un pays émergent : un pays dont la croissance économique est forte et où les conditions de vie des populations s'améliorent.

ACTIVITÉS

Je me repère dans l'espace

1. **Doc. 1** | Quelles ressources permettent à l'Afrique de s'intégrer à la mondialisation ?
2. **Doc. 1** | Où se situent les trois principales façades maritimes d'Afrique ?
3. **Doc. 1** | Localisez et nommez quelques métropoles qui permettent l'intégration de l'Afrique à la mondialisation.
4. **Doc. 2** | Quels sont les principaux partenaires de l'Afrique ? Quels sont les flux majeurs entre l'Afrique et ses partenaires ?
5. **Doc. 1 et 2** | « Les États d'Afrique sont inégalement intégrés à la mondialisation » : justifiez cette affirmation à l'aide des deux cartes.

1 Régions d'Afrique et mondialisation

Quelles sont les dynamiques des aires régionales africaines dans la mondialisation ?

A Les aires régionales dans les échanges

1. **La part de l'Afrique dans les échanges mondiaux est faible.** Elle ne représente qu'un peu plus de 3 % du commerce mondial (DOC. 1). Pourtant, c'est un **continent ouvert sur le monde** depuis longtemps (traites du XVIIIe siècle, colonisation du XIXe siècle) et cette ouverture s'accentue aujourd'hui.

2. **L'intégration des ensembles régionaux africains à la mondialisation se fait par les exportations**. Les **ressources minières** d'Afrique australe (diamants du Botswana) et énergétiques d'Afrique de l'Ouest (pétrole du Nigeria) sont exportées dans le monde entier. Le **tourisme international** se développe (parcs naturels du Kenya).

B Une inégale intégration

1. **Les effets de la mondialisation sont inégaux selon les territoires**. Les grandes **villes littorales** sont les plus intégrées aux échanges mondiaux (Le Cap). Elles modernisent leurs ports pour faciliter les exportations (Dakar). Si les espaces d'**agriculture vivrière** sont à l'écart de la mondialisation, les **grandes plantations spécialisées** se tournent vers le monde (fleurs du Kenya).

2. **Les régions d'Afrique sont inégalement intégrées à la mondialisation**. L'Afrique australe est la plus développée. En effet, **l'Afrique du Sud** est un pays émergent (DOC. 6) qui représente 25 % du PIB africain. En Afrique de l'Ouest, alors que le **Nigeria** se distingue par son secteur pétrolier, les États du Sahel sont enclavés et instables politiquement (Mali, Burkina Faso).

C Les fragilités des régions africaines

1. **Les régions africaines doivent faire face à de nombreux défis de développement** (DOC. 3). L'Afrique concentre en effet 33 des 47 pays les moins avancés (PMA) du monde. Ceux-ci sont marqués par **l'explosion démographique**, les problèmes de santé et d'éducation. La **forte croissance urbaine** (DOC. 4) s'explique par les possibilités offertes par les métropoles. Mais les populations les plus pauvres doivent souvent se loger dans des bidonvilles (Johannesburg).

2. **Les aires régionales africaines restent très dépendantes des aides des pays développés.** De plus, **elles attirent les investissements étrangers** (DOC 2), notamment chinois (DOC 5). Certains pays sont soumis au ***lang grabbing*** (Éthiopie) : leur pauvreté permet à des pays puissants d'acheter des terres pour leur propre production alimentaire.

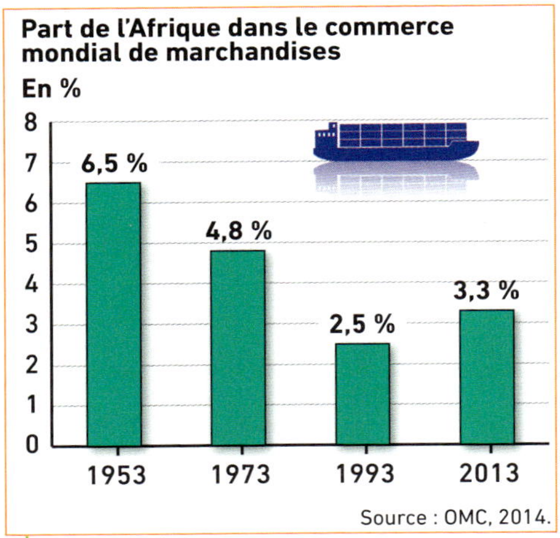

1 L'Afrique dans le commerce mondial

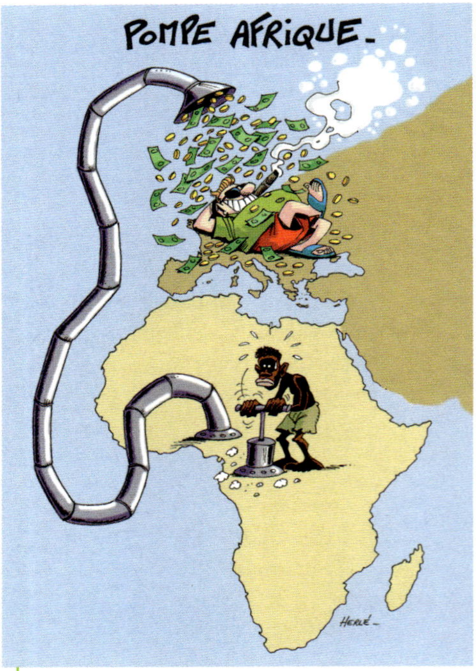

2 La mondialisation profite-t-elle aux Africains ?
Dessin de Herlé, 2009.

- Décrivez et expliquez ce dessin de presse.

Vocabulaire

L'agriculture vivrière : l'agriculture destinée à nourrir les paysans qui la produisent.

La croissance urbaine : voir p. 212.

Le *land-grabbing*: voir p. 334.

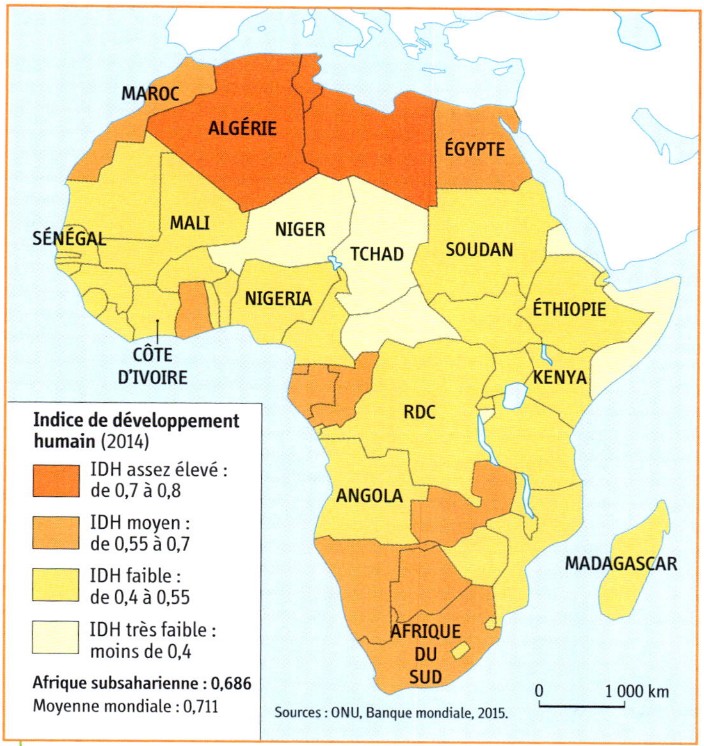

3 L'inégal développement de l'Afrique

4 Une urbanisation mal maîtrisée

« L'urbanisation compte parmi les transformations majeures que connaît le continent depuis les indépendances. Au début des années 1960, seule 15 % de la population africaine vivait en milieu urbain ; en 2009, c'est près de 40 %.
Elle est surtout le résultat cumulé de l'exode rural et de la croissance démographique.
L'attrait des villes s'explique par divers facteurs : les opportunités économiques, la possibilité de poursuivre des études, les regroupements familiaux ou la recherche de meilleures conditions de vie.
À mesure que la population urbaine croît, les problèmes urbains de toutes sortes se multiplient. Les besoins essentiels en termes de services (logement, transports, eau, gestion des déchets) d'une grande partie des urbains ne sont, hélas, toujours pas satisfaits. »

▪ **Soraya Oulad Benchiba, « Afrique : les revers de l'urbanisation », Institut Amadeus, 2014.**

1. Montrez que l'Afrique connaît une forte croissance urbaine.
2. Pourquoi les villes africaines sont-elles attractives ? Quels sont leurs problèmes ?

5 La « Chinafrique »

« La Chine est aujourd'hui le 2e partenaire de l'Afrique après les États-Unis. [...] Cette attraction découle de l'appétit de la Chine en matières premières indispensables à la croissance de son économie. Le pétrole représente 60 % de ses importations ; viennent ensuite les produits miniers et forestiers et le coton. Inversement ce sont des produits manufacturés et biens d'équipements qui constituent l'essentiel des importations en Afrique. Le « made in China est désormais partout. [...] La présence chinoise est visible dans le BTP. Les grandes entreprises chinoises se sont fait une spécialité de construction d'infrastructures dans des délais record. À la différence des compagnies européennes, les sociétés chinoises emploient une abondante main-d'œuvre importée de Chine, une main-d'œuvre efficace, peu rémunérée et à faible protection sociale. »

▪ **Roland Pourtier, *Afriques noires*, Hachette Supérieur, 2014.**

1. Quelles matières premières l'Afrique exporte-t-elle vers la Chine ?
2. Quels produits l'Afrique importe-t-elle de Chine ?

6 Un pays émergent : l'Afrique du Sud

Lors du sommet des BRICS (Brésil, Russie, Inde, Chine et Afrique du Sud) de 2013, le président sud-africain Jacob Zuma reçoit à Durban le Premier ministre indien Manmohan Singh, le Président chinois Hu Jintao, la Présidente brésilienne Dilma Rousseff et le Président russe Vladimir Poutine.

JE M'EXERCE PAR COMPÉTENCE

J'analyse un document

1 Étudier une carte sur les hydrocarbures d'Afrique

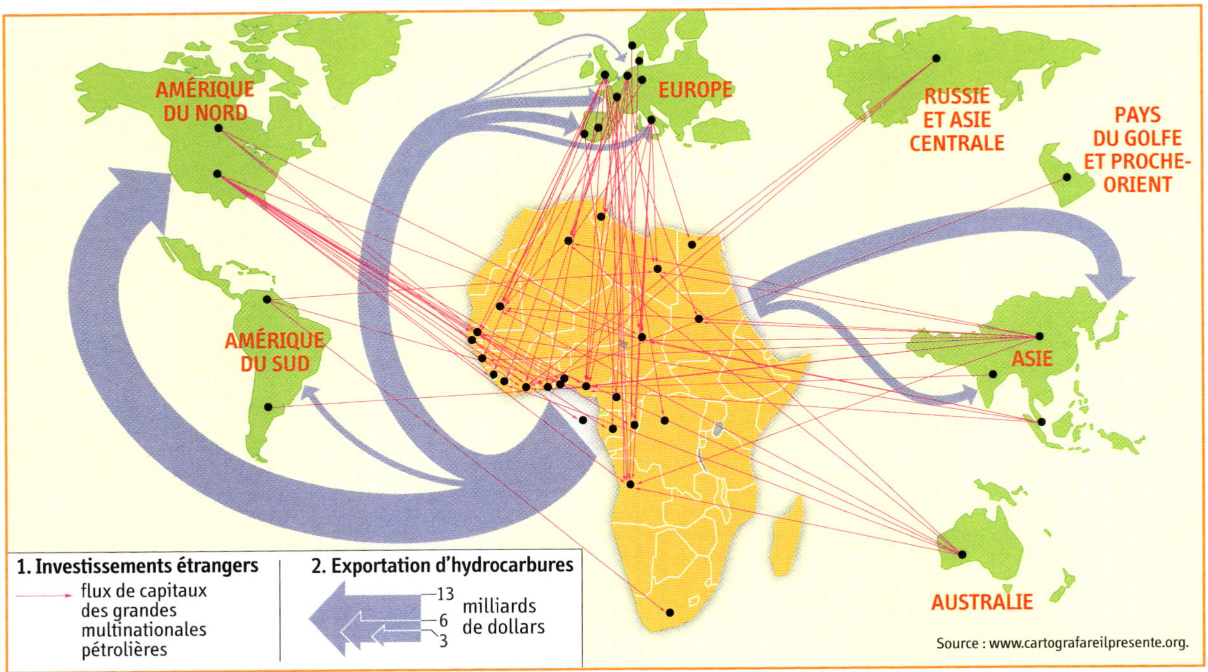

L'Afrique dans la toile des compagnies pétrolières

1. Cette représentation du monde est-elle classique ? Justifiez votre réponse.
2. Que représentent les flèches sur la carte ?
3. D'où proviennent les entreprises pétrolières qui investissent en Afrique ? Dans quelles régions d'Afrique investissent-elles ?
4. Vers quelles régions du monde sont exportés les hydrocarbures africains ? Comment l'expliquer ?

Je m'informe sur Internet

2 Décrire des images satellites à des dates différentes

Le port de Lomé (Togo) le 6 août 2015

- Rendez-vous sur le site de Google earth. Téléchargez le logiciel puis lancez-le.
- Tapez « Port de Lomé » dans « Rechercher ».

1. Où se situe le port de Lomé ?

- En utilisant la fonction zoom, retrouvez l'image ci-contre.
- Dans la barre d'outils, cliquez sur « Afficher des images d'archive » .
- En faisant glisser le curseur, retrouvez les images du port aux dates suivantes : 25 février 2013 / 18 mars 2014 / 6 août 2015

2. Décrivez les trois photographies satellites.
3. Quels ont été les travaux effectués ?
4. Pourquoi de tels travaux ont-ils été réalisés d'après vous ?

Je pratique différents langages

3 Croiser plusieurs documents sur une culture d'exportation en Côte d'Ivoire : l'hévéa

1 Une plantation d'hévéa en Côte d'Ivoire

De nombreuses terres consacrées aux cultures vivrières sont aujourd'hui utilisées pour la culture de l'hévéa. La production d'hévéa est destinée à l'exportation.

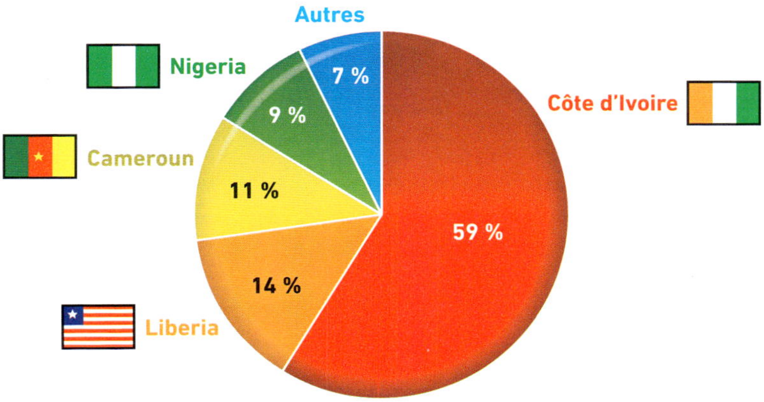

Source : SIPH (Société internationale de plantations d'hévéa), 2015.

2 Les principaux producteurs d'hévéa en Afrique (2014)

3 En Côte d'Ivoire, l'hévéa remplace le manioc

« En Côte d'Ivoire, la culture du manioc est peu à peu détrônée par celle des hévéas, arbres d'où est extrait le caoutchouc. La Côte d'Ivoire est déjà le 7e producteur mondial de caoutchouc et le premier en Afrique. Avec ce changement lié à une demande mondiale en caoutchouc toujours plus pressante, "l'autosuffisance alimentaire"*, en Côte d'Ivoire, risque fort d'être compromise, le manioc constituant l'alimentation de base dans le pays. [...] Pour les agriculteurs, la culture des hévéas est plus rentable et les rend moins précaires. Elle leur permet d'avoir un revenu stable car, au contraire du manioc récolté une fois par an, "le caoutchouc peut être collecté 10 mois par année". Un hectare d'hévéas peut rapporter chaque mois environ 400 000 francs CFA (soit 600 euros) alors que le salaire minimum ivoirien est de 36 600 francs CFA par mois (environ 56 euros) ».

▪ **« À Abidjan, on remplace le manioc par le caoutchouc », www.slateafrique.com, mars 2013.**

* Autosuffisance alimentaire : satisfaction des besoins alimentaires du pays par sa propre production.

1. **Doc. 1 et 3** | À quoi sert l'hévéa ? À qui est destiné l'hévéa produit en Côte d'Ivoire ?
2. **Doc. 2 et 3** | Montrez que la Côte d'Ivoire est un important producteur d'hévéa en Afrique et dans le monde.
3. **Doc. 3** | Quels sont les avantages de la culture de l'hévéa pour les agriculteurs de Côte d'Ivoire ?
4. **Doc. 3** | Quels en sont les inconvénients ?

JE PRÉPARE LE BREVET SUJET • MÉTHODE

EXERCICE 1 Analyser et comprendre un document

DOCUMENT
Affiche de l'Office du Tourisme d'Afrique du Sud (2011)

QUESTIONS

1. Identifiez le document (nature, date, auteur). À qui s'adresse-t-il ?
2. Décrivez précisément le document.
3. Cette situation vous semble-t-elle réaliste ? Justifiez votre réponse
4. Sur quelle représentation de l'Afrique ce document s'appuie-t-il ?
5. À l'aide de vos connaissances, nommez d'autres pays d'Afrique qui proposent un tourisme similaire.

Méthode

Pour **identifier le message** d'une publicité, il faut se demander
– ce que la publicité cherche à vendre ;
– la clientèle à laquelle elle s'adresse ;
– la manière dont la publicité idéalise la destination.

EXERCICE 2 Maîtriser différents langages

DÉVELOPPEMENT CONSTRUIT

▶ Sous la forme d'un développement construit d'une vingtaine de lignes, décrivez et expliquez les dynamiques et les fragilités d'un grand ensemble géographique africain dans la mondialisation. Appuyez-vous au choix sur l'Afrique de l'Ouest, l'Afrique orientale ou l'Afrique australe.

Méthode Comprendre le sujet et rédiger

Étape 1 Comprendre le sujet

▶ Le sujet concerne un grand ensemble géographique africain au choix. Il ne s'agit pas de traiter l'Afrique en général.

▶ Les « dynamiques » renvoient aux échanges mais aussi aux transformations des espaces par la mondialisation.

Étape 2 Rédiger

Plan possible

1. Les dynamiques d'un grand ensemble africain dans la mondialisation.
Utilisez les mots : Ressources naturelles • Exportations • Ports • Métropoles • Tourisme.

2. Les fragilités d'un grand ensemble africain dans la mondialisation.
Utilisez les mots : Explosion démographique • Inégalités • Problèmes de développement • Piraterie • Land-grabbing.

JE CONSTRUIS MON BILAN

hatier-clic.fr/hg4105 hatier-clic.fr/hg4106

1 Je situe quelques repères des régions africaines

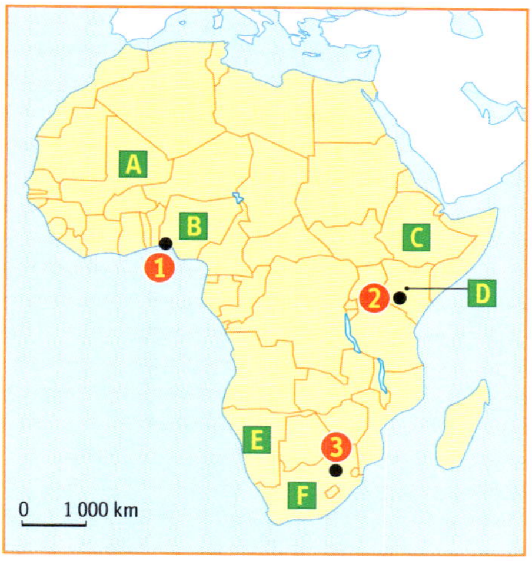

1. Nommez les pays A à F sur la carte.
2. Dans quels ensembles régionaux se situe chacun de ces pays (Afrique de l'Ouest, Afrique orientale ou Afrique australe) ?
3. Nommez les villes numérotées de 1 à 3.
4. Quels sont les deux océans qui bordent l'Afrique ?

2 Je complète une carte mentale sur les régions africaines

• Complétez la carte mentale ci-dessous à l'aide des mots suivants :

a. Agrandissement des ports • **b.** Explosion démographique • **c.** Cultures d'exportation • **d.** Guerre et instabilité politique • **e.** Aménagement de parcs naturels • **f.** Accès aux soins et à l'éducation insuffisants • **g.** Dépendance vis-à-vis des pays développés • **h.** Minerais et pétrole.

3 J'identifie des paysages africains marqués par la mondialisation

1. En parcourant les pages du chapitre, situez les paysages ci-contre.
2. À quel type d'activité correspond chaque paysage ? Choisissez dans la liste suivante :
   • Agriculture d'exportation
   • Commerce maritime
   • Parc naturel touristique
   • Affaires et accueil d'événements internationaux.
3. Décrivez chaque paysage en insistant sur les éléments marqués par la mondialisation.

HOTEL DE VILLE
RF
RF
LIBERTE
EGALITE
FRATERNITE
LIBERTE
EGALITE
FRATERNITE

Enseignement Moral et Civique

DU PROGRAMME DE CYCLE 4...

La sensibilité : soi et les autres

CONNAISSANCES, CAPACITÉS ET ATTITUDES VISÉES	OBJETS D'ENSEIGNEMENT
1/a - Exprimer des sentiments moraux à partir de questionnements ou de supports variés et les confronter avec ceux des autres (proches ou lointains).	- Connaissance et reconnaissance de sentiments. - Connaissance et structuration du vocabulaire des sentiments moraux.
2/a - Comprendre que l'aspiration personnelle à la liberté suppose de reconnaître celle d'autrui.	- Connaissance de soi et respect de l'autre, en lien avec l'éducation affective et sexuelle. - L'identité personnelle ; l'identité légale. - La question des addictions.
3/a - Comprendre la diversité des sentiments d'appartenance civiques, sociaux, culturels, religieux.	- Expressions littéraires et artistiques et connaissance historique de l'aspiration à la liberté. - La francophonie. - Sentiment d'appartenance au destin commun de l'humanité.
3/b - Connaître les principes, valeurs et symboles de la citoyenneté française et de la citoyenneté européenne.	- Citoyenneté française et citoyenneté européenne : principes, valeurs, symboles.

Le droit et la règle : des principes pour vivre avec les autres

CONNAISSANCES, CAPACITÉS ET ATTITUDES VISÉES	OBJETS D'ENSEIGNEMENT
1/a - Expliquer les grands principes de la justice (droit à un procès équitable, droit à la défense) et leur lien avec le règlement intérieur et la vie de l'établissement.	- Le rôle de la justice : principes et fonctionnement. - Le règlement de l'établissement et les textes qui organisent la vie éducative.
1/b - Identifier les grandes étapes du parcours d'une loi dans la République française.	- La loi et la démocratie représentative. Leur lien avec la Constitution et les traités internationaux.
2/a - Définir les principaux éléments des grandes déclarations des Droits de l'homme.	- Les différentes déclarations des Droits de l'homme. - Le statut juridique de l'enfant.

Le jugement : penser par soi-même et avec les autres

CONNAISSANCES, CAPACITÉS ET ATTITUDES VISÉES	OBJETS D'ENSEIGNEMENT
1/a - Expliquer les différentes dimensions de l'égalité, distinguer une inégalité d'une discrimination.	- Les différentes dimensions de l'égalité. - Les différentes formes de discrimination (raciales, antisémites, religieuses, xénophobes, sexistes, homophobes...).
1/b - Comprendre les enjeux de la laïcité (liberté de conscience et égalité des citoyens).	- Les principes de la laïcité.
2/a - Reconnaître les grandes caractéristiques d'un État démocratique.	- Les principes d'un État démocratique et leurs traductions dans les régimes politiques démocratiques (ex. : les institutions de la Ve République).
2/b - Comprendre que deux valeurs de la République, la liberté et l'égalité, peuvent entrer en tension.	- Les libertés fondamentales (libertés de conscience, d'expression, d'association, de presse) et les droits fondamentaux de la personne. - Problèmes de la paix et de la guerre dans le monde et causes des conflits.

L'engagement : agir individuellement et collectivement

CONNAISSANCES, CAPACITÉS ET ATTITUDES VISÉES	OBJETS D'ENSEIGNEMENT
1/a - Expliquer le lien entre l'engagement et la responsabilité.	- Les responsabilités individuelles et collectives face aux risques majeurs. - La sécurité des personnes et des biens : organisations et problèmes.
2/a - Expliquer le sens et l'importance de l'engagement individuel ou collectif des citoyens dans une démocratie.	- L'exercice de la citoyenneté dans une démocratie (conquête progressive, droits et devoirs des citoyens, rôle du vote, évolution des droits des femmes dans l'histoire et dans le monde...).
2/b - Connaître les principaux droits sociaux.	- L'engagement politique, syndical, associatif, humanitaire : ses motivations, ses modalités ses problèmes.
2/c - Comprendre la relation entre l'engagement des citoyens dans la cité et l'engagement des élèves dans l'établissement.	- Le rôle de l'opinion dans le débat démocratique. - L'engagement solidaire et coopératif de la France : les coopérations internationales et l'aide au développement.
2/d - Connaître les grands principes qui régissent la Défense nationale.	- La Journée défense et citoyenneté. - Les citoyens et la Défense nationale, les menaces sur la liberté des peuples et la démocratie, les engagements européens et internationaux de la France.

... AU MANUEL DE 4e

Le programme de cycle 4 porte sur les années de cinquième, quatrième et troisième. Chaque année, une partie du programme est donc traitée, de manière complémentaire et progressive par rapport aux deux autres années.

CHAPITRE 1 **Mieux se connaître pour mieux vivre ensemble**	La sensibilité	• Comprendre que mieux se connaître permet de mieux se respecter
	Le droit et la règle	• Savoir que le respect de l'autre est fondé sur des règles et des lois
	Le jugement	• Comprendre le lien entre la connaissance de soi et le refus des discriminations
	L'engagement	• Être capable de s'engager pour mieux vivre ensemble
CHAPITRE 2 **La liberté, un droit fondamental**	La sensibilité	• Comprendre l'aspiration à la liberté
	Le droit et la règle	• Connaître les principes des grandes déclarations des droits de l'Homme
	Le jugement	• Reconnaître les libertés fondamentales et comprendre comment elles s'exercent en France
	L'engagement	• Comprendre que l'engagement pour la liberté est fondamental en démocratie
CHAPITRE 3 **La laïcité, pour vivre ensemble**	La sensibilité	• Comprendre que la laïcité permet aux libertés de chacun d'être reconnues
	Le droit et la règle	• Savoir que la laïcité organise le règlement intérieur et la vie de l'établissement
	Le jugement	• Être capable d'expliquer les enjeux de la laïcité
	L'engagement	• S'engager pour le respect de la laïcité dans le collège et dans la vie quotidienne
CHAPITRE 4 **Garantir le droit par la justice**	La sensibilité	• Comprendre que la justice permet aussi de respecter l'autre
	Le droit et la règle	• Expliquer le rôle du droit et de la justice
	Le jugement	• Savoir que le droit protège les libertés fondamentales
	L'engagement	• Comprendre que le droit permet à chacun d'exercer sa citoyenneté

MÉTHODE Le débat

1 Je participe à un débat

Un débat réglé est **une discussion** au cours de laquelle vous pouvez **exprimer votre opinion en respectant les règles** qui s'imposent à tous ceux qui participent au débat. Vous pouvez chercher à **convaincre grâce à des arguments** tout en étant respectueux des autres. Vous aurez aussi la possibilité d'entendre des arguments et des avis auxquels vous n'aurez pas pensé. C'est pourquoi **votre avis peut changer ou être plus nuancé** entre le début et la fin du débat.

L'OBJECTIF EST DE :

- **comprendre ce que les autres ont à dire**, sans être obligé de partager leur point de vue,
- **savoir comment argumenter** pour défendre son propre point de vue,
- **être capable d'enrichir son opinion** grâce à la discussion.

2 Je prépare les éléments du débat

A Je comprends le thème du débat

Avant toute chose, vérifiez que vous avez bien compris le **sujet du débat**. Si vous travaillez en groupe, discutez-en avec vos camarades pour être sûr que vous allez traiter le même sujet.

B Je prépare mes arguments

- Lisez les **documents** proposés dans le manuel ;
- complétez par la **lecture d'autres documents** que vous connaissez ou que vous recherchez ;
- classez les **arguments** que vous avez trouvés ;
- illustrez chaque argument par des **exemples précis** ;
- choisissez un **point de vue** et réunissez tous les arguments qui permettent de le défendre.

C J'organise l'espace et les rôles

- Dans la classe, les tables sont placées afin que **chacun puisse voir les autres** lorsqu'ils prendront la parole ;
- des rôles sont distribués parmi les élèves : le **modérateur** (ou président) anime le débat et distribue la parole, le **secrétaire** prend des notes et résume les arguments exprimés.

3 J'exprime mon point de vue

Débattre, c'est s'exprimer en respectant des règles.

A Lorsque vous parlez

- Prenez la parole **après l'avoir demandée** et lorsque le modérateur vous la donne ;
- exprimez votre avis en donnant des **arguments**, c'est-à-dire des phrases qui justifient ce que vous voulez démontrer ;
- exprimez-vous clairement et dans un **français correct** ;
- n'exprimez pas d'**idées interdites par la loi** (pas de propos racistes, injurieux ou visant à critiquer un camarade).

B Lorsque vous écoutez

- Écoutez ce que les autres ont à dire **sans impatience ni moquerie** ;
- respectez les arguments des autres ;
- ne vous énervez pas.

4 Je conclus le débat

Débattre, c'est être capable d'avoir un avis enrichi par la discussion.

- À la fin du débat, **récapitulez et classez les arguments** exprimés par tous les élèves. Soulignez ceux que vous avez utilisés.
- Rédigez un **bilan de quelques phrases** qui résume votre avis et vos arguments. N'oubliez pas d'expliquer si votre point de vue a évolué entre le début et la fin du débat, et pour quelle raison.
- Vous pouvez réaliser un **petit schéma de synthèse** à la place du bilan écrit.

MÉTHODE

LE DILEMME MORAL

1 Qu'est-ce qu'un dilemme moral ?

Un dilemme moral est une **situation qui propose deux issues** sans que l'une soit meilleure ou plus juste que l'autre. En général, c'est une petite histoire qui présente une personne placée devant un **choix difficile à trancher**. Une question vous propose de vous mettre à la place de cette personne.

Le dilemme moral vous permet de voir **les avantages et les inconvénients de chaque issue** et de justifier la réponse que vous proposez. Il vous oblige aussi à **écouter les réponses et les arguments de vos camarades**, qui n'ont sans doute pas les mêmes idées que vous.

Le dilemme moral vous apprend à **juger par vous-même** en réfléchissant aux conséquences des choix de chacun. Il vous montre aussi ce que le **devoir moral** impose dans la société.

2 Le dilemme moral de Heinz, inventé par Lawrence Kohlberg (1958)

La femme de Heinz est très malade. Elle peut mourir d'un instant à l'autre si elle ne prend pas un médicament X. Celui-ci est hors de prix et Heinz ne peut le payer. Il se rend néanmoins chez le pharmacien et lui demande le médicament, ne fût-ce qu'à crédit. Le pharmacien refuse.

- **Que devrait faire Heinz ? Laisser mourir sa femme ou voler le médicament ?**

3 Je m'implique face à un dilemme moral

Avant de chercher à répondre à la question posée dans le dilemme, vérifiez que vous avez **bien compris la situation de départ**.

Ensuite, **défendez une réponse**, en présentant des arguments et en justifiant votre point de vue. Vos camarades peuvent faire de même. Vous devez tous **respecter les règles du débat d'idées** (p. 352).

Enfin, les arguments peuvent être **classés et hiérarchisés** par l'ensemble des élèves.

Vous pouvez aussi **réfléchir à d'autres situations proches** de celle qui a été présentée et qui soulèvent elles aussi un dilemme moral. Vous verrez alors que **certains choix sont difficiles à faire**, et que ce qui vous semble le meilleur choix n'est pas forcément partagé par vos camarades.

C'est parce nous vivons en société que **certains choix s'imposent à nous** comme un devoir moral.

Le Coin Philo

Dans certaines pages, vous verrez figurer des bulles « Le coin philo ».

La philosophie, c'est l'art de remettre en question ses convictions pour penser par soi-même.

Ces encadrés sont destinés à prolonger votre réflexion personnelle.
Ils sont de **quatre types** :

- **LE MOT ET SON USAGE** invite à réfléchir sur le **sens d'un mot simple** en apparence. Il peut être riche de sens et poser des problèmes qu'on ne soupçonnait pas.
- **VALEURS** examine des **notions morales ou civiques** apparemment bien connues, car elles font partie du vocabulaire courant. Vous verrez cependant qu'il est parfois difficile de définir ces valeurs que nous croyons évidentes, et de distinguer des valeurs qui se ressemblent (exemple : respect et tolérance).
- **DILEMME MORAL** propose d'imaginer des situations dans lesquelles il vous faut **choisir entre deux possibilités**, sachant que l'une et l'autre peuvent se justifier.
- **À PARTIR DE VOTRE EXPÉRIENCE** vous propose de trouver des **exemples et des situations de votre vie quotidienne**, afin de réaliser que les problèmes et les notions abordés en classe ne font qu'exploiter des réalités que vous vivez chaque jour.

CHAPITRE 1

Mieux se connaître pour mieux vivre ensemble

Comment mieux se connaître permet-il de mieux vivre ensemble ?

hatier-clic.fr/h4107

1 Moi et les autres

(Affiche du film *Moi, toi et tous les autres*, de Miranda July, 2005.)

Au cours de *Moi, toi et tous les autres*, le personnage Christine Jesperson change son regard sur le monde grâce à ses relations avec les autres.

Compétences

La sensibilité — Je comprends que mieux se connaître permet de mieux se respecter

Le droit et la règle — Je sais que le respect de l'autre est fondé sur des règles et des lois

Le jugement — Je comprends le lien entre la connaissance de soi et le refus des discriminations

L'engagement — Je suis capable de m'engager pour mieux vivre ensemble

2 **Respecter son corps et celui des autres**
(Affiche de l'Institut national de prévention et d'éducation pour la santé, pour la Journée mondiale sans tabac du 31 mai 2013.)

1. **Doc. 1** | Que vous inspire cette affiche ? Pourquoi les personnages sont-ils disposés de cette manière ? Que cela signifie-t-il du rapport de chacun avec les autres ?
2. **Doc. 2** | Pourquoi fumer est-il une addiction ? Pour quelle raison peut-on vouloir s'arrêter de fumer ? Pour soi-même ou pour les autres ?

Connaître et respecter les autres

Vocabulaire

discrimination : fait de distinguer et traiter différemment (le plus souvent de manière négative) quelqu'un ou un groupe par rapport aux autres. Faire de la discrimination, c'est faire des différences.

racisme : attitude et pensée qui consistent à considérer comme inférieures certaines personnes en raison de leur différence ethnique. Le racisme suppose qu'il y a plusieurs races au sein de l'espèce humaine, ce qui est biologiquement faux.

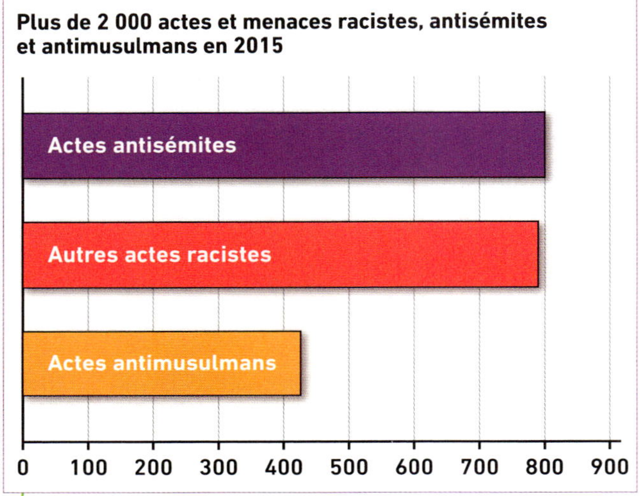

1 De (trop) nombreux actes racistes
(Délégation interministérielle de lutte contre le racisme et l'antisémitisme, 2016.)

Le Coin Philo

LE MOT ET SON USAGE

« Racisme »

Se comporter de manière raciste, c'est croire (et agir selon la croyance) que des caractères physiques déterminent des traits de personnalité. Tenir des propos racistes ou discriminer quelqu'un au simple motif qu'il diffère de moi physiquement, c'est commettre une erreur de jugement.

- **Pourquoi dire de quelqu'un qu'il est raciste conduit à commettre la même erreur de jugement envers lui que celle qu'il commet envers d'autres ?**

2 La discrimination dans tous ses états

- Je gagne moins que mon collègue qui exerce le même métier que moi et qui a la même ancienneté.
- On a mis fin à ma période d'essai car ma couleur de peau gênait les clients.
- Je n'ai pas retrouvé mon poste à mon retour de congé maternité.
- On ne m'a pas recrutée parce que je suis mère de trois enfants.
- On m'a refusé un emploi d'infirmière en raison de ma petite taille.
- On m'a refusé un chèque en raison de mon nom à consonance maghrébine.
- On me refuse la participation aux activités de mon école parce que je suis handicapé.
- On a refusé de me louer un appartement car je suis une femme homosexuelle en couple.
- On m'a refusé un crédit immobilier en raison de mon âge.
- On m'a refusé une promotion en raison de mon engagement politique.
- Le maire refuse mon inscription à l'école parce que je suis rom.
- Les employés de nationalité française occupant un emploi similaire ont une rémunération meilleure que la mienne.

▪ **Site Internet du Défenseur des droits, www.defenseurdesdroits.fr**

hatier-clic.fr/hg4108

3 La lutte contre la discrimination à l'embauche
(Affiche du ministère du Travail, 2016.)

4 Refuser le racisme

– *Donc, pour lutter contre le racisme, il faut s'inviter les uns les autres !*

– C'est une bonne idée. Apprendre à se connaître, à se parler, à rire ensemble ; essayer de partager ses plaisirs, mais aussi ses peines, montrer que nous avons souvent les mêmes préoccupations, les mêmes problèmes, c'est cela qui pourrait faire reculer le racisme. Le voyage lui aussi peut être un bon moyen pour mieux connaître les autres. […] Connaître les autres pour mieux se connaître. […]

– *Alors, qu'est-ce qu'on peut faire ?*

– Apprendre. S'éduquer. Réfléchir. Chercher à comprendre toute chose […]. [Le raciste] fait appel à la science, mais la science n'a jamais justifié le racisme. […] Écoute-moi bien, ma fille : les races humaines n'existent pas. Il existe un genre humain dans lequel il y a des hommes et des femmes, des personnes de couleur, de grande taille ou de petite taille, avec des aptitudes différentes et variées. […] Chaque être humain est unique. […] La particularité de l'homme, c'est de porter une identité qui ne définit que lui-même. Il est singulier, c'est-à-dire irremplaçable.

▪ **Tahar Ben Jelloun, *Le Racisme expliqué à ma fille*, Éditions du Seuil, 1998.**

QUESTIONS

Je connais les situations de discrimination

1. **Doc. 1** | Combien d'actes racistes, antisémites et antimusulmans ont été commis en France en 2015 ? Ce nombre vous semble-t-il important ? Pour quelle raison ?
2. **Doc. 2** | Une de ces situations vous semble-t-elle pire que les autres ? Justifiez votre réponse et confrontez-là à celles de vos camarades.

Je comprends que la connaissance de l'autre permet de mieux le respecter

3. **Doc. 3** | Pourquoi a-t-on collé ensemble deux moitiés de visages différentes ? Expliquez le sens de cette affiche.
4. **Doc. 3** | Est-ce important que l'État lance des campagnes contre les discriminations ? Pour quelle raison ?
5. **Doc. 4** | Vous avez appris en classe de 5e que les discriminations et le racisme sont punis par la loi. Quels autres arguments, plus fondamentaux, condamnent les discriminations et le racisme ?

Synthèse

À l'aide des documents, de vos recherches et de vos connaissances, rédigez un texte qui montre que les discriminations sont encore nombreuses en France et que la connaissance de l'autre doit permettre d'améliorer cette situation.

Tâche complexe
JE M'ENGAGE

Je deviens médiateur

ACTIVITÉS

La médiation par les pairs est de plus en plus répandue dans les collèges.

Écrivez une lettre au principal pour lui demander de mettre en place la médiation par les pairs dans votre collège et devenez médiateur.

Coup de pouce
- Je comprends ce qu'est la médiation par les pairs.
- Individuellement ou en groupe, je montre quels avantages le collège peut tirer de la médiation par les pairs.
- Je rédige la lettre et je n'oublie pas d'expliquer pourquoi j'aimerais être moi-même médiateur.

Boîte à outils

Ressources numériques
- Le site du ministère de l'Éducation nationale : hatier-clic.fr/hg4109
- Le site Génération médiateurs : hatier-clic.fr/hg4110
- Une vidéo sur le collège Hugo de Sarcelles (Val d'Oise) : hatier-clic.fr/hg4111

1 La médiation par les pairs, c'est quoi ?

On appelle médiation le processus qui permet, lors d'un conflit, l'intervention de personnes extérieures pour dépasser le rapport de force et trouver une solution sans perdant ni gagnant.
L'expression « par les pairs » signifie qu'il s'agit de jeunes du même âge ou un peu plus âgés ayant le même statut. Ces jeunes interviennent auprès de ceux qui se disputent, se bagarrent et sont victimes de violence afin de leur proposer leur aide pour trouver une solution négociée.
La médiation par les pairs se caractérise comme une médiation par les jeunes, pour les jeunes, avec les jeunes et entre les jeunes. Le médiateur n'est ni un juge, ni un conseiller, encore moins un arbitre [...]. Avant toute pratique, il signe une charte, *La Charte du Médiateur*, dont voici des extraits [rédigée par des jeunes médiateurs de Sarcelles, dans le Val d'Oise].

La Charte du Médiateur
Art. 1. Le Médiateur ne prend pas parti, ne juge pas mais vous aide à trouver une solution à vos difficultés.
Art. 2. Le Médiateur propose son aide dans un esprit de respect mutuel.
Art. 3. Le Médiateur s'intéresse à vos problèmes, vous donne son attention et son temps et vous demande en échange de la bonne volonté.
Art. 4. Le Médiateur ne rapporte pas ce que vous lui avez dit : il est discret et a droit à votre confiance.
Art. 5. Le Médiateur n'est pas un magicien, ne lui demandez pas l'impossible.
La véritable solution est entre vos mains.

■ **Site Internet Génération médiateurs, www.gemediat.org**

le Coin Philo
À PARTIR DE VOTRE EXPÉRIENCE

Indiquez trois facteurs qui occasionnent des conflits entre collégiens. Expliquez chaque fois comment il est possible d'éviter ces conflits ou de les résoudre.

- **Pourquoi est-il important de faire intervenir une tierce personne, neutre, dans la résolution des conflits ?**

2 La formation à la médiation

Voici un exemple de mise en situation au collège Anne-Franck (Paris) sur le site du ministère de l'Éducation nationale dédié au climat scolaire.

Ce jour-là, à l'atelier, cinq élèves assistés de l'enseignante médiatrice font une simulation de médiation. Les trois médiateurs rappellent leur mission aux deux médiants : « Le médiateur n'est pas un juge, il ne doit pas prendre parti et ce qui se dit dans le cadre de la médiation est confidentiel. » Les étapes de la médiation sont inscrites au tableau. Un médiant expose sa version des faits : sa copine a « copié » ses vêtements et elles se sont disputées et insultées. Le médiateur reformule puis écoute la version de l'autre. Il mélange un peu les étapes ; l'enseignante l'aide alors à poser les bonnes questions : Qu'est-ce qu'elles ont ressenti ? Colère ? Tristesse ? Peur ? Quelles insultes ont été prononcées ? Que signifient les mots « pédé », « pute » ? « C'est important de faire un travail sur le langage », insiste-t-elle, dictionnaire à l'appui.
Un élève extérieur à la médiation propose une solution pour qu'elles se réconcilient. « Attention, le médiateur n'est pas un conciliateur, son but n'est pas de réconcilier à tout prix », rappelle la médiatrice. La discussion se poursuit et les médiants acceptent de prononcer des excuses. « En quoi les excuses sont un point essentiel de la médiation ? » demande la médiatrice. « Cela veut dire que l'on reconnaît l'autre. »

▪ www.reseau-canope.fr

3 La médiation par les pairs pour vivre ensemble

(Couverture de la revue *Non-violence Actualité*, novembre-décembre 2013.)

4 Participer à l'amélioration du climat scolaire

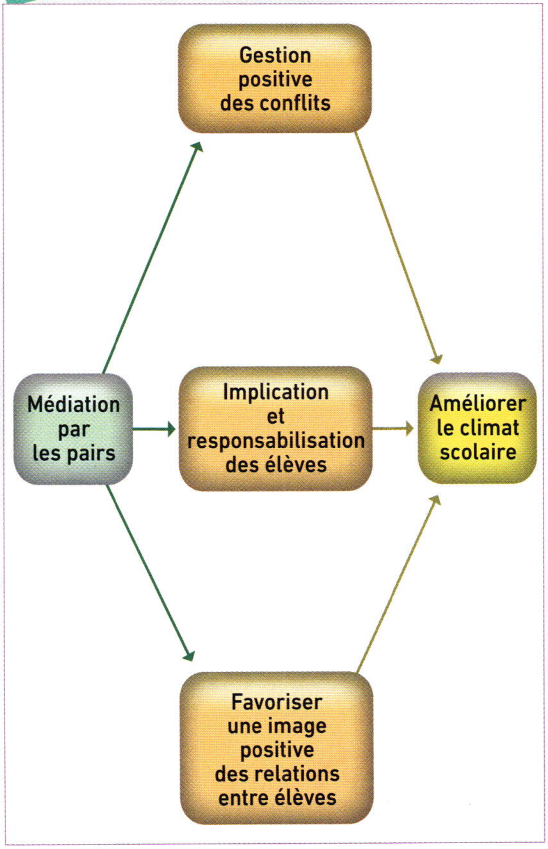

L'éducation affective et sexuelle

Vocabulaire

contraception : méthode visant à éviter qu'un rapport sexuel entraîne une grossesse.

IST : infections sexuellement transmissibles, c'est-à-dire pouvant être transmises pendant une relation sexuelle. Le VIH/sida ou l'hépatite B font partie des IST.

stéréotype : idée toute faite.

1 À la rencontre de l'autre

a (Christa Théret et Jérémy Capone dans le film *LOL, Laughing out Loud*, de Lisa Azuelos, 2009.)
Dans *LOL* (*Laughing out Loud*), Lola (à gauche) se rapproche de Maël (au centre), dont elle finit par tomber amoureuse.

b (Kacey Mottet-Klein et Corentin Fila dans le film *Quand on a 17 ans*, d'André Téchiné, 2016.)
Quand on a 17 ans raconte l'histoire de deux garçons de 17 ans qui passent d'une relation fondée sur la violence à une amitié qui devient une histoire d'amour.

2 Reconnaître le sentiment amoureux

(Planche éditée par le Cybercrips, 2014, www.lecrips-idf.net)

3 Le Planning familial

Le Planning familial est une association créée en 1956 qui propose anonymement et gratuitement un accueil, une information et une aide sur les questions de sexualité et de contraception. Des jeunes filles témoignent :

« La première fois que j'ai entendu parler du Planning familial, c'est quand une de ses équipes est venue faire une intervention dans ma classe au collège. On a eu droit à des explications sur les rapports sexuels et sur l'importance de se protéger. On devait avoir peut-être 13 ou 14 ans et c'était la première fois que j'entendais parler du préservatif. »

« L'anonymat, la facilité d'accès et les informations neutres qui y sont données font de ce lieu un endroit sain vers lequel on sait que l'on peut se tourner en cas de problème. Le Planning familial a été pour moi un endroit où je me sentais simplement en sécurité et libre de faire mes choix, ça m'a vraiment fait du bien. »

« Il a été le seul moyen de me procurer une contraception [...] de façon gratuite et anonyme. »

▪ ***Le Planning familial** & vous – Témoignages*, Melissa, 4 décembre 2015, www.madmoizelle.com

4 Pour une sexualité protégée
(Affiche de la plate-forme Prévention Sida et des éditions Dupuis à l'occasion de la Saint-Valentin en Belgique, 14 février 2016.)

le Coin Philo

LE MOT ET SON USAGE

« SEXE, GENRE ET SEXUALITÉ »

Il ne faut pas confondre le sexe, qui définit notre identité biologique, et le genre, qui est notre identité culturelle. La sexualité renvoie à nos préférences et orientations amoureuses.

- **Pourquoi est-il important, à votre avis, de ne pas identifier un sexe à un type de sexualité déterminée ?**

QUESTIONS

Je comprends la diversité des relations affectives

1. **Doc. 1** | Décrivez les deux scènes. Expliquez quels types de relation affective elles mettent en avant.
2. **Doc. 2** | Comment se sent-on lorsqu'on est amoureux ?
3. Quelle est la différence entre l'amour, l'amitié, le lien avec ses frères et sœurs, ses parents ?

Je sais que la sexualité nécessite d'être responsable

4. **Doc. 4** | Pourquoi l'usage du préservatif est-il important ?
5. **Doc. 3** | Qu'est-ce que le Planning familial ?
6. Quelles autres personnes au collège ou à l'extérieur du collège peuvent répondre à vos questions et vous aider au sujet de la sexualité et de la contraception ?

Synthèse

Rédigez deux ou trois paragraphes pour expliquer la diversité des relations affectives et les attitudes à éviter pour vivre sereinement sa sexualité.

Méthode Le débat p. 352

Comment lutter contre les addictions ?

1 Je prépare

Avant le débat, je comprends les arguments.

Après avoir lu l'ensemble des documents et à l'aide de vos connaissances et recherches, répondez aux questions suivantes, individuellement ou en groupe.

1. Quelles sont les différentes formes d'addiction que vous connaissez ?
2. Quelles sont les conséquences des addictions, pour l'individu et pour le groupe ?
3. Quels sont les meilleurs moyens de lutter contre les addictions, y compris au collège ?

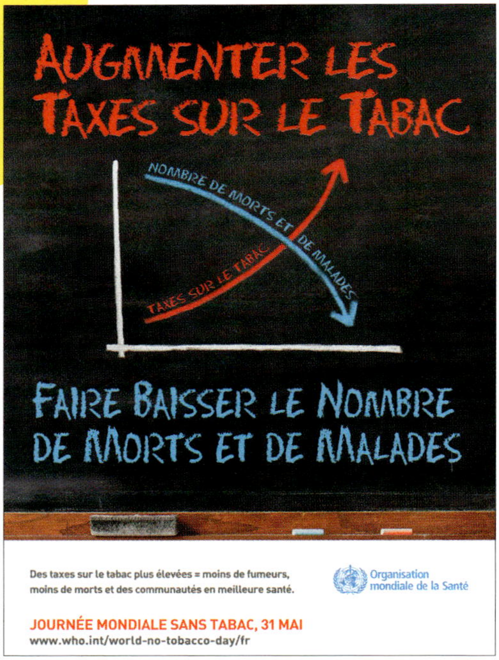

1 La journée mondiale sans tabac
(Affiche de l'Organisation mondiale de la santé pour la journée mondiale sans tabac, le 31 mai 2014.)

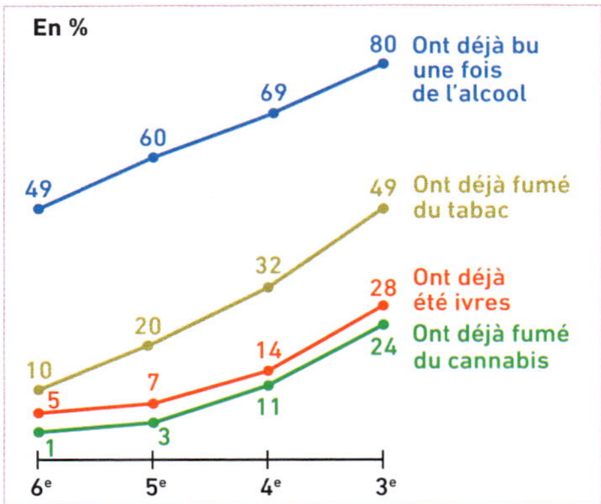

2 Des drogues dès le collège
(Observatoire des drogues et de la toxicomanie, *Tendances* n° 106, décembre 2015.)

TABAC

Origine : Végétale

Mode d'utilisation
Fumé

Effets
Stimulation physique et intellectuelle passagère, détente.

⚠ Dangers
Bronchites chroniques, accidents cardio-vasculaires, cancers.

Dépendance
Psychique forte et physique chez les consommateurs réguliers.

ALCOOL

Origine : Végétale

Mode d'utilisation
Bu

Effets
Diminution de l'anxiété, somnolence, aggressivité.

⚠ Dangers
Immédiat : risque d'accident sur la voie publique, coma éthylique en cas de forte absorption.
À long terme : complications hépathiques, complications psychiatriques et neurologiques.

Dépendance
Psychique et physique, progressive mais forte pour les grands dépendants, en cas de sevrage brutal risque de *delirium tremens*.

CANNABIS

Origine : Végétale
Herbe, résine, huile

Mode d'utilisation
Fumé (cigarettes, pipe à eau), ingéré sous forme de gâteau ou d'infusions.

Effets
Euphorie, détentes, intensification des perceptions.
Durée : 2 à 4 h.

⚠ Dangers
Baisse de concentration, oublis, anxiété, risques d'accidents de voiture, fringales, crises de panique, maux de tête, états dépressifs, somnolence.
Pour le cannabis fumé, mêmes risques que pour le tabac.

Dépendance
Besoin d'augmenter la consommation pour obtenir les mêmes effets.

3 Les effets des drogues les plus courantes
(Site Internet Filsantéjeunes, www.filsantejeunes.com)

Vocabulaire

addiction : dépendance ou conduite qui repose sur une envie répétée et irrépressible.

4 Les dangers des jeux vidéo

Un élève sur huit aurait un usage « problématique » du jeu vidéo. C'est ce qu'indique une enquête menée auprès de 2 000 élèves de la quatrième à la première [...]. Avec plus de 11 écrans à domicile, les adolescents [...] de cet échantillon sont suréquipés : 84 % d'entre eux ont une console de jeux et 74 % une tablette ; les trois quarts des lycéens (60 % des collégiens) ont un ordinateur dans leur chambre.
De *Candy Crush* à *World of Warcraft* en passant par les *Sim's* ou *GTA V*, le jeu vidéo est pratiqué au moins une fois par semaine par 86 % des élèves interrogés, les garçons étant nettement plus nombreux que les filles. [...] Le temps passé devant un écran « atteint parfois cinq à six heures quotidiennes, y compris en semaine », souligne l'enquête. [...]
Fait préoccupant : dès le collège, plus de huit garçons sur dix ont déjà joué à un jeu classé PEGI 18 (système européen d'information), c'est-à-dire déconseillé aux mineurs, comme par exemple *Grand Theft Auto (GTA V)*, *Call of Duty*, et *Assassin's creed*. Des jeux aux contenus violents qui inquiètent les spécialistes. [...] Face à ces objets qui ont envahi le quotidien, le fait d'établir des règles (durée limitée autorisée, contrôle parental...) agit comme facteur de protection.

▪ **Pascale Santi, « Un ado sur huit aurait un usage problématique des jeux vidéo », lemonde.fr, 17/12/2014.**

Le Coin Philo

À PARTIR DE VOTRE EXPÉRIENCE

Nous cherchons tous à faire reconnaître notre singularité et notre liberté. C'est pourquoi nous revendiquons l'indépendance.

- **À partir de votre expérience, essayez d'expliquer pourquoi certains jeunes sont attirés par les drogues pour affirmer leur indépendance. Pourquoi la recherche d'indépendance par la drogue est-elle une illusion ?**

5 La « publicité » faite aux drogues

Au-delà de l'interdiction d'usage et de trafic, le législateur a cherché à interdire ce qui pouvait favoriser ces actes. Faire la promotion de la drogue, que ce soit de son usage ou de son trafic, est punissable de 5 ans de prison et 75 000 € d'amende [...]. Cette infraction se décline en deux types d'actes distincts.
La loi punit les personnes qui cherchent à inciter d'autres personnes à utiliser des stupéfiants ou à en faire le trafic. [...] Par ailleurs, il est interdit de présenter sous un jour favorable l'usage ou le trafic de stupéfiants. Cela concerne aussi bien les articles de presse que les discours ou les représentations (images) idéalisées de la drogue. Cette incrimination peut faire obstacle à la liberté d'expression. [...]
Le législateur a voulu encadrer le discours autour des drogues, mais ces infractions sont parfois difficiles à établir.

▪ **www.drogues-info-service.fr**

2 Je participe

***Pendant le débat**, je suis capable d'exprimer des arguments et d'écouter mes camarades.*

4. À l'oral, exposez vos arguments pour répondre à la question du débat.
5. Répondez de manière argumentée et structurée aux arguments de ceux qui ne sont pas d'accord avec vous. Respectez leur parole.

3 Je conclus

***À l'issue du débat**, je suis capable d'adopter un point de vue nuancé et enrichi par la discussion.*

6. Construisez un schéma ou rédigez un texte qui explique comment il faut lutter contre les addictions.

Méthode Le débat p. 352

Jusqu'où peut-on aider les autres ?

1 Je prépare

Avant le débat, *je comprends les arguments.*

Après avoir lu l'ensemble des documents et à l'aide de vos connaissances et recherches, répondez aux questions suivantes, individuellement ou en groupe.

1. Pourquoi l'accueil des réfugiés divise-t-il les Français ?
2. Peut-on donner son sang en toute circonstance ? D'après vous, est-ce justifié ?
3. À quoi sert la discrimination positive ? Est-ce une bonne solution pour aider les autres, selon vous ?

Vocabulaire

discrimination positive : action de mieux traiter certaines personnes ou certains groupes habituellement victimes de discrimination.

solidarité : entraide entre les personnes, visant en particulier à porter de l'aide à ceux qui en ont le plus besoin.

Coin Philo – VALEURS

« ALTRUISME »

C'est un philosophe français, Auguste Comte (1798-1857), qui a créé le mot « altruisme ». Dans la pratique, le terme désigne le fait de vouloir le bien-être d'autrui.

- **En vous appuyant sur l'exemple du don du sang, expliquez pourquoi il est dans notre intérêt et dans l'intérêt de tous de se montrer altruiste.**

1 Aider les réfugiés

Des réfugiés reçoivent des repas chauds, le 15 janvier 2015, dans un centre d'accueil de jour qui vient d'ouvrir à Calais grâce à l'association « La Vie Active ».

2 Des Français divisés face aux migrants

[Selon un sondage IFOP de septembre 2015, 51 % des Français sont opposés à l'idée que les migrants soient accueillis en France, 49 % y sont favorables]. Deux facteurs l'expliquent.
D'abord un facteur économique ; il y a une incertitude, une majorité pense que ce sont des gens peu formés difficilement employables rapidement sur le marché français. Une autre minorité estime que ce sont des gens avec un bon bagage intellectuel, enseignants ou techniciens par exemple, parlant anglais, qui pourront s'intégrer économiquement.
Beaucoup d'éléments entrent en compte dans le jugement : émotion, principe de compassion et humanisme. Mais aussi, un aspect plus pragmatique, terre à terre : peut-on les accueillir, sous quelles conditions. Or, ce n'est pas la même chose s'il s'agit de gens formés, ou si au contraire ils risquent d'être sans emploi car sans formation. [...]
Ensuite, une majorité des citoyens français pensent que dans le flux de migrants se trouvent des terroristes potentiels. C'est l'argument sécuritaire. Cela renvoie aux déclarations de l'État islamique [organisation terroriste] qui affirmait qu'il y aurait dans les bateaux de migrants des terroristes envoyés par le groupe terroriste.

■ **« 51% des Français opposés à l'accueil des migrants : de la crise humanitaire aux ratés de l'immigration, les clés pour comprendre ce qui structure vraiment l'opinion », atlantico.fr, 5 septembre 2015.**

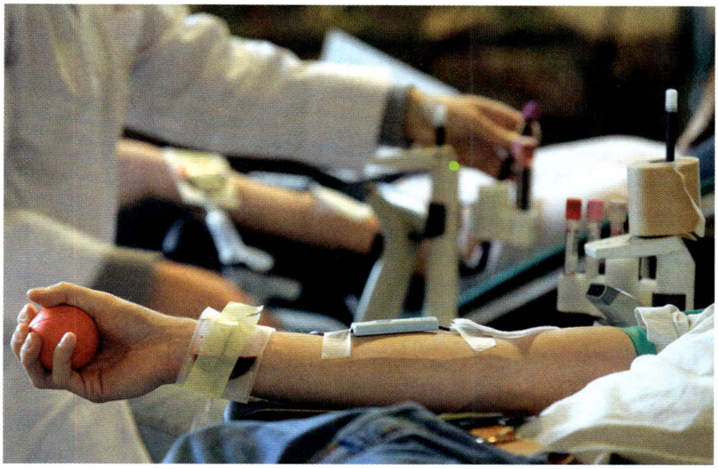

3 Donner son sang

4 La discrimination positive

La discrimination positive ne fait pas l'unanimité. Si certains y voient une volonté de mettre fin aux préjugés dans la société, [d'autres] la considèrent au contraire comme stigmatisante pour la population ciblée. Le principe de la discrimination positive consiste donc à mettre en place des inégalités dans l'objectif de promouvoir l'égalité des chances. [...]
La mise en place de politiques de discrimination positive fait débat. En France, elles sont peu nombreuses ; on trouve la loi du 10 juillet 1987 qui impose aux entreprises de plus de 20 salariés d'employer au moins 6 % de travailleurs handicapés. C'est la seule véritable loi dite de discrimination positive. En matière de loi, on trouve également des textes visant à réduire les inégalités hommes-femmes en matière d'emploi, de rémunération et condition d'avancement. Il existe également depuis 2000 des conventions signées entre des ZEP (zones d'éducation prioritaires) et des grandes écoles pour permettre à des élèves issus de milieux défavorisés d'accéder à de grandes écoles sans passer par les concours communs.

■ **Site Internet Novethic, www.noevethic.fr**

hatier-clic.fr/hg4112

2 Je participe

***Pendant le débat**, je suis capable d'exprimer des arguments et d'écouter mes camarades.*

4. À l'oral, exposez vos arguments pour répondre à la question du débat.
5. Répondez de manière argumentée et structurée aux arguments de ceux qui ne sont pas d'accord avec vous. Respectez leur parole.

3 Je conclus

***À l'issue du débat**, je suis capable d'adopter un point de vue nuancé et enrichi par la discussion.*

6. Construisez un schéma ou rédigez un texte qui explique jusqu'où on peut aider les autres.

1 J'analyse une affiche sur la solidarité

(Affiche de la fondation Sanofi Espoir, 2015.)

1. Quelles personnes cette affiche appelle-t-elle à aider ? De quelle manière ?
2. Recherchez ce qu'est le Samu social.
3. Vous sentez-vous concerné(e) par cette affiche ? Pour quelle raison ?
4. Donner de l'argent vous semble-t-il une bonne manière de faire preuve de solidarité ?

2 J'agis contre le tabac au sein du Conseil de la vie collégienne

Dans votre collège, le Conseil de la vie collégienne (CVC), en lien avec le Comité d'éducation à la santé et à la citoyenneté (CESC), veut mettre en place une action pour dénoncer les risques liés au tabac : il souhaite organiser une exposition lors de la Journée mondiale sans tabac (chaque 31 mai).

Sur un format A3, réalisez une affiche d'information contre la consommation de tabac : choisissez un slogan, soignez l'illustration. Présentez votre affiche à l'oral en expliquant vos choix.

Pour aller plus loin...

Des livres

- Françoise Dolto, Catherine Dolto et Colette Percheminier, ***Paroles pour adolescents ou le complexe du homard***, Folio Junior, 2007.
- Anne-Marie Thomazeau, ***Aider les autres : quoi faire***, La Martinière Jeunesse, 2008.

Des sites

- Le site Filsantéjeunes sur l'adolescence : hatier-clic.fr/hg4113
- Le site DroguesInfoService : hatier-clic.fr/hg4114
- Le site de la Mission interministérielle de lutte contre les drogues et les conduites addictives : hatier-clic.fr/hg4115
- Le site du Défenseur des droits : hatier-clic.fr/hg4116
- L'espace jeune du site de l'Observatoire des inégalités : hatier-clic.fr/hg4117

JE CONSTRUIS MON BILAN

1 Je retiens

A Se connaître soi, respecter l'autre

La connaissance de soi permet de **mieux respecter son corps** et de **mieux vivre avec les autres**. Se connaître, c'est aussi connaître les autres et comprendre qu'ils sont **tous respectables**. C'est en même temps une condition nécessaire pour faire preuve de **solidarité** et lutter contre les **discriminations** en adoptant un **comportement responsable et éclairé**. Au collège, la **médiation par les pairs** améliore les relations entre élèves, qui prennent confiance en eux. Entre adolescents, les relations affectives et amoureuses nécessitent aussi de bien se connaître.

B Lutter contre les addictions

Les adolescents sont exposés à de nombreuses **addictions**, non seulement par l'usage de **substances psychoactives** (tabac, alcool, cannabis), mais aussi par certaines conduites liées aux nouvelles technologies de l'information et de la communication (smartphones, jeux vidéo...).
Au collège, des interventions sont mises en place auprès des élèves pour mener une **politique de prévention contre les addictions**. Dans le cadre du Comité d'éducation à la santé et à la citoyenneté (CESC) ou du Conseil de la vie collégienne, les élèves peuvent mener des actions pour lutter contre ces addictions.

Vocabulaire

addiction : dépendance ou conduite qui repose sur une envie répétée et irrépressible.

discrimination : voir p. 358.

médiation par les pairs : intervention d'élèves médiateurs pour apaiser les relations entre élèves et réduire la violence en milieu scolaire.

solidarité : entraide entre les personnes, visant en particulier à porter de l'aide à ceux qui en ont le plus besoin.

substance psychoactive : substance agissant directement sur le cerveau.

2 Je réalise un schéma

Reproduisez puis complétez le schéma en choisissant des expressions parmi la liste suivante :

hatier-clic.fr/hg4118

hatier-clic.fr/hg4119

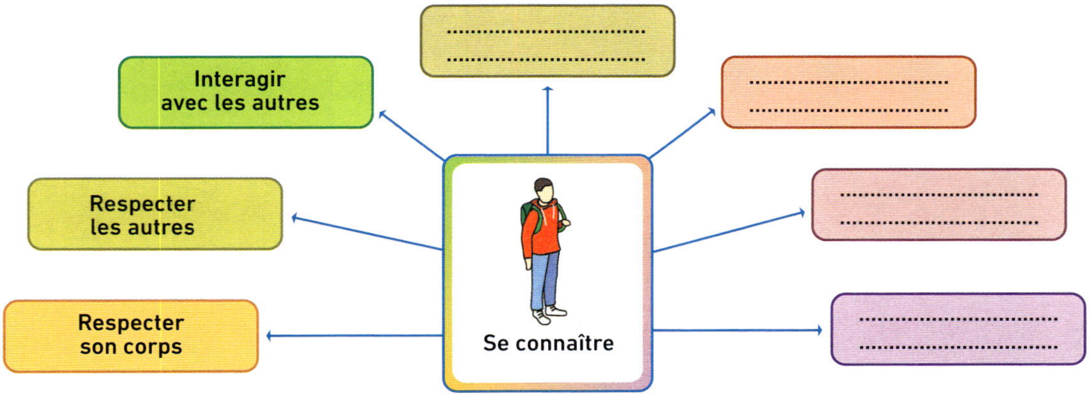

- Connaître les capacités et les limites de son corps
- Considérer le sentiment amoureux comme honteux
- Exprimer ses sentiments et ses émotions
- Considérer que je peux faire ce que je veux avec mon corps
- Éviter les conduites addictives
- Consommer des drogues avec modération
- Se porter volontaire pour être médiateur

CHAPITRE 2

La liberté, un droit fondamental

Pourquoi la liberté est-elle le fondement de notre démocratie ?

hatier-clic.fr/h4120

1 Nos droits, nos libertés

(Affiche du Conseil de l'Europe, 2016.)

La Convention européenne des droits de l'homme a été signée en 1950.
En 2016, tous les pays d'Europe l'ont signée, à l'exception du Bélarus (Biélorussie).

Compétences

La sensibilité — Je comprends l'aspiration à la liberté

Le droit et la règle — Je connais les principes des grandes déclarations des droits de l'Homme

Le jugement — Je reconnais les libertés fondamentales et comprends comment elles s'exercent en France

L'engagement — Je comprends que l'engagement pour la liberté est fondamental en démocratie

Article 4
La liberté consiste à pouvoir faire tout ce qui ne nuit pas à autrui : ainsi, l'exercice des droits naturels de chaque homme n'a de bornes que celles qui assurent aux autres membres de la société la jouissance de ces mêmes droits. Ces bornes ne peuvent être déterminées que par la loi.

▪ *Déclaration des droits de l'Homme et du citoyen*, 1789

2 Défendre la liberté
(Photographie de Martin Argyroglo, place de la Nation, 12 janvier 2015.)
Intitulée *Le crayon guidant le peuple*, cette photographie a été réalisée lors des défilés après les attentats de Paris les 7, 8 et 9 janvier 2015.

1. **Doc. 1** | Comment ces tee-shirts représentent-ils différentes formes de liberté ?
2. **Doc. 2** | Que veulent défendre les manifestants du 12 janvier 2015 ?

La liberté : un droit de l'Homme

hatier-clic.fr/hg4121

1 Les droits de l'Homme

Art. 1er - Tous les êtres humains naissent libres et égaux en dignité et en droits. [...]
Art. 3 - Tout individu a droit à la vie, à la liberté et à la sûreté de sa personne.
Art. 4 - Nul ne sera tenu en esclavage ni en servitude ; l'esclavage et la traite des esclaves sont interdits sous toutes leurs formes. [...]
Art. 12 - Nul ne sera l'objet d'immixtions* arbitraires dans sa vie privée, sa famille, son domicile ou sa correspondance, ni d'atteintes à son honneur et à sa réputation. [...]
Art. 13 - Toute personne a le droit de circuler librement et de choisir sa résidence à l'intérieur d'un État. Toute personne a le droit de quitter tout pays, y compris le sien, et de revenir dans son pays.
Art. 18 - Toute personne a droit à la liberté de pensée, de conscience et de religion ; ce droit implique la liberté de changer de religion ou de conviction ainsi que la liberté de manifester sa religion ou sa conviction seule ou en commun, tant en public qu'en privé, par l'enseignement, les pratiques, le culte et l'accomplissement des rites.
Art. 19 - Tout individu a droit à la liberté d'opinion et d'expression, ce qui implique le droit de ne pas être inquiété pour ses opinions [...] par quelque moyen d'expression que ce soit.
Art. 20 - Toute personne a droit à la liberté de réunion et d'association pacifiques. [...]
Art. 21 - Toute personne a le droit de prendre part à la direction des affaires publiques de son pays, soit directement, soit par l'intermédiaire de représentants librement choisis. [...] La volonté du peuple est le fondement de l'autorité des pouvoirs publics. [...]
Art. 23 - [...] Toute personne a le droit de fonder avec d'autres des syndicats et de s'affilier à des syndicats pour la défense de ses intérêts. [...]
Art. 29 - [...] Dans l'exercice de ses droits et dans la jouissance de ses libertés, chacun n'est soumis qu'aux limitations établies par la loi exclusivement en vue d'assurer la reconnaissance et le respect des droits et libertés d'autrui et afin de satisfaire aux justes exigences de la morale, de l'ordre public et du bien-être général dans une société démocratique.

* Immixtion : intervention, intrusion.

▪ *Déclaration universelle des droits de l'Homme*, adoptée le 10 décembre 1948 par l'Assemblée générale des Nations unies.

2 Choisir ses représentants

Panneaux d'affichage pour l'élection présidentielle de 2012.

Le Coin Philo

LE MOT ET SON USAGE

« Liberté »

On considère d'ordinaire qu'être libre, c'est faire ce que l'on veut. À la lumière de la *Déclaration universelle des droits de l'Homme*, et de l'article 29 en particulier, il semble pourtant établi que la liberté s'exerce dans certaines limites.

- **Quelles sont ces limites ?**
- **Pourquoi invitent-elles à donner une nouvelle définition, plus précise et plus juste, de la liberté ?**

3 **Défendre des droits sociaux**
(Affiche de la Confédération générale du travail, CGT, septembre 2015.)
La Confédération générale du travail est un des plus importants syndicats français de salariés.

4 **Se réunir pour mieux vivre ensemble**
(Affiche pour la fête des associations de Langres en Haute-Marne, 2015.)

5 **Manifester pour la liberté**
Manifestation pour le droit des femmes à Belleville, 8 mars 2016.

Vocabulaire

droit : ensemble de lois ou de règles juridiques assurant l'exercice des libertés.

libertés fondamentales : libertés reconnues à tous les citoyens dans une démocratie. On distingue les libertés individuelles et les libertés collectives.

syndicat : groupement visant à défendre des intérêts, le plus souvent professionnels.

QUESTIONS

Je connais les différentes déclarations des droits de l'Homme

1. **Doc. 1** | Quels droits *la Déclaration universelle des droits de l'Homme* énonce-t-elle ?
2. **Doc. 1 et doc. 1 p. 408** | Quels points communs existe-t-il entre ces deux déclarations ? Quelles différences ?

Je sais comment s'exercent mes libertés

3. Complétez le tableau :

	Liberté	Exemple d'exercice de cette liberté	Article de la DUDH (doc. 1) correspondant
Doc. 2			
Doc. 3			
Doc. 4			
Doc. 5			

Synthèse

Rédigez un texte d'une vingtaine de lignes dans lequel vous présenterez deux libertés et la manière dont vous pouvez les exercer au sein du collège ou dans la vie quotidienne.

Art et liberté

Vocabulaire

allégorie : représentation d'une idée abstraite (comme la liberté) par une image ou un récit.

Marianne : figure allégorique de la République française représentée par une femme, souvent coiffée d'un bonnet phrygien.

1 ***La Liberté guidant le peuple***

(Eugène Delacroix, *28 Juillet. La Liberté guidant le peuple*, 1830, huile sur toile, 260 x 325 cm, Musée du Louvre, Paris.)

Delacroix a réalisé cette peinture à l'occasion de la révolution de 1830.

« J'ai entrepris un sujet moderne, une barricade, et si je n'ai pas vaincu pour la patrie, au moins peindrai-je pour elle. Cela m'a remis de belle humeur. » (lettre de Delacroix à son frère, 28 octobre 1830).

2 **La liberté selon Plantu**

(Plantu, *La Liberté sera toujours la plus forte*, *Le Monde*, 10/01/2015.)
Plantu reprend l'œuvre de Delacroix au lendemain des attentats de Paris en janvier 2015 qui ont provoqué, notamment, la mort des dessinateurs de *Charlie Hebdo*.

3 **Astérix : le « neuvième art » et la liberté**

(*L'anniversaire d'Astérix et Obélix – Le livre d'or*, Goscinny – Uderzo, Les Éditions Albert René, 2016.)

Le Coin Philo

À PARTIR DE VOTRE EXPÉRIENCE

La liberté est un droit fondamental, mais elle implique des conditions pour exister. Il y a donc une différence entre la liberté donnée à la naissance (liberté de droit) et la liberté qui nécessite éducation et expérience (liberté de fait).

- **À la lumière de votre expérience et des documents, donnez des exemples de libertés qui ont évolué avec l'histoire.**

QUESTIONS

Je comprends que la liberté inspire les artistes

1. **Doc. 1** | Comment la liberté est-elle représentée ?
2. **Doc. 1** | Que font les différents personnages du tableau ? Recherchez pour quelle raison.
3. **Doc. 1** | Pourquoi une peinture permet-elle aussi de défendre la liberté ?

Je reconnais l'influence d'une œuvre d'art pour représenter la liberté

4. **Doc. 2** | À quelle occasion Plantu a-t-il réalisé ce dessin ?
5. **Doc. 2** | Quel message Plantu veut-il transmettre ?
6. **Doc. 3** | Quel lien peut-on établir entre la toile de Delacroix et le personnage de bande dessinée Astérix ?
7. **Doc. 2 p. 371** | Montrez que la photographie est, elle aussi, inspirée par l'œuvre de Delacroix.

Synthèse

Expliquez comment l'œuvre de Delacroix influence la manière dont on peut représenter la liberté aujourd'hui.

Tâche complexe
JE M'ENGAGE

J'explique la conquête des libertés

ACTIVITÉ

Les libertés sont le fruit d'une longue conquête, qui s'est accélérée avec l'exercice de la démocratie en France.

Construisez une frise chronologique pour expliquer à vos camarades que les libertés dont ils profitent aujourd'hui ont été le résultat d'une longue conquête qui n'est pas encore achevée. Vous pouvez la dessiner sur une feuille ou la réaliser numériquement.

Coup de pouce
- Je cherche et classe les informations utiles au brouillon.
- Je trace le cadre de la frise en laissant assez de place pour qu'elle reste lisible.
- Je respecte l'échelle de temps choisie.
- J'utilise de la couleur et des illustrations, et je n'oublie pas le titre.

Boîte à outils

Documents complémentaires
- textes fondamentaux, p. 408
- document 1 p. 372

Ressources numériques
- Un outil pour créer sa propre frise chronologique :

hatier-clic.fr/hg4122

- Des vidéos sur la liberté d'expression :

hatier-clic.fr/hg4123

1 La longue conquête des libertés en France

1789	• La liberté devient un droit naturel • Liberté de circulation • Liberté de religion • Liberté d'opinion • Liberté d'expression • Liberté de réunion
1848	• Abolition de l'esclavage • Suffrage universel masculin à 21 ans
1864	• Droit de grève
1881	• Liberté de la presse, de réunion, d'affichage
1884	• Liberté syndicale
1901	• Liberté d'association
1905	• Loi de séparation des Églises et de l'État (laïcité)
1935	• Liberté de manifestation
1944	• Droit de vote des femmes
1974	• Droit de vote à 18 ans
1978	• Loi informatique et libertés
2013	• Loi sur le mariage pour tous

2 Des libertés garanties par des textes fondamentaux

a **Art. 10** - Nul ne doit être inquiété pour ses opinions, même religieuses [...]
Art. 11 - [...] Tout citoyen peut parler, écrire, imprimer librement [...]
Art. 17 - La propriété étant un droit inviolable et sacré, nul ne peut en être privé.

▪ *Déclaration des droits de l'Homme et du citoyen*, 1789.

b **5.** Chacun a le devoir de travailler et le droit d'obtenir un emploi. [...]
6. Tout homme peut défendre ses droits et ses intérêts par l'action syndicale [...].
7. Le droit de grève s'exerce dans le cadre des lois qui le réglementent.
11. [La Nation] garantit à tous [...] la protection de la santé, la sécurité matérielle, le repos et les loisirs.

▪ *Préambule de la Constitution de la IVe République*, 1946.

c **Art. 12** - Nul ne sera l'objet d'immixtions* arbitraires dans sa vie privée [...].
Art. 13 - Toute personne a le droit de circuler librement [...].
Art. 23 - [...] Toute personne a droit au travail [...] et à une protection contre le chômage.

* Immixtion : intervention, intrusion.

▪ *Déclaration universelle des droits de l'Homme*, 1948.

3 Devenir libre

(François Auguste Biard, *L'abolition de l'escavage dans les colonies françaises en 1848*, huile sur toile, 260 m x 392 m, 1849, Château de Versailles.)

4 Des libertés encore à conquérir

(Affiche du collectif « droits de vote 2014 », 2013.)
En 2013, le collectif « droits de vote 2014 », qui regroupe des associations, des partis politiques et des syndicats, demande aux citoyens français de signer une pétition en faveur du droit de vote des étrangers.

Vocabulaire

liberté syndicale : droit d'adhérer ou non à un syndicat, c'est-à-dire à un groupement visant à défendre des intérêts, le plus souvent professionnels.

5 Des libertés parfois difficiles à faire respecter

La CNIL (Commission nationale de l'informatique et des libertés) défend les droits des usagers.

La CNIL refuse de donner raison à Google sur le « droit au déréférencement ». Elle le menace de sanction s'il persiste à refuser de retirer des contenus de ses moteurs de recherche dans le monde entier. Le conflit repose une question récurrente : qui peut décider de ce que l'on trouve sur Internet ? Autrement dit, quel droit s'applique aux géants du web ? Au cœur du problème : le fait que les législations sont nationales, alors que le web, lui, est international. [...] Depuis un arrêt de la Cour de justice de l'Union européenne (CJUE) de 2014, toute personne peut demander à un moteur de recherche d'effacer les résultats qui apparaissent quand on fait une recherche sur son nom. Depuis, Google a effacé des résultats de recherches faites sur google.fr, mais il suffit de se rendre sur google.com pour les trouver. [...] Réponse de Google : la France n'est pas compétente pour définir le droit qui doit s'appliquer dans le monde entier. Un argument qui n'a pas convaincu la CNIL. Elle réaffirme aujourd'hui que Google « doit dès à présent se conformer à la mise en demeure ». Autrement, l'institution pourra décider d'une sanction. Au regard de la loi actuelle, elle pourra s'élever à 150 000 euros au maximum.

■ Catherine Pétillon, « Qui peut décider de ce que l'on trouve sur Internet ? », franceculture.fr, 21/09/2015.

Tâche complexe

JE M'ENGAGE

Je deviens journaliste

ACTIVITÉ

Chaque année, la semaine de la presse et des médias a lieu au début du printemps.

Avec un groupe de deux ou trois camarades, réalisez un article qui sera publié dans le journal ou sur le blog du collège. Vous pouvez aussi créer un enregistrement pour la webradio, si votre établissement a la chance d'en avoir une.

Coup de pouce

- Je réfléchis avec mes camarades à un sujet qui m'intéresse. Je choisis la forme que prendra mon action : article, reportage photo, enregistrement…
- Je réalise des recherches sur le sujet choisi.
- Je prépare mon travail à l'écrit.
- Je rédige mon article (ou je réalise mon enregistrement), sans oublier un titre qui attire l'attention et une illustration.
- Si votre classe est déjà bien avancée dans la connaissance des médias, vous pouvez participer au concours Médiatiks :

hatier-clic.fr/hg4125

Boîte à outils

Documents complémentaires

- « La liberté d'expression en 10 questions », Okapi :

hatier-clic.fr/hg4126

Ressources numériques

- Le Clemi (Centre de liaison de l'enseignement et des médias d'information) :

hatier-clic.fr/hg4127

hatier-clic.fr/hg4124

Vocabulaire

éthique : ensemble de valeurs et de règles morales.

1 « La liberté d'expression, ça s'apprend ! »
(Affiche de la 27e édition de la semaine de la presse et des médias dans l'École, CLEMI, 2015-2016.)

hatier-clic.fr/hg4128

2 Les règles du journalisme

La morale
Le mensonge et la calomnie sont les fautes les plus graves que peuvent commettre les journalistes. [...]

La rigueur
Les journalistes [...] ne doivent pas modifier les documents qu'ils citent ni déformer volontairement les faits qu'ils décrivent.

La loyauté
Les journalistes n'ont pas le droit de se faire passer pour quelqu'un d'autre afin d'obtenir des informations.

La protection des sources
Parfois, des gens acceptent de donner des informations utiles à condition que leur nom ne soit pas dévoilé. Les journalistes sont tenus de respecter cet anonymat, même devant la justice. [...]

Le droit à l'image
Si un journaliste veut diffuser une image de quelqu'un dans sa vie privée, il faut lui demander l'autorisation. [...]

Le droit de réponse
Toute personne citée dans un article a le droit de faire corriger les informations importantes parues sur lui en adressant au journal un « droit de réponse » que celui-ci est tenu de publier.

L'honnêteté
Les journalistes n'ont pas le droit de faire de la publicité pour un produit ou un service. Car, dans ce cas, ils sont payés par le fabricant et ils ne travaillent pas pour leur journal (et ses lecteurs), mais pour eux.

■ **« Les règles du journalisme », publié dans « Les Docs de Mon Quotidien – La République, c'est quoi ? » n° 54, www.monquotidien.fr.**

3 Une webradio* au collège

Christine Dobrowolski, professeur documentaliste au collège Saint-Exupéry de Chaumont-en-Vexin, s'est lancée depuis la rentrée 2013 dans un projet de club radio avec les élèves du collège.

On s'est dit : comment améliorer la communication dans l'établissement ? Et j'avais entendu parler des projets de club radio, de radio Internet, et je me suis dit pourquoi ne pas essayer, c'est peut-être aussi une bonne façon de mieux communiquer et de faire parler les élèves. C'est un club qui consiste à faire avec les élèves de petits reportages qui mettent en valeur leurs projets et les actions dans le collège. [...] Faire un club radio, ça passe par l'écrit, par une préparation très très précise.

* Webradio : radio en ligne sur Internet.

■ **Texte extrait de la vidéo, site du réseau Canopé d'Amiens, mars 2014.**

hatier-clic.fr/hg4129

4 La liberté d'expression en France

source : Infographie du gouvernement français, 26 mars 2015.

Méthode Le débat p. 352

Faut-il limiter les libertés sur Internet ?

hatier-clic.fr/hg4130

1 Je prépare

Avant le débat, je comprends les arguments.

Après avoir lu l'ensemble des documents et à l'aide de vos connaissances, répondez aux questions suivantes, individuellement ou en groupe.

1. Est-il possible d'être entièrement libre sur Internet ?
2. Quelles sont les atteintes aux libertés citées dans ces documents ?
3. Comment l'exercice de la liberté des uns se heurte à la protection de la liberté des autres ?
4. S'il faut limiter les libertés sur Internet, quelles en sont les raisons ? Qui doit le faire ?

1 Copier n'est pas jouer : le plagiat
(Dessin de Jacques Azam, *1jour1actu*, 2012.)

Le Coin Philo

VALEURS

« La liberté »

Si la liberté implique la possibilité d'exprimer ses convictions et d'agir en fonction d'elles, c'est qu'elle garantit l'épanouissement de notre individualité.

- **En quel sens le plagiat met-il en péril la liberté de celui qui est plagié ?**
- **Pourquoi est-il également un obstacle à la liberté de celui qui plagie ?**

2 Non à la diffamation !

Une dizaine d'élèves d'un collège d'Alsace ont créé sur le réseau social Facebook un groupe dans lequel ils insultaient leur professeur. Suite à cela, la direction de l'établissement a exclu temporairement les élèves incriminés pendant une journée avec une rédaction sur le sujet. Le principal du collège et le professeur diffamé ont porté plainte contre les créateurs du groupe pour diffamation. Le premier explique [...] que « le comité éducatif me suit et certains pensent que la sanction n'est pas assez forte ».
Les parents d'élèves ont estimé la mesure « excessive ».

▪ **echosdunet.net, mars 2010.**

Vocabulaire

diffamation : fait de porter atteinte à l'honneur ou à la réputation de quelqu'un.

droit d'auteur : droit qui fait de l'auteur le seul propriétaire de sa création. Une œuvre ne peut être ni diffusée ni exploitée sans l'autorisation de l'auteur.

plagiat : fait de copier un auteur ou un créateur sans le citer ou le dire.

réseaux sociaux : sites Internet permettant de créer un page personnelle afin de partager et d'échanger des contenus avec une communauté d'amis et leur réseau de connaissance (Facebook, Twitter, Instagram...).

surfer : consulter des sites sur Internet.

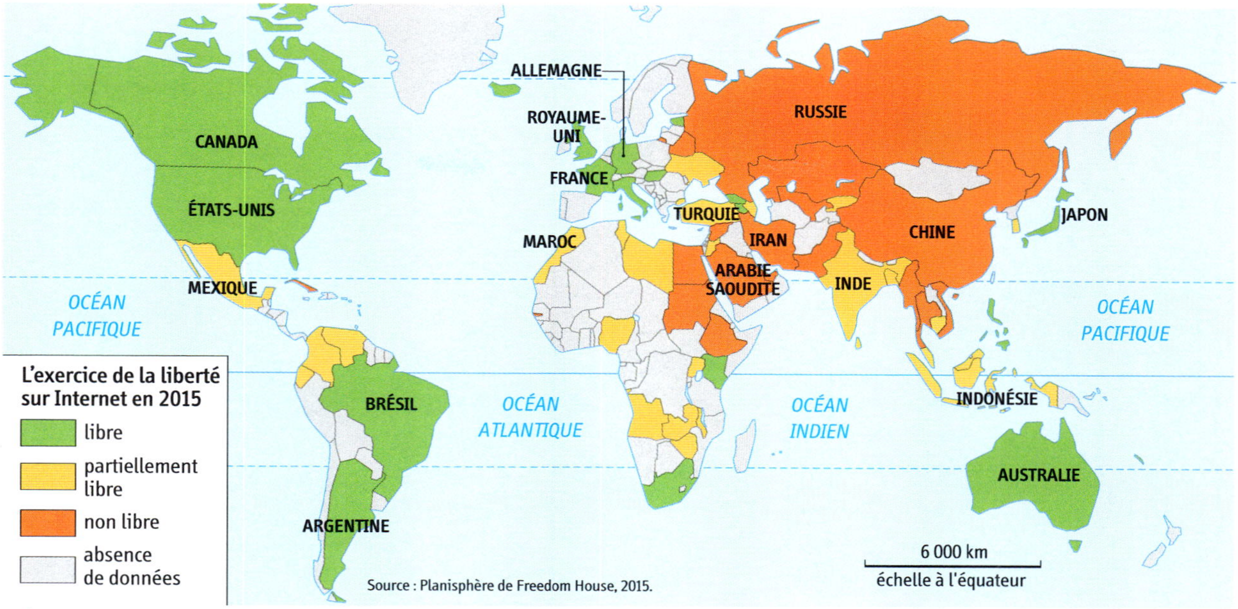

3 Internet, une liberté mal partagée dans le monde

4 Des limites à la liberté de surfer sur Internet

(Capture d'écran d'un blocage de site Internet)
Pour lutter contre le terrorisme, le gouvernement français a décidé, en février 2015, de bloquer l'accès à des sites Internet qui font l'apologie du terrorisme.

hatier-clic.fr/hg4131

interieur.gouv.fr
MINISTÈRE DE L'INTÉRIEUR

VOUS AVEZ ÉTÉ REDIRIGÉ VERS CETTE PAGE DU SITE DU MINISTÈRE DE L'INTÉRIEUR CAR VOUS AVEZ TENTÉ DE VOUS CONNECTER À UN CONTENU ILLICITE.

Cette redirection est conforme à l'article 6-1 de la loi du 21 juin 2004 pour la confiance dans l'économie numérique.

Si vous estimez que la page bloquée n'est pas illicite, vous pouvez contester la présente décision. Pour connaitre les voies et délais de recours, cliquez ici.

Votre redirection vers cette page d'information ne signifie pas que vous allez faire l'objet de poursuites judiciaires.

2 Je participe

***Pendant le débat**, je suis capable d'exprimer des arguments et d'écouter mes camarades.*

5. À l'oral, exposez vos arguments pour répondre à la question du débat.

6. Répondez de manière argumentée et structurée aux arguments de ceux qui ne sont pas d'accord avec vous. Respectez leur parole.

3 Je conclus

***À l'issue du débat**, je suis capable d'adopter un point de vue nuancé et enrichi par la discussion.*

7. Récapitulez vos arguments en choisissant le support de votre choix : texte, affiche, schéma...

JE M'EXERCE

1 J'analyse un poème engagé

Eluard écrit ce poème lors de l'occupation de la France par les Allemands, pendant la Seconde Guerre mondiale.

Sur mes cahiers d'écolier
Sur mon pupitre et les arbres
Sur le sable sur la neige
J'écris ton nom

Sur toutes les pages lues
Sur toutes les pages blanches
Pierre sang papier ou cendre
J'écris ton nom

[...]
Sur toute chair accordée
Sur le front de mes amis
Sur chaque main qui se tend
J'écris ton nom

Sur la vitre des surprises
Sur les lèvres attentives
Bien au-dessus du silence
J'écris ton nom

Sur mes refuges détruits
Sur mes phares écroulés
Sur les murs de mon ennui
J'écris ton nom

Sur l'absence sans désir
Sur la solitude nue
Sur les marches de la mort
J'écris ton nom

Sur la santé revenue
Sur le risque disparu
Sur l'espoir sans souvenir
J'écris ton nom

Et par le pouvoir d'un mot
Je recommence ma vie
Je suis né pour te connaître
Pour te nommer

Liberté.

▪ **Paul Eluard, *Liberté, j'écris ton nom*, poésie et vérité, Éditions de Minuit, 1942.**

1. Pourquoi Eluard a-t-il écrit ce poème en 1942 ? Que voulait-il exprimer ?
2. Choisissez une strophe et expliquez à quoi elle vous fait penser.
3. Pourquoi peut-on dire que ce poème est toujours actuel aujourd'hui ?

2 Je comprends l'engagement d'une personnalité en faveur de la liberté

(Affiche pour la Journée mondiale de la liberté de la presse.)

1. Recherchez pour quelle liberté ou droit Martin Luther King s'est battu.
2. Pourquoi Martin Luther King a-t-il un bâillon sur la bouche ?
3. Quels effets encore actuels a son combat ?

Pour aller plus loin...

Des livres

- Anissa Castel, Morgan Navarro, ***Sommes-nous libres ?***, Gallimard Jeunesse, 2006.
- Jean-Luc Nancy, ***Tu vas obéir***, Les petites conférences, Bayard, 2014.
- George Orwell, ***1984***, 1949.
- Franck Pavloff, ***Matin brun***, Cheyne, 2002.

Des sites

- La Commission nationale de l'informatique et des libertés : hatier-clic.fr/hg4132
- L'exposition de la Bibliothèque nationale de France sur la presse : hatier-clic.fr/hg4133
- Le dossier sur la liberté de la presse, ***1jour1actu***, mars 2016 : hatier-clic.fr/hg4134

JE CONSTRUIS MON BILAN

1 Je retiens

A La liberté, les libertés

La liberté est un **droit naturel** de l'Homme. Elle est inscrite dans la *Déclaration des droits de l'Homme et du citoyen* de 1789. Il existe plusieurs **libertés fondamentales** : chaque individu jouit de la **liberté** de conscience, d'expression, de circulation... Il a droit au **respect de sa vie privée**. Les groupes d'individus possèdent d'autres libertés : de la presse, de manifester, de s'associer... L'exercice de ces libertés permet de faire vivre la **démocratie** en France.

B La longue conquête des libertés

Depuis la Révolution, les citoyens se sont battus pour le **respect des libertés fondamentales**. Par exemple, les hommes obtiennent le droit de vote en 1848, après une révolution, et les femmes en 1944, après l'avoir réclamé pendant de nombreuses années. Ailleurs dans le monde, de nombreux peuples ne bénéficient toujours pas de vraies libertés.

C Vivre ses libertés

Chaque citoyen français peut s'exprimer, circuler, pratiquer sa religion... Pourtant, il n'est pas libre de faire tout ce qu'il veut : il doit **respecter les lois**. Les lois garantissent les libertés, mais elles limitent aussi la liberté de chacun pour que les autres puissent exercer leur propre liberté.

Vocabulaire

démocratie : régime politique dans lequel le pouvoir appartient au peuple, qui l'exerce le plus souvent par l'intermédiaire de représentants élus.

droit naturel : ensemble des droits que toute femme et tout homme possèdent en raison de son appartenance à l'humanité (liberté, égalité...).

liberté : état d'une personne ou d'un peuple qui n'est pas sous la dépendance d'une autre puissance. La liberté est également la possibilité d'agir selon sa propre volonté dans le respect des lois.

libertés fondamentales : libertés reconnues à tous les citoyens dans une démocratie. On distingue les libertés individuelles et les libertés collectives.

2 Je réalise un schéma

Reproduisez puis complétez le schéma à l'aide des phrases ci-dessous.

hatier-clic.fr/hg4135

hatier-clic.fr/hg4136

Je peux aujourd'hui exercer mes .... (expression, religion, circulation, intimité...) car ....

Je dois respecter .... en acceptant ....

.... pour que mes libertés ne soient pas menacées, ... pour les défendre.

Je suis libre en France !

La France, pays des droits de l'Homme, reconnaît mes libertés fondamentales, qui sont affirmées dans les différentes .... (1789, 1948).

.... aux XIXe et XXe siècles pour obtenir le respect des libertés fondamentales par l'État.

- je dois être vigilant
- la liberté des autres
- je peux m'engager
- déclarations des droits de l'Homme
- libertés fondamentales
- les citoyens français se sont battus
- la démocratie les garantit
- des limites à ma propre liberté

CHAPITRE 3 La laïcité, pour vivre ensemble

Comment la laïcité nous permet-elle de mieux vivre ensemble ?

hatier-clic.fr/h4137

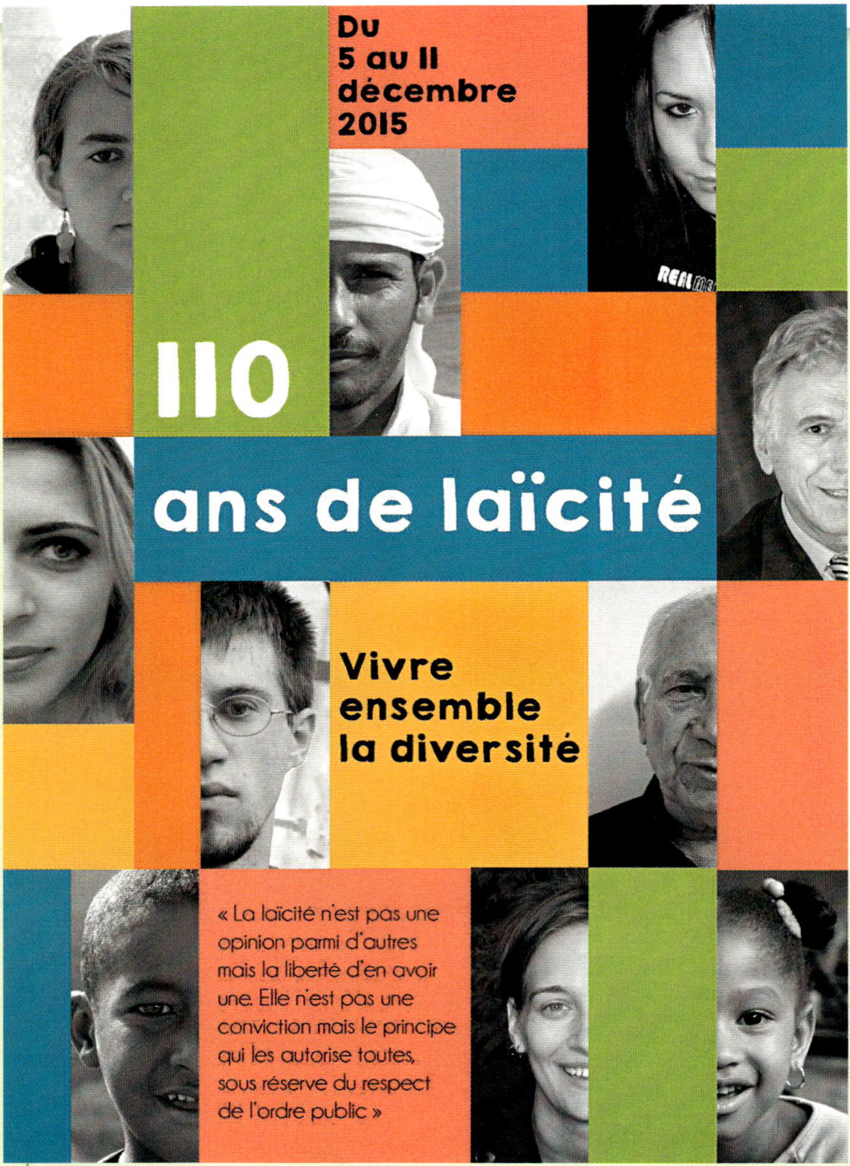

1 La laïcité dans la diversité
(Affiche de la semaine de la laïcité, Poitiers, décembre 2015.)

Compétences

La sensibilité — Je comprends que la laïcité permet aux libertés de chacun d'être reconnues

Le droit et la règle — Je sais que la laïcité organise le règlement intérieur et la vie de l'établissement

Le jugement — Je suis capable d'expliquer les enjeux de la laïcité

L'engagement — Je m'engage pour le respect de la laïcité dans le collège et dans la vie quotidienne

2 **Les valeurs de la République et la laïcité**
(Dessin de Jean Effel, 1965.)

Le Coin Philo — LE MOT ET SON USAGE

« La laïcité »

Historiquement, « laïcité » vient du grec *laïkos*, « qui vient du peuple ». Le terme s'oppose à « clerc, clérical, clergé » (*klèrikos*, en grec), qui renvoie aux institutions religieuses.

- **Pourquoi distingue-t-on ce qui relève du peuple, c'est-à-dire de l'ensemble des citoyens, et ce qui relève des clercs, c'est-à-dire des autorités religieuses ?**

1. **Doc. 1** | Pourquoi parle-t-on de « 110 ans de laïcité » en 2015 ? Que représentent ces visages pour vous ?
2. **Doc. 2** | Pourquoi la laïcité est-elle associée aux trois valeurs de la devise républicaine ?

La laïcité, l'école et la République

1 Ce que dit la loi

a Article 10

Nul ne doit être inquiété pour ses opinions, même religieuses, pourvu que leur manifestation ne trouble pas l'ordre établi par la loi.

▪ ***Déclaration des droits de l'Homme et du citoyen*, 26 août 1789.**

b Article 1

La République assure la liberté de conscience. Elle garantit le libre exercice des cultes sous les seules restrictions édictées ci-après dans l'intérêt de l'ordre public.

Article 2

La République ne reconnaît, ne salarie, ni ne subventionne aucun culte.

▪ **Loi du 9 décembre 1905 concernant la séparation des Églises et de l'État.**

c Article 1

La France est une République indivisible, laïque, démocratique et sociale. Elle assure l'égalité devant la loi de tous les citoyens sans distinction d'origine, de race ou de religion. Elle respecte toutes les croyances.

▪ **Constitution de la Ve République, 4 octobre 1958.**

2 Garantir la neutralité de l'école publique

(Caricature de Plantu, *Le Monde*, 21/09/1994.)

Vocabulaire

athéisme : fait de ne pas croire en Dieu.

discrimination : fait de distinguer et traiter différemment (le plus souvent de manière négative) quelqu'un ou un groupe par rapport aux autres. Faire de la discrimination, c'est faire des différences.

tolérance : fait d'accepter que les autres puissent penser ou agir différemment de soi.

valeur : idéal à suivre, à atteindre.

3 Éviter les divisions des citoyens

Cette école où personne, y compris le maître, ne peut inciter un autre à penser comme lui s'appelle l'école laïque. [...] Cela consiste à bien séparer le privé du public. [...]

Regarde, vous êtes nombreux dans ton lycée. Et vous provenez de milieux, de familles qui ne pensent pas pareil. [...]

Mettons que tu aies un camarade très catholique et très traditionaliste. Pour lui, Dieu a créé le monde en six jours, et sa famille voit d'un mauvais œil qu'il apprenne l'évolution des espèces selon Darwin. [...] Tu as une amie juive, très pieuse, qui ne peut pas venir en classe le samedi matin, jour de Shabbat. Et puis, tu as une copine musulmane dont le frère ne veut pas qu'elle suive le cours de gymnastique avec les garçons. Si chacun exige d'avoir son calendrier, son programme, ses professeurs, la communauté lycéenne va éclater en morceaux.

C'est afin de couper le lien traditionnellement établi entre une religion et un pouvoir qu'on a procédé, en 1905, à la séparation des Églises et de l'État. [...] L'État n'est pas compétent en matière religieuse et les Églises ne sont pas compétentes en matière politique. De même que les croyances ne doivent pas interférer avec les lois, ce qui divise ne doit pas empiéter sur ce qui unit.

▪ **Régis Debray, *La République expliquée à ma fille*, Éditions du Seuil, 1998.**

4 La laïcité, même en sortie scolaire

(« La laïcité entre potes », site interactif avec des bandes dessinées sans image, La Ligue de l'enseignement.)

L'obligation de respecter la laïcité s'applique aussi lors des sorties scolaires. La visite d'un lieu religieux est permise dès qu'il s'agit de travailler sur les aspects historiques, artistiques ou culturels de ce lieu.

Le Coin Philo

DILEMME MORAL

Imaginez que des proches se marient à l'Église alors que vous n'êtes pas croyant(e), ou bien que vous êtes croyant(e) et que vous avez l'occasion d'entrer dans des lieux de culte d'autres religions (mosquée, église, synagogue, pagode bouddhique...).

- **Décidez-vous de rester à l'extérieur de ces lieux de culte ? Pour quelle(s) raison(s) ?**
- **Quel peut-être l'intérêt de visiter un lieu de culte étranger à nos croyances ?**

5 L'inauguration du parvis de la laïcité

Entourés de jeunes, Frédéric Pasco, principal du collège Lasneau devant lequel se trouve le parvis, et Pascal Brindeau [maire de Vendôme, dans le Loir-et-Cher] dévoilent en quelques secondes l'imposante plaque du parvis de la Laïcité. [...] Frédéric Pasco poursuivait en affirmant : « Non, la laïcité, comme la démocratie ou la République, est un combat. » Les élus, membres des communautés religieuses de la ville, du Comité de défense de la laïcité et de la loge maçonnique* approuvaient en silence. Ses propos ont été renforcés par ceux de Pascal Brindeau : « Il nous a semblé évident que, pour prouver notre attachement à la laïcité, il ne pouvait y avoir de meilleur emplacement que celui qui marque l'entrée des élèves dans un établissement scolaire public. »

* Loge maçonnique : groupe de francs-maçons, c'est-à-dire de personnes qui se réunissent selon une organisation structurée et solidaire.

▪ **« La laïcité comme signe de paix », Alexandre Fleury, www.lepetitvendomois.fr, 25/01/2016.**

QUESTIONS

Je comprends que la laïcité est un principe fondamental de la République Française

1. **Doc. 1** | Que prévoient la loi de 1905 et la Constitution de 1958 concernant le principe de laïcité ?
2. **Doc. 1** | Expliquez comment la laïcité « respecte toutes les croyances ».

Je sais expliquer les enjeux de la laïcité

3. **Doc. 2** | En vous aidant des extraits des textes de loi (doc. 1), imaginez quelle pourrait être la réponse du professeur à la demande des quatre élèves.
4. **Doc. 3** | Quels sont les risques menaçant le « vivre ensemble » si le principe de laïcité n'est pas respecté ?
5. **Doc. 4** | Montrez que la laïcité permet à chaque élève de participer à toutes les sorties scolaires.
6. **Doc. 5** | Pourquoi est-il important de réunir tout le monde lors de l'inauguration du parvis de la laïcité ?

Synthèse

À partir des réponses aux questions précédentes et à l'aide de tous les documents, expliquez pourquoi la laïcité doit être une valeur partagée dans notre société. Vous pouvez le faire sous forme d'un texte ou d'un schéma.

Tâche complexe

JE M'ENGAGE

Je célèbre la Journée de la laïcité

la loi de séparation des

ACTIVITÉ

Le 9 décembre 1905 a été votée la loi de séparation des Églises et de l'État. Pour célébrer la laïcité, le 9 décembre est devenu « journée de la laïcité ».

Réalisez une affiche pour annoncer et faire connaître la journée de la laïcité. L'affiche pourra comprendre une partie dessinée, mais aussi du texte (légende, bulles de bande dessinée...).

Coup de pouce

- Je cherche l'endroit où la charte de la laïcité est affichée dans le collège, puis je la lis.
- Je réalise mon affiche, seul ou en groupe.
- Je prépare aussi une courte présentation orale de mon affiche pour expliquer mes choix et convaincre de l'importance de participer à la journée de la laïcité à l'école.

1 La charte de la laïcité à l'école

(Caricature parue dans *La Nouvelle République* le 10/09/2013.)
La charte de la laïcité à l'école a été élaborée en 2013 pour expliciter « le sens et les enjeux du principe de laïcité à l'école ». Elle doit faire l'objet d'un « affichage visible » dans les établissements scolaires. La charte de la laïcité à l'école est reproduite page 409.

2 Préparer la journée de la laïcité

(Bruno Amsellem, *Le Monde*, 09/12/2015.)
Des élèves de quatrième préparent la journée du 9 décembre 2015 au collège Rameau de Champagne-au-Mont-d'Or (Rhône).

Boîte à outils

Documents complémentaires

- « Comment réaliser une affiche » : hatier-clic.fr/hg4138

Ressources numériques

- Les clés de la République – La laïcité, clip vidéo de Public Sénat : hatier-clic.fr/hg4139
- La laïcité à l'école, clip vidéo d'EducationFrance : hatier-clic.fr/hg4140

3 Pourquoi une Journée de la laïcité ?

L'Observatoire de la laïcité recommande au Gouvernement d'instituer une « journée nationale de la laïcité » le 9 décembre de chaque année. [...] Cette « journée nationale de la laïcité » serait l'occasion de rappeler publiquement ce qu'est la laïcité, en ce qu'elle repose sur la séparation des Églises et de l'État et en ce qu'elle assure l'égalité républicaine en garantissant à chacun la liberté de croire ou de ne pas croire.
Cette « journée nationale de la laïcité », non fériée ni chômée, permettrait le soutien officiel et effectif de l'administration publique aux manifestations promouvant la laïcité, telle que précédemment définie et en tant que condition fondamentale du vivre ensemble, au sein du monde associatif et éducatif.
L'Observatoire de la laïcité recommande que, dans la journée du 9 décembre 2013, soit consacré dans tous les établissements scolaires un moment à la lecture et à l'explication de la charte de la laïcité à l'école.

▪ **Avis de l'Observatoire de la laïcité, 19/11/2013.**

4 Une semaine de la laïcité

(Affiche éditée par l'UFAL, Union des Familles laïques, à l'occasion de la semaine de la laïcité, 2012.)

5 Défendre la laïcité

Je suis heureux de vous accueillir aujourd'hui pour la dénomination du Chemin de la laïcité.
Cette journée du 9 décembre est une date symbolique, car elle est la date anniversaire de la loi de 1905 instituant la séparation des Églises et de l'État. [...] La Laïcité repose sur l'égalité des citoyens.
Elle est notre bien commun à tous et s'appuie sur trois notions fondamentales, trois piliers. *La séparation des Églises et de l'État*, qui protège l'action publique et les droits des citoyens de toute intrusion des croyances religieuses. *La liberté de conscience*, qui permet à chacun la liberté de croire ou de ne pas croire, donc de pratiquer librement sa religion. [...]
Le vivre ensemble, dans le respect des croyances, des opinions et convictions diverses de chacun, bref dans le respect de nos différences. Ces trois piliers sont indissociables et nécessaires. Porter atteinte à l'un d'eux, c'est remettre en cause la laïcité même. [...] Et pourtant on observe aujourd'hui des tentatives de remise en cause de cette valeur essentielle. [...] Ici montent les intégrismes*. Là, on stigmatise des personnes en fonction de leurs croyances religieuses supposées. Nous devons nous engager plus que jamais pour l'égalité et contre les discriminations. [...] À Guyancourt, cet engagement correspond à une exigence laïque portée dans tous les services publics communaux, en mairie, dans les écoles, dans les centres de loisirs.

* Intégrisme : forme de pensée et de pratiques religieuses qui refusent toute évolution au nom de la tradition.

▪ **Discours prononcé par François Deligné, maire de Guyancourt, 09/12/2012, à l'occasion de l'inauguration du Chemin de la laïcité.**

JE M'EXERCE

1 Je compare le principe de laïcité en France et aux États-Unis

a Barack Obama prête serment sur la Bible, le 20 janvier 2009.

b Premier amendement

Le Congrès ne fera aucune loi qui touche l'établissement ou interdise le libre exercice d'une religion.

■ **Constitution des États-Unis, 1791.**

1. Quelle est la cérémonie représentée sur la photo ? Que fait Barack Obama ?
2. En utilisant les documents **a** et **b**, expliquez pourquoi le principe américain de laïcité est différent du principe laïque français impliquant une « séparation des Églises et de l'État » (loi de décembre 1905).

2 J'analyse un sondage sur la laïcité

Pour toi, c'est quoi la laïcité ?

Source : Infographie du journal *Le Parisien*, à partir d'un sondage réalisé par l'AFEV en mai-juin 2015 auprès de 653 collégiens.

1. Par quelle expression pourriez-vous remplacer « accepter toutes les religions » ?
2. Quelle définition vous paraît la plus juste ? La moins juste ? Expliquez pourquoi.
3. À votre avis, quelles ont pu être les réponses « autres » ?
4. Et vous, comment définiriez-vous avec vos propres mots ce qu'est la laïcité ?

Pour aller plus loin...

Des livres

- « La charte de la laïcité expliquée aux élèves », ***Mon quotidien*** n° 5073-5074-1, 14 septembre 2013.
- Patrick Banon, ***Guide du mieux vivre ensemble : ma laïcité, ma religion, mon identité***, Actes Sud Junior, 2016.
- Jean Baubérot et Rokhaya Diallo, ***Comment parler de laïcité aux enfants***, Le Baron perché, 2015.
- Martine Cerf et Marc Horwitz, ***Ma liberté, c'est la laïcité***, Armand Colin, 2015.
- Régis Debray, ***La République expliquée à ma fille***, Seuil, 1998.
- Eddy Khaldi, ***ABC de la laïcité***, Démopolis, 2015.
- Alain Serres et Pef, ***Mon école à nous. La laïcité a 100 ans***, La Maison aux histoires, Rue du monde, 2005.

Des sites

- Exposition virtuelle de la Bibliothèque nationale de France sur la laïcité : hatier-clic.fr/hg4141
- Clip vidéo (francetvéducation) « La laïcité » : hatier-clic.fr/hg4142
- ***Olivier, sur le chemin de la liberté***, brochure publiée en ligne par le Cidem : hatier-clic.fr/hg4143

JE CONSTRUIS MON BILAN

1 Je retiens

A La laïcité : une valeur de la République française

En France, la distinction entre politique et religion n'est pas très ancienne. Le principe de laïcité a été obtenu après un long combat. La **loi de 1905** sépare les Églises et l'État. L'État devient neutre et ne privilégie plus aucune religion. Mais il garantit à chacun la liberté de conscience et de culte, à condition de respecter les lois et de ne pas gêner la liberté des autres.
L'école, elle aussi, est laïque depuis les lois Ferry (1881-1882) ; elle prône donc **la neutralité et une égalité de traitement entre tous les élèves**, qu'ils aient une religion ou non.

B La laïcité : un principe permettant de vivre ensemble

Le principe de laïcité permet à chacun de croire ou de ne pas croire et de pratiquer son culte, s'il en a un. Son objectif n'est pas de s'opposer aux religions, mais de leur imposer des règles dans l'espace public afin que **chacune puisse s'y exprimer dans le respect de tous**.
La société française est marquée par la **diversité culturelle**. La laïcité permet aussi d'**unir les citoyens autour de ce qui les rassemble**, puisqu'aucune opinion n'est considérée comme supérieure aux autres. La laïcité est donc **intimement liée à la liberté** (liberté de croire ou de ne pas croire), **à l'égalité** (égalité de toutes les croyances) et **à la fraternité** (respect mutuel de tous).

Vocabulaire

discrimination : voir page 386.

laïcité : principe qui impose une séparation du domaine religieux et du domaine politique et public. L'État ne soutient aucune religion et garantit la liberté de conscience pour tous les citoyens.

liberté de conscience : liberté d'avoir les valeurs que l'on veut, de croire ou de ne pas croire, et de pouvoir changer de valeurs ou de religion.

tolérance : fait d'accepter que les autres puissent penser ou agir différemment de soi.

2 Je réalise un schéma

hatier-clic.fr/hg4144

hatier-clic.fr/hg4145

Reproduisez puis complétez le schéma en choisissant des mots ou expressions ci-dessous :

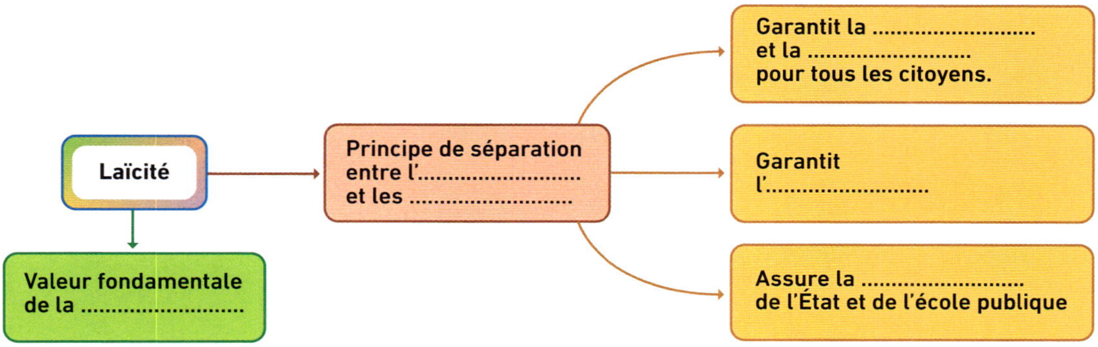

- religions
- État
- liberté de conscience
- liberté de pratiquer son culte
- neutralité
- République française
- égalité entre tous les citoyens

CHAPITRE 4

Garantir le droit par la justice

Comment la justice est-elle au service du droit en France ?

hatier-clic.fr/h4146

1 Le visage de la justice
(Sculpture en bois, XVIIIe siècle, musée de l'Hospice Comtesse, Lille.)

Compétences

La sensibilité — Je comprends que la justice permet aussi de respecter l'autre

Le droit et la règle — J'explique le rôle de la justice

Le jugement — Je sais que le droit protège les libertés fondamentales

L'engagement — Je comprends que le droit permet à chacun d'exercer sa citoyenneté

2 **Une greffière au tribunal correctionnel de Paris**
(Audience de la 14e chambre correctionnelle, palais de justice de Paris, 2002.)

1. **Doc. 1** | Comment est représentée la justice ? Expliquez chaque détail.
2. **Doc. 2** | À votre avis, que fait cette femme ? Faut-il que la justice soit rendue par des professionnels ? Justifiez votre réponse.

Le droit et la loi

1 Des règles à respecter
(Campagne de la RATP contre la fraude et l'incivilité dans les transports parisiens, 2016.)

le Coin Philo — VALEURS

« La justice »

Ce qui est juste, ce n'est pas seulement ce qui est conforme à la loi, mais aussi ce que l'on peut justifier par des valeurs morales. La loi est légitime si l'on peut justifier ses décrets. Il ne suffit pas de dire « J'ai le droit de... », encore faut-il savoir pourquoi ce qui est légal est légitime.

- **À votre avis, pourquoi la justice instituée doit-elle pouvoir se justifier ?**
- **Y a-t-il, selon vous, des lois injustes ? Lesquelles et pourquoi ?**

2 La loi pour protéger le droit

La liberté, c'est la possibilité pour une personne de faire tout ce qu'elle veut, où et quand elle le veut, de la manière qu'elle le souhaite. Dans la réalité de la vie en société, cette définition est difficilement applicable : on dit que « la liberté des uns s'arrête là où commence celle des autres » ; c'est-à-dire que la liberté doit respecter les droits des autres. Les libertés sont donc organisées par le droit et protégées par la justice.

C'est le rôle de la loi d'organiser les droits de chacun afin qu'ils n'empiètent pas les uns sur les autres. Et celui de la justice de veiller au respect de la loi.

Elle s'occupe de questions graves et change la vie des gens, parfois durablement. Pour organiser la vie en société, la France a fait le choix d'une règle écrite, c'est la loi. Tout le monde se doit de la respecter ; si quelqu'un enfreint la règle, la justice intervient. C'est comme cela que la paix sociale est rétablie !

▪ **Ministère de la Justice pour les adolescents, www.ado.justice.gouv.fr.**

3 Le droit au collège

Le règlement intérieur définit les règles qui régissent la vie quotidienne dans l'établissement, ainsi que les décisions individuelles que le chef d'établissement peut prendre en application de ces règles. Chaque adulte doit pouvoir s'y référer pour légitimer son autorité, en privilégiant la responsabilité et l'engagement de chacun. [...] le règlement intérieur place l'élève, en le rendant responsable, en situation d'apprentissage de la vie en société et de la citoyenneté. [...]

Le règlement intérieur précise les règles de vie collective applicables à tous les membres de la communauté éducative dans l'enceinte de l'établissement ainsi que les modalités spécifiques selon lesquelles sont mis en application les droits et libertés dont bénéficient les élèves.

▪ **Circulaire n°2011-112 du 1er août 2011, ministère de l'Éducation nationale.**

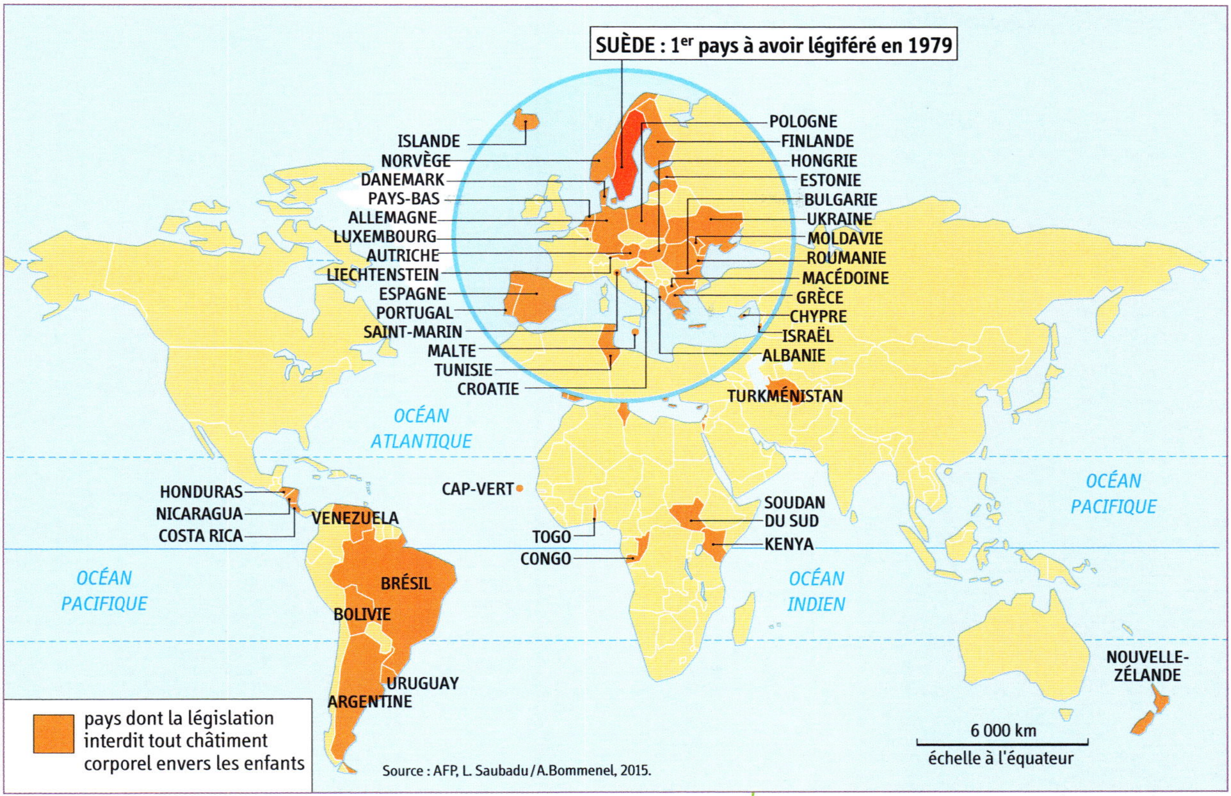

4 Un droit différent selon les pays

Vocabulaire

droit : ensemble des règles (lois) qui organisent la vie en société.

loi : règle votée par le Parlement et inscrite dans des codes (pénal, de la route, de la santé...) que doivent respecter tous les habitants d'un pays.

5 Quelques codes importants en France

Code	Domaines concernés
Code civil	- Statuts des personnes et des biens - Relations entre les personnes privées
Code pénal	- Infractions à la loi (contraventions, délits et crimes)
Code du travail	- Droit du travail - Contrats de travail de droit privé
Code de la route	- Circulation sur la voie publique
Code de commerce	- Droit commercial
Code de la consommation	- Droit de la consommation - Protection des consommateurs
Code de la famille	- Action sociale et famille
Code électoral	- Élections politiques
Code de la propriété intellectuelle	- Propriété industrielle, littéraire et artistique
Code de l'environnement	- Prévention des risques - Protection de l'environnement

QUESTIONS

J'explique les raisons de l'obéissance aux règles

1. **Doc. 1 et 2** | Que se passerait-il dans une société sans loi et sans droit ?
2. **Doc. 1, 2 et 3** | À quoi sert le droit ?
3. **Doc. 1** | Doit-on obéir aux lois par peur d'être puni ?

Je comprends les « limites » du droit

4. **Doc. 1** | Que provoque l'infraction à la loi ?
5. **Doc. 4** | Le droit est-il le même partout ?

Je connais quelques codes juridiques

6. **Doc. 5** | Quels domaines concernent les codes ?
7. **Doc. 5** | Pourquoi ces codes sont-ils aussi nombreux ?

Synthèse

Montrez en quelques paragraphes le rôle du droit dans la société.

La justice

1 Les symboles de la justice
(Fronton du palais de justice de Nice.)

2 Ce que dit la loi

Art. 5. La loi n'a le droit de défendre que les actions nuisibles à la société. Tout ce qui n'est pas défendu par la loi ne peut être empêché, et nul ne peut être contraint à faire ce qu'elle n'ordonne pas.
Art. 6. La loi est l'expression de la volonté générale. [...] Elle doit être la même pour tous, soit qu'elle protège, soit qu'elle punisse. [...]
Art. 7. Nul homme ne peut être accusé, arrêté ni détenu que dans les cas déterminés par la loi, et selon les formes qu'elle a prescrites. [...] tout citoyen appelé ou saisi en vertu de la loi doit obéir à l'instant : il se rend coupable par la résistance.
Art. 8. La loi ne doit établir que des peines strictement et évidemment nécessaires [...].
Art. 9. Tout homme étant présumé innocent jusqu'à ce qu'il ait été déclaré coupable, s'il est jugé indispensable de l'arrêter, toute rigueur qui ne serait pas nécessaire pour s'assurer de sa personne doit être sévèrement réprimée par la loi.

■ ***Déclaration des droits de l'Homme et du citoyen*, 1789.**

Le Coin Philo

LE MOT ET SON USAGE

« Justice »

Plusieurs étymologies ont été proposées pour le mot « justice ». Certains considèrent qu'il dérive du latin *jubere* « décréter » (ce qui est juste = ce qui est décrété par le droit) ; d'autres considèrent qu'il vient du latin *jus* « ce qui est saint et pur », rapprochant juger et jurer (*jurare*).

- **Pourquoi le fait de « jurer » (promettre de dire la vérité) est-il un élément clé de la justice ?**

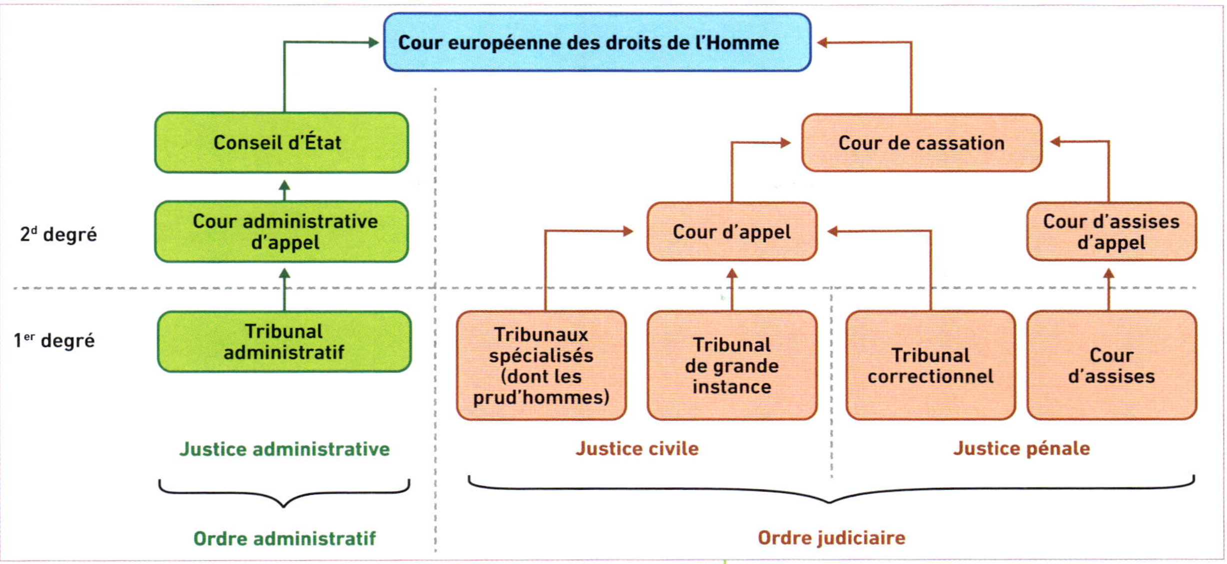

hatier-clic.fr/hg4147

3 L'organisation de la justice en France

4 Les principes de la justice

Elle doit être équitable et la même pour tous
Qu'elle soit française ou étrangère, riche ou pauvre, puissante ou faible, une personne doit être jugée de la même façon et profiter des mêmes garanties qu'une autre. Toutes les parties, c'est-à-dire les personnes en conflit lors d'un procès, ont les mêmes droits. [...]

Elle doit être neutre
Le juge doit prendre ses décisions en toute indépendance : il ne [...] doit pas se laisser influencer par ses opinions ou ses relations. Il doit expliquer les raisons qui l'ont poussé à prononcer un jugement.

Elle doit être gratuite
Les juges ne sont pas payés par les personnes qu'ils jugent mais par l'État. En revanche, celles-ci doivent payer les avocats, les huissiers. [...] Les personnes qui n'ont pas assez d'argent ont droit à une aide juridictionnelle payée par l'État.

Elle doit être publique
Les procès ont lieu en public (sauf pour certaines affaires, comme celles qui concernent des enfants). Les juges peuvent délibérer en privé, mais ils doivent prononcer leur jugement en public.

Elle doit pouvoir être contestée
Pour certaines affaires, si une personne n'est pas satisfaite de la décision d'un juge, elle peut faire appel, c'est-à-dire demander que l'affaire soit rejugée par d'autres juges.

▪ **« Les principes de la justice » publié dans Les Docs de Mon Quotidien – La République, c'est quoi ? », n° 54, www.monquotidien.fr.**

Vocabulaire

justice : institution qui veille au respect des lois et garantit les droits de chacun.

présomption d'innocence : principe selon lequel toute personne est innocente tant que sa culpabilité n'a pas été prouvée et prononcée par le juge.

QUESTIONS

Je comprends ce qu'est la justice

1. **Doc. 1 et doc. 1 p. 392** | Quels sont les symboles de la justice ? Que signifient-ils, d'après vous ?
2. **Doc. 2** | Choisissez un article et expliquez avec vos propres mots ce qu'il veut dire.
3. **Doc. 2** | Quel article définit la présomption d'innocence ?

Je connais le fonctionnement et les missions de la justice

4. **Doc. 3** | Quels sont les deux « ordres » (juridictions) de la justice française ? Dans le domaine judiciaire, quels sont les deux « types » de justice. Recherchez le rôle de chacun d'eux.
5. **Doc. 4** | Quel principe de la justice vous semble le plus important ? Expliquez pourquoi et confrontez votre réponse avec celles de vos camarades.

Synthèse

Rédigez quinze à vingt lignes pour expliquer ce qu'est la justice.

Arts et Emc

Art et justice

1

Le jugement de Salomon

(Nicolas Poussin, *Le Jugement de Salomon*, huile sur toile, 101 cm x 160 cm, 1649, Paris, musée du Louvre.)

Le jugement de Salomon est un célèbre épisode de la Bible. Deux femmes vivent dans la même maison, avec leurs deux enfants. L'un d'entre eux meurt. Les deux femmes prétendent alors toutes les deux que l'enfant survivant est le leur. Le roi Salomon décide de faire couper l'enfant en deux et d'en donner la moitié à chaque femme. L'une accepte, mais l'autre préfère que l'enfant vive même s'il est élevé par une autre femme. Le roi Salomon reconnaît la vraie mère dans la femme qui refuse de voir son enfant coupé en deux ; il lui confie donc l'enfant.

Vocabulaire

allégorie : représentation d'une idée abstraite par une image ou un récit.

2

Une allégorie de la Justice

(Gaetano Gandolfi, *Allégorie de la justice*, vers 1760, huile sur toile, 34 cm x 44 cm, Paris, musée du Louvre.)

3 La loi du plus fort

La raison du plus fort est toujours la meilleure :
Nous l'allons montrer tout à l'heure.
Un Agneau se désaltérait
Dans le courant d'une onde pure.
Un Loup survient à jeun, qui cherchait aventure,
Et que la faim en ces lieux attirait.
« Qui te rend si hardi de troubler mon breuvage ?
Dit cet animal plein de rage :
Tu seras châtié de ta témérité.
– Sire, répond l'Agneau, que Votre Majesté
Ne se mette pas en colère ;
Mais plutôt qu'elle considère
Que je me vas désaltérant
Dans le courant,
Plus de vingt pas au-dessous d'Elle ;
Et que par conséquent, en aucune façon,
Je ne puis troubler sa boisson.
– Tu la troubles, reprit cette bête cruelle,
Et je sais que de moi tu médis l'an passé.
– Comment l'aurais-je fait si je n'étais pas né ?
Reprit l'Agneau ; je tette encor ma mère
– Si ce n'est toi, c'est donc ton frère.
– Je n'en ai point. – C'est donc quelqu'un
[des tiens :
Car vous ne m'épargnez guère,
Vous, vos Bergers et vos Chiens.
On me l'a dit : il faut que je me venge. »
Là-dessus, au fond des forêts
Le loup l'emporte et puis le mange,
Sans autre forme de procès.

▪ **Jean de La Fontaine, « Le loup et l'agneau », *Fables*, livre 1, fable 10, 1668.**

4 Le palais de justice

(Palais de justice de Montpellier, 1846.)

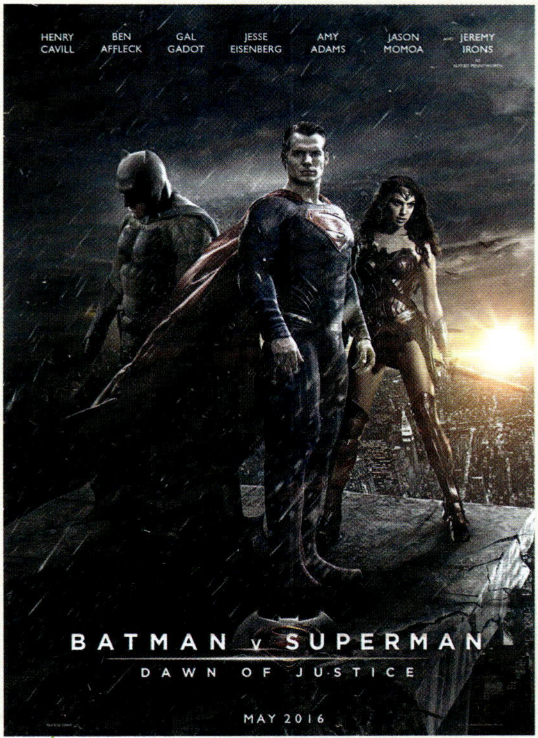

5 La justice des superhéros

(Affiche du film *Batman vs Superman. L'aube de la justice*, Zack Snyder, 2016.)

QUESTIONS

Je sais que les artistes ont utilisé le thème de la justice dans leurs œuvres

1. **Docs. 1 à 5 et doc. 1 p. 392** Quelles catégories de l'art sont représentées dans ces documents ?
2. **Doc. 3** | Pourquoi La Fontaine écrit-il que « la raison du plus fort est toujours la meilleure » ?
3. **Doc. 3** | À votre avis, la justice peut-elle s'appuyer sur la raison du plus fort ? Argumentez votre réponse.

J'explique comment les artistes ont représenté la justice

4. En groupe ou individuellement, choisissez deux des documents. Expliquez ce qu'ils représentent.
5. Quelle image donnent-ils de la justice ?
6. Confrontez vos idées avec celles de vos camarades à l'oral, en groupe ou en classe entière.

Synthèse

Expliquez pourquoi et montrez comment la justice inspire des artistes, en vous appuyant sur les documents et les œuvres que vous connaissez.

La justice des mineurs

1 Une justice pour les mineurs

En raison de leur âge, les enfants bénéficient d'une justice adaptée. Cette spécialisation a des racines dans la loi française, mais aussi dans les traités internationaux que la France signe et s'engage à respecter (comme la Convention internationale des droits de l'enfant).
Dans la justice civile des mineurs, l'État intervient pour protéger tout jeune en danger. C'est ce que dit l'article 375 du Code civil.
Dans la justice pénale des mineurs, quand l'enfant a fait quelque chose d'interdit, le principe reste l'éducation. C'est ce que dit l'ordonnance du 2 février 1945 :
- c'est un juge spécialisé qui prend les décisions : le juge des enfants ;
- le mineur est obligatoirement assisté d'un avocat ;
- pour préserver l'anonymat du jeune et son avenir le procès est à huis clos ;
- le mineur est poursuivi si la justice considère qu'il a agi avec discernement, c'est-à-dire qu'il était conscient de la portée de ses actes ;
- les décisions sont différentes en fonction de l'âge du mineur ;
- un jeune peut aller en prison à partir de 13 ans mais en dernier recours uniquement ; la peine encourue est divisée par deux par rapport à celle prévue pour un adulte ;
- les décisions de la justice sont mises en œuvre par des personnes spécialisées : les agents de la protection judiciaire de la jeunesse.

▪ **Ministère de la Justice pour les adolescents, www.ado.justice.gouv.fr**

Vocabulaire

infraction : non-respect de la loi.

litige : désaccord entre deux ou plusieurs personnes donnant lieu à un procès.

2 Connaître ses droits

(Affiche du ministère de la Justice, 2012.)
Les maisons de la justice et du droit permettent aux jeunes et aux moins jeunes de mieux connaître leurs droits et de régler certains petits litiges.

Le Coin Philo

À PARTIR DE VOTRE EXPÉRIENCE

Rendre la justice, cela s'oppose au fait de « se faire justice soi-même » : la loi intervient pour régler des conflits et réparer des crimes afin d'éviter que les injustices ne soient réparées par la vengeance.

- **À la lumière de votre expérience, donnez des exemples qui montrent qu'il est souvent injuste de vouloir « se faire justice soi-même ».**

3 La prévention de la délinquance chez les jeunes

4 Accompagner les mineurs

(Affiche de *La Tête haute*, Emmanuelle Bercot, 2015.)
Dans ce film, Malony est un adolescent délinquant qui est pris en charge par un juge pour enfants et un éducateur depuis ses six ans.

5 Un tribunal correctionnel pour les mineurs de 16 à 18 ans

Ces [...] tribunaux [créés en 2011] sont différents des tribunaux pour enfants. Ils concernent les mineurs âgés de 16 à 18 ans et récidivistes, ceux qui ont commis une ou plusieurs infractions et qui ont déjà été jugés. Ils sont composés de trois juges (dont un juge pour enfant) [...].
[Certains] considère[nt] qu'il faut traiter ces jeunes délinquants – car ils ont commis des infractions – comme des personnes responsables de leurs actes. En quelque sorte, cela revient à les traiter comme des adultes.
[D'autres] cherche[nt] un équilibre entre prévention et sanction. [Ils] considère[nt] que le plus important est de prendre en compte le fait que ces mineurs délinquants sont encore des adolescents. [Ils] tien[nen]t à ce que les mineurs ne soient pas jugés comme des adultes. Car les mineurs n'ont pas la même maturité que les adultes. C'est pourquoi [ils sont] plus réticent[s] à l'idée d'envoyer un jeune délinquant en prison, c'est-à-dire dans un univers violent, qui risquerait de le marquer à vie au lieu de l'aider à sortir de la délinquance.

▪ Camille Brunier, « Qu'est-ce qu'un tribunal pour mineur ? », *1jour 1actu*, 31/05/2012.

QUESTIONS

Je comprends les missions de la justice pour les mineurs

1. **Doc. 1 et 2** | Quelles sont les missions de la justice pour les mineurs ?
2. **Doc. 1** | Comment la justice s'adapte-t-elle à l'âge des mineurs ?

J'explique les limites de la justice des mineurs

3. **Doc. 3** | Que veut dire l'auteur de ce dessin ? Quelle image de la justice donne-t-il ?
4. **Doc. 4** | Comment l'histoire de Malony montre qu'il est parfois difficile de sortir de la délinquance, même accompagné par la justice ?

Je sais que la justice des mineurs peut provoquer des débats

5. **Doc. 5** | Expliquez pourquoi le tribunal correctionnel pour les mineurs divise les Français.
6. **Doc. 5** | D'après vous, faut-il que la justice traite les jeunes de 16 à 18 ans comme des adultes ? Justifiez votre réponse.

Synthèse

Rédigez une vingtaine de lignes pour expliquer à quoi sert la justice des mineurs.

Tâche complexe
JE M'ENGAGE

J'assiste à une audience au tribunal correctionnel

ACTIVITÉ

Chaque jour, les tribunaux correctionnels jugent des milliers d'affaires en France.

Préparez la participation de votre classe à une audience au tribunal correctionnel.

Coup de pouce
- Je commence par lire chaque document.
- J'explique à l'oral ou à l'écrit le fonctionnement de ce type de tribunal.
- Je participe à l'audience en respectant les principes de la justice.
- Je rédige un bilan de ce que j'ai vu au tribunal.

Boîte à outils

Ressources numériques
- Des collégiens au tribunal correctionnel :
  hatier-clic.fr/hg4148
- Le site officiel de l'administration publique :
  hatier-clic.fr/hg4149
- Une vidéo du ministère de la Justice :
  hatier-clic.fr/hg4150

1 Un jour au tribunal correctionnel

Chaque semaine, le tribunal correctionnel de Limoges voit défiler à la barre des dizaines de prévenus.

Il est 8 h 30. [...] « L'audience est ouverte, vous pouvez vous asseoir. » Au programme de cette journée de justice ordinaire : des dossiers d'escroquerie, de stupéfiants, de violences ou encore d'injures. À la barre, une douzaine de prévenus défileront tour à tour pour répondre de faits délictueux. [...] Le prévenu, un homme âgé de 66 ans qui souffre de problèmes d'alcoolisme récurrents, a beaucoup bu ce jour d'octobre 2014. Et dans ces conditions, les disputes peuvent prendre des proportions importantes. L'un de ses voisins âgé de 76 ans en a fait l'amère expérience en recevant un coup de couteau à la main. « Il m'a insulté. Si j'avais un couteau avec moi, c'était pour ouvrir les bouteilles », s'est justifié l'agresseur. Le sexagénaire [...] refuse d'aller en cellule de dégrisement et assène un coup de canne à l'un des gendarmes. Une mesure d'hospitalisation d'office est alors délivrée. « Impulsif, potentiellement dangereux et sans aucun sentiment de culpabilité », souligne le vice-procureur Bruno Robinet, l'homme de 66 ans condamné à trois mois de prison avec sursis devra se soumettre à une obligation de soins avec, en surplus, une interdiction de fréquenter des débits de boissons et de détenir une arme.

■ **Réginald Marie, « Chronique d'une journée d'audience au tribunal correctionnel de Limoges », lepopulaire.fr, 10/06/2015.**

Le Coin Philo

DILEMME MORAL

Imaginez que vous êtes convoqué(e) pour faire partie des jurés d'un tribunal. Le prévenu est jugé pour un acte de violence, mais les preuves ne sont pas accablantes. Un des jurés rappelle qu'il a déjà commis des actes de violence et que ce n'est que justice qu'il soit condamné, car il est très plausible qu'il soit coupable.

- **Comment réagissez-vous ?**

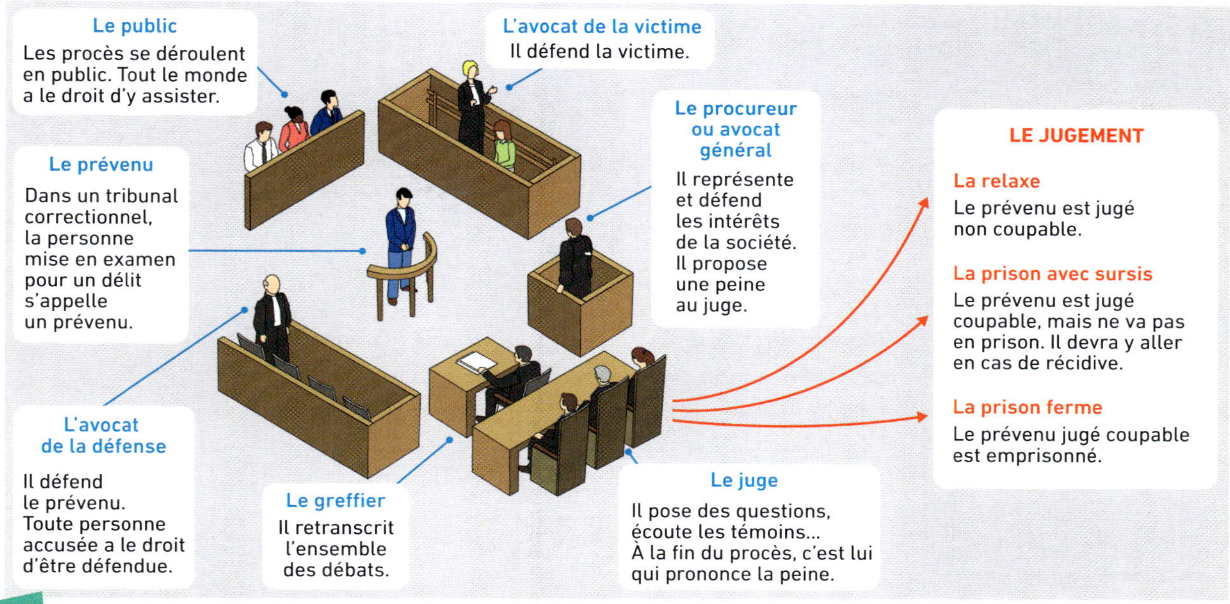

2 Au tribunal correctionnel, qui fait quoi ?

3 Dans la peau des acteurs de l'audience

Dans le cadre de l'opération Justiscène, les élèves rencontrent juge et avocat, et écrivent des scénarios de procès fictifs, qu'ils joueront au tribunal. Une immersion dans le monde de la justice.

L'opération Justiscène, c'est quoi ?

« Cela consiste, pour la classe sélectionnée, à écrire un procès avec l'aide de professionnels de la justice, détaille Laurence Nové-Josserand, documentaliste, pour le jouer ensuite en salle d'audience et en tenue professionnelle. »

[…] Les élèves de 4e B, accompagnés de Claudine Alluis, professeure d'histoire-géographie, et Cédric Collet, professeur de français, ont assisté à une audience correctionnelle au tribunal de grande instance (TGI), le 23 novembre 2015. […]

Les élèves ont ensuite travaillé trois thèmes : violence, escroquerie et violence conjugale. « Ils ont écrit trois scénarios. Avec, dans chaque groupe, un procureur, un avocat et un juge, précise Laurence Nové-Josserand. Les 29 élèves se sont déjà approprié les rôles. » […] La représentation du travail de la classe au TGI [est] programmée le vendredi 17 juin, de 14 h à 15 h 30. Les collégiens porteront alors les robes des professionnels.

Ce travail est l'occasion de découvrir le monde de la justice, de rédiger en équipe et de se lancer dans une vraie pièce de théâtre.

▪ « Les collégiens vont jouer un procès au tribunal », ouest-France.fr, 16/02/2016.

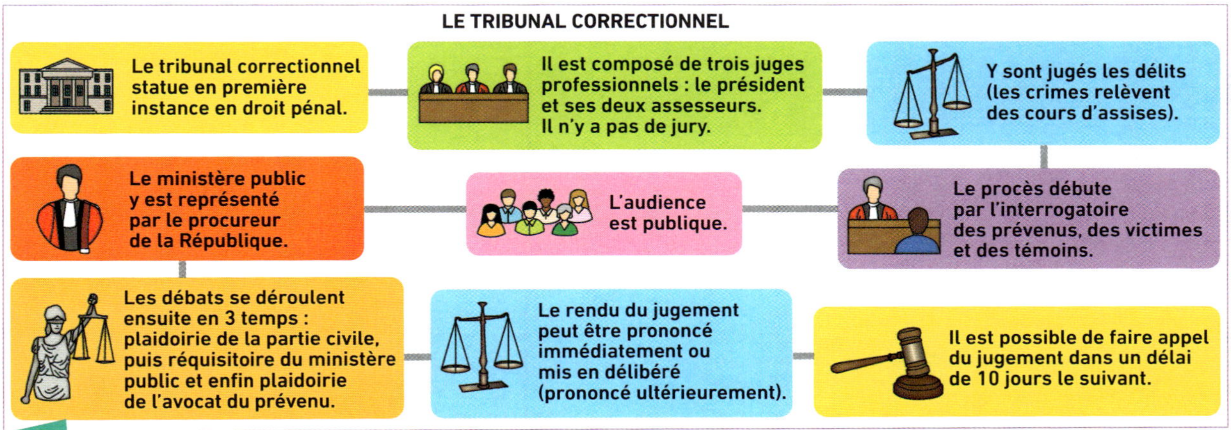

4 De la convocation au jugement

Méthode Le débat p. 352

Comment faire respecter le droit sur Internet ?

1 Je prépare

Avant le débat, je comprends les arguments.

Après avoir lu l'ensemble des documents et à l'aide de vos connaissances, répondez aux questions suivantes, individuellement ou en groupe.

1. Quelles sont les atteintes au droit sur Internet ?
2. Quels sont les moyens de la justice pour faire respecter le droit sur Internet ?
3. La justice peut-elle se servir d'Internet pour être plus efficace ?
4. Comment faire pour que la justice soit mieux adaptée aux nouvelles technologies et en particulier à Internet ?

1 La cybercriminalité en pleine croissance

La cybercriminalité regroupe toutes les infractions pénales tentées ou commises à l'encontre ou au moyen d'un système d'information et de communication, principalement Internet. [...]
La cybercriminalité englobe deux familles d'infractions :
- d'une part, celles liées à des actions de piratage de systèmes informatiques [...] visant à voler un secret de fabrication, défigurer un site Internet pour y afficher un message de propagande ou à récupérer des données bancaires ;
- d'autre part, des actions facilitées par l'utilisation des nouvelles technologies comme les escroqueries sur Internet ou la diffusion de contenus illicites au travers des réseaux sociaux. [...] Selon un expert en cybersécurité de Symantec, cité par l'AFP le 14 avril 2015, « la cybercriminalité a encore crû en 2014 avec 317 millions de nouveaux programmes malveillants créés au niveau mondial, soit près de 1 million par jour ». En 2012, Symantec estimait à plus de 10 millions les Français victimes de la cybercriminalité au cours de l'année 2011, pour une facture totale estimée à 2,5 milliards d'euros, en hausse de 38 % sur un an.

▪ Extraits d'*Enjeux et difficultés de la lutte contre la cybercriminalité*, Institut national des hautes études de la sécurité et de la justice, 26e session nationale « Sécurité et Justice » 2014-2015, Groupe de diagnostic stratégique (GDS) n° 6.

2 Le téléchargement illégal

(*Star Wars VII : le réveil de la Force*, J. J. Adams, 2015)
Quinze jours avant sa sortie officielle en DVD et Blu-ray aux États-Unis, le septième volet de la saga *Star Wars* est accessible sur les sites de téléchargement illégal.

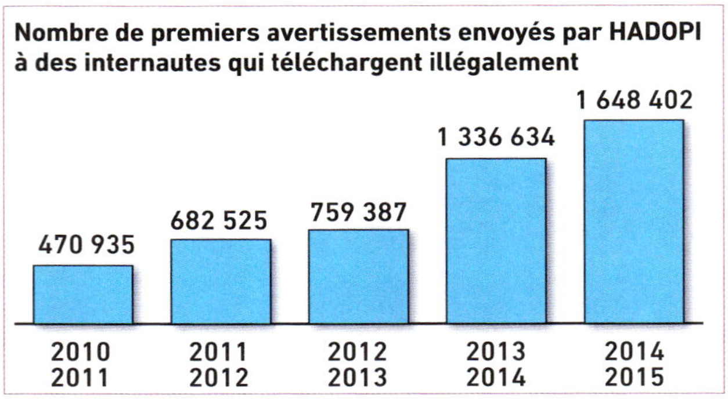

3 La justice conte le téléchargement illégal

La haute autorité pour la diffusion des œuvres et la protection des droits sur Internet (HADOPI) peut sanctionner ceux qui téléchargent de manière illégale des films, de la musique... Ils reçoivent des avertissements et peuvent être condamnés à une amende en cas de récidive. Pourtant, les sanctions sont rares et le téléchargement illégal reste largement impuni.

Le lycée Châtelet de Saint-Pol-sur-Ternoise organise un faux procès présidé par une ancienne juge au tribunal d'instance. Les faits fictifs sont les suivants : cinq lycéens ont pris des photos de trois camarades, lors d'une soirée un peu trop arrosée. Ils se sont ensuite servis des clichés pour les harceler sur Facebook… Au point qu'une des victimes a tenté de mettre fin à ses jours.
Si les élèves semblaient avoir conscience du mal que peut provoquer ce genre de comportement, certains étaient surpris de la peine encourue : « des travaux d'intérêt général, des dommages et intérêts à hauteur de 10 000 € et six mois de prison avec sursis pour les principaux acteurs. » « Un casier qui nous suivrait toute notre vie, ça fait flipper ! », conclut un élève.

▪ D'après Alix Penichou, « Saint-Pol : un tribunal fictif pour sensibiliser au droit et au harcèlement sur Internet », lavoixdunord.fr, mars 2016.

4 Face au cyberharcèlement

Le Coin Philo

LE MOT ET SON USAGE

« JUGEMENT ET PRÉJUGÉ »

Rendre la justice, c'est trancher avec pondération en connaissance de cause. Aussi faut-il exercer un jugement éclairé (*instruire* un dossier) pour juger avec *justesse*. Cela suppose de mettre de côté tous ses préjugés, c'est-à-dire des convictions qui biaisent notre jugement.

- **En vous appuyant sur un exemple, expliquez comment nos préjugés peuvent nous empêcher d'être justes dans nos jugements.**

5 Les lanceurs d'alerte, des hors-la-loi ?

Edward Snowden est un informaticien américain qui a révélé en 2013 que son pays, les États-Unis, espionnait les conversations de milliers de personnes dans le monde. Il a utilisé Internet pour diffuser ces informations. Pour lui, la surveillance des services secrets des États-Unis porte atteinte au droit privé des citoyens. Snowden a dû s'enfuir et trouver refuge à l'étranger, car il est poursuivi par les autorités américaines.
Il fait partie des « lanceurs d'alerte », c'est-à-dire des personnes qui alertent en rendant publiques des informations importantes pour la société. Comme tous les lanceurs d'alerte, il est perçu par beaucoup de monde comme un héros, par d'autres comme un traître qu'il faut condamner.

hatier-clic.fr/hg4151

2 Je participe

***Pendant le débat**, je suis capable d'exprimer des arguments et d'écouter mes camarades.*

5. À l'oral, exposez vos arguments pour répondre à la question du débat.
6. Répondez de manière argumentée et structurée aux arguments de ceux qui ne sont pas d'accord avec vous. Respectez leur parole.

3 Je conclus

***À l'issue du débat**, je suis capable d'adopter un point de vue nuancé et enrichi par la discussion.*

7. Récapitulez votre avis en choisissant le support de votre choix : texte, affiche, schéma…

JE M'EXERCE

1 Je connais le statut juridique du mineur

Taux de réponse pénale dans les affaires impliquant des mineurs :
94 % en 2015, 60 % en 1994

Les sanctions sont proportionnelles à l'infraction commise :

Dans 60 % des cas :
alternative trouvée aux poursuites, pour les primo-délinquants et les faits moins graves.
· Rappel à la loi en présence des parents afin de leur rappeler leur responsabilité.
· Mesures de réparation (remboursement, réparations, stage dans une association humanitaire).

Dans 40 % des cas :
Il s'agit de poursuites devant le juge des enfants ou le juge d'instruction pour les faits les plus graves.
· Mesures éducatives dans la moitié des cas (accompagnement par un éducateur, placement, réparations).
· Sanctions pénales dans l'autre moitié (prison, amende, TIG, etc.).

(Ministère de la Justice.)

1. Quel chiffre montre que les mineurs ne sont pas « au-dessus » des lois ?
2. Dans 60 % des cas, par quoi sont remplacées les poursuites ? Pourquoi selon vous ?
3. Montrez que, pour autant, la justice des mineurs est capable aussi de punir.

2 Je comprends les liens entre citoyenneté et justice

Chaque année, toutes les municipalités de France doivent procéder au tirage au sort d'habitants, âgés d'au moins 23 ans et inscrits sur les listes électorales, afin de composer les listes des personnes qui pourront siéger durant les procès de cours d'assises. […]
« Quand on reçoit la convocation au tribunal, on se demande d'abord ce qu'on a fait, témoigne Sébastien, un juré nîmois qui accepte de témoigner. C'est un peu stressant. » Lui n'a pas hésité. « J'avais envie d'y aller, je ressentais une certaine curiosité car on touche du bout des doigts le fonctionnement de la justice. […] »
Sébastien a assisté à trois jours de procès pour juger un crime – « Une histoire sordide » – et se remémore très bien l'atmosphère de l'instant, « la discrétion » dont il faut faire preuve, les discussions avec les autres jurés, les « questions qu'on se pose », les « doutes ». « Notre voix compte autant que celle des professionnels, c'est assez impressionnant de se dire qu'on va influencer la vie d'une personne. C'est très lourd mais l'expérience est enrichissante. »
[…] Sébastien, tout en reconnaissant la difficulté et l'angoisse de « bien juger », considère aussi l'expérience comme un devoir de citoyen.

▪ **Agathe Beaudouin, « Nîmes : désigné juré d'assises par la loi du hasard », midilibre.fr, 16/06/2015.**

1. Recherchez ce qu'est un juré dans un procès d'assises.
2. Comment Sébastien a-t-il été désigné ?
3. Comment Sébastien décrit-il son expérience de juré ?
4. D'après vous, est-ce important que presque n'importe quel citoyen puisse devenir juré dans un procès d'assises ?

Pour aller plus loin…

Des livres
• Jean-Paul Albert et Saubahe Ayadi-Takerkart, ***La Justice***, Fleurus, 2013.
• Madeleine Michaux, ***La Justice. C'est qui ? C'est quoi ?***, Milan Junior, 2003.

Des sites
• La justice expliquée aux adolescents : hatier-clic.fr/hg4152
• Découvrir la justice autrement : hatier-clic.fr/hg4153
• Le site de l'association Initiadroit : hatier-clic.fr/hg4154
• « Quel est le travail d'un ministre de la justice ? », ***1jour1actu*** : hatier-clic.fr/hg4155
• « Est-ce qu'un enfant peut aller en prison ? », ***1jour1actu*** : hatier-clic.fr/hg4156

Des films
• ***La Tête haute***, d'Emmanuelle Bercot, 2015.
• ***L'Hermine***, de Christian Vincent, 2015.

JE CONSTRUIS MON BILAN

1 Je retiens

A Le droit et la loi

Le **droit** organise et encadre notre vie quotidienne. Il s'agit de l'**ensemble des règles écrites** grâce auxquelles les citoyens peuvent **vivre ensemble**. Le droit **garantit des libertés** (de pensée, d'expression, d'association, de circulation...) et **impose des devoirs** (payer ses impôts, obéir à la **loi**...). Le droit prend sa source dans la loi. Votée par les députés et les sénateurs, la loi est **la même pour tous** et chacun **doit la respecter**. Par le droit de vote, les citoyens peuvent aussi espérer modifier la loi pour l'améliorer.

B Une même justice pour tous

La **justice** a pour rôle de **garantir les droits et les libertés** de chacun. Elle protège les citoyens, **punit les infractions** à la loi et **apaise les conflits**. La justice obéit à des principes et à des règles, comme la **présomption d'innocence** ou la **proportionnalité de la peine** à l'infraction. Les mineurs ne sont pas considérés comme des adultes par la justice. Ils bénéficient de **sanctions plus éducatives** et moins dures que pour les majeurs.
La justice est organisée en **tribunaux spécialisés**. Par exemple, la **justice civile** résout les litiges entre particuliers, alors que la **justice pénale** protège la population contre les violences et le non-respect des lois.

Vocabulaire

droit : ensemble des règles (lois) qui organisent la vie en société.

justice : institution qui veille au respect des lois et garantit les droits de chacun.

loi : règle votée par le Parlement et inscrite dans des codes (pénal, de la route, de la santé...) que doivent respecter tous les habitants d'un pays.

présomption d'innocence : principe selon lequel toute personne est innocente tant que sa culpabilité n'a pas été prouvée et prononcée par le juge.

proportionnalité de la peine : principe selon lequel la peine prononcée est proportionnelle au délit commis.

2 Je réalise un schéma

Reproduisez puis replacez dans le schéma les mots ou expressions ci-dessous :

hatier-clic.fr/hg4157

hatier-clic.fr/hg4158

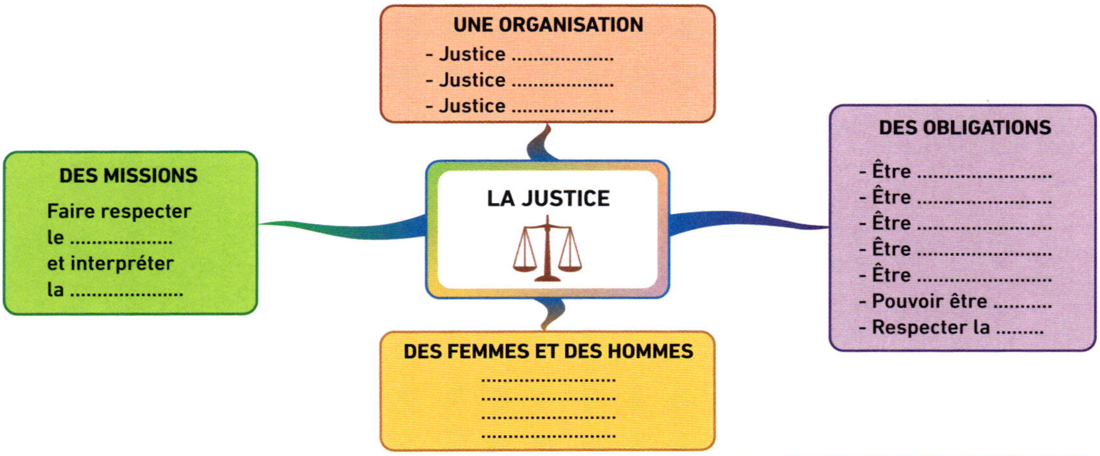

- présomption d'innocence
- administrative
- la même pour tous
- procureurs
- équitable
- avocats
- gratuite
- citoyens
- neutre
- contestée
- publique
- civile
- pénale
- juges
- droit
- loi

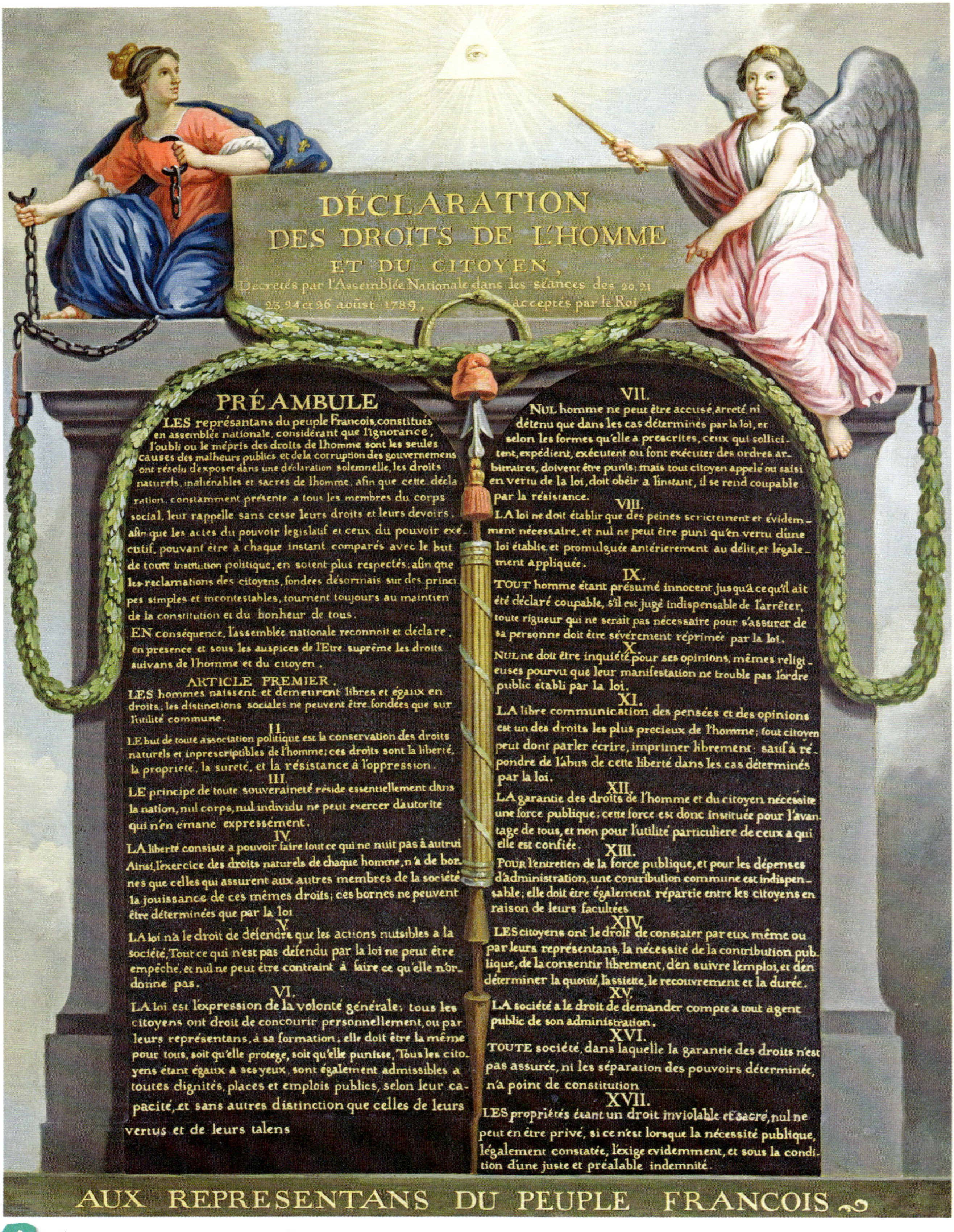

1 Déclaration des droits de l'homme et du citoyen, 1789
(Jean-Jacques-François Le Barbier, 1789, huile sur bois, 71 x 56 cm. Paris, Musée Carnavalet.)

1 | La France est **une République indivisible, laïque, démocratique et sociale.** Elle assure l'égalité devant la loi, sur l'ensemble de son territoire, de tous les citoyens. Elle respecte toutes les croyances.

2 | La République laïque organise **la séparation des religions et de l'État.** L'État est neutre à l'égard des convictions religieuses ou spirituelles. Il n'y a pas de religion d'État.

• • LA RÉPUBLIQUE EST LAÏQUE • •

3 | La laïcité garantit **la liberté de conscience** à tous. **Chacun est libre de croire ou de ne pas croire.** Elle permet la libre expression de ses convictions, dans le respect de celles d'autrui et dans les limites de l'ordre public.

4 | La laïcité permet l'exercice de la citoyenneté, en conciliant **la liberté de chacun** avec **l'égalité et la fraternité de tous** dans le souci de l'intérêt général.

5 | La République assure dans les établissements scolaires le respect de chacun de ces principes.

CHARTE DE LA LAÏCITÉ À L'ÉCOLE

La Nation confie à l'École la mission de faire partager aux élèves les valeurs de la République.

6 | La laïcité de l'École offre aux élèves les conditions pour forger leur personnalité, exercer leur libre arbitre et faire l'apprentissage de la citoyenneté. **Elle les protège de tout prosélytisme et de toute pression** qui les empêcheraient de faire leurs propres choix.

7 | La laïcité assure aux élèves l'accès à **une culture commune et partagée.**

8 | La laïcité permet l'exercice de **la liberté d'expression** des élèves dans la limite du bon fonctionnement de l'École comme du respect des valeurs républicaines et du pluralisme des convictions.

9 | La laïcité implique **le rejet de toutes les violences et de toutes les discriminations,** garantit **l'égalité entre les filles et les garçons** et repose sur une culture du respect et de la compréhension de l'autre.

10 | **Il appartient à tous les personnels de transmettre aux élèves le sens et la valeur de la laïcité,** ainsi que des autres principes fondamentaux de la République. Ils veillent à leur application dans le cadre scolaire. Il leur revient de porter la présente charte à la connaissance des parents d'élèves.

11 | **Les personnels ont un devoir de stricte neutralité :** ils ne doivent pas manifester leurs convictions politiques ou religieuses dans l'exercice de leurs fonctions.

• • L'ÉCOLE EST LAÏQUE • •

12 | **Les enseignements sont laïques.** Afin de garantir aux élèves l'ouverture la plus objective possible à la diversité des visions du monde ainsi qu'à l'étendue et à la précision des savoirs, **aucun sujet n'est a priori exclu du questionnement scientifique et pédagogique.** Aucun élève ne peut invoquer une conviction religieuse ou politique pour contester à un enseignant le droit de traiter une question au programme.

13 | Nul ne peut se prévaloir de son appartenance religieuse pour refuser de se conformer aux règles applicables dans l'École de la République.

14 | Dans les établissements scolaires publics, les règles de vie des différents espaces, précisées dans le règlement intérieur, sont respectueuses de la laïcité. **Le port de signes ou tenues par lesquels les élèves manifestent ostensiblement une appartenance religieuse est interdit.**

15 | Par leurs réflexions et leurs activités, **les élèves contribuent à faire vivre la laïcité** au sein de leur établissement.

Liberté • Égalité • Fraternité
RÉPUBLIQUE FRANÇAISE
ministère éducation nationale

2 Charte de la laïcité à l'école, 2013

3 Convention européenne de sauvegarde des droits de l'Homme et des libertés fondamentales, 1950

Les gouvernements signataires, membres du Conseil de l'Europe,

[...] Réaffirmant leur profond attachement à ces libertés fondamentales qui constituent les assises mêmes de la justice et de la paix dans le monde et dont le maintien repose essentiellement sur un régime politique véritablement démocratique, d'une part, et, d'autre part, sur une conception commune et un commun respect des droits de l'homme dont ils se réclament.

Sont convenus de ce qui suit:

Titre I – Droits et libertés

Article 2 – Droit à la vie

Le droit de toute personne à la vie est protégé par la loi. La mort ne peut être infligée à quiconque intentionnellement, sauf en exécution d'une sentence capitale prononcée par un tribunal au cas où le délit est puni de cette peine par la loi. [...]

Article 3 – Interdiction de la torture

Nul ne peut être soumis à la torture ni à des peines ou traitements inhumains ou dégradants

Article 4 – Interdiction de l'esclavage et du travail forcé

Nul ne peut être tenu en esclavage ni en servitude. Nul ne peut être astreint à accomplir un travail forcé ou obligatoire. [...]

Article 5 – Droit à la liberté et à la sûreté

Toute personne a droit à la liberté et à la sûreté. Nul ne peut être privé de sa liberté, sauf dans les cas suivants et selon les voies légales:

a) s'il est détenu régulièrement après condamnation par un tribunal compétent;

b) s'il a fait l'objet d'une arrestation ou d'une détention régulières [...].

Article 6 – Droit à un procès équitable

Toute personne a droit à ce que sa cause soit entendue équitablement, publiquement et dans un délai raisonnable, par un tribunal indépendant et impartial, établi par la loi [...].

Toute personne accusée d'une infraction est présumée innocente jusqu'à ce que sa culpabilité ait été légalement établie.

Tout accusé a droit notamment à [...] se défendre lui-même ou avoir l'assistance d'un défenseur de son choix et, s'il n'a pas les moyens de rémunérer un défenseur, pouvoir être assisté gratuitement par un avocat d'office, lorsque les intérêts de la justice l'exigent [...].

Article 7 – Pas de peine sans loi

Nul ne peut être condamné pour une action ou une omission qui, au moment où elle a été commise, ne constituait pas une infraction d'après le droit national ou international. [...]

Article 8 – Droit au respect de la vie privée et familiale

Toute personne a droit au respect de sa vie privée et familiale, de son domicile et de sa correspondance.

Il ne peut y avoir ingérence d'une autorité publique dans l'exercice de ce droit que pour autant que cette ingérence est prévue par la loi et qu'elle constitue une mesure qui, dans une société démocratique, est nécessaire à la sécurité nationale, à la sûreté publique, au bien-être économique du pays, à la défense de l'ordre et à la prévention des infractions pénales, à la protection de la santé ou de la morale, ou à la protection des droits et libertés d'autrui.

Article 9 – Liberté de pensée, de conscience et de religion

Toute personne a droit à la liberté de pensée, de conscience et de religion ; ce droit implique la liberté de changer de religion ou de conviction, ainsi que la liberté de manifester sa religion ou sa conviction individuellement ou collectivement, en public ou en privé, par le culte, l'enseignement, les pratiques et l'accomplissement des rites.

La liberté de manifester sa religion ou ses convictions ne peut faire l'objet d'autres restrictions que celles qui, prévues par la loi, constituent des mesures nécessaires, dans une société démocratique, à la sécurité publique, à la protection de l'ordre, de la santé ou de la morale publiques, ou à la protection des droits et libertés d'autrui.

Article 10 – Liberté d'expression

Toute personne a droit à la liberté d'expression. Ce droit comprend la liberté d'opinion et la liberté de recevoir ou de communiquer des informations ou des idées sans qu'il puisse y avoir ingérence d'autorités publiques et sans considération de frontière. [...]

L'exercice de ces libertés comportant des devoirs et des responsabilités peut être soumis à certaines formalités, conditions, restrictions ou sanctions prévues par la loi [...].

Article 11 – Liberté de réunion et d'association

Toute personne a droit à la liberté de réunion pacifique et à la liberté d'association, y compris le droit de fonder avec d'autres des syndicats et de s'affilier à des syndicats pour la défense de ses intérêts.

L'exercice de ces droits ne peut faire l'objet d'autres restrictions que celles qui, prévues par la loi, constituent des mesures nécessaires, dans une société démocratique, à la sécurité nationale, à la sûreté publique, à la défense de l'ordre et à la prévention du crime, à la protection de la santé ou de la morale, ou à la protection des droits et libertés d'autrui. [...]

Article 14 – Interdiction de discrimination

La jouissance des droits et libertés reconnus dans la présente Convention doit être assurée, sans distinction aucune, fondée notamment sur le sexe, la race, la couleur, la langue, la religion, les opinions politiques ou toutes autres opinions, l'origine nationale ou sociale, l'appartenance à une minorité nationale, la fortune, la naissance ou toute autre situation.

4 Préambule de la Constitution de 1946 (IVe République)

1. Au lendemain de la victoire remportée par les peuples libres sur les régimes qui ont tenté d'asservir et de dégrader la personne humaine, le peuple français proclame à nouveau que tout être humain, sans distinction de race, de religion ni de croyance, possède des droits inaliénables et sacrés. Il réaffirme solennellement les droits et libertés de l'homme et du citoyen consacrés par la Déclaration des droits de 1789 et les principes fondamentaux reconnus par les lois de la République.

2. Il proclame, en outre, comme particulièrement nécessaires à notre temps, les principes politiques, économiques et sociaux ci-après :

3. La loi garantit à la femme, dans tous les domaines, des droits égaux à ceux de l'homme.

4. Tout homme persécuté en raison de son action en faveur de la liberté a droit d'asile sur les territoires de la République.

5. Chacun a le devoir de travailler et le droit d'obtenir un emploi. Nul ne peut être lésé, dans son travail ou son emploi, en raison de ses origines, de ses opinions ou de ses croyances.

6. Tout homme peut défendre ses droits et ses intérêts par l'action syndicale et adhérer au syndicat de son choix.

7. Le droit de grève s'exerce dans le cadre des lois qui le réglementent.

8. Tout travailleur participe, par l'intermédiaire de ses délégués, à la détermination collective des conditions de travail ainsi qu'à la gestion des entreprises.

9. Tout bien, toute entreprise, dont l'exploitation a ou acquiert les caractères d'un service public national ou d'un monopole de fait, doit devenir la propriété de la collectivité.

10. La Nation assure à l'individu et à la famille les conditions nécessaires à leur développement.

11. Elle garantit à tous, notamment à l'enfant, à la mère et aux vieux travailleurs, la protection de la santé, la sécurité matérielle, le repos et les loisirs. Tout être humain qui, en raison de son âge, de son état physique ou mental, de la situation économique, se trouve dans l'incapacité de travailler a le droit d'obtenir de la collectivité des moyens convenables d'existence.

12. La Nation proclame la solidarité et l'égalité de tous les Français devant les charges qui résultent des calamités nationales.

13. La Nation garantit l'égal accès de l'enfant et de l'adulte à l'instruction, à la formation professionnelle et à la culture. L'organisation de l'enseignement public gratuit et laïque à tous les degrés est un devoir de l'État.

14. La République française, fidèle à ses traditions, se conforme aux règles du droit public international. Elle n'entreprendra aucune guerre dans des vues de conquête et n'emploiera jamais ses forces contre la liberté d'aucun peuple.

5 Constitution de 1958 (Ve République)

PRÉAMBULE Le peuple français proclame solennellement son attachement aux Droits de l'homme et aux principes de la souveraineté nationale tels qu'ils ont été définis par la Déclaration de 1789, confirmée et complétée par le préambule de la Constitution de 1946, ainsi qu'aux droits et devoirs définis dans la Charte de l'environnement de 2004. [...]

ARTICLE PREMIER. La France est une République indivisible, laïque, démocratique et sociale. Elle assure l'égalité devant la loi de tous les citoyens sans distinction d'origine, de race ou de religion. Elle respecte toutes les croyances. Son organisation est décentralisée.

La loi favorise l'égal accès des femmes et des hommes aux mandats électoraux et fonctions électives, ainsi qu'aux responsabilités professionnelles et sociales.

ARTICLE 2. La langue de la République est le français.

L'emblème national est le drapeau tricolore, bleu, blanc, rouge.

L'hymne national est « La Marseillaise ».

La devise de la République est « Liberté, Égalité, Fraternité ».

Son principe est : gouvernement du peuple, par le peuple et pour le peuple.

LEXIQUE

Abolitionnisme : le mouvement en faveur de l'abolition de la traite (commerce) des esclaves et de l'esclavage.
Académie : une société savante dont les membres se consacrent à une spécialité dans les lettres, les arts ou les sciences.
Accroissement naturel : la différence entre la natalité et la mortalité.
Acidification : la diminution progressive du PH des océans due à l'augmentation du CO_2 dans l'atmosphère.
Action : la part d'une entreprise vendue à la Bourse et qui rapporte un bénéfice annuel à son détenteur (le dividende).
Addiction : dépendance ou conduite qui repose sur une envie répétée et irrépressible.
Affranchissement : la libération d'un esclave par son propriétaire.
Agglomération : une ville et ses banlieues.
Agriculture vivrière : l'agriculture destinée à nourrir les paysans qui la produisent.
ALENA : l'Association de libre-échange nord-américain regroupant les États-Unis, le Canada et le Mexique.
Allégorie : la représentation d'une idée ou d'un principe par un être vivant.
Amnistie : un pardon collectif accordé par un souverain.
Anarchisme : le courant révolutionnaire selon lequel la liberté passe par le rejet de toute forme d'autorité (celle de l'État, de l'Église ou du patron).
Anticlérical : hostile au clergé.
Antisémitisme : l'hostilité envers les juifs.
Apartheid : un régime politique séparant les Blancs des non-Blancs en Afrique du Sud entre 1948 et 1991.
Aquaculture : l'élevage ou la culture de poissons, crustacés, coquillages.
Archipel métropolitain : l'ensemble des métropoles qui contribuent à la direction du monde et qui entretiennent entre elles des relations privilégiées.
Armateur : une personne qui possède et équipe (arme) des navires de commerce ou de pêche.
Arrière-pays (ou *hinterland*) : une région desservie par un ou plusieurs ports au moyen de transports terrestres.
Athéisme : fait de ne pas croire en Dieu.

Cahier de doléances : un cahier qui consigne les vœux et les plaintes des Français et qui est apporté au roi au moment de la réunion des États-généraux.
Campagne électorale : une période précédant les élections durant laquelle les candidats et leurs partis « font campagne », c'est-à-dire leur promotion.
Canal : une voie d'eau artificielle servant à la navigation.
Cap : une pointe de terre qui s'avance dans la mer.
Capital : l'argent et le matériel nécessaires pour fonder et faire fonctionner une entreprise. Le capitaliste est celui qui possède un capital important.
Centralisation : la concentration de tous les pouvoirs entre les mains du gouvernement.
Centralité : la concentration des fonctions et des services importants dans les quartiers centraux d'une ville.
Changement climatique : la modification durable du climat.
Charte : la Constitution de 1814.
Classes moyennes : les populations ayant un revenu intermédiaire entre les pauvres et les riches.
Club : une association dont les membres se réunissent régulièrement pour débattre de sujets politiques.
Coalition : un ensemble de forces qui s'unissent contre un adversaire commun.
Code civil : les textes de loi définissant l'ensemble des règles qui déterminent le statut des personnes dans la société.
Colon : un habitant de la métropole venu s'installer dans une colonie et ses descendants.
Colonie : un territoire conquis, occupé puis administré et dominé par une puissance étrangère.
Commerce triangulaire : le commerce pratiqué par les navires européens entre l'Europe, l'Afrique et l'Amérique.
Commune : la plus petite circonscription administrative du pays. Elle est dirigée par un conseil municipal élu et un maire.
Compagnie de commerce : une grande société commerciale qui obtient de l'État le monopole du commerce avec certaines colonies.
Compagnie *low cost* : une compagnie aérienne à « bas coût ».
Compagnie maritime : une entreprise spécialisée dans le transport maritime.
Comptoir : un établissement commercial établi dans un pays étranger.
Concordat : un accord entre un État et le pape sur des questions religieuses.
***Condominio fechado* :** une « copropriété fermée » : voir « *Gated community* ».
Conscrit : un homme faisant un service militaire obligatoire.
Conscription : le service militaire obligatoire.
Constitution : un texte qui fixe l'organisation des pouvoirs.
Conteneur : une grande caisse métallique qui contient des marchandises diverses.
Contraception : méthode visant à éviter qu'un rapport sexuel entraîne une grossesse.
Coup d'État : la prise du pouvoir dans un État en utilisant la force.
Croissance démographique : l'augmentation de la population.
Croissance urbaine : l'augmentation de la population des villes.
Culture d'exportation : une culture dont la production est destinée à être vendue dans d'autres pays.

Darwinisme : la théorie du britannique Darwin selon laquelle les espèces évoluent par la sélection naturelle.
Déficit budgétaire : dans un budget, des dépenses supérieures aux recettes.
Démocratie : régime politique dans lequel le pouvoir appartient au peuple, qui l'exerce le plus souvent par l'intermédiaire de représentants élus.
Despote éclairé : un roi qui applique certaines idées des Lumières tout en maintenant son pouvoir absolu.
Détroit : un passage maritime étroit entre deux terres.
Diffamation : fait de porter atteinte à l'honneur ou à la réputation de quelqu'un.
Discrimination : fait de distinguer et traiter différemment (le plus souvent de manière négative) quelqu'un ou un groupe par rapport aux autres. Faire de la discrimination, c'est faire des différences.
Discrimination positive : action de mieux traiter certaines personnes ou certains groupes habituellement victimes de discrimination.
Dispensaire : un établissement de santé public ou privé où l'on soigne gratuitement les malades.
Droit : ensemble de lois ou de règles juridiques assurant l'exercice des libertés.
Droit d'auteur : droit qui fait de l'auteur le seul propriétaire de sa création. Une œuvre ne peut être ni diffusée ni exploitée sans l'autorisation de l'auteur.
Droit naturel : ensemble des droits que toute femme et tout homme possèdent en raison de son appartenance à l'humanité (liberté, égalité...).
Droits seigneuriaux : les droits des seigneurs qui pèsent sur les paysans avant 1789 (taxes, corvées, droits exclusifs de chasse...).

École publique : une école qui dépend de l'État ou de la commune (contraire d'école privée).
***Edge city* (« ville-lisière ») :** un espace urbanisé en périphérie qui concentre des bureaux, des services et des centres commerciaux.
Élections législatives : les élections des députés.
Éligibilité : le fait de pouvoir être élu.
Émigration : le départ d'un pays pour s'installer dans un autre pays.
Empire colonial : l'ensemble des colonies administrées par une puissance.
Espace Schengen : la zone de libre circulation des personnes entre les pays de l'Union européenne ayant signé les accords de Schengen.
Étalement urbain : l'extension des banlieues et des zones urbaines à la périphérie des agglomérations.
État enclavé : un pays qui n'a pas de rivage maritime.
État pétrolier : un État dont l'économie repose en grande partie sur la production et l'exportation du pétrole.
États généraux : une assemblée convoquée par le roi, qui réunit les représentants des trois ordres du royaume.
Exode rural : le départ des populations des campagnes vers les villes.

Explorateur : une personne qui explore une région peu connue dans un but donné.

Façade maritime : un littoral qui concentre un grand nombre de ports importants.
Favela **:** un quartier pauvre où les maisons sont construites par les habitants eux-mêmes avec des matériaux de récupération. Appelé « *slum* » ou « bidonville » dans le reste du monde.
Fédérés : les gardes nationaux des provinces.
Féminisme : le mouvement qui combat pour l'égalité des droits entre les hommes et les femmes.
Firme transnationale : une entreprise présente dans plusieurs pays du monde.
Flux migratoire : le déplacement de populations hors de leur pays d'origine.
« Fuite des cerveaux » : le départ des personnes qualifiées vers des pays offrant de meilleures conditions de travail.
Franc-maçonnerie : une organisation secrète, où l'on rentre par des rites et où l'on débat des grands sujets de l'époque. Elle est divisée en loges maçonniques.

Gated community **:** un lotissement privé fermé et surveillé en permanence par des entreprises de sécurité.
Gentrification : l'installation de populations aisées dans des quartiers rénovés, souvent centraux, au détriment des populations modestes.
Grande Armée : nom donné à l'armée napoléonienne.
Grève : un arrêt volontaire du travail

Héliotropisme : l'attirance des populations vers les régions ensoleillées.
Hôtel particulier : une maison luxueuse bâtie pour une famille dans une ville.
Hub **:** un port qui redistribue les marchandises des routes maritimes mondiales vers les routes régionales.
Hub **aérien :** un nœud de transports aériens.

Idéologie : un ensemble d'idées et de croyances.
Immigrer : venir se fixer dans un pays étranger au sien.
Impressionnisme : une école de peinture née vers 1870 qui privilégie le travail en plein air, la peinture par petites touches et accorde une grande importance à la lumière.
Indigène : une personne originaire du pays.
Industrie métallurgique : l'industrie du métal.
Industrie sidérurgique : l'industrie du fer.
Infanterie : l'armée qui combat à pieds. Un fantassin est un soldat de l'infanterie.
Infraction : non-respect de la loi.
Interface : la zone de contact entre deux espaces différents. Le littoral est une interface entre la terre et la mer.
Investissements directs à l'étranger (IDE) : l'argent investi par une entreprise pour créer ou acquérir une entreprise ou une usine à l'étranger.
IST : infections sexuellement transmissibles, c'est-à-dire pouvant être transmises pendant une relation sexuelle. Le VIH/sida ou l'hépatite B font partie des IST.

Justice : institution qui veille au respect des lois et garantit les droits de chacun.

Laïcité : le principe selon lequel l'État et la religion sont séparés. L'État laïc ne s'oppose pas à la religion, il garantit la liberté de culte.
Laïque : qui n'est pas religieux. Une école laïque est une école qui ne s'occupe pas de religion.
Land-grabbing **(« accaparement de terres ») :** achat de terres agricoles par des sociétés privées ou publiques dans des pays étrangers, souvent pauvres.
Légion d'honneur : une récompense pour service rendu à l'État.
Libéralisme économique : une idéologie qui s'oppose à l'intervention de l'État dans les domaines économique et social au nom de la liberté de l'entreprise.
Liberté : état d'une personne ou d'un peuple qui n'est pas sous la dépendance d'une autre puissance. La liberté est également la possibilité de pouvoir agir selon sa propre volonté dans le respect des lois.
Liberté de conscience : liberté d'avoir les valeurs que l'on veut, de croire ou de ne pas croire, et de pouvoir changer de valeurs ou de religion.
Liberté syndicale : droit d'adhérer ou non à un syndicat, c'est-à-dire à un groupement visant à défendre des intérêts, le plus souvent professionnels.
Libertés fondamentales : libertés reconnues à tous les citoyens dans une démocratie. On distingue les libertés individuelles et les libertés collectives.
Litige : désaccord entre deux ou plusieurs personnes donnant lieu à un procès.
Loi : règle votée par le Parlement et inscrite dans des codes (pénal, de la route, de la santé...) que doivent respecter tous les habitants d'un pays.

Maquiladora **:** une usine d'assemblage construite par une firme nord-américaine au Mexique.
Mariage civil : le mariage à la mairie, qui devient le seul mariage légal.
Marianne : figure allégorique de la République française représentée par une femme, souvent coiffée d'un bonnet phrygien.
Maritimisation : l'accroissement des échanges internationaux par voie maritime.
Marxisme : le socialisme imaginé par Karl Marx.
Médiation par les pairs : intervention d'élèves médiateurs pour apaiser les relations entre élèves et réduire la violence en milieu scolaire.
Mégalopole : une grande région urbaine qui regroupe une concentration exceptionnelle de pouvoirs.
Mégalopolis : une vaste région urbaine de la côte est des États-Unis qui constitue un pôle mondial de décision.
Mégapole : une ville peuplée de plus de 10 millions d'habitants.
Ménage : l'entretien de la famille.
Métropole (en histoire) : la puissance qui dirige la colonie.
Métropole (*en géographie*) : une ville concentrant de nombreuses fonctions de commandement (économique, financière, politique, etc.). La métropole attire et rayonne.
Métropolisation : la concentration croissante des pouvoirs et des activités dans les grandes villes.
Migrant : une personne qui se déplace pour s'installer ailleurs.
Migration internationale : le déplacement d'une personne ou d'un groupe de personnes d'un pays vers un autre pour s'y installer.
Migration transnationale (ou internationale) : le déplacement d'une personne ou d'un groupe de personnes d'un pays vers un autre pour s'y installer.
Militantisme : le soutien actif à une cause ou un idéal.
Missionnaire : un religieux chargé de propager la religion chrétienne.
Mobilité : le déplacement de personnes.
Monarchie absolue : un régime politique dans lequel le roi contrôle tous les pouvoirs.
Monarchie constitutionnelle : une monarchie où le pouvoir du roi est limité par une Constitution.
Monarchie parlementaire : un régime politique dans lequel le roi partage le pouvoir avec un Parlement élu.
Monopole : un droit exclusif.
Montagnards : groupe de députés à la Convention appelés ainsi car ils siégeaient en haut des gradins. Ils sont plus proches du petit peuple que les autres députés.
Mouvement libéral : le mouvement de lutte contre le pouvoir absolu et pour les libertés.
Mouvement national : le mouvement en faveur de l'indépendance d'un peuple ou de son unification.

Nationalité (ou une nation) : un peuple ayant un territoire, une langue, des traditions, une histoire en commun.
Négociant : un marchand qui fait du commerce de gros.
Nodules polymétalliques : des petites masses arrondies de quelques centimètres constituées d'un mélange de métaux.

Opinion publique : l'ensemble des convictions, des jugements et des valeurs d'une société à une époque donnée.

Paix civile : la paix entre les populations d'un même pays.

LEXIQUE

Pays émergent : un pays dont la croissance économique est forte et où les conditions de vie des populations s'améliorent.
« Pays noir » : une région industrielle créée sur des gisements de charbon.
Peinture de marine : la peinture ayant pour sujet la mer, mais aussi les ports, les rives, les navires.
Philosophes des Lumières : les penseurs du XVIIIe siècle qui remettent en cause les fondements politiques, religieux et sociaux du monde à l'aide de la raison.
Piédestal : un socle sur lequel on pose quelque chose.
Plagiat : fait de copier un auteur ou un créateur sans le citer ou le dire.
Plantation : dans les pays tropicaux, un grand domaine spécialisé dans certaines cultures (canne à sucre, café, coton...).
Plébiscite (ou référendum) : un vote du peuple par oui ou par non à une question posée par un gouvernement.
PMA (pays les moins avancés) : les États les plus pauvres de la planète d'après l'ONU.
Préfet : le représentant de l'État dans le département.
Présomption d'innocence : principe selon lequel toute personne est innocente tant que sa culpabilité n'a pas été prouvée et prononcée par la justice.
Prix Nobel : une récompense internationale décernée chaque année à des personnes « ayant apporté le plus grand bénéfice à l'humanité ».
Produit manufacturé : un produit transformé par l'industrie.
Proportionnalité de la peine : principe selon lequel la peine prononcée est proportionnelle au délit commis.
Protectorat : une colonie qui reste dirigée par un roi indigène sous la surveillance de la métropole.
Puissance maritime : un État capable de mobiliser ses ressources maritimes pour s'imposer face aux autres.

Quartier d'affaires : un quartier central constitué de grandes tours où se concentrent les banques, les bureaux, les commerces de luxe et les grands hôtels.

Racisme : attitude et pensée qui consistent à considérer comme inférieures certaines personnes en raison de leur différence ethnique. Le racisme suppose qu'il a plusieurs races au sein de l'espèce humaine, ce qui est biologiquement faux.
Raison : la faculté de connaître et de bien juger.
Réchauffement climatique : l'augmentation de la température de la terre et des océans.
Réfugié : une personne ayant quitté son pays pour des raisons politiques, religieuses ou ethniques.
Réfugié climatique : une personne forcée de se déplacer suite à un événement climatique.
République (du latin *res publica*, la chose publique) : un régime politique sans roi dans lequel la population ou une partie de celle-ci détient le pouvoir.
Réseau maritime : l'ensemble des lignes maritimes empruntées pour le transport des marchandises.
Réseaux sociaux : sites Internet permettant de créer une page personnelle afin de partager et d'échanger des contenus avec une communauté d'amis et leur réseau de connaissance (Facebook, Twitter, Instagram...).
Ressources halieutiques : les ressources vivantes de la mer (poissons, crustacés, mollusques, plantes).
Révolution industrielle : une augmentation brusque et rapide de la production industrielle, liée à des innovations technologiques (par exemple la machine à vapeur).
Route maritime : une voie maritime empruntée par les navires de commerce.
***Rust Belt* (« ceinture de la rouille ») :** la région industrialisée du nord-est des États-Unis.

Salon : une réunion régulière tenue par une femme de la haute société où se retrouve l'élite cultivée pour échanger des idées et se distraire.
Sans-culottes : des habitants du petit peuple des villes. Ils portent le pantalon et non la culotte des nobles et des bourgeois.
***Shrinking city* (« une ville qui rétrécit ») :** une ville qui perd des activités et de la population, et qui s'appauvrit.
***Slum tourism* :** le tourisme consistant à visiter les bidonvilles.
Socialisme : une idéologie politique qui condamne les inégalités sociales et cherche les moyens de les réduire ou de les supprimer.
Société anonyme : une société dont le capital est divisé en de très nombreuses parts, appelées actions, vendues à la bourse.
Solidarité : entraide entre les personnes, visant en particulier à porter de l'aide à ceux qui en ont le plus besoin.
Station balnéaire : une ville touristique située au bord de la mer.
Statue : une sculpture en trois dimensions représentant un homme ou une femme.
Stéréotype : idée toute faite.
Street art (ou art urbain) : un mouvement artistique regroupant toutes les formes d'art réalisées dans la rue (graffiti, collage, etc.) pour toucher un large public. Il apparaît dans les années 1960 en France et aux États-Unis.
Substance psychoactive : substance agissant directement sur le cerveau.
Suffrage censitaire : le droit de vote réservé à ceux qui paient un impôt assez important (les plus riches).
Suffrage direct : le suffrage dans lequel les électeurs élisent directement leurs représentants. Dans le suffrage indirect, ils élisent de grands électeurs qui élisent les représentants.
Suffragette : une féministe qui lutte pour obtenir le droit de vote pour les femmes (terme venu d'Angleterre).
Suffrage universel masculin : le droit de vote pour tous les citoyens.
***Sun Belt* (« ceinture du soleil ») :** les régions dynamiques du sud et de l'ouest des États-Unis.
Surfer : consulter des sites sur Internet.
Syndicat : groupement visant à défendre des intérêts, le plus souvent professionnels.
Syndicat ouvrier : une association qui a pour but de défendre les intérêts des ouvriers et faire aboutir leurs revendications

Taux d'urbanisation : le pourcentage de la population d'un pays vivant en ville.
Technopôle : un espace consacré aux activités de hautes technologies.
Terre-plein : une étendue de terre gagnée sur la mer grâce à des remblais.
Tolérance : fait d'accepter que les autres puissent penser ou agir différemment de soi.
Tolérance religieuse : le respect pour ceux qui ont des croyances religieuses différentes des siennes.
Tourisme de masse : le tourisme concernant un grand nombre de personnes.
Touriste international : un visiteur temporaire qui séjourne au moins 24 heures dans un autre pays que le sien pour des raisons de loisirs.
***Township* :** un quartier réservé aux non-Blancs sous l'apartheid.
Tract : est une feuille ou une brochure que l'on distribue à des fins de propagande.
Traite atlantique : le commerce des esclaves entre l'Afrique et l'Amérique.
Traites négrières : le commerce des esclaves noirs d'Afrique.
Triade : les trois principaux pôles de l'économie mondiale (Amérique du Nord, Europe de l'Ouest et Asie Orientale).
Tutelle : l'autorisation qui permet à une personne de s'occuper d'une personne jugée inapte le faire.

Urbanisation : l'augmentation de la population urbaine et la transformation d'un espace rural en un espace urbain.

Valeur : idéal à suivre, à atteindre.
Vie politique : la vie qui concerne les affaires de l'État.
Vortex de plastique : une gigantesque étendue de déchets plastiques flottant à la surface de l'océan.

Zone économique exclusive (ZEE) : la zone maritime de 200 miles (370 km) à partir de la côte dont dispose chaque État qui borde la mer.

Tables des illustrations

10 ph © André Bocquel © Château des ducs de Bretagne, Musée d'histoire de Nantes
11 ph © CCI / Rue des Archives
13 ph © Alain Guillard © Château des ducs de Bretagne, Musée d'histoire de Nantes.
14-g ph © Jean-Gilles Berizzi / RMN-Grand Palais (musée du Louvre)
14d-15 ph © RMN
17-h ph © Youngtae / Leemage
17-m ph © Sime/Photononstop
18 Coll. Famille Bonnaffé
19 ph © Frédéric Desmesure / Signatures
21 ph © National Maritime Museum, Greenwich/Leemage
22-g ph © Bridgeman Images/CCI
22-d ph © Royal Albert Memorial Museum, Exeter, Devon, UK / Bridgeman Giraudon
23-h ph © CCI / Rue des Archives
23-b ph © bridgemanart.com
24 ph © British Library / Akg-Images
25 ph © Selva / Leemage
27 ph © Costa/Leemage
28 ph © The Granger Collection NYC / Rue des Archives
30 © Musée d'Histoire de Nantes
32-g Ma véridique histoire de Olaudah Equiano © Editions Mercure, 2008
32-m La traite des Noirs en 30 questions de Eric Saugera © Geste Editeur, 1998
32-d Les Passagers du vent, le bois d'Ebène, de François Bourgeon © Ed Delcourt 2014
34 ph © Oronoz / Akg-Images
35 ph © Akg-Images
36 ph © Josse / Leemage
37 ph © MP / Leemage
38 ph © Photo Josse / Leemage
39 ph © The Bridgeman Art Library
40 ph © DeAgostini/Leemage
41-g ph © Selva / Leemage
41-d ph © Aisa/Leemage
42 ph © Gérard Blot / RMN-Grand Palais (Château de Versailles)
43-h © Photo by permission of the Voltaire Foundation, University of Oxford
43-b ph © Josse / Leemage
44 ph © Jörg P. Anders / BPK, Berlin, Dist. RMN-Grand Palais
45-h ph © AKG Images
45-b ph © Friedrich Böhringer
46 ph © Estampes / BNF
47-h ph © Daniel Arnaudet / RMN-Grand Palais (musée des châteaux de Malmaison et de Bois-Préau)
47-b ph © Akg-Images
48-h ph © Imagno / La Collection
48-b ph © Stéphane Maréchalle / RMN-Grand Palais (musée du Louvre)
49-h ph © Estampes / BNF
52 ph © Bibliothèque Nationale, Paris, France / Bridgeman Images
53 ph © Daniel Arnaudet / RMN-Grand Palais (musée des châteaux de Malmaison et de Bois-Préau)
54-h ph © Akg-Images
54-b ph © Bibliothèque des Arts Décoratifs, Paris, France / Archives Charmet / Bridgeman Images
55 ph © Musée Carnavalet, Paris, France / Bridgeman Images
56 ph © Jérome da Cunha / Akg-Images
57 ph © Akg-Images
58 ph © Joffre / PMVP
59-h ph © Dagli Orti / The Art Archive / Dolfy Agency Ltd
59-b ph © Giraudon / The Bridgeman Art Library
61-h ph © Giraudon / The Bridgeman Art Library
61-b ph © Giraudon / The Bridgeman Art Library
62 ph © Giraudon / The Bridgeman Art Library
63-hd ph © Dagli Orti / The Art Archive / Dolfy Agency Ltd
63-hg ph © Giraudon / The Bridgeman Art Library
63-b ph © Ken Welsh / Bridgeman Images
64 ph © Akg-Images
65-h ph © Musée national du Château de Versailles / AKG
65-b ph © Angèle Dequier / Musée du Louvre, Dist. RMN-Grand Palais
66-h ph © Bibliothèque nationale
66-b ph © Ernest Bulloz / RMN
66-mg ph © Lauros-Giraudon / The Bridgeman Art Library
66-md ph © Bianchetti/leemage
67-h ph © BnF, Paris
67-b ph © Estampes / BNF
68-h ph © Josse / Leemage
68-b ph © Musée Carnavalet / Roger-Viollet
69 ph © The Granger Collection NYC / Rue des Archives
70-h © Versailles, musée Lambinet
70-b ph © De Agostini Picture Library / Akg-images /
71-hg ph © Josse / Leemage
71-hd ph © Archives Hatier
71-md ph © Lauros / Giraudon / The Bridgeman Art Library
72 ph © BnF, Paris
73-h ph © Josse / Leemage
73-m ph © INRP / Musée National de l'Education, Rouen
73-b ph © Photothèque du Musée de la Monnaie
74 ph © Musée Carnavalet / Roger-Viollet
75-h ph © Jérôme da Cunha / Akg-images
75-b ph © Erich Lessing / Akg-images
76 ph © Musée Carnavalet / Roger-Viollet
77 ph © Josse / Leemage
78 ph © Aisa / Leemage
79 ph © Tal / Rue des Archives
81 ph © Aisa / Leemage
82 ph © BnF / Roger-Viollet
83 ph © Akg-Images
86 ph © Print Collector / Getty Images
87 ph © Bridgeman Images
88-h ph © BnF, Paris
88-b ph © Coll. Dagli Orti / Ecomusée de la Communauté Le Creusot / Gianni Dagli Orti / Aurimages
89 ph © Josse / Leemage
90 ph © Akg-images
91 ph © Corbis
92-g ph © Roger-Viollet
92-d ph © Imagno / La Collection
93 ph © De Agostini / Leemage
96 ph © Hulton Archive / Getty Images
99 ph © Enoch Pratt Free Library, Maryland's State Library Resource Center. All Rights reserved
101-h ph © Akg-images
101-b ph © Akg-images
102 ph © Gusman / Leemage
103 ph © Collection Dixmier / Kharbine Tapabor
104 ph © Musée du Compa, Eure-et-Loir
105 ph © Musée des Beaux-Arts de Tours / Roger-Viollet
106 ph © Musée Carnavalet/Bridgeman Images
107 ph © Akg-Images
108-g ph © Document Ecomusée Creusot Montceau-Les-Mines / Cliché Daniel Busseuil
108-d ph © SuperStock / Leemage
109-g ph © Imagno / La Collection
109-d ph © Akg-Images
110 ph © Aisa / Leemage
111-h ph © Tallandier / Rue des Archives
111-b ph © Coll. Hulton Archive, Illust. de GraphicaArtis / Getty Images
113-h ph © Akg-Images
113-b ph © Coll. Dagli Orti / Ecomusée de la Communauté Le Creusot / Gianni Dagli Orti / Aurimages
116 ph © Interfoto / La Collection
117 ph © Harlingue / Roger-Viollet
118-g ph © National Maritime Museum, Greenwich / Leemage
118-d ph © Pascal Segrette / Paris - Musée de l'Armée, Dist. RMN-Grand Palais
119-g ph © Droits réservés / RMN-Grand Palais (musée du Louvre)
119-d ph © J.-G. Berizzi / RMN
121-g ph © Collection Kharbine-Tapabor
121-d ph © PVDE / Bridgeman Images
122 ph © Interfoto / La Collection
123-g © Eric Deroo
123-d ph © Archives Larousse, Paris, France / Bridgeman Images
127 ph © Bianchetti / Leemage
128 ph © Archives Charmet / Bridgeman Art Library
129-h ph © Archives Charmet / Bridgeman Art Library
129-b ph © Giraudon / Bridgeman Art Library
130 ph © Les Arts Décoratifs, Paris / Laurent Sully Jaulmes / Akg-images
131-h ph © Hulton Archives / Getty Images
131-b ph © Arch.photos CSSP
132 ph © Akg-Images
133-h © Propagation de la foi, Paris
134 ph © Collection privée / Archives Charmet / Bridgeman Giraudon
136 ph © ARJ / Photo12
137 ph © Archives Charmet / Bridgeman Images
138 ph © Musée national du château de Versailles/ Bridgeman Images
139 © Coll. Musée de l'histoire vivante – Montreuil
141-h ph © Selva / Leemage
141-b ph © Akg-Images
142 ph © Musée de l'Image /cliché E. Erfani
143 ph © Bibliothèque Nationale / Bridgeman Images
144 ph © Josse / Leemage
145-h © L'Illustration
145-m © Coll. Musée de l'histoire vivante – Montreuil
145-b © Paris, Archives nationales
147-g ph © BnF, Paris
147-d Collection Kharbine-Tapabor
148 © L'Illustration
150 ph © ARJ / Photo12
151 ph © Josse / Leemage © Adagp, Paris 2016
152 ph © BHVP / Roger-Viollet
153-h ph © I. Andréani / Musée d'Art et d'Histoire, Saint-Denis
153-b ph © BnF, Paris
154 © Collection Pierre Bonte
155-h ph © ND / Roger-Viollet
155-m ph © Collection Pierre Bonte. Photo Pierre Rousseau/ Citimages
155-bg © Monnaie de Paris
155-bd © La Poste
156-h ph © Harlingue / Roger-Viollet
156-b © INRP, Musée national de l'éducation, Rouen
157 ph © INRP, Musée national de l'éducation, Rouen
158 ph © Archives Charmet / Bridgeman Art Library
159 ph © Roger-Viollet
160 ph © Universal History Archive / UIG /Getty Images
161 ph © Josse / Leemage
162-g ph © Selva / Leemage
162-d ph © BnF, Paris
163-g ph © Harlingue / Roger-Viollet
163-d ph © Archives Charmet / Bridgeman Art Library
164 ph © Coll. Dixmier / Kharbine-Tapabor
165-h © Ville de Castres, Musée Jean Jaurès
165-b ph © Collection Kharbine-Tapabor
166 ph © Adoc-photos
167-h ph © BnF
167-b ph © Selva / Leemage
168 ph © Musée Carnavalet / Bridgeman Images
169 © Association Aristide Briand
172 ph © Musée Carnavalet / Roger-Viollet
173 ph © Benoît Touchard / RMN-Grand Palais © Adagp, Paris 2016
174 ph © Collection Archives départementales du Nord Lille / Fonds Philippe Marchand
175 ph © Akg-Images
176 ph © Archives Charmet / Bridgeman Art Library
177 © AD41
178-h ph © Musée Carnavalet / Roger-Viollet
178-b ph © Selva / Leemage
179-g ph © Costa / Leemage
179-d ph © Collection Kharbine-Tapabor
180 ph © Akg-images
181-h ph © Whiteimages / Leemage
181-b ph © W. F. Meggers Collection / Cosmos
183-h ph © Musée Carnavalet / Roger-Viollet
183-b ph © Musée Rodin, Paris, France / Philippe Galard / Bridgeman Images
184 ph © Josse / Leemage
185 © Centre Hubertine Auclert - centre francilien pour l'égalité femmes-hommes
188-g Courage Mademoiselle Louise ! ©Editions Oskar 2013
188-m Camille Claudel © Editions Glénat 2012
188-d Marie Curie © Editions Naïve, 2015
189-h ph © Musée Rodin
189-m ph © Musée Rodin
189-bg ph © Musée Rodin (photo Christian Baraja)
189-b ph © Akg Images
190-h ph © Philip Plisson/CMA CGM
190-m ph © Richard Levine / Corbis
190-bg ph © Gavin Hellier / AWL Images / Corbis
190-bd ph © Fan Jun/Xinhua Press/Corbis
191-h ph © Eduardo Verdugo / AP / SIPA
191-mg ph © Remy de la Mauviniere / AP / Sipa
191-md ph © Jerome De Perlinghi
191-bg ph © Wecker / Ullstein bild / Getty Images
192-g ph © Akg-Images
192-d ph © Bridgemanart
193-h ph © Archives Charmet / The Bridgeman Art Library
193-mh ph © Granger Coll NY / Aurimages
193-mb ph © Philip Plisson/CMA CGM
193-b ph © Dennis Macdonald / Gettyimages
198 ph © Gavin Hellier / AWL Images / Corbis
199 ph © Livia Corona
200 ph © David R. Frazier Photolibrary, Inc. / Alamy Stock Photo
201 ph © Brigham Yen of DTLA Rising
202 ph © Frederick M. Brown / Getty Images / AFP
203 ph © trekandshoot / Shutterstock
204 ph © Paulo fridman / Alamy Stock Photo
205 ph © Aflo Co., Ltd. / Alamy Stock Photo
206 ph © Anna Kari / In Pictures / Corbis
207 ph © De Lourenço / CrayonStock
208-g ph © Brigham Yen of DTLA Rising
208-d ph © Aflo Co., Ltd. / Alamy Stock Photo
211-h ph © Friedrich Stark / Alamy Stock Photo
211-b ph © Norman Barrett / Alamy Stock Photo
212 ph © JR / Agence VU
213 ph © JR / Agence VU
215-h ph © huci / Fotolia
215-b ph © Josse/Leemage

216	©	Google Earth
217-hg	ph ©	huci / Fotolia
217-hd	ph ©	Livia Corona
217-bg	ph ©	trekandshoot / Shutterstock
217-bd	ph ©	Friedrich Stark / Alamy Stock Photo
218	ph ©	Peter Horree / Alamy Stock Photo
219	ph ©	Time Inc
220	ph ©	Markus Lange / Robert Harding / Corbis
221	ph ©	Jon Arnold / AWL Images / Corbis
222	ph ©	Jason Hawkes / Getty Images
223	ph ©	Robert Schlesinger / dpa / Corbis
225-h	ph ©	Alex MacLean
225-b	ph ©	Fred R. Conrad / The New York Times / REDUX-REA
226-g	ph ©	Robert Schlesinger / dpa / Corbis
226-d	ph ©	Fred R. Conrad / The New York Times / REDUX-REA
230-h	ph ©	Hans Christian Plambeck / LAIF-REA
230-b	ph ©	Stephen Codrington
231-hg	ph ©	Hans Christian Plambeck / LAIF-REA
231-hm	ph ©	Stephen Codrington
231-hd	ph ©	Yves Gellie / Corbis
231-bg	ph ©	Yves Gellie / Corbis
233	ph ©	H. & D. Zielske / Look / Photononstop
235	ph ©	Jose Fuste Raga / Corbis
238-g	©	Géo ado, n° 131, Milan, janvier 2014
238-d	©	L'Express, avril-mai-juin 2015
239-hd	ph ©	Dominik Bindl / Getty Images
239-bg	ph ©	Ramin Talaie/Corbis / Getty Images
239-bd	ph ©	Bettmann / Getty Images
240	ph ©	Eduardo Verdugo / AP / Sipa Press
241	ph ©	Jose Palazon / Reuters
242	ph ©	Alessandro Di Meo / EPA / ANSA / Corbis
243	ph ©	Orhan Tsolak / Demotix / Corbis
244	ph ©	Jon Arnold / hemis.fr
245	ph ©	Jess Hurd / Report Digital / REA
247-h	ph ©	Jonas Bendiksen / Magnum Photos
247-b	ph ©	Ludovic Maisant / Hémis
248-g	ph ©	Alessandro Di Meo / EPA / ANSA / Corbis
248-d	ph ©	Jonas Bendiksen / Magnum Photos
252	ph ©	Deshakalyan Chowdhury / AFP
253	ph ©	Tim McDonald / BBC
255-g	©	Mouvement Européen
255-d	ph ©	UNHCR
257-g	ph ©	Leonardo Cendamo / Leemage
257-d	©	Actes Sud 2007
258	©	Chappatte, dans Le Temps, Suisse 15 sept 2015
260	ph ©	Remy de la Mauviniere / AP / Sipa Press
261	ph ©	Martin Sasse / Laif-REA
262	ph ©	Eugenesergeev / Dreamstime.com
263	ph ©	Hans-Peter Huber / Sime / Photononstop
264	ph ©	Hans-Peter Huber / Sime / Photononstop
266	©	Paris Chic / Le Figaro / 30.07.2011
267	ph ©	Jorg Modrow / LAIF-REA
268-g	ph ©	Hans-Peter Huber / Sime / Photononstop
268-d	ph ©	Jorg Modrow / LAIF-REA
270-h	ph ©	Michael S. Nolan / Agefotostock
270-b	©	Favelatour
271	ph ©	Getty Images Europe / AFP
273	ph ©	Richard Green / Alamy Stock Photo / Hemis
274-h	ph ©	Pierre Petit / Bridgeman
274-b	ph ©	David Lefranc / Gamma / Getty Images
275	ph ©	AKG Image
276	ph ©	Anthony Anex / EPA / Corbis
277-hg	ph ©	Image Source / Photononstop
277-mg	ph ©	Adam Jones / the Image Bank / Getty Images
277-md	ph ©	Godong / UIG / Getty Images
277-bd		Extraits de données Géoportail © IGN - 2016
278	ph ©	Guy Croft / Alamy Stock Photo
280	ph ©	Picturemakersllc / Dreamstime.com
281	ph ©	Jean Robert
282	ph ©	P. Plisson / CMA CGM
283	ph ©	P. Plisson
284-g	ph ©	P. Plisson / CMA CGM
284-d	ph ©	P. Plisson / CMA CGM
285	ph ©	Ho / Australian Department of Defence / AFP
289	ph ©	Fan Jun / Xinhua Press / Corbis
291	ph ©	Igor Groshev / Dreamstime.com
292	ph ©	Lukoil / Emerson / DR
293	ph ©	Images & Stories / Alamy Stock Photo
294-h	ph ©	Antony Jones / UK Press / Getty Images
294-b	©	Surfrider Foundation
295-h	ph ©	Vincent Callebaut Architectures
295-m	ph ©	Vincent Callebaut Architectures
297	ph ©	Ian Howard / Fotolia
301	©	WWF
304-mg	©	Le Monde des ados, n° 257, Fleurus presse, Août 2011
304-mm	©	Ifremer - Aquarium de la Porte Dorée
304-md	©	Hope Production / Fondation Tara 2012
305	ph ©	Alamy / Photo12
306	ph ©	Mirek Weichsel / Design Pics Inc / Alamy Stock Photo
307	ph ©	John Burcham / National Geographic Creative / Alamy Stock Photo
310	ph ©	Richard Levine / Corbis
311	ph ©	Alan Schein Photography / Corbis
312	ph ©	Corbis
313-h	ph ©	Steve Proehl
313-m	©	Courrier International
313-b	ph ©	Brooks Kraft / Corbis
314	ph ©	David Bacon / Report Digital / REA
315	ph ©	Alexandre Meneghini / AP / Sipa Press
319h	ph ©	Photokenzo/Dreamstime.com
319b	ph ©	Lorcel/123RF
320	©	HBO
321-hg	©	CBS
321-hm	ph ©	Hbo/Blown Deadline / The Kobal Collection / Lee, David / Aurimages
321-hd	ph ©	Hbo/Blown Deadline / Lee, David
321-md	ph ©	Cherry Alley Productions / Collection Christophel
321-mm	ph ©	Cherry Alley Productions, Cherry Productions, ABC
323	ph ©	Steve Proehl / Proehl Studios / Corbis
324	©	Angel Boligan
326	ph ©	Chris Jek / AFP
327	ph ©	Ed Kashi/ VII photo agency / Corbis
328	ph ©	2016 Bloomberg Finance LP / Getty Images
329-h	ph ©	Frank Boyer / Kamikazz-photo
329-b	ph ©	Philippe Revelli
330	©	Zoé Taba - Grain de sel n° 59-62 - juillet 2012-juin 2013
331-h	ph ©	Hélène Caux / UNHCR
331-d	ph ©	Wecker / Ullstein bild / Getty Images
333-h	ph ©	Antoine Galindo / DR
333-b	ph ©	Michele Burgess / Alamy Stock Photo
334	ph ©	Xinhua / Zuma / REA
335-h	ph ©	George Steinmetz / Corbis
335-m	ph ©	Chas Spradbery / Alamy Stock Photo
335-b	©	Agnès Stienne
336	ph ©	Per-Anders Pettersson / Corbis
337-h	ph ©	Great Stock / Corbis
337-m	ph ©	Bloomberg / Getty Images
338	ph ©	Harry Laub / ImageBroker / Corbis
339	ph ©	Adele De Witte / Fotolia
342	©	Herlé
343	ph ©	Xinhua / Xie Huanchi / AFP
345	ph ©	Ron Giling / Lineair / Biosphoto
346	©	South African Tourism
347-mg	ph ©	George Steinmetz / Corbis
347-md	ph ©	Chris Jek / AFP
347-bd	ph ©	Frank Boyer / Kamikazz-photo
347-bg	ph ©	Great Stock / Corbis
348-fond	ph ©	Bridgeman Art Library
348-hg	ph ©	Musée d'Orsay, RMN-Grand Palais / Patrice Schmidt
348-hd	ph ©	B. Hanna / REA
348-md	ph ©	Godong / BSIP
348-m	ph ©	CCI / Dagli Orti / Dolfy Agency Ltd
348-bg	ph ©	hémis.fr / Getty-Images
349-fond	ph ©	Bridgeman Art Library
349-hg	ph ©	Josse / Leemage
349-hd	ph ©	Photononstop / Getty-Images
349-mg	ph ©	A. Robin / Divergence
349-bd	ph ©	Bridgeman Art Library
349-bm	ph ©	D. Allard / REA
356	ph ©	Prod DB © IFC / DR
357	©	INPES santé/ www.inpes.sante.fr
359	©	Gouv.fr / DR/ Ministère du Travail
361	©	© Non violence actualité / 2013
362-hg	ph ©	Prod DB © Pathé / DR
362-hd	ph ©	Prod DB © R. Arpajou - Fidelite Productions - Wild Bunch - France 2 Cinema / DR
362-b	©	Cybercrips/2004/www.lecrips-idf.net
363	©	Dupuis 2016/ Le petit Spirou
364	©	Organisation Mondiale Santé / 2014 / www.who.int
366	ph ©	Philippe Huhuen / AFP Photo
367	ph ©	Georges Gobet / AFP Photo
368	©	Sanofi Espoir/ Fondation Sanofi 2015
370	©	Convention européenne des droits de l'homme/ Conseil de l'europe/ www.human-rightss-convention.org
371	ph ©	Martin Argyroglo
372	ph ©	dpa picture alliance archive / Alamy Stock Photo / Hemis
373-hg	©	CGT/2015
373-hd	©	www.pays-langres.fr /2015
373-b	ph ©	Marie Rouge
374	ph ©	www.bridgemanimages.com
375-h	©	Plantu/ Charlie Hebdo
375-b		ASTERIX®- OBELIX® / © 2016 LES EDITIONS ALBERT RENE / GOSCINNY - UDERZO
377-h	ph ©	www.bridgemanimages.com
377-b	©	Collectif droit de vote 2014
378	©	CLEMI 2015/2016
380	©	AZAM / Milan Press
382	©	Word Press Freedom Day
384	©	Affiche de la semaine de la laïcité / 2015
385	©	Amicale Laïque de Châteaurenard
386	©	Plantu / Le Monde / 1994
387	©	DR
388-h	©	Deligne / Iconovox
388-b	ph ©	Bruno Amsellem / Divergence
389	©	UFAL/2012
390-h	ph ©	Jim / dec / fsp / AFP Photo
390-b	ph ©	AGF / Leemage
392	ph ©	Hospice de Lille
393	ph ©	Sophie Chivet / Agence VU
394	©	RATP/2016
396	ph ©	Zintzmeyer / Alpaca / Andia.fr
398-h	ph ©	www.bridgemanimages.com
398-b	ph ©	Tony Querrec/ GP / RMN
399-h	ph ©	Prod DB © Warner Bros. - DC Entertainment - RatPac-Dune Entertainment - Syncopy / DR
399-b	ph ©	Pascal Parrot / Divergence
400	©	Justice.gouv.fr
401-h	©	Gros / Iconovox
401-b	ph ©	Prod DB © Les Films du Kiosque / DR
404	ph ©	Prod DB © Lucasfilm - Bad Robot - Walt Disney Pictures / DR

D.R. : Malgré nos efforts, il nous a été impossible de joindre certains photographes ou leurs ayants droit, ainsi que les éditeurs ou leurs ayants droit pour certains documents, afin de solliciter l'autorisation de reproduction, mais nous avons réservé en notre comptabilité des droits usuels

Histoire-Géographie

Chefs de projet éditorial : Sébastien Deleau, Sophie Huttepain, Agnès Thiercé
Principe de maquette : Véronique Lefebvre
Édition : Karine Le Forestier, Sébastien Deleau (histoire) / Sophie Huttepain, Agnès Thiercé (géographie)
Assistante d'édition : Sarah Iranpour
Mise en pages : Joëlle Casse, Sylvie Lavaud, Brigitte Mougin, Thomas Winock
Iconographe : Brigitte Hammond, Stéphanie Tritz
Cartographe : Noël Meunier
Infographiste : Orou Mama

EMC

Édition : Doriane Giuili / Collectif Édition
Assistante d'édition : Sarah Iranpour
Mise en pages : Studio Hatier / Véronique Pinchemel
Cartographe : Noël Meunier
Infographiste : Orou Mama
Illustratrice : Anne-Olivia Messana

Achevé d'imprimer en Italie par L.E.G.O. S.p.A. (TN)
Dépôt légal : 02152-5/09 - Juin 2021

La mondialisation organise le monde